Wann vergeht Vergangenheit?

Kathinka Dittrich van Weringh

Wann vergeht Vergangenheit?

Dittrich

© Dittrich Verlag ist ein Imprint
der Velbrück GmbH, Weilerswist-Metternich 2017
Lektorat: Antonia Meiners
Satz: Gaja Busch
Umschlaggestaltung: Guido Klütsch

Printed in Germany

ISBN 978-3-943941-77-7

Inhaltsverzeichnis

Vorwort   8

Im Westen

Barcelona
Lebt der Geist des Diktators Francisco Franco noch fort?   16

New York
Basiert der amerikanische Freiheitsbegriff auf einer anderen Vergangenheit als in Europa?   110

Amsterdam
Bleibt Deutschland ein »besonderer Nachbar« für die Niederlande?   201

Im Osten

Prag
Wie paart sich der Aufbruch mit der nationalen Rückbesinnung?   278

Warschau
Befreit von sowjetischer Vormundschaft und gefangen im neuen Nationalismus?   284

Tirana
Bleibt die Einsamkeit des traditionell abgeschotteten Landes?   311

Moskau
Verlierer des Kalten Krieges oder neuer Gewinner?   332

Nida/Vilnius
*Ist mit der Integration in die EU die von Russland abhängige
Vergangenheit überwunden?*   417

Kiew
Zwischen Vergangenheit und europäischer Zukunft?   427

Minsk
Zurück zur Vergangenheit?   452

Chisinau
Zwischen Bangen und Hoffen?   456

Jerewan
Ist nach wie vor niemand von Armenien abhängig?   459

Baku
Wohin wird sich dieser islamische Staat orientieren?   463

Groß Lüben in der ehemaligen DDR
Ist alles westdeutsch jetzt, oder?   466

Zurück im Westen

Köln
Mit Vergangenheiten lässt sich fröhlich leben   526

Nachwort zu Europa   606

Biografie   612

Personenregister   616

Vorwort

Von New York nach Moskau

Auf den Trümmern zweier Weltkriege ist zwischen New York und Moskau ein neues Europa im Entstehen. Welche einschneidenden Entwicklungen haben die Menschen im »Westen« und im »Osten« nach dem Ende des Zweiten Weltkrieges erlebt? Welche Eigenheiten, historischen Erfahrungen und Narben prägen die Gesellschaften, in denen sie leben? Welche erlebten oder empfundenen Vergangenheiten spielen dabei in den heutigen Alltag hinein? Diese Fragen beschäftigen mich, nicht als ausgebildete Historikerin, sondern als Wahrnehmerin, Beobachterin, als Mensch. Subjektiv also. Dabei ist in meinem Hinterkopf immer die warnende Aussage eines guten Freundes: Pass auf, *Perception is reality*, oder anders ausgedrückt: Persönliche Wahrnehmung, wenn nicht kritisch hinterfragt, erscheint als die Realität.

Einen Heimatort, in dem schon meine Vorväter ansässig waren, kenne ich nicht. Ich sollte in Hinterpommern auf dem Landgut meiner Patentante geboren werden. Das verhinderte der sowjetische Truppeneinmarsch im Juni 1941. Infolge des 1939 geschlossenen Hitler-Stalin-Pakts und der darin geschlossenen Vereinbarungen über Grenzverschiebungen Polens waren sowjetische Truppen in Ostpolen einmarschiert, 1941 besetzten sie östliche Gebiete Pommerns. Meine Tante beging Selbstmord, und ich erblickte das Licht der Welt in dem kleinen bayerischen Dörfchen Krün. Dort hatten sich meine Berliner Großeltern 1936 eine ansehnliche Sommerresidenz gebaut, die nach den verstärkten Bombenangriffen auf Berlin zu ihrem Hauptwohnort wurde. Meine Großeltern wurden zwar von den Dorfbewohnern sehr verehrt, aber weder sie noch ich gehörten »zu den ihren«. Wir waren »Zugereiste«. So begannen schon sehr früh meine aktive Beobachterrolle und mein Versuch der Vermittlung zwischen Anderen – erst im Dorf, später zwischen Kulturen von New York bis Moskau. Meine durch die Umstände geförderte Neigung wurde zu meinem Beruf, als Mitarbeiterin und Leiterin verschiedener Goethe-Institute, als Vorstandsvorsitzende der Europäischen Kulturstiftung, als Mitglied diverser Kuratorien kultureller Institutionen in Europa und in Moskau. Dabei begriff ich immer wieder: Vermitteln hat nur eine Chance, wenn man willens ist, die Motive, die Verhaltensweise, die Forderungen und Ansprüche des Anderen zu erspüren – was nicht mit gutheißen gleichzusetzen ist.

Heute spricht alle Welt ganz selbstverständlich von »Deutschland«, Germany. In diesem Land bin ich nicht aufgewachsen. Mein Leben entwickelte sich in der Bundesrepublik Deutschland (BRD), auch »Westdeutschland« genannt, einem nicht souveränen Staat. Er gehörte zum Westen unter der Führung der kapitalistischen USA und identifizierte sich im Denken und Handeln weitgehend mit dieser Supermacht. Der zweite deutsche Staat, die Deutsche Demokratische Republik (DDR), auch »Ostdeutschland« genannt, war Teil der bestimmenden Einflusssphäre der antikapitalistischen Sowjetunion mit Moskau als Machtzentrum, das auf seine Art Strukturen und Verhaltensformen seiner Satellitenstaaten prägte.

Es herrschte Kalter Krieg in dieser bipolaren Welt – so wurde sie jedenfalls von Europa aus wahrgenommen. Beide Großmächte hielten sich mit Atomwaffen in Schach und bekämpften sich mit propagandistischen Mitteln. Dass es zu dieser West-Ost-Neuordnung der Welt hatte kommen können, war zweifelsohne eine Folge des von Deutschland verschuldeten Zweiten Weltkrieges. Als Kind der ersten Nachkriegsgeneration spürte ich den Schatten des nationalsozialistischen Diktators Adolf Hitler überall, in der Familie, der Schule, der Universität, im Kontakt mit anderen in Europa, in meiner beruflichen Vermittlungsarbeit. Die schwere Last der nationalsozialistischen Bürde hat sicherlich auch meine Wahrnehmung mitgeprägt.

Dann kam erhofft, von einigen erahnt und doch ganz unerwartet der Zusammenbruch der Sowjetunion 1989/90, das Ende einer bipolaren Welt. Eine völlig neue Phase begann. Mittel- und osteuropäische Länder erklärten ihre Unabhängigkeit, wie auch ehemalige sowjetische Republiken. Die BRD und die DDR wurden wieder zu »Deutschland«. Allseits brach Jubel aus. Aufbruchsstimmung in West wie Ost, begleitet von einem Überlegenheitsgefühl des Westens, als Sieger zwischen zwei konkurrierenden Systemen wenn auch anfangs noch nicht als aggressiv wahrgenommenen. Der Kalte Krieg schien vorbei zu sein. Europa rückte nach Osten vor.

Die sich schrittweise entwickelnde, als Friedensprojekt geborene Europäische Union (EU) nahm 2004 Estland, Litauen, Lettland, die Slowakei, Tschechien, Polen, Ungarn auf, Slowenien und Kroatien sollten folgen. Sie wurden auch Mitglieder des nordatlantischen Militärpaktes, der NATO. Europäisch-westliche geostrategische Überlegungen auf der einen Seite? Hoffnungen, Wünsche, Illusionen auf der mitteleuropäischen Seite?

Nach wenigen Jahren der Euphorie folgte eine Phase der Enttäuschung, der Ernüchterung. Zweifel kamen auf: Hatten die mittel- und osteuropäischen Länder, befreit von sowjetischer Herrschaft, den rasanten Transformationsprozess in

Richtung westlicher Vorstellungen wirklich verkraftet? War das Projekt Europäische Union gefestigt genug, um Länder mit völlig unterschiedlichen Vergangenheiten, historischen Narben und Sehnsüchten zu integrieren? Behielten die USA ihre Vorbildfunktion, setzten sie ihre stets verkündeten rechtsstaatlichen Wertevorstellungen in ihrer Innen- wie Außenpolitik tatsächlich so demokratisch um, wie ihre ehemaligen westeuropäischen Anhängsel und die mitteleuropäischen Aspiranten dies für gegeben erachtet hatten? Würde der Rumpfstaat Russland nicht wieder an seine frühere Hegemonialstellung anknüpfen wollen, beispielsweise in der Ukraine, Georgien, Moldawien und als Schiedsrichter bei internationalen Konflikten?

Welche Auswirkungen hat die Ablösung einer bipolaren Welt durch eine multipolare? Eine Welt, in der sich neue Mächte Gehör verschaffen wie China und in Grenzen Indien oder Brasilien? In einer Welt neuer Kommunikationsstrukturen, Marktmechanismen und Überwachungssysteme?

Die Welt steht vor bislang ungewohnten Herausforderungen wie dem Terrorismus durch den sogenannten »Islamischen Staat« und verwandten Gruppierungen, den Bürgerkriegen wie in Syrien und Libyen – von Kämpfen in Schwarzafrika ganz zu schweigen. Es sind dies keine lokalen Probleme mehr, seit Flüchtlingsströme nach Europa auch dessen vielbeschworenes Projekt »der Vielfalt in der Einheit« ins Wanken bringen, befördert von nationalistischen Kräften in europäischen Staaten.

In meinem Buch versuche ich Erklärungen für diese neuen Entwicklungen zu finden, schaue zurück in mein engagiertes Leben, überprüfe meine Wahrnehmungen, hoffe auf Antworten – die doch immer neue Fragen aufwerfen.

Ich beginne mit meinen Erlebnissen in Barcelona, zu Zeiten des Diktators General Franco. Spanien, beschreibe danach meine Wahrnehmungen in New York, der (einstigen?) Metropole des Westens, und schildere schließlich meine Erfahrungen in den Niederlanden.

Ab Ende der achtziger Jahre wurde der Osten zugänglicher. Gespräche, Beobachtungen in Prag, Warschau, Tirana, gelungene und weniger gelungene kulturelle Zusammenarbeit vor dem Zusammenbruch der Sowjetunion 1991 sollen die Folgen des Kalten Krieges andeuten und lassen die bevorstehende Umbruchphase bereits erahnen.

Schließlich möchte ich erzählen, wie Menschen in Moskau, der (einstigen?) Metropole des Ostens, und in einigen seiner ehemaligen Republiken wie Litauen, der Ukraine, Weißrussland, Moldau, Armenien oder Aserbaidschan die Veränderung der Verhältnisse erlebt haben und versuchen, sich in der heutigen Welt zurechtzufinden. Letztlich bin ich in einer sechsjährigen Feldforschung in dem kleinen Dörfchen Groß Lüben in der ehemaligen DDR der Frage nachgegangen, wie Menschen wie du und ich auf dem platten ostdeutschen Land den Wandel der Zeiten miterlebt haben und was ihnen in ihren unterschiedlichen Lebenssituationen heute wichtig erscheint.

Zurück im Westen. In der unbekümmerten, stark westlich ausgerichteten Stadt Köln kam der Osten fast nur im Fernsehen vor. Transformationsprozess? Es ist doch immer gut gegangen. Die Risse im europäischen Fundament? Erstmal Kommunalpolitik.

All meine persönlichen Erfahrungen in so unterschiedlichen Ländern führen mich abschließend zu einem kurzen Nachwort zu Europa mit seinen heutigen Herausforderungen.

So reizvoll es auch sein mag, verzichte ich bewusst darauf, die Sicht auf Europa aus dem Blickwinkel von Menschen anderer Kontinente wiederzugeben. Zwar habe ich hierzu vielfältige

Einblicke auf meinen vielen Dienstreisen nach Asien, Australien, Lateinamerika und Afrika gewinnen können, aber sie sind doch punktueller Art. Zu einer kontinuierlichen Vertiefung ist es nicht gekommen.

Nicht alle meiner Gesprächspartner nenne ich mit vollem Namen. Einige habe ich eher zufällig und nur mit Vornamen kennengelernt, beispielsweise in den USA. Bei anderen, vor allem in Russland, auch Polen, Albanien, der Ukraine habe ich Vor- und Nachnamen geändert, es sei denn, es handelt sich um Persönlichkeiten, deren Meinung in der Öffentlichkeit längst bekannt ist. Ich möchte denen, die mir ihr Vertrauen schenkten, nicht schaden.

Auch subjektive Wahrnehmung sollte die harten Fakten nicht außer Acht lassen. Ich bin daher für Korrekturen und hilfreiche Hinweise sehr dankbar:

Andreu Carandell (Barcelona); Boris Chlebnikow; Winfried Gellner (Köln); Christa Gottschewski-Carandell (Barcelona); Dieter Heusmann (Groß Lüben); Arthur Sonnen (Amsterdam); Sabina Valkieser (Köln); Gerda Vierdag (Amsterdam); Gottfried Wagner (Wien)

Bei den polnischen Freunden habe ich mich persönlich bedankt.

Angeschriebene amerikanische Bekannte reagierten mit dem Hinweis: Wir kennen dich, was du schreibst wird schon stimmen.

Kathinka Dittrich van Weringh

Im
Westen

Barcelona

Lebt der Geist des Diktators Francisco Franco noch fort?

»Was riecht hier so?«, fragte ich meine Mutter, als wir in meinem neu erstandenen Opel-Kadett 1969 ins Zentrum von Barcelona fuhren. Spontan wie sie war, hatte sie sich kurzerhand entschlossen, mich auf der Reise zu meinem ersten Dienstort im Ausland zu begleiten. Auf unserer Fahrt durch die Schweiz und Frankreich waren wir vielen Gerüchen begegnet, nicht aber diesem. Mutti schnupperte erneut und stellte fest: »Das ist Knoblauch.« Daran erinnerte sie sich noch aus Vorkriegszeiten. Für mich Nachkriegskind war Knoblauch noch nicht so selbstverständlich wie heute. Bei unserer Ankunft in Barcelona um die Mittagszeit stülpte sich dieses mir heute liebgewordene Gewürz wie eine Duftglocke über uns und alles. Nach kürzester Zeit rochen wir nichts mehr und wurden auch nicht mehr gerochen. Rein äußerlich gesehen waren wir also angekommen in einer Stadt, deren Jugendstilfassaden sich unter dem angesammelten Grau von vielen Jahrzehnten kaum erkennen ließen, die wegen der mittags allseits geschlossenen Geschäfte fast menschenleer erschien und in der sich nur wenige Autos bewegten. Keinen einzigen Opel konnte ich jedoch darunter entdecken. Dabei hatte ich doch meinen zukünftigen Chef, den Leiter der Sprachabteilung des Goethe-Instituts gefragt, welches Auto ich als Ersatz für meinen 14 Jahre alten Volkswagen-Käfer anschaffen sollte, um notfalls in dem sehr armen, politisch völlig isolierten Spanien unter der Diktatur von Generalissimus Francisco Franco auf eine Reparaturwerkstatt mit Ersatzteilen zurückgreifen zu können. Umsonst. Jetzt gab es zwei Opel in Barcelona, seinen und meinen. Zwischen den wenigen SEATs, einer spanischen Ausgabe der italienischen Fiats, fiel ich auf, die Leute drehten sich um. Aber genau das hatte ich nicht gewollt. Ich wollte mich in eine fremde Kultur hineindenken, aber keineswegs auffallen. Einen kleinen Trost gab es zum Ende meiner Dienstzeit im Herbst 1975. Pflichtgemäß lieferte ich das Auto beim spanischen Zoll ab. Die Zollbeamten waren begeistert. Nicht etwa von mir, einer nicht unansehnlichen Frau Anfang dreißig, einem Objekt der Begierde also, wie mich sechs Jahre Spanien gelehrt hatten. Nein, die beiden Männer beugten sich über die Eingeweide meines Autos, gestikulierten lautstark, welche Verkaufserlöse sie mit diesem oder jenem Teil erreichen könnten und wie sie sich diesen dann untereinander aufteilen würden. So erwies sich mein unseliger Opel-Kadett doch noch irgendwie als sinnvoll.

Heute drängeln sich Edellimousinen jeder Marke durch den dichten Verkehr in Barcelona, durchqueren völlig erneuerte Stadtviertel, wie beispielsweise Sarrià, Raval oder Borns, passieren klug restaurierte Jugendstilhäuser. Mein Opel-Kadett würde nicht einmal eines mitleidigen Blickes gewürdigt werden. Knoblauch in Mengen gibt es nach wie vor, aber nicht mehr als Dunstglocke über der Stadt.

In was für einer Stadt, in was für einem Land war ich im Herbst 1969 gelandet? Was bewegte die Menschen hinter den bröckelnden Fassaden unter einem tiefblauen Himmel? Wie hatten sie die Jahre der Diktatur unter General Franco geprägt? Wie würde ich, die Deutsche, belastet also von der deutschen nationalsozialistischen Vergangenheit, aufgenommen werden? Was erwartete man von einem Goethe-Institut oder überhaupt von auswärtigen Kulturinstituten? Gab es ein Interesse an Europa?

Viele Fragen drängten sich mir Neuankömmling auf. In den ersten Monaten sah ich nur, was sich mir ohne Erklärung anbot, mich erstaunte: Die wunderbaren Märkte mit endlosen nie gesehenen Fischsorten, deren Namen ich bis heute nur auf Spanisch kenne; die vielen Bistros mit nie gehörten »tapas« und Regalen voll eng gedrängter Flaschen, deren alkoholischen Inhalt ich nicht einmal erahnen konnte; Restaurants aller Art, wo Familien mit der gesamten Kinderschar ab 22 Uhr abends speisten. Das Essen war üppiger, die Gastfreundschaft großzügiger, die Geschäfte mit Waren reicher gesegnet, als ich mir das von dem armen Spanien vorgestellt hatte und als ich es von Deutschland gewohnt war. Nie werde ich die Bar der 100 Cocktails vergessen, die es leider nicht mehr gibt. Ich kannte nur Benediktiner Likör und Eierlikör. Aber Cocktails? Mindestens die Hälfte der angebotenen habe ich mit Freunden und Kollegen in der Bar der 100 Cocktails probiert. Hervorragend.

Zugegeben, die Wohnungen waren ärmlicher ausgestattet als im kühleren Norden. Nur: Wozu bei dem relativ milden Klima in Barcelona und der großen Hitze im Sommer Teppiche auslegen? Karge Steinböden waren viel sinnvoller.

Viele Kuchen tragende Menschen fielen mir auf, die sonntags oder an einem der vielen damals noch bestehenden kirchlichen Feiertage mit kunstvoll gestalteten Torten und süßen, sehr schmackhaften Phantasiegebilden für den Nachtisch nach einem stundenlangen Mittagessen bei ihren Freunden und Verwandten sorgten. Der rote Zuckerosterhase aus meiner Kindheit hätte sich beschämt in die Ecke gestellt. Er war wohl protestantisch, ihm war kein Gefühl für überbordende Phantasie, Sinnlichkeit und Kitsch mitgegeben worden.

Dann lief ich durch enge Gassen, nahm viele Klöster, Kirchen wahr, fuhr zu dem Wallfahrtszentrum Montserrat, und an die damals noch relativ stillen Badeorte oder Fischerdörfer an der Costa Brava.

Ich überquere ausgetrocknete Flussbette, freute mich an den Palmen, Pinien und Olivenhainen, breitete meine Handtücher auf den halb leeren Sandstränden in Casteldefels, Blanes, Caldetas, Lloret del Mar oder Tossa del Mar aus.

An diesen Stränden war ich immer von dem gleichen Bild fasziniert: Einer kleinen, gedrungenen, gepflegten, schwarz gekleideten Großmutter, die unter einem Sonnenschirm das mitgebrachte Essen an ihre Enkel verteilte, auch an den Schwiegersohn, der sich an den Ferienwochenenden zu seiner Familie gesellte und vorübergehend zu einem treuen Ehemann und Vater mutierte. Ins Wasser ging meine kleine alte Dame nie. Ob sich das nicht gehörte, oder ob sie ihre perfekte Frisur nicht gefährden wollte, blieb mir unklar. Verbrachte sie mit Tochter und deren Nachwuchs die langen spanischen Sommerferien in einer der wunderschönen, direkt am Strand gelegenen eingeschossigen Sommerresidenzen der reicheren Katalanen? Erholten sie sich abends und in den kühleren Nächten dort auf ihren Terrassen an der nicht einsehbaren Rückseite der Häuser, die es heute kaum noch gibt?

Ich fühlte mich gut, wenn ich sonnengebräunt zurück nach Barcelona fuhr.

Nach einem halben Jahr wurde mir schmerzhaft bewusst, dass ich nichts, aber auch gar nichts von dieser Stadt, diesem Land wusste, spürte, begriff.

Das ist ja verständlich, versuchte ich mich zu rechtfertigen, du kannst noch kein Spanisch, von Katalanisch ganz zu schweigen – eine Sprache, die im damaligen öffentlichen Leben Kataloniens im Gegensatz zu heute nicht präsent war.

Außerdem hatte ich mich als bescheidene Berufsanfängerin um einen Posten in einem englisch- oder französischsprechenden Land beworben. Schließlich: Wie hätte ich mich in den drei Wochen zwischen Versetzungsbescheid und Dienstantritt auf dieses Land vorbereiten sollen, das an der Peripherie Europas lag, von den reicheren westeuropäischen Ländern kaum beachtet wurde und vom kommunistisch regierten osteuropäischen Block schon gar nicht.
Alles nur Scheinargumente, musste ich mir eingestehen. Es braucht Zeit und Geduld, um sich in eine fremde Kultur, in der man leben und arbeiten möchte, hineinzufühlen. Die gleiche Erfahrung habe ich auch an meinen späteren Dienstorten gemacht. Dort fiel ich ebenfalls nach einem halben Jahr in ein Loch, ganz gleich, ob mir die jeweilige Landessprache vertraut war oder nicht, ob ich mich gründlich hatte vorbereiten oder nur oberflächlich hatte einlesen können. Wenn man nicht mit den gleichen Kinderliedern aufgewachsen ist, die ungeschriebenen Gesetze des Zusammenlebens einem nicht mit der Muttermilch vermittelt werden, dann fehlen Welten. Die besten Google-Informationen, das intensivste Bloggen und Twittern ersetzen auch heute nicht gelebtes Leben. Nein, »eine der ihren« wird man nie, aber man kann sich heranfühlen und dann versuchen, Brücken zu bauen.

Langsam, sehr langsam gelang mir ein Blick hinter die Kulissen, hinter das äußerlich Wahrnehmbare. Dass Gänse fröhlich schnatternd den Kreuzgang der Kathedrale Barcelonas mit Leben erfüllten, war mir eine neue Erfahrung. In keinem mir bekannten Kreuzgang in deutschen Klöstern und Kirchen hatte ich Gänse, Enten, Hühner oder sonst welche Tiere gesehen, die unter schattigen Bäumen fröhlich vor sich hin picken. Natürlich hatte ich von den Gänsen auf dem römischen Kapitol gehört. Aber das gehörte zum Lateinunterricht, war nicht live. Im Gegensatz zum schnatternden Äußeren dann das Innere der Kathedrale. Hier war es dunkel, sehr dunkel, einschüchternd, niederdrückend. Was für ein Kontrast zwischen dem lebensfrohen Außen und dem beklemmenden Innen, wie in so vielen spanischen Kirchen. Unwillkürlich beugte man das Haupt (damals noch mit Kopfbedeckung) vor der mächtigen Autorität der Kirche, einer starken Verbündeten von General Franco. Mir erschien das paradox.

»Ich schicke die Schüler in unseren dunklen Keller«, hörte ich aus einem Nonnenkloster. »Dort wird ein Herz aus Wachs von Jesus aufbewahrt, von Nadeln durchstochen. Jede Nadel steht für eine Sünde, die Jesus Schmerz bereitet. So erkennen unsere Kinder, wie weh es Jesus tut, wenn sie mal wieder eine Sünde begehen.« Ich wusste nicht, was ich sagen sollte, war fassungslos und erzählte einer Bekannten von dieser für mich makabren Erfahrung. Diese aber tröstete mich: »Vergiss nicht, wir können auch beichten und mit Gott verhandeln. Schau mal ein bisschen weg, sage ich ihm manchmal, so einen kleinen Seitensprung sollte man nicht so ernst nehmen, und ich denke, dann blinzelt er verschmitzt.«

»Ich habe aber den Eindruck«, erwiderte ich, »dass die Kirche sehr stark das Frauenbild geprägt hat. Als *Novia*, Verlobte, ist die Frau eine fast anbetungswürdige Heilige, kaum ist sie verheiratet ist sie ›nur‹ noch Frau und Mutter, eine nicht mehr unbefleckte Maria.«

»Stimmt, wir Frauen wissen, dass unsere Männer nicht immer treu sind, aber«, dabei lachte sie, »wir Frauen auch nicht. Das ist doch bei euch Protestanten nicht anders, nur urteilt ihr strenger, rationaler. Aber das Leben ist eben nicht rational. Ihr meint, dass die spanische verheiratete Frau ihr Leben mit Kindern, Küche, Kirche verbringt und sonst nichts zu sagen hat. Irrtum! Wir treten zwar weniger öffentlich auf als unsere Männer, aber wir haben die Familie und auch den Mann fest im Griff. Wir herrschen im Inneren mit Wirkung auf das Äußere, aber ihr herrscht nirgendwo so recht.«

Mag sein, dachte ich, eine junge protestantische, frisch geschiedene Frau. Konfessionell gebunden fühlte und fühle ich mich nicht. Meine Eltern hatten mich zweimal taufen lassen. Erst katholisch, dann protestantisch. Der Anblick einer lieblichen Maria von Weihrauch umgeben hat mir als Kind immer besser gefallen als ein gemarteter Christus am Kreuz in einer kahlen protestantischen Kirche. Vielleicht haben Maria wie Christus recht kritisch auf meine kurze Ehe geschaut. Direkt nach dem Staatsexamen 1966 heiratete ich einen Kommilitonen auf katholisch, weil mir die Riten schlicht egal waren. Er erschien mir einfach lieb und nett, was ihn sehr von meinem strengen methodistischen Vater unterschied. Bald stellte sich heraus, dass wir nur wenige gemeinsame Interessen teilten. Ich war ihm zu emanzipiert, und er wirkte zu kleinbürgerlich auf mich. Also reichte ich schuldbewusst die Scheidung ein. Das tat »man« 1968 noch nicht so selbstverständlich wie heute. Dennoch hielt mir meine geliebte, säkularisiert-katholische, großbürgerliche Großmutter Annie Mackowsky keine moralische Standpauke, sondern meinte nur: »Na endlich. Das war kein Mann für dich.« Ebenso dachte meine Mutter Friedel Weiß, geborene Mackowsky, die sich nach 18 Jahren Ehe 1956 auch endlich von meinem Vater getrennt hatte.

Aber jetzt war ich in Spanien. Ich musste erkennen, dass das, was mir aufgrund meiner Erziehung und Prägung widersprüchlich erschien, in den Kreisen, in denen ich mich in Barcelona zu bewegen begann, keineswegs unvereinbar war, dass meine eingefahrenen Prämissen nicht stimmten und somit auch nicht meine Folgerungen. Beispielsweise beklagten die allmächtigen Kirchenvertreter im damaligen restaurativen Spanien die gerade in Mode gekommenen Miniröcke nicht als anstößig, obwohl sie noch viel kürzer als anderswo in Europa waren. Und gutes Essen betrachteten sie nicht als Sünde oder gar Völlerei, trotz der großen Armut im Lande. Spanien und das katholische Belgien schienen Gemeinsamkeiten zu haben, aber Spanien und die calvinistische Niederlande nicht. So kam es mir jedenfalls vor.

Heute hat die katholische Kirche in Spanien viel von ihrer ehemaligen Machtposition eingebüßt. Damals war eine Scheidung undenkbar, heute gehört sie zum Alltag. Damals konnte sich niemand als schwul oder lesbisch zu erkennen geben. Seit 2007 ist die Homo-Ehe legalisiert trotz des wütenden Protestes der Kirche. Wie in den meisten westeuropäischen Ländern, selbst im katholischen Irland, dürfen gleichgeschlechtliche Paare auch Kinder adoptieren. Nur die deutschen Gesetzgeber sind rückständiger. Wieweit Homophobie auch in den fortschrittlichen Gesellschaften unterschwellig weiter wirkt, ist eine andere Frage.

Damals sollte die Frau die dienende Maria sein, heute ist sie selbstständig, selbstbewusst, dominiert nicht nur zu Hause, sondern auch in der Öffentlichkeit. Spanien scheint sich in ein säkularisiertes Land zu verwandeln, wenn auch (noch) nicht in ein päpstliches Missionsgebiet wie die calvinistischen Niederlande. Papst Benedikt XVI. (2005–2013) schien dies aber zu befürchten. Bei seiner dritten Reise nach Spanien, im August 2011, klagte er über den »aggressiven Laizismus«. Enttäuscht war er auch über die Demonstrationen gegen ihn, obwohl die seit Mai 2011 begonnenen offenen Proteste der *Indignados*, der Empörten, sich nicht nur gegen den nationalkatholischen Klerus richteten, sondern gegen das Establishment an sich. In harten Sparzeiten mit sehr hoher

Arbeitslosigkeit war es den Steuer zahlenden Bürgern nur schwer zu vermitteln, dass die katholische Kirche in Spanien steuerlich außerordentlich privilegiert ist, und so ein Papstbesuch öffentliche Mittel in Millionenhöhe verschlang. Trotz allem: Die kirchlichen Institutionen sind zäh. Sozialistische Regierungen sind ihnen ein Dorn im Auge. Mit der konservativen Volkspartei, der *Partido Popular* (PP), würden sie lieber kooperieren, auch wenn diese in den letzten Jahren vor allem durch massive Korruptionsfälle in die Schlagzeilen geriet. Auch das *Opus Dei*, das Werk Gottes, gehört nicht der Vergangenheit an. Ihr längst verstorbener Gründer, der spanische Priester José Maria Escrivá de Balaguer y Albás wurde 1992 selig und 2002 heiliggesprochen. Das Opus Dei, auch im Vatikan vertreten, sorgt für die Verbindung von geistlich katholischer Lehre und der »Heiligung« des Alltags, für die enge Zusammenarbeit von Priestern und Laien. Praktisch heißt das beispielsweise, dass die Business School von Barcelona, die dem Opus Dei untersteht, nach wie vor Top-Leute ausbildet und diese dann auf einflussreiche Positionen vermittelt. Die Kirche ist weiterhin gut vernetzt, und ihre Moralvorstellungen haben sich tief in das Bewusstsein der Menschen eingeprägt. Diese Vergangenheit ist im Wandel begriffen, aber eben nicht über Nacht.

»Hast du damit kein Problem?«, wollte ich von meinem liberalen Freund, dem Wirtschaftsprofessor Harald Burmeister wissen, der damals an der Business School unterrichtete, obwohl er nicht einmal katholisch war.

»Nein«, erwiderte er ohne lange nachzudenken, »ein besseres Ausbildungsniveau in unserer Branche gibt es in ganz Spanien nicht. Wer es hier schafft, dem stehen alle Türen offen, nicht als Freigeist natürlich, aber als wertkonservativer Top-Manager weltweit, und Opus Dei operiert heute ja weltweit.«

Soweit diese Top-Leute in Spanien bleiben, genießen sie wie die meisten Spanier auch weiterhin ihre wenigen verbliebenen kirchlichen Feiertage, zelebrieren ihre Osterprozessionen und natürlich den Palmsonntag davor, gedenken ihrer Namensheiligen, bereiten sich auf die Kommunion ihrer Kinder vor, feiern auf ihre Art Weihnachten, besser gesagt, die heiligen drei Könige am 5./6. Januar. Dabei geht es fröhlich und ausgelassen zu. Die deutsche Schwere der Verinnerlichung fehlt. Wie weit sich im Einzelfall religiöser Glaube und über Generationen eingespielte kirchliche Traditionen vermengen, ist schwer zu sagen. Man lebt halt, freut sich an den kirchlichen oft barock ausgestatteten Feiern und auch an den Gänsen im Kreuzgang der Kathedrale. Schließlich lässt sich mit allem ein bisschen spielen, man kann immer ein paar Bälle in die Luft werfen, einen wird man schon auffangen, und dann geht es weiter, irgendwie.

»Ihr Deutschen seid viel zu ernst«, sagte mir ein anderer spanischer Professor an der Business School in Barcelona, der mir Nachhilfeunterricht im Spanischen gab. »Du willst immer den Konjunktiv lernen … wenn ich hätte … dann wäre ich. … Lerne doch lieber: Ich habe und ich bin, und das ist gut.«

Das war auch die Maxime von Maria Teresa Gurgui. Sie war eine starke Frau wie viele Spanierinnen, die ich im Lauf der Jahre kennenlernte. Ich bewunderte die innere Sicherheit und natürliche Selbstverständlichkeit, mit der diese Frauen die oft riesigen Alltagsprobleme angingen und dabei immer noch heiter blieben. Groll gegen den Ehemann, der sich abends aufs Sofa fallen ließ? Keineswegs. Ihm wurden auch noch die Pantoffel gebracht. Er war halt ein Kind mehr, das auch mit versorgt wurde. Solch starke Frauen sind mir viel später in der Sowjetunion wieder begegnet.

Meine Vorstellungen von Emanzipation oder gar entsprechende Programme des Goethe-Instituts wären in Spanien wie in der Sowjetunion wohl fehl am Platz gewesen. Obwohl – es gab eine Bewegung »zur Befreiung der Frau«, die das tief verinnerlichte Bild »der Frau an seiner Seite« aufweichen wollte. Auch Künstler, die meisten waren Männer, wurden von ihrer Kritik nicht verschont. Beispielsweise schrieb die Frauenrechtlerin Mireia Bofill 1974 über das schon bekannter gewordene katalanische Künstler-Duo Arranz Bravo und Bartolozzi: »Ihr Frauenbild hat im Mittelalter zu Verfolgungen und Hexenverbrennungen geführt. Zwar weisen sie auf die Missstände in unserer Gesellschaft hin, aber gleichzeitig tragen sie dazu bei, diese zu verewigen.« Mir war das in den Skulpturen, Installationen, Happenings und Gemälden der beiden Künstler nicht aufgefallen, aber ich diente auch nicht an irgendeines Mannes Seite.

Maria Teresa hatte ihren Mann und die drei Kinder liebevoll, aber fest im Griff. Ihr Ziel war es, ihre Familie in politisch wie wirtschaftlich äußerst schwierigen Zeiten zu ermutigen, zu fördern und auf eine bessere Zukunft vorzubereiten.

»Lernen, lernen«, impfte sie ihren halbwüchsigen Kindern ein, während sie, die begnadete Köchin, die Milch nach Zentilitern über die Woche verteilte, da mehr Geld für mehr Milch nicht da war. »Toni«, hatte sie zu ihrem Siebzehnjährigen gesagt, »du lernst neben der Schule im Goethe-Institut Deutsch. Das hilft dir später.«

So landete Toni in meinem Sprachkurs, und ich wurde bald das vierte Kind in der Familie. Maria Teresas feinsinniger Mann, den wir alle verehrten, hatte nach vielen Jahren Franco-Diktatur innerlich resigniert. Er wollte nicht (mehr) kämpfen wie seine Frau, auch nicht viel reden, schon gar nicht über Politik. Kraft zog er aus der Musik. Seine aufgestaute Liebe verströmte er vor allem auf seine älteste, geistig behinderte Tochter Maria Rosa. Neben ihm wirbelte Maria Teresa und regelte alles für uns alle. Sie vermietete mir eine Wohnung, brachte mir bei, wie man auf dem Markt einkauft, erklärte mir die Rituale hinter den kirchlichen Festen, ließ Toni und mich auf Entdeckungsreisen durch Spanien fahren. Und sie half in einer ganz schwierigen Situation: Eine meiner Sekretärinnen, eine deutsche Ortskraft, hatte ein rasch wucherndes Geschwulst an der Brust. Was tun? Geld hatte sie keines, und ich kannte das spanische Gesundheitssystem nicht.

»*Espera, espera*« (warte, warte mal), reagierte sie spontan und griff zum Telefon.

Telefonieren gehörte damals wie heute zu den Lieblingsbeschäftigungen. Wahrscheinlich gibt es auch heute mehr Mobiltelefone in Barcelona als in irgendeiner deutschen Stadt. »Das ist die Lust an der Kommunikation«, dachte ich zuerst. Diese Lust wurde nur einmal drastisch gestört, als im Sommer 1970 die zentrale *Telefonica* in Barcelona abbrannte und wir alle über viele Wochen nicht telefonisch kommunizieren konnten. Dass wir keine Anrufe aus der Münchner Zentrale des Goethe-Instituts bekamen, empfanden wir nicht als Mangel. Faxe natürlich auch nicht, denn die gab es noch nicht. Mobiltelefone? Computer? Ferne ungeahnte Zukunft. Es war ein wunderbarer ruhiger Sommer mit viel persönlichen Gesprächen. Diese persönliche Kommunikation war mehr als Lust. Es war die Notwendigkeit, im Schatten der Macht des Diktators Francisco Franco die privaten Netzwerke zu pflegen, sich gegenseitig zu helfen, denn von den Behörden, »von denen da oben«, erwartete man nichts, jedenfalls nicht in Kreisen der kritischen Intellektuellen. Das Gleiche erlebte ich viele Jahre später auch in der Sowjetunion.

Maria-Teresas Telefonate brachten die Lösung für das Problem. »Mein Bruder ist Chirurg, er macht die Operation. *No te preocupes* (mach dir keine Sorgen).« Ich begleitete meine Sekretärin ins Krankenhaus. »Wenn Sie wollen, können Sie hier bleiben, hier übernachten, im angrenzenden Zimmer«, gab mir die Krankenhausverwaltung zu verstehen. Dass Freunden, Bekannten, Verwandten völlig selbstverständlich Übernachtungsmöglichkeiten angeboten wurden, dass der Patient nicht nur ein Objekt war, das man zu festgelegten Besuchszeiten sehen durfte, das war mir neu und außerordentlich sympathisch. Es war zutiefst menschlich. Erst viel später wurden die festen Besuchszeiten auch in Deutschland abgeschafft. Sicher, ohne Beziehungen hätte man in Spanien damals wie heute nicht so schnell einen guten Arzt gefunden, so wie auch in der Sowjetunion und heute in Russland. Aber: Der Chirurg war erfolgreich und nahm kein Honorar.

»Schenke ihm zwei Flaschen guten deutschen Weißwein«, raunte mir Maria-Teresa zu. Das tat ich. Für entsprechende Dienste im heutigen Russland müsste ich wohl zumindest 20 Flaschen exzellenten Weines besorgen. Wie viele im heutigen Spanien? Und wieviel Geld in den Notaufnahmen in den USA?

Maria Teresa beschloss auch, dass ich eine Ferienwohnung am Strand südlich von Barcelona kaufen sollte. In den Jahren 1970/71 war der unkontrollierte Bauboom, der seit 2008 die Kreditwürdigkeit spanischer Banken und damit auch der spanischen Regierung zutiefst erschütterte, erst sehr langsam im Entstehen. Die Küsten waren noch nicht verschandelt, und Touristen strömten noch nicht in Massen an. Ich kaufte die Wohnung und lud meine Schwester Gerda und ihre kleinen Kinder dorthin zum Erholen ein. Gemeinsam haben wir Anfang September 1972 dieses bescheidene Apartment, die

Sonne, den Strand genossen. Ich trug meinen ersten Bikini. Das war in jenen Jahren noch gewagt.

Dann platzte die Bombe im wahrsten Sinne des Wortes. Über unser Transistorradio hörten wir am 5. September von dem Attentat einer palästinischen Terrorgruppe, die siebzehn israelische Sportler, Teilnehmer an den Olympischen Spielen in München, getötet hatten. Schrecklich und unvorstellbar. Terroristische Übergriffe oder gar Selbstmordattentäter waren Anfang der siebziger Jahre noch nicht Bestandteil der täglichen Nachrichten.

Welcher Hass geboren aus Erniedrigungen und Verletzungen in der Vergangenheit war da im Spiel? Wo wird das hinführen, fragten wir uns. Wird man den palästinensisch-israelischen Konflikt ernst nehmen? Wird die Weltgemeinschaft, und das hieß damals zu Zeiten des Kalten Krieges mit Blick auf Israel die USA und Westeuropa, erfolgreich auf eine Lösung hinarbeiten? Die Frage ist bisher nicht beantwortet. Die Situation hat sich verhärtet. Dazu tragen die Raketenabschüsse der radikal-palästinensischen Hamas auf israelisches Gebiet ebenso bei wie die völkerrechtswidrige Siedlungspolitik der israelischen Regierung. Die Gegenwart ist fragil und die Zukunft angesichts der Turbulenzen in der gesamten Region mehr als ungewiss.

Nach einer Saison habe ich das Strand-Appartement wieder verkauft. Es hatte seinen Zweck erfüllt. Knapp 30 Jahre später waren die Immobilienpreise um 28 Prozent gefallen. Heute wäre ich die Wohnung wohl kaum losgeworden.

Für den Kauf der Wohnung und auch sonst für meinen Lebensunterhalt brauchte ich Geld, am besten in bar. Heute würde man in Barcelona lässig zu einem der vielen Bankautomaten gehen. Aber die gab es damals noch nicht. Ich hätte mir auch ein Konto einrichten und mir mein Gehalt dorthin überweisen lassen können. Das erschien mir angesichts der prekären Lage Spaniens zu unsicher – wie viel später auch in der Sowjetunion. Also ging ich wie viele Deutsche, die ihr Gehalt in Deutschland bezogen, beispielsweise die Lehrer der Deutschen Schule, zur Banca de Cataluna am Plaza de Cataluna gelegen. Da fragte ich nach einem bestimmten Herrn und übergab ihm in einem Umschlag einen DM-Scheck. Er verschwand damit und kam nach einiger Zeit mit einem Umschlag voll Peseten zurück. Der Wechselkurs war immer überproportional günstig für mich. Warum tat die Banca de Cataluna das?

Brauchte das arme Land Devisen um fast jeden Preis, ähnlich wie die DDR und andere mittel-und osteuropäische Länder? Hatte der Bankangestellte persönliche Interessen? War ich da an irgendeinem Falschgeschäft beteiligt? An Korruption?

»Du bist mal wieder sehr preußisch«, mokierte sich José Maria Carandell angesichts meiner finanziellen Transaktionszweifel. »Freu dich doch, werde ein bisschen anarchistischer. Geh jetzt lächelnd bei Rot über die Ampel, strahle den Guardia Civil dort an der Ecke an und frag ihn nach Nietzsche, bevor er dir ein Strafgeld verpasst, sei einfach ein bisschen verrückt in unserer absurden Welt.«

Das Doppeldeutige, das Doppelbödige, das Spielerisch-Vertrackte, der Austausch von blitzenden Gedankensplittern, das lag José Maria, diesem überaus gebildeten Germanisten, Literaten, Stadtforscher, Theaterfachmann, Kulturjournalisten. Er war ein Stadtmensch: unruhig, schnell, witzig, alles beobachtend aus einer verborgenen Melancholie heraus. Alles ideale Fähigkeiten, um als kritischer Intellektueller in der

Franco-Diktatur mit Anstand und einem gewissen skurrilen Spaß zu überleben. Ihm war es gegeben zu provozieren, ohne seinem Gegenüber eine Angriffsfläche zu bieten. Er hat dem Goethe-Institut viele seiner kritischen Zeitgenossen vorgestellt. Diese damals relativ unbekannten Mit-/Enddreißiger erfreuen sich heute, soweit sie noch leben, internationaler Bekanntheit: der scharfsinnige Kritiker Joan de Sagarra, der verschlüsselte Poet Joan Brossa, bei dessen Beerdigung ich 1998 in Barcelona all die alten Freunde aus der Kunst und Kulturwelt wiedersah, der Professor für Ästhetik und Kunstkritiker Alexandre Cirici Pellicer, dem seine aufrechte Haltung viele Jahre Gefängnis eingebracht hatte und der doch noch die Kraft hatte, nach Francos Ende im neuen Regime als Abgeordneter zu wirken. Dazu der damals wohl beste Schauspieler Spaniens José-Luis Gomez, der dem spanischen Theater-Pathos erfolgreich mit stark reduzierter Gestik und zurückgenommener Mimik entgegenwirkte. Er gehört auch heute noch zu den Top-Schauspielern, wie man in Pedro Almodóvars Film *Los abrazos rotos* (Zerrissene Umarmungen, 2009) sehen kann. Und dann der warmherzige, umsichtige Dichter, Kunst- und Architekturkritiker José Corredor Mateos, der uns immer wieder das Gebäude des Architektenverbandes zur Verfügung stellte, zum Beispiel für eine Ausstellung mit konkreter Poesie. Schließlich der überaus sensible, melancholische Philosoph Emilio Lledo, den seine ehemaligen Studenten, heute selbst oft Hochschulprofessoren, nach wie vor auf Händen tragen. Und natürlich José Marias angeheiratete Verwandtschaft, die Literaten-Dynastie mit Juan Goytisolo an der Spitze, und viele andere mehr.

Emilio Lledo hatte in Heidelberg bei Professor Hans-Georg Gadamer Philosophie studiert. Durch seine frühen Publikationen wurde er sehr rasch über Spaniens Grenzen hinaus bekannt. Sein Ruhm berührte ihn wenig. Als ich ihn 1969 in Barcelona kennenlernte war gerade seine Frau gestorben. Über ihren Tod kam er nicht hinweg. Der Schmerz biss sich in ihn hinein. Die Außenwelt kam nicht mehr an ihn heran. Man bot ihm an, in der neu gegründeten »autonomen Universität« den Lehrstuhl für Philosophie aufzubauen. Emilio lehnte ab. Den Ruf auf den Prestige-Lehrstuhl für Philosophie an der Complutense Universität in Madrid registrierte er kaum, wollte nicht einmal antworten.

Aber da waren doch drei kleine bis halbwüchsige Kinder, Alberto, Helena und Fernando, die seine Fürsorge und Zuwendung brauchten. Er liebte sie, hatte aber nicht die Kraft, mit ihrem Leid umzugehen. Mir waren die Kinder bald ans Herz gewachsen. Ich sprach mit ihnen über ihre alltäglichen Erfahrungen, sorgte für kleine Überraschungen zu ihren Geburtstagen, fuhr gelegentlich mit ihnen über ein Wochenende in Emilios kleines Sommerhäuschen an der Costa Brava. Das verschaffte Emilio Freiraum, sich wieder zu fassen, nachzudenken, sich in Barcelona seinen philosophischen Arbeiten zu widmen, während wir im Meer schwammen, gemeinsam einkauften und gemeinsam die jeweilen Lieblingsgerichte kochten.

An einem regnerischen aber sehr warmen Sonntagmorgen weckte mich die Stimme des fünfjährigen Fernando:
»Mir ist kalt.«
»Komm unter meine Decke«, erwiderte ich schlaftrunken. Nachdem er sich in meinen Armen warm gekuschelt hatte, begann er zu fragen.
»Woher kommen die Regentropfen am Fenster? Warum rollen sie jetzt so langsam herunter? Kommen sie von der Mamma im Himmel? Kannst Du das auch? Ist Papa auch bald ein Regentropfen?«

Mir zog es das Herz zusammen. Ich erfand wundersame gut endende Märchen über Regentropfen, denn physikalische Erkenntnisse, die ich sowieso nicht hatte, waren ja auch nicht gefragt. Fernando suchte Trost.

»Weißt du, der Papa will noch nicht in die Wolken aufsteigen und dann als Regentropfen zu euch zurückkommen. Er will ganz lange bei euch bleiben.«
Das beruhigte ihn.
Glücklicherweise nahm Emilio im allerletzten Moment eine Professur in Madrid an. Im Laufe der Jahre wurde er mit spanischen und deutschen Preisen wie Ehrungen überhäuft. Er hat es geschafft, sich aus seinem Loch herauszugraben und seine Kinder auch.

Oft bin ich nicht nur in Spanien gefragt worden, ob ich denn nicht eigene Kinder vermisse. Die Wahrheit ist: nein. Weil ich immer und überall von Kindern umgeben war. Warum sich das so ergab, weiß ich auch nicht. Da waren und sind die fünf Kinder meiner Schwester Gerda und deren Kinder, die Sprösslinge und später Enkel von Christa und José Maria, der Nachwuchs von Kollegen, die auch einmal ein ungestörtes Wochenende verbringen wollten, selbst die Nachkommen ehemaliger Schulkameradinnen. Viele dieser Kinder leisteten später Praktika an den Goethe-Instituten ab, an denen ich stationiert war, besuchten mich oder ich sie, erzählten mir von ihren Sorgen und Hoffnungen. Da war und ist immer ein Nähegefühl, das schwer erklärbar ist. Wir fühlten und fühlen uns wohl miteinander. Aber wenn sie dann wieder weg waren (sind), ging (geht) es mir auch gut. Wunderbar, sich allein und konzentriert mit den historischen und kulturellen Fragen zu beschäftigen, die mich interessieren.

Eine zentrale Rolle im literarischen Leben Barcelonas damals spielte der Dichter, Übersetzer und Verleger Carlos Barral. Sein 1955 wiedergegründeter Verlag, Seix Barral, wurde zum

Empfangshafen vieler Autoren der südamerikanischen Literatur, die in den sechziger und siebziger Jahren einen regelrechten Boom erlebte. So verlegte er beispielsweise die Werke Mario Vargas Llosas aus Peru, die von Julio Cortázar aus Kuba, von Carlos Fuentes aus Mexiko, von Ernesto Sabato aus Argentinien, Arbeiten des Chilenen José Donoso, der seit 1970 in Barcelona lebte und den ich dort kennenlernte, sowie die wunderbaren Memoiren von Pablo Neruda *Confieso que he vivido* (*Ich bekenne, ich habe gelebt*). Neruda starb nur wenige Tage nach dem Militärputsch gegen den demokratisch gewählten Präsidenten Chiles, Salvador Allende, durch General Augusto Pinochet, der das Land bis 1990 diktatorisch regierte. All diese Autoren beschrieben auf sehr unterschiedliche Art Unterdrückung, Schikanen, die menschliche Verrohung durch Gewalt und Freiheitsentzug, brachen literarische Tabus wie Homosexualität. Ihre Fähigkeit, Freud und Leid, Liebe und Tod, Angst und Aufbegehren, Armut und Überlebensdrang mit großer Empathie in eine sinnliche, nachvollziehbare Sprache zu verwandeln, hat großen Eindruck hinterlassen. Auch der chilenische Exilant Antonio Skármeta gehörte dazu. Antonio hatte ich als politischen Flüchtling in Berlin kennengelernt, ihn Anfang der achtziger Jahre ins Goethe-Institut nach Amsterdam eingeladen und ihn – mittlerweile war er chilenischer Botschafter in Deutschland geworden – Anfang dieses Jahrhunderts bei einer Lesung im Literaturhaus Köln wiedergetroffen. Die südamerikanischen Autoren wussten, was es heißt, in Diktaturen zu leben. Sie wussten, wie man mit der Zensur spielt, wie man sich zwischen den Zeilen ausdrückt, wie man überlebt und doch seine schöpferische Kraft behält.

Auch die spanischen Autoren, die Carlos Barral förderte, waren geprägt durch die Vergangenheit. Als Beispiel sei nur der mittlerweile in viele Sprachen übersetzte Juan Marsé genannt. »Geh doch mal mit Juan aus«, sagte mir eines Tages José Maria. »Juan ist literarisch interessant und außerdem mutig.«

Das taten Juan und ich dann auch und tanzten im Club Bocaccio, den es nicht mehr gibt, der damals aber zu den wenigen »in«-Adressen gehörte. Ich hatte gerade sein viel besprochenes Buch *Las ultimas tardes con Teresa* (1967) in der dritten Ausgabe von 1969 gelesen, das später als *Letzte Tage mit Teresa* auf Deutsch erschien. Das hatte mich fasziniert. Wir verbrachten einen höchst vergnügten und geistreichen Abend. Musik und Tanz waren auch dabei. Juan beschäftigte sich kritisch mit eingefahrenen moralischen Tabus. Das führte zu seinem Buch *La muchacha de las bragas de oro* (Das Mädchen mit den goldenen Unterhöschen; 1978), eine Reflexion über Franco-Spanien, gespickt mit erotischen Provokationen, die für das restaurative Spanien unerhört waren. Dennoch wurde dieser Roman, wie andere Werke von Juan Marsé auch, 1980 verfilmt.

Carlos Barral, der später noch *senador* wurde und von 1984 bis zu seinem Tod 1989 für die spanischen Sozialisten (PSOE) im europäischen Parlament saß, war eine beeindruckende Persönlichkeit: offen, gelöst, überaus gebildet, schlitzohrig-geschickt im Umgang mit den Autoritäten. Irgendwie gelang es ihm immer, die Zensurstelle zu umgarnen, sie mit seinem Charme platt zu reden. Für seine Autoren hatte er immer Zeit. Die Animosität zwischen Mario Vargas Llosas und dem Schriftsteller des magischen Realismus aus Kolumbien, García Márquez, oft ausgetragen durch deren Ehefrauen, überspielte er souverän. Heute gehört Seix Barral zu der starken weiterhin auf Spanisch publizierenden Verlagsgruppe Planeta mit Hauptsitz in Barcelona und vielen Niederlassungen weltweit mit dem Schwerpunkt Südamerika, was angesichts der spanischen Kolonialvergangenheit nahe liegt. So spiegeln sich Vergangenheiten immer wieder in der Gegenwart. Juan Marsé, der unter anderem 2008 den Cervantes-Preis erhielt, den wichtigsten Preis für spanischsprachige Literatur – sozusagen den spanischen Nobelpreis in dieser Gattung – wurde 2013 achtzig Jahre alt. Tanzen werden wir wohl kaum mehr zusammen, aber das ändert an der Sympathie nichts.

»Komm doch mit«, sagte mir José Maria eines Tages, »begleite mich bei meinen nächtlichen Streifzügen durch das alte Barcelona.« Er schrieb gerade an einem Buch *Guia secreta de Barcelona* (Geheimer Stadtführer durch Barcelona), den er 1974 veröffentlichte. Jede Ecke kannte er, jede Gasse, jeden Markt, jede Kneipe, jedes historische Gebäude, sei es nun aus römischer oder mittelalterlicher Zeit. Und all die verrückten Figuren, die nachts ihren Geschäften nachgingen: Wahrsager, Drogenhändler, »spontane« Begleiter und Abzocker der wenigen Touristen, Vogelhändler, Glücksspieler. Und natürlich wusste er, was seine Schriftstellerkollegen geschrieben hatten über die Ramblas, die Hauptstraße der Altstadt, und die sehr unterschiedlichen Stadtviertel rechts und links von dieser Straße, dem Meer zugewandt. Links das Barrio gotico (das gotische, bessere Viertel, das wiederum aus verschiedenartigen Stadtteilen besteht) und rechts das sogenannte »Barrio Chino« (das in jeder Beziehung dunklere Viertel mit unterschiedlichen Untervierteln und Lebensäußerungen).

»José Maria«, rief ich, als wir am Anfang der Ramblas an den Zeitungskiosken vorbeischlenderten, »die haben ja *The Guardian, Le Monde, Die Frankfurter Allgemeine, Der Spiegel, La Republica* ..., sozusagen Presse aus aller Welt, jedenfalls der westlichen. Und das in Franco-Spanien? Das wäre in der DDR undenkbar.«

»Na klar«, kommentierte er ironisch, »die Leute bei unseren Zensurbehörden können kaum lesen und schreiben. Da wird mal eine Überschrift geschwärzt, mal kommt eine Zeitung aus dem Ausland auch gar nicht an. Aber das ist alles.« Auf meinen ungläubigen Blick hin meinte er nur: »Komm mit in die Buchgeschäfte, die interessantesten sind in den Hinterhöfen, da findest du alles, was der liebe Gott, besser gesagt General Franco in enger Partnerschaft mit der katholischen Kirche so alles verboten hat: Bücher über Okkultismus, Sekten, Freimaurer, kritische religiöse Literatur, bestimmte zeitgenössische Literatur aus England, Frankreich, Deutschland, den USA. Alles geht natürlich nicht durch, und vieles wird nicht übersetzt. Wir sind kein ausgesprochenes Leseland, und Fremdsprachen sind auch nicht unsere Stärke. Bei Reisen ins Ausland, und reisen können wir ohne Probleme, besorgen wir natürlich Bücher. Dann muss man aber an der Grenze aufpassen.«

»Fällt es auf, wenn ihr Schriftsteller politisch-kritische Bemerkungen macht?«, wollte ich wissen.

»Viele Autoren sind emigriert, andere sitzen in Gefängnissen. Wir, die wir hier geblieben sind, haben gelernt, zwischen den Zeilen zu schreiben und zu lesen. Auch mein Buch handelt nicht von einem politisch-geheimen Barcelona, sondern von einem unbekannt-geheimnisvollen Barcelona, in dessen Dämmerlicht allerlei nicht angepasste Menschen ihr Un-Wesen treiben. Ich möchte das inoffizielle, das obskure, das andere Barcelona lebendig machen. Ich will nicht nur unsere historischen Gebäude verklären und den von Franco bestimmten offiziellen Verhaltenskodex zementieren. ... Und schau dir mal die Karikaturen von Jaume Perich an. Jeder begreift sie, aber explizit wird nichts gesagt. Die Kunst der spielerischen Verschlüsselung ist hier hoch entwickelt.«

Ja, dachte ich, und die Kunst, diese Zwischentöne zu entschlüsseln. Etwas platt bemerkte ich dann:

»Ist die Franco-Diktatur so eine Art Schweizer Käse mit vielen Löchern, durch die man hindurchkrabbeln, sich in Sicherheit bringen kann?«

»Naja«, gab er zu bedenken, »du musst schon wissen, was du zu wem und wie sagst. Pass vor deinem *Portero* (Hausmeister) auf. *Nunca se sabe* (man weiß ja nie). Unsere Diktatur ist im Gegensatz zu eurer unter Adolf Hitler und auch im Gegensatz zu der kommunistisch-sowjetischen Diktatur nicht darauf ausgerichtet, eine neue Weltordnung zu schaffen und ein neues Menschenbild zu kreieren. Francos Männer haben keine Rassenlehre entwickelt. Antisemitismus wurde nicht geschürt. Unsere Diktatur hat keine Mission oder Vision, die dann vom Hausmeister bis zur obersten politischen Spitze durchdacht und durchstrukturiert umgesetzt wird. Im Organisatorischen sind wir Gott sei Dank sowieso nicht so gut. Bei uns gibt es keine schlüssige Ideologie, es geht um zentralistische Macht und traditionell christliche Moral, und die haben viele von uns verinnerlicht. Es ist komplexer und komplizierter als du als Außenstehende wahrnehmen kannst.«

Dieses lateinisch/katholische ideologiefreie Diktaturmodell habe ich in den achtziger Jahren in Chile unter dem Diktator Pinochet wiedererkannt. Auch dort konnte man viele ausländische Zeitungen kaufen. Auch dort spielten Protestler Katz und Maus mit der Macht. Im Herbst 1986 hörten wir in Santiago zufällig einer Musikgruppe zu. Sie hatte sich gut sichtbar auf den breiten Stufen eines prachtvollen Gebäudes in der Innenstadt aufgestellt und sang eindeutig gegen das Regime gerichtete Protestlieder. Plötzlich trat Stille ein, und die Gruppe war wie vom Erdboden verschwunden.

»Klar«, erklärte ein neben mir stehender Student,»ihre Wachposten haben sie gewarnt. Die Sicherheitspolizei rückt an.« So war es. Ein paar Straßen weiter trafen wir die Gruppe wieder. Diese Mischung aus jugendlicher Unbekümmertheit, oppositioneller Überzeugung und großem Mut hätte fatale Folgen haben können. Sie riskierten verhaftet, ja gefoltert zu werden, und die Zustände in den chilenischen Gefängnissen waren katastrophal. Mein zweiter Mann, Jac./Koos van Weringh, niederländischer Professor der Kriminologie, erzählte mir davon, hatte aber auch gesehen, dass dort in einer Gefängnisbibliothek paradoxerweise ein großes Foto des geächteten, kommunistischen Schriftstellers Pablo Neruda an der Wand hing.

Die Zustände in den Gefängnissen der Sowjetunion waren ähnlich, aber ein Foto von beispielsweise dem Friedensaktivisten Lew Kopelew wäre dort undenkbar gewesen. Ebenso wie spontane Musikproteste auf den Straßen. Zeitungen? Da gab es in millionenfacher Auflage die linientreue sowjetische *Prawda* und ausländische, kommunistische Zeitungen, wie die französische *Liberté*. Damit erschöpfte sich das Angebot. Die *Prawda* ist inzwischen längst verkümmert, wurde allerdings ersetzt durch heutige linientreue Medien.

Während ich meinen Gedanken nachhing, waren José Maria und ich weitergelaufen. Er wechselte das Thema. Auch kritische Intellektuelle sprachen nicht gerne über das Franco-Regime. Sie lebten darin, kannten es, umgingen es, durchlöcherten es, aber redeten nicht viel darüber außer in kleinsten Zirkeln.

»Ist dir eigentlich aufgefallen, wie wenige Bettler es hier gibt, obwohl wir doch ein Land von wenig Reichen und vielen Armen sind?«, fragte er unvermittelt. Bevor ich antworten konnte, fügte er hinzu: »Weil Betteln seit 1323 unter Androhung von hohen Geldstrafen verboten ist.«

Tatsächlich war ich wenigen Bettlern begegnet und auch heute noch, so scheint mir, betteln mehr Menschen in Köln als in Barcelona. Das Straßenbild war von der Guardia Civil geprägt, nicht von Bettlern.

»Halten sich die Menschen denn an so ein Verbot?«, wollte ich wissen.

»Vergiss nicht, wir sind eine Kaufmanns- und Handelsstadt. Über alles lässt sich verhandeln, auch Verbote. Die reichen Bettler haben der Stadtverwaltung einen bestimmten Betrag angeboten. Als Gegenleistung sorgen sie dafür, dass die Bettelei nicht überhandnimmt und erwarten, dass die Stadt ein Auge zudrückt. Klappt doch«, sagte er distanziert-amüsiert. »Du musst das alles ein bisschen spielerischer sehen, nicht so ernst Deutsch.«

»Hier«, rief er plötzlich, »in dieser Klappe werden ungebetene Babys abgegeben, nicht nur von Prostituierten. Die Babys werden gut versorgt. In der Altstadt, aber nicht nur hier, gibt es viele karitative Vereine.«

Vereine?

Blitzschnell wie immer griff José Maria meine unausgesprochene Frage auf.

»Ich rede von karitativen Vereinen, nicht von politischen oder kulturellen. Die sind natürlich verboten. Aber es gibt sie doch, vor allem mit dem Ziel, die unterdrückten katalanischen Besonderheiten zu stärken. Der bürgerliche Verein *Omnium Cultural* wurde 1961 gegründet, wieder verboten, wieder erlaubt. Heute setzen sich 14.000 Mitglieder auf vielerlei Weise für alles Katalanische ein und beherbergen in ihren Gebäuden das Institut für katalanische Studien.«

Wir bogen rechts der Ramblas in eine der dunklen Gässchen ein, in die ich mich bei Nacht niemals allein hineingetraut hätte.

»Lass uns was trinken, in einer Bar de Camareras«, schlug er vor. Einem spanischen Rotwein war und bin ich nie abgeneigt, auch wenn ich mir unter einer Bar de Camareras nicht das Geringste vorstellen konnte. Das sollte sich rasch ändern. Während wir an unserem eisgekühlten Rotwein nippten (je schlechter der Wein umso kälter ist er; noch heute bestelle ich ein Glas Rotwein in einem einfachen Bistro mit dem Zusatz »natural«, also Zimmertemperatur), flüsterte José Maria mir zu:

»Die Camareras, also das weibliche Bedienungspersonal, stehen auch für andere Dienste zur Verfügung. 1956 wurde die Prostitution verboten. Fast 100 *Meublés* in Barcelona wurden geschlossen. Da musste sich das älteste Gewerbe der Welt nach neuen Formen umschauen. »Wohin, fasste er sarkastisch nach, »sollen denn die amerikanischen Marinesoldaten gehen, wenn ihre Flotte mal wieder im Hafen von Barcelona landet? Und wenig betuchte Barceloneser brauchen auch Adressen. Das nächste Mal zeige ich dir, wie das in Barcelona Alta, da oben über der Altstadt, in dem seit 1860 neu erbauten Viertel geregelt ist: Teurer, exklusiver, aber im Prinzip das Gleiche.«

»Lass uns gehen«, sagte er plötzlich.

»Hast du Angst vor der Polizei?«, fragte ich.

»Nein, die traut sich kaum in dieses Viertel rein. Aber man beobachtet uns misstrauisch. Wir sind Fremdkörper. Ich bin kein Klient, und du bist eine potenzielle Konkurrentin. Selbst Pedro da drüben, ein Schmuggler und Drogenhändler, schaut schon missbilligend. Über dessen Geschäfte kann dir Ramón mehr erzählen.«

Wir liefen zurück. An der Plaza de Cataluna nahm ich mir ein Taxi. Die gab es in Franco-Spanien immer, nicht aber in der kommunistischen Sowjetunion. Vorher erklärte mir José Maria, wer denn nun Ramón war.

»Ich habe ihn bei den Anonymen Alkoholikern kennengelernt. Deren Sitz ist auch nicht weit von hier. Er war Fremdenlegionär, keine dunkle Seite des Lebens ist ihm unbekannt.«

Ramón war ein Freund von José Maria und seiner Frau Christa. Bei ihnen zu Hause, wo ich viele Schriftsteller, Architekten, Journalisten, Philosophen traf, lernte ich ihn näher kennen. Einen Nachnamen hatte Ramón nicht, das war so üblich bei den Anonymen Alkoholikern. Er wirkte auf mich sympathisch, fast väterlich, wenn auch bar jeglicher Ideale oder Illusionen.

»Als Fremdenlegionär habe ich zu tief in menschliche Abgründe gesehen, und im Abgrund war ich ja selbst auch«, versuchte er seine Einstellung zu erklären. »Frauen, Drogen, Alkohol, Waffen, Schmuggel, polizeiliche Auseinandersetzungen und noch Schlimmeres, nicht gut für deine Ohren. Das ist heute vorbei. Aber mit meinen Erfahrungen kann ich dir jetzt helfen«, fügte er freundlich hinzu.

In der Tat brauchten wir seine Hilfe. Der Leiter des Goethe-Instituts, Hans-Peter Hebel – ich war mittlerweile zu seiner Stellvertreterin aufgestiegen – hatte 1972 den deutschen Künstler Timm Ulrichs zu einer Performance in das direkt am Platz vor der Kathedrale gelegen Gebäude des Architektenverbandes eingeladen. Ulrichs wollte sich in einem langsamen, schmerzhaften Prozess eine Zielscheibe auf die Brust tätowieren lassen und zwar auf keinen Fall maschinell. Ramón wusste, wie das ging. Er besorgte Nadeln, wickelte sie mit Bindfaden um einen Span Holz, so dass sie in unterschiedlichen Abständen herausragten und stach dann die mit einem Blaustift vorgezeichnete Zielscheibe Millimeter für Millimeter nach. José Maria und ich assistierten, tupften die austretende Gewebeflüssigkeit immer wieder ab. Das Ganze vor einem vollen Saal. Beim Anblick der Fotos von damals

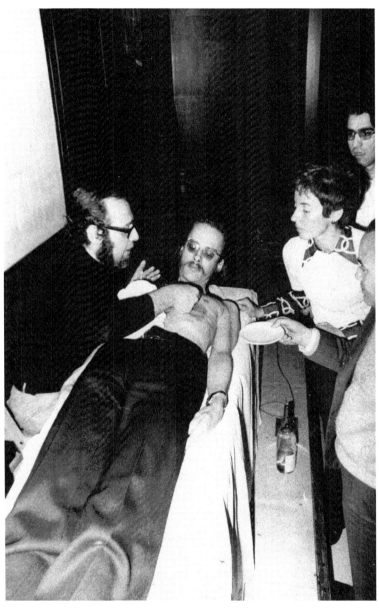

Die Tätowierung des »Totalkünstlers« Timm Ulrichs, Barcelona 1972. Ramón Draper (l.) assistiert von Kathinka Dittrich und José-Maria Carandell (Privatfoto)

wird mir noch heute mulmig. Ramón Draper war wohl die schillerndste Persönlichkeit, die mir je in meinem Leben begegnet ist. Jahrzehnte später stellte sich heraus, dass er seine Biographie frei erfunden hatte, in seiner Vorstellung in vielen Welten lebte, was ihn aber nicht minder real macht.

Die Altstadt Barcelonas barg noch Geheimnisse ganz anderer Art, in die mich Joan Guinjoan einführte. Für diesen bodenständigen Katalanen, dessen warmer, verschmitzter Humor auf einer gewissen Bauernschläue beruhte, war das Wichtigste im Leben die Musik. Am liebsten hätte er Tag und Nacht nur komponiert, unterstützt von seiner Frau Monique. Mit zeitgenössischen Kompositionen hätte er seine Familie allerdings nicht ernähren können. Wie viele Spanier damals brauchte er also mehrere Berufe, *plurio empleo* genannt. Er unterrichtete, beriet die Stadtverwaltung und arbeitete als Musikrezensent bei der Tageszeitung *Diario de Barcelona*, die es heute nicht mehr gibt.

Schwierig wurde es für Joan, wenn in *dem* Konzertsaal Barcelonas, dem Palacio de la Musica, einem überbordenden Jugendstilgebäude mit fabelhafter Akustik, ein wichtiges Konzert stattfand, und gleichzeitig im Liceo, damals der einzigen Oper Spaniens, an den Ramblas gelegen, eine Premiere angekündigt war. Joan konnte sich ja schließlich nicht zweiteilen. Er musste aber für beide musikalischen Ereignisse Rezensionen abliefern. Die Lösung war einfach. Joan schrieb die Rezensionen vorher. Dann ging er in den *Palau*, wie er auf Katalanisch heißt, und ich nahm seinen Presseplatz in der Oper ein. Ich sollte aufpassen, ob ein Sänger in letzter Minute ausgetauscht wurde, jemand von der Bühne fiel oder sich sonst etwas Unerwartetes ereignete. Da saß ich dann in endlosen Wagner-Opern. Warum diese in Spanien wie auch in

Frankreich so beliebt waren, habe ich nie begriffen. Ich ließ mich ablenken von den Pappwolken, die mit unerklärlicher Geschwindigkeit über die Bühne gezogen wurden, studierte die traditionelle Bühnenausstattung, versuchte auf die Stimmen mit sehr unterschiedlichem Niveau zu lauschen. Meist waren nur die Hauptfiguren wirklich gut besetzt.

Aber, sinnierte ich dann selbstkritisch, dir als optischem Typ fehlt der Zugang zur Musik.

»Wir beide«, pflegte meine Großmutter zu sagen, »sind, was die Musik betrifft, wie ein trockenes Erdreich.« Da hatte sie mal wieder Recht. Aber trotzdem sehr schade, denn die Musik, welcher Ausrichtung auch immer, bewegt wahrscheinlich mehr Menschen als bildende Kunst, Literatur, Architektur, Film. Nur einmal, als ich verspätet und total übermüdet zu einem Konzert von Joan mit seinem Ensemble *Diabolus in Musica* kam, ermattet an der Wand lehnte und *Pour la fin du temps* von Olivier Messiaen hörte, hat mich in Barcelona Musik voll erfasst, bewegt und tief berührt.

In der Oper habe ich so etwas nie erlebt. Viel spannender waren für mich die langen Pausen zwischen den Akten. In den strahlend erleuchteten Foyers unter prächtigen Kronleuchtern traf sich das höhere Bürgertum in festlichen Abendroben. Erlesener Schmuck glitzerte, und der Champagner perlte in den Gläsern. Man wollte sehen und gesehen und als kulturinteressiert anerkannt werden. Die heiratsfähigen Töchter und Söhne waren natürlich dabei. Man war unter sich, war anders als die Anderen. Das nahe Leben draußen in den dunklen Gassen, wo das Geld der Leute kaum zu einer Bohnensuppe reichte, war fern. Hier drinnen wurde gehandelt und verbandelt, wurden Ehen unter Gleichen angebahnt, Geschäfte eingefädelt, Kontakte geknüpft oder erneuert. Ob da nun eine Oper von Richard Wagner, von Giuseppe Verdi oder Wolfgang Amadeus Mozart aufgeführt wurde, tat nicht viel zur Sache. Ich, die Beobachterin, die Lauschende, musste zugeben, dass für all diese Aktivitäten drei Pausen von je gut 30 Minuten gerade mal angemessen schienen. Das Liceo fungierte als sozialer Treffpunkt für die katalanische Geldelite, die ihre Sympathie für die herrschende Macht kaum verhehlte.

»Es ist nicht wahr, dass wir alle den Bürgerkrieg verloren haben«, schrieb 2007 die katalanische Verlegerin und Autorin Esther Tusquets in ihren kritischen Memoiren über ihre großbürgerliche Kindheit in Barcelona zu Francos Zeiten. *Habíamos ganada la guerra* (wir [das reiche Bürgertum] hatten den Krieg gewonnen). So schien auch mir es damals schon. Ja, das Liceo war eine *institución fundamental*, wie José Maria in seinem Geheimführer durch Barcelona anmerkte.

Nach dem Konzert im Palau holte mich Joan beim Liceo ab. Es war immer sehr spät, besser gesagt, früh am Morgen. Bei einem *cortado*, einem Espresso mit etwas Milch, und den gab es zu jeder Tages- und Nachtzeit an den Ramblas, tauschten wir unsere Eindrücke aus.

»Und, was Besonderes passiert?«, wollte Joan wissen.

»Nein, alles wie angekündigt«, war meistens meine Reaktion. Joan musste also keine Veränderungen in seinen druckreifen Rezensionen vornehmen. Also schlenderten wir die Ramblas hinauf zu seiner Redaktion, wo Joan seine beiden Berichte abgab. Oft besprachen wir noch anstehende Konzerttermine mit seinem Ensemble in der Umgebung von Barcelona; gelegentlich kutschierte ich die Musiker in meinem Opel-Kadett dorthin. Schließlich machte sich jeder auf seinen Heimweg.

Niemals hatte ich Angst, wenn ich durch die leeren Straßen lief. Der Gedanke, dass ich überfallen werden könnte, ist mir überhaupt nicht gekommen. Das Franco-Regime sorgte auch bei Nacht für Sicherheit. Ähnlich erging es mir in Moskau Anfang der neunziger Jahre. Erst nach Francos Tod in der zweiten Hälfte der siebziger Jahre wurde mir ein Portemonnaie gestohlen, und in Moskau fühlte ich mich erst Mitte der neunziger Jahre unsicher. Aber ich war gerne bereit, etwas mehr Freiheit für etwas weniger Sicherheit einzutauschen.

Musste Joan je einen Preis für seine künstlerische Freiheit in Franco-Zeiten bezahlen?
»Wieso sollte ich Probleme haben? Um meine Musik, und die ist ja ohne Text, habe ich keine Angst«, erwiderte er nur mit Schalk in den Augen.
»Die Zensoren begreifen die gar nicht. Viel zu abstrakt. Und ›abstrakt‹ wird nicht mit ›entartet‹ gleichgesetzt. Unser System ist nicht so durchstrukturiert wie eures mal war. Frag doch mal meine Komponistenfreunde Tomas Marco, Mestres Quadreny, Christobal Halffter, Josep Soler, Xavier Montsalvatge, naja und die anderen. Du kennst sie ja, die würden dir das Gleiche sagen. Wir sind für die Diktatur gar nicht präsent, haben kaum eine Plattform, sind von der Entwicklung der zeitgenössischen Musik in Europa abgeschnitten. Ohne euch, die ausländischen Kulturinstute ginge es uns wirklich schlecht.«

Deshalb versuchte das Goethe-Institut, wie alle anderen ausländischen Kulturinstitute auch, mittels Kompositionsaufträgen, Stipendienvergaben und gemeinsamen Konzerten von deutschen/europäischen und spanischen Musikern die Tür nach Europa auf zu stoßen. In Barcelona begann auch meine lebenslange Freundschaft mit dem Komponisten Mauricio Kagel bis zu seinem Tod in Köln.

Joan Guinjoan und José Maria Carandell gehörten nicht zu den Liceo-Kreisen. Das war auch nicht ihre Welt. Und mit welchem Geld hätten sich ihre Ehefrauen Monique und Christa standesgemäß anziehen sollen? Monique habe ich in all den Jahren nur in einem einzigen blauen Ausgehkostüm mit geblümter Bluse gesehen. Christa brauchte das wenige Geld, um ihre vier Kinder über die Runden zu bringen, was sie mit voller Aufopferung tat, so wie sie heute immer für ihre Enkel da ist. Hatten ihre damals kleinen Kinder fußballspielend auf dem langen Korridor in der Wohnung mal wieder einige Scheiben zertrümmert, dann räumte Christa die Scherben weg, während sich José Maria königlich über diese Auswüchse der antiautoritären Erziehung amüsierte. Gleichzeitig fand Christa noch Zeit und Muße, ihren eigenen künstlerischen Neigungen nachzugehen: der Herstellung von Puppen und der Malerei. Monique wie Christa haben den dornenreichen Weg ihrer Ehemänner voll mitgetragen, was keineswegs immer leicht war.

Den beiden Männern, den so unterschiedlichen Intellektuellen – dem quirligen Stadtmenschen und dem bedächtigen Landmenschen – war ihr Äußeres völlig gleichgültig. Sie hatten sich in meiner Wohnung kennengelernt. Jahre später beschlossen sie, gemeinsam eine Oper über Antonio Gaudi zu schreiben, den berühmten Architekten eines sehr persönlichen und originellen Jugendstils. José Maria hatte sich schon jahrelang mit Gaudi beschäftigt. Ihm war es dabei nicht um die Produktion neuer touristischer Bildbände über den Parque Guell, die Kathedrale Sagrada Familia, oder die anderen Bauten Gaudis in Barcelona gegangen. José Maria wollte einen tieferen Einblick in die Denkungsweise dieses Künstlers, Freimaurers, Häretikers im Rahmen des damaligen modernistischen Zeitgeistes gewinnen. Seine umfassende Arbeit zu diesem Freidenker liegt nun auf Katalonisch,

Nach der Opernpremiere Gaudi, *3. November 2004. V.l.n.r.: Monique und Joan Guinjoan, Christa Gottschewsky-Carandell (Foto: Kathinka Dittrich van Weringh)*

übersetzt aus dem Spanischen, im Stadtarchiv von Reus, der katalanischen Geburtsstadt von Gaudi. Es hat José Maria geradezu eine diebische Freude bereitet, in den spanischen Medien vehement gegen eine Seligsprechung von Gaudi durch den Vatikan anzukämpfen, mit Erfolg. Eine derartige kirchliche Absicht empfand er als Verrat, als Beleidigung für Gaudis Intellekt. Aus dieser Haltung heraus schrieb er das Libretto für die Oper. Joan komponierte die Musik. Die Premiere im Liceo in Barcelona im Jahr 2008 hat José Maria nicht mehr erlebt. Er hätte sich über das gemischte Publikum, die gleichmäßig guten Stimmen, die perfekte Übersetzungsanlage (katalanisch, spanisch, englisch) gefreut und natürlich über den berauschenden, viel besprochenen Erfolg. Joan konnte den Abend noch genießen und vertrat José Maria würdig.

Joan und José Maria haben es nie zu Reichtümern gebracht. Geld interessierte sie auch nicht. Dafür erhielten sie viele Ehrungen und Preise. So wurde Joan, heute ein international bekannter Komponist, im Jahr 2011 *das* musikalische Ereignis des Jahres in Madrid gewidmet, die *Carta Blanca*: zwei Symphoniekonzerte, drei Kammerkonzerte, jeweils mit seinen Kompositionen, eine Ausstellung, eine Veröffentlichung, ein Symposium mit Meisterklasse. Dieses international ausgerichtete Ereignis war bislang nur einem einzigen spanischen Komponisten gewidmet worden: Christobal Halffter. Joan war glücklich und Monique und ich mit ihm.

Junge bildende Künstler meiner Generation, also den damals Endzwanzigern/Anfang Dreißigern, hatten es in Barcelona schwer. Das Problem war nicht nur die Zensur. Es ging ihnen nicht unbedingt darum, in Zeichnungen, Grafiken, Gemälden, Skulpturen direkt Kritik am politischen und gesellschaftlichen Geschehen zu äußern. Das taten nur sehr wenige, wie beispielsweise der aus Toledo stammende, 1972 in Barcelona ausgestellte Künstler Rafael Canogar. Als Kinder ihrer Zeit setzten sich die sehr unterschiedlichen Persönlichkeiten natürlich mit den herrschenden Werten in ihrer Gesellschaft, mit der Freiheitsbeschränkung, der Amputation der Seele auseinander, aber mittels indirekter Ausdrucksformen. Was ihnen wirklich für ihre schöpferische Weiterentwicklung fehlte, war ein günstiger heimischer Nährboden: Förderungsmittel, Ausstellungsmöglichkeiten und internationale Vernetzungen, um Vergleiche anzustellen und Anregungen aufzugreifen oder abzulehnen.

Ernsthafte Reisebeschränkungen gab es in Franco-Spanien nicht, ganz im Gegensatz zur Diktatur in der Sowjetunion und seinen Satellitenstaaten. Wenn es sich ein bildender Künstler leisten konnte, oder er ein Stipendium über ein ausländisches Kulturinstitut bekommen hatte, dann kam er ungehindert über die Grenzen. Das Ziel war damals oftmals Paris. So beispielsweise für den etwas älteren Josep Guinovart, der es erst schwer neben dem erfolgreicheren, 2012 gestorben katalanischen Künstler Antoni Tapies hatte, sich aber dann doch weltweit durchsetzte. Viele Male haben wir, José Maria Carandell, Christa, Koos und ich bei Josep und seiner Frau Marta Sylvester gefeiert, bis kurz vor seinem Tod. Wenige der jüngeren Künstler, wie Sergi Aguilar, zog es wiederholt nach Deutschland.

Und dann war da Antonio Muntadas. Als wir uns in Barcelona kennenlernten, waren er 28 und ich 29 Jahre alt. Er, der Medienkünstler, interessierte sich schon sehr früh für eine Analyse der Medieninhalte und deren Manipulation. Wenn ich es nicht vergesse, sage ich heute Antoni zu ihm, nicht Antonio, denn er ist Katalane, wenn auch keineswegs ein fanatischer. Ihm fehlten Entfaltungsmöglichkeiten im damaligen Katalonien, also zog er 1971 in die USA und lehrte von 1977 bis 2014 am Massachusetts Institute of Technology (MIT). Längst gehört er auch in Spanien zu den großen Künstlern, er stellte im neuen Museum für zeitgenössische Kunst in Barcelona aus, und im Jahr 2011 widmete das Museum Reina Sofia in Madrid dem fast Siebzigjährigen eine große Retrospektive.

Niemand hätte diese Karriere in Franco-Spanien voraussehen können. Wo hätten Antonio und die vielen anderen Künstler sich damals über zeitgenössische internationale Kunst informieren können, wo sich darstellen? Es fehlten schlicht entsprechende Galerien, vom Sala Gaspar, der Galerie René Matras, der Galerie Adría, der Sala Perés und einigen wenigen anderen einmal abgesehen. Öffentliche alternative Ausstellungsräume gab es so gut wie keine, ein international ausgerichtetes Museum für zeitgenössische Kunst, das auch Standards hätte setzen können, schon gar nicht. Die katalanische Stadtsparkasse La Caixa hatte noch nicht das von Antonio Gaudi entworfene Haus La Pedrera erworben und dort großzügige Ausstellungsflächen installiert oder das Forum am Fuße des Montjuic in einer umgewandelten alten Fabrik als Zentrum für die bildenden Künste eingerichtet. Auch der Circulo del Arte, eine Art Arthotek mit Verkaufsmöglichkeiten, war bis 1994 noch unbekannt. Nein, eine Stadt der Künstler, der Künste und der Museen (einige klassische gab es, aber die lagen im Dornröschenschlaf) war Barcelona zu Francos Zeiten nicht.

Heute ist die Altstadt von Barcelona mit ihren vielen neuen Galerien weitgehend saniert und kommerzialisiert. Auch das Hafengebiet. Geschäft reiht sich an Geschäft und Tourist an Tourist. Selbst das einst so berüchtigte Barrio Chino wurde gründlich aufgeräumt. Zwar ist es noch immer Zuflucht und fragile neue Heimat einer wachsenden Anzahl von Nordafrikanern, aber dunkle Gässchen mussten einer breiteren Straße weichen. Die Bibliothek der Universität wurde hier angesiedelt, und das erste Museum für zeitgenössische Kunst, erbaut vom amerikanischen Stararchitekten Richard Meier, öffnete dort seine Pforten. Spätestens nach den Olympischen Spielen 1992 erstrahlte Barcelona in neuem Glanz. Alte Fabriken wurden in Kulturzentren verwandelt. Überall entstehen alternative Kulturräume. Ruhige, nicht geschäftige Fußgängerzonen mit fest verankerten Stühlen laden zum Ausruhen ein; abgeflachte Rinnsteine an den Straßenecken erleichtern Rollstuhlfahrern das Leben. Es scheint alles lichter, heller und schneller geworden zu sein. Vielleicht ist das ehemalige dunkle Barcelona um einige Geheimnisse, ein paar Verrückte, Spinner ärmer geworden und um ein paar Diebstähle reicher. Aber wer weiß? Vielleicht entstehen bereits neue Geheimnisse. Wo mehr Licht ist, kann auch mehr Schatten entstehen.

Diese Entwicklung konnten wir damals Ende der sechziger, Anfang der siebziger Jahre nicht erahnen. Noch gingen die Menschen merkwürdig geduckt, trotz aller Spielfreude und trotz aller Tricks, die sie im Versteckspiel mit der überall präsenten Guardia Civil anwandten. Auch ein Minderwertigkeitskomplex war immer wieder spürbar.

»Man wird dich stets als westliche Ausländerin erkennen«, sagte mir José Maria einmal.

»Wieso«, fragte ich verdutzt zurück. »Weil ich einen deutschen Akzent habe?«

»Nein, selbst wenn du kein Wort sagst, hat niemand Zweifel.«

»Aber ich kleide mich auch nicht besser oder schlechter als Spanierinnen und kaufe alles, was ich anhabe, in Barcelona. Gut, keinen dicken Wintermantel, aber den brauche ich hier auch nicht.« Er lächelte nachsichtig und meinte:

»Aber du gehst anders, aufrecht, mit einer natürlichen Selbstsicherheit. Du magst viele Komplexe als Deutsche und als geschiedene Frau haben, aber Angst hast du vor gar nichts. Das spürt man hier.«

Ähnliche Bemerkungen habe ich wiederholt auf meinen vielen Reisen nach Mittel- und Osteuropa in den achtziger Jahren zu hören bekommen und auch während meiner Dienstzeit in Moskau Anfang der neunziger Jahre. Dass eine unbewusste innerliche Selbstsicherheit eine Herausforderung, fast Beleidigung, ja Demütigung für Menschen darstellen kann, die sich nicht von Kindesbeinen an in Freiheit haben entwickeln können, das habe ich damals in Spanien begriffen. In New York beurteilte man mein Auftreten genau umgekehrt.

Noch ein Kommentar machte mich stutzig:

»Wir brauchen *horas europeas* (europäische Ladenöffnungszeiten).«

»Aber warum denn«, konterte ich, »was spricht dagegen, dass die Geschäfte von 13.30 Uhr bis 17.00 Uhr geschlossen sind. Dann können die Familien gemeinsam Mittagessen, sich eine Siesta in der Hitze gönnen, und abends sind die Geschäfte ja viel länger geöffnet als im Rest Europas. Das ist doch ein sehr überzeugendes Modell. Außerdem arbeiten viele Spanier länger und härter als beispielsweise im arbeitswütigen Deutschland.«

»Das stimmt zwar, aber das glaubt uns keiner in Nordeuropa. Wir wollen zeigen, dass wir nach wie vor zu Europa gehören, wir wollen uns dem heutigen Europa wieder stärker annähern, dazu gehören auch unsere Ladenöffnungszeiten.«

Glücklicherweise hat sich das nicht durchgesetzt. Mit Ausnahme des einzigen Kaufhauses, El Corte Ingles, der Supermärkte und der zentral gelegenen Touristengeschäfte schließen die vielen kleinen Lädchen immer noch um 13.30 Uhr und öffnen um 16.30 oder 17.00 Uhr. Und diese kleinen Lädchen, meist im Familienbesitz, prägen noch heute Barcelona und andere Städte.

Dass auch ich als Deutsche komplexbeladen war, konnte man im damaligen Spanien kaum begreifen. Dabei waren die Folgen von Hitlers Machtanspruch und dem von ihm eingeleiteten Zweiten Weltkrieg unübersehbar. Ohne Hitler hätte die Welt nach 1945 anders ausgesehen. Jetzt aber standen sich die USA mit ihren Einflusssphären weltweit und die Sowjetunion mit ihren Satellitenstaaten und Verbindungen ebenfalls weltweit bis auf die Zähne bewaffnet gegenüber. Deutschland war konkretes Abbild dieses Konfliktes. Es war ein geteiltes Land, und ich kam aus dem westlichen Teil.

1972 wollte ich spanische Deutschlehrer auf einer landeskundlichen Fortbildungsreise nach Deutschland begleiten, obwohl es die Bezeichnung Deutschland gar nicht gab. Diverse Städte in der BRD wollten wir besuchen, aber auch Leipzig und Dresden in der DDR. Die spanischen Deutschlehrer brauchten wie ich ein Einreisevisum. Sie bekamen es, ich nicht. Vorsichtshalber hatte ich mir vom deutschen Generalkonsulat in Barcelona einen neuen Pass ausstellen lassen, einen blütenreinen sozusagen, ohne Ein-und Ausreisestempel von eventuell der DDR verdächtigen Ländern. Das half alles gar nichts. Ich hatte schlicht nicht begriffen, dass ich als Mitarbeiterin des Goethe-Instituts automatisch als Spionin abgestempelt war. Eine vergleichbare Erfahrung in umgekehrter Richtung habe ich zehn Jahre später in Amsterdam noch einmal gemacht.

Als ich aufgebracht und verstört einer Kollegin, einer spanischen Deutschlehrerin in der von mir geleiteten Sprachabteilung des Goethe-Instituts in Barcelona von der Visa-Verweigerung durch die DDR berichtete und mal wieder auf die deutsche dunkle Vergangenheit einging, wurde mir eine deutliche Lektion erteilt.

»Immer wenn vom Krieg die Rede ist, meinst du nur deinen/euren Krieg, den Zweiten Weltkrieg. Obwohl du bei dessen Ausbruch noch gar nicht geboren warst, fühlst du dich schuldig, sagst kein böses Wort über all die Kollaborateure in den von Deutschland besetzten Ländern, wagst keinerlei Kritik an der Politik Israels. Du scheinst dein Schuldgefühl geradezu masochistisch zu genießen. Das finde ich egoistisch. Denk doch bitte einmal an meinen/an unseren Krieg, den spanischen Bürgerkrieg.«

Ich war wie erstarrt. Von Kindesbeinen an hatte man meiner Generation in der BRD beigebracht, dass die Deutschen eine unendliche Schuld auf sich geladen haben, dass sie auch nach 1945 keineswegs als vertrauenswürdig zu betrachten seien, dass sie nun wirklich kein Recht haben, andere zu kritisieren, dass sie sich ernsthaft mit ihrer Vergangenheit auseinandersetzen müssen, was ja auch bis zum heutigen Tage tagtäglich geschieht. Ja, sicher, es hat viele Kollaborateure in anderen europäischen Ländern gegeben, aber das war schließlich unsere deutsche Schuld, denn wir waren ja der Ursprung alles Elendes. Nun wurde mir plötzlich bewusst, dass ich mit dieser deutschen Nabelschau die Verwundungen und nicht geheilten Narben, die spezifischen Vergangenheiten anderer europäischer Länder völlig aus meinem emotionalen Blickfeld verloren hatte.

Dennoch kam ich nicht umhin, mich zu fragen: Befassten sich Spanier bzw. Katalanen gar nicht mit Hitlers Regime der Machtausbreitung? Hatte nicht der deutsche Diktator seinem spanischen Counterpart, General Franco, die Legion Condor zur Unterstützung im spanischen Bürgerkrieg geschickt, also Verbände der deutschen Wehrmacht bis zu 5500 Mann, die mithalfen das Städtchen Guernica zu zerstören? Waren davon keine Spuren des Zorns, des Leids übrig geblieben? Nein, musste ich feststellen, jedenfalls nicht in der Öffentlichkeit. Bis zu Francos Tod 1975 wurde Jahr für Jahr für Hitler in Madrid eine Messe gelesen. An der Macht waren bis dahin das mit Franco im Bürgerkrieg paktierende Militär, die Kirche und vor allem das reiche Bürgertum, auch, wie gesagt, das katalanische.

Nie, nicht ein einziges Mal wurde ich in Barcelona oder auf meinen Reisen in andere Städte Spaniens kritisch auf die nationalsozialistische Vergangenheit Deutschlands als dessen schuldbehafteter Erbe angesprochen. Doch, einmal ja, aber nicht von einem Spanier, sondern von einem Amerikaner. Dieser an sich sympathische junge Mann, ein Kumpeltyp, wohnte eine Etage unter mir in unserem sechsstöckigen Wohnhaus.

»Ist es nicht schrecklich, welche Verwüstungen die Anhänger von Manchester United und Glasgow Rangers nach dem Fußballspiel in Barcelona angerichtet haben?«, fragte ich ihn, als wir zufällig gemeinsam den Aufzug zu unseren Wohnungen betraten.

»*Well, typical German brutes*«, antwortete er und stieg auf seiner Etage aus. Weg war er und ich konnte ihm nicht mehr nachrufen:

»Aber das waren doch gar keine Deutsche, das waren doch englische Fußballfans.«

Keine Ahnung, warum diese zu Beginn der siebziger Jahre in Barcelona spielten. Ich bin weder Fußballkenner noch Fußballfan. Aber die Bemerkung meines amerikanischen Bekannten, die saß. Dass ich mich noch heute, gut 40 Jahre später, an diese an und für sich belanglose Episode erinnere als wäre es gestern gewesen, zeigt wie dünnhäutig mich Erziehung und Schule hinsichtlich der nationalsozialistischen Vergangenheit Deutschlands gemacht hatten.

Aber dieser Vorfall war eine Ausnahme. Die Stimmung von Franco-Befürwortern wie Franco-Gegnern war deutschfreundlich. Man machte einen Unterschied zwischen Regierung und Volk, zwischen den Machthabenden und den normalen Menschen. Diese Erfahrung habe ich später auch in der Sowjetunion gemacht, jedenfalls bis ins erste Jahrzehnt des 21. Jahrhunderts hinein, nicht aber in Polen, oder in Frankreich oder in England oder in den Niederlanden.

Das Klima in der auslaufenden Franco-Ära – von der allerdings damals niemand wusste, wann und wie sie auslaufen würde – erklärt auch, dass ehemalige deutsche, überzeugte nationalsozialistische Diplomaten in Spanien einen neuen Platz an der Sonne fanden. Diese ins Abseits zu stellen, dazu war die junge deutsche Republik noch nicht reif genug. Und das schafften und schaffen auch andere ehemals totalitäre Regime nicht, weder in West- noch in Osteuropa oder sonst wo in der Welt. Es gibt eben keine Stunde null. Unschuldige Neugeborene sind nicht in der Lage, einen gesellschaftlichen Transformationsprozess in Richtung Rechtsstaat zu betreiben. Ohne erfahrene Altgediente wird das kaum gelingen. Es ist ein mühseliger Prozess, unter diesen die Spreu vom Weizen zu trennen. Die Frage wer, wie lange, in welcher Funktion wieder tätig sein kann, ist wie immer eine Frage der Balance, an der sich die Gemüter verständlicherweise reiben. Es sind ja auch immer Interessen, Klüngeleien oder ein Korpsgeist mit im Spiel, wie die ausführliche Studie zum Auswärtigen Amt in Nazizeiten *Das Amt und die Vergangenheit* (2010) nicht überraschend ans Licht gebracht hat.

Ein Schock wurde für mich die erste Begegnung mit dem deutschen Generalkonsul in Barcelona, Franz Nüsslein. Er hatte ab 1941 als rechte Hand von Reinhard Heydrich agiert, dem stellvertretenden Reichsprotektor in Böhmen und Mähren und Beauftragten für »die Endlösung der Judenfrage« – also verantwortlich für die Vernichtung der Juden in Deutschland wie in den von Deutschland besetzten Gebieten. Nicht lange nach meiner Ankunft in Spanien erschien ich nichtsahnend und auch noch pünktlich zu einer seiner Einladungen. Pünktlich zu sein, war der Fehler eines deutschen Neuankömmlings. Wir beide waren noch allein. Das Radio lief. Heftige Debatten aus dem Bundestag über die neue Ostpolitik von Bundeskanzler Willy Brandt wurden übertragen. Brandts Kniefall in Warschau am 7. Dezember 1970 hatte hitzige Diskussionen ausgelöst. Ich war zutiefst erleichtert, dass Willy Brandt diesen Streit erfolgreich überstand. Nüsslein dagegen tobte über diesen Vaterlandsverräter, diesen Mann, der die von den Alliierten festgelegten

Grenzen nach der deutschen Niederlage 1945 vor aller Weltöffentlichkeit akzeptierte und öffentlich um Vergebung bat. Wie froh ich war und wie wütend er!

Nüsslein erschien mir schlicht reaktionär. Folglich missfielen ihm viele unserer Kulturprogramme. Unser von allen deutschen und spanischen Mitarbeitern mitgetragenes Ziel, zusammen mit spanischen Künstlern und Wissenschaftlern an gemeinsame kulturelle Vergangenheiten anzuknüpfen – etwa dem Expressionismus, dem Bauhaus, dem Ausdruckstanz, der Zwölftonmusik – und gleichzeitig Kontakte zur künstlerischen Gegenwartsszene zu schaffen, widersprach seiner Denkweise total. Noch schlimmer schien ihm, dass wir wo immer möglich, dies im europäischen Verband taten, also in Zusammenarbeit mit dem britischen, dem französischen und dem sehr aktiven und mutigen italienischen Kulturinstitut. Er hatte kein Gefühl dafür, dass wir Europäer uns brauchten, denn die spanische Zensur schlief zwar manchmal, aber nicht immer. Wiederholt kamen Anrufe von den Zensurbehörden mit der Aufforderung, unsere Programmplanungen rechtzeitig zur Billigung vorzulegen.

»Geben Sie uns das schriftlich«, war unsere Antwort. Ein Schreiben kam nie. Zusammen mit unseren europäischen Partnern waren wir stark, inhaltlich wie organisatorisch.

Franz Nüsslein erschienen unsere Kulturprogramme immer noch als ein Ausläufer der »entarteten Kunst«, die unter Adolf Hitler ausgemerzt werden sollte. Bach und Beethoven hätten wir spielen lassen sollen und auch sonst ein »schönes« Deutschlandbild zeichnen – was und wen er auch immer in jenen turbulenten Jahren der 68er-Revolte, des studentischen Aufbegehrens, des Umbruchs in der BRD unter einem »schönen« Deutschland verstanden haben mag.

An Günter Grass dachte er bestimmt nicht. Aber der wäre auch nicht gekommen, da er es ablehnte, in Länder mit totalitären Regimen zu reisen. Dieser barocke, wortgewaltige Kämpfer und großartige Romancier hätte mit Sicherheit in einem vehementen Streitgespräch Nüsslein Paroli geboten. Auch Hans Magnus Enzensberger, Ästhet, teilnehmender brillanter Beobachter und Essayist, stand zweifelsohne nicht auf seiner Prioritätenliste. War der nicht Kommunist? Der war doch mal in Kuba. Also undenkbar. Wir luden Enzensberger trotzdem ein, und er kam. Er wusste, dass wir ihn nicht auf dem roten Teppich, sozusagen als Huldigung an das Franco-Regime empfangen würden. Es ging ja vielmehr darum, ihn, den Spanisch sprechenden, in intensivere Kontakte mit seinen spanischen Kollegen zu bringen. Dafür waren unsere Privatwohnungen oft wichtiger als der Saal des Goethe-Instituts. Treffen von mehr als 30 Personen im öffentlichen Raum waren sowieso nicht erlaubt.

Zwanzig Jahre später hatten mein Mann und ich in unserer Wohnung im sowjetischen Moskau auch vier- bis fünfmal in der Woche Gäste. In der Form waren die spanischen und sowjetischen Versammlungsverbote vergleichbar, nicht aber in ihrer Umsetzung. In Spanien saß keine Guardia Civil vor der Haustür meiner selbstgewählten, nicht zugewiesenen, Wohnung. Vor den zugewiesenen Wohnungen für Ausländer im Moskau der Sowjetunion kontrollierte dagegen ein Milizionär jeden Besucher, vor allem russische. Oft habe ich auf unsere Gäste vor der Haustür gewartet, um sie vor der Demütigung eines Verhörs zu bewahren. In Spanien hatte ich nicht den Eindruck, privat abgehört zu werden. Wohl aber in Moskau. Als wir dort einmal in dem klapprigen Fahrstuhl in den zehnten Stock zu unserer Wohnung fuhren, blinzelte uns an einer 20 Zentimeter langen Schnur ein Mikrofon aus der zerborstenen Fahrstuhllampe entgegen. »Was wollt ihr denn?«, rief ich hinein. »Ihr könnt doch gar nicht alles verarbeiten, was ihr an Alltäglichkeiten aus Fahrstuhlgesprächen aufnehmt.« Vergangen die goldenen Spionagezeiten, als die Abhörtechniken und die Verwertung der Datenfülle noch nicht feinmaschig von Computern gesteuert wurden wie heute. Auf meinen Aufruf an das Abhörmikrofon erfolgte keine Reaktion.

Zu unseren privaten Einladungen mit spanischen und deutschen Intellektuellen baten wir Franz Nüsslein nicht. Und schon gar nicht zu den nicht öffentlich angekündigten nächtlichen Zusammenkünften mit spanischen Künstlern aller Sparten im Goethe-Institut. Aus der Not war dieser Debattierclub unter ihresgleichen entstanden. Wir hatten Platz. Sie hatten das Bedürfnis, sich kennenzulernen, sich untereinander auszutauschen, Zukunftsszenarien zu entwickeln.

Eine ähnliche Möglichkeit bot das Goethe-Institut in Kairo den ägyptischen Intellektuellen gut 40 Jahre später zur Zeit des arabischen Frühlings. Dort allerdings abgesprochen mit der Botschaft.

Einfach gestalteten sich diese Treffen in Barcelona, an denen ich immer moderierend teilnahm, nicht. Dem anderen zuzuhören, auf ihn einzugehen, fair zu diskutieren, Kompromisse zu suchen, all diese Fähigkeiten, die man mir von Kindesbeinen an beigebracht hatte, das hatten die spanischen Intellektuellen auf Grund des Versammlungsverbotes nie praktizieren können. Entsprechend tumultartig wurden die Nächte oft bis drei oder vier Uhr in den Morgen hinein. Anfangs blieb jeder bei seiner vorgefassten künstlerischen oder politischen Meinung. Beschimpfungen flogen durch den

Raum, mehr aus Ohnmacht, denn aus Zorn. Aber langsam, und das war das Wichtigste, wuchs die Einsicht, dass sie, die doch alle oppositionell gesinnt waren, unfreiwillig und unbewusst zu Menschen des Franco-Regimes geworden waren. Das Regime hatte ihre Diskursfähigkeit verkümmern lassen. Sie reagierten laut, aber letztlich sprachlos. In den endlosen Nächten wurden sie sich ihrer Verstümmelung bewusst. Reflexion setzte ein und der Versuch, sich selbstkritisch zu beobachten. Einen ähnlichen Prozess unter Intellektuellen habe ich auch viele Male in Moskau beobachtet.

Die wilden Nächte im Goethe-Institut endeten abrupt, als eines Nachmittags eine Bombe auf der Etage in der Gran Via, wo sich die Kulturabteilung des Goethe-Instituts damals befand, mit einem unvorstellbaren Krach gezündet wurde. Es stellte sich bald heraus, dass sie nicht uns gegolten hatte, sondern unserem direkten Nachbarn, dem chilenischen Konsulat. Verletzt wurde niemand. Total zerstört wurden nur unsere Toiletten, und um die war es weiß Gott nicht schade. Aber die Angst blieb. Nach der Bombenexplosion wurde ein Polizist vor die Aufzugstür in unserer Etage platziert. Wenn dann zu nächtlicher Stunde unsere intellektuellen Freunde kamen, die Aufzugstür aufmachten, den Polizisten sahen, fuhren sie gleich wieder runter. Nur weg. Man könnte ja ausgefragt, enttarnt, erwischt werden. Und erwischt zu werden, das war kein Spaß. Im Katz-und-Maus-Spiel ging es ja gerade darum, nicht in die Fänge der staatlichen Sicherheitsdienste zu geraten.

Mich traf es einmal. Ich wurde Opfer einer Razzia in der zentral gelegenen Universität von Barcelona. Als ich dort nach einem Termin gerade das Hauptgebäude verlassen wollte, stürmte die Guardia Civil laut schreiend und um sich schlagend die breite Haupttreppe hinab zum Ausgang, Studenten vor sich her treibend. Wie erstarrt blieb ich stehen, ans Treppengeländer gelehnt. Neben mir verharrten andere, die auch nichtsahnend in diese Knüppelei geraten waren. Wir schwiegen, waren wie gelähmt. Es war nicht der Moment, sich über den Anlass und die Auswirkungen auszulassen. Wer einmal von Gummi-Schlagstöcken getroffen worden ist, weiß, welch körperlichen Schmerz das verursacht. Ich weiß das seit damals, und auch die Demütigung, die Hilflosigkeit, das ohnmächtige Erschrecken werde ich nicht vergessen. Etwas Ähnliches ist mir in der Sowjetunion nicht passiert, wohl aber wurde ich ein paar Mal unfreiwilliger Beobachter von brutalen Verhaftungen im Polizeibüro ganz in der Nähe unserer Wohnung.

Die Diktaturen, in denen ich gelebt und gearbeitet habe – in Spanien und der Sowjetunion – oder die ich, und zwar nicht als Tourist, wiederholte Male besucht habe – die DDR, die ost-und mitteleuropäischen Staaten unter weitgehender sowjetischer Herrschaft oder Chile unter Pinochet – wiesen viele Unterschiede auf. Aber eines verbreiteten sie alle: die Angst. Ja, *Angst essen Seele auf*, wie ein Filmtitel von Rainer Werner Fassbinder aus den siebziger Jahren lautet. Lang andauernde Angst bewirkt einen lange nachwirkenden Schaden bei den Betroffenen. Vergangenheit vergeht nicht so schnell.

Angst hatte auch Franz Nüsslein einmal im Protektorat Böhmen und Mähren erzeugt, aber wohl nie an sich selbst erfahren. Er war nie zum Opfer geworden, ganz sicherlich nicht in Franco-Spanien. Zum offenen Eklat mit ihm kam es kurz vor einer Veranstaltung im Goethe-Institut mit Hans Mayer. Dieser überaus gebildete, scharfsinnig-streitbare jüdische Germanist, Essayist, Literaturwissenschaftler, der den Westen wie den Osten Deutschlands gut kannte und die deutsche

Neunzigster Geburtstag von Hans Mayer in Köln 1997. V.l.n.r.: Hans Mayer, Richard von Weizsäcker, Kathinka Dittrich van Weringh, Siegfried Unseld (Foto: Rheinisches Bildarchiv)

Vergangenheit äußerst kritisch analysiert hatte, stellte einen deutlichen Antipoden zu Nüsslein dar. Ihre Gedankenwelt hätte gar nicht unterschiedlicher sein können. Die Zündschnur zwischen beiden war gelegt. Als Nüsslein im Türrahmen erschien, explodierte sie mit lautem Krach.

Erstaunlich, dass Männer sich so anschreien können, dachte ich.

»Ihnen fehlt jede Contenance«, hätte meine Großmutter gesagt, und ich hätte ihr beigepflichtet. Den erregten Nüsslein haben wir fortan nur äußerst mager über unsere offiziellen Veranstaltungen informiert. Den ebenso erregten Hans Mayer schleppte ich tags darauf zur Ablenkung in meinem Opel-Kadett auf den Montjuic, den Hausberg Barcelonas. Die Natur, der dort gelegene beeindruckende spanische

Friedhof und ein wunderbarer Papagei, der Zutrauen zu Hans Mayer fasste, seine Art der Eitelkeit gar nicht begreifen konnte, brachte ihn wieder auf die Erde zurück. Ich habe Hans Mayer noch viele Male getroffen, auch als Kulturdezernentin der Stadt Köln, gut 20 Jahre später bei guten Gesprächen. Seinen Nachlass hat er der Stadt Köln trotzdem nicht hinterlassen und beerdigen lassen wollte er sich auch nicht in seiner Heimatstadt, sondern in Berlin.

Dass zwei Menschen, die unter dem gleichen Regime ihren Werdegang begonnen hatten, der dann zu ganz unterschiedlichen Lebensläufen führte, so leidenschaftlich aufeinanderprallen können, machte mich noch wacher für die tragische spanische Vergangenheit.

»Unser Krieg war anders als eurer«, hatte meine spanische Kollegin mir einmal gesagt. »Ihr wisst gar nicht, was ein Bürgerkrieg bedeutet. Mein Bruder war Franco-Anhänger, mein Vater Republikaner. Noch heute, gut 30 Jahre später können wir nicht darüber reden. Es würde unsere Familie spalten. Viele Familien sind zerrissen. Mit wem sollten wir auch reden. Franco herrscht und hat seine Wachposten überall. Wir schweigen, passen uns an, überleben irgendwie. Wir sind arm, aber Graubrot esse ich trotzdem nie wieder wie im Bürgerkrieg. Unsere Sprache hat man uns auch nehmen wollen, aber unter uns sprechen wir Katalanisch. Nur schreiben können wir es schlecht.«

Was konnte ich antworten? Es stimmte ja, dass sich niemand in Westeuropa für das arme Auswanderungsland interessierte, und Osteuropa war Lichtmeilen entfernt.

Im November 1975 starb der Generalissimus Francisco Franco. Zwei Monate davor war ich nach New York versetzt worden. Schon im Dezember flog ich für eine Woche nach

Barcelona zurück, um zu erspüren, wie das Land mit der neuen Situation umging: Gab es eine Chance zum Umbau dieser zentralistisch regierten Diktatur in einen dezentralen Rechtstaat, obwohl jeder Stein im zentralen Machtgebäude mit dem anderen aufs Engste verzahnt war? Zöge man einen Stein heraus, dann würde doch das gesamte Gebäude einstürzen. Chaos wäre die Folge. Wie würde die starke auf Franco als obersten Befehlshaber eingeschworene Armee reagieren? Wie würde der von Franco eingesetzte König agieren? Eine Neueinrichtung der Monarchie hatte Franco schon seit 1948 geplant.

Bange Fragen. Was ich in Barcelona antraf, war lähmendes Schweigen. Von Franco sprach niemand, als ob es ihn nie gegeben hätte. Er war einfach weg, vorbei wie ein Spuk. Kein Freudentaumel, keine Demonstrationen, keine hitzigen Debatten. Nichts.

»Wir haben zu viele Sektkorken fliegen lassen«, kommentierte José Maria, »jetzt müssen wir uns erst mal erholen.«

Und doch waren neue Entwicklungen im Gang. Von langer Hand im Untergrund vorbereitet erschien wie aus dem Nichts wenige Monate später, genau gesagt am 4. Mai 1976, die erste Ausgabe der Zeitung *El Pais*, bis heute eine der besten Tageszeitungen Europas. Zum ersten Mal wurden bei der Berichterstattung Fakten und Meinungen getrennt. Rezensionen von Büchern – eine Flut an Emigrantenliteratur kam sehr rasch – sowie von kulturellen Veranstaltungen reduzierten sich nicht mehr auf Inhaltsangaben, sondern zielten auf kritische Analysen. Kommentare begannen nicht mehr mit »hat mir neulich ein Freund erzählt ... habe ich im Bus gehört.« Sie wurden langsam versachlicht und internationalisiert. Politische Karikaturisten, die zeichnerisch nicht herausragend waren, aber die in der Franco-Zeit erforderlichen Zwischentöne perfekt beherrschten, verloren ihren Broterwerb. Der brillante, philosophische Beobachter und karikierende Analyst der Post-Franco-Ära in globalen Zeiten, El Roto (alias Andrés Rábago Garcia), läutete eine ganz andere Epoche der politischen Karikatur ein. In Zeiten ohne Fax, E-Mails, Facebook, Youtube, Linkedin und anderen digitalen sozialen Netzwerken bot dieses in Madrid herausgegebene links-liberale Blatt, um das sich rasch die wichtigsten Intellektuellen scharten, den Menschen nicht rezensierte Informationen und Meinungen aus den unterschiedlichsten Blickwinkeln. Ich war begeistert, als ich eines der ersten Exemplare in Händen hielt und bin es immer noch. Eine ähnliche Rolle spielte und spielt die qualitativ hochstehende links-liberale Tageszeitung *Gazeta Wyborcza*, die nach dem Umsturz in Polen 1989 das Licht der Welt erblickte.

Spanien schaffte zu meinem Erstaunen und meiner Bewunderung die *transición*, die Transformationsphase, wie ich bei meinen jährlichen Besuchen vor Ort beobachten konnte. Nur einmal hielten wir den Atem an. Es war im Februar 1981. Da stürmte Oberstleutnant Antonio Tejero mit gezogener Pistole unterstützt von einer Gruppe der Guardia Civil das spanische Parlament, zwang die Parlamentarier unter ihre Tische zu kriechen, was aber nicht alle taten, und verkündete das Ende des Parlamentarismus. Er tat dies im Glauben an Gott und sein spanisches Vaterland, wofür er auch zu sterben bereit war, wie er später immer wieder betonte.

Wird dieser Putsch von rechts Erfolg haben? fragten wir uns verzweifelt. Wird die Diktatur wieder auferstehen, beschützt von der Armee? Wird sie die vorsichtig eingeleitete Demokratie zum Erliegen bringen? War das das Ende der beschränkten Autonomiebestrebungen der spanischen Regionen? Wird die 1978 im Konsens beschlossene Verfassung wieder abgeschafft? Wie würden sich die Wirtschaft und große Teile des Großbürgertums verhalten, die unter Franco profitiert hatten? Wie viele Wendehälse gab es unter den lokalen, regionalen und nationalen Politikern, die ihre wegschwimmenden Felle wieder ins Trockene bringen wollten?

Es ging gut. Der Putsch wurde abgewendet. Das war ohne Zweifel auch dem jungen König Juan Carlos zu verdanken, der in einer Fernsehansprache unmissverständlich die Demokratie verteidigte. Wahrscheinlich hat sich sein Ziehvater Franco im Grabe umgedreht.

Spanien stabilisierte sich politisch, ökonomisch, sozial und kulturell. Das heißt nicht, dass das Land seine diktatorische Vergangenheit einfach zu den Akten gelegt hätte, vergraben und vergessen in einer aufsprießenden Konsumgesellschaft.

Ein solch deutsches sprachliches Ungetüm wie »Vergangenheitsbewältigung« lässt sich nicht einfach ins Spanische übersetzen, weder linguistisch noch inhaltlich. Es macht schließlich einen großen Unterschied, ob man sich als deutscher Täter, Mitläufer, Opfer oder Erbe von diesen einer kritischen Weltgemeinschaft gegenübersieht, oder ob man sich in einer durch den spanischen Bürgerkrieg und Folgejahre zerrissenen spanischen Gesellschaft befindet. Eine Generalamnestie, die die 1976 neugegründeten Parteien Spaniens 1977 im Konsens beschlossen, kam in dem von den Alliierten besetzten Deutschland nach 1945 überhaupt nicht infrage. Eine Ahndung von Straftaten gegen die Menschenrechte, wie in Deutschland durch den internationalen Militärgerichtshof in den Nürnberger Prozessen (1945–1949) vorgenommen, stand und steht in Spanien nicht zur Diskussion und auch keine Art von Stasibehörde, die nach dem »Fall der Mauer« 1989 entsprechende Straftaten in der DDR aktenkundig machte. Das spanische Amnestiegesetz sollte vielmehr verhindern, dass der aufgestaute Hass von Franco-Leuten gegen Republikaner und umgekehrt die Entwicklung in einen versöhnenden demokratischen Rechtsstaat nicht bereits im Keim erstickte.

Frühlingsstimmung paarte sich mit bleierner Luft. Für letztere sorgten und sorgen noch immer viele Anhänger der Partido Popular, die weite Wählerschichten der ehemaligen rechts-extremen Einheitspartei, der *Falange*, in sich aufgesogen hatte.

Auch nach dem Zusammenbruch der Sowjetunion 1991 wurde von der russischen Nachfolgeregierung keine staatliche Behörde zur Aufklärung der Verbrechen unter Josef Stalin ins Leben gerufen.

»Das wollen wir auch nicht«, erklärte mir ein befreundeter russischer Schriftsteller, der selbst Jahre in sowjetischen Lagern gelitten hatte, »obwohl Stalin genauso viele Menschen umgebracht hat wie Hitler. Aber das würde zum Bürgerkrieg führen. Nein, wir wollen nicht in allem so gründlich sein, wie die Deutschen.«

»Kann man jetzt schon von Aufklärung und Versöhnung sprechen?« fragte ich gut 30 Jahre nach Francos Tod einen katalanischen Kulturwissenschaftler.

»Das braucht Zeit und einen Generationenwechsel«, erwiderte er besonnen. »Euer tausendjähriges Reich dauerte zwölf Jahre, unsere Diktatur dagegen 38 Jahre. In der BRD haben die Menschen lange gezögert, sich ernsthaft, dann allerdings sehr gründlich mit der deutschen nationalsozialistischen Vergangenheit auseinanderzusetzen. Wie alt warst du

denn, als du deinen Eltern und Großeltern zum ersten Mal bohrende Fragen gestellt hast?«
»So Anfang 20.«
»Siehst du, so war und ist das hier auch. Die Diskussion ist jetzt in vollem Gange«, fügte er hinzu. »Ganz gefahrlos war und ist das nicht. Der Journalist Emilio Silva spürte im Jahr 2000 das erste von zahllosen Massengräbern auf. Daraus erwuchs die Bürgerbewegung für geschichtliche Erinnerung. Unbehindert arbeitet sie nicht. Oder denke an den weltweit bekannten Untersuchungsrichter Baltasar Garzón. Du weißt, er hat gegen den chilenischen Diktator Augusto Pinochet im Londoner Exil ermittelt, was letztlich zu dessen Ausweisung nach Santiago de Chile führte. Er überzog die amerikanische Regierung mit Klagen wegen Folterungen im Gefangenenlager Guantánamo auf Kuba. 2008 legte er in Spanien 114.000 dokumentierte Fälle vor, in denen Menschen unter dem Franco-Regime spurlos verschwunden waren und klagte das Regime wegen Verbrechen gegen die Menschlichkeit an. Das hat ihn bei den Konservativen nicht beliebter gemacht. Aber es war ihm egal. Als er dann noch die Korruption in den Reihen der Partido Popular, und auch bei den Sozialisten, der *PSOE*, anklagte, hat man ihm das Handwerk gelegt, aber nicht sein Rückgrat gebrochen.

Weiterhin werden Massengräber aufgedeckt, Francos Verbrechen aufgespürt, Film und Fernsehen greifen das Thema auf, wenn auch weniger intensiv als bei euch. Und auch literarische Autoren widmen sich der Franco-Vergangenheit. Denk nur an *Die Augen eines Mörders* von Antonio Munoz Molina, einen Roman, der in viele Sprachen übersetzt wurde und im Jahr 2000 auch in großer Auflage auf Deutsch erschien. Oder an *Der Schatten des Windes* des Katalanen Carlos Ruiz Zafón, der in Deutschland seit 2003 offenbar so gerne gelesen wird wie bei uns nach Erscheinen im Jahre 2001. Freu dich auf

Molinas großen Roman *Die Nacht der Erinnerungen*. Sensibel und literarisch überzeugend stellt er darin den Schwarz-Weiß-Blick infrage: hie der böse Täter, da das gute Opfer, obwohl die alltägliche Wirklichkeit ja eher grau ist. Solche nuancierende Wahrheiten kann man erst aussprechen, wenn die Wunden nicht mehr offen bluten, wenn nicht mehr blanker Hass herrscht, wenn nicht mehr ein blinder Rechtfertigungsdrang der jeweiligen Seite den Ton des Tages bestimmt. Das muss ich dir geschichtsbewussten Deutschen ja nicht weiter erklären.«

Wohl wahr, dachte ich, darüber nachgrübelnd, wie schwer es ist, eine Balance zu finden zwischen den Verdrängungsgedanken: Da muss Gras drüber wachsen, die Jungen sollen sich eine unbeschwerte Zukunft aufbauen, ich kann die Anklagen von wem auch immer nicht mehr hören und einer vielschichtigen, versöhnenden »Erinnerungskultur« – wieder so ein typisch deutsches Wort.

Nach einer kurzen Pause fuhr er ganz sachlich fort: »Auch viele Straßennamen sind längst verändert. Du wirst kaum noch eine Hauptstraße in den Städten und auf dem Land finden, die *Generalisimo Franco* heißt.«

»Das stimmt«, sagte ich. »Äußere Symbole einer Diktatur verschwinden am schnellsten. In Deutschland gibt es schon lange keine Adolf-Hitler-Straße mehr, 70 Jahre nach Kriegsende, aber auch keine Stalinallee in der ehemaligen DDR, viele Jahre nach dem Mauerfall. Ich glaube, im oppositionellen Barcelona haben sich die Menschen kaum umstellen müssen. Wir haben nie von der Generalisimo Franco gesprochen, sondern immer von der Avenida Diagonal, und zur José Antonio Primo de Rivera haben wir auch damals Gran Via gesagt.«

Er lächelte und meinte:
»Jetzt musst du nur noch lernen, dass die *Diagonal* nicht *Avenida* sondern *Avinguda* heißt. Möbele mal dein Katalanisch etwas auf.«

»Mit Franco-Standbildern, -Ehrentafeln und -Emblemen war Katalonien, besonders Barcelona, weniger reich gesegnet«, fuhr er leicht ironisch fort. »Die letzten wurden 2008 unter der sozialistischen Regierung von José Luis Zapatero beseitigt. Erfolglos hatte sich die Partido Popular dagegen gestellt mit dem Argument, mit der Eliminierung historischer Symbole würde man die Wunden der Vergangenheit aufreißen.« In Deutschland habt ihr Erinnerungen an zwei Diktaturen in Stein gemeißelt. Ich weiß, alles, was sich abtragen lässt, ist beseitigt. Aber denk doch nur mal an das Haus der Kunst oder den Königsplatz in München, dann weißt du, was nationalsozialistische Architektur ist. Oder erinnere dich an die vielen sowjetischen Denkmäler in Ostberlin, die ihr unterhalten müsst, vor allem, an das sowjetische Ehrenmal zum Gedenken an die sowjetischen Gefallenen im Zweiten Weltkrieg im Treptower Park, dann ist klar, was sowjetische Architektur war. Große Unterschiede gibt es da nicht. In ihrer Monumentalität strahlen sie grenzenlosen Machtanspruch aus. Aber das war in der Geschichte von Diktaturen schon immer so, seit es Steinbauten gibt, und die gibt es schon seit Jahrtausenden.«

»Meinst du nicht auch«, entgegnete ich meinem spanischen Freund, »dass man jedenfalls einige stumme Zeugen der Vergangenheit einfach stehen lassen sollte. Man kann doch nicht alle äußerlichen Symbole verschwinden lassen und damit so tun, als hätte es die vergangenen Diktaturen nie gegeben. Es gab sie doch, und sie holen uns immer wieder ein. Übrigens: Am Sinn für architektonische Monumentalität hat es auch General Franco nicht gefehlt. Er hat doch selbst sein riesiges Mausoleum, das *Valle de los Caidos*, das Tal der Gefallenen, in dem auch José Antonio Prima de Rivera, der Gründer der *Falange* beerdigt ist, in Auftrag gegeben. Dagegen ist das

Mausoleum für Lenin auf dem Roten Platz in Moskau geradezu winzig.«

»Richtig«, lächelte er zurück, »vergiss nicht, dass Franco im Gegensatz zu Wladimir Lenin nicht an eine neue weltumspannende Ideologie/Religion dachte. Er fühlte sich am Arm der katholischen Kirche sehr wohl. Lenin hätte sicherlich vehement protestiert, wenn über seinem Mausoleum ein Betonkreuz von 150 Metern Höhe und 40 Metern Breite errichtet worden wäre und dann noch eine Basilika von 263 Metern Länge und ein bis heute aktives Benediktinerkloster hinzugekommen wäre. Dafür war Platz nötig. Und die Gebeine der 30.000 Gefallenen im spanischen Bürgerkrieg mussten ja auch untergebracht werden. Ein paar wenige Republikaner sind auch darunter, wenn ihre Angehörigen beweisen konnten, dass diese ernsthaft zur katholischen Kirche standen.« Dann wurde er ernster:

»Das Mausoleum ist oft als Wallfahrtsort und als Platz von Kundgebungen rechtsgerichteter Gruppierungen missbraucht worden. Das hat die Zapatero-Regierung verboten. Es gab mal eine Diskussion, das Mausoleum zu sprengen, aber die ist verebbt. Ich bin auch deiner Meinung, dass man nicht alle sichtbaren Spuren der Vergangenheit wegwischen kann.«

In der Tat: Der Schatten von General Franco ist noch da, spiegelt sich auch noch in Straßennamen seiner Mitstreiter. Die Macht von gestern hat noch Auswirkungen. So sind alle unter Franco begangenen Verbrechen gegen die Menschlichkeit vom Amnestiegesetz von 1977 gedeckt, die Urteile des Diktatursystems gegen ehemalige Widerstandskämpfer sind dagegen weiterhin rechtskräftig, allen europäischen Rechtsprechungen zum Trotz. Opferverbände haben es nach wie vor schwer.

Waren die Deutschen da besser? Leider nein. Erst 64 Jahre nach dem Ende des Zweiten Weltkrieges, Ende August 1999, rehabilitierte der Bundestag die »Kriegsverräter« und bestand nicht mehr auf Einzelprüfungen. Den Sinneswandel in der jahrelangen Blockadehaltung der CDU erklärte ihr Sprecher mit der Aussage: »Wir wollten nicht als die Ewiggestrigen gelten.«

Aus einer 2005 durchgeführten Meinungsumfrage geht hervor, dass eine überwiegende Mehrheit der spanischen Bevölkerung das Franco-System für negativ erachtet und den Übergang zur Demokratie (*la transicion*) positiv bewertet. Die Person Franco ist ihr relativ gleichgültig, sein Einfluss in der heutigen Gesellschaft sei aber noch deutlich zu spüren.

Im Jahre 2011 erschien die *Biographie Spaniens*, ein umfassendes von Wissenschaftlern erarbeitetes Werk. Dem Generalisimo wurden darin fünf Seiten gewidmet mit der Kernaussage, er sei »autoritär« aber nicht »totalitär« gewesen und habe als großer Staatsmann und ausgewiesener Feldherr geherrscht. Zu Francos Lebzeiten wäre diese Hommage wohlwollend aufgenommen worden. 2011 empörte sich die seriöse spanische Presse. Die Sozialisten stimmten in die Entrüstung ein, während die konservative Partei Partido Popular sich höchst zufrieden zeigte.

In den siebziger Jahren wäre eine kritische Auseinandersetzung mit der Rolle Francos und seines totalitären Systems völlig undenkbar gewesen. Investigativen Journalismus konnte es nicht geben, auch nicht in den anderen verbleibenden Diktaturen Europas wie Griechenland und Portugal im Westen oder in den unter kommunistischer Herrschaft stehenden Ländern im Osten Europas. Dass die griechische

Militärdiktatur 1974 in sich zusammenbrach, hat die kritische spanische Intelligenz weniger beschäftigt als das unblutige Ende der portugiesischen Diktatur unter Oliveira Salazar bzw. seinem Nachfolger Alves Caetano, ebenfalls 1974. Wie konnte dieses kleine Nachbarland, auf das die Spanier bestenfalls mit mitleidigen Augen herabblickten, es schaffen, mit einer friedlichen Revolution, der sogenannten Nelkenrevolution, ihre Diktatur abzuschütteln.

»Das hat uns schwer getroffen«, kommentierte José Maria Carandell damals. »Das ist eine echte Demütigung für uns. Wir schämen uns, weil wir das nicht schaffen. Wir warten hilflos, ohnmächtig auf den natürlichen Tod von Franco. Was für eine Selbstbeleidigung.«

In den späten Apriltagen 1974, als sich die portugiesische Armee und die Bevölkerung ihre Freiheit zurückholten, war ich zufällig in Lissabon. Ich sollte von Barcelona aus über Lissabon nach Rio de Janeiro fliegen und dort neue Entwicklungen in der Spracharbeit des Goethe-Instituts vorstellen. Verspätete Flüge und verpasste Anschlüsse verhalfen mir unfreiwillig zu einem dreitägigen Besuch in Portugals Hauptstadt. Es war nicht mein erster Aufenthalt dort, aber er gestaltete sich ganz anders als die früheren. Ein Taxifahrer brachte mich zu dem von der Fluggesellschaft bestimmten Hotel. Ich bat ihn, mir mit meinem Koffer bis zur Rezeption zu helfen. Er zögerte, was ich zunächst als Unfreundlichkeit missverstand. Aber dann packte er doch an. Die Frau an der Rezeption erlitt einen Wutanfall und beschimpfte den armen Mann mit einem mir unverständlichen portugiesischen Wortschwall. Er zog sich sofort zurück.

»Was ist denn passiert«, wollte ich auf Spanisch wissen.

»Nichts, nichts«, war die Reaktion. »Machen Sie sich keine Gedanken.«

»Ich will es aber trotzdem erfahren«, reagierte ich bestimmt.
Sie gab im besten Spanisch nach. »Der Mann weiß ganz genau, dass er nicht durch den Haupteingang kommen darf, für Bedienstete ist der Nebeneingang da.«
»Aber«, versuchte ich zu erklären, »ich habe ihn doch darum gebeten. Wenn es eine Schuld gibt, dann ist es meine, nicht seine.«
»Er weiß, was er zu tun hat«, war ihre abschließende Bemerkung.
Und mir wurde deutlich, dass ein noch so friedlicher Umsturz über Jahrzehnte aufgebaute hierarchische Denkmuster nicht über Nacht beseitigen kann.
In den folgenden Tagen durchstreifte ich Lissabon, diese damals noch graue, melancholische, geduckte Stadt. War sie nicht einmal Zentrum eines portugiesischen Weltreiches gewesen? Davon war auf meinen langen Spaziergängen kaum etwas zu spüren. Kein Lichterglanz, keine restaurierten imperialen Gebäude. Eine lange Menschenschlange ließ mich verharren.

Vielleicht gibt es in diesem armen Land etwas Besonderes zu kaufen, schoss es mir durch den Kopf. Nein, die wartenden Menschen, ausschließlich Männer, standen mit gesenkten Köpfen vor einer Kinokasse. Sie wollten den bislang verbotenen Film *Der letzte Tango* (1972) mit Marlon Brando sehen. Die neue Freiheit hatte ihnen diesen erotischen Film beschert. Aber irgendwie schämten sie sich, wollten möglichst nicht gesehen werden. Es fiel ihnen schwer, mit dem neu Erlaubten umzugehen.
Die Katalanen wollten diesen damals viel besprochenen Film natürlich auch sehen. Aber Franco lebte noch, und der »unmoralische« Film war verboten. Doch einem tüchtigen

Handelsvolk fällt immer etwas ein. Darin gleichen die Katalanen den Niederländern, stellte ich Jahre später fest. Ein pfiffiger Omnibusunternehmer kam auf die Idee, an jedem Wochenende Kinoreisen von Barcelona in das französische Perpignan zu organisieren. Direkt nach der Grenze boten Kinopaläste ein reichhaltiges Filmprogramm an, darunter auch alle Titel, die in Spanien der Zensur zum Opfer gefallen waren. So auch *Der letzte Tango*. Ich vermute, dass diese Kinos mittlerweile Bankrott gegangen sind.

Wenige Straßen von dem Kino in Lissabon entfernt stieß ich auf eine aufrecht sitzende, Würde ausstrahlende ältere Frau, die vor sich auf dem Gehsteig ausgebreitet Bücher, Zeitungen und Zeitschriften zum Verkauf anbot. *Mein Kampf* von Adolf Hitler entdeckte ich da auf Portugiesisch. Undenkbar in Deutschland. Verboten! Direkt daneben lagen Andachtsbilder von der heiligen Maria. Und wiederum daneben verkündeten Tageszeitungen die Erfolge der portugiesischen Revolution.

»Wenn Sie etwas kaufen wollen«, sagte sie, während sie mich freundlich anlächelte, »dann nehmen Sie es sich einfach, denn ich kann nicht lesen und schreiben.«

Ich erstand eine Tageszeitung, lächelte zurück und ging nachdenklich weiter.

»Das wird ein langer Reformprozess für das nach Europa strebende Portugal«, dachte ich. »Reformen fangen in den Köpfen an und in diesen herrscht die Macht der Vergangenheit, wie in meinem Kopf auch.«

Schließlich brachte mich doch noch eine Fluglinie nach Brasilien. Auf dem Rückflug landeten wir nicht auf meinem Umsteigeflughafen Lissabon, sondern weit im Süden des Landes auf dem Militärflughafen Faro. Warum und wie es weitergehen sollte, war ungewiss. Da saß ich in der Wartehalle umgeben von portugiesischem Militär. Die Soldaten waren aus der portugiesischen Kolonie Angola in Afrika zurückgekehrt. Sie und die Offiziere bekundeten ihre Solidarität mit der Nelkenrevolution. Das hätte mich freuen müssen. Aber der Anblick so vieler Uniformierter war auch einschüchternd.

Dieses Gefühl der Angst habe ich nochmals 1989 gespürt. Auf unserer Zugreise von Peking nach Moskau Ende Mai/Anfang Juni nahm nach der chinesischen Grenze ein sowjetischer Soldat in unserem Abteil Platz. Ich hatte damals noch nie einen Russen gesehen, geschweige denn einen uniformierten, und schon gar nicht einen mit Aluminiumzähnen. Verschreckt bot ich ihm eine Zigarette an. Als ich am nächsten Morgen aufwachte, war er verschwunden. Er hatte aber auf meiner Bettdecke ein Päckchen russischer Zigaretten hinterlassen. Ich war ihm so dankbar und gleichzeitig so beschämt, dass die Vorurteile, die sich aus der deutschen Vergangenheit nährten, mich anfangs derart beeinflusst hatten.

Und in Portugal? Was wird aus den zurückflutenden Soldaten werden? fragte ich mich. Wie wird dieses kleine arme von seinen Kolonien amputierte Land all die immensen Umwälzungen verkraften? Obwohl diese Frage noch immer nicht abschließen beantwortet ist, ist der beeindruckende Wandel im Land heute unübersehbar. Lissabon und nicht nur diese portugiesische Stadt erstrahlen in neuem Glanz. Für die baulichen Veränderungen waren sicherlich die Weltausstellung von 1998 ein entscheidender Anstoß sowie die großzügigen Fördergelder von der EU. Den wichtigsten Wandel aber sehe ich darin, dass die Menschen heute nicht mehr geduckt gehen, dass sie sich nicht mehr als ausgegrenzte, sondern als stolze und selbstsichere Bürger Europas fühlen, auch wenn die Schatten von Salazar noch da sind. Selbst der *Fado*, diese wundersame portugiesische Musik, klingt nicht mehr so traurig – trotz Eurokrise und äußerst angespannter Finanzlage, auf die die EU-Kommission einen sorgenvoll-drohendem Blick wirft.

Auch Spanien europäisierte sich. Die über Jahrhunderte gewachsene Vielzahl seiner unter Franco unterdrückten Kulturen gewann wieder mehr Raum. Die sprachlichen und künstlerischen Eigenheiten seiner Regionen wurden wieder im Chor der vielfältigen europäischen Kulturen anerkannt, respektiert, geschützt. Das war und ist immer noch ein dornenreicher Prozess, der nicht immer auf friedlichem Wege erfolgte.

Eine Minderheit im Baskenland, im Norden Spaniens, hielt nichts vom friedsamen Pfade. Als ich 1971 von Barcelona aus zum ersten Mal in die baskische Hauptstadt Bilbao fuhr, wusste ich von der Existenz der ETA, dieser 1959 gegründeten nationalistischen, bewaffneten Untergrundbewegung »Baskenland und Freiheit«. Sie war als Widerstandsbewegung gegen die zentralistische Diktatur von Francisco Franco entstanden. Als Ziel strebte sie die Wiederherstellung eines unabhängigen, sozialistisch geprägten Groß-Baskenlandes an, zusammen mit Navarra und den französischen Baskengebieten. Sie wollte Vergangenheit zurückerobern. Anfangs sympathisierten viele Franzosen und Katalanen, auch ich mit der ETA. Wir hatten in Franco ein gemeinsames Feindbild. Und: Noch hatte die ETA nur sehr vereinzelt zu terroristischen Mitteln gegriffen.
   Ich lief durch die graue, verlotterte Industriestadt. An der sichtbaren Oberfläche war nichts von Gewalt zu spüren. Die *Eterras* (bewaffnete Kämpfer der ETA) operierten unsichtbar. Natürlich sprach jeder Spanisch, denn schon zu Zeiten

der Vor-Franco-Monarchie und endgültig nach Francos Sieg im Bürgerkrieg 1939 waren baskische Traditionen, die eigene Sprache und das Zeigen der *Ikurrenia*, der baskischen Flagge, strengstens verboten. Damals konnte ich mir noch nicht vorstellen, dass sich die ETA auf brutale Weise radikalisieren würde, dass sie in dem sich demokratisierenden Spanien der achtziger und neunziger Jahre fast 900 Menschen ermorden würde, die ihrem Ziel im Wege standen. Nicht nur im verhassten Madrid, sondern auch im eigenen Lande. Sie wurde mit der *Irish Republican Army* (IRA) in Irland verglichen, mit der sie auch enge Kontakte pflegte. Viele der Attentäter, meist sehr junge Menschen, wurden zu endlosen Jahren Gefängnis verurteilt, fünfmal lebenslänglich, zehnmal lebenslänglich, je nach Anzahl der verübten Morde oder der Beihilfe zum Mord. Die Verurteilten wurden in Gefängnisse über ganz Spanien verteilt, um jede Kommunikation unter diesen Leidenschaftlichen zu erschweren. Unser aller Sympathie für die ETA sank. Wenn Leidenschaften, aus der Vergangenheit genährt, mordend in der Gegenwart ankommen und die Zukunft mit Waffen bestimmen wollen, dann sieht es mit dem Rechtsstaat – und Europa hat sich klar auf rechtsstaatliche Prinzipien geeinigt – schlecht aus. Ex-Jugoslawien kann davon ein trauriges Lied singen.

Als ich im Oktober 2013 zum zweiten Mal nach Bilbao fuhr, eigentlich nur, um mir endlich das spektakuläre-surrealistische Guggenheim-Museum näher anzuschauen, war die Situation eine völlig andere, wenn auch nicht minder durch Vergangenheit belastet. Vergangenheiten sind nichts Statisches, Abgeschlossenes. Sie werden von Generation zu Generation immer wieder aus einem anderen Blickwinkel beleuchtet, sie wirken weiter und hinterlassen einen Stempel auf der jeweiligen Gegenwart.

Bilbao strahlte in den sonnigen Oktobertagen. Es war ein Vergnügen, durch die restaurierte kleine Altstadt von Terrasse zu Terrasse zu schlendern und auch durch die breiten Straßen der Neustadt (*ensanche*), die nach Abriss der alten Stadtmauer entstanden war. Die Hässlichkeit, die Tristesse waren verflogen. Die Stadt kam mir heiter, fröhlich, wuselig, menschlich vor.

Würde ich mit Spanisch durchkommen? Würde man es mir übel nehmen, dass ich das Baskische, *Euskera*, nicht beherrsche, eine Sprache die keinerlei Bezüge zu germanischen, lateinischen, slawischen oder sonst welchen heute lebendigen Sprachen hat? Zu meiner Überraschung hörte ich in Bilbao nirgendwo die ursprüngliche Landessprache. In Hotels und Restaurants war das angesichts einer internationalen Klientel verständlich. Da war ein mehr oder minder gutes Englisch angesagt. Aber auf der Straße, in den vielen Bistros, den Warenhäusern, den kulturellen Einrichtungen? Ich hörte und las immer nur Spanisch, ganz anders als in Katalonien. Ja, Straßennamen sind inzwischen zweisprachig wie auch Erklärungen in Museen oder Hinweise in Kaufhäusern, auf welcher Etage man das Gesuchte finden kann. Aber im Alltag gesprochen? Nirgends.

Einmal setzte ich mich auf einer Terrasse in die Nähe von zwei älteren Herren, die die klassische Baskenmütze, nicht deren modernisierte Fassung trugen.

Die werden sich sicherlich auf *Euskera* unterhalten, dachte ich. Ich möchte doch mal den Klang dieser einzigartigen Sprache, deren Herkunft kein Mensch kennt, mitbekommen. Große Enttäuschung. In akzentfreiem Spanisch sprachen die beiden über ihre Familien, die Rezession, die Zukunft von *Euskadi* und empörten sich, dass die Mehrwertsteuer für Restaurants von acht auf zehn Prozent gestiegen war und noch viel schlimmer, dass Kinokarten – »das ist doch Kultur«, sagte einer erbost – jetzt mit 21 Prozent Mehrwertsteuer verteuert würden.

Zweiter Versuch: In einem kleinen von wenigen Touristen besuchten Restaurant fragte ich die Kellnerin, ob sie denn zu Hause *Euskera* spräche.

»Nein«, erwiderte sie. Ich stamme nicht von hier. Aber meine Tochter, die lernt das. Die Jüngeren sind in der Sprachbeherrschung schon ganz gut. Leider haben sie keine Möglichkeiten, *Euskera* im Alltag anzuwenden.«

Zurück im Hotel frage ich die etwa 30-jährige Empfangsdame, ob sie denn die einheimische Sprache beherrsche.

»Natürlich«, war die spontane Reaktion, alle jungen Leute lernen unsere Sprache.«

Ich hielt die größte regionale Tageszeitung *Deia* im Arm, deren Ressorteinteilungen, Seiten- wie Datenangaben auf *Euskera* wiedergegeben waren, nicht aber die inhaltlichen Beiträge – von einem täglich erscheinenden Miniartikel abgesehen.

»Hier steht als Ressortüberschrift *kirolak*, was heißt das?«, hakte ich nach.

»Ganz einfach, das heißt Sport«. Sie spürte mein Interesse und ergänzte: »Wir hatten mal eine Tageszeitung auf Baskisch, aber die wurde dann verboten. Heute haben wir nur noch ein paar kleine Blätter mit sehr geringer Auflage auf *Euskera*. Aber das wird sich langsam ändern.

»Schon jetzt senden drei regionale Fernsehkanäle, zwei auf *Euskera* – naja, noch sieht die kaum einer – und einen auf Spanisch.«

Meine wichtigste Erfahrung in Bilbao: Just in jenen Oktobertagen hatte der Europäische Gerichtshof für Menschenrechte in Straßburg entschieden, dass die akkumulierten Straftaten der *Etarras* nicht zu Tausenden von Jahren Gefängnisstrafe führen dürften, wie im neuen Strafgesetzbuch des demokratischen Spaniens von 2005 vorgesehen. Die Masse der Attentäter sei nach dem Strafgesetzbuch von 1973 verurteilt und daran habe man sich zu halten, man könne Strafen nicht rückwirkend verändern – in diesem Falle – nicht erschweren. 1973 hieß es: die maximale Strafe beträgt 30 Jahre im Gefängnis. Diese Haftjahre können bei gutem Verhalten und Mitarbeit im Gefängnis reduziert werden, nach der Faustregel: zwei Tage Gefängnis, ein Tag Abzug, von Fall zu Fall natürlich differenziert. Ein ganz nüchternes, sachliches Urteil, fern all der Emotionen, die nun in Spanien losbrachen. Die spanische Regierung, Mitunterzeichnerin der Menschenrechtskonvention musste nun die erste ETA-Terroristin, die weit mehr als zwanzig Jahre im Gefängnis verbracht hatte, freilassen. Und weitere folgten. Es ist schon eine Ironie der Geschichte, dass ausgerechnet Strafmaßnahmen, die 1973 unter dem Diktator Franco beschlossen worden waren, den *Etarras* zu einer unverhofften frühzeitigen Freiheit verhalfen. Das Recht hatte gegen alle Leidenschaften und auch Leiden gesiegt.

Ich verfolgte die aufgeheizten Debatten, die Demonstrationen der starken ETA-Opferverbände, die sich windenden Reaktionen der konservativen spanischen Regierung, die keineswegs baskenfreundlich eingestellt ist, auf allen Fernsehkanälen und in jeder nur verfügbaren Zeitung. Spannender hätte mein Bilbao-Aufenthalt gar nicht sein können.

»Bist du froh über das Straßburger Urteil?«, fragte ich in Bilbao einen baskischen Bekannten.
»Ja«, antwortete er, nachdenklich und leicht zögernd. »Aber wir müssen behutsam damit umgehen. Die Entlas-

senen dürfen nicht zu Ikonen werden, ihre Wohnungen nicht zu Wallfahrtsorten. Das wirst du als Deutsche ja nachempfinden können. Ihr wollt doch auch nicht den verstorbenen Nazi-Verbrecher Erich Priepke zu einem öffentlich zugänglichen Grab verhelfen. Keine Gemeinde, kein Staat will ihn beerdigen. Nicht Italien, wo er seine Verbrechen begangen hat, nicht Argentinien, wohin er nach 1945 geflüchtet ist, nicht Deutschland. Keine Neonazis sollen dahin pilgern.«

»Solche historischen Vergleiche hinken immer etwas«, gab ich zu bedenken, »aber ich verstehe, was du meinst.«

»Wir brauchen jetzt Ruhe, wollen ein friedliches Zusammenleben. Auch wir Basken haben genug von den *Etarras*. Und: Nicht alle Basken sind ETA-Anhänger. Heute haben wir nur noch ungefähr 100 aktive bewaffnete Kämpfer. Das waren schon mal viel mehr.

Hast du die Gesprächsrunden auf unseren regionalen TV-Sendern verfolgt, jedenfalls auf dem in spanischer Sprache?«

»Natürlich. Jeden Abend. Ich habe bewundert, wie ruhig, beherrscht, diszipliniert und nüchtern argumentiert wurde. Und wie soll es jetzt weitergehen?«

»Die ETA hat 2011 jeglichem Waffeneinsatz abgeschworen, seit vier Jahren kein Attentat mehr verübt.« Auf meinen zweifelnden Blick fügte er hinzu:

»Ich weiß, das war nicht der erste Waffenstillstand. Alle wurden wieder gebrochen, aber dieses Mal ist es ernst, weil auch unsere Bevölkerung nicht mehr mitmacht.«

»Ein Stück Vertragspapier sagt doch nicht, dass die baskischen Wünsche, Hoffnungen, Träume über Nacht verschwunden sind, dass man nicht ein Mehr an Unabhängigkeit erreichen möchte.«

»Das stimmt. Das baskische oppositionelle Gedankengut findet sich mehr oder minder stark ausgeprägt in allen regionalen Parteien wieder, meist gemäßigt, nicht kampfbereit. Und die regionalen Parteien haben hier das Sagen, nicht die überregionalen Sozialisten oder Konservativen. Ist dir aufgefallen, wie besonnen unsere baskische Regierung mit dem Straßburger Urteil umgeht? Erfreut, aber besonnen. Keine Jubelfeiern, keine öffentlichen Auftritte. Wir wollen den Dialog mit Madrid, aber Madrid muss sich auch bewegen. Seit dem Waffenstillstand vor zwei Jahren kam von dort nicht das geringste Signal.«

»Hat sich die ETA mittlerweile freiwillig entwaffnet«, wollte ich noch wissen.

»Nein, ohne Dialogsignal aus Madrid keine Ablieferung der Waffen. Man muss auf gleicher Augenhöhe verhandeln. Dann könnte es zu einem guten Ende kommen wie in Irland angebahnt.«

»Glaubt ihr an Europa und Europa an euch?«

»Eindeutig. Wenn Europa nicht sicher wäre, dass wir die Geschichte der Gewalt überwinden und uns als Europäer fühlen, hätte die Jury zur Bestimmung der Kulturhauptstädte Europas für 2016 neben dem polnischen Wrocław nicht die baskische Stadt San Sebastian nominiert, sondern einen der spanischen Mitbewerber, Burgos, Cordoba, Las Palmas, Segovia oder Saragossa.«

»Hoffen wir auf einen glücklichen Ausgang.«

Bislang friedlich, wenn auch nicht minder intensiv äußert sich der katalanische Drang nach Selbstbestimmung im europäischen Verband.

Katalanen wie Basken waren im spanischen Bürgerkrieg bekennende und von Franco bekämpfte Republikaner gewesen. Mit Francos Sieg 1939 wurde ihr Autonomiestatut, das sie erst wenige Jahre zuvor ausgehandelt hatten, null und nichtig. Das galizische trat gar nicht mehr in Kraft, obwohl es erfolgreich alle Instanzen passiert hatte. Das ist nicht vergessen. Vergessen ist auch nicht der 11. September 1714. An diesem Tag verloren die Katalanen den Kampf gegen die Bourbonen im Spanischen Erbfolgekrieg und damit ihre Selbstverwaltung. Diada; der 11. September ist ein nationalkatalanischer Feiertag. Ein trauriger Gedenktag möchte man meinen. Dem ist aber nicht so. Es ist eher ein Protesttag gegen einen nach wie vor empfundenen spanischen Zentralismus nach dem Motto: Aus einer Niederlage muss man einen Sieg machen. Wir geben nicht auf.

Am 11. September in Barcelona habe ich begriffen, wenn auch mit Erstaunen, warum Gemeinschaften und Staaten historische Demütigungen und Niederlagen durch die Schaffung von Nationalfeiertagen im Bewusstsein der Bevölkerung wachhalten wollen. Warum sie nicht Erfolge feiern, wie beispielsweise die Franzosen am 8. Mai den Sieg über die deutsche Wehrmacht oder ihren erfolgreichen Sturm auf die Bastille am 14. Juli 1789, dem heutigen Nationalfeiertag, oder die Amerikaner die Unabhängigkeit von ihren Kolonialherren am 4. Juli mit dem *Independence Day*, oder die Deutschen am 3. Oktober, dem Tag, an dem 1990 die deutsche Wiedervereinigung amtlich besiegelt wurde.

Im Gedenken an »negative« Nationalfeiertage schwingt in den Trauerreden auch der Wunsch nach Vergeltung, nach Zurückgewinnen des Verlorenen mit. So begehen die Serben jedes Jahr am 15. Juni ihren Nationalfeiertag in Erinnerung an den 15. Juni 1389, den Tag, an dem sie zusammen mit den Bosniern den osmanischen Truppen unterlagen, was sie zur Anerkennung der osmanischen Oberherrschaft über Jahrhunderte zwang. Dass diese berühmte Schlacht auf dem

Amselfeld in der Nähe der heutigen Hauptstadt des Kosovo, Priština, stattfand, erleichtert das angespannte Verhältnis zwischen Serben und Albanern nicht gerade.

Nicht aufgeben, das scheint auch die Antriebskraft in Katalonien zu sein. Noch sehe ich den endlos scheinenden Demonstrationszug in Barcelona am 11. September 1977 vor mir – zwei Jahre nach Francos Tod –, habe die Spruchbänder und Plakate vor Augen, die Amnestie, Freiheit, Selbstbestimmung, Unabhängigkeit forderten.

Was entwickelt sich da? fragte ich mich, nachdenklich geworden.

War es den Katalanen nicht genug, dass alle politischen Kräfte Spaniens, die regierenden wie die oppositionellen, sich bereits ein Jahr zuvor darauf geeinigt hatten, den Nationalitäten (!) und Regionen Spaniens ihren Eigencharakter mit entsprechenden Rechten zu garantieren? Das floss auch in die erste Post-Franco-Verfassung von 1978 ein.

Glaubten sie nicht an den vereinbarten Abschluss von Autonomie-Statuten für 17 spanische Regionen innerhalb des nationalen spanischen Gesamtgefüges? Die Statuten kamen. 1983 war der sehr aufwendige Prozess abgeschlossen.

Wollten sie noch mehr Rechte als die zugestandenen? Entstanden hier auf Grund historischer Verletzungen neue regionale Nationalismen?

Der Befreiungsprozess in Katalonien währt nun schon gut 40 Jahre. Er hat aus katalanischer Sicht viele Erfolge vorzuweisen. Ganz wichtig war dabei die Sprachpolitik. Die unter Franco unterdrückte Muttersprache Katalanisch sollte wieder uneingeschränkt zur Geltung kommen. Bis zu Francos Tod waren all die vielen Straßennamen Barcelonas sowie im

Rest Kataloniens nur auf *Castellano*, der spanischen Hochsprache wiedergegeben. Als ich wieder auf Besuch kam, waren die Straßenschilder bereits zweisprachig. Heute sind sie nur noch einsprachig katalanisch. Der zweimalige Wechsel all der endlosen Straßenschilder muss sehr teuer gewesen sein, dachte ich.

»Aber«, so belehrte mich ein Moral-Politologe, »bei der Umsetzung von mehrheitlichen Emotionen in Politik spielt Geld keine Rolle.« Heute hat Katalonien zwei offizielle Amtssprachen: *Castellano* und *Catalá*. Im täglichen Leben läuft alles auf Katalanisch ab, auch im regionalen Parlament. Städtische Ankündigungen zu irgendwelchen Veranstaltungen sind auf Katalanisch, ebenso wie Supermarkt-Angebote, die Werbung oder Aufschriften auf Produkten in den Läden und Märkten. Auf den vielen schwarz-gelben Taxis leuchtet nicht mehr die Aufschrift *libre*, wenn sie frei sind, sondern *lliubre*. Die katalanische Sprache und katalanische Studien werden von der katalanischen Regionalregierung stark gefördert. Hier wird nicht gespart. *Castellano* ist praktisch die erste Fremdsprache.

Als die Frankfurter Buchmesse im Jahr 2008 als Schwerpunktthema Katalonien ankündigte, ließ das katalanische Auswahlkomitee einige Schriftsteller nicht zu, die zwar in Katalonien leben, aber auf Spanisch schreiben. Das sorgte allseits für Irritationen.

Dennoch: die Buchhandlungen Barcelonas haben weiterhin ein überaus großes und differenziertes Angebot an klassischen und zeitgenössischen Titeln in vielen Sprachen, darunter in der Mehrzahl auf *Castellano* – mehr als auf *Catalá*. Eine derartige Vielfalt habe ich in Deutschland noch nicht gesehen. Da ich mit einem Buch-Verrückten verheiratet bin, also auf Reisen, die immer nur Städte zum Ziel haben, mit ihm endlos Buchhandlungen besuchen muss, weiß ich, wovon ich rede. Nur das Hörbuch scheint in Spanien noch keine Wurzeln geschlagen zu haben. »Nein, Hörbücher haben wir kaum, nur einige beim Fach ›Poesie‹«, sagte mir bei meinem letzten Besuch in Barcelona eine Verkäuferin in perfektem Spanisch in der großartigen Buchhandlung Casa del Libro in Barcelona. Bevor Hörbücher Anhänger fanden, wurden sie bereits von E-Büchern überrollt, die aber nach kurzfristigem Erfolg wieder rückläufig sind, wie auch in den USA und Deutschland.

Nach wie vor kann jeder Arbeiter, jede Verkäuferin, jeder Künstler, Professor, Beamte blitzartig auf Spanisch umschalten, wenn ihn sein Gegenüber in dieser Sprache anspricht. Und das sind viele, nicht nur Spanisch sprechende Touristen. Bis Ende der neunziger Jahre des vergangenen Jahrhunderts gab es eine starke innerspanische Migration. Viele aus dem armen Süden, vor allem aus Andalusien, zog es in das prosperierende Katalonien. Auch mein Hausmeister zu Beginn der siebziger Jahre und meine Putzhilfe gehörten dazu und viele Leute bei der Müllabfuhr, dem Bauwesen, der Straßenreinigung. Katalanisch sprachen sie nicht. Wozu auch? Es ging ja auch anders. Und zu »den ihren« gehörten sie sowieso nicht.

Als Spanien langsam wohlhabender wurde, verwandelte sich das Land ab 1998/99 in ein Einwanderungsland. Es kamen nicht nur zunehmend Nordafrikaner, sondern auch Südamerikaner, wobei die Ecuadorianer lange die größte Gruppe bildeten. Auch sie können sich nicht auf Katalanisch ausdrücken, wissen aber, dass ihre Kinder in den Kindergärten und Schulen nicht am Katalanischen vorbeikommen. Ghettobildungen, auch sprachlicher Art, wollen die Stadtverwaltungen entgegenwirken. Ohne Katalanisch keine Aufstiegschancen. Das gilt ebenso für einige andere autonome Regionen, die mittlerweile offiziell zweisprachig sind.

Wohin wird diese Region, die sich als Nation versteht, streben, habe ich mich nach den ersten öffentlichen Protestbewegungen gegen die zentralistische Regierung in Madrid im Jahr 1977 oft gefragt. Wird Spanien zu einer Nation der Regionen? Wird es Abspaltungen geben? Was würde dies für Europa, die Europäische Union, die gemeinsame Währung, den Euro bedeuten?

Als wir wieder einmal in Barcelona landeten, am 13. September 2012, fielen mir auf der Fahrt vom Flughafen in die Stadt die vielen katalanischen Flaggen auf. An jedem Haus, an jeder Litfaßsäule, an jeder Kirche hingen sie. Nicht eine einzige spanische Flagge war zu entdecken, auch nicht in anderen katalanischen Städten und Dörfern, die wir später besuchten. Vorsichtig fragte ich eine Freundin, Professorin für Soziologie an der Universität in Barcelona, was sich denn hinter diesem Flaggenmeer verberge.

»Vor zwei Tagen, am 11. September, unserem Nationalfeiertag, haben mehr als eine Million Menschen für die Unabhängigkeit Kataloniens demonstriert, für einen neuen Staat in Europa. Wir haben genug von der Gängelung durch Madrid.«

»Aber alle Kräfte in Spanien haben doch der Verfassung von 1978 zugestimmt, die die spanische Nation für unteilbar erklärt!«

»Stimmt, aber die Verfassung sieht auch vor, dass die Rechte der einzelnen *Autonomías* immer wieder neu verhandelt werden. Die Verfassung spricht von einem Prozess, nicht von einem Ergebnis für alle Ewigkeit. Diesen Prozess greifen wir jetzt wieder auf, denn die Zentralregierung missachtet uns, nimmt uns nicht ernst. Zum Beispiel wird eine Autobahn vom Süden zum Norden geplant. Die soll über Madrid laufen und nicht über das Kommerzzentrum Barcelona. Wir können uns doch nicht einfach abhängen lassen. Außerdem vergisst Madrid, dass wir, das Baskenland, Navarra und Galizien uralte Kulturräume mit gewachsenen Sonderrechten sind.«

»Diese Besonderheiten sind doch in die Autonomie-Statuten eingeflossen. Nicht jede Regionalregierung hat die gleichen Kompetenzen.«

»Und was ist 2005 passiert? Da haben wir Statuten mit erweiterten Rechten für Katalonien vorgelegt, z. B. für die Polizei oder das Gerichtswesen. Alle haben die Statuten abgesegnet, auch, wie vorgeschrieben, das spanische Parlament. Und dann? Dann strengt die Partido Popular eine erfolgreiche Klage beim Verfassungsgericht gegen uns an, und alles war wieder verloren. Das haben wir nicht vergessen.

»Spielen denn auch Finanzfragen eine Rolle?«

»Ja sicher. Katalonien ist neben dem Baskenland der wirtschaftlich stärkste Raum in Spanien und wird besonders schlecht behandelt. Wir kommen schon für alle Sozialleistungen auf, bezahlen voll das Bildungs-und Gesundheitswesen. Trotzdem fließen zwei Drittel aller Steuern nach Madrid, eingezogen von den zentralen Finanzämtern. Nur wenig bekommen wir zurück. Der spanische Finanzausgleich entspricht einfach nicht den Realitäten. Im Baskenland ist es genau umgekehrt. Dort werden die Steuern von der Regionalregierung in Bilbao eingezogen, und diese gibt nur einen kleinen Teil nach Madrid ab. So einen Fiskalpakt mit Madrid wollen wir auch. Aber Rajoy erklärt stoisch, dass ein neu strukturierter Finanzausgleich zwischen den 17 spanischen Regionen für ihn keine Priorität hat. Basta.«

»Wollt ihr also steuerliche Souveränität im Rahmen der spanischen Nation wie die Basken oder totale Unabhängigkeit?«

»Am liebsten die Unabhängigkeit, das wollen gut die Hälfte der Katalanen, angeführt von unserem Ministerpräsidenten Artur Mas und seiner nationalliberalen Partei Konvergenz und Freiheit (CiU). Ich weiß, die Arbeitgeberverbände sind zurückhaltend und auch die national organisierten Parteien, die Partido Popular und die Sozialisten sind dagegen, aber die sind in Katalonien zur Zeit in der Minderheit. Auf alle Fälle wollen wir, und wir sind eine Nation und keine Nationalität, einen Fiskalpakt.«

»Dem werden die spanische Regierung und das spanische Parlament in diesen finanziellen Notzeiten wohl kaum zustimmen, und ohne die geht es nicht.«

»Dann machen wir mit dem Unabhängigkeitsprozess weiter. Wir sparen doch auch wie verrückt in Katalonien. Müssten wir weniger Geld in Madrid lassen, wären wir heute nicht so hoch verschuldet, müssten nicht um Almosen aus dem Regionalfond bitten. Das ist erniedrigend.«

»Auch der König warnt vor separatistischen ›Hirngespinsten‹.«

»Ach der«, mischen sich Christas jung erwachsene Enkel ein, »der Bourbone soll lieber schweigen. Was weiß der schon von uns Republikanern.«

Dass Juan Carlos auf Grund seiner finanziellen Eskapaden und seiner Frauengeschichten in ganz Spanien an Beliebtheit verloren hatte, konnte ich nachvollziehen. Aber darum ging und geht es gar nicht in Katalonien. Sein Sohn und Nachfolger Felipe VI., so beobachtete ich später, vermeidet alle Affären, wirbt vorsichtig für die Einheit der Nation. Das aber interessiert weder Basken noch Katalanen, im Gegensatz zum Rest der spanischen Völker. 2015 wurde die Büste seines Vaters im Rathaus von Barcelona entfernt, ohne die Lücke mit seinem Konterfei zu füllen. Ein Fußballspiel zwischen dem FC Barcelona und seinem Counterpart aus Bilbao begann mit Buh-Rufen gegen den Bourbonen. Ja, der Stachel saß und sitzt tief.

Das Bourbonen-Thema lasse ich lieber, beschloss ich, denn gegen die öffentliche Äußerung eines katalanischen Kommentators, dass der *catalinismo* keine Geisteskrankheit ist, sondern Ausdruck von Identität, kann man nicht anfragen.

»Deutschland ist aus historischen Gründen wie Spanien eine dezentralisierte Nation mit 16 Bundesländern, deren Regierungen und Gemeinden für vergleichbare Leistungen aufkommen müssen wie die spanischen autonomen Gemeinschaften. Siehst du da Ähnlichkeiten?«

»In vielen Dingen ja, in anderen ganz wichtigen Dingen aber nicht. Kein deutsches Bundesland ist zweisprachig, hat zwei offizielle Amtssprachen, wie verschiedene sogenannte »Autonomías« in Spanien. Die Identitätsfrage ist bei uns viel schärfer konturiert, da unsere regionalen Identitäten viel länger unterdrückt wurden. Gut, nicht jeder in Galizien spricht und liest *gallego*, aber jetzt lernt er das.«

Nach einigem Nachdenken fügte sie hinzu:

»Im Gegensatz zu euch haben wir viele starke regionale Parteien, nicht nur in Katalonien. Ihr habt nur sehr wenige, und auffallend ist doch eigentlich nur die CSU in Bayern. Aber wenn ich das so richtig mitbekommen habe, nimmt niemand die regelmäßigen Eruptionen der Bayern wirklich ernst. Da hat doch neulich jemand in Bayern, ich habe den Namen vergessen, für die Unabhängigkeit Bayerns in einem Buch plädiert.«

»Die Stammtischpolitik der bayerischen regionalen Partei, der Christlich Sozialen Union irritiert zwar viele Deutsche, aber als ernsthafte Gefahr für den Bund wird sie nicht gesehen. Aus dem föderalistischen Deutschland oder aus der Europäischen Union will sie nicht austreten. Bayern will ständig anerkannt und gehätschelt werden«, kommentierte ich.

»Ist das nicht ein bisschen pubertär?«

»Das sagen Sie, aber viele Bayern sehen das anders.«

»Na gut, euer Problem.«

»Das Wichtigste aber ist, dass wir im Gegensatz zu euch keinen starken Bundesrat haben, der das öffentliche Leben politisch mitgestalten kann. Unsere *senadores*, unser Senat, setzt sich nur zu einem Fünftel aus Vertretern der Regionen zusammen, da kann man gesetzgeberisch weder viel voranbringen noch verhindern. Wir sind noch stets im Transformationsprozess und das Ende ist offen. Die zentralistische Vergangenheit wiegt schwer. Wir sind noch immer kein echter föderalistischer Staat.

Hilfreich in dieser angespannten Lage ist es nicht, dass das zentrale Erziehungsministerium ganz offen darüber spricht, katalanische Schüler zu ›verspanischen‹ (*espanolizar*) und damit weiter den Freiraum der autonomen Gemeinschaften bei der inhaltlichen Gestaltung der Unterrichtsfächer einengt. Früher ging es ausschließlich um die Sprachenfrage. Beherrschten katalanische Schüler, wie vereinbart, die spanische Hochsprache ebenso gut wie das Katalanische? Studien haben bewiesen, dass diese auch nicht besser oder schlechter sind als Schüler in anderen zweisprachigen Regionen. Heute bezweifelt der Erziehungsminister darüber hinaus, ob gegenüber der jeweiligen Regionalgeschichte Spanien als Nation im Geschichtsunterricht gebührend behandelt wird. Groß ist die Empörung über die ›re-zentralisierenden Tendenzen‹, nicht nur bei den regionalen Parteien Kataloniens, sogar bei katalanischen Vertretern der überregionalen PSOE, den Sozialisten. Vom ›Rückfall in die sechziger Jahre‹ war da die Rede.«

Nach der Franco-Diktatur wieder ins Gleichgewicht zu kommen, wird noch Jahre dauern, dachte ich. Die heutigen Sparzwänge haben die Föderalismusfrage verschärft. Das wurde mir in einer völlig anderen Situation nochmals klar: Als ich mir in einem kleinen Bekleidungsgeschäft in Barcelona eine Jacke kaufte. Nachdem die äußerst hilfreiche Verkäuferin erfasst hatte, dass ich Deutsche bin, sprudelte es aus ihr heraus: »La Merkel« und »Los Alemanes« führen uns mit ihren Sparzwängen in den Abgrund – ein Tenor, der sich selbst in den seriösen Medien, *El Pais* gelegentlich inklusive, widerspiegelt. Ich versuchte ihr klar zu machen, dass die deutsche Bundeskanzlerin »La Merkel« im europäischen Kontext zwar wichtig ist, aber nicht allein entscheidet.

Das war ihr zu abstrakt. Also wurde ich praktisch.

»Vor zehn Jahren, 2002, hat Deutschland begonnen, drastische Reformen einzuführen. Es kam zu vielen Entlassungen. Die Zeitarbeit wurde verstärkt und damit das *plureo empleo* (die Vielfachbeschäftigung). Arbeitnehmer mussten lernen für ihr Pensionsalter selbst mit vorzusorgen, über die staatliche Rente hinaus.«

Das war ihr immer noch zu abstrakt. Also wurde ich noch praktischer:

»Meine Rente ist seit Jahren eingefroren. Als die Preise stiegen, bekam ich nicht mehr Rente. Also konnte ich nun weniger einkaufen.«

Das begriff sie und sagte zu meinem Erstaunen wie ein Finanzexperte:

»Die Renten waren also nicht an die Inflationsrate gebunden wie bis vor kurzem bei uns in Spanien?«

»Richtig, das waren sie nicht. Jetzt hat eine kleine Erhöhung stattgefunden, weitere sind angesagt, aber die werden von den erhöhten Beiträgen zur Krankenkasse gleich wieder aufgefressen.«

»Ach so, ihr müsst also auch sparen und privat für die Zukunft vorsorgen?«
»Ja, so ist das, wir hatten Zeit, uns seit vielen Jahren daran zu gewöhnen.«
»Aber an die Rente mit 67 Jahren denkt bei euch doch keiner.«
»Oh doch, die ist längst eingeführt.«
»Da seid ihr doch sicherlich auf die Straße gegangen?«
»Nein, aber der Kanzler, der diese und andere Reformen durchgesetzt hat, wurde nicht wiedergewählt. Deshalb haben wir jetzt ›la Merkel‹«.

(Von der im Jahr 2014 viel diskutierten Rente im Alter von 63 nach 45 Arbeitsjahren war damals noch nicht die Rede, auch nicht von der »Mütterrente« oder einer flexiblen Handhabung des Rentenalters.)
»Wurden eure Gehälter auch um fünf Prozent gekürzt. Wurde euch das Weihnachtgeld gestrichen? Das Krankengeld gekürzt? Habt ihr auch so eine hohe Jugendarbeitslosigkeit wie wir?«

Mir sank der Mut und ich verspürte wenig Lust, dieses komplexe Thema in der Ankleidekabine zu vertiefen. Die Situation erschien mir geradezu surrealistisch. Da probierte ich Jacken und eventuell dazu passende Röcke an, schamhaft hinter einem schützenden Vorhang, obwohl ich der einzige Kunde in dem Laden war. Nur durch einen Schlitz diskutierten wir zwei Laien die Eurokrise, die Geschicke und die Zukunft Spaniens.

Bring sie auf ein regionales Thema, dachte ich, was sich als Fehler herausstellte.
»Waren Sie bei dem Unabhängigkeitsmarsch vor wenigen Tagen in Barcelona dabei?«

»Unabhängigkeit von Katalonien? *Son locos* (die sind verrückt), das wird doch viel zu teuer, so ein Blödsinn. Dann müssten wir doch überall auf der Welt Botschaften einrichten, wer soll die denn bezahlen? Und hätten wir dann noch den Euro? Wären wir noch in der Europäischen Union? Aber die Katalanen sind so prinzipientreu wie ihr Alemanes, ihr Lutheraner.«

Offenbar gehörte sie nicht zu dieser Spezies, ihr Spanisch war nicht von einem katalanischen Akzent geprägt. Als ich Anstalten machte, mit der Jacke meiner Wahl zur Kasse zu streben, hielt sie mich am Ärmel fest, legte die Finger auf den Mund und flüsterte:

»Nichts zur Kassiererin darüber sagen, die ist eine extreme Katalanin, wie die meisten. Ich bekäme Ärger.«

Ich sagte nichts und bezahlte meine wunderschöne, eigentlich viel zu billige Jacke. Viele Händler gaben ihre Produkte zu stark herabgesetzten Preisen ab, um nicht völlig auf ihrem Warenbestand sitzen zu bleiben. Aber geschlossen war keines der vielen kleine Geschäfte, an denen ich Jahr für Jahr vorbeipilgerte, und auch sämtliche Terrassen waren voll besetzt, nicht nur in den Touristenzentren.

Nach dem Kauf der Jacke tranken mein Mann und ich erst mal ein Glas Wein auf der Terrasse der Bar Cleries. Neben der Eingangstür hing eine Schiefertafel mit einer in Kreide geschriebenen Text, der sich an schwarzen Humor kaum überbieten lässt: *Se necesitan clientes, no es necesario* **ninguna** *experiencia* (Kunden gesucht, **keinerlei** Erfahrung erforderlich).

Danach zog es uns zum Platz vor der Kathedrale. In früheren Zeiten war ich oft dort gewesen. Für mich war es immer

»Der spanische Staat diskriminiert das Katalanische«, Barcelona 2010 (Foto: Koos van Weringh)

der Platz des katalanischen Volkstanzes, der *sardana*, gewesen. Bekannte und Unbekannte fassten sich an den Händen, bildeten einen Kreis und bewegten sich in leicht schwingenden Schritten. Dazu spielte die *cobla*, das Sardanaorchester, auf den Stufen zur Kathedrale. Die *sardana* hat sich auch unter Franco nie verbieten lassen. Jetzt im September 2012 war dafür allerdings kein Raum. Jetzt fand dort zum 30. Mal, also seit 1982, die Woche des Buches auf Katalanisch (*La setmana de llibre en Catalá*) statt. Unzählige Übersetzungen aus vielen Sprachen, auch aus dem Spanischen, zu einer Vielfalt von Themen, sozusagen vom Mittelalter bis zur Gegenwart, waren da zu finden, nebst den vielen auf Katalanisch verfassten Titeln. Darunter auch viele Bücher mit politischen Karikaturen, die Koos auf der Stelle für seine schon riesige Sammlung politischer Zeichnungen kaufte. Auf der Treppe zur Kathedrale diskutierten unter tiefblauem Himmel Talkshow-Teilnehmer über Vergangenheit und Gegenwart des katalanischen Buches, auf Katalanisch natürlich. Es mag Zufall sein, dass überall Wimpeln flatterten, die eine Retrospektive von Filmen aus dem ebenfalls nach Unabhängigkeit strebenden Quebec in Kanada ankündigten. Sie passten in die allgemeine Stimmung.

Auch in den Jahren 2013, 2014 und 2015 reisten wir erneut am 11. September zur *Diada* nach Barcelona. Wieder zogen jeweils weit über eine Million Menschen durch die Straßen der Stadt. Der Anteil so vieler friedlicher Menschen eingehüllt in die katalanische Fahne war überwältigend. Auf ihren T-Shirts in katalanischen Farben war zu lesen: a*ra es l'ora* (Jetzt ist die Stunde gekommen). Die Stunde für die Selbstbestimmung, für ein entsprechendes Referendum.

Sicher gab und gibt es auch kritische Stimmen, die sich gegen diesen »Nationalismus-Taumel« wandten und wenden, gegen diese Kleinstaaterei angesichts eines sich mühsam integrierenden Europas. Aber sie gingen im katalanischen Flaggenmeer unter.

»Komm, ich zeig dir was«, sagte mir ein kleiner Junge und schleppte mich zu einer der vielen Konditoreien. »Siehst du die Torten mit den katalanischen Farben? Und da, eine tolle Schokolade! Da steht 1714 drauf. Was das heißt, hat mir mein Papa erklärt. Die musst du essen.« Ich kaufte das elegant verpackte Prachtstück, und wir teilten es uns.
»Jetzt habe ich *Diada* im Bauch«, sagte er triumphierend.

Madrid teilte diese Begeisterung, diesen Rausch keineswegs. Knochentrocken erklärte der spanische Ministerpräsident, dass das angestrebte Referendum gegen die spanische Verfassung verstoße. An einem Referendum zur territorialen Integrität müssten sich alle Regionen Spaniens beteiligen. Punkt. Ein politisches Dialogangebot, etwa zu einem besseren Finanzausgleich, erfolgte nicht. Von der aufgeladenen Stimmung in Katalonien getragen, hielt Artur Mas an einem Referendum verkleidet als »unverbindliche Volksbefragung« für den 9. November 2014 fest, wohl wissend, dass dies strafrechtliche Folgen für ihn und seine Entourage haben könnte und hatte.

Leicht resigniert meinte dazu meine Soziologiefreundin:
»Einerseits ist es nicht einzusehen, dass wir unser demokratisches Recht zur Meinungsäußerung nicht wahrnehmen dürfen. Wir sind ja nicht die Einzigen in Europa, die selbstbestimmt leben wollen. Heute gibt es wieder eine unabhängige Slowakei und eine selbstständige Tschechische Republik. Ganz friedlich und allseits anerkannt ist diese Trennung der ehemaligen Tschechoslowakischen Republik in den neunziger Jahren verlaufen. In Korsika schwelt der Unabhängig-

»Achtung Tourist. Sie sind nicht in Spanien, Sie sind in Katalonien«, Barcelona 2011 (Foto: Koos van Weringh)

keitsdrang weiter, auch wenn die Nationale Befreiungsfront Korsikas im Juni 2014 angekündigt hat, sie werde auf einen bewaffneten Kampf verzichten. Aber wie die Basken lernen sie jetzt eifrig ihre Muttersprache, sorgen für eine zweisprachige Beschilderung ihrer Straßen.«

»Stimmt«, unterbrach ich sie, »und streichen die französische Bezeichnung der Ortschaften dick und fett durch, wie ich bei einer Rundreise durch Korsika gerade gesehen habe.«

»Flandern und Wallonien«, fuhr sie fort, »hängen nur noch an einem sehr dünnen belgischen Faden. In Norditalien grummelt es weiter. Und die Schotten werden auch nicht aufgeben.«

»Die haben allerdings mit der Zentralregierung in London ihr Referendum im Konsens abgesprochen, handelten also nicht verfassungswidrig«, warf ich ein.

»Wie auch immer«, insistierte sie, »mit nur formal-juristischen Argumenten lassen sich diese Gärungsprozesse nicht lösen. Im Kern geht es doch darum, dass all diese Regionen mehr finanzpolitische Autonomie wollen und mehr Respekt vor ihrem kulturellen Erbe fordern. Sie sind ein Teil der Vielfalt Europas, wollen nicht aus der EU austreten und auch nicht aus der Eurozone.

Das weiß auch die EU-Kommission.

Andererseits glaube ich unseren katalanischen Parteien nicht mehr. Jede will ihre Macht erhalten, deshalb bekämpfen sie sich untereinander. Ich habe genug von dem parteipolitischen Gezänke den unwahrhaftigen Winkelzügen, den Maskeraden, die Madrid natürlich durchschaut.«

Es kam, wie befürchtet. Zwar wurde »die Umfrage« nicht offiziell von der katalonischen Regionalregierung organisiert, sondern von dem mächtigen Dachverband privater katalanischer Vereine, den Gesellschaften, Institutionen, der »Katalanischen Nationalversammlung« zusammen mit *Omnium Cultural* und seinen mittlerweile 40.000 Mitgliedern, aber die Regionalpolitiker leisteten kräftige Schützenhilfe: Sie riefen alle Bürgermeister Kataloniens nicht per Dekret, sondern über persönliche E-Mails auf, 1300 Wahllokale mit Wahlurnen bereitzustellen, informierten die Presse, halfen bei der Rekrutierung von mehr als 100.000 Freiwilligen und waren am »Umfragetag« überall präsent. All diese Maßnahmen kosteten öffentliche Gelder.

Die Mehrheit der Urnengänger sprach sich gegen einen »unabhängigen katalanischen Staat« aus, wohl aber für einen »katalanischen Staat«, was immer das im Einzelnen heißen mag. Prompt setzte sich der kontrollierende spanische Verfassungsapparat in Bewegung mit den Anklagepunkten gegen die katalanische Regierung: Ungehorsam gegenüber der Staatsgewalt; Amtsmissbrauch; Veruntreuung öffentlicher Gelder; Amtsanmaßung. Ein katalanischer Richter wurde suspendiert. Und wieder machte Madrid keinen Versuch, auf diplomatischem Wege zu einem Konsens mit Barcelona zu kommen.

Schottland, das Vorbild, erlitt bei seinem Referendum zur Unabhängigkeit 2014 zwar auch eine Schlappe, aber die Schotten rächten sich dafür. Bei den nationalen Wahlen 2015, die die Konservativen unter David Cameron überraschend klar gewannen, eroberte die *Scottish National Party* (SNP) zum Entsetzen der Sozialisten wie der Konservativen fast alle schottischen Wahlkreise, und bei den Regionalwahlen 2016 ebenso. Gestärkt wird sie jetzt im Parlament des Vereinigten Königreiches in London noch mehr Kompetenzen für Schottland durchsetzen, als ihre schottische Heimat im Steuer-, Bildungs- und Gesundheitsbereich eh schon hat, und sie kämpft mit aller Macht gegen den Austritt des Vereinten Königreiches aus der EU.

Das sieht für Katalonien weniger rosig aus. Ohne eine Verfassungsreform, die unter anderem einzelnen Regionen größere Unabhängigkeit beschert, läuft gar nichts. Reformgedanken hat der konservative Ministerpräsident Mariano Rajoy, der mit absoluter Mehrheit seiner Partido Popular in Madrid regiert, bislang rundweg abgelehnt. Da diese Mehrheit in den letzten Kommunal- und Regionalwahlen im Mai 2015 deutlich bröckelte, deutete er zähneknirschend für die kommende Legislaturperiode, also nach den nationalen Wahlen am 20. Dezember 2015, seine Gesprächsbereitschaft an »mit Angeboten, mit denen die Separatisten nicht zufrieden sein werden.« Auch die Sozialisten sind zu begrenzten Verfassungsreformen bereit.

Und was sagen die beiden neuen überregionalen Parteien, beide in Katalonien entstanden? Da ist die 2014 gegründete deutlich links bis marxistisch orientierte Partei *Podemos* (wir schaffen es), die aus der Bewegung der *Indignados* (der Empörten) hervorgegangen ist. Unter Leitung von Pablo Iglesias zog sie 2014 aus dem Stand mit fünf Abgeordneten in das europäische Parlament ein und stellte 2015 ihr nahestehende BürgermeisterInnen in so wichtigen Städten wie Barcelona und Madrid. »Empört« sind die Partei und ihre Sympathisanten über die wirtschaftspolitisch-neoliberal orientierte »Kaste«, über das in endlose Skandale verwickelte »Establishment«, über die immer stärker auseinander klaffende Schere zwischen Arm und Reich, über das drastische Sparprogramm, das Spanien »aufgezwungen« wurde, um seine desolate Wirtschaft nach einem desaströsen, spekulativen Bauboom wieder in Gang zu bringen.

»Die werde ich wählen«, sagte mir ein katalanischer Freund. »Die wollen was.«

»Aber was genau wollen sie denn, empört sein genügt doch nicht«, wollte ich wissen.
»Sie wollen wieder für den Normalbürger da sein.«
»Das ist schön«, warf ich ein, »und mit welchen konkreten Maßnahmen?«
»Eine typisch deutsche Frage«, grollte er zurück. »Sachlich und konkret. Zum Beispiel sollen die Sozial- und Arbeitslosenhilfe aufgestockt, die Renten nicht weiter gesenkt, mehr Arbeitsplätze für die Jugend geschaffen, auf Zwangsräumungen bei säumigen Kreditnehmern verzichtet, privatisierte Staatsbetriebe wieder re-nationalisiert, gegen die Korruption vorgegangen werden. Was Matteo Renzi bislang mit seinen harten Antikorruptionsgesetzen und Reformbemühungen in Italien anstrebt, muss doch auch in Spanien zu schaffen sein.«
»Vielleicht«, entgegnete ich, »aber Renzi musste erst einmal zurücktreten. Seine Verfassungsreform hat er nicht geschafft.«

Ich verzichtete auf die Frage, woher denn das Geld für diese verständlichen Programme kommen solle und fragte stattdessen:
»So ein Programm verkündet auch das zurzeit regierende Linksbündnis *Syriza* in Griechenland. Gibt es da Absprachen?«
»Nun ja, große gegenseitige Sympathien waren da. Aber solche Hasardeure wie den Ex-Finanzminister Yanis Varoufakis wollen wir nicht. Wir wollen nicht pausenlos Porzellan zerschlagen wie er, sondern aufbauen. Auch in der Bevölkerung schwindet die Begeisterung für Syriza, zumal der Zickzackkurs von Ministerpräsident Alexis Tschipras nur schwer nachzuvollziehen ist. So manch einer zieht da Rückschlüsse auf die zukünftige Politik von *Podemos*: Wird die Partei

auch viele ihrer Wahlversprechen aufgeben? Das schwächt unseren Hoffnungsträger schon jetzt, zumal die Parteispitze zerstritten ist.

»Kämpft Podemos zusammen mit anderen separatistisch gesinnten Parteien dieser autonomen Region weiter für deren Unabhängigkeit?«

»Podemos ist doch keine Separatisten-Partei«, empörte er sich. Wir sind gegen eine Abspaltung Kataloniens vom spanischen Zentralstaat, einem Referendum in Katalonien würden wir allerdings zustimmen. Uns geht es doch um ganz andere Dinge, wie ich dir zu erklären versucht habe. Übrigens ist auch die zweite neue Partei *Cuidadanos* (Bürger) gegen eine Loslösung Kataloniens. Noch stärker. Ihre Anti-Haltung gegen den ›katalanischen Nationalismus‹ war einer der Gründe, warum sie sich 2006 formiert hat, und nicht ohne Erfolg unter Albert Rivera operiert. Im Kern kannst du sie mit eurer fast entschwundenen FDP vergleichen, Liberale also. Sie bietet sich als Alternative zur Partido Popular an, eure CDU sozusagen.«

Die Regionalwahlen in Katalonier am 27. September 2015 galten als Stimmungsbarometer für die Abspaltung vom spanischen Zentralstaat. Ein spannender Tag, den ich nicht verpassen wollte. Also wanderte ich von Wahllokal zu Wahllokal, betrachtete die vielen katalanischen Fahnen und Fähnchen, sprach mit vielen Menschen. Zeit dafür war da, denn die Wahlbereiten warteten geduldig in langen Schlangen. Gelöste Zuversicht lag in der Luft nach dem Motto: Jetzt klappt es.

Aber es ging wieder einmal knapp daneben. Schlimmer noch. Eine regierungsfähige Mehrheit war nicht in Sicht. Nach endlosem Gerangel rauften sich drei äußerst unterschiedliche katalanische Parteien von Mitte rechts bis extrem links zusammen, nachdem sie den bisherigen Regierungspräsidenten, Artur Mas, im allerletzten Moment vor Neuwahlen zum Rücktritt gedrängt hatten. Einig war man sich nur in einem Punkt: Katalonien muss unabhängig werden. Dann lösen sich alle Probleme in der wirtschaftlich angeschlagenen Region von selbst. Und vielleicht, so die Hoffnung, würden die nationalen Wahlen am 20. Dezember 2015 zu ihren Gunsten ausschlagen.

Das aber war nicht der Fall. Im Gegenteil. Es entstand für Spanien eine völlig neue Situation. Zum ersten Mal seit 1982, seit der *transformación*, führte das Wahlergebnis zu keiner klaren Mehrheit. Hatten sich bislang die Sozialisten (PSOE) und die Konservativen (PP) in steter Regelmäßigkeit abgewechselt, spielten jetzt noch Podemos und Cuidadanos mit. Für alle vier Parteien hat die katalanische Frage keine Priorität. Die wenigen Abgeordneten katalanischer Parteien fielen bei der ungewohnten Suche nach Kompromissen kaum ins Gewicht. Also erst einmal Stillstand.

Politischer Stillstand auch in der gesamten Nation. Trotz vieler Versuche kam es zu keiner neuen tragfähigen Regierung. Einig war man sich nur, dass man, in welcher Koalition auch immer, auf keinen Fall mit Mariano Rajoy,»der« Symbolfigur für Korruption als Ministerpräsident weitermachen wolle und werde. Der aber dachte gar nicht an Rücktritt, obwohl ihm das selbst Vertreter seiner eigenen Partei nahelegten.

Ergebnis: Die »geschäftsführende Regierung« unter Rajoy dümpelte vor sich hin mit sehr begrenzter Entscheidungsbefugnis. So wurde kein Gesetz erlassen, das Budget nicht verabschiedet. Das Haushaltsdefizit konnte nicht reduziert werden, wie von der EU-Kommission dringend eingefordert. Trübe Aussichten für das europafreundliche Land, dessen Stimme auf europäischer Ebene kaum noch gehört wird, was nicht der Bedeutung des Landes entspricht. Im Juni 2016 kam es zu nationalen Neuwahlen. Die aber brachten wieder keine regierungsfähige Mehrheit hervor. Wieder war keine der vier Parteien bereit, sich in der Kunst des Kompromisses zu üben. Der Stillstand dauerte an. War es der Bevölkerung zuzumuten zum dritten Mal in einem Jahr zu den Urnen zu schreiten, im Dezember 2016, falls nicht bis spätesten Ende Oktober eine Regierung stand?

Im wirklich allerletzten Moment beschloss der Parteivorstand der sich intern heftig befehdenden Sozialisten, Rajoys Wiederwahl am 30. Oktober zu ermöglichen, indem sie sich der Stimme enthielten. Cuidadanos hatte für Rajoy gestimmt, bleibt aber wie die Sozialisten und Podemos in der uneinigen Opposition. Wie lange sich Rajoys Minderheitsregierung halten und ob sie durch Reformen die großen Probleme des Landes – hohe Jugendarbeitslosigkeit, eine wankende Rentenkasse, ein kränkelndes Bildungssystem, wachsende Schuldenberge, separatistsch gesinnte Regionen – annähernd lösen kann, bleibt eine offene Frage.

Vertreter regionaler Parteien stehen schon vor Rajoys Haustür. Sie sind bereit, ihn in seinem von der EU geforderten und bislang von ihm durchgesetzten Sparkurs zu stützen, wenn, ja wenn mit ihm Gespräche über Referenda zur Unabhängigkeit der beiden Regionen geführt werden könnten. Das bezweifeln sie selbst. »Rajoy's Inthronisation als alter und jetzt neuer Ministerpräsident war für uns ein schlechter Tag. Aber wir werden nicht aufgeben im Kampf um unsere Unabhängigkeit.«

Böse zeichnet der politische Karikaturist El Roto die verworrene politische Lage in *El País* vom 25. Oktober: Aus den Fluten steigt ein souverän-sarkastisch lächelnder General Franco auf, angezischt von drei Meeresschlangen (den drei größeren Oppositionsparteien) und sagt: »Jetzt versteht ihr mich. Auch ich wollte Neuwahlen vermeiden.«

New York

Basiert der amerikanische Freiheitsbegriff auf einer anderen Vergangenheit als in Europa?

»Unser Donald wird Amerika wieder groß machen! Donald Trump for President!«, beschwor mich Ted, den ich auf Bitte einer amerikanischen Freundin im April 2016 zu den Sehenswürdigkeiten Kölns begleitete.
»Amerika ist doch schon *great*.«
»Ja, schon, aber heute ist alles nicht mehr so klar. Donald wird das wieder in Ordnung bringen.«
»Hat er denn politische Erfahrung?«
»Braucht er doch nicht. Wer so erfolgreich eine Immobilienfirma ausbauen und führen kann, der weiß, was er tut. Er ist ein echter starker amerikanischer Manager.«
»Aber was er konkret machen will und wie habe ich bis heute nicht begriffen. Sie sagen doch selbst, alles sei unübersichtlich geworden.«
»Ganz einfach. Er wird Amerika den Amerikanern zurückgeben. Er versteht uns, spricht nicht so blasiert wie die anderen Kandidaten. Humor hat er auch, bringt uns zum Lachen. Vielleicht flucht er ein bisschen viel, aber so ist er halt. Wir sind auch nicht so fein und abgehoben wie das Establishment in Washington. Er begreift uns und wir ihn.«
»Nicht alle«, warf ich ein, »weder alle seine republikanischen Freunde und schon gar nicht die Demokraten.«
»Die Hillary Clinton ist doch auch so eine Etablierte. Null Humor, null Emotion. Okay, Donald schlägt auch Kritik ent-

gegen. Aber er wehrt sich wie ein Mann, wie ein echter Amerikaner. Wir sind eine große Nation. Mit Donald werden wir noch größer. Das versteht ihr in Europa nicht. Ihr lacht zu wenig und seid nicht selbstsicher genug.«

Zu präziseren Aussagen konnte ich ihn nicht bewegen. Ihm das komplexe Gebilde Europa zu erläutern, übernahm ich erst gar nicht. Er hatte keine Zweifel, war sich ganz sicher.

Dieser Selbstsicherheit war ich bereits 1975 in New York begegnet, unter ganz anderen politischen Umständen. Es herrschte noch Kalter Krieg.

»Sie kommen auch aus Europa?«, sprach mich ein gewisser Ron an, der sich als amerikanischer Autofachmann vorstellte. Wir beide warteten in einer langen Reihe vor der Passkontrolle im internationalen Kennedy Flughafen in New York. Es war der 1. September 1975.

»Ja«, nickte ich.

»Urlaub?«

»Nein, ich möchte ein paar Jahre in New York am Goethe-Institut arbeiten. Und was haben Sie in Europa gemacht?«

»*Europe was nice*«, erwiderte er, »es war nett«, als wollte er mir ein Kompliment machen. »Ich hatte geschäftlich in London zu tun. Dann noch ein paar Urlaubstage in Rom, Heidelberg und Paris. *All very nice.* So viele alte Gebäude, soviel Kultur.«

»Schade, dass Sie nicht auch Prag besucht haben, jedenfalls für zwei, drei Tage.«

»Prag?«

»Nun, die historische europäische Universitätsstadt, die Hauptstadt der ČSSR mit ihren prächtigen Palästen, alten Brücken…« Weiter kam ich nicht.

»Da herrschen doch die Sowjets, die Kommunisten. Mit denen habe ich nichts am Hut.«

»Aber diese Stadt und viele andere mehr in Osteuropa sind viel älter als der Kommunismus. Das würden Sie spüren, wenn Sie über den großen Marktplatz der polnischen Hansestadt Krakau schlendern.«

»Polen? Da regieren auch Kommunisten. Und die sind überall gleich.«

»Wirklich?«, entschlüpfte es mir.

»Verstehen Sie doch«, sagte er leicht irritiert, »in der Sowjetunion und seinen Satellitenstaaten diktiert ein zentralistischer Staat alles, jeden Atemzug. Hier in den USA bestimmen wir über uns selbst. Das tut ihr doch auch in Westeuropa.«

»Nicht ganz«, murmelte ich, was er aber überhörte.

»Wir können sagen, was wir denken und für uns selbst sorgen.«

Mit dieser Bemerkung und einem leicht befremdeten Lächeln verschwand er hinter der Passkontrolle. Als auch ich die Verhörprozedur überstanden hatte, kaufte ich als erstes eine Ausgabe der *New York Times*. Die Schlagzeile auf der Titelseite verkündete: *New York is bankrupt*. Was für ein Schock! Wie konnte das Zentrum des Westens in Zeiten des Kalten Krieges Bankrott gehen? Das musste doch von amerikanischer Regierungsseite verhindert werden! Die zweite Supermacht, die Sowjetunion, würde sicherlich niemals zulassen, dass die Schaltstelle des Ostens, Moskau, vor die Hunde ging. Die Bezeichnung »bankrott« hätte sie in den Medien keineswegs erlaubt, denn diese gehörte zum kapitalistischen, nicht aber zum kommunistischen Sprachschatz.

Beunruhigt steuerte ich mit meinen Koffern ein Taxi an, das mich nach Manhattan bringen sollte. Der Fahrer kam von irgendwoher aus der Welt, wie die meisten Taxichauffeure. Weiß war er nicht. Er lächelte ganz gelöst.

»Hi, woher kommen Sie?«
»Aus der Bundesrepublik Deutschland.«
»Ost oder West?«
»Aus Westdeutschland.«
»Was ist näher bei den USA?«
»Westdeutschland«, sagte ich, was ja geografisch wie politisch der Wahrheit entsprach.
»Hab ich mir schon gedacht, war mir aber nicht ganz sicher. *Good for you.*«
»Warum gut für mich?«
»Ihr seid wie wir. Wir sind der Westen.«
»Aber«, begann ich einen viel zu langen Satz, »Deutschland ist zweigeteilt, das ist kompliziert und die anderen Länder Westeuropas sind auch nicht alle gleich, denken Sie nur an Spanien ...«
»Das ist doch egal. Ihr seid keine Kommunisten. Also sind wir zusammen der Westen.«
»Und die unterschiedlichen Vergangenheiten?«
»Die sind doch vorbei. Vergangenheit spielt hier keine Rolle. Wir haben die Zukunft. *Let's get things done.*«
Plötzlich fuhr er langsamer.
»Sorry, ich muss noch tanken. Hier bei meinem Freund. Ein toller Typ. Er hat es geschafft. Er besitzt eine eigene Tankstelle mit Reparaturwerkstatt. Hier bei uns in Amerika kann man alles erreichen. Alles ist möglich. *Be happy to be here.* Ich bin sehr froh, dass ich in Amerika bin.«
Er hielt an und stieg aus. Damit ersparte er mir eine Antwort. Was ich sah, waren überaus schäbige, notdürftig mit Wellblech bedeckte Zapfsäulen und dahinter ein Schuppen, der beim leisesten Windhauch zusammengeklappt wäre. Armseliger hätte es nicht sein können.
Woher, ging es mir durch den Kopf, nimmt dieser Mann die Zuversicht, den Glauben, dass alles erreichbar ist? Woher

hat er die innere Sicherheit, die über jeden Zweifel erhaben zu sein scheint?

Ich kam mir vor wie eine Statistin in einem Film vom *American Dream*. Brachte mir diese Taxifahrt eine erste Einführung in die amerikanische Sicht auf die Welt? Nicht zu voreilig, ermahnte ich mich.

Während ich im Taxi wartete, dachte ich weiter über das bankrotte New York nach.

Was bedeutete dies für die Millionen Einwohner, für die städtische Grundversorgung mit Wasser, Gas, Strom? Gingen die Lichter aus? Fuhr die Metro noch? Würden die einzigartigen Kultureinrichtungen geschlossen werden? Welche Notmaßnahmen wird die Regierung in Washington beschließen?

Fröhlich kam der Fahrer zurück und setzte sich wieder ans Steuer. Der Arme, dachte ich, er hat von dieser Katastrophe noch nichts gehört. Vorsichtig begann ich davon zu sprechen.

»Ich weiß«, erwiderte er unbeeindruckt. »*Don't worry*. Machen Sie sich keine Sorgen. Wir schaffen das schon.«

Sein Optimismus war ungebrochen. Wir näherten uns der imposanten Silhouette von Manhattan und tauchten bei Dämmerung in die Stadt ein. Die Lichter brannten, aus den Metrostationen quollen Menschenmassen, in ruhiger Gleichmäßigkeit bewegte sich der Verkehr auf den Straßen. Alle Geschäfte waren geöffnet. Nichts deutete darauf hin, dass New York am 1. September 1975 bankrott erklärt worden war.

Mit »*You will make it too* (glauben Sie mir, Sie schaffen es auch)«, verabschiedete sich mein Chauffeur.

Die Erfahrung, dass eine Stadt oder ein Land Bankrott gehen könnte, hatte ich bislang nicht gemacht. Natürlich hatte ich als Historikerin den Aufstieg und Fall von Stämmen, Städten, Staaten, Imperien studiert, aber das hatte ich eben nur gelesen, nicht selbst erfahren. Ich war zu jung, um zu begreifen, was die Währungsunion 1948 für Westdeutschland bedeutete: Ein riskanter aber letztlich gelungener ökonomisch-finanzieller Schlussstrich unter einem bankrotten deutschen Staat. Zum Essen und zum Anziehen hatten wir damals zwar wenig, aber das war normal. Den Nachbarkindern ging es nicht anders. Dass ich die Kleider meiner um zwei Jahre älteren Schwester Gerda auftragen musste, während sie »neue« dank amerikanischer Care-Pakete bekam, hat mich schon sehr gestört. Aber daran ließ sich nichts ändern. Als ich 1951 die erste Banane in meinem Leben zu sehen bekam, reagierte ich so fasziniert wie die DDR-Bürger, die 1989 nach dem Fall der Mauer durch das Brandenburger Tor von Ostberlin nach Westberlin strömten und mit der für sie neuen Deutschen Mark Bananen kauften. Zeitversetzt nahm der Wohlstand in West- und Osteuropa zu und auch in den ärmeren südeuropäischen Ländern. Zu Bankrotterklärungen kam es nirgends, auch nicht in den Nachfolgestaaten der seit 1991 zerfallenden Sowjetunion. Dass es ab 2008 einmal zu einer Eurokrise kommen würde, dass nicht nur südeuropäische Länder, sondern auch das nordeuropäische Island kurz vor dem Bankrott standen, konnte ich am 1. September 1975 noch nicht ahnen, und auch nicht, dass wechselnde amerikanische Regierungen, demokratische wie republikanische, durch immense Staatsverschuldungen später vor einer ähnlichen Gefahr stehen würden.

War ich wirklich im Land der unbegrenzten Möglichkeiten angekommen? Ich quartierte mich im Gästezimmer des Goethe-House ein, damals noch an der Fifth Avenue gegenüber dem Metropolitan Museum gelegen. Mein erstes Ziel galt der Wohnungssuche.

»Kein Problem«, sagte der Makler. »Wie groß soll die Wohnung sein? In welchem Viertel? Was können Sie bezahlen?«
Innerhalb eines Tages hatte ich, was ich wollte. Ein bezahlbares Apartment im 28. Stock eines Hochhauses in der Park Avenue / 87. Straße, in der Nähe des Goethe-House. Die leere Wohnung war sofort bezugsfertig. Das Telefon direkt angeschlossen. Meine Möbel schwammen noch auf dem Atlantik. Von dieser Effizienz fühlte ich mich geradezu erschlagen.
»Seien Sie unbesorgt«, hatte der Makler noch hinzugefügt, »die Wohnung ist desinfiziert.«
»Wieso desinfiziert?«
»Für uns ist Hygiene äußerst wichtig, wahrscheinlich wichtiger als in Europa.«
»Fehlt noch etwas?«, wollte die Hausverwaltung wissen.
»Alles machbar.«

Da war er wieder, der Glaube, dass sich in kürzester Zeit alles regeln lässt, wie bei meinem Taxifahrer. Ich musste nur lernen, mich knapp und deutlich auszudrücken, in Hauptsätzen, besser noch in Wortfetzen. Nebensätze schienen verschwendete Zeit zu sein.
»Ich suche noch eine Putzhilfe, so einmal in der Woche, wenn meine Sachen angekommen sind.«
»Kein Problem, besorgen wir.«
Kaum hatte ich mich eingerichtet, stand Corry vor mir. Sie kam aus Harlem, einem der ärmsten Viertel der Stadt mit hoher Arbeitslosigkeit, die sich von Generation zu Generation übertrug. Aber Corry wirkte keineswegs verhärmt oder gebeugt. Sie glaubte wie viele andere an den berühmten Gospelsong *We shall overcome* und an die Botschaft des 1968 ermordeten schwarzen Baptistenpfarrers Martin Luther King. *I have a dream.* Ich habe den Traum von einer freien und auf Gleichheit beruhenden Gesellschaft.

»Das wird kommen«, erklärte mir Corry aus tiefster Überzeugung. »Seien Sie nicht so skeptisch. Wir alle sind Amerika.«

Der Traum ist noch immer nicht wahr geworden, auch wenn im Jahre 2008 etwas Unglaubliches, Ungehörtes geschah: Ein »Schwarzer« (obwohl er gar nicht so schwarz ist) wurde als Kandidat der Demokraten zum Präsidenten gewählt und damit zu einem der wichtigsten Männer der Welt, Barack Obama. Aber das Ende des weißen Mannes bedeutete und bedeutet dies noch lange nicht. »Der Rassismus hat abgenommen«, sagte mir 2010 ein amerikanischer Psychologe, »aber der Rassismus ist rassistischer geworden. Die Kluft zwischen Farbigen und Nicht-Farbigen scheint sich in eine noch größere Kluft zwischen Armen jeder Couleur und den Reichen verschoben zu haben. Hier gärt eine soziale Frage und keine Frage der Hautfarbe.«

Wirklich?, fragte ich mich. Zwar hat der unregulierte Kapitalismus eher zu- als abgenommen, die Schere bei der Einkommens- und Vermögensverteilung hat sich noch weiter geöffnet, aber das »farbige Problem« ist auch von dem »schwarzen« Präsidenten nicht entschärft worden. Deutlich mehr Schwarze als Weiße sitzen in den überfüllten amerikanischen Gefängnissen oder werden von weißen Polizisten erschossen, ohne dass letztere verurteilt werden. Es ist noch ein langer Weg.

Corry glaubte und glaubt immer noch, dass der lange Weg zum ersehnten Ziel führt. Das traf offensichtlich auch auf ihren Schwager, einen Fensterputzer, zu.

»Die Fenster haben es nötig, er wird gleich kommen, ich habe ihn angerufen.«

Ich war ihr dankbar, dass sie das Heft in die Hand genommen hatte, handelte. Wenig später erschien Sam.

»Wenn ich gleich raussteige und Ihre Fenster auch von außen putze« – immerhin im 28. Stock eines Hochhauses –,

»dann gehen Sie ins Nebenzimmer«, sagte, nein befahl er mir. »Ihr von da drüben«, womit er offensichtlich Europa meinte, »seid mir viel zu ängstlich. Ihr wollt euch gegen alles absichern. Das stört mich. Man muss an die Sachen rangehen. Das klappt dann schon.«

Diese geballte Ladung an ungebrochenem Fortschrittsglauben mit verborgener Kritik an uns europäischen Schwächlingen musste ich erst einmal verkraften. Ich, die ich aus einem geduckten, zweigeteilten Deutschland abstammte. Ja, andere Vergangenheiten.

»Alles in Ordnung?«, fragte ich ihn, als ich aus dem Nebenzimmer hörte, dass er wieder auf dem sicheren Boden meines Wohnzimmers stand.

»*I am fine*«, war die knappe Antwort. »Alles bestens.« Das war es dann.

Zeit für Zwischentöne hatte auch die Bank of Manhattan nicht. Ich besaß eine nachweisbare Arbeitsstelle und eine Wohnung, also konnte ich ein Bankkonto eröffnen. Ohne Bankkonto keine Kreditkarten. Und ohne mindestens zwei Kreditkarten, zwei *identity cards*, war ein Mensch gar kein Mensch. Er existierte nicht. Kreditkarten existierten auch im alten Kontinent, aber als Beweis der eigenen Existenz waren sie keineswegs lebensnotwendig. Im Gegensatz zu heute zögerte man damals noch in Europa, seine täglichen Ausgaben über Kreditkarten zu begleichen. *Online banking* gab es sowieso noch nicht. Hätte ich dies dem Mitarbeiter der Bank erläutert, hätte er mir erstaunt auf die in seinen Augen europäische Rückständigkeit geantwortet: *Well, that is our way.* Er hätte auch keinen Zweifel daran gelassen, dass dieser *American way* eben der Beste ist. Freundlich war er, wir fast alle Amerikaner. Mit *how are you?* begrüßte er mich lächelnd, was so unverbindlich war wie die aus Amerika übernommene Anrede in Deutschland »Wie geht es Ihnen?« Mit einem *Have a nice day* wurde ich verabschiedet. Mittlerweile ist auch diese Sprachhülse längst in Deutschland übernommen worden. Jede Kassiererin in Kölner Supermärkten wünscht mir ein »gutes Wochenende« oder einen »schönen Abend«, obwohl ihr mein Wohlergehen so gleichgültig ist wie dem damaligen New Yorker Bankbeamten. Aber schaden können diese Floskeln ja auch nicht, dachte ich. Sie sind kostenloses Schmieröl im sozialen Getriebe.

Langsam wurde mir meine privilegierte Situation bewusst. Ich war von weißer Hautfarbe, war jung, gesund, gut ausgebildet und finanziell durch meinen deutschen Arbeitgeber abgesichert. So eine Ausländerin wie ich nahm niemanden etwas weg. Ich gehörte nicht zu der wachsenden Zahl von Latinos, die über die schwer bewachte Grenze zu Mexiko in das Land aller Verheißungen illegal einwanderten, die sich irgendwie durchschlugen, die mit traumatischen Erfahrungen im Drogen- und Prostituiertenmilieu fertig werden mussten.

Mit meinem Hintergrund wurde ich herzlich in den New Yorker intellektuellen Kreisen willkommen geheißen. Weniger Bevorzugte werden es schwerer haben, dachte ich. Wenn ich diese Frage mit Bekannten ansprach, wurde zwar einerseits die strenge amerikanische Einwanderungspolitik verteidigt, andererseits aber immer wieder betont, dass jeder in den USA sein Glück machen könne, egal, woher er käme, wenn er nur nach protestantischen Prinzipien hart arbeiten würde, denn:

»*We are a melting pot*, ein Schmelztiegel. Das ist unsere Vergangenheit und das ist unsere Zukunft.«

Als Schmelztiegel der vielen Ethnien kam mir New York weder bei meinen ersten Streifzügen noch später vor. Von dem Begriff *melting pot* ist man mittlerweile auch abgerückt, denn vom Zusammenschmelzen der Ethnien konnte weder damals die Rede sein noch würde die Beschreibung heute zutreffen.

Dass der Stadtteil Harlem fest in schwarzer Hand war, wusste ich. Man riet mir ab, dorthin zu gehen. Tat ich aber doch, zugegebenermaßen über Tag. Bunt ging es da zu: Bunte Geschäfte, buntes Straßenleben, bunte Kleider, bunter Müll. Schlaksig, lässig. Niemand belästigte mich. Als eine von ganz wenigen Weißen fühlte ich mich eher isoliert und auch hässlich: so blass, so farblos, so dünn, so ungelenk, so ungeschmeidig. Kein wiegender Rhythmus strahlte aus meinem Körper, obwohl Tanzen doch immer meine ganz besondere Leidenschaft gewesen war. Nun lief ich durch Harlems Straßen und spürte, dass ich selbst bei tieferem Eintauchen in diese Gesellschaft nie »eine der ihren« werden würde.

Ins Auge fielen mir die vielen Geschäfte, die Perücken anboten. Nicht etwa Perücken mit entkraustem, langem schwarzen Haar. Keine Anpasser-Perücken an die Haarmode der Weißen, sondern große gekrauste Afrolook-Haarteile. Als ich einmal Corrys dichtes, krauses Haar bewunderte und seufzend auf mein dünnes Schnittlauch ähnliches Haar verwies, lachte sie nur und zog die Perücke vom Kopf.

»Wir sind stolz, black zu sein«, kommentierte sie.

Ich benutzte jede freie Minute, um neben Harlem weitere Stadtteile dieser riesigen, widersprüchlichen Metropole kennenzulernen, in der alles übermächtig groß war – nur ich klein –, in der sich bei äußerer Gelassenheit alles rasend schnell bewegte. New York erschien mir wie ein ständig fahrender Zug, der vor niemandem anhielt. Man musste beherzt aufspringen. Wer das nicht konnte, der hatte verloren oder tat sich zumindest sehr schwer.

Angst habe ich bei meinen Streifzügen durch New York nicht gespürt. Natürlich, man lief nachts nicht durch den Central Park. Auch bestimmte Viertel sollte man meiden. Und spät am Abend fuhr man besser nicht mit der Metro. Die verdreckten Wagons, innen wie außen von Graffiti besprüht, wirkten nicht gerade anheimelnd, und die Randalierer auch nicht. Da stoppte man eben eines der zahlreichen Taxis längs des Weges. Kein Problem. Alles machbar für besser Situierte, und zu denen gehörte ich ja.

Das Metro-Problem haben später tatkräftige New Yorker Bürgermeister bei Androhung drakonischer Strafen und mit stark erhöhtem Polizeieinsatz auf ihre Weise gelöst. Nur zerkratzte Fensterscheiben sieht man heute noch, die dank ihrer Glaskonsistenz resistent gegen Graffiti sind.

Kriminalität gab und gibt es natürlich in New York wie in jeder anderen Großstadt der Welt. Auch mir wurde dort einmal mein Portemonnaie gestohlen. Immerhin hinterließen mir die Diebe die leere Hülle bei meinem Gemüsestand. Im gut überwachten Spanien war mir ein derartiger Diebstahl nie passiert. Aber kaum war Franco tot, machten sich Taschendiebe ans Werk, auch bei mir. In Amsterdam hätte ich damit rechnen müssen und in Deutschland natürlich auch. In den Niederlanden wie in Deutschland habe ich verschiedene Male für meine Unachtsamkeit mit dem Verlust meines Portemonnaies büßen müssen. Nicht aber später in der damaligen Sowjetunion, da genoss ich als Ausländerin »besonderen Schutz«.

Niemand in New York nahm Anstoß an den Schloten, die überall auf den Fahrwegen und Gehsteigen aus der Erde ragten. Sie bliesen viel Dampf in die Luft. Die Frage, welche möglichen Giftstoffe in diesen Dämpfen enthalten sein könnten, wurde nicht gestellt. Man ging oder fuhr halt um sie herum. Anfangs dachte ich naiv, dass hier und da gerade irgendwelche Leitungen repariert wurden. Nichts dergleichen. Auf Fotos in alten Bildbänden entdeckte ich die gleichen dampfenden Röhren in denselben Straßen, auch in der Prachtstraße, der Fifth Avenue. Sie gehörten eben zum Straßenbild, machten sozusagen den Charme eines lässigen New Yorks aus. Sie waren Teil einer brausenden Stadt, die aus jeder Pore Glaube an die Zukunft und Energie ausstrahlte, aber von Energieeinsparung noch nie etwas gehört hatte. Noch sah man im Straßenbild riesige Benzin verschlingende Autoschlitten, wie man sie heute höchstens noch in Havanna auf Kuba findet. Es gab auch kleinere Ausgaben, beispielsweise VW Käfer, aber die waren eher lustige, bei Studenten beliebte Vehikel. Umweltfragen, die seit Anfang der siebziger Jahre in Teilen Europas, darunter auch die BRD, diskutiert wurden und zu ersten Kontroll- und Schutz Regelungen führten, spielten in den USA keine Rolle. Ressourcen waren ja da, und Raum, viel Raum.

Auch heute hat der Schutz der Umwelt keine Priorität in den Vereinigten Staaten, von einzelnen Aktivisten einmal abgesehen. Das internationale Abkommen zum Umweltschutz in Kyoto von 1995 haben die USA nicht unterzeichnet, und die Folgeabkommen, was immer man von diesen halten mag, auch nicht. Im Wahlkampf 2012 zwischen dem Republikaner Mitt Romney und dem Demokraten Barack Obama standen Umweltfragen überhaupt nicht zur Debatte. Erst in seinem letzten Amtsjahr, 2015, hat Obama das Thema auf die Tagesordnung gesetzt. Bei der Weltklimakonferenz in Paris setzte er sich entschieden für einen geringeren Ausstoß von CO_2 ein zur Verminderung der Erderwärmung und unterschrieb die abschließende verbindliche Resolution. Ob sein Vorstoß nach der nächsten Präsidentenwahl wieder einmal an den Republikanern im Kongress scheitern wird, wird sich zeigen, obwohl auch diese wissen, dass die USA nach China der größte Umweltsünder der Welt sind.

Bestens sah es in bestimmten Stadtvierteln New Yorks wie The Lower East Side, Queens, Brooklyn oder Chelsea nicht aus. Fast hätte ich auch SoHo genannt. Aber dieses Viertel südlich der Houston Street entwickelte sich Ende der sechziger/Anfang der siebziger Jahre bereits in ein begehrtes Wohn- und Galerien-Viertel, wie zwanzig Jahre später Chelsea. Die heruntergekommenen Viertel waren geprägt von hoher Arbeitslosigkeit, sozialer Misere und auch Kriminalität. Aber das führte zu meinem Erstaunen nicht zu sozialen Unruhen, nicht zu massiven Forderungen an den Staat, nun endlich etwas zur Verbesserung beizutragen, wie das in Europa der Fall gewesen wäre und ist.

Einmal stand ich vor den Trümmern eines zusammengestürzten Hauses in Queens. Der Einsturz musste passiert sein, bevor ich um die Ecke gebogen war. Den ungeheuren Krach hatte ich noch gehört. Staub lag in der Luft, zerborstene Leitungen und Backsteine am Boden. Ich rannte, um vielleicht helfen zu können, und viele andere Unbekannte rannten auch zu der Unglücksstelle. Längst bevor die Feuerwehr und die Ambulanz kam, hatten wir Steine weggeräumt, um eventuell Verschüttete befreien zu können. Später stellte sich heraus, dass glücklicherweise niemand zu Schaden gekommen war. Der Kommentar eines Feuerwehrmannes ist mir im Gedächtnis geblieben: »Das kann in dieser Gegend morgen wieder passieren. Die Häuser werden nicht gewartet. *Nobody cares.* Das interessiert niemanden. Wer überleben will, wird das auch.«

Und in Chinatown im Süden der Insel Manhattan? Viele Male habe ich im King Wu, einem kleinen Kellerlokal in der

Doyers Street gegessen. Chinesische Gerichte waren für mich eine ganz wunderbare Entdeckung; im Nachkriegsdeutschland gab es sie noch nicht. Langsam entwickelte sich ein vorsichtig vertrautes Verhältnis zu den Eigentümern, alles Mitglieder einer Großfamilie.

»Fühlen Sie sich in Chinatown sicher?«, wollte ich wissen.

»Ja, wir kennen einander und für Ordnung untereinander sorgen wir selbst. In Chinatown gibt es keine Probleme.«

»Und reicht es zum Auskommen?«

»Ja, wir sind doch ein Familienbetrieb«, lautete die sibyllinische Antwort.

Also Selbstausbeutung bei ungeheurem Fleiß, resümierte ich.

»Und wenn einer krank wird?«

»Dann springt ein anderer ein.«

Also keine Krankenkasse, wie die Mehrheit der Amerikaner, konstatierte ich innerlich. Das stellte sich auch so heraus. Und Sozialleistungen auf einem absoluten Minimum. Hier war im Herzen Manhattans eine Parallelgesellschaft entstanden, die chinesisch fühlte und agierte, aber amerikanisch dachte. Von »denen da oben«, vom Staat also, erwartete man wenig bis nichts, war aber dankbar und froh, in Ruhe gelassen zu werden.

»Hier sind wir frei. Bloß nicht mehr Staat, weder mehr staatliche Regelungen noch staatliche Fürsorge.«

»Und wenn einer Bankrott geht?«

»Dann fängt er wieder neu an, und wir helfen ihm. Jeder, der Initiative zeigt, kann mal abstürzen. Was ist dabei? Er bekommt eine neue Chance.«

Menschen unterschiedlichster Herkunft und Zugehörigkeit schienen den Aufruf des 1963 ermordeten amerikanischen Präsidenten John F. Kennedy verinnerlicht zu haben: »Fragt nicht, was Amerika für Euch tun kann, fragt, was Ihr für Amerika tun könnt.« Sollte das die Definition von *melting pot* sein? Ein gemeinsames Eingeschworensein auf die große Nation der Vereinigten Staaten? In den einzelnen Ländern Europas hätte Kennedys patriotischer Appell wohl weniger funktioniert. Zu tief war und ist die Erwartungshaltung an den Staat verwurzelt. Mehr soziale Marktwirtschaft, mehr ordnender Staat wurden und werden in Europa eingefordert. »Was kann, soll, muss der Staat für mich tun?« Hätte Kennedy die Frage so formuliert, wäre sie in Europa, West wie Ost, besser verstanden worden.

Ich fragte meinen Bruder Hans, einen landwirtschaftlichen Unternehmer, der sich Ende der siebziger Jahre in Kanada niedergelassen hatte, nach den dortigen Verhältnissen.

»Kanada«, sagte er, »ist nicht Amerika. Wir sind hier sozusagen ein Modell zwischen den Vereinigten Staaten und Europa. Das Leben ist härter als in Deutschland, aber nicht so hart wie in den USA. Ohne Eigeninitiative läuft hier nichts, und doch sind die Menschen viel besser sozial abgesichert als beim Nachbarn. Beispielsweise zahle ich nichts für meine Krankenkasse und habe doch alle ärztlichen Dienstleistungen. Die Geschichte Kanadas ist anders verlaufen, als die der USA. Wir im Commonwealth sind deshalb etwas staatsnäher und auch vom Staat geschützter. Vergiss nicht, Kanada hat eine andere Vergangenheit, und Vergangenheiten prägen.« Wohl wahr.

Wie stark viele Amerikaner von ihrer Vergangenheit, dieser Endlich-weg-vom-Staat-Haltung geprägt sind, wurde mir in der Notaufnahme eines Krankenhauses in Upper Manhattan 1976 aufs Drastischste demonstriert. Ich war dorthin nachts mit zwei Gästen des Goethe-House geeilt, nachdem sie mich mit der Vermutung einer Fischvergiftung aus dem Bett ge-

klingelt hatten. Während ich zusammen mit kläglichen Gestalten in der vollgepackten Wartehalle auf die Untersuchungsergebnisse wartete, stürzte ein junger Mann herein mit blutdurchtränkten Binden um den Kopf. Er krümmte sich vor Schmerz. Es war schrecklich.
»Raus«, schrien die Aufnahmeleiter. »Du warst schon mal hier. Nicht noch mal.«
Ich war entsetzt. Beinahe gewaltsam setzten sie ihn wieder vor die Tür. Es stellte sich heraus, dass dieser junge Mann arm war. Die Kosten für seine Notbehandlung deckte zwar die 1965 eingeführte *Medicaid* für sozial Schwächere und Arme, aber nur bis zu einem absoluten Minimum. Zu notwendigen weiterführenden Behandlungen waren die Krankenhäuser gesetzlich verpflichtet, jedoch auf eigene Kosten. Daran hatten sie keinerlei Interesse, denn sie verstanden sich als Businesscenter. Ich machte meiner Empörung Luft:
»Sie können ihn doch nicht wegschicken, der braucht doch Hilfe.«
»*Shut up*« (halts Maul), war die nicht gerade höfliche Antwort. »Der stirbt schon nicht, wir haben ihn vor einer Stunde verarztet, jetzt muss er sich selbst helfen. Hier hilft man sich selbst.«
»Habt ihr denn keine gesetzliche Krankenkasse wie in Europa, die für alle Kosten aufkommt?«
»Nein, und die wollen wir auch nicht. Wir wollen keine Vorschriften vom Staat.«
Ich bekam kaum Unterstützung von den anderen Wartenden. Nur einer sagte: »Doch, wir brauchen so eine gesetzliche Krankenversicherung. Gott wird uns dabei helfen.«

Gott ließ sich damit offenbar Zeit. Keinem Präsidenten, auch nicht dem populären demokratischen Bill Clinton war es gelungen, eine Gesundheitsreform durchzusetzen, alle waren am Widerstand der Republikaner gescheitert. Erst Barack Obama gelang es, eine Version light einzuführen, auch wenn diese nur langsam in Gang kam. Die Republikaner warten nur darauf, sie bei nächster Gelegenheit wieder abzuschaffen.

Dass sich jeder selbst helfen kann oder sollte, wurde mir noch durch ein anderes, mir bislang fremdes, soziales Phänomen verdeutlicht: Service und Dienstleistungen. Als Spross einer großbürgerlichen Familie mit Hausangestellten – Anna, Olga und Elise – hatte ich in meiner Sturm-und-Drang-Zeit gegen die Bedienung von uns Bessergestellten durch sozial Schwächere revoltiert. Ich empfand diesen Zustand als unfair, als nicht sozial gerecht. Die Schuhe konnte man sich schließlich selbst putzen, die benötigten Lebensmittel selbst nach Hause schleppen. Kochen und Putzen ließ sich erlernen, auch neben dem Beruf. Auf keinen Fall wollte ich andere zu niederen, demütigenden Diensten, wie ich dachte, ermutigen oder gar davon profitieren. Von dieser falsch verstandenen Sozialromantik haben mich meine Jahre in New York, in den USA, befreit. Nach einem Einkauf in den riesigen, stets geöffneten Supermärkten, die später auch den alten Kontinent erobern sollten – Mittel- und Osteuropa inklusive –, bezahlte ich an der Kasse und wollte alles einpacken. Aber wie von unsichtbarer Hand war schon ein junger Mann mit dem Einpacken meiner Einkäufe beschäftigt. Alles stopfte er in eine riesige braune Papiertüte (keine Plastiktüte: etwas Umweltbewusstsein war also doch da).

»Gerne bringe ich die Tüte zu Ihrer Adresse«, versicherte er mir dann freundlich.

Ich war verunsichert. Mit meinen 34 Jahren sah ich ja noch nicht gebrechlich aus. Aber er wollte so gerne und war so nett. Also: Ja. Unbelastet strebte ich nach Hause und schaute bei meiner Reinigung vorbei.

»Ihr Kostüm war fertig, da haben wir es bei Ihrem *home desk*, (dem ständig präsenten Portier) abgeliefert«, war die Auskunft. Ich war beeindruckt und zahlte ein gutes Trinkgeld. Das wurde auch als völlig selbstverständlich, keinesfalls als herabwürdigend akzeptiert. »Einer Dame gibt man kein Trinkgeld«, hatte mir meine Großmutter beigebracht. Aber wer war denn in dieser aktiven, selbstbestimmten New Yorker Gesellschaft eine Dame im Sinne der längst vergangenen deutschen Gesellschaftsordnung, in der ich noch erzogen worden war? Ich ging weiter, lächelte dem Schuhputzer kurz vor meiner Haustür zu. Nein, meine Schuhe habe ich nie von ihm putzen lassen, soweit konnte ich meine innere Hemmung nicht überwinden. Dann hinauf ins 28. Stockwerk. Wenig später klingelte es. Der junge Mann brachte mir meine Lebensmittel. Natürlich gab ich ihm ein großzügiges Trinkgeld. Dieser Prozess hat sich viele Male wiederholt, bis ich endlich begriffen hatte, dass dieser »Bring ich dir – zahlst du mir«-Vorgang nicht das Geringste mit einer Herabwürdigung oder Demütigung des Bringenden, Dienenden zu tun hatte. Eine moralische Hierarchie für Berufe gab es nicht. Man konnte ja selbst etwas tun. Man kämpfte nicht für eine Verbesserung der erbärmlich schlechten gesetzlichen sozialen Grundversorgung. Nein, kreativ und innovativ ran an den Ball war die Devise, was sich vor allem positiv auf alle Dienstleistungen auswirkte. Diese Flexibilität und Unbekümmertheit im *Do-it-yourself*-Geschäft hat mir imponiert.

Dienstleistungen haben sich mittlerweile auch im alten europäischen Kontinent durchgesetzt, wenn auch zögerlich. Im Süden Europas war Service, verstanden als unbezahlte Hilfeleistung, schon immer präsenter. Im protestantischen Norden hielt und hält man sich lieber an Regeln, nicht an

Spontanaktionen. Sicherlich, es gibt endlose Catering-Services und Pizza-Dienste, aber mein Reinigungsgeschäft lässt mir nicht mein Kostüm nach Hause bringen, weder mit noch ohne Aufschlag, und mein Rewe-Supermarkt in Köln lehnt alle Lieferungen nach Hause ab: »Das geht schon aus Versicherungsgründen nicht«, wurde mir erklärt. Mein American Boy in New York mit der Lebensmitteltüte im Arm hätte gar nicht gewusst, was eine Versicherung ist. Er handelte nach dem Motto des Musicals My Fair Lady: »*Don't say it, do it* (rede nicht lange, mach's).«

Vielleicht lag es auch an dieser sich selbst helfenden amerikanischen Art, dieser Haltung »wir schaffen das schon«, dass New York 1975 zwar offiziell bankrott war, aber eben nicht Bankrott ging, auch nicht die sehr starke, weltweit ausstrahlende Kultur- und Kunstszene. Dass die Stadt 40.000 Angestellte entlassen musste, darunter viele Polizisten, berührte das Kulturleben nicht. Für kurze Zeit blieben die großen Museen geschlossen, nicht etwa, weil man die Pflege der großartigen Sammlungen oder neue internationale Wechselausstellungen nicht mehr bezahlen konnte. Nein, das vorübergehend stornierte Kleingeld aus Washington war »projektgebunden«, wie es in deutschen Vorschriften heißt, nur für die Löhne der Museumswärter vorgesehen. Die mussten jetzt erst mal zu Hause bleiben, da sie nicht mehr bezahlt werden konnten. Aber rasch wurden Sponsoren gefunden. Sponsoren waren und sind die eigentlichen Träger des amerikanischen Kulturlebens, nicht nur in den großen amerikanischen Städten, sondern auch auf dem Land.

»Ja, die haben eben andere Steuergesetze«, wurde mir oft von Kennern in Deutschland entgegengehalten. Stimmt, aber Gesetze entstehen ja nicht, wenn der gesellschaftliche Humus, der Konsens in einer Gesellschaft, dafür nicht da ist. Dieser

Konsens in den USA hieß: Wir haben uns von der Gängelung durch Regierungen in Europa befreit, deshalb sind unsere Vorväter nach Amerika ausgewandert. Wir wollen so wenig Staat wie möglich. Wir schaffen alles im täglichen Miteinander. Wer reich wird, hat etwas geleistet. Reichtum muss man nicht verbergen. Reichtum ist keine Schande, sondern ein Beweis, dass man sich durchgesetzt hat, etwas geschaffen hat. Und das kann jeder. Vom Reichtum gibt man an andere etwas ab. Dazu verpflichtet uns unser (meist protestantischer) Glaube. Unser Motto: »Hilf dir selbst, dann hilft dir Gott«. Aus diesen Glaubenssätzen sprach die junge amerikanische Vergangenheit. Sie war und ist für das amerikanische Zusammenleben prägend.

Ob Sponsoren mehr Einfluss auf die inhaltliche Gestaltung von Kulturveranstaltungen nehmen und auf deren öffentlichkeitswirksame Verpackung ist ein altes Diskussionsthema. Ich traue dem knausrigen Staat immer noch mehr respektierende Zurückhaltung zu. Alle europäischen Staaten behaupten von sich, Kulturnationen zu ein, eine Selbsteinschätzung, die einer gesellschaftlichen Erwartung entspricht. Von wenigen Ausnahmen abgesehen, wagt es kein Politiker oder Wirtschaftsboss, die Bedeutung von Künsten/Kultur lautstark in Zweifel zu ziehen oder ostentativ Desinteresse zu zeigen. *It's just not done.* Das kann man sich nicht leisten, will man gesellschaftlich anerkannt bleiben. Ich kenne kein Regierungsprogramm in einem europäischen Land, das nicht die Bedeutung von Kultur/Künsten unterstreicht und mehr oder minder deutlich betont, dass alle Zugang zu künstlerischen Veranstaltungen haben müssen. Künstlerische Produkte sind keine Luxusprodukte. Beispielsweise erhebt jede europäische Nation – im Gegensatz zur USA – auf diese nur eine verminderte Mehrwertsteuer. Die Prozentsätze sind zwar sehr verschieden, sie reichen von fünf Prozent bis 21 Prozent. Die übergreifende Aussage ist klar: Kultur und Künste müssen staatlich geschützt und subventioniert werden, da sie ein kreatives Bindemittel nicht nur im lokalen, regionalen, nationalen Kontext sind, sondern auch im gesamteuropäischen. Nur so lässt sich der Reichtum an traditionellen wie gegenwärtigen Kunstäußerungen in den Städten wie auf dem platten Land erklären.

Auf diesen kulturellen Reichtum verweist auch nachdrücklich die 2005 verabschiedete UNESCO-Konvention zum Schutz und der Förderung der Vielfalt kultureller Ausdrucksformen. Diese Konvention, die auf der Anerkennung der Grundrechte jedes Menschen weltweit basiert, also auch dessen Zugang zu und Mitwirkung bei künstlerischen Aktivitäten, trat 2007 in Kraft. Ausgehandelt wurde sie von der EU-Kommission, nicht nur von einzelnen europäischen Staaten. Das erhöht ihren gesamteuropäischen Wert. 130 Länder weltweit ratifizierten sie, darunter alle europäischen Länder. Nicht aber die USA. Diese Konvention ist nicht nur ein kulturfreundliches Stück Papier. Mit ihr wurden die Vielfalt und der Schutz kultureller und künstlerischer Äußerungen völkerrechtlich anerkannt, Zensurmaßnahmen erschwert, der Stellenwert von Künsten/Kultur in bilateralen wie internationalen Abkommen unterstrichen sowie auf Austausch und Verbreitung künstlerischer Ausdrucksformen dezidiert hingewiesen. Eindeutig distanziert sie sich von Kultur/Künsten als Machtfaktor, als ideologisches Instrument zur Durchsetzung einer bestimmten Innen- wie Außenpolitik, wie sie im »Dritten Reich« betrieben wurde und mancherorts weiter gehandhabt wird. Nationale UNESCO-Kommissionen in und außerhalb Europas setzen sich für die Umsetzung dieser Konvention ein, allen Widerständen in ihren Heimatländern zum Trotz. Einfach ist das keineswegs.

Seit öffentliches Geld knapp wird – das war es zwar immer, aber spätestens seit Beginn der Eurokrise 2008 wirkte sich dieser Geldmangel besonders negativ auf die Subventionierung der Künste aus –, erklingt auch bei Politikern in Europa zunehmend der Ruf nach Sponsoren. Darauf reagieren auch die vielen staatlichen, halbstaatlichen und privaten Stiftungen, die besonders in Spanien, Italien, Schweden und vor allem in Deutschland – weniger in den ost-und mitteleuropäischen Ländern – in den letzten Jahrzehnten entstanden sind. Aber der Hauptnährer von Künsten/Kultur bleiben der jeweilige Nationalstaat, bzw. die Kommunen und Regionen und die europäische Kommission bei grenzüberschreitenden Projekten. Mäzene wie Sponsoren machen unmissverständlich deutlich, dass sie keineswegs bereit sind, den Staat zu ersetzen, also in der Regel keine Strukturen fördern, sondern nur einzelne Projekte. Die jeweilige Obrigkeit freut sich über das kulturelle (soziale, ökologische, der Gesundheit dienende) Engagement aus Wirtschaftskreisen, fühlt sich aber nach wie vor als hauptverantwortlich, nicht nur für staatliche Einrichtungen, sondern mittels Zuschüssen auch für private.

Dieses Rollenverständnis ist für Amerikaner oft schwer nachvollziehbar, da sich das amerikanische Zusammenleben nach völlig verschiedenartigen Regeln entwickelt hat. Warum auch nicht? Amerika ist nicht Europa. Auch ich als Deutsche und Europäerin musste begreifen, dass Amerika nicht der verlängerte Arm Europas ist, dass die Weltmetropole New York zwar Bankrott erklärt worden war, aber ihr Kulturleben trotzdem blühte.

Die akustisch kaum zu übertreffende Carnegie Hall gab weiterhin brillante Konzerte, die Metropolitan Opera und das Lincoln Center boten weiterhin Opernaufführungen der Spitzenklasse an, die Museen lockten mit ihren großartigen Sonderausstellungen. Und die kommerziellen Musicals rund um den Times Square liefen sowieso. Aber für die so lebendige und kreative Off-Szene fürchtete ich das »Aus«. Wie würde es den vielen kleinen Privatinitiativen im Bereich des Tanzes, des Theaters, der Musik, der Literatur, des Filmes ergehen? Wird sich ein in Europa noch relativ unbekannter Komponist wie Phil Glass mit seiner Oper *Einstein on the Beach* (1976) durchsetzen? Gab es für den 1941 geborenen Dramatiker und Regisseur Robert Wilson noch Entwicklungsmöglichkeiten mit seinem »Total theatre«, seinem non-verbalen, visuellen Theaterkonzept, das jeder begreifen und doch unterschiedlich interpretieren konnte? Hatte der litauische Emigrant Jonas Mekas mit seinem *Anthology Film Archives*, diesem *downtown*-Zentrum für kleine avantgardistische Filme jetzt noch eine Chance? Würde Lucy Childs im Tanzbereich überleben? Würden viele andere kaum bekannte Künstler, die heute als Ikonen verehrt werden, nicht den Sparmaßnahmen zum Opfer fallen?

»Wie macht ihr das?«, wollte ich von Don Sanders, Theaterregisseur in der freien Szene, wissen. »Ganz einfach«, erwiderte er gelassen, „wir wollen es, also tun wir es.«

Wieder stieß ich auf diese Selbstsicherheit, diesen Glauben an sich selbst.

»Und wovon bezahlt ihr die Miete und kauft das tägliche Essen?«

»Das ergibt sich von Tag zu Tag. Vanessa (seine Frau) arbeitet als Ausstatterin bei Werbefilmen im Fernsehen und auch für Hollywoodfilme. Jetzt ist gerade *Sophies choice* (1982) im Gespräch. Da kommt immer wieder Geld rein. Schau dir doch mal ihre phantastischen Kostüme an.«

In der Tat: Vanessa hatte aus Müllsäcken jeder Farbe hinreißende barocke Kleider geschneidert. Auch ich wanderte in einem rosafarbenen bauschigen Plastik-Müllkleid die

Fifth Avenue entlang, von den Passanten bestaunt und bewundert.

»Wir, die Kleinen, sind von den Kürzungsmaßnahmen kaum betroffen. Der Rasenmäher lief schon immer über uns hinweg. Mach dir also keine Sorgen. Außerdem reist die ganze Welt zu uns nach New York. Das ist doch großartig.«

Das war wahr. In den siebziger und frühen achtziger Jahren war New York der Kunstmittelpunkt der Welt. Und alle, alle kamen. Heute, in der digitalisierten und global vernetzten Welt, teilen sich viele Zentren diese Rolle, darunter auch wieder Berlin – wenn man überhaupt noch von physisch-geographischen Zentren sprechen kann.

Was sollte ich Don entgegnen? Nichts.

Mein Müll-Barockkleid imponierte selbst Lutze. Wie sie wirklich hieß, wusste eigentlich niemand, aber jeder in der Kunstwelt kannte sie. Lutze, eine Mitdreißigerin, war nicht nur mit allem vertraut, was das Leben an Höhen und Tiefen so zu bieten hat und sich in der Underground-Kunstszene New Yorks widerspiegelte, sie lebte auch ungebremst von gesellschaftlichen Konventionen.

»Das Kleid passt zu dir«, begrüßte sie mich, als ich mit Rosa von Praunheim zu einer ihrer berühmten Künstlerfeste kam. Rosa suchte nach Aufnahmeorten und Laienschauspielern für einen Film über Schwule in New York. Kein Problem für Lutze. Sie lotste ihn zu ihren schwulen Künstlerfreunden, während sie mich dem deutschen Botschafter bei den Vereinten Nationen, Rüdiger von Wechmar, vorstellte, dem wohl lustigsten und unkonventionellsten Diplomaten, den ich je getroffen habe. Er und seine junge Frau tanzten so gerne und ausgelassen wie ich auch in dieser bunten Gesellschaft. Das tat Lutze ebenfalls, meist mit ihrem jeweiligen männlichen Liebhaber oft afrikanischer oder karibischer Herkunft. Alko-

Lutze im Gespräch mit Lil Picard, 1977 (Foto: Carin Drechsler-Marx)

holdunst, Zigarettenrauch und noch ein eher süßlicher Duft lag in der Luft. Jeder lachte, palaverte, diskutierte, tauschte sich über das Geschehen in *The Kitchen*, »dem« Downtown-Präsentationsort für neue künstlerische Initiativen, aus. Wir alle waren sehr rasch gelöst, fühlten uns von den Tageszwängen befreit, denen Lutze sich nie untergeordnet hätte, ja die ihrem Wesen völlig fremd waren.

Lutze lebte von ihrer Kenntnis der künstlerischen Szene, von ihrer Fähigkeit, für jeden Neuankömmling oder ahnungslosen Alteingesessenen Kontakte zu dieser herzustellen, Feste zu organisieren, Künstler und Kulturorganisatoren zu beraten. Auch in der etablierten Kulturszene wurde sie nicht nur als Paradiesvogel betrachtet, sondern als Kennerin respektiert. Ihr Credo lautete: Man muss die Kunst zu den

Menschen bringen, was sie mir bei einem Besuch im MoMA anschaulich verdeutlichte.

»Schau dir mal den Coffeeshop an. Den müsst ihr in Europa auch einführen. Und hast du die Schulklassen gesehen? Die versorgt ein neugeschaffener Museumsdienst. Der weiß auch, wie man die Neuen Medien einsetzt. Ganz wichtig. Und ist die Picasso-Ausstellung nicht toll gehängt. Picasso neben Braque! Da braucht es nicht endlose Erklärungen und schon gar nicht kiloschwere Kataloge, die Kunsthistoriker für Kunsthistoriker schreiben und kein Normalmensch versteht. Wenn einer mehr wissen will, kann er ja in eine öffentliche Bibliothek gehen, da kann er jedes Buch selbst aus dem Regal nehmen, muss nicht warten, bis eine gnädige Bibliothekarin sie aus dem Depot holen lässt. Das habt ihr ja mittlerweile von den Amerikanern gelernt. Aber jetzt muss ich los. Ich will noch nach Queens. Da rührt sich was. Eine neue Künstlergruppe. Die will ich kennenlernen.«

Es trieb sie weiter. Nicht weil sie musste, sondern weil ihre Neugier auf Neues, vielleicht Schräges, Unbekanntes sie anschob. Das Etablierte war auch okay, aber das blieb ja.

Weg war sie, noch ohne ein Glas Rotwein, unser beider Lieblingsgetränk, und ohne eine Zigarette oder zwei.

Diese Anregungen wurden in den siebziger und achtziger Jahren, mancherorts erst in den Neunzigern, in Europa aufgegriffen, im Zwiespalt der Gefühle: Der möglichst gebildete Besucher einer Kunstausstellung sollte das einzelne Kunstwerk selbst entschlüsseln ohne didaktisches »Beiwerk«. Zu groß war und ist teilweise noch die Angst, das Erhabene durch vermeintliche Verflachung, Vermassung in den Schmutz zu ziehen. Noch in der Mitte der neunziger Jahre, als amerikanische Kuratoren eine großartige und hochkarätige Expressionisten-Ausstellung im Palazzo Grasso in Venedig fast wie ein Theaterstück inszenierten, reagierten deutsche Kritiker abfällig. Im Kern war sie ihnen zu verbraucherfreundlich, zu allgemein verständlich, zu sinnlich, zu zugänglich, zu Kontext betont, zu wenig Gewicht auf das einzelne Kunstwerk legend. Es geht darum, »Kunst an eine breitere, nicht unbedingt tiefer gewordene Gesellschaft zu vermitteln«, hatte der Direktor des Guggenheim Museums, Thomas Messer, in meinen New Yorker Jahren postuliert. Und so geschah es auch im amerikanischen Kulturbetrieb.

Wie sollte ich, die Goethe-Kulturfrau in dieser Kulturmetropole, in der es wirklich alles gab, auch unendlich viele ausländische Kulturinstitute, initiieren, organisieren? Was würde Sinn machen? Was wusste man vom alten Kontinent? Was interessierte? Was trug zur »internationalen kulturellen Zusammenarbeit« bei, dem Postulat des Goethe-Instituts wie meinem Anspruch an internationale Kulturarbeit gleichermaßen?

In Deutschland, in Europa interessierte man sich für das amerikanische Geschehen politischer, gesellschaftlicher, wirtschaftlicher und kultureller Art. Man kannte die letzten Nachrichten. Passierte irgendetwas in Europa, dann hieß es selbst in New York: »Sorry, hab ich nicht mitbekommen.« Nur amerikanische Experten, meistens zu Hause in den neu gegründeten European Studies bzw. in Denkfabriken oder in spezialisierten Politikerkreisen, fanden sich in der verwirrenden europäischen Vielfalt mit so vielen Grenzen und Sprachen etwas besser zurecht. Aber auch für diese Experten, die heute oft Kennern der asiatischen Szene Platz gemacht haben, war es nicht leicht, sich zu informieren. Selbst überregionale Qualitätszeitungen, wie etwa die spanische Tageszeitung *El Pais* oder die englische *The Guardian* oder die französische *Le Monde* oder die *Süddeutsche Zeitung* neben der *Frankfurter Allgemeinen*, dem *Spiegel* oder der *Zeit*, um nur ganz wenige zu nennen, konnte man in New York nicht am Kiosk kaufen. Auch nicht in anderen Ballungszentren wie Chicago, San Francisco oder Boston. In Los Angeles war zu meinem Erstaunen keine *New York Times* aufzutreiben. An Zeitungen aus dem kommunistischen Mittel- und Osteuropa war natürlich überhaupt nicht zu denken.

»Warum seid ihr dann nicht ins Internet gegangen?«, fragte mich im Jahre 2012 eine junge amerikanische Bekannte.

»Internet gab es doch noch nicht«, teilte ich ihr zu ihrer Verwunderung mit.

»Was, *strange*, merkwürdig.« Eine Welt ohne Internet konnte sie sich gar nicht vorstellen. Zeitungsallianzen, wie beispielsweise zwischen der *Süddeutschen Zeitung* und der *New York Times* existierten damals auch noch nicht.

Wir komplizierten Länder Europas wurden im weltumspannenden Scheinwerferlicht der USA nur dann erfasst, wenn sich etwas ganz Außergewöhnliches ereignete, und das war selten. Fernsehtauglich war fast nichts. Westeuropa gehörte irgendwie zur USA, da musste man nicht viel berichten. Dieses schöne Museum Europa hatte sich ja auf die West-Bindung, also auf die Nähe zur USA verständigt, und war, von Frankreich einmal abgesehen, Teil des Nordatlantischen Militärbündnisses (NATO). Amerika schützte Westeuropa, nicht Westeuropa Amerika. Dieses »freundschaftliche« Abhängigkeitsverhältnis spiegelte sich eben auch in den Medien diesseits und jenseits des Atlantiks wider.

Einmal unternahmen wir einen schüchternen Versuch, einem interessierten amerikanischen Publikum und den Medien einen Blick aus Europa, genauer gesagt aus Deutschland auf Amerika zu präsentieren. Wir luden den allseits bekannten Journalisten und vielgereisten Chef des Auslandsressorts der *Süddeutschen Zeitung*, Immanuel Birnbaum, ein, um über das Bild Amerikas in der deutschen Öffentlichkeit zu referieren. Da tat er weit ausholend und klug. Unter amerikanischen Kennern wusste man von seiner Kennerschaft. Trotzdem nagten an mir weiterhin Zweifel, ob seine differenzierten Äußerungen etwas zum besseren Verständnis beigetragen haben. Das lag nicht an ihm, sondern an der Tatsache, dass Westdeutschland so unendlich weit weg war. Irgendwo da drüben, verborgen in Wolkenschwaden.

Die Berichterstattung in den USA ist heute etwas differenzierter geworden, aber im Alltag der Menschen in diesem riesigen weiten Land mit vielen regionalen und lokalen Medien, von der beherrschenden Rolle des Internet einmal abgesehen, spielen weder Estland noch Deutschland, weder Portugal noch Finnland, weder Rumänien noch Frankreich eine größere Rolle. Gut, Aufmerksamkeit erregte die Mutter der Unabhängigkeitsbewegungen in Mitteleuropa, die Solidarność unter Leitung von Lech Wałęsa in Polen Ende der siebziger/ Anfang der achtziger Jahre, der »Fall der Mauer« in Berlin 1989, die deutsche Wiedervereinigung, zu der die amerikanische Politik mehr beigetragen hat, als etwa englische oder französische Politiker. Auch die Europäische Union (EU) geriet ins Blickfeld, vor allem die Erweiterung um zehn mitteleuropäische Länder am 1. Mai 2004 und die seit 2008 andauernde, noch nicht völlig überwundene »Eurokrise«, die keineswegs im Interesse der USA war und ist. Die deutsche Politik wurde und wird dabei nicht immer mit schmeichelhaften Tönen bedacht, auch wenn die deutsche Bundeskanzlerin Angela Merkel die Forbes-Liste als mächtigste Frau der Welt auch 2015 weiterhin anführte. Dass kleinere wirtschaftlich stabile Länder wie die Niederlande und Finnland die genau die gleiche Sparpolitik wie Deutschland betreiben, dabei ungeschoren davonkamen, erstaunt nicht. Sie werden vom amerikanischen Scheinwerferlicht schlicht nicht erfasst.

Wo also anknüpfen? Bewusst oder unbewusst gab mir mein engster Mitarbeiter Henry Marx einen Hinweis. Henry entstammte einer deutsch-jüdischen Kaufmannsfamilie. Mitte der dreißiger Jahre des letzten Jahrhunderts war es ihm gelungen, aus Nazi-Deutschland über Brüssel nach Amerika zu flüchten. Henry war ein Gentleman der alten Schule, hochgebildet mit einem unglaublichen Gedächtnis, ständiger Mitarbeiter der *New Yorker Staatszeitung* und des *Herold* und in seinen letzten Lebensjahren Chefredakteur der anfangs täglich, später wöchentlich erscheinenden deutschsprachigen Exilzeitung *Der Aufbau*. Henry war nicht verbittert. Er hat mir viele Einsichten vermittelt, auch schmerzhafte.

»Kommen Sie mit zu uns zum Abendessen«, sagte er eines Tages in meinen Anfangswochen. »Am besten wir laufen die Fifth Avenue entlang. Da kann ich Ihnen einiges zeigen.«

Es wurde ein langer Spaziergang von der 84. Straße, dem Sitz des Goethe-House, bis zu seiner Wohnung an der 12. Straße. Anfangs plauderten wir nur ganz allgemein. Wir lächelten milde über die ersten Jogger, die sich zum Central Park durchstrampelten, ein neues Phänomen, das sich rasch über Amerikas Grenzen ausbreiten sollte. An uns beiden Unsportlichen lag das sicher nicht. Er lenkte meinen Blick auf das Gebäude der Frick Collection, natürlich mit Erläuterungen, wir verweilten kurz in einer der damals besten Buchhandlungen in New York, Rizzoli. So viel sah ich noch längs der Fifth Avenue, wonach ich Henry gerne weiter befragt hätte. Aber er schien nur noch von einer Idee beseelt zu sein: mich auf alles aufmerksam zu machen, was jüdisch war.

»Sehen Sie dieses Geschäftsschild? Goldmann, das ist ein jüdischer Name.« Ich nahm das zur Kenntnis.

»Und hier dieses Juweliergeschäft wird von einem sehr guten jüdischen Goldschmied betrieben.« »Aha«, murmelte ich, mehr fiel mir nicht ein.

»Der Mann, der gerade an uns vorbeigegangen ist, ist ein Jude.«

»Woher wissen Sie das? Kennen Sie ihn?«

»Nein, aber das sieht man.« Woran ich diesen Mann als Juden erkennen sollte, war mir völlig unklar. Für mich hatte er nichts Außergewöhnliches, Auffallendes. Er lief in Turnschuhen, die später auch die Welt erobern sollten, trug ein buntes Hemd und Bluejeans, hatte keine Kippa auf dem Kopf, war kurz geschoren, also ohne die langen schwarzen Locken, die ich bei streng orthodoxen Juden schon im Straßenbild gesehen hatte. Ich wagte nicht nachzufragen und schwieg.

»Schauen Sie, da werden Bagels angeboten. Die schmecken sehr gut. Haben Sie die mal gegessen?« »Nein«, gestand ich.

»Gut, dann nehmen wir ein paar mit. Das sind eine Art jüdischer Brötchen.«

»Ja, ich will sie gerne probieren«, stotterte ich.

»Da drüben, die Frau mit den großen dunklen Augen und den fast zusammengewachsenen Augenbrauen, das ist eine klassische Jüdin.«

Ich wurde immer schweigsamer und grollte Henry innerlich. Warum sollte ich Juden an ihrem Namen oder an ihrem Äußeren erkennen? Warum sollte ich in meinem Kopf einen Aktenordner anlegen mit der Aufschrift: Das sind Juden. Warum sollte ich nicht wie bisher einzelnen Menschen begegnen, sie mehr oder minder sympathisch finden völlig unabhängig von der Frage, welcher Religionsgemeinschaft sie angehörten. Religion, das war und ist für mich Privatsache, die ich respektiere.

In meinen vorangegangenen sechs Jahren in Franco-Spanien war nie über Juden gesprochen worden. Sie waren dort auch keiner Verfolgung ausgesetzt wie in Hitler-Deutschland. Sie waren schlicht kein Thema. Sie waren Menschen wie du und ich. Gut möglich, dass ich in Barcelonas intellektuellen

Kreisen mit vielen Juden zusammen war, dass mir der eine näher stand als der andere. Aber mit ihrem möglichen Judentum, von dem ich ja gar nichts wusste, weil es nicht gezeigt, nicht angesprochen wurde, hatte das nichts zu tun. Zwanzig Jahre später lebte und arbeitete ich in der Sowjetunion. Dort waren Juden verfolgt worden und haben es auch heute noch schwer. Dort wurde mir klar gemacht, dass jüdisch nicht auf eine andere Religion hinweist, sondern auch auf eine andere Nationalität. Jüdisch wurde noch in den neunziger Jahren auch im Pass nicht unter Konfession, sondern unter Nationalität vermerkt.

»Aber sie sind doch Russen oder Ukrainer oder Weißrussen«, wandte ich damals ein. »Nur ihr Glaube, wenn sie denn noch einen haben, ist nicht russisch-orthodox.«

Meine Einwände halfen nichts.

Henry und ich liefen weiter die Fifth Avenue hinunter. Er machte mich weiter auf Jüdisches aufmerksam. Wollte er wirklich, dass in meinem Kopf eine Diskriminierung stattfand? Mein bedrücktes Schweigen muss ihm dann doch aufgefallen sein.

»Kathinka«, sagte er eindringlich, »die wichtigsten Medien, die wichtigsten Kultureinrichtungen in New York werden von Juden gesteuert. Mit denen werden Sie viel zu tun haben.«

»Aber gerne«, erwiderte ich und ergänzte trotzig, »ich kann mir nicht vorstellen, dass sie diese Spitzenpositionen einnehmen, weil sie Juden sind, sondern weil sie einfach besser sind, als andere. Der Beste hat doch im pragmatischen Amerika die größte Chance.«

Jetzt schwieg Henry.

Bevor wir die 12. Straße erreichten, fiel mir das Schild eines New Yorker Clubs auf mit dem Hinweis »*Jews not allowed*«. Hatte ich mich verlesen?

»Henry, es kann doch nicht sein, dass Juden hier nicht zugelassen werden! Es waren doch vor allem die Amerikaner, die in den Nürnberger Prozessen 1946 die deutschen Gräueltaten an Juden im ›Dritten Reich‹ zu Recht verurteilt haben. Gerade Amerikaner müssten doch Juden mit offenen Armen aufnehmen, zumal sie auch noch viele Spitzenpositionen einzunehmen scheinen.«

»Stimmt«, sagte er ernst, »aber Menschgemachtes ist eben nie perfekt, auch nicht im freien Amerika.« Zur Abmilderung seiner Kritik an seiner neuen Heimat fügte er gleich hinzu:

»Aber die USA haben auch viele Verfolgte aus Hitler-Deutschland aufgenommen, darunter viele Juden deutscher und mitteleuropäischer Nationalität. Die meisten leben noch, wie ich, und sind einflussreich. Lotte Lenya, die berühmte Sängerin in *Die Dreigroschen Oper* (1928) nach der Musik ihres verstorbenen Mannes Kurt Weill, lebt noch hier, gut vernetzt. Und der Sohn von Alfred Döblin, dem Autor des berühmten Romans *Berlin Alexanderplatz* (1929) und Maria Piscator, Witwe des bekannten Theaterregisseurs Erwin Piscator. Ja, sie ist etwas eigenwillig, eben die Witwe eines berühmten Mannes. Dann die aus Deutschland stammende Performance-Künstlerin Lil Picard, wir haben gerade eine Retrospektive ihrer Arbeiten geplant, die frustrierte Schauspielerin Grete Mosheim, der Fotograf Henry Ries, der legendäre Kameramann Eugen Schüfftan. Sie als Filmliebhaberin kennen doch seine großartige Aufnahmetechnik im Stummfilm *Metropolis* (1927) von Fritz Lang. Hinter vielen Verlagen stehen deutsche Emigranten wie Helen Wolff. Sie hat nach dem Tod ihres Mannes Kurt im Jahre 1963 den Pantheon Verlag mit Blick auf deutschsprachige Autoren kräftig weiter gepflegt. *The New School of Social Research* wurde durch Emigranten geprägt. Ihr ungarischer Flirt«, fügte er lächelnd hinzu, »der Leiter des *New School Art Center*, kam auch über Berlin nach New York. Dass ihr Hausarzt deutscher Emigrant ist, wird Ihnen ja nicht entgangen sein. Das trifft auch auf George Tscherny, unseren Drucker zu. Und natürlich der in Deutschland wie in den USA erfolgreiche Filmcutter Paul Falkenberg. Den Bühnenbildner Wolfgang Roth, der mit Bertolt Brecht und Erwin Piscator in Berlin viel zusammengearbeitet hat, den kennen Sie ja schon. Wir nennen ihn Rothy.«

Bevor Henry seine Liste bis ins Unendliche fortsetzen konnte, unterbrach ich ihn abrupt:

»Henry, das ist es. Wir könnten mit einem konzentrierten Veranstaltungszyklus an die berühmten *roaring twenties* in Berlin anknüpfen, auch wenn die zwanziger Jahre nicht ganz so golden waren, wie sie in der verklärten Erinnerung erscheinen. Von da aus leiten wir dann über zur heutigen hier kaum bekannten Kulturszene Westberlins. Vielleicht lassen sich dann auch neue Kontakte mit heutigen Künstlern und Intellektuellen knüpfen. So ein Projekt ließe sich mit vielen Partnern in New York realisieren, auch an deren Veranstaltungsorten. Raus aus dem Goethe House. Damit könnten wir auch ein neues und auch junges Publikum ansprechen. Berlin sagt doch noch vielen etwas, mehr als jede andere Stadt Deutschlands. Vielleicht werden wir dann irgendwann überflüssig. Dann wäre das Ziel doch erreicht.«

So entstanden die ersten Überlegungen zu dem Großprojekt *Berlin Now*, 1977. Ähnliche Überlegungen trieben auch Peter Nestler beim Senator für Kulturelle Angelegenheiten in Berlin um. Gemeinsam und in engster Absprache machten wir uns an die Arbeit, in Zusammenarbeit mit vielen New Yorker und Berliner Partnern. Die *New York Times* griff das Projekt lebhaft auf. Dort arbeiteten Redakteure, die vom alten Europa mitgeprägt worden waren. Sie verfügten nicht nur über eine enorme Bildung und großes Hintergrundwissen. In ihnen lebten Vergangenheiten, die jetzt wieder wach wurden.

Nur ein paar Beispiele aus dem umfangreichen Programm, zur Erklärung des damaligen kulturellen Klimas:

Immens war der Andrang zu älteren Berlin-Filmen wie etwa *Berlin – Symphonie der Großstadt* (1927) oder ganz besonders *Berlin Alexanderplatz* (1931) nach der Vorlage des gleichnamigen Romans von Alfred Döblin. Sein Sohn war bei der Aufführung in New York dabei. Die Schlange der Wartenden reichte einmal um den Block herum. Wir wiederholten die Vorführungen bis tief in die Nacht. Was ging in den Besuchern vor? Nostalgie, Wiedererkennen bei den Älteren? Neugier auf Überliefertes, Gehörtes bei den Jüngeren?

Das Interesse an den damals aktuellen Berlin Filmen, etwa *Berliner Bettwurst* (1975) von Rosa von Praunheim, dem homosexuellen Freund, oder *Schneeglöckchen blühen im September* (1974) unter der Regie von Christian Ziewer oder *Analphabeten in zwei Sprachen* (1975) von der Regisseurin Mehrangis Montazami war geringer, aber es war da.

Beide Reihen umfassten nicht nur qualitativ hochstehende Filme, sondern Filme mit sozialkritischem Inhalt. Ich wollte nicht zur Verklärung beitragen, sondern zur Aufklärung. Zusammen mit vielen meiner Altersgenossen war ich in jenen aufrüttelnden siebziger Jahren viel zu aufmüpfig. Es war eine Zeit, als wir Deutschland und dessen Gesellschaft reformieren wollten, als die Rote Armee Fraktion (RAF) Deutschland in Atem hielt, wofür ich zwar Verständnis, aber keine Zustimmung empfand.

Vor kritischen Inhalten, die in der Restaurationsperiode der Bundesrepublik in den fünfziger und frühen sechziger Jahren noch absolute gesellschaftliche Tabus darstellten wie

Homosexualität (die war selbst noch strafbar), Scheidung, uneheliche Kinder (das abgemilderte Wort »alleinerziehende Mütter« kam erst viel später auf), Integrationsprobleme mit den ersten Gastarbeitern, schreckten auch Wolf Donner nicht zurück. Der sensible Filmkritiker von der *Zeit* war bereit, eine Reihe Filme zusammenzustellen, die all die Tabus im Berliner Kontext ansprachen. Wir wurden Freunde. Just in diesem Moment wurde er zum Leiter der Berliner Filmfestspiele ernannt. Eine große Herausforderung für ihn und ein Glück für mich. Wolf ging es in unserer noch bipolaren Welt darum, große amerikanische Filme für den Wettbewerb zu verpflichten und diese vor dem wichtigen Filmfestival in Cannes im Mai zu zeigen. Also verlegte er den Berliner Termin auf den Februar und machte sich in die USA auf. Mein Apartment wurde seine Bleibe für einige Wochen, da mein Heimaturlaub bevorstand. Allein an der horrenden Telefonrechnung, die er mir nach meiner Rückkehr sofort zur Bezahlung entriss, sah ich, wie außerordentlich aktiv er gewesen sein musste. Zum Dank wurde ich ab 1977 als Ehrengast zu den Berliner Filmfestspielen eingeladen, traf dort die für uns wichtigen Filmkritiker der *New York Times*, *Village Voice*, *Soho News* und später ihre Kollegen aus den Niederlanden und Russland, lernte alle damaligen Jungfilmer kennen, begegnete Ulrich und Erika Gregor, die das Filmforum grandios leiteten, kam in näheren Kontakt mit der Kinemathek (der westdeutschen) und deren bedeutenden Filmforscher Gero Gandert, ging zu vielen Partys. Doch das Schönste war immer, mit einem Mars-Riegel im dunkel werdenden Kinosaal in den Sessel zu versinken, Papier und Kugelschreiber mit Leuchtkopf gezückt. Sechs Filme am Tag, was für ein Glücksgefühl. Film wurde meine neue Leidenschaft. Aber als Allround-Kulturvermittlerin durfte ich mich nicht nur von dieser leiten lassen.

Unsere Großveranstaltung *Berlin Now* umfasste deshalb nicht nur alte und neue Berlin-Filme. Stark war die Bildende Kunst vertreten. Zu den Collage-Arbeiten aus den zwanziger Jahren der damals noch lebenden Künstlerin Hannah Höch fanden die Besucher leicht Zugang. Zur Vorbereitung dieser Ausstellung besuchte ich damals Hannah Höch in ihrem Häuschen in Berlin, das mir wie ein von Pflanzen überwuchertes Knusperhäuschen vorkam. Sie lebte ganz zurückgezogen, freute sich aber über die späte Anerkennung. In ihrer aktiven Schaffenszeit war sie meist von ihren männlichen Kollegen, den unterschiedlichsten Dadaisten, zur Seite gedrängt worden. Wir zeigten auch deren Werke, zum Beispiel Arbeiten von George Grosz nach vielen Gesprächen mit seinem noch in New York lebenden Sohn. Aber Hannah Höch stand im Mittelpunkt.

Mit den Berliner Realisten der sechziger und siebziger Jahre mussten sich die Besucher erst noch anfreunden. Und auch mit der jungen noch unbekannten Künstlerin Rebecca Horn, die damals noch in der 78. Straße East wohnte und zur Freundin wurde. Heute ist sie allseits bekannt und international vertreten. Unter anderem begrüßte ihre großartige Skulptur *Blindenstab* (1993) die Besucher bei der Eröffnung des Neubaus von Kolumba, dem Kunstmuseum des Erzbistums Köln im Jahre 2008.

Autorenlesungen von Günter Grass und Uwe Johnson verliefen in kleineren Zirkeln. Die Namen, ja, die hatte man schon mal gehört. Nicht zuletzt dank Helen Wolff und ihrem Verlag, der beide Autoren und andere mehr wie Max Frisch, Jurek Becker oder Hans Joachim Schädlich unter Vertrag genommen hatte. Für die jüngeren Zuhörer war es nicht ganz einfach, die Sprachbarriere zu überwinden. Günter Grass las auf Deutsch aus seinem Manuskript *Der Butt*, einem Roman, der noch im gleichen Jahr veröffentlicht werden sollte. Eine englische Übersetzung lag noch nicht vor. Mit Uwe Johnson war das einfacher, da er in New York gelebt hatte und Englisch sprach. Also las er auch auf Englisch aus seinen verschiedenen Werken.

Günter Grass war und ist nicht unumstritten. Ich habe ihn später etliche Male wieder getroffen, zuletzt in Warschau 1988 bei der Vorbereitung von deutsch-polnischen Kulturtagen. Wir saßen in einem Bierkeller. Er war deprimiert. »Helfen kann ich Ihnen nicht«, bemerkte er ganz ruhig. »Man hat sich auf mich innenpolitisch eingeschossen. Aber wenn Sie meinen, ich könnte etwas tun, dann werde ich das tun.«

Abgesehen von seiner literarischen Wortgewalt, habe ich immer seinen Mut bewundert, zur aktuellen Politik Stellung zu nehmen, auch wenn ich nicht immer seine Meinung teilte. Nein, er hielt sich nicht raus, war nie »politisch korrekt«. Dass er damit anecken würde, war ihm klar. Als er im April 2012 in einem in der *Süddeutschen Zeitung* veröffentlichten Gedicht »Was gesagt werden muss« Kritik an Israels Iranpolitik äußerte, brach ein Medien- und Leserbrief-Unwetter über ihn los, obwohl er sich sehr differenziert geäußert und an der deutschen Schuldfrage keinerlei Zweifel gelassen hatte. Spontan schrieb ich einen Leserbrief (der zweite in meinem Leben) mit der Überschrift: »Grass hat Recht«. Das hat mir nach Veröffentlichung nicht nur Freunde eingebracht, aber damit muss man leben.

»Vielleicht schreibt er nochmals ein Gedicht zur intensivierten Siedlungspolitik der israelischen Netanjahu-Regierung in Ost-Jerusalem, einem Palästinenser Gebiet, nachdem die Vereinten Nationen Palästina einen Beobachterstatus eingeräumt hatten. Dann würde ich wieder schreiben ›Grass hat Recht‹.« So notierte ich im März 2015 kurz vor seinem Tod. Die USA waren gegen diese UN-Resolution

2012, obwohl Präsident Obama und der israelische Ministerpräsident Netanjahu nicht gerade Herzensfreunde sind. Deutschland hat sich zum Ärger der israelischen Regierung »nur« der Stimme enthalten. Ende Dezember 2016 enthielten sich auch die USA zum ersten Mal in einer Israelfrage der Stimme und tolerierten damit eine UN-Resolution, die den völkerrechtswidrigen Siedlungsbau in den von Israel besetzten palästinensischen Gebieten verurteilte. Groß war die Empörung der israelischen Regierung. Trost fand sie nur in den Sympathiekundgebungen von Donald Trump.

Wird denn Kritik an der israelischen Regierung immer mit Antisemitismus vermischt? Das sind doch zwei ganz verschiedene Ebenen! Darf der Schriftsteller Martin Walser, egal ob ich ihn besonders schätze oder nicht, nicht von der »Moralkeule« sprechen, die aus israelischen politischen Kreisen immer wieder auf Deutschland niedersaust, wenn die geringste Kritik an Israels Regierung geäußert wird? Langt es denn nicht, dass die jetzige Bundeskanzlerin Angela Merkel erklärt hat, dass der »Erhalt Israels zur deutschen Staatsräson« gehört, dass Deutschland sich seiner historischen Schuld absolut bewusst ist? Kann so ein salbungsvoller und von vielen Affären belasteter Journalist wie Michel Friedman, der bei jeder Gelegenheit diese Moralkeule herausholt, nicht auch dazu lernen? Und auch nicht der genüsslich seine von ihm als Antisemiten erkannte Feinde sezierende Henryk M. Broder? Beide Journalisten können hervorragend mit Sprache umgehen. Wie schön, wenn sie das auch mit den vermittelten Inhalten täten. Können sie nicht auf den klugen Rat von Ivo Primor hören, den ehemaligen israelischen Botschafter in Berlin, der auf Ausgleich bedacht ist, der Begegnungen auf Augenhöhe anstrebt und Gemeinsamkeiten betont, auch zwischen Israel und Palästina und sich aktiv dafür einsetzt?

Uwe Johnson, einer der vielen Autoren des renommierten Suhrkamp Verlages, bin ich später nicht mehr begegnet. Zu früh ist er tot aufgefunden worden.

Sprachliche Probleme gab es keine bei der eine Ausstellung begleitenden Diskussion deutscher und amerikanischer Architekten über Urbanismus, städtebauliche Entwicklungen in Europa und Amerika. Zu den Diskutanten gehörten unter anderem Matthias O. Ungers und Philip Johnson, der erste bekannte postmoderne Architekt der USA. Es war eine reine Freude, ihren entgegengesetzten Positionen zuzuhören. Matthias, der damals noch eine Dozentur in den USA innehatte, war so gradlinig wie seine Bauten. Rhetorisch geschliffen, überzeugte er immer wieder die Expertenrunde mit der Klarheit seines Denkens und seiner schnörkellosen Architektur. Ja, streng war sie, immer das Quadrat betonend. Das hat ihm später bei der Neugestaltung der Residenz des deutschen Botschafters in Washington etlichen Ärger eingebrockt. Aber er setzte sich durch mit seiner ganz natürlichen Autorität. Als wir uns 25 Jahre später wieder in Köln trafen, erkannte ich die gleiche Struktur in seinen privaten Bauten wie bei der Gestaltung des neuen Wallraf-Richartz Museums in Köln. Eigentlich hätte Matthias als italienischer Renaissance-Bauherr auf die Welt kommen müssen: Strenge in der Form, aber Genuss am Leben, an Essen, Trinken, Büchern, Kunst.

»Einen Adventskranz habe ich nur mit Mühe hereinschmuggeln können«, sagte mir Lo, seine mir eng befreundete Frau, auch Architektin und Autorin eines Architekturbuches, »weil dieser in die Gradheit der Linien für ihn nicht passte. Und als er mich in jungen Jahren bat, meine Haare so quadratisch schneiden zu lassen, wie seine Bauten, da habe ich gestreikt.«

Philip Johnson, dieser anfänglich von Mies van der Rohe stark beeinflusste Architekt, ging den entgegengesetzten Weg zur Postmoderne. Er wandte sich gegen den Purismus in der Architektur, war einer der ersten Architekten weltweit, die wieder mit Türmchen bauten, mit Erkern, mit Verschnörkelungen, mit Ornamenten – alles bislang disqualifizierte Elemente. Sein Stil hat auch die Neubauten in der Post-Sowjetunion stark mitgeprägt, vor allem Häuser von Neureichen.

Aufregend wurde es auch im Theaterbereich.

»Wieso hat Samuel Beckett sein Stück *Warten auf Godot* (1949) höchst persönlich im Schiller Theater in Berlin inszeniert, eine Aufführung, die ihr jetzt nach New York bringt? Berlin ist doch keine interessante Stadt mehr«, wurde mir wiederholt gesagt. »Dieses Westberlin, umgeben von einer Mauer und Stacheldraht, verwaltet von den Alliierten kann doch gar keine Anziehungskraft mehr haben!«

»Vielleicht doch, gerade wegen der Brüchigkeit und Verletzbarkeit«, gab ich zu bedenken, »sonst wäre Samuel Beckett doch nicht gekommen und auch der weltbekannte Regisseur Peter Stein und die Schaubühne würden dort nicht arbeiten. Sonst könnten Sie die grandiose Theaterverfilmung seiner Inszenierung *Sommergäste* (1976) jetzt nicht in New York sehen.«

»Okay, begriffen, da ist etwas dran.«

Und Berlin *then*? wie die *New York Times* fragte? Hatte ich das »damals« zu schwach betont, um den Blick stärker auf das »heute« zu richten?

Eine weitere Brücke zur Vergangenheit bildeten die Kabarettvorstellungen *Haus Vaterland*. Der Kabarettist Dieter Hildebrandt hatte kritische, aber auch lustige Texte aus den zwanziger und frühen dreißiger Jahren zusammengestellt. Bei den ausverkauften Aufführungen spürte man die wiedererkennende Wehmut unter den Älteren. »Ein Stück Heimat ist mir zurück gegeben worden«, bemerkte jemand. Da war aber auch eine unbelastete Neugier der jüngeren Leute. Die hatte die bekannte Sängerin und Schauspielerin Liza Minnelli in dem überaus erfolgreichen Film *Cabaret* (1971) bereits in die Berliner Kabarettszene jener Jahre geweckt.

Bei den praktischen Vorbereitungen dieses Gastspiels in New York im damals weltberühmten La MaMa Theatre wurde mir erneut sehr klar, dass ich mich nicht in Europa befand. Ich rief Ellen Stewart, Leiterin des Theaters, an und stellte mich am Telefon vermutlich viel zu umständlich und langatmig vor.

»Was wollen Sie?«, unterbrach sie mich ungeduldig.

»Ein deutsches Kabarett in ihrem Theater zeigen. Ich meine, denke, das könnte Sie vielleicht interessieren…« Weiter kam ich nicht.

»Was ist der Inhalt?«

»Kabarett der zwanziger und dreißiger Jahre«, verknappte ich meine vorbereitete längere Erklärung.

»Wann?«

»Im März 1977.«

»Wie viele Schauspieler?«

»37«, log ich, denn ich hatte nicht die geringste Ahnung und auch keine Zeit zum Nachdenken oder Nachschlagen. Es hätten genauso gut 20 oder 40 sein können.

»Benötigte Bühnenmaße?«

»Ihre«, konterte ich verzweifelt, denn das Gespräch durfte auf gar keinen Fall abreißen.

»Klingt gut. Schicken Sie die Unterlagen.«

Mit diesen Worten legte sie auf, während ich noch völlig verstört den Hörer umklammerte. Soviel Direktheit war ich weder aus Barcelona gewöhnt noch erfuhr ich sie später in Amsterdam, Köln, Warschau oder Moskau. Schon gar nicht, wenn man über Künste sprach. Der Umgang miteinander gestaltete sich total verschieden. Es war alles sehr anders. Aber Anderssein heißt ja nicht besser oder schlechter zu sein, nur anders eben.

Die Vorstellungen von *Haus Vaterland* im La MaMa Theatre verliefen reibungslos vor jeweils ausverkauftem Haus. Auf Ellen Stewart und ihren ruppigen Charme war immer Verlass. Sie war geradezu die Verkörperung des zupackenden amerikanischen Gedankens *let's get things done*. Viele junge und unbekannte Autoren und Regisseure hat sie auf ihre Bühne geboxt und für sie eine Zukunft mitgestaltet. Sie war eine große Frau, wenn auch etwas gewöhnungsbedürftig, jedenfalls für eine Europäerin wie mich. Bei meinen Reisen als Studentin nach Frankreich war ich als zu deutsch aufgefallen, was immer das heißen sollte, während eines Studiensemesters an der Manchester University eher zu unsicher und in meinen Jahren in Spanien unfreiwillig zu selbstsicher. Im schnellen, auf Effizienz ausgerichteten New York wurde ich als zu komplex, zögerlich, umständlich angesehen.

Nicht nur Ellen Stewart hat mich durch ihre direkte Art total überrascht. Auch andere Partner verblüfften mich durch ihre selbstverständliche Selbstsicherheit. Da schrieb mir der Kunstagent Hugh McKay Ende 1975 »Wir laden Sie herzlich ein zur Vorstellung des Künstlers Hans-Georg Rauch und seiner Arbeiten. *Please enclose your check.*« Von Hugh Mckay hatte ich Neuling noch nie etwas gehört, und Hans Georg Rauch, dem wohl besten politischen Zeichner Deutschlands, jedenfalls dem philosophischsten, war ich auch noch nie persönlich begegnet. Dass man für eine »herzliche Einladung« im Voraus eine beachtliche Summe überweisen musste, das hatte ich auch noch nie erlebt. »Sitten sind eben anders«, dachte ich, sagte zu und legte den geforderten Scheck bei.

Hans Georg Rauch war sehr nervös. Seine bezaubernde Frau Uschi, selbst Künstlerin, und ich versuchten, ihn zu beruhigen. Er schaffte seinen Auftritt auch grandios, obwohl ihm, wie ich langsam begriff, diese Art von Öffentlichkeitswerbung total verhasst war. Er, so sollte ich später immer stärker spüren, war ein Kämpfer, ein Herausforderer, ja provokativer Charakter, dem jegliche Form von Small Talk total auf die Nerven ging. Das gab er auch deutlich jedem zu verstehen. Auf unsere Freundschaft, die an jenem Abend begann und ungetrübt bis zu seinem frühen Tod 1993 andauerte, hatte sein oft krasses Verhalten keinerlei Einfluss. Wem er vertraute und wen er respektierte, der erschien nicht auf seiner Zielscheibe. Und wir mochten uns nicht nur, wir respektierten uns. Er war schlicht grundehrlich und sehr kritisch. Nach seinem Tod konnte ich als Kulturdezernentin der Stadt Köln dank der Hilfe des Verlegers Ernst Brücher und der sehr großzügigen Unterstützung von Jeanne von Oppenheim in ihrer damaligen Kölner Galerie eine Retrospektive der Werke von Hans-Georg Rauch organisieren, die auch in anderen Städten gezeigt wurde.

Auch mit Hugh McKay entwickelte sich ein freundschaftliches Verhältnis. Viele Male war ich in seinem Büro, bekam viele Drucke von ihm geschenkt. Zusammen organisierten wir eine Ausstellungstournee der Arbeiten von Rauch. Hugh wohnte am Gramercy Park in Manhattan. Eines Abends schenkte er in seinem großräumigen Büro zwei Gläser besten Rotweins ein und bat mich auf einen Spaziergang durch den Park. Eine seltsame Erfahrung. Der Park, umgeben von einem hohen Eisengitter, war nämlich privat. Nur Anlieger wie Hugh hatten Schlüssel. Da wandelten wir dann mitten in Manhattan wie ein Prinz und eine Prinzessin, abgeschieden vom gewöhnlichen Volk. So eine Märchensituation habe ich nie wieder erlebt.

Hugh McKay war etwas geschmeidiger im Umgang mit Menschen als Ellen Stewart. Sie unterschieden sich leicht in der Form, aber in der pragmatischen Verfolgung ihrer Ziele waren sie sich nicht unähnlich, wie viele andere Partner auch. »Was?« »Warum?« »Wann?« »Wie?« lauteten die Kernfragen bei den ersten Kontaktaufnahmen. Für Zwischentöne und zögerliches Nachdenken war da kein Platz. »Für ein solches Verhalten gibt es Therapeuten«, hätten viele Amerikaner gesagt. »Man geht ja auch regelmäßig zum Zahnarzt. Also warum nicht auch zu einem Versorger der Psyche, der wird es dann schon richten.« Tatsächlich hatten viele meiner amerikanischen Bekannten regelmäßig Termine bei ihren Seelendoktoren.

Mir, wie vielen Europäern damals, war diese Einstellung fremd, heute wird das auch in Europa vielfach anders gesehen. Wenn ich manchmal ins Grübeln geriet, eine Nacht nicht gut geschlafen hatte, fragten mich besorgte amerikanische Freunde, was denn los sei, ob ich etwas brauche. Sie hätten mir in ihrer sprichwörtlichen Hilfsbereitschaft auch nachts um drei Uhr ein Aspirin gebracht. Für Freunde und Nachbarn war man immer da. Auch wenn mal wieder ein Tornado oder Hurrikan über ein bestimmtes Gebiet raste, oder eine andere Naturkatastrophe die meist nicht versicherten Menschen um alles brachte, half die Gemeinschaft, spontan und herzlich. Egal, ob die Betroffenen nun liberal oder erzkonservativ oder sonst was waren. Die direkte Hilfsbereitschaft, der ehrenamtliche Dienst, wie man ihn auch in dem besonders Amerika zugewandten England kennt, hat mich immer wieder beeindruckt.

Aber ich war an Geist und Seele gesund. Ich brauchte kein Aspirin und auch keinen Therapeuten. Ich sehnte mich manchmal nach einem Gesprächspartner, mit dem ich mein Nachdenken über das Anderssein, die andersartigen Vergangenheiten mit ihren Auswirkungen auf Gegenwart und Zukunft ansprechen konnte. Und das nicht nur in Hauptsätzen.

Diese Gesprächspartner gab es. Es waren meist Emigranten der jüngeren Generation, meiner Generation, aus dem Nachkriegseuropa. Mit Volkmar Sander, Professor für Germanistik und Leiter des Deutschen Hauses an der New York University habe ich viele Gespräche geführt und ebenfalls mit alten Vertrauten aus meinen Barcelona-Jahren, wie dem katalanischen Künstler Antonio Muntadas. Auch Haide Russell, meine von mir bewunderte Cousine und sehr erfolgreiche Kulturreferentin am deutschen Generalkonsulat in New York gehörte dazu. Sie alle hatten Einblick in beide Welten, in die alte wie die neue. Sie wussten, was es heißt, eine belastende Vergangenheit zu haben. Das wussten die Emigranten der älteren Generation, die aus Nazi-Deutschland geflohen waren wie Henry Marx oder der kluge und auch sehr humorvolle Historiker Fritz Stern, natürlich noch viel besser. Die Philosophin Hannah Arendt habe ich leider nicht mehr erlebt. Sie starb wenige Monate nach meiner Ankunft in New York, im Dezember 1975.

Die meisten Emigranten aus Hitler-Deutschland äußerten sich dazu aber nur, wenn sie direkt angesprochen wurden. Und: Ihre und meine Vergangenheit war nicht dieselbe. Ihre war sehr konkret, da persönlich erlebt. Meine war abstrakt, da überliefert, gelesen und studiert, also schwer emotional greifbar und doch sehr tiefgreifend.

Maria Piscator lebte wohlversorgt ganz in der Vergangenheit. Als das Goethe House Ende 1975 einen Abend der im März des gleichen Jahres verstorbenen großen Schauspielerin Therese Giehse widmete, schritt sie wie eine Fürstin durch die Tür mit einem üppigen Blumenstrauß, den sie Therese Giehse überreichen wollte. Für sie war diese wohl berühmteste Theaterdarstellerin des vergangenen Berlins noch am

Leben. Maria Piscator hatte aus ihrer Vergangenheit auch einen silbernen Flaschenöffner gerettet, den sie mir schenkte und den ich heute noch habe.

Grete Mosheim, die ehemals überaus verwöhnte Schauspielerin, empfing mich bei einem von ihr befohlenen (anders kann ich es nicht nennen) Abendessen mit einem Schwall von Vorwürfen:

»Ich war die Größte und was tut ihr jetzt für mich? Nichts!« Ich konterte nicht, denn ich erkannte die Verzweiflung der Einsamen hinter diesem durch nichts berechtigten Ausbruch.

Ganz anders die berühmte Fotografin Lotte Jacobi. Nach ihrer Emigration 1935 arbeitete sie in ihrem New Yorker Atelier aktiv weiter mit ihrer Portraitfotografie und war anerkannt. Im Wesen war sie sehr bescheiden und völlig natürlich. Als ich sie in ihrem Haus auf dem Lande besuchte, um mit ihr eine Ausstellung ihrer Arbeiten zu besprechen, bat sie mich in ihr Schlafzimmer, holte unter dem Bett etliche Schuhkartons mit Fotografien hervor und meinte:

»Jetzt machen wir mal eine Auswahl, dann sehen wir was vergrößert werden muss, welche Texte wir machen.« Danach saßen wir gemütlich um ihren Küchentisch.

Auch die Witwe des Malers und experimentellen Filmkünstlers Hans Richter empfing mich 1977 überaus herzlich in ihrem Haus in Connecticut. Ich wollte sie dazu bewegen, mir einige frühe Arbeiten ihres Mannes für eine von uns geplante DADA-Ausstellung zu überlassen.

»Eine gute Idee«, war ihre Reaktion. Dann packte sie drei Arbeiten aus den Jahren 1917 und 1918 in Zeitungspapier ein, und ich stieg wieder in den Bus nach New York, diese Kostbarkeiten fest an mich pressend.

»Können Sie behalten«, sagte sie noch, als ob sie geahnt hätte, dass sie kurz darauf sterben würde. Jetzt hängen sie über meinem Schreibtisch.

Resolut war Elfriede Fischinger, Witwe des Malers und Experimentalfilmers Oskar Fischinger. Auch sie sprachen wir an bei der Vorbereitung für das DADA-Projekt, das auch experimentelle Filme umfasste. Richter und Fischinger wie auch anderen experimentierenden Künstlern war daran gelegen, abstrakte Bilder, geometrische Formen in Bewegung zu versetzen, die Statik zu lösen und dem Spielfilm, der aus der Zirkuswelt entstanden war, mit einem künstlerischen Gegengewicht zu konfrontieren. Daraus sind ganz hinreißende Kurzfilme entstanden (auch Werbefilme, denn Oskar Fischinger musste ja nach der Emigration überleben). Elfriede Fischinger hat die Arbeiten ihres Mannes in der Oskar Fischinger Stiftung gut verwaltet und vermarktet.

An Lotte Lenya heranzukommen, die allseits bewunderte große Dame des Exils, war schon etwas schwieriger. Jedenfalls für mich, nicht für Henry Marx. Auf Schritt und Tritt wurde sie von zwei Damen begleitet, die über ihr leibliches Wohl wachten, ihren vollen Terminkalender kontrollierten und sie, soweit möglich, von der Welt abschirmten. Trotzdem gelang es Henry, ein Werkverzeichnis ihrer Lieder, meist nach der Musik ihres ersten Ehemannes Kurt Weill, zu erstellen und eine kleine Ausstellung mit Liedbegleitung zu organisieren. Als ich sie einmal fragte, ob sie nicht noch mehr alte Programmhefte aus den zwanziger und frühen dreißiger Jahren besitze, vor ihrer Emigration 1933, meinte sie nur:

»Ach Kind, damals waren wir doch jung, da hebt man doch solche Sachen nicht auf. Wir lebten doch, wir archivierten nicht.«

Von ihren Veranstaltungen in Amerika und auch wieder in Europa nach 1955 ist dagegen viel Material erhalten.

Auch der überaus erfolgreiche, sehr dynamische und geschäftstüchtige Fotograf Henry Ries hat wieder den Kontakt zu Deutschland gesucht. Sein Geld hat er allerdings in Amerika gemacht. Als blutjunger amerikanischer Soldat, gerade erst naturalisiert, kam er in einer sehr spannungsreichen Situation nach Berlin: Die Sowjets hatten nach der Durchführung der Währungsreform in den drei Westsektoren Deutschlands 1948 alle Zufahrtswege nach Berlin gesperrt. Daraufhin erfolgte monatelang die Versorgung der Berliner Bevölkerung durch Flugzeuge der westlichen Alliierten aus der Luft. Diese Berliner Blockade und die Luftbrücke hat Henry Ries, geborener Berliner, mit seinem Fotoapparat dokumentiert. Auch später zog ihn die zweigeteilte Stadt, eine Insel umgeben von kommunistischer Herrschaft, immer wieder an. Er machte Bücher über die Berliner Mauer, die Grenzstreifen zwischen Ost und West, den Alltag in dieser damals fast surrealen Stadt. Dort sind wir uns immer wieder begegnet, lange nach meiner Abreise aus New York 1979.

Einmal trank ich eine Tasse Kaffee auf der Terrasse vor dem Lincoln Center. Mit einer Dame mittleren Alters kam ich ins Gespräch über Gott und die Welt. Nach einer Weile rief sie erstaunt aus:

»*O, you are German, but your are quite nice!*« (»Oh, Sie sind Deutsche, aber Sie sind doch ganz nett!«) Wie sollte ich darauf reagieren? Ich schaute sie einfach nur an. Nach ein paar Schrecksekunden wurde mir klar, dass sie mir ein Kompliment hatte machen wollen. Ein ungewollt makabres Kompliment. Oder war es naiv? Ihre freundlichen Augen strahlten keinerlei Bosheit aus. Sie war schlicht freudig erstaunt. Ich zwang mich zu einem Lächeln. Und sie verabschiedete sich mit einem »*have a nice day*«. Das klang ganz ehrlich.

Als ich Henry von meinem Erlebnis erzählte, schwieg er erst nachdenklich und meinte dann:

»Ist dir eigentlich aufgefallen, dass ich zu Beginn unserer Freundschaft nur Englisch mit dir gesprochen habe?«

»Ja, das habe ich gemerkt.«

»Du bist die erste, mit der ich wieder Deutsch spreche.«

»Heißt das, du hättest dich wie die Dame beim Kaffee vor dem Lincoln Center verhalten?«

»Gut möglich. Aber langsam habe ich erkannt, dass deine Generation anders ist. Vielleicht hat die Familie dieser Dame etwas Schreckliches mitgemacht. Vielleicht ist ihre Vorstellung von Deutschen auch nur vom Fernsehen geprägt.«

In der Tat brachte das amerikanische Fernsehen Woche für Woche Spielfilme über die Nazizeit. Da marschierten dann die Deutschen im Stechschritt. Bilder wurden evoziert, die ältere Amerikaner nur aus Wochenschauen kannten und jüngere überhaupt nicht. Diese Filme hatten eher die Wirkung von seichten Kriminalfilmen. Sie dienten nicht der Reflexion, sondern der Unterhaltung. Am nächsten Morgen waren sie vergessen, nur blieb da so ein Gefühl von »Mit den Deutschen, da war doch mal was Schlimmes«. Der Einfluss des Fernsehens war und ist groß in diesem riesigen Flächenland, in dem es abseits der großen Städte nicht allzu viele künstlerische Veranstaltungen oder andere kulturelle Vergnügungen gab und gibt. Fernsehen, das war und ist Unterhaltung. Dass Werbespots jede Sendung auseinanderrissen, dass endlose Talkshows die Zuschauer einnebelten, dass Sportberichte die Nachrichtensendungen in die Pausen eines Hockey oder Fußballspiels quetschten, störte niemanden.

Heute tendiert auch das öffentliche deutsche Fernsehen in diese Richtung. Und die privaten sowieso. Damals in New

York wie heute in Köln benutze ich die unwillkommenen Reklame-Einschübe, um mir ein Glas Rotwein in der Küche einzuschenken und meinen Arbeitsplan für den nächsten Tag aufzustellen.

Was mich am amerikanischen Fernsehen erstaunte, außer bei dem sehr guten öffentlich geförderten Sender CBS, war die Nonchalance im Umgang mit so tragischen und ernsten Themen, wie der Nazi-Diktatur und dem Zweiten Weltkrieg. In der Regel wurden diese Themen durch tränenreiche Melodramen vermittelt.

Bevor 1978 die TV-Serie *Holocaust* in die amerikanischen Wohnzimmer ausgestrahlt wurde, rief mich der Filmkritiker und Korrespondent von *Variety* für Deutschland und Osteuropa Ron Holloway aufgeregt an:

»Ich komme gerade von der Pressevorführung dieser *Soap opera*, ja dieser Seifenoper. Aber glaub mir, sie wird die Gemüter bewegen. Sie wird mehr Emotionen auslösen als jeder noch so gut recherchierte Dokumentarfilm über Nazi-Verbrechen. Stell dich darauf ein. Am besten wäre es, die Serie würde auch in Deutschland gezeigt.«

Das geschah auch. Und auch in Deutschland hat sie die Gemüter mehr aufgewühlt und heftigere Diskussionen ausgelöst als all die vielen Dokumentarfilme zum »Dritten Reich«, die seit Jahr und Tag im Deutschen Fernsehen gezeigt worden waren. Natürlich habe ich die vier Folgen in New York gesehen. Ich musste erkennen, dass sich Begreifen, Mit- und Nachempfinden des oft schrecklichen Geschehens nur selten über die Vermittlung nackter Daten und Fakten entwickelt. Dass es nicht genügt, bei aller historischen Exaktheit nur den Verstand anzusprechen. Die dramatische Darstellung menschlicher Nöte und Verzweiflung, selbst in verkitschter Form, geht ans Gemüt, berührt die Mehrheit der Menschen, erzielt eine ganz andere Wirkung. Das gilt vor allem, wenn das historische Geschehen für jüngere Generationen zu weit zurück liegt und auf Lesestoff in Schulbüchern reduziert ist.

Anfang November 2012 haben sich mehr als sechs Millionen den Film *Rommel* im Ersten Deutschen Fernsehen angeschaut. Auch ich. Ich muss zugeben, dass mich die dramatische Darstellung der letzten neun Monate dieses berühmten deutschen Generalfeldmarschalls im Zweiten Weltkrieg, dieses »Wüstenfuchses«, beeindruckt haben. Das Dilemma dieses Mannes wurde deutlich: seine zunehmende Kritik an Hitler einerseits und andererseits seine Nicht-Bereitschaft, sich am Attentat auf Hitler am 20. Juli 1944 zu beteiligen. Er hatte schließlich einen Eid auf den Führer geschworen. Vergangenheiten nicht nur in Schwarz-Weiß-Bildern zu sehen, sondern Dilemmas, Nuancierungen, Differenzierungen zuzulassen, ist eine Chance zum besseren Begreifen des Unbegreiflichen.

In breiten Kreisen Amerikas war unbekannt, dass sich die deutschen Medien auf eine weniger sensationelle Art mit der dunklen deutschen Vergangenheit auseinandersetzten. Deshalb luden wir im Jahr der Premiere von *Holocaust*, 1978, den deutschen Filmregisseur/Autor Hans-Jürgen Syberberg nach New York ein. Im Mittelpunkt der Retrospektive seiner Filme stand der Film *Hitler, ein Film aus Deutschland* (1977). Ein Eklat verhalf diesem siebenstündigen Film mit seiner komplexen, opernähnlichen Ästhetik zu beachtlichem Erfolg bei Publikum und Presse. Alles war vorbereitet, da weigerte sich der amerikanische Zoll, den Film freizugeben. Warum? Weil auf den Filmrollen »Hitler« stand. Hitler löste auch bei einem Zollbeamten Alarmsignale aus. Hätte auf der Filmrolle *Fontane Effi Briest* (1972–1974) gestanden oder *Herz aus Glas* (1976) oder *Der amerikanische Freund* (1976/77) oder *Der Hauptdarsteller* (1977) von den Regisseuren Rainer Werner

Fassbinder, Werner Herzog, Wim Wenders, Reinhard Hauff, die mit vielen anderen ständig bei uns zu Gast waren, dann wäre gar nichts passiert. Sie und ihre Filme kamen immer völlig ungehindert ins Land. Zensur fand im Gegensatz zu Spanien nicht statt. Aber Hitler? Nein. In unserer Not wandten wir uns an die Schriftstellerin, Essayistin, Journalistin und Regisseurin Susan Sontag. Sie war gerade dabei, sich auf ein Gespräch mit Syberberg über diesen Film vorzubereiten. Dank ihrer Bekanntheit und exemplarischen Durchsetzungskraft gelang es ihr im allerletzten Moment, den Film vom Zoll loszueisen. Susan Sontag war weniger brüsk in ihren Umgangsformen als Ellen Stewart vom La MaMa Theatre, doch genauso unabhängig im Denken. Mit kritischem Blick begleitete sie das amerikanische Gesellschaftsmodell, wandte sich gegen Klischees und Vorurteile jeder Art.

»Ihr Deutschen dürft eure Vergangenheit nicht verdrängen«, sagte sie mir, »aber wir Amerikaner sollten uns nicht nur als Sieger und Vorreiter einer besseren Welt aufspielen. Nichts im Leben ist nur Schwarz-Weiß.«

Aus dieser differenzierenden Denkhaltung heraus analysierte sie Syberbergs *Hitler* und lobte ihn. Dafür erhielt sie nicht nur Anerkennung von amerikanischer Seite, aber das war ihr egal.

Der Film berührte die Menschen nicht wie *Holocaust*. Dafür war er in seiner Struktur und Ästhetik viel zu komplex. Er regte die Interessierten zum nachdenklichen Diskurs über das Unfassbare und kaum Darstellbare an.

Das kulturelle Erbe der Emigranten aus dem nationalsozialistischen Deutschland, aus Österreich, der Tschechoslowakei, Polen, Ungarn, den baltischen Ländern – man denke nur an die Film-Emigranten in Hollywood, an die Architekten in Chicago – ist heute versunken. Die Emigranten sind fast alle tot. Ihr Beitrag zum vielfältigen, brausenden innovativen Kulturleben der Weltmetropole New York und anderen urbanen Zentren Amerikas ist Vergangenheit. Heute werden sie wissenschaftlich in universitären Elfenbeintürmen studiert und beschrieben. Ihr Lebenshauch ist weg. Mit ihnen ist auch ein Stückchen Europa verloren gegangen, zumal seit Ende der siebziger Jahre der Zustrom europäischer Intellektueller stark nachgelassen hat.

Die deutsche/europäische Vergangenheit hat mich in New York sehr beschäftigt, weil ich ihr ständig begegnete, weil ich immer nach Wegen suchte, sie zu begreifen und gleichzeitig die Brücken zum Heute zu schlagen. Und das Heute war nicht nur in New York, sondern auch in Deutschland in ständiger, aufregender Bewegung.

Beispielsweise hatte in New York noch niemand von dem Aktionskünstler Joseph Beuys gehört, auch er ist ohne die deutsche Vergangenheit kaum denkbar. René Block, ein junger Galerist aus Berlin kommend, war der erste, der interessierte Amerikaner mit Beuys Arbeiten vertraut machte. Seine Galerie wurde zu einem Kristallisationspunkt zeitgenössischer westdeutscher Performance-Kunst, die langsam auch von den Museen entdeckt wurde.

Durch die Sprachgebundenheit hatte es die zeitgenössische deutsche Literatur schwerer. Brigitte Reimann, Walter Kempowski, Günter Kunert, Reiner Kunze, Peter Härtling, Hans Joachim Schädlich, Jurek Becker, Christa Wolf – um nur einige wenige zu nennen, die in den siebziger Jahre neben Günter Grass, Hans-Magnus Enzensberger und Martin Walser und älteren Autoren im deutschsprachigen Raum die Menschen in Ost- wie Westdeutschland bewegten – waren über Expertenkreise hinaus ziemlich unbekannt, auch wenn sich der Pantheon Verlag und ein paar andere unabhängige

Verlage um sie bemühten. Die mangelnde Kenntnis über das literarische Geschehen in der BRD sollte im April 1979 durch eine deutsche Buchwoche im Deutschen Haus at NYU (New York University) etwas abgemildert werden. Ausgestellt waren 800 Titel, eine Auswahl der Frankfurter Buchmesse von 1978. Eingeladen waren interessierte Laien, aber vor allem ein Fachpublikum: amerikanische Literaturkritiker und Verleger, beispielsweise der Chef des Qualitätsverlages Farrar Strauß. Sie trafen ihre deutschen Kollegen, unter anderem Christoph Schlotterer vom Carl Hanser Verlag. Auch mit den anwesenden Autoren wie Martin Walser und Hans Joachim Schädlich konnten Gespräche angebahnt werden.

Auf langen Spaziergängen entlang der verrottenden Docks an der Westseite von Manhattan sprachen Christoph Schlotterer und ich nicht nur über seine Autoren, wie beispielsweise Horst Bienek, sondern auch über meine amerikanischen Erfahrungen. Der Pragmatiker Christoph war außerordentlich offen und lebensneugierig. Alles interessierte ihn.

»Du musst aufschreiben, was du hier erlebst. Du sitzt auf der Drehscheibe der Welt, hast Kontakte in alle Zirkel, was du so alles mitmachst, interessiert doch Leser!

»Meinst du, ich kann das? Im Gespräch bin ich doch viel besser als im Schriftlichen.«

»Natürlich«, ermutigte er mich. »Ich verfolge sehr genau, was du im *Börsenblatt für den deutschen Buchhandel* über das amerikanische Verlagswesen schreibst und wie du in den USA relevante Themen mit deinen Erfahrungen verknüpfst.«

»Weißt du, hätte mich Hanns-Lothar Schütz (der Chefredakteur des Börsenblattes) nicht so hartnäckig bearbeitet, hätte ich mich wohl nicht aufgerafft, als ersten Artikel ein Porträt von *Publishers Weekly* zu verfassen. Von Interviewtechniken hatte ich doch nicht die geringste Ahnung. Dessen Chefredakteur hat es mir allerdings leicht gemacht.

›Kommen Sie zu mir nach Hause‹, sagte er fröhlich am Telefon. ›Ich ziehe gerade um. Auf Kartons kann man auch Kaffee trinken.‹

Da saßen wir dann im völligen Chaos, sprachen locker über Struktur und Ziele seines Fachblattes für den amerikanischen Buchhandel, rauchten natürlich, streichelten seine Katze, während er mir viel Informationsmaterial überreichte. Auch später blieb er ein wunderbarer Ansprechpartner.«

»Siehst du, geht doch! Kannst du ihn mir bei der nächsten Buchmesse vorstellen? Du bist dort mein Gast.«

»Aber gerne.«

So kam ich zum ersten Mal zur Frankfurter Buchmesse, freundete mich mit deren Geschäftsführer Peter Weidhaas an, der mich später beim Aufbau der Bibliothek des Goethe-Instituts in Moskau stark unterstützte, lernte Autoren und Verleger kennen. Hanns Lothar Schütz vergaß natürlich nicht, mir weitere Themen für das *Börsenblatt* ans Herz zu legen, »auch bei deinem nächsten Job in Amsterdam«. Hätten wir die Zukunft voraussehen können, hätte er wohl gesagt: »Und natürlich schickst du uns auch Artikel aus der Sowjetunion.« Das tat ich auch – Christoph gibt es nicht mehr; er starb 1986.

Vorerst aber beschäftigte uns die *Deutsche Buchwoche* in New York. Es ging ums Kennenlernen, um Informationsaustausch und auch um eine Werbung für die anstehende Buchmesse in Frankfurt 1980.

Der Literaturkritiker der *Frankfurter Allgemeinen Zeitung* (FAZ), Marcel Reich-Ranicki, sprach eingangs über die Strömungen in der westdeutschen Literatur und, soweit zugänglich, der ostdeutschen. Er war wortgewaltig und brillant. Sein breites Wissen, sein Überblick über die literarische Szene, wenn auch von persönlichen Vorlieben geprägt, waren beeindruckend. Dass er seine Kenntnisse auf Deutsch vortrug und das in der Manier eines Großfürsten, der seinen Untertanen, den Verlegern, zwingend nahelegte, wen oder was sie demnächst publizieren sollten und was nicht, hat nicht nur mich irritiert. Die anwesenden amerikanischen Experten interessierten ihn überhaupt nicht. Da er kein Englisch konnte, kam sein bissiger Unterhaltungswert nicht zur Geltung. Er war nicht, wie gewohnt, der Mittelpunkt, um den sich Autoren, Verleger, Kritiker scharten und um sein Urteil als Hymne oder Todesstoß bangten. Auch Martin Walser suchte seine Nähe nicht. Reich-Ranicki hatte gerade seine Novelle *Ein fliehendes Pferd* (1978) genüsslich zerrissen. Weitere Verrisse von Walsers Werken sollten später folgen.

In meinem Bericht über diese kleine deutsche Buchmesse in New York für das *Börsenblatt* ließ ich daher auch einige kritische Bemerkungen über Reich-Ranicki einfließen, in Nebensätzen, nicht in Hauptsätzen. Dieser las offenbar das Fachblatt des Deutschen Buchhandels und schoss in dessen folgender Ausgabe voll auf mich zurück.

Mein Gott, dachte ich damals, wie wenig souverän dieser brillante Mann doch ist. Hat er das nötig? Kann ein belesener Geist wie er so klein sein? Nach einigem Nachdenken stellte sich mir allerdings die Frage, ob sein rücksichtsloses und selbstherrliches Auftreten nicht aus seiner Vergangenheit, seiner Zeit als jüdischer Häftling im Warschauer Ghetto herrührte, wo ihm ohne Zweifel viele seelische Wunden zugefügt worden waren. Vielleicht war seine dominante Art eine Form von Überlebensstrategie? Hätte ich im Wissen über seine tragische, wenn auch immer noch nicht voll aufgeklärte Vergangenheit lieber schweigen sollen? Hatte mich die deutsche Vergangenheit mal wieder eingeholt? Vielleicht war sein Auftreten in New York ja auch nur ein Ausrutscher?

Als ich später, in den neunziger Jahren, das von ihm so blitzgescheite wie dämonisch geleitete *Literarische Quartett* im Fernsehen sah, wurde ich an die kleine Episode in New York erinnert. Und ich kam nicht umhin, festzustellen, dass er sich in nichts, rein gar nichts geändert hatte. Er war immer noch überaus belesen, war immer noch überaus jubilierend/ätzend in seiner Kritik von Neuerscheinungen, war immer noch der Herrscher über seine Untertanen, war immer noch, oder vielleicht durch die TV-Aufmerksamkeit noch mehr, der mächtigste literarische Rezensent in einem Land, das nun nicht mehr Bundesrepublik Deutschland, sondern Deutschland hieß.

Nicht nur unabhängige amerikanische Verlage, die es heute kaum noch gibt, interessierten sich für die aufmüpfige Aufbruchsstimmung in der BDR der Endsechziger/siebziger Jahre. In Cineastenkreisen, nicht beim kommerziellen TV und auch nicht bei den großen Kinoketten, verfolgte man mit Staunen, wie sich »der junge deutsche Film« kritisch mit der bundesrepublikanischen Gegenwart und der Vergangenheit Deutschlands auseinandersetzte, wie sich der rebellische »Autorenfilm« zum Teil gnadenlos um Aufklärung bemühte. Diese Radikalität war selbst den Anhängern des *independent cinema* fremd. Sie schreckte auf und faszinierte gleichermaßen. Zu verschieden waren die Vergangenheiten der beiden Länder und entsprechend ihre jeweilige Gegenwart. Zu verschieden auch die Bildsprache, die komplexen, grübelnden, oft selbstzerfleischenden deutschen Filmdialoge.

Das wurde mir bei der öffentlichen Vorführung des Films *Deutschland im Herbst* (1978) mit filmischen Beiträgen unter anderem von Alf Brustellin, Bernhard Sinkel, Rainer Werner Fassbinder, Alexander Kluge, Volker Schlöndorff sehr deutlich. Diese Regisseure und viele andere junge Westdeutsche hatten die viel kritisierten Notstandsgesetze von 1968, die ihre verbrieften Grundrechte einschränkten, noch voll im

Gedächtnis. Noch akuter war die Entführung des Industriellen und Arbeitgeberpräsidenten Hanns Martin Schleyer im September 1977 durch Mitglieder der linksextremen Roten Armee Fraktion (RAF). Und die Entführung der Lufthansa-Passagiermaschine Landshut mit vielen Menschen an Bord nach Mogadischu im afrikanischen Somalia. Beide Entführungen hatten das Ziel, die Freilassung von elf im Gefängnis Stammheim bei Stuttgart inhaftierten Mitgliedern der ersten RAF-Generation zu erzwingen. Das misslang. Die Flugzeuggeiseln in Mogadischu wurden gewaltsam befreit. Die in Stammheim inhaftierten RAF-Mitglieder Ulrike Meinhof, Andreas Baader, Gudrun Ensslin und Carl Raspe nahmen sich daraufhin das Leben. Dies wiederum führte zum Mord an Hanns Martin Schleyer durch die RAF. Es war eine aufgewühlte Zeit, in der man sich fragte, wohin denn die BRD steuerte, welche Form von offenem Rechtstaat sie sich vorstellte, was denn nun demokratische Werte waren, wieweit die Nazi-Vergangenheit noch in den Amtsstuben hauste. Auch Schleyer war ja ein überzeugter Nazi gewesen. All diese Fragen spiegelten sich in *Deutschland im Herbst* wider.

»Ihr seid wie angespannte Rennpferde«, kommentierte ein Besucher nach Filmende. »Ihr könnt euch nicht entspannen. Keinerlei Humor. Ihr quält euch, seid verbissen. Aber toll ist es schon, dass so viele Regisseure gemeinsam eure Problematik in überzeugenden Bildern aufgreifen. Interessant. Das ginge hier bei uns wohl kaum, obwohl wir ja auch viele Probleme haben. Aber wir nehmen alles etwas gelassener. Warum wollt ihr immer über Politik reden, über den Staat? Das solltest du hier lieber unterlassen. Die Gemeinschaft ist wichtig, weniger der Staat.«

Damals, in jenen aufmüpfigen Zeiten, meldeten sich auch die Frauen deutlich zu Wort. Sie begannen öffentlich auf unterschiedlichste Weise für ihre Rechte und ihre Selbstbestimmtheit zu kämpfen, auch mit filmischen Mitteln. Man denke nur an *Deutschland bleiche Mutter* von Helma Sanders-Brahms (1979/80), an *Die allseitig reduzierte Persönlichkeit* (1977) von Helke Sander, an *Das Zweite Erwachen der Christa Klages* (1977) von Margarethe von Trotta oder *Erikas Leidenschaften* (1978) von Ulla Stöckl, oder *Tue recht und scheue niemand* (1975) von Jutta Brückner.

Der Kampf vieler Frauen um die Umsetzung der auch in den USA verfassungsmäßig garantierten Gleichberechtigung gehört nicht der Vergangenheit an. Auch in den Vereinigten Staaten sorgen starke Frauenverbände unterstützt von gut verdienenden Anwälten für die Gleichstellung am Arbeitsplatz. In Einzel- wie Massenklagen gehen sie gegen eine Diskriminierung vor. Das hat amerikanischen Firmen, aber auch ausländischen Firmen mit amerikanischen Niederlassungen, wie etwa der Firma Bayer, schon erhebliche Geldbußen eingebracht.

Eine Frauenquote, wie 2015 für bestimmte Positionen im Bundestag erfolgreich erfochten, kennen die USA nicht, weder in der Politik noch in der Wirtschaft.

»Wir sind doch nicht in einem zentralistisch regierten Staat wie in Frankreich«, kommentierte ein amerikanischer Diplomat. »Dort hat man vor kurzem eine Frauenquote für bestimmte Firmen und Gremien durchgesetzt. Nein unsere Frauen schaffen das selbst – ohne Staat. Qualität setzt sich durch.«

In der Tat wird jedes siebte von 500 amerikanischen Spitzenunternehmen von Frauen geleitet (in Deutschland keines der Dax-Konzerne) und 17 Prozent der Parlamentarier sind weiblich.

In Russland sieht das Verhältnis Mann-Frau keineswegs schlechter aus. Das Wahlrecht für Frauen hat Russland übrigens bereits 1917 eingeführt, die USA 1920.

In meinen New Yorker Jahren sind mir viele weibliche Spitzenkräfte begegnet und viele selbstsichere Verkäuferinnen, Kellnerinnen, Arbeiterinnen, Angestellte. Und in den beliebten Western, die das Fernsehen mir bescherte, standen Hure wie Heilige auch ihren Mann, mit der Waffe im Arm.

Vom platten Land, in dem diese Western spielten und spielen, wusste ich wenig. Als Kulturfrau hatte ich viel mit Künstlern, Kulturinstituten, Kollegen und Partnern in Großstädten wie Boston, Atlanta, Chicago, Los Angeles, San Francisco, Washington und vor allem New York zu tun. Alles faszinierende Städte. Selbstkritisch musste ich mich jedoch fragen, ob die geballte Urbanität, die ich wahrnahm, auch der von Amerikanern empfundenen Realität auf dem Land entsprach. Das Lebensgefühl in Niederbayern ist ja auch ein anderes als in München und das in Galizien unterscheidet sich von dem in Madrid.

Daher entschieden sich meine Schwester Gerda und ich 1976 zu einer längeren Reise durch die USA. Wir hätten die Bahn benutzen können, die quer durch Amerika fuhr und in ihren Gründerjahren gut gewesen sein soll. Diese Zeiten waren am Ende der siebziger Jahre offensichtlich vorbei. Die schlecht gewarteten Züge auf einem schlecht gewarteten Schienennetz schnauften sich fast wie in den alten Western durch Amerika, langsam und träge. Das war in der alten Sowjetunion nicht anders, wie ich später feststellen sollte. Der Unterschied zwischen beiden Ländern lag jedoch darin, dass die UdSSR/Russland über kein perfekt ausgebautes Straßennetz verfügte und auch nicht über Überlandomnibusse, wie die amerikanischen Greyhounds, die dank starker Lobbyarbeit ihre Form der Mobilität zum Monopol machten.

Nebst ein paar Flugstrecken zogen Gerda und ich Mietwagen vor, weil wir nicht in einer anonymen Masse reisen wollten und weil wir überall anhalten wollten, um Gespräche zu führen. Stunden und Stunden sind wir über plattestes Land auf perfekten Straßen gefahren. Kein Mensch war zu sehen, weit und breit auch kaum ein Auto. Nur hinter einer Kurve stand einmal eine Verkehrskontrolle, und wir wurden etliche Dollar los, weil wir zu schnell gefahren waren. Wir hatten niemanden gestört, da niemand in Sicht war, den wir hätten behindern können. Auf Dörfer in europäisch gewachsener Form sind wir nicht gestoßen. Da waren vereinzelte Häuser, ein Supermarkt, eine Tankstelle, eine Bar, aber kein Zentrum, keine Kirche, um die sich die Häuser hätten scharen können, kein Marktplatz. Zwar haben wir viele Kirchen gesehen, aber die standen dann auch irgendwo in der Landschaft. Auf diesen langen Autofahrten wurde mir bewusst, wie riesig und dünn besiedelt die USA sind, nicht anders als Russland, begriff ich viele Jahre später.

Diese Abgeschiedenheit und Weite müssten sich im Verhalten, in den Normen, im Moralkodex, im Blick auf die jeweilige Vergangenheit niederschlagen, dachte ich.

Wir übernachteten in Drive-in-Motels und sprachen mit vielen Menschen. Wenn ich mich erkundigte:
»Woher kommen Sie ursprünglich?«, war die leicht erstaunte Antwort meistens:
»Na, von hier natürlich. Ich bin Amerikaner.«
»Und ihre Vorfahren?«
»Ach, das ist schon lange her.«

Im Vielvölkergemisch von New York hatte ich mich oft gefragt, wann ich denn nun endlich einen echten Amerikaner zu sehen bekäme. Die Frage war in New York falsch und in der Provinz noch falscher. Fast alle fühlten sich als Amerikaner. Auf dem platten Land, im Mittleren Westen gab es kaum prägende, gar belastende Vergangenheiten. Es wirkten auch keine historischen Narben, die immer mal wieder aufbrachen oder an die erinnert wurde wie in Europa. Auch der Schatten über unserer deutschen Herkunft interessierte nur wenig. Wir waren *Germans*, Deutsche, und das war okay. Sofern man überhaupt wusste, wo Deutschland lag und auch schon mal gehört hatte, dass dieses Land zweigeteilt war, wollte man wissen, ob wir aus West-Germany oder East-Germany kamen. Das erinnerte mich an die Frage, die mir der Taxifahrer bei meiner Ankunft in New York gestellt hatte. Nach unserer Auskunft »aus West-Germany« war man zufriedengestellt. Dort trieben ja keine Kommunisten ihr Unwesen. Und mit diesen wollte man auf gar keinen Fall etwas zu tun haben. Die kommunistische Gefahr hatte das Nazi-Feindbild verdrängt. Nazis und deren Nachkommen waren verblassende Erscheinungen, gut für einen Schauder erregenden TV-Film kurz vor dem Schlafengehen.

Man lebte im Hier und Jetzt mit der amerikanischen Flagge im gepflegten Vorgarten des Einfamilienhäuschens, mit der allseits einsehbaren Veranda immer zur Straße hin, ganz anders als in Spanien. Flaggen als ganz natürlicher Ausdruck eines ebenso selbstverständlichen Nationalstolzes waren für Gerda und mich befremdlich, wie alle nationalen Symbole.

Erst beim heiteren Weltjugendtag in Köln im Jahre 2005 zuckte ich beim Anblick der vielen nationalen Fähnchen und Flaggen innerlich nicht mehr zusammen und auswärtige Beobachter auch nicht. Dennoch: Noch heute fällt mir auf, dass bei internationalen Fußballspielen kaum ein Spieler der deutschen Nationalelf die deutsche Nationalhymne mitsingt, während beispielsweise alle Polen klar und deutlich ihre Hymne anstimmen. Und keiner von uns spricht von »nationalen« Zeitungen. Nein wir haben »überregionale« Zeitungen. *El Pais, le Monde, La Stampa*, oder die niederländische *De Volkskrant* sind dagegen »nationale« Blätter. Das

Wort »national« ist in Deutschland noch immer durch die Vergangenheit beschädigt, wie viele andere Wörter auch. Das sollte ich bei meinem nächsten Posten in Amsterdam erfahren. Amerikanern in der Provinz war und ist diese Vermeidung belasteter Wörter nur schwer zu erklären.

»*Come on*, hörte ich dann, *you did a good job after the war. Be a little proud of yourself, take on more responsibility in the European context* – ihr seid heute ein Teil von Westeuropa und Westeuropa ist wie Amerika. Naja, ihr habt immer noch zu viel Staat, zu viele Regelungen ›von oben‹, im Erziehungssystem, im Gesundheitswesen, in der sozialen Absicherung, in kirchlichen Angelegenheiten, im künstlerischen Bereich. Aber besser als das kommunistische Osteuropa seid ihr allemal. Hört doch mit den Geschichten aus eurer Vergangenheit auf. Die ist doch vorbei. Helft euch selbst dann hilft euch Gott. Seid zuversichtlich. Wir sind auch stolz auf Amerika.«

Uns Deutschen fiel es mehrheitlich schwer, ein bisschen stolz auf uns zu sein, obwohl wir uns wirklich nach dem Krieg bemüht hatten, vertrauenswürdig zu werden. Und wie hätten deutsche Politiker mehr Verantwortung im europäischen Einigungsprozess übernehmen sollen? Sie hielten sich verständlicherweise zurück. Nicht nur, weil die BRD noch gar kein souveräner Staat war, das wurde sie erst mit der Wiedervereinigung 1990, sondern weil die Erfahrungen aus der deutschen Vergangenheit sie bremsten. Außerdem überwachten Politik und Medien in den Nachbarländern äußerst skeptisch jeden gesellschaftlichen sowie politischen Schritt der BRD, was mir auch verständlich erschien. Schließlich waren fast alle europäischen Nachbarn vor noch nicht vergessener Zeit von den Deutschen überfallen worden. Damals wurde die europäische Welt noch in Schwarz-Weiß- Bildern geordnet, nach »Tätern« und »Opfern« gesehen. Differenzierungen wären sofort als deutsches »Verdrängen« missverstanden worden. Die deutsche Politik konnte und wollte also keineswegs so unbekümmert voranschreiten, wie sich das manch ein Amerikaner vorstellte.

Der Prozess, zu einem natürlichen Selbstbewusstsein in Deutschland zu kommen, hat nach dem Zweiten Weltkrieg viele Jahrzehnte gedauert und ist auch noch nicht abgeschlossen. Erinnert sei nur an die heftigen Pro- und Contra-Diskussionen, die das Erscheinen von Hitlers *Mein Kampf*, eine kritische Edition Ende 2015/Anfang 2016 auslöste. Ein Historikerteam beim renommierten Institut für Zeitgeschichte in München hatte in jahrelanger Arbeit diese wissenschaftlich kommentierte Ausgabe zusammengestellt mit dem Ziel, Hitlers Ideologie zu entmystifizieren und zur historisch politischen Aufklärung beizutragen. Der Freistaat Bayern, bei dem die Urheberrechte lagen, die 2015 abliefen, zögerte anfangs, diese Mammutaufgabe zu unterstützen. Die israelische Regierung hatte abgewinkt, wie vom bayerischen Ministerpräsidenten nach einer Reise nach Tel Aviv zu hören war. Schließlich fasste Bayern mit Bauchgrimmen doch den Mut, mit Subventionen beizuspringen. Dabei war längst bekannt, dass sich *Mein Kampf* in unzähligen Übersetzungen jederzeit über das Internet besorgen ließ, allerdings ohne kritische Anmerkungen und Hintergrundinformationen. Aber diese Ausgaben kamen eben aus dem Ausland, nicht aus Deutschland, das sich schämte, duckte. Selbst das für seine liberale Denkweise von CDU-Politikern oft geschmähte Goethe-Institut reagierte sehr vorsichtig. Es empfahl seinen Zweigstellen weltweit – ohne die unterschiedlichen Erwartungshaltungen in den unterschiedlichen Kulturkreisen zu berücksichtigen – diese minutiös analysierende äußerst kritische Ausgabe lieber nicht für seine Bibliotheken zu erwerben. Vielleicht könnten Missverständnisse entstehen.

Vergangenheit vergeht nicht so schnell, wie der geschäftige Alltag in einem relativ prosperierenden Land es suggerieren mag.

Zum neuen Jahr 2013 schenkte ein Sohn unseres Nachbarn, eines kurdischen Kioskbesitzers, meinem Mann eine selbstgemachte Zeichnung: Darauf steht ein Junge (er selbst) vor einem Buffet, das Staatsformen anbietet: Monarchie, Anarchie, Diktatur, Kommunismus, Demokratie; darunter der Text »Deutschland ist überfordert«. Ich war perplex, und habe mich lange mit ihm unterhalten. Der 18-jährige Gymnasiast stellte mir eine Frage, die ich kaum beantworten konnte: »Warum hat Deutschland in knapp hundert Jahren, also einer relativ kurzen Zeit, mehr Staatsformen erlebt, als jedes andere Land in Europa?«
Vielleicht weil es »eine verspätete Nation« ist? Weil es auch an Gottvertrauen fehlte? grübelte ich.

»Gott half uns, unseren Vorfahren, auch beim Kampf gegen die Natur«, sagte mir ein Mann an einer Tankstelle im Bundesstaat Ohio.
Gegen die Natur? Was er damit ausdrücken wollte, wurde mir erst in den neunziger Jahren bei meinen vielen Reisen durch die Sowjetunion wirklich bewusst. Die riesigen Weiten Russlands erinnerten mich an die riesigen Räume der USA. Stundenlang, nein tagelang sind wir durch den Mittleren Westen oder Sibirien gefahren, ohne dass sich die Landschaft verändert hätte. Sicher, da gab es auch überwältigende Naturschönheiten zu bewundern, wie etwa die Rocky Mountains in Nordamerika oder der Baikalsee in Sibirien. Aber das war eher etwas für Touristen. Frühe Siedler und Bauern

trieben andere Sorgen um. Sie mussten überleben im Kampf gegen eine ungebändigte, unerschlossene Natur. Von Auseinandersetzungen mit den Ureinwohnern in dieser urbar zu machenden Wildnis einmal ganz abgesehen. Sie mussten und müssen überleben im Kampf gegen Hurrikane und Tornados, gegen Eiseskälte und Schneestürme, gegen Ratten, Biber, Wölfe und Bären, gegen Sumpfgebiete und Sandstürme. Die Natur stellte in den Vereinigten Staaten wie in Sibirien kein schützenswertes Idyll dar, wie in unserem kleinräumigen, dicht besiedelten Europa. In diesem scheint jeder Baum bürokratisch erfasst zu sein. Von bedrohlicher Wildnis keine Rede. Die war vielleicht mal vor ein paar Tausend Jahren gegeben. Kaum noch vorstellbar. Heute laden vielmehr überall Cafés mit Panoramablick ein. Prospekte werden verteilt mit der Aufforderung, die Natur zu schützen. Diese Botschaft ist auch bei den Nachkommen der freiwilligen Siedler in Amerika und den meist unfreiwilligen Siedlern in Sibirien angekommen. Aber es braucht verständlicherweise mehr Zeit als am Rhein, an der Loire, an Weichsel und Oder oder am Po, bis sie verinnerlicht ist. Der Überlebenskampf in einer feindlichen Natur nach dem biblischen Motto, das die USA und Russland teilen, »Macht Euch die Erde untertan«, hat sich tief eingegraben. Da trägt dann auch fast jeder auf dem Land in den USA seine persönliche Waffe bei sich als Inbegriff von Freiheit, von Selbstbestimmung.

Ausgerechnet in Las Vegas, dem Spieler- und Heiratsparadies, sollten Gerda und mir diese Erkenntnis wieder einmal auf höchst selbstverständliche Weise nahegebracht werden. Die pure Neugierde auf diese Glitzerwelt hatte zu unserem Entschluss geführt, dort einen Abend zu verbringen. Wir hatten uns vorgenommen, mit jeweils zehn Dollar unser Glück an den Automaten zu versuchen und dann, ärmer oder reicher geworden, uns ein großzügiges Abendessen zu gönnen. Unser Geld waren wir in einer Minute los. Aber das Abendessen wurde ein Erfolg. Unser Tisch gab den Blick frei auf eine nachempfundene japanische Brücke in einem nachempfundenen japanischen Garten erfüllt von nachempfundenen japanischen Kirschblüten. Eine künstliche rosarote Romantik. Soviel Kitsch habe ich sonst nur in südländischen Friedhöfen gesehen. Das Ambiente war also nicht der Grund des Erfolges dieses Abends. Auch nicht das Essen. Wir hatten bewusst echt amerikanische Gerichte gewählt. Die werden es wohl nie zu Olympiasiegern schaffen. Nein, es war ein Gespräch mit einem amerikanischen Ehepaar, das – von vielen Entschuldigungen begleitet – in dem vollbesetzten Restaurant an unseren Tisch platziert wurde.

Wir suchten das Gespräch, was in den USA völlig einfach war und ist.

»Sind Sie vielleicht Sheriff?«, fragte ich John, so hatte er sich vorgestellt, weil ich eine Waffe bei ihm entdeckt hatte.

»Nein«, antwortete er lachend, »sehe ich so aus?«

»Sie tragen eine Waffe.«

»Natürlich, die hat doch fast jeder bei uns.«

Anne, seine Frau, nickte zustimmend. Auf meinen erstaunten Blick bekräftigte er seine Aussage.

»Wir haben ein Recht darauf Waffen zu tragen, das steht im zweiten Zusatz von 1781 zu unserer Verfassung.«

»Fühlen Sie sich denn so bedroht?«

»Man weiß ja nie«, wich er aus. »Es ist eben unsere Tradition. Die kommt von unseren Vorvätern. Die mussten das Land ja erst mal erobern. Schwere Zeiten. Mit der Waffe waren und sind wir auch gegen einen möglichen Missbrauch durch den Staat geschützt.«

»Aber die schweren Zeiten der Landeinnahme sind doch vorbei. Und der Staat hält sich sehr zurück.«

»Wer weiß, was von dem noch alles kommt.«

Offenbar fühlte er sich von mir in die Enge getrieben, denn er konterte:

»Ihr habt bei euch in Germany doch auch Jäger.«

»Stimmt, aber die sind strengstens kontrolliert und registriert. So leicht kommt keiner an ein Gewehr oder einen Revolver.«

»Und eure Schützenvereine? Die gehören doch zu den beliebtesten Vereinen in Germany.«

Es war klar, dass er damit Westdeutschland meinte, denn Ostdeutschland, die DDR, mit den bösen Kommunisten, war weder für John noch für Anne ein Thema. Ja, dort schossen Offizielle wild um sich, vor allem an der Grenze zur BRD. Aber der Einzelne dort war nichts, da ging es um ein Diktat von oben, nicht um die Selbstbestimmtheit von unten. Anne machte deutlich, dass Westdeutschland zum Westen gehöre, zur USA also und damit zur zivilisierten Welt. Jeder im Westen könne doch ganz einfach begreifen, warum die Menschen in den USA im Besitz von Waffen seien. Das sei echte Demokratie, die sich auch in den westdeutschen Schützenvereinen widerspiegle.

»Auch diese unterliegen harten Regeln.«

»Bei uns auch. Vorbestrafte und physisch Kranke dürfen auch in den USA keine Waffen kaufen.«

»Auch nicht bei den Waffenbörsen?«, hakte ich nach.

»Dort geht es etwas großzügiger zu«, räumte John ein. »Verstehen Sie doch, das ist unser Recht. Wir lehren unsere Kinder, mit Waffen umzugehen. Auch sie sollen selbstbestimmt sein und notfalls ihre Freiheit mit der Waffe verteidigen.«

Ich wollte das Gespräch nicht weiter zuspitzen, nicht nochmals nachfragen, wer oder was die Menschen im damals mächtigsten Land der Welt, mit (bis heute) der stärksten Wirtschaftsmacht und dem größten Militärapparat in ihrer Freiheit bedrohe. Es hilft wenig, gegen ein aus der Vergangenheit gewachsenes Selbstverständnis anzureden, ganz sicherlich nicht bei einem lockeren Abendessen in Las Vegas mit rosaroten Kirschblüten vor Augen. Aber so ein Gespräch hilft doch zum besseren Verständnis des Anderen, des Anderssein.

»Glauben Sie mir«, sagte er abschließend, »keine Regierung wird es schaffen, die Waffengesetze zu verschärfen. Die sind sowieso in jedem der 50 Bundesländer anders. Und die Waffenindustrie ist stark. Die *National Rifle Association* (NRA) wird jedes Waffenverbot verhindern. Auch jedes Teilverbot. Sie hat schließlich Millionen von Mitgliedern. Und die wissen, wofür sie stehen.«

»Und Frauen tragen kaum Waffen, die wollen wir ja beschützen«, fügte er quasi tröstend hinzu. Anne lächelte.

Wir wechselten das Thema. Gerda in ihrem Interesse an Landwirtschaft wollte mehr über Ackerbau und Viehzucht in den USA wissen und ich, die Kulturfrau, mehr über die Ausbildung und das Niveau von Colleges auf dem platten Land, also außerhalb der Aura der wenigen renommierten Hochschulen, wie beispielsweise der Harvard University.

Aus heutiger Sicht hat sich an der Waffensituation in den USA nicht viel verändert, außer, dass jetzt viel mehr Frauen als 1978 Waffen tragen. Präsident Clinton versuchte die Waffengesetze zu entschärfen und scheiterte. Zwar wurden 1994 gewisse Waffenverbote eingeführt, aber dieses Gesetz lief 2004 aus. Rund 30.000 Amerikaner kommen jährlich durch private Schusswaffen um. 3,5 Milliarden Dollar werden jährlich für Waffen ausgegeben. Es scheint, als ob der Anschlag eines 20-jährigen Amokläufers (einer von vielen) in einer Grundschule in Connecticut im Dezember 2012 mit 20 toten Kindern und sechs erschossenen Lehrern auch das republikanische Lager, das den Besitz von Waffen als Grundrecht verteidigt, wachgerüttelt hat. Es war ja nicht der erste Amoklauf, aber der erste, der so vielen Kindern zwischen sechs und acht Jahren das Leben kostete. Der Aufschrei der Nation angesichts dieser mörderischen Aktion führte nicht zu verschärften Waffengesetzen. Nur eine Woche nach dem Desaster verharrte die Waffenlobby in pietätvollem Schweigen, dann hatte sie ihren neuen Slogan gefunden: Schützt die Schulen, schützt unsere Kinder mit mehr Bewachern mit mehr Waffen. Gott wird uns beistehen. So wird wohl weiter geschossen werden. Auch ein letzter Anlauf Obamas per Dekret die bestehenden Waffengesetze moderat zu verschärfen führte bei allen republikanischen Präsidentschaftskandidaten 2016 zum Protest. Das Recht auf selbstbestimmte Freiheit schien in Gefahr zu sein. Jeder neunte von 100 Russen trägt eine eigene Waffe. Dagegen besitzen 100 Amerikaner 101 Schusswaffen. Gott scheint nichts dagegen zu haben.

Gott war immer dabei. Eines Abends lehnten Gerda und ich an der Theke einer armseligen Bar in Iowa. Nach der üblichen Frage:
»Woher kommen Sie?« und dem Ausruf »O, Germany, das ist doch irgendwo da drüben«, zeigte ich auf ein Foto des Evangelisten Billy Graham, das über dem Ausschank hing.
»Wer ist das?«, fragte ich unschuldig.
»Was, Billy Graham kennen Sie nicht? Er ist ein Gottgesandter! Er ist *great*.«
»Und was macht ihn so großartig?«
»Der wahre Glaube: Vertrauen in Gott, Sitte und Anstand. Billy ist *born again*.«
»Aha«, erwiderte ich, »jetzt erinnere ich mich. Ich habe irgendwo gelesen, dass er ein riesiges Imperium aufgebaut hat mit sehr vielen Mitarbeitern, darunter viele Werbefachleute, dass er seine Botschaft über eigene Radiostationen, Verlage,

Zeitungen verbreiten lässt.« Nicht noch längere Sätze ermahnte ich mich.

»Recht hat er«, war die Reaktion.

»Nach Deutschland will er auch kommen«, sagte ich jetzt knapper.

»Gut für euch.«

Dass ich gerade zwei längere Artikel für das *Börsenblatt des Deutschen Buchhandels* über den Boom religiöser Titel in den USA im Allgemeinen und Billy Graham im Besondern geschrieben hatte, verschwieg ich. Wieder wurde mir klar, dass Außenstehende die Rolle der Religion in den USA, vor allem in den Weiten der Provinz, unterschätzten. Laut amerikanischer Verfassung sind zwar Kirche und Staat getrennt. Staatliche Subventionen erhält die Kirche nicht. Eine Kirchensteuer zieht der Staat von den vielfältigen religiösen Gruppierungen auch nicht ein. Die Kirche hat keine steuerlichen Privilegien, wie in fast allen europäischen Ländern. Religion ist Privatsache. Aber damals wie heute tut jeder Politiker gut daran, besonders die Evangelikalen zu umwerben, will er gewählt werden.

»Vor Gott sind alle Menschen gleich«, sagte er noch. »In der Verfassung sowieso. Wir diskriminieren niemanden.«

Ich sagte nichts dazu, habe aber im Laufe der Jahre immer mehr an diesem hehren Bekenntnis gezweifelt, gibt es doch genug Gegenbeispiele: Anfang 2015 hatte das Oberste Gericht der USA gleichgeschlechtliche Ehen für zulässig erklärt. Dennoch weigerte sich eine Standesbeamtin in Kentucky mit Verweis auf ihren christlichen Glauben, schwulen Paaren die Ehedokumente auszustellen. Ein Pastor konnte 2015 ungestraft einer lesbischen Frau die Trauerfeier versagen, nachdem sie sich beim Putzen ihrer Waffe tödlich verletzt hatte. Ein anderer Pfarrer ließ seinen homosexuellen

Sohn so lange mit Spritzen gegen seine »Unnatürlichkeit« bearbeiten, bis dieser Selbstmord beging. Der oberste Richter des Bundesstaates Alabama wies Anfang 2016 die Standesämter an, keine Trauungen von Gleichgeschlechtlichen vorzunehmen.

In New York, von der Provinz aus gesehen eher ein geldgieriges Sündenbabel mit vielen Homosexuellen denn ein Mekka, war mir die Bedeutung der Religion nicht bewusst geworden. Dort war alles groß, bloß die Kirchen nicht. Man musste sie im Schatten von Wolkenkratzern suchen. Auch vom Tod, der endgültigen Vereinigung mit Jesus Christus nach evangelikalen Vorstellungen, spürte ich in der motorigen Metropole nur wenig. Allerdings habe ich auch nur einmal eine Beerdigung erlebt. Das war nach dem Tod des Emigranten Eugen Schüfftan im Herbst 1977. Im Frühjahr hatten wir noch eine Retrospektive der Filme gezeigt, für die er seine großartigen Kameraaufnahmen gemacht hatte. Oft hatte ich ihn in seiner Wohnung auf der West Side besucht. Seine Augen waren schon weit weg. Die Welt hatte ihn müde gemacht. Nun war er tot, und seine Bestattung war die kälteste, die ich je erlebt habe. Das anonyme Krematorium befand sich in einem Wolkenkratzer auf der West Side. Nur wenige Trauernde waren erschienen. Einen größeren Ansturm hätte der kleine Raum auch nicht aufnehmen können. Ein kurzer, fast bürokratischer Akt wurde dann vollzogen. Die Angestellten des Beerdigungsunternehmens blickten auf ihre Uhren. Man hatte wenig Zeit. Die nächste Urne wartete bereits. Der Terminkalender musste eingehalten werden. Mit freundlicher Bestimmtheit geleitete man uns zum Aufzug. Zeit und Raum für ein anschließendes Beisammensein mit der Witwe waren nicht gegeben. In der Provinz wäre diese Beerdigung anders verlaufen.

Egon Schüfftan, Kathinka Dittrich, Frau Schüfftan im März 1977. Links im Hintergrund: Carin Drechsler-Marx, Tochter Katina und Henry Marx (Privatfoto)

Diese Unterschiede zwischen den Weiten des Landes und den Großstädten änderten nichts daran, dass sich Amerika als großartige Nation empfand und empfindet. Deshalb war der Schock umso größer, als die Terroranschläge auf das World Trade Center am 11. September 2001 (9/11) den Nerv der bislang unverletzbaren Supermacht Amerika trafen.

Die Regierung unter dem Präsidenten George W. Bush reagierte aktiv, aggressiv, nicht defensiv. Es kam zu militärischen Gegenschlägen in Afghanistan und im Irak; Folterungen begannen im irakischen Gefängnis Abu Ghraib; harsche inneramerikanische Zensurmaßnahmen zum Erkennen und zur Abwehr möglicher Islamisten folgten auf dem Fuße; die Geheimdienste stiegen zu ungeahnter Macht auf, setzten sich über jeden Datenschutz hinweg, hörten

Telefone ab, brachten sich in den Besitz von persönlichen Angaben, beispielsweise von Bibliotheksbesuchern, wie ich persönlich erleben musste; das Gefangenencamp Guantánamo auf Kuba wurde eingerichtet. Verdächtige Islamisten wurden dorthin verschleppt, auch über europäische Folterstationen in Polen und Litauen. Die Supermacht Amerika, der offizielle Wertefreund Europas, schlug sehr un-europäisch um sich.

Der Bericht des US-Senats Ende 2014 über die Folterpraktiken des Auslandsgeheimdienstes der USA, der *Central Intelligence Agency* (CIA) als Folge von 9/11 hat Entsetzen in der Welt ausgelöst. Da der damals verantwortliche Präsident George W. Bush und seine republikanischen Mitstreiter die Veröffentlichung des Berichts nicht verhindern konnten, traten sie die Flucht nach vorn an: Sie würden die »verbesserten« Verhörmethoden, die ab 2002 vom amerikanischen Justizministerium gebilligt worden waren, wieder anwenden. Es sei auch falsch zu behaupten, durch Folter seien keine »nützlichen« Informationen zur Sicherheit des amerikanischen Vaterlandes gewonnen worden. Wie hätte man sonst Osama bin Laden, den Gründer und Anführer der Terrororganisation Al-Qaida, die u.a. die Anschläge auf New York geplant hatte, ausfindig machen und ermorden können? Dass das Folterprogramm gegen amerikanisches Recht verstieß und auch gegen das von 158 Ländern inklusive der USA ratifizierte internationale Anti-Folterabkommen (*United Nations Convention Against Torture*), interessierte sie nicht. CIA-Leute seien »Patrioten«.

Eine Bestrafung der Täter? Wohl kaum, zumal die Vereinigten Staaten sich nicht der Rechtsprechung des Internationalen Strafgerichtshofs (ICC), der seit 2002 in den Haag fungiert, unterworfen haben.

Auch viele Amerikaner sind über den Zustand ihrer Demokratie besorgt. Aber: Genauso so viele wundern sich, dass sich Länder wie der bekriegte Irak oder das bekämpfte Afghanistan nicht das amerikanische Demokratiemodell »schenken« lassen möchten. Nur: Angeordnete Wahlen machen in Ländern mit völlig anderen Traditionen noch keine demokratische Gesellschaft. Dazu braucht es einen langsam wachsenden Nährboden.

Auf meinen vielen Reisen in die USA, auch im 21. Jahrhundert, fiel mir auf, dass sich die Grundstimmung *Let's do it. We know the way* trotz kritischer Stimmen kaum geändert hat. Nur ein Element ist mir neu: der Hass. Nicht der Hass zwischen den Menschen, die so locker und fröhlich und hilfsbereit wie immer miteinander umgehen. Wohl aber der Hass zwischen den beiden großen politischen Bewegungen – von Parteien im europäischen Sinn kann man nicht sprechen – den Demokraten und den Republikanern. An persönliche Anfeindungen und Diffamierungen war man in amerikanischen Wahlkämpfen schon immer gewöhnt. Das habe ich beim Wahlkampf 1976/77, der zu der Präsidentschaft des keineswegs revolutionären demokratischen Jimmy Carter führte, persönlich beobachtet. Nicht so tief saß damals allerdings der Hass, der auch vor Hitler-Symbolen zur Degradierung des Gegners nicht zurückschreckt, besonders von republikanischer Seite.

Eine kleine Episode bestärkte mich in meiner beunruhigenden Wahrnehmung:

Im Urlaub, im Oktober 2011, saßen wir Abend für Abend in einem gemütlichen Restaurant in Neapel. Offenbar fühlte sich auch eine mir unbekannte amerikanische Familie von dessen Atmosphäre angezogen. Wir nickten uns zu wie alte Bekannte. Der Familienvater stellte sich als Raucher heraus, was im gesundheitsbewussten Amerika nicht jeder ist.

»Das muss ein Liberaler sein«, dachte ich, um wenig später lernen zu müssen, dass meine Schlussfolgerungen auf meiner, nicht aber auf seiner Logik basierten. Zwischen den Gängen des Abendessens strebten wir zwei Raucher vor die Tür.

»Sie haben einen wunderbaren Präsidenten«, bemerkte ich, um etwas Freundliches zu sagen.

»*What*«, erwiderte er entsetzt. »*Obama, this black man, is a communist under cover*« (Obama, dieser Schwarze, ist ein verdeckter Kommunist).

Das Wort *communist* sprach er mit großer Verachtung aus, davon ausgehend, dass alle, auch ich seine Abscheu teilen.

»Was meinen Sie denn damit?« fragte ich zurück.

»Er geht wie die Kommunisten vor, will alles von oben regeln, will alle gleichschalten. Denken Sie nur an seine idiotische Gesundheitsreform vom letzten Jahr.«

»Aber er will doch nur denen helfen, die sich selbst nicht helfen können«, versuchte ich zu erklären. »Für den Einzelnen bleibt doch genügend Gestaltungsfreiraum. Vor zwei Jahren hat er 800 Milliarden Dollar in die Wirtschaft investiert. Das hat die Arbeitslosigkeit in den USA halbiert.«

»Nonsens, Unsinn«, kam es knapp zurück. »Jeder kann sich selbst helfen, wenn er nur will. Aber viele sind nur Schmarotzer und diese unterstützt der Obama. Jetzt plant er auch noch, den Mindestlohn zu erhöhen und Reiche stärker zu besteuern. Aber damit wird er nicht durchkommen.«

»Und was wird aus den vielen Illegalen im Land, denen Obama Rechtssicherheit geben will?«

»Das hätte gerade noch gefehlt. Die sollen dahin zurück, woher sie gekommen sind.«

Leicht genervt erwiderte ich:

»Mit den Kommunisten und ihren Nachfolgern haben Amerikaner aber viele Gemeinsamkeiten. Beide wollen die heile Familie als gesellschaftliches Leitbild, lehnen Homosexualität verdeckt oder offen ab, sind gegen Abtreibung, obwohl diese täglich praktiziert wird.«

»Die sind doch alle ungläubig«, umging er meine moralische Attacke. »Wir aber nicht. *In god we trust*, auf Gott vertrauen wir. Und«, fuhr er fort ohne auf meine Bemerkung »Russen sind ein tiefgläubiges Volk« einzugehen, »dem Obama werden wir es bei den nächsten Haushaltsverhandlungen zeigen. Da kann er seine dirigistische Politik aber abspecken.«
»Denken viele so wie Sie?«, hakte ich nach.
»Die meisten.«
Er gab mir keine Chance anzudeuten, dass ich an seiner Aussage Zweifel hegte, dass mir seine Toleranz der Ungleichheit nicht gerade demokratisch erschien, obwohl die USA doch für sich beanspruchten, demokratisches Vorbild für die Welt zu sein. Nein, er drückte seine Zigarette aus und widmete sich wieder seinem üppigen Abendessen. Das konnte er sich leisten. Das Geld für die Reise hatte er schließlich selbst verdient. »Und das kann jeder.«
Was wusste dieser ungefähr 50-jährige Mann vom Kommunismus, der vor mehr als 20 Jahren untergegangen war, überlegte ich perplex. Welches Bild hatte die amerikanische antikommunistische Propaganda zu Zeiten des Kalten Krieges in ihm geformt oder war ihm überliefert worden? Erschienen ihm die kommunistischen Nachfolger noch immer als die »Macht des Bösen«, die die Freiheit des Einzelnen untergrub und die amerikanische Demokratie-Variante, also weitgehend ohne soziale Elemente wie in Europa, unterdrückte? Lag seine harsche Kritik an Barack Obama daran, dass dieser nicht weiß war? War er zu jung, um sich an die zwölfstündige Fernsehverfilmung des Romans *roots* von Arthus Hailey zu erinnern, der an die Wurzeln vieler nicht weißer Amerikaner erinnerte und 1977 die Nation in Atem hielt? Kann Hass die Grundfesten der Demokratie zerstören? Ist das so kreative wie innovative Amerika nicht mehr in der Lage, sich selbst zu erneuern, seine Rolle in der Welt neu

zu definieren ohne die gesamte Welt, Freund wie Feind, zu überwachen und auszuspionieren?

Im harten Wahlkampf 2012 musste sich Obama während der Diskussion um ein von ihm angestrebtes milderes Einwanderungsgesetz den Vorwurf anhören:
»Der orientiert sich an den Sozialisten in Europa.«
»Und«, sagte eine Radiomoderatorin in Ohio, »vielleicht ist uns Obama von Gott geschenkt, um uns zu bestrafen. Wir sind das großartigste Land der Welt, aber wenn wir so weiter machen, sinken wir bald auf das Niveau von Europa ab.«

Obama wurde wiedergewählt, das liberale Amerika hatte gesiegt. Allerdings machten es ihm die Republikaner schwer, seine innen- wie außenpolitische Linie fort- und durchzusetzen.

Beispiel: Das Iran-Abkommen.

Nach zwölf mühevollen Verhandlungsjahren war es den USA zusammen mit den vier weiteren UN-Veto-Mächten (Russland, China, England, Frankreich) und Deutschland 2015 gelungen, mit dem Iran einen abschließenden Kompromiss über die Einschränkung von Urananreicherungen zu finden. Bei Einhaltung des Vertrages wurde dem Iran der schrittweise Abbau der Sanktionen in Aussicht gestellt. Prompt schrieben 47 republikanische Kongressabgeordnete einen offenen Brief an die iranische Regierung mit dem Hinweis, dass dieser Vertrag die Tinte nicht wert sei. Sie würden, falls sie die nächsten Wahlen gewännen, die Übereinkunft sofort annullieren.

Oder: Die versprochene Schließung des Gefängnisses Guantanamo auf Kuba.

Die Republikaner sind dagegen.

Obamas Annäherung an Kuba im März 2016 nach 50 Jahren amerikanischer Blockade des Fidel-Castro-Regimes?

Die Konservativen sind mehr als skeptisch.

Es ist Obama neben vielen Errungenschaften nicht gelungen, das bei seinem Amtsantritt 2008 gegebene Versprechen umzusetzen: Die Versöhnung zwischen den immer deutlicher hervortretenden gesellschaftlichen Gegensätzen. Das bedauerte er selbst in seiner letzten Rede an die Nation im Januar 2016.

In meinen New Yorker Jahren und auch auf meinen vielen späteren Reisen in die unterschiedlichsten Städte der USA hatte ich die wachsenden Spannungen in der amerikanischen Bevölkerung noch nicht so deutlich wahrgenommen. Ich hätte mir kaum vorstellen können, dass breite Schichten ihren latenten Hass aufeinander derart offen austragen würden, wie es bei der Wahl zu einem neuen amerikanischen Präsidenten 2016 zutage trat. Zwei total gegensätzliche Kandidaten sprachen offensichtlich ganz unterschiedlich gesinnten großen Bevölkerungsgruppen aus der Seele: Der Republikaner Donald Trump, beflügelt vom TV-Sender *Fox News*, der gar nicht mehr den Anschein erwecken will, zwischen Information und Meinung zu unterscheiden, und der Demokrat Bernie Sanders, der mit einer derart einseitigen TV-Unterstützung weder rechnen konnte noch wollte.

»Donald versteht uns und wir ihn«, hatte mir Ted gesagt, und vertraute mit vielen anderen, dass ihr Donald als starker Mann im Weißen Haus alle Probleme »total einfach« lösen werde. Und Trump versprach, die 18 Billionen Dollar Schulden im US-Haushalt binnen neun Jahren auf null zu reduzieren und gleichzeitig die Steuern zu senken. Er werde die Terroristengefahr und die Zuwanderungsfrage ein- für allemal erledigen: »Alle Grenzen für Muslime schließen«, »die Moscheen überwachen«, von Terroristen beherrschte Gebiete »flächendeckend bombardieren«, neben »*water boarding* höllisch Schlimmeres« anordnen, die elf Millionen illegaler

Einwanderer aus Südamerika »rauswerfen«, denn Mexikaner seien sowieso nur »Verbrecher und Vergewaltiger« und »Faulheit sei eine Eigenschaft der Schwarzen«. Internationale Verpflichtungen? Ja, wenn sie denn mit Heller und Pfennig bezahlt würden. Die NATO sei eigentlich »obsolet«. Amerika den Amerikanern!

Und dann Bernie Sanders. Auch ein Extremer für amerikanische Verhältnisse. Zwar trat auch er für »Amerika den Amerikanern« ein, aber aus einem Blickwinkel, den ich bislang nur selten erfahren hatte:

»Der hat unsere soziale Schieflage erfasst«, sagte mir während des Wahlkampfes ein Student der New York University. Und viele meiner Altersklasse sehen das auch so.«

»Was heißt das?«, wollte ich wissen.

»Er denkt sozial, er nimmt den Staat in die Pflicht.«

»Ihr appelliert an den Staat, das ist ja was ganz was Neues«, reagierte ich spontan.

»Für euch in Europa doch nicht. Für euch ist er doch ein stinknormaler prinzipientreuer Sozialdemokrat.«

»Stimmt, aber wir sind in den USA. Da ist es nicht stinknormal, wenn sich einer als *democratic socialist* bezeichnet.«

»Der hat es eben begriffen. Die wachsende Schere zwischen Arm und Reich muss der Staat schließen. Die kapitalistischen Haifische müssen eine Lektion bekommen. Die Renten müssen erhöht werden. Für eine staatlich geregelte Krankenversicherung für alle muss gesorgt werden. Wir brauchen eine bessere Kinderbetreuung. Und das Studium an den Universitäten muss endlich kostenfrei sein.«

»Und die Außenpolitk?«

»Erstmal intern wieder für die Stärke unserer großen Nation sorgen durch Erhöhung der Steuern für die Reichen.«

»Hat Bernie eine Chance?«

»Gewinnen wird er wohl nicht. Aber seine Stimme bleibt. Das wird Hillary Clinton berücksichtigen müssen.« (Was sie nach Bernie's Abgang ja auch tat.)
»Trump sprach von ihm als *our communist friend*«.
»Ach der, der hat doch keine Ahnung. Der kennt den Unterschied zwischen kommunistisch und sozialdemokratisch doch gar nicht. Der ist nur ein Businessman. Für ihn gilt nur das Prinzip der Kosten- und Leistungsrechnung. Wir aber wollen soziale Gerechtigkeit. Und wir sind viele.«
»Dann müsstet ihr doch auch für die europäische Position der Verteidigung von umweltfreundlichen, verbraucherdienenden, die subventionierten Künste verteidigenden Standards bei den US-EU-Verhandlungen zum *The Transatlantic Trade and Investment Partnership* (TTIP) plädieren!«
»Nein, uns geht es in erster Linie um etwas anderes. Wenn dieser Handelsvertrag kommen sollte, was ich bezweifele, dann wird noch viel mehr soziale Ungerechtigkeit entstehen. Noch mehr Billiglöhner, noch mehr Leiharbeiter.«
»Also denkt ihr da wie Trump.«
»Keineswegs. Trump will die großen amerikanischen Konzerne im Land behalten und diese durch Zölle, beispielsweise gegen China oder Mexiko, schützen. Wie es den Arbeitern geht, ist ihm ganz egal.«

Ich spürte die große, wutbeladene Kluft zwischen zwei so unterschiedlich denkenden Lagern.
Sehe ich die Lage selbst zu schwarz-weiß, projiziere ich europäische Erwartungen auf andersartige amerikanische Verhältnisse, fragte ich mich selbstkritisch. Erscheint mir meine Wahrnehmung als Realität?
Berliner Filmfreunde vermittelten mir einen Kontakt zu einem Medienfachmann in Los Angeles, den ich nach seiner Sicht der Dinge befragen wollte. Los Angeles ist immer

wieder eine Erfahrung der besonderen Art. Da kommt man aus dem kleinräumigen Europa in diese Flächenstadt mit den Ausmaßen von Schleswig-Holstein. Die Weiträumigkeit ohne Zuspitzung auf irgendein erkennbares Zentrum, wenn schon, dann viele kleine Zentren, scheint sich auch im großräumigen Denken vieler seiner Bewohner zu spiegeln. Glücklicherweise kam Rob in mein Hotel.

»Wie beurteilen Sie die Subventionen in Europa für Theater, Orchester, Museen, Bibliotheken, Archive, den Denkmalschutz und anderes mehr?« fragte ich ihn.

»Unseren Standards entspricht das nicht. Die sollten sich selbst unterhalten oder Sponsoren suchen. Geht doch. Wir in Amerika haben dank Sponsoren die besten Orchester der Welt. Aber die Frage der Subventionen ist nicht das Hauptproblem bei den TTIP-Verhandlungen.«

»Sondern?«

»Für euch da drüben sind die Künste offenbar etwas Heiliges. Aber sie sind doch auch eine Ware. Der feste Buchpreis ist ein Handelshemmnis und sollte abgeschafft werden. Die verminderte Mehrwertsteuer auf viele Produkte auch. Ganz problematisch wird es bei den audiovisuellen Diensten, den digitalen Gütern und Dienstleistungen, der Filmförderung, dem Musikvertrieb. In diesen Bereichen haben wir ein großes Exportinteresse, da müssten eure Privilegien hintenanstehen. Und was heißt Urheberrecht im digitalen Zeitalter? Kreativität setzt sich auf dem freien Markt immer durch. Google, jeder in Europa benutzt diesen Suchdienst, ist ein Beispiel dafür. Und Amazon hat als Buchvertrieb und Verleger die europäischen Anti-Monopolgesetze unterlaufen, weil das Unternehmen billiger und schneller ist.«

»Zu miserablen Arbeitsbedingungen«, warf ich ein.

»Ach was, man muss Phantasie und Tatkraft entwickeln. Warum macht ihr Europäer immer alles so kompliziert?«

»Dann lesen Sie mal die UNESCO-Konvention kulturelle Vielfalt. Sie bewahrt vor Eingriffen in den Kultursektor.«
»Muss ich nicht. Die gilt nicht für uns. Also kann man uns nicht des Völkerrechtsbruchs beschuldigen.«
»Wir möchten in Europa aber nicht die gleichen Standards für künstlerische Äußerungen und die Kreativwirtschaft wie in den USA«, schob ich trotzig nach, »und in vielen anderen Bereichen auch nicht. Ihr wollt doch auch Ausnahmeregeln, beispielsweise für einen ungebremsten Rüstungsexport.«
»Ihr in Europa seid nicht die Einzigen, die Zweifel hegen. Auch unsere amerikanischen Gewerkschaften fühlen sich ihren europäischen Kollegen stark verbunden. Und wenn hier einer Steuern hinterzieht dann ist er weg von der Bildfläche. Euer Fußballmanager, Uli Hoeness, der den Staat um 30 Millionen Euro betrogen hat, würde nicht nur zu 3,5 Jahren Gefängnis verurteilt, sondern viel länger. Frühzeitig rausgekommen wäre er auch nicht. Und: Ihr in Europa spottet zwar über unser mangelndes Umweltbewusstsein. Aber wer hat denn die Abgaswerte manipuliert? Euer so rechtschaffener deutscher Autohersteller Volkswagen oder wir? Und wer hat diesen Skandal aufgedeckt? Also lassen wir die Kirche im Dorf. Wir werden sehen, man wird schon einen Kompromiss finden«, versuchte er das Gespräch freundschaftlich zu beenden.

»Wann waren Sie das letzte Mal in Los Angeles?«
»Das ist schon einige Jahre her.«
»Dann fahre ich Sie jetzt ein bisschen herum. LA ist in ständiger Bewegung. Wenn Sie möchten, nehme ich Sie heute Abend zu einer Party mit.«
Das tat er dann auch nicht ohne den Hinweis, dort lieber nicht über Politik zu sprechen: »*It's not really done*« (Das gehört sich eigentlich nicht).

Die Gastgeber empfingen mich Überraschungsgast so herzlich, als ob ich seit eh und je zu ihrer Gruppe von Filmfreunden gehörte. Wir sprachen über Gott und die Welt – aber nicht über Politik. Nur einen kurzen Moment lang wäre ich beinahe meiner Neugier erlegen. Bei einem gewissen Rob klingelte wiederholt sein Handy. Das störte weiter niemanden. Rob selbst lachte und meinte:
»Dann haben die Abhörer jedenfalls was zu tun!«
Das wäre mein Stichwort gewesen, aber ich widerstand der Versuchung, auch wenn vor meinem inneren Auge blitzartig ein Film ablief:

Es war im März 2003. Wieder einmal weilte ich in New York und wollte mir in einer öffentlichen Bibliothek ein Buch ausleihen.

»Name, Adresse, Pass-, Telefon-, mobile-, ID-Nummern, bitte«, bat eine freundliche Dame am Empfang.

So weit so gut, dachte ich, sie will das Buch ja mal wieder zurück haben.

»Warum sind Sie in New York? Fliegen Sie noch in andere amerikanische Städte? Sind Sie privat oder dienstlich hier?«

Diese Fragen erschienen mir schon etwas befremdlicher.

Verlegen lächelte sie mich an.

»Wir müssen all diese Daten an unsere Sicherheitsdienste weitergeben. Nach 9/11 hat unsere Regierung den *Patriot Act* erlassen. Der sieht vor, dass nicht nur die Bewegungen unserer Bürger, sondern die der vielen einreisenden Ausländer kontrolliert werden können. *Safety first*.«

»Vielleicht will die *National Security Agency* (NSA) auch noch wissen«, fragte ich leicht spöttisch, »mit welcher Fluglinie aus welchem Land ich gekommen bin, auch welchem Platz ich saß, was ich gegessen habe, welche Menschen ich in den USA treffe, wann und wohin ich zurückfliege…«

Die Bibliothekarin nickte, schaute mich leicht verzweifelt an. Sie tat mir fast schon leid. Ihre Fragerei war ihr ganz offensichtlich peinlich.

»Nein, Sie sehen wirklich nicht wie eine Terroristin aus«, meinte sie abschließend. »Aber was sollen wir machen? Zusammen mit anderen Institutionen wehren wir uns gegen diese Eingriffe in die Persönlichkeitsrechte. Das wird uns auch gelingen.«

Damals, zehn Jahre vor den Enthüllungen des Ex-Geheimdienstlers Edward Snowden, wussten wir beide noch nicht, wie allumfassend die amerikanischen Geheimdienste auf politischen, wirtschaftlichen, militärischen und ganz privatem Gebiet tätig waren. Man denke nur an das abgehörte Handy von Kanzlerin Angela Merkel. Dass Snowden 2014 den alternativen Nobelpreis erhielt, hat nicht alle Amerikaner erfreut.

Rob hatte wohl meinen abwesenden Blick bemerkt.

»Schauen Sie nicht so ernst. Wir haben doch nichts zu verbergen. *Let's have another drink.*«

Ich holte mein Party-Lächeln zurück, fühlte mich in der Herzlichkeit vertraut und doch fremd zugleich, da die europäische Balance zwischen Sicherheit und Freiheit eben eine ganz andere ist.

Bröckelt das europäisch-amerikanische Verwandtschaftsgefühl, das viele Nachkriegsjahre lang die tragende Säule des »Westens« bildete? Wo ist sie geblieben die Bewunderung für den großen Bruder? Wo das Lied: »*I want to be in America*?« Warum schwindet das amerikanische Interesse an Europa in der Politik wie auch an den amerikanischen Universitäten? Warum gibt es immer »weniger Europa-Kenner«, fragte sich bedauernd der vielfach in Deutschland ausgezeichnete, in New York lebende Historiker/Emigrant Fritz Stern.

Liegt es daran, dass sich Europa in einem mühseligen Prozess als vielschichtiges Projekt zu emanzipieren versucht? Dass die Eigenheiten der europäischen Länder in den USA kaum wahrgenommen werden? Dass die Allüren einer Großmacht nach dem Motto *calm down, we know the way* (Ruhe, Ruhe, wir wissen schon wo's lang geht) zunehmend irritieren, sei es in der Überwachungs-, der Informations-, der Sicherheitspolitik, der Vorgabe amerikanischer Normen, Standards? Dass sich Europa mit Blick nach Osten eine eigene »Einflusssphäre« schaffen will? Sind die amerikakritischen Stimmen Ausdruck eines enttäuschten Liebhabers, der viel zu hohe Erwartungen hegte? Der an die Gleichwertigkeit der gemeinsam verabredeten Wertevorstellungen und deren gleichartige Umsetzung in die Praxis glaubte? Der sich nicht bemühte, wie ich bei meiner Versetzung nach New auch nicht, das amerikanische Anderssein leidenschaftslos zu ergründen, um auf dieser Basis Verständnisbrücken zum anderen zu bauen?

Jeder, je nach persönlicher Erfahrung und national-historischer Prägung, wird die USA anders sehen. Für die meisten ost-, mitteleuropäischen Länder bilden die Vereinigten Staaten nach wie vor eine Art Rückversicherung. Man weiß ja nie, was die Russen vorhaben! Für die westlich orientierten nüchternen Handelsvölker wie das Vereinigte Königreich oder die Niederlande, die zu einem größeren Pragmatismus neigen als die verdeckt emotionalen Deutschen, sind die USA einer ihrer vielen Export-Import-Partner, die die gleiche sachliche, schnörkellose Handelssprache sprechen. Jedes Mitglied der EU und weitere europäische Staaten sind mit sich selbst beschäftigt, von ihrer Vergangenheit geprägt. Wie tragfähig ist noch das »wir« von Amerika und Europa?

Bei Fritz war ich oft in meinen New Yorker Jahren. Aus seinen Augen strahlte Güte und Humor. Seine Lebenserfahrung hatte ihn die Relativität der Dinge erkennen lassen. So weit war ich damals, eine junge ungeduldige Frau, noch lange nicht. Ich kam mir wie eine Schülerin vor, aber er hat mich nie als solche behandelt.

»Jetzt mache ich uns einen Kaffee«, sagte er, als ich wieder einmal bei ihm erschien. »Einen amerikanischen«, fügte er verschmitzt hinzu.

O Gott, dachte ich, also viel Wasser und wenig Koffein, eine Plörre sozusagen, und das in einem handfesten Pott und nicht in einer Meißner Tasse.

Als ob er meine Gedanken erraten hätte, bemerkte er lächelnd:

»Ja, wie ihn die Cowboys Tag und Nacht in den amerikanischen Filmen trinken. Davon hat noch keiner von ihnen einen Herzinfarkt erlitten. Beim starken europäischen Kaffee ist die Gefahr schon größer. Beide Seiten lieben Kaffee, da besteht Einigkeit. Aber gleichwertig Empfundenes wird eben nicht immer gleichartig umgesetzt.«

Dieser leicht hingeworfene Satz musste in seiner tieferen Bedeutung erst einmal in mich einsinken, während Fritz Bagels auf den Tisch zauberte.

Fritz war damals noch optimistischer als in seinen letzten Lebensjahren. Er war gerne Europäer und Amerikaner zugleich, glaubte an die Tragfähigkeit des »wir« von Amerika und Europa, baute Verständigungsbrücken, worum ich mich ja auch bemühte.

Ich bin froh, dass dieser kluge Vermittler den äußerst knappen Sieg von Donald Trump als 45. Präsident der Vereinigten Staaten nicht mehr erleben musste. Dass er dessen nationalistische, protektionistische Rede bei seiner Amtseinführung am 20. Januar 2017 nicht mehr anhören konnte. Eine Rede, in der Trump keine Worte der Versöhnung für das gespal-

Trump vergreift sich (unbekannter Autor, Januar 2017)

tene Land fand, in der er seine anwesenden Vorgänger, Jimmy Carter, George W. Bush, Bill Clinton und Barack Obama verunglimpfte und auch keine Brücken zur Außenwelt herzustellen versuchte. Nein, er knüpfte nahtlos an sein im Wahlkampf gegebenes Versprechen an: Amerikanische Interessen zuerst und das sofort. Noch am gleichen Tag begann er per Dekret die gesetzliche Krankenversicherung für 20.000.000 Amerikaner, die sogenannte »Obamacare« auszuhebeln. Weitere Schritte folgten auf dem Fuße. Er stoppte das ausgehandelte Freihandelsabkommen mit asiatischen Ländern, leitete den Bau der Mauer nach Mexiko ein, begann die Grenzen für islamische Flüchtlinge und Einwanderer zu schließen, und, und, und.

Fritz wäre traurig gewesen, aber sein latenter Optimismus hätte ihn wahrscheinlich verführt zu sagen: »Nichts wird so heiß gegessen, wie es gekocht wird. Warten wir die nächsten Monate ab, die Wirklichkeit wird diesen sprunghaften, unberechenbaren Mann einholen. Es wird ihm nicht gelingen, die heutige globalisierte Weltordnung auf den Kopf zu stellen.«

»Allein mir fehlt der Glaube«, hätte ich ihm geantwortet.

Amsterdam

Bleibt Deutschland ein »besonderer Nachbar« für die Niederlande?

Wenn ich aus welchem außereuropäischen Land auch kommend wieder in Europa landete, sei es auf einem Militärflughafen in Portugal oder im finnischen Helsinki, empfand ich ein Gefühl der Vertrautheit, der Gemeinsamkeit. Erklären oder näher definieren lässt sich dieser Gemütszustand nicht. Von außen gesehen erschien mir Europa als etwas Fassbares, irgendwie Einheitliches. Nach ein paar Tagen verflüchtigte sich dieses »Wir-Gefühl«, ging unter im regionalen, nationalen Gerangel der so unterschiedlichen europäischen Staaten. Man sah den Wald vor lauter Bäumen nicht mehr.

So erging es mir auch, als ich 1979 von New York nach Amsterdam übersiedelte, obwohl ich noch nie in den Niederlanden gewohnt hatte, geschweige denn die Landessprache beherrschte. Ich war als zukünftige Leiterin des dortigen Goethe-Instituts ernannt worden und wollte mir in den ersten Maitagen 1979 auf einer privaten, anonymen Vor-Reise einen ersten Eindruck verschaffen. Also schlenderte ich durch die Grachten der Innenstadt und bestaunte die Herrenhäuser, die bürgerlichen Kaufmannsgeist und bürgerliches Selbstbewusstsein ausstrahlten. Keine aristokratische Prägung war zu entdecken, weder in der Architektur, also durch Paläste oder fürstliche Residenzen wie etwa in Florenz, Prag, Madrid oder München, noch in einer sichtbaren militaristischen Vergangenheit, auf die beispielsweise die großen Auffahrtsstraßen in Moskau oder in Warschau hindeuten, noch in Kleidungsunterschieden oder Automarken. Teure Boutiquen habe ich nicht gefunden, und elegant gekleidete Menschen sind mir im Straßenbild auch nicht aufgefallen. Protzautos schon gar nicht. Keiner wollte offenbar auffallen.

Erst später lernte ich, dass der niederländische Ausspruch »*Doe maar gewoon, dan doe je al gek genoeg*« (benimm dich normal, dann bist du schon verrückt genug) und die Aussage »*niet je nek uitsteken*« (nicht den Kopf, die Nase höher tragen bzw. kein Risiko eingehen) mit einer breit geteilten Gesellschaftsauffassung zu tun hat, die aus der Vergangenheit dieses von Landwirtschaft und Handel geprägten Kaufmanns- und Kolonialvolkes herrührt. Man wollte, sollte, musste gleich erscheinen, auch wenn die Menschen wie überall auf der Welt keineswegs gleich waren und sind, weder was ihren Besitz, ihre Bildung noch ihre Religionszugehörigkeit betrifft.

Alle Häuser, vor denen oft ein paar Pflanzen liebevoll aufgestellt waren, erschienen gepflegt und wirkten überaus ordentlich. Keine vergammelten Straßen, rauchenden Schlote oder über Nacht erbauten Hochhäuser wie in New York. Nein, hier war alles klein, fast putzig und blankgeputzt. Auch vom New Yorker Tempo war nichts zu spüren. Nur vor der Flut der Fahrradfahrer musste man sich in Acht nehmen, denn Verkehrsregeln schienen (und scheinen) für sie nicht zu bestehen.

»Genießen Sie doch in aller Ruhe unsere schöne alte Stadt. Machen Sie eine Bootsrundfahrt durch die Grachten. Vom Boot aus kann man die wunderbaren alten Giebel viel besser sehen«, riet mir ein niederländischer Passant, den ich auf Englisch nach einer Adresse gefragt hatte. Das tat ich dann auch und musste ihm Recht geben. Anschließend suchte ich weiter nach den vielen kleinen kulturellen Zentren, möglichen zukünftigen Partnern, immer mit der *Uitkrant*, der kostenlosen Ausgehzeitung, im Arm. Ich bestaunte die noch nie gesehenen Wohnboote und war begeistert von der Vielzahl an Antiquitäten-Geschäften. Wieder einmal stand ich vor einem solchen, drückte mein Gesicht an die Scheiben, um die schönen alten Möbel besser erkennen zu können. Da entstand Bewegung in dem vermeintlichen Laden. Menschen trugen das Mittagessen auf. Ungewollt war ich mit meinen neugierigen Blicken in eine Privatsphäre eingedrungen. Ich schämte mich. Aber wie hätte ich ahnen können, dass man selbst im allseits einsehbaren Tiefparterre eines Grachtenhauses ohne Vorhänge lebte. Noch oft sah ich diese gardinenlosen Fenster, durch die man bis in die dahinter liegenden Gärten schauen konnte. Keiner schien irgendetwas verbergen oder sein Privatleben schützen zu wollen. Eine merkwürdige Erfahrung nach der erlebten Anonymität in New York und dem eher verbergenden Verhalten in Barcelona zu Francos Zeiten. Das muss ein weltoffenes, tolerantes Land sein, dachte ich, ohne noch darüber reflektieren zu können, wie diese Toleranz interpretiert wurde, aus welcher Vergangenheit sie stammte, und wie sie wirklich gelebt wurde und wird.

Dann geschah es, am 4. Mai 1979, dem »Tag zum Gedenken an die niederländischen Toten im Zweiten Weltkrieg«. Dass dieses Datum in den Niederlanden ein ganz besonderes ist, war mir damals nur theoretisch bewusst. Nach meinen Erkundigungsspaziergängen wollte ich abends nett essen gehen. Plötzlich, um genau 20.00 Uhr, wurde es im vollbesetzten Restaurant totenstill. Alle Lichter gingen aus, die Besucher saßen mit gesenkten Köpfen. Niemand sprach mehr, die Kellner erstarrten zu Salzsäulen. Kein Quietschen von Straßenbahnen war mehr zu hören, auch kein Hupen oder

Bremsen von Autos oder menschliche Stimmen von draußen. Nichts, gar nichts, nur absolute Stille.

»Ein Attentäter, ein Terrorist«, vermutete ich zutiefst erschrocken, obwohl damals terroristische Selbstmordattentäter noch nicht an der traurigen Tagesordnung waren. Nein, die Niederländer gedachten landesweit mit zwei Schweigeminuten, die auch für jeden Zug und für jedes landende oder startende Flugzeug galten, der Verbrechen, die die deutsche Wehrmacht an dem kleinen Land mit ihrem Überfall 1940 und während der fünf Jahre dauernden Besetzung begangen hatte. Sie erinnerten an das Bombardement von Rotterdam am 14. Mai 1940, an die vielen Toten, an den Beginn von Verfolgungen, an das karge Leben mit Lebensmittelkarten, an das Ende von Amsterdam und anderen Städten als Zufluchtsorte für Emigranten aus Hitler-Deutschland. Auch heute noch erinnern zwei Schweigeminuten am 4. Mai um 20.00 Uhr an die damalige Katastrophe. Mein Herz stockte. Wie sollte ich hier als Deutsche bestehen, und das auch noch in einer offiziellen Funktion? Eine ganz andere Vergangenheit als in Spanien kam hier zum Tragen.

Der nächste Tag, der 5. Mai, machte mich nicht fröhlicher, obwohl da ausgelassen gefeiert wurde und wird, am »Tag der Befreiung«. Die Reden waren vorbei, die Kranzniederlegungen auch. Quasi über Nacht war Feststimmung eingekehrt. Dieses Wechselbad der Gefühle war mir schwer verständlich. Was mich mehr als alles andere beeindruckte, waren die vielen kleinen Blumensträußchen ohne jeglichen offiziellen Charakter, die im stillen Gedenken an Straßenecken, an Türschwellen, an Brücken und Haltestellen anonym hingelegt worden waren. Ich konnte diese stille Trauer nachempfinden und war gleichzeitig total entmutigt.

Dieses Gefühl der Ohnmacht hatte ich in New York mit seiner selbstbewusst proklamierten *melting pot*-These und seiner »jeder kann hier staatsfern überleben«-Vergangenheit nicht empfunden. Aber Amerika war eben nicht ein von Wunden und Narben durchsetztes Europa.

Als ich 1989 gebeten wurde, das erste Goethe-Institut in der Sowjetunion, in Moskau, zu gründen, dachte ich zwar, O Gott, nicht schon wieder in ein einst von den Deutschen besetztes Land. Aber die Wirklichkeit stellte sich anders als in den Niederlanden heraus. Die USA und die UdSSR waren Siegermächte, und sie waren groß. Die verletzbaren Niederlande waren klein, wussten, dass sie einem erneuten Angriff »teutonischer Horden« immer wieder unterliegen würden. Sie waren im Kern zu treffen, die großen Siegermächte nicht.

»Warum machst du dir so viele Gedanken?«, fragte mich 1991 der bekannte russische Schriftsteller Daniil Granin. »Wir haben den Krieg gewonnen, nicht ihr. Und wir unterscheiden zwischen den Herrschenden und den Menschen wie du und ich.«

Diese amerikanische wie russische Haltung konnte man von den kleinen Niederlanden nun wahrlich nicht erwarten. Es erstaunt mich heute auch nicht, dass sich im zusammenwachsenden Europa die kleineren Länder miteinander absprechen, beispielsweise Estland, Lettland und Litauen auf der mitteleuropäischen Seite mit Belgien, den Niederlanden, Luxemburg auf der westlichen Seite. Da spielt nicht nur die Angst vor imperialistischen Gelüsten des großen Nachbarn Russland eine Rolle, sondern auch die Sorge, von den heutigen Großen in Europa an die Wand gespielt zu werden.

Das alles zeichnete sich am 5. Mai 1979, am Befreiungstag in Amsterdam, noch nicht ab. Aber die Ohnmacht des kleinen unterlegenen Landes, das sich nicht selbst hatte befreien können, die erahnte ich.

Was tun? Als ich offiziell als Direktorin des Goethe-Instituts angetreten war, ging ich überall hin: zu Konzerten, Theaterabenden, Diskussionen, Ausstellungseröffnungen, Filmvorstellungen und hörte zu, beobachtete. Ich wusste ja, dass ich eigentlich nichts wusste. Daneben lernte ich Tag und Nacht Niederländisch. Niederländisch, nicht Holländisch. Zwar störte und stört der unzureichende Begriff »Holländisch« die Menschen in den Provinzen Nord- und Südholland nicht, also den Gebieten um Amsterdam, Haarlem, Den Haag und Rotterdam. Aber die Bewohner aus Groningen im Norden und Maastricht im Süden gewann und gewinnt man damit nicht zu spontanen Freunden. Und wer meint, die niederländische Sprache sei ein stehengebliebener deutscher Dialekt, einst auch mal am Niederrhein gesprochen, der hat von den Feinheiten dieser Sprache und den Denkmustern, die dahinterstehen, nichts begriffen. Auch ich, die doch so bemüht war zu verstehen, stolperte anfangs in viele Fettnäpfchen und erlag Missverständnissen. »O, wat *deftig*!« riefen die ersten niederländischen Besucher aus, als sie mein großräumiges, holzgetäfeltes Büro in einem alten Herrenhaus an der Herengracht betraten. »Deftig?« Das Wort »deftig« hatte ich bislang mit Schweinshaxe und Sauerkraut verbunden, nicht aber mit der hochentwickelten Ästhetik des niederländischen Großbürgertums. Glücklicherweise verhinderten meine noch mangelhaften Sprachkenntnisse, meine Irritation über diese mir so plump erscheinende Bemerkung anzudeuten. Ich wusste noch nicht, dass »deftig« nichts mit »derb« zu tun hatte, sondern genau das Gegenteil bedeutet: Vornehm, prächtig.

Bei sich ähnelnden Sprachen wie dem Niederländischen und dem Deutschen liegt auch die Versuchung nahe, eigene Sprachschöpfungen aus Elementen beider Sprachen zu kreieren. 1982 fuhren mein zukünftiger Mann, Koos van

Weringh, und ich von Barcelona nach Madrid. Ich saß am Steuer, da Koos nie einen Führerschein gemacht hatte und diesen auch später nicht für erstrebenswert hielt. Als wir uns Madrid näherten, und die Autobahn immer breiter und belebter wurde, wollte ich von ihm, der die Karte in Händen hielt, wissen, welche Ausfahrt wir nehmen mussten, um ins Zentrum von Madrid zu gelangen. Wir hatten verabredet, dass wir eine Woche Deutsch und eine Woche Niederländisch sprechen würden. Jetzt, kurz vor den Toren von Madrid, waren wir in der niederländischen Woche. »Ausfahrt«, überlegte ich, wie kann das auf Niederländisch heißen? Logisch vorgehen, sagte mir mein deutsches Hirn. »Aus« heißt »*uit*«, und »Fahrt« heißt »*vaart*«. Also »*uitvaart*«.

»Welke uitvaart«, insistierte ich leicht ungeduldig, »wir müssen runter von der Autobahn.« Schließlich reagierte Koos lapidar:

»Am liebsten keine.« Als wir dann doch irgendwie im Zentrum landeten und bei einem Glas Wein auf einer Terrasse saßen, erklärte er mir das Missverständnis:

»*Uitvaart* heißt Beerdigung, sozusagen die letzte Fahrt. Du hättest nach *afslag* fragen müssen oder *uitrit*.«

Auf Worte wie »Abschlag« oder »Ausritt« wäre ich nun wirklich nicht gekommen. Auch nicht, dass man im Niederländischen so »arm wie eine Kirchenratte«, nicht wie eine »Kirchenmaus« sein kann, und dass man beim Gruseln »Hühnerhaut« und nicht »Gänsehaut« bekommt.

Kein Niederländer hat mir je übel genommen, dass ich sprachliche Fehler machte und auch einen deutschen Akzent behielt. Wenn ich allerdings zu hören bekam, dass ich schon besser als Prinz Bernhard, dem deutschen Mann von Königin Juliana spräche, dann wusste ich, dass noch ein weiter Weg vor mir lag. Er sprach auch nach Jahrzehnten ein schlechtes Niederländisch, ganz im Gegensatz zu seinem ebenfalls deutschen Schwiegersohn, Prinz Claus von Amsberg, dem Ehemann der späteren Königin Beatrix. Gutmeinende Freunde rieten mir allerdings, am 4. und 5. Mai besser zu Hause zu bleiben. Die Stimmung sei dann zu angespannt, antideutsche Ressentiments ließen sich da nicht vermeiden. Nach meinen allerersten Erfahrungen zweifelte ich daran nicht und verhielt mich entsprechend.

Als ich zu suchen begann, welche kulturellen Programme zur deutsch-niederländischen Versöhnung, zu einer vorsichtigen gegenseitigen Annäherung beitragen könnten, wurde ich 1979 auf eine große Joseph-Roth-Ausstellung in der Deutschen Bibliothek in Frankfurt, der Nationalbibliothek, aufmerksam. Der jüdische Schriftsteller, Essayist, Journalist und Korrespondent der *Frankfurter Zeitung* Joseph Roth war einer der großartigsten Porträtisten der untergegangenen k.u.k Monarchie und wird auch heute noch viel gelesen. Nach der Verbrennung seiner Bücher am 10. Mai 1933 in Deutschland stand ihm kein deutsches Verlagshaus mehr offen. Wohl aber die ersten Exilverlage der Welt überhaupt, Allert de Lange und Querido in Amsterdam. Ich wollte diese Frankfurter Ausstellung als Hommage und Dank an die Niederlande nach Amsterdam holen, aber nur mit niederländischen Partnern und niederländischen Joseph-Roth-Experten.

»Das ist der Jac. van Weringh«, wurde mir zugeflüstert. »Er ist Professor der Kriminologie und gründlicher Joseph-Roth-Kenner. Aber Achtung! Der ist schwierig. Er ist eher introvertiert, äußerst gradlinig, sehr kritisch, ein typischer Vertreter der nordniederländischen Reformierten.«

Was das bedeutete, interessierte mich vorläufig nicht. Ich fand eine Veranstaltung, bei der er überzeugend als Joseph-Roth-Experte und Mitherausgeber einer literarischen Zeitschrift auftrat und wandte mich mit meinem Anliegen anschließend an ihn.

»Ich komme morgen ins Goethe-Institut, dann können wir ausführlicher darüber reden«, war seine keineswegs abschreckende Reaktion. Am nächsten Tag schaute ich aus meinem »deftigen« Büro auf die Herengracht und sah ihn auf dem Fahrrad ankommen. Ein Professor auf dem Fahrrad! Das hatte bislang nicht zu meinen Alltagserfahrungen gehört. Später sah ich auch Minister auf dem Fahrrad zu Konzerten ins Concertgebouw radeln. Für die Höhergestellten in Deutschland war das Fahrrad damals noch kein Fortbewegungsmittel, von ein paar Grünen einmal abgesehen. Aber die gehörten noch nicht wie heute zum politischen Establishment. Nach unserem Gespräch war alles klar. Die Joseph-Roth-Ausstellung kam nach Amsterdam. Jac. van Weringh, privat Koos genannt, gab eine Einführung in die Ausstellung und schrieb auch darüber in den Zeitungen.

Drei Jahre später heirateten wir in Amsterdam. Der Standesbeamte bot mir direkt die niederländische Staatsangehörigkeit an. Dagegen hatte ich nichts, wenn ich denn gleichzeitig meine deutsche behalten konnte. Sonst hätte ich nicht mehr als »Entsandte« beim Goethe-Institut arbeiten können, und in meinem Traumberuf als Mittlerin zwischen unterschiedlichsten Kulturen wollte ich unbedingt bleiben.

»Nun«, meinte er, »eine doppelte Staatsangehörigkeit geht auch.«

Darüber dachten die zuständigen deutschen Behörden allerdings anders. Erst versuchten sie mir klar zu machen, dass ich dann in innerliche Konflikte geraten werde, hin und her gerissen zwischen zwei Identitäten. Sie betrachteten den Nationalstaat als Quelle aller Identität, als ob wir alle nicht längst viele Identitäten hätten. Ich empfand diese Argumentation als schlichte Beleidigung. Auf meine geistige und seelische Orientierung könne ich schon selber aufpassen, wehrte ich mich. Eine Bevormundung von Politikern und Bürokraten, die vorgeben, viel besser als ich zu wissen, was für mich gut ist, habe ich schon immer abgelehnt, zumal ich ja niemandem Schaden zufügte. Schließlich veränderten sie die Strategie und verwiesen darauf, dass mein Antrag mit sehr hohen Kosten verbunden sei. Ich war bereit zu bezahlen. In ihrer Not wandten sie sich letztendlich über mir unbekannte Wege an den Generalsekretär des Goethe-Instituts, dem ich nie von meinem Antrag auf doppelte Staatsbürgerhaft erzählt hatte. Zu meiner Überraschung rief er mich an, fragte mich, ob denn wirklich mein Herzblut an dieser Sache hinge und bat mich, den offenbar anschwellenden Ärger auf deutscher Seite zu vermeiden. Ich war mittlerweile müde geworden, verspürte immer weniger Lust, meine Energie und Zeit auf bürokratische Auseinandersetzungen statt auf die mir wichtigen Inhalte meiner Arbeit zu verwenden. Ich resignierte. Die Frage der doppelten Staatsangehörigkeit ist in Deutschland noch immer nicht ganz gelöst. Offenbar will man immer noch orientierungslose Seelen retten.

Wichtiger als das Thema der doppelten Staatsangehörigkeit war für mich die Frage, ob ich von Koos' niederländischer Familie akzeptiert würde. Nach dem Tod seiner ersten Frau stand Koos mit zwei halberwachsenen Töchtern, Bouwien und Geke, da. Heute gehören sie mit ihren wachsenden Familien zu meinen besten Freundinnen. Dass ich Deutsche bin, spielt für sie überhaupt keine Rolle.

Aber, was würden Koos' Eltern zu mir als Deutsche sagen? Koos Vater hatte im Widerstand gegen die Deutschen gekämpft. Er hatte sich an Attentaten gegen die Besatzer beteiligt, Lebensmittelkarten gestohlen, war abgetaucht und lebte bis 1945 im niederländischen Untergrund. Währenddessen nahm seine Frau Flüchtlingskinder aus dem ausgebombten Rotterdam bei sich auf, auch ein jüdisches Mädchen aus den Niederlanden und versorgte sie neben ihren eigenen Kin-

Koos van Weringh mit Hans-Georg Rauch, einem der beiden Trauzeugen, im Standesamt in Amsterdam am 30. Juni 1983 (Foto: Geke van Weringh)

dern. Musste sich ihr ältester Sohn Koos dann ausgerechnet in eine Deutsche verlieben? Da war mir doch etwas bang zumute. Meine Befürchtungen erwiesen sich als völlig grundlos. Nie haben meine Schwiegereltern ihre bitteren Kriegserfahrungen auf mich übertragen, nie habe ich Ablehnung gespürt. Und auch nicht von Koos' vier Geschwistern. Alle haben mich willkommen geheißen.

Anfang der achtziger Jahre war diese Toleranz gegenüber der BRD und deren Bewohnern noch nicht allgemein verbreitet.

»Die BRD war und bleibt der besondere Nachbar«, wie mir der niederländische Schriftsteller Leon de Winter einmal sagte. Die Deutsche Demokratische Republik (DDR) war der bessere Teil Deutschlands. Vor der BRD, der Erbin Hitlerdeutschlands, musste man auf der Hut sein. Dort verbrachte man auf keinen Fall die Ferien, fuhr noch nicht scharenweise zu den Weihnachtsmärkten. Damals packten die sparsamen Niederländer, die sich eigenen Luxus kaum verzeihen, ihre Wohnwagen voll mit Konserven und fuhren auf dem direktesten Wege nach Österreich. Dieses ehemals große, nach dem Ersten Weltkrieg stark amputierte Land war in niederländischen Augen auch ein Opfer des nationalsozialistischen Imperialismus. Dass die Mehrheit der Österreicher den »Anschluss« an das »Dritte Reich« 1938 jubelnd begrüßt hatte, hatte noch nicht zur Nachdenklichkeit in den Niederlanden geführt. 1958 wurde der hoch dotierte und angesehene Erasmus-Preis der Niederlande zum ersten Mal vergeben. Dieser Preis »zur Förderung der Geistes- und Gesellschaftswissenschaften und der Künste im Geiste europäischer Traditionen und besonders des Gedankengutes von Erasmus«, also von »Toleranz, kultureller Vielfalt und undogmatischem kritischem Denken«, ging an das österreichische Volk. Was man wahrnimmt, wahrnehmen will, wird eben zur Realität.

Erst als Kurt Waldheim nach seiner Funktion als UN-Generalsekretär österreichischer Bundespräsident wurde und sich während des Wahlkampfes herausstellte, dass er als Nazi-Angehöriger der deutschen Wehrmacht an den Gräueln in Griechenland beteiligt war, setzte differenziertes Denken in den Niederlanden ein. Das heißt nicht, dass die Schönheit der österreichischen Landschaft und die Vielfalt der Kulturen in diesem mitteleuropäischen Land nicht jederzeit eine Reise wert wären. Daran hält sich auch nach wie vor die königliche niederländische Familie.

Das Misstrauen gegenüber Deutschland blieb. Hatte nicht der »reaktionäre« aus Bayern stammende Verteidigungsminister Franz Josef Strauß gegen alle demokratischen Regeln die Redaktion der Zeitschrift *Der Spiegel* durchsuchen lassen? Verhielt er sich als bayerischer Ministerpräsident nicht weiterhin »reaktionär«? Verbreitete die Rote Armee Fraktion nicht weiterhin Terror? Bestand nicht die Gefahr, dass die BRD wieder und weiterhin zu Extremen neigte, nie zur Gelassenheit reifen würde, sich eher auf verdrängte Vorstellungen von Volk und Nation zurückbesinnen würde? Erlebten die von den Nationalsozialisten so gepflegten Werte wie Volkstum und Heimatverbundenheit nicht schon wieder eine Renaissance? Letzteres wollte ein niederländischer Journalist der Zeitschrift *Intermediar* von mir wissen. Ich konnte dieses Heimat-Erwachen nicht erkennen. Vielleicht dachte er an den Film *Heimat*, eine 30-teilige deutsche Filmserie von insgesamt 924 Minuten, die der Regisseur und Produzent Edgar Reitz 1984 fertiggestellt hatte, und die ich im niederländischen Fernsehen sah. In dieser wird durch die Augen einer Familie im Hunsrück ab 1919 der Alltag auf dem Lande mit Durchblicken auf die politischen und wirtschaftlichen Verhältnisse in Deutschland gezeigt. Der Titel *Heimat* war eher als teilweise ironische Anspielung auf das Genre der deutschen Heimatfilme in den fünfziger Jahren zu verstehen. Die ironische Komponente muss meinem niederländischen Interviewer entgangen sein.

In lebhafter Erinnerung war ein Gespräch im Pulchri Studio in Den Haag mit dem damaligen Bundeskanzler Helmut Kohl und einem ausgewählten Publikum wenige Monate vor meiner Ankunft in Amsterdam 1979. Die Teilnehmer hatten Kohl kräftig und nicht immer fair in die Zange genommen. Kohl reagierte äußerst unwirsch darauf, von Souveränität und einem Geist der Versöhnlichkeit keine Spur. Oft wurde ich auf diese Sendung angesprochen, als Beweis dafür, dass man den Deutschen, jedenfalls den Westdeutschen, nach wie vor nicht trauen konnte.»Diese Humorlosigkeit, diese Überheblichkeit, typisch deutsch.«

Viele, aber keineswegs alle Niederländer hatten sich einerseits an ihre Opferrolle und andererseits an die Rolle des moralisch Überlegenen gewöhnt. Wenn Autos mit deutschen Kennzeichen aufgebrochen wurden – was unserem Freund, dem politischen Zeichner Hans Georg Rauch, zweimal vor unserer Wohnung an der Amstel passierte –, dann war das eher ein Kavaliersdelikt, eine Rache für all die beschlagnahmten Fahrräder zu Zeiten der deutschen Besetzung. Auch viele, nicht alle deutschen Politiker, vor allem aus dem konservativen Lager, reagierten verkrampft, verunsichert und dünnhäutig. Aus ihrer Sicht taten sie doch alles, die Bundesrepublik zu einer friedfertigen, glaubwürdigen Demokratie aufzubauen, zu beweisen, dass sie und das Volk aus der Vergangenheit gelernt hatten, dass sich alle für ein gemeinsames Europa einsetzten, in dem Deutschland keineswegs eine Führungsrolle anstrebte, aber bereit war, mehr als andere zu zahlen. Das Motto war: Lasst uns gemeinsam in die Zukunft schauen, lasst uns an Europa bauen, an dem *einen* Haus mit vielen unterschiedlichen Mietern, wie es das letzte Oberhaupt der Sowjetunion, Michail Gorbatschow, formuliert hatte. Daran waren auch die Niederländer interessiert, schließlich gehörten sie zu den Gründungsvätern der heutigen EU.

Übersehen von deutscher Seite wurde oft, dass sich schmerzhafte Vergangenheiten in ehemals von Deutschen besetzten Ländern nicht einfach wie ein tropfender Wasserhahn abstellen lassen, dass die Wunden bei den europäischen Nachbarn keineswegs verheilt waren. Auch das deutsche Auswärtige Amt sparte damals nicht an Hinweisen an die Goethe-Institute, doch ein schönes, neues, reines Deutschlandbild zu präsentieren. Das ignorierten die meisten von uns Goethe-Leuten. Wir wollten nichts »präsentieren«, sondern zusammen mit den Partnern in unseren Gastländern ein ehrliches, kritisches Deutschlandbild »erarbeiten«, auch wenn das nicht immer fröhlich stimmte.

Ein Beispiel für diese selbstkritische Herangehensweise, die sich nicht nur auf die Künste beschränkte, sondern alle Lebensbereiche mit einbezog und zum sogenannten »erweiterten Kulturbegriff« führte, war 1981 eine Doppelausstellung in Amsterdam: Politische Karikaturen aus der Blütezeit der Zeitschrift *Simplicissimus*, die ich in New York für das Goethe-Institut hatte erstehen können, wurden gekoppelt mit sehr aktuellen politisch äußerst kritischen Plakaten des Aktionskünstlers Klaus Staeck, später Präsident der Akademie der Künste in Berlin. Seine Plakate zierten nicht erlesene Museumswände, sondern waren überall gegenwärtig im Straßenbild, auf Litfaßsäulen, auf Absperrungen von Baustellen, auf jeder unbenutzten Fläche. Unter anderem hatte er den fettleibigen Franz Josef Strauß als Metzger abgebildet, der in Erinnerung an die Spiegel-Affäre 1962 mit einem riesigen Messer genüsslich, ja geradezu gierig eine dicke Wurst »Demokratie« zersäbelte. Vom rechten politischen Spektrum wurden unendlich viele Prozesse gegen Klaus Staeck angestrengt, die der gelernte Jurist aber fast alle gewann. Als wir diese Doppelausstellung in den großen Sälen von *Arti et Amicitiae*, einer Art Kunstverein im Zentrum von Amsterdam aufbauten, Klaus Staeck seine Plakate an die Wände klebte, erschien ein aufgebrachter Pressereferent der deutschen Botschaft in den Haag. Er protestierte nicht etwa gegen die in der Tat staatsaushöhlenden Abbildungen aus dem *Simplicissimus* zu Anfang des 20. Jahrhunderts. Die waren für ihn Vergangenheit, fast schon Kunst. Nein, er erregte sich über die »respektlosen, staatsverachtenden« Plakate von Klaus Staeck. Glücklicherweise war mein zukünftiger Mann gerade in den Ausstellungsräumen, denn er sollte ja später die Ausstellung mit eröffnen. In seiner ruhig trockenen Art sprach er den Pressereferenten an: »Sie können gerne ein paar Staeck-Plakate verbieten. Ich habe dann ein sehr gutes Motiv für einen anti-deutschen Artikel, und Sie wissen vielleicht, dass mir alle Zeitungen offen stehen.« Das stimmte. Vor dieser Drohung schrak der Diplomat zurück. Die Doppelausstellung wurde unzensiert nicht nur mit großem Publikums- und Medienerfolg eröffnet, sie wurde auch mit ungläubigem Staunen begleitet.

»Wenn in der heutigen Bundesrepublik so viel öffentlich sichtbare politische Kritik möglich ist, wie Staeck sie zeigt, dann hat sich das Land seit Hitler doch verändert, dann können wir wieder in die BRD reisen«, schrieb beispielsweise ein sozialdemokratischer Freund und Mitarbeiter eines der wichtigsten Verlage in Amsterdam an Koos. Dieser schickte den Brief, dessen Tenor bereits in mehreren Zeitungen angeklungen war, umgehend an die deutsche Botschaft weiter. Jetzt begriff auch der Pressereferent, warum ich diese Doppelausstellung unbedingt hatte zeigen wollen und entschuldigte sich für seine Blindheit.

Wie sollte ich in diesem angespannten Klima für eine tiefergehende Annäherung sorgen? War das langfristig gesehen überhaupt möglich, oder sollten wir uns besser unsichtbar machen, mit kleinen harmlosen Programmen durch die niederländischen Provinzen reisen und das wache und kritische Amsterdam meiden? Nein, das war keine Lösung.

Ein Mitarbeiter des Niederländischen Theaterinstituts, Paul Blom, der leider 2013 gestorben ist, brachte mich auf eine zündende Idee.

»Denk doch mal über Amsterdam und Berlin in den zwanziger und dreißiger Jahren nach«, meinte er. »Da gab es doch viele Beziehungen.«

Ja, das war es. Nur: ein solches Projekt musste ganz anders gestaltet werden als das Projekt *Berlin Now* in New York 1977. Ganz andere Empfindlichkeiten waren zu berücksichtigen. Die Amerikaner hatten keine deutsche Besetzung erlebt, die Niederlande aber wohl. Die Niederländer waren von einer schmerzhaft erlebten Geschichte geprägt, die Amerikaner nicht. Wir Deutsche mussten beweisen, dass wir uns dieser Geschichte stellen, nichts verdrängen, nicht zur Tagesordnung übergehen, bereit waren – jedenfalls im weiten kulturellen Feld – alles auf den Tisch zu legen und kritisch zu hinterfragen. Und das sehr konkret. Amsterdam lag nicht irgendwo hinter einem Nebel weit von Europa entfernt wie New York. Amsterdam und seine erlebte Vergangenheit waren sehr präsent, kein Detail war vergessen. Das konnte ich nur zusammen mit niederländischen Partnern aus den unterschiedlichsten künstlerischen Sparten erarbeiten. Gemeinsam wollten wir, meist Nachkriegsgeborene, nichts beschönigen, wir wollten so ehrlich sein, wie irgend möglich.

Nach und nach bildete sich eine Projektgruppe von niederländischen Experten aus den Bereichen Politik, Karikatur, Bildende Kunst, Musik, Theater, Kabarett, Tanz, Literatur, Film und Hintergrund-Journalismus. Wir alle wurden uns an meinem großen Esstisch bei der in den Niederlanden üblichen Suppe mit Brötchen rasch einig, dass wir die kulturellen Wechselbeziehungen zwischen Berlin und Amsterdam, Symbolstädte für die beiden Nachbarländer, näher erforschen, dokumentieren und letztlich durch eine Fülle von Veranstaltungen landesweit veranschaulichen wollten. Dabei sollte der Fokus nicht auf den kulturellen Wechselbeziehungen in den zwanziger Jahre liegen. Damals war die Kulturmetropole Berlin im Gegensatz zu dem eher provinziellen Amsterdam viel zu prägend, zu ausstrahlend, zu international. Wir wollten das Projekt auch nicht mit dem Jahr 1933, der Machtergreifung Hitlers, abschließen. Im Gegenteil. Wir wollten uns in die dunkler werdenden dreißiger Jahre vorarbeiten, als die Nationalsozialisten in Deutschland herrschten, und die Niederlande zunehmend zu einem Exilland wurden, was mit dem Einfall der deutschen Armee 1940 zu einem jähen Ende kam.

Für dieses Vorhaben war viel Vorarbeit, viel Forschung erforderlich. Zwar war seit 1969 die vielbändige Ausgabe des Standardwerkes des wohl bekanntesten niederländischen Historikers, Lou de Jong, *Het Koninkrijk der Nederlanden in de Tweede Wereldoorlog* (1969–1991) im Entstehen, das auch auf die Vorkriegsjahre einging, aber eine systematische Exilforschung war weder von niederländischen Experten noch von deutschen Forschern betrieben worden. Ansätze gab es vor allem im literarischen Bereich dank des Germanisten Hans Würzner an der Universität Leiden. Erleichtert wurde seine Forschung durch noch in den Niederlanden lebende emigrierte Schriftsteller wie beispielsweise Elisabeth Augustin oder Konrad Merz (alias Kurt Lehmann), der mit seinem Roman *Ein Mensch fällt aus Deutschland* (1936) aus autobiographischer Sicht eindringlich beschrieben hatte, was es heißt, Emigrant zu werden und zu bleiben. Auch Fritz Landshoff, vom Gustav Kiepenheuer Verlag in Berlin kommend, konnte noch schildern, wie er im Amsterdamer Exil eine deutsche Abteilung bei dem Verlag Querido aufgebaut hatte und mit seinen ehemaligen Kollegen vom Kiepenheuer Verlag, Hermann Kesten und Walter Landauer – nun beim Verlag Allert de Lange –, auf freundschaftliche Weise konkurrierte.

Zum Abschied aus Amsterdam 1986 schenkte mir Fritz Landshoff eine wunderschöne Orchidee. Sie war wie er: stark, strahlend, prächtig, die Umgebung für sich einnehmend, verführerisch, mit einer tiefer sitzenden Melancholie in den in der Luft hängenden Wurzeln verborgen.

1981 organisierten wir das erste Symposium zum deutschsprachigen Exil in den Niederlanden. Das Ergebnis waren 18 Essays, die Hans Würzner und ich 1982 unter dem Titel *Die Niederlande und das deutsche Exil 1933–1940* beim deutschen Athenäum Verlag und in einer niederländischen Version beim Amsterdamer Verlag Van Gennep herausbrachten. Für besonders heikle Themen hatte ich Niederländer um ihre Mithilfe gebeten, wie den Direktor des Zentralen Instituts für Kriegsdokumente (NIOD). Meiner Bitte, einen einleitenden Beitrag über die politische, wirtschaftliche, soziale und kulturelle Ausgangslage in den Niederlanden zu Beginn des Flüchtlingsstroms aus Deutschland ab 1933 zu schreiben, stimmte Harry Paape sofort zu. Das tat auch der 1947 in Amsterdam geborene, später nach Israel emigrierte Historiker Dan Milchman (ehemals Melkman). Er verfasste einen kritischen Beitrag zur Judenfrage in den Niederlanden in den dreißiger und vierziger Jahren. Beide Themen und auch noch weitere hätten nicht von deutschen Historikern, die ebenfalls an unseren verschiedenen Veröffentlichungen beteiligt waren, behandelt werden können. Hier ging es um innerniederländische Angelegenheiten. Hier durften nur Niederländer das Wort führen. Diese beiden Autoren wie auch andere waren verständlicherweise sehr kritisch gegenüber Nazi-Deutschland, aber hinterfragten auch die offizielle Opferhaltung ihres Heimatlandes mit differenzierender Skepsis.

Während unserer koordinierenden Gespräche bei der so und so vielsten Hühnersuppe in meiner Wohnung wurde ich von einer Bemerkung eines Teamkollegen völlig überrascht:
»Hast du keine Sorge, dass dir die deutsche Regierung das Projekt verbieten wird? Sie wird doch verhindern wollen, dass du mit uns für Deutsche unangenehme Wahrheiten ausgräbst und einer breiten Öffentlichkeit zugänglich machst. Die wollen doch nur vertuschen und verdrängen, wollen in eine europäische Zukunft ohne Vergangenheit starten. Du bist dann der Nestbeschmutzer.« Ich war perplex.
»Wie kommst du denn da drauf?«, reagierte ich spontan.
»Erstens sind die Goethe-Institute regierungsunabhängige Einrichtungen, das ist vertraglich abgesichert und unterscheidet sie von allen anderen ausländischen Kulturinstituten. Zweitens bin ich mir ganz sicher, dass die deutsche Regierung zustimmen würde, von ein paar Abgeordneten der Christlich Sozialen Union (CSU) einmal abgesehen, wenn ich sie denn fragen würde. Das aber habe ich keineswegs vor.

Wenn man in politischen Kreisen der Bundesrepublik gegen unser Projekt wäre, dann hätte ich doch weder vom Berliner Senat noch von der Zentralverwaltung des Goethe-Instituts in München zusätzliche finanzielle Mittel bekommen.« Der Zweifler beruhigte sich und mir wurde wieder einmal deutlich, wie tief der Argwohn saß.

Die Mitglieder unserer Projektgruppe forschten weiter in niederländischen wie Berliner Archiven. Wir teilten unsere Erkenntnisse. Das führte 1982 zu einer weiteren, von uns allen gemeinsam geplanten Publikation, herausgegeben im ehemaligen Exilverlag Querido: *Berlijn-Amsterdam 1920– 1940 wisselwerkingen* (Wechselwirkungen).

Der niederländische Spielfilm der dreißiger Jahre wurde mein Forschungsthema. Dank des Vertrauens des damaligen Direktors im niederländischen Filmmuseum, Jan de Vaal, konnte ich ohne Aufsicht an vielen Wochenenden im Archiv des Filmmuseums recherchieren und durfte mich auch in den noch ungeöffneten Nachlass von einem der wichtigsten niederländischen Filmkritiker der dreißiger Jahre, L. J. Jordaan, vertiefen. Ich bekam die große Chance, Licht auf ein absolutes Forschungsneuland werfen zu können. An Werktagen hatte ich dafür keine Zeit, ich musste schließlich ein Institut leiten. Aber ab und zu fuhr ich doch mit meinem Freund und Kollegen, Nico Brederoo, Kunstdozent an der Universität Leiden und Spezialist für die niederländischen Avantgarde- und Dokumentarfilme jener Jahre, in die Koninkljike Bibliotheek in Den Haag, um eine sehr wichtige Quelle, die Zensurlisten der 37 abendfüllenden Spielfilme, zu studieren, die in den Niederlanden zwischen 1934 und 1940 produziert worden waren. Diese relativ große Zahl stellte einen absoluten Boom für das kleine Sprach- und Filmland dar, das mit der Einfüh-

Jan de Vaal, Gründer und Direktor des niederländischen Filmmuseums 1947–1987 (Privatfoto)

rung des Tonfilms kaum noch Absatzchancen hatte. An all diesen Filmen hatten »Ausländer« – Deutsche, Österreicher, Ungarn, Tschechen, Polen –, die die Filmmetropole Berlin verlassen mussten oder wollten, hinter der Leinwand mitgearbeitet.

Bei meinen Recherchen, für die mir mein »Professor-Mann« auch für mich nicht zugängliches Material aus der Universität zum Studium über das Wochenende mit nach Hause brachte, stieß ich nicht immer auf die festgefahrene Erwartungshaltung der Niederländer, die auch in den achtziger Jahren des vergangenen Jahrhunderts noch latent anwesend war: Wir haben euch Flüchtlingen in unserem toleranten Land damals Arbeit und Brot gegeben und waren immer gegen die nationalsozialistische Ideologie. Das stimmte nur zum Teil. Dass auch niederländische Schauspieler, wie etwa Truus van Aalten, aber nicht nur sie, weiter oder erneut in deutschen Filmen auftraten, dass 1933 aus Berlin in die Niederlande zurückgekehrte Filmleute nun in den Niederlanden Filme drehten, die an die deutsche Blut-und-Boden-Romantik erinnerten, wie beispielsweise der Film *Dood water* (1934) von Gerard Rutten, dass der niederländische Spitzenverband der Kinoindustrie, der Bioscoopbond, unterstützt von der niederländischen Regierung zunehmend eine ausgesprochene flüchtlingsfeindliche Politik betrieb, verschwieg ich in meinen Beiträgen nicht. Aber ich brachte diese Erkenntnisse sehr zurückhaltend, vorsichtig vor; schließlich war und bin ich eine Deutsche. Dass Johannes Heesters, der niederländische Theater-Filmschauspieler, Operettenstar und Entertainer, nach anfänglichen Erfolgen in den Niederlanden ab 1936 bis zu seinem Tod seine große Karriere in Deutschland machte, war bekannt. Seine Landsleute haben ihm das nie verziehen, ihm auch keine Glückwünsche zu seinem 100. Geburtstag geschickt.

1987 habe ich über das Thema *Der niederländische Spielfilm in den dreißiger Jahren und die deutsche Filmemigration in Amsterdam* promoviert. Eigentlich hätte ich da schon Jan de Vaals Nachfolgerin als Direktorin des niederländischen Filmmuseums sein sollen, aber das großherzige Angebot von Jan und seinem Stiftungsvorstand scheiterte an dem Wunsch meines Mannes, als *freelance*-Journalist mich lieber auf meinen weiteren Stationen beim Goethe-Institut zu begleiten.

Neben der Forschungsarbeit und der Erarbeitung von Publikationen machte sich unsere Projektgruppe an die Vorbereitungen von Hunderten von Veranstaltungen, die überwiegend in Amsterdam, Den Haag, Rotterdam, aber auch in vielen anderen Städten der Niederlande 1982 stattfanden. Die niederländischen Eigenbeiträge in den Bereichen Literatur, Kabarett, Theater, Bildende Kunst, Musik, Politik, Gesellschaft waren großartig, ehrlich und kritisch. Doch holte uns, mich jedenfalls, die jüngste deutsche Vergangenheit wieder ein. Es gab ja kein ganzheitliches Berlin mehr, in dem Archive, Künstler, Kulturforscher, kulturelle Akteure, kulturelle Politiker und Wissenschaftler zusammenarbeiten. Durch eine Mauer und Stacheldraht getrennt, existierten zwei Berliner Städte. Es gab alles zweimal, mit sehr unterschiedlicher ideologischer Ausrichtung. Über dieses auch kulturelle Zweigeteiltsein habe ich 1985 mit dem niederländischen Dokumentarfilmer Hans Keller in Berlin den Film *Fassaden* für das niederländische Fernsehen gedreht.

Für unsere Veranstaltungen brauchten wir auch Material aus ostdeutschen Archiven, wollten Künstler aus der DDR, nicht nur aus der BRD, einladen. Mir, der westdeutschen Goethe-Frau, der Klassenfeindin, möglicherweise einer Spionin, wie ich in Spanien gelernt hatte, war der Zugang zu DDR-Quellen verwehrt.

»Jan, wie machen wir das?«, fragte ich.

»Wie bekommen wir die berühmten deutschen Bergfilme der späten zwanziger und frühen dreißiger Jahre, die z. T. in dem großen DDR-Filmarchiv lagern? Darunter auch *Das blaue Licht* (1932) von Leni Riefenstahl. Es wäre doch für das Publikum interessant, sie mit den niederländischen Filmen jener Jahre zu vergleichen, wo die Kraft des Meeres einen nationalen Bezugspunkt symbolisiert. Beide Genres neigten zu patriotischen Überhöhungen, wie Filme in vielen anderen Ländern Europas auch. So eine Serie würde, nebst vielen anderen niederländischen Filmen, in denen Emigranten eine Chance erhielten, das Klima jener Jahre erhellen.«

»Da sehe ich kein Problem«, antwortete er. »Mein Filmmuseum ist schließlich Mitglied der Fédération Internationale des Archives du Film (FIAF). Ich besorge die Filme und wir zeigen sie in unseren Räumen.«

Er hatte Erfolg, und ich dankte ihm.

In einem anderen Fall hatte ich keinen Erfolg. Ich wollte gerne die bekannte Sängerin und Bertolt-Brecht-Interpretin Sonja Kehler aus Ostberlin einladen. Dieses Mal sollte sie nicht Lieder nach Brecht-Texten und der Musik von Kurt Weill oder Hanns Eisler oder Paul Dessau singen. Sonja Kehler wollte aus Gefängnisbriefen von Rosa Luxemburg vorlesen, dieser leidenschaftlichen Frau und Politikerin, Mitbegründerin der Kommunistischen Partei Deutschlands. 1919 war sie in Berlin ermordet worden.

Am Programm konnte sich die DDR-Führung nicht stören. Rosa Luxemburg war ein Leitbild der Sozialistischen Einheitspartei der DDR (SED) und ist es für ihre Nachfolgepartei, Die Linke, immer noch. Aber die drei vorgesehenen

Veranstaltungen – nicht etwa im Goethe-Institut, sondern in einem Theater in Den Haag – platzten.

»Warum ist Sonja Kehler, Schauspielerin aus der DDR, nicht nach Amsterdam gekommen?«, fragte daraufhin mein zukünftiger Mann, Koos van Weringh, in einem ganzseitigen Artikel in der damals wichtigsten Wochenzeitung *Vrij Nederland*. »Sie ist doch schon einmal in den Niederlanden aufgetreten!«

»Keine Ahnung«, erwiderte die DDR-Botschaft in Den Haag, »mit dem Veranstaltungszyklus *Berlin-Amsterdam* haben wir überhaupt nichts zu tun. Fragen Sie die Künstleragentur der DDR.«

Sonja Kehler sei krank, hieß es dort. Die Wahrheit aber war, dass sie keine Ausreisegenehmigung bekommen hatte. Das hatte mit den unterschiedlichen Auffassungen von Vergangenheit zu tun. Die DDR sprach der BRD das Recht ab, sich auf frühere »progressive, humanitäre und revolutionäre« Kräfte der deutschen Vergangenheit zu berufen. Dieses Erbe stehe allein der DDR zu, so der damalige Sekretär des Zentralkomitees der SED, Kurt Hager, Chefideologe und oberster Kulturverantwortlicher. Kurz: Eine gemeinsame Vergangenheit gäbe es nicht und schon gar nicht, solange das Goethe-Institut federführend sei.

Als die große, höchst erfolgreiche Ausstellung *Westkunst* 1981 in Köln stattfand, sprach die vom Verband der Bildenden Künstler der DDR herausgegebene Monatszeitschrift *Bildende Kunst* im Januar 1982 von einem kompletten Misserfolg, da es schlicht keine Westkunst gäbe.

Verhehlen lässt sich nicht, dass auch der westdeutsche Bundeskanzler Helmut Kohl mit Nachdruck an einem westdeutschen Geschichtsverständnis zimmerte. So unterstützte er große Ausstellungen wie *Westkunst*, politisierte Gedenktage und verhalf seinem Lieblingsprojekt zur Geburt, dem Bonner Haus der Geschichte. Noch bei dessen Eröffnung, 1994, war nur die Geschichtsentwicklung der BRD seit 1945 aus westdeutscher Sicht zu sehen. Später kam die Entwicklung in der ehemaligen DDR hinzu. Heute sind wir im Westen wie im Osten Deutschlands immer noch dabei, die gemeinsame Vergangenheit zu entdecken und uns in der Gegenwart zu begegnen.

Nach der Wende 1989 konnten wir problemlos Sonja Kehler und ihren Mann, den Regisseur Harald Quist, in ihrem Landhaus in der ehemaligen DDR besuchen. Sonja war aktiv wie immer, bereitete Workshops und Seminare vor, feierte 2013 ihren 80. Geburtstag. Mit 83 Jahren ist sie gestorben.

Das Projekt *Berlin – Amsterdam, 1920–1940 Wechselwirkungen*, an dem sich 31 niederländische Partner und zwölf aus Berlin beteiligten, hat das Erinnern an die dunkle Vergangenheit sicherlich nicht über Nacht verblassen lassen. Dafür sind mehr Zeit und ein kontinuierlicher Umgang miteinander nötig. Aber die vielen öffentlichen Diskussionen zu den politischen, wirtschaftlichen und kulturellen Beziehungen zwischen den beiden Nachbarländern in den dreißiger Jahren, die Ausstellungen, die zahlreichen Konzerte, Lesungen, Filmreihen, Theater- und Kabarettvorstellungen und nicht zuletzt die vielen Eigenbeiträge niederländischer Zeitungen und Fernsehsender, nebst unseren eigenen Publikationen haben doch zu einem differenzierteren Blick sowohl auf das Deutschland jener Jahre wie auch auf die Niederlande beigetragen.

Dieses kritische, auch selbstkritische Bild wurde im Jahr darauf durch entsprechende Veranstaltungen aus den Nieder-

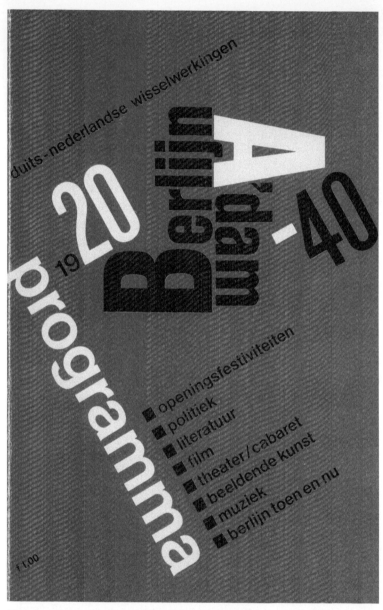

Programmheft Berlin–Amsterdam. Deutsch-niederländische Wechselbeziehungen 1920–1940, Februar–September 1982

landen in Berlin vertieft. Organisator und Koordinator war Steve Austen, der sehr direkte, nicht immer diplomatische Leiter des niederländischen Theaterinstituts und spätere Direktor des internationalen Kulturzentrums in Amsterdam, Felix Meritis. Uns beiden ging und geht es um das Gleiche, was unsere Zusammenarbeit und Freundschaft bis heute hat andauern lassen: Über die Künste nicht nur nationalgeographische, sondern – noch viel schwieriger – mentale Grenzen, Abwiegelungen, Feindbilder in Frage zu stellen, die meist aus Verletzungen in der Vergangenheit herrühren und dann zu einer innerlichen Blockadehaltung führen. Sei es innerhalb eines west-europäischen Gemeinwesens oder mit Blick auf die noch relativ unbekannten ost-europäischen Nachbarn. Wir hatten immer Gesamteuropa im Sinn, obwohl es dieses ja noch gar nicht gab, und wir noch nicht ahnen konnten, dass dieses nur wenige Jahre später zur Realität werden sollte.

Steve schreckte auch nicht davor zurück, 1983 eine äußerst deutschlandkritische Revue in sein Berliner Programm aufzunehmen. Besorgte niederländische Regierungsvertreter wurden blass während der Veranstaltung und fragten mich anschließend, ob das nicht zu weit ginge.
»Nein«, sagte ich, »man muss die Dinge beim Namen nennen. Ihr habt doch letztes Jahr in Amsterdam das neu geschaffene Theaterstück *In de bruidsdagen van 37* (In den Brauttagen von 1937, als Prinzessin Juliana den deutschen Prinzen Bernhard zur Lippe Biesterfeld heiratete) auch ertragen. Darin hat der niederländische Autor, Dick Walda, nun wirklich kein positives Bild der Niederlande in den dreißiger Jahren gezeichnet: Das Aufkommen der NSB (der nationalsozialistischen Bewegung in den Niederlanden), der weiter florierende Handel mit Hitler-Deutschland, die Flucht ins

V.l.n.r.: Steve Austen, Kathinka Dittrich und Rolf Michaelis (Die Zeit) in Amsterdam am 27. Februar 1982 (Privatfoto)

Amüsement – als ob keine dunklen Wolken von Deutschland aus aufzögen, über die man informiert war. Nein, Steve hat Recht, dass er diese Revue nach Berlin gebracht hat. Die niederländische aber vor allem die deutsche Seite muss Kritik ertragen können.« Und das tat sie auch.

Gleichzeitig war Steve klar, dass die Niederlande über eine dunkle Zeit in ihrer eigenen Vergangenheit lieber Stillschweigen bewahrten: Ihr militärisches Auftreten gegen den Befreiungskampf ihrer indonesischen Kolonie Ostindien. Steve legte den Finger auf die Wunde. Das hätte ich als Deutsche kaum gewagt, auch wenn ich nie verstanden habe, dass mein von mir sehr verehrter Schwiegervater, Arnold van Weringh, der gerade erst aus seiner Untergrundtätigkeit gegen die deutschen Besetzer wieder aufgetaucht war, sich 1947 freiwillig für den Einsatz in *Nederlands Oost-Indie* gemeldet hatte, um mitzuhelfen, den schon länger schwelenden Aufstand niederzuschlagen. »Krieg« hieß das damals nicht, sondern »Polizeiaktion«.

Ich hatte nicht den Mut, meinen Schwiegervater auf dieses dunkle Kapitel der niederländischen Geschichte anzusprechen, wenn er mir seine Sammlung von Flugblättern zeigte, die die Alliierten über den besetzten Niederlanden abgeworfen hatten, wenn er mir die ersten Nummern der im Krieg illegal erschienenen Zeitungen wie *Trouw, Het Parool* oder *Vrij Nederland* zu lesen gab oder auf die noch verbliebenen Leuchtfeuerraketen verwies. Letztere hatte er sich »besorgt«, um den britischen Bombern das Gebiet zu beleuchten, auf das sie ihre Waffen für den niederländischen Widerstand abwerfen konnten.

Gefangen in der Beschäftigung mit der deutschen nationalsozialistischen Vergangenheit hatte ich mich unbewusst gegenüber kolonialen Vergangenheiten vieler europäischer Länder verschlossen, zumal die wenigen deutschen Kolonien in Afrika und Ozeanien nach dem Ersten Weltkrieg abhandengekommen waren. Glücklicherweise, dachte ich, ein deutsches Vergangenheitsproblem weniger, zumindest abgeschwächter.

Was wusste ich schon vom Denken stolzer Kolonialherren oder von den Empfindungen Kolonialisierter? Nichts. Obwohl doch all die europäischen Kolonialmächte spätestens seit der 2. Hälfte des 20. Jahrhunderts das Gefühl kolonialer Verluste, der Schmälerung ihres überlegenen hegemonialen Gedanken mit sich herumtrugen und diese Erinnerungen in ein völlig neugestaltetes Europa einbrachten. Während ich über dieses Phänomen nachdachte, erreichte mich 1982 in Amsterdam eine Einladung zur Hochzeit einer guten englischen Studienfreundin aus Manchester. Ich fuhr hin. Als ich mich zurechtmachte, verkündete mir das Hotelradio: »Britischer Militäreinsatz auf den Falklandinseln gegen die argentinischen Invasoren.«

Militärschlag? Falklandinseln? Ein Krieg in mir unbekannten Welten also? Ich begriff gar nichts. Mein Nachbar beim Hochzeitsessen war ein Journalist der Wochenzeitung *The Economist*. Um meine Unwissenheit zu verbergen, fragte ich ihn sehr vorsichtig nach den Motiven für den Einsatz der britischen Armee, den die die Premierministerin Margaret Thatcher unwidersprochen befohlen hatte.

»Ist die Inselkette, sind die Falklands sehr vielgestaltig?«

»Naja, es sind immerhin 200 Inseln, ein paar Kilometer vor Argentinien gelegen.«

»Sind sie dicht bevölkert?«

»Nicht besonders.«

»Gibt es dort wichtige Bodenschätze? Öl oder seltene Metalle?«

»Nein, die gibt es nicht.«

»Sind die Inseln von strategischer Bedeutung, als Start oder Landeplätze?«

»Nein, das sind sie nicht.«

An meinem hilflosen Gesichtsausdruck musste er wohl erkannt haben, dass ich die ganz aufwendige Aktion mit vielen Toten überhaupt nicht nachvollziehen konnte. Das lag an meiner Vergangenheit als Deutsche, seine als Brite war eine ganz andere.

»*My dear, it's our national pride*«, belehrte er mich schließlich. »Erst waren ein paar Franzosen auf den Inseln, dann die Spanier, dann die Argentinier und dann wir, *the british*, seit 1833. Jetzt wollen die Argentinier die Inseln zurückhaben. *No way.* Auf keinen Fall. Unser Nationalstolz lässt das nicht zu.«

Ich schwieg perplex: Nationalstolz? Was war das denn? Mein Tischnachbar sagte auch nichts mehr, war wohl über mein Unverständnis erstaunt.

Der Krieg dauerte nur 72 Tage. Die zurückkehrenden siegreichen britischen Schiffe, U-Boote, Flugzeuge wurden von der Bevölkerung jubelnd begrüßt. Thatchers niedrige Umfragewerte schossen in die Höhe. Problemlos gewann sie die Parlamentswahlen 1983.

Spielte dieser Nationalstolz, dieses Gefühl, ›wir und unser Commonwealth sind einzigartig‹, auch eine Rolle bei den hitzigen Diskussionen im Vereinten Königreich für oder gegen einen möglichen Austritt Englands aus der EU?

»*We do not need the European Union*«, sagte mir im März 2016 ein englischer Kunsthistoriker mit aggressiver Abwehr in der Stimme. Die EU brauchen wir nicht. Punkt. Schluss. Gegenfragen unerwünscht.

»O, doch, die brauchen wir dringend aus politischen und wirtschaftlichen Gründen«, beschwor dagegen meine englische Freundin aus Studentenzeiten in Manchester.

Deutschland hatte keine übergroße Kolonialleiche im Keller von dem Völkermord an den Hereros einmal abgesehen, wohl aber einen Diktator Hitler, der Europa kolonialisieren wollte. Das war dem westdeutschen Bundespräsidenten Richard von Weizsäcker wohl bewusst. 1985 kam er zum Staatsbesuch in die Niederlande, nicht lange nach seiner berühmten Rede vom 8. Mai, die Prinz Claus der Niederlanden in Übersetzung hatte verbreiten lassen. Darin hatte von Weizsäcker in nuancierter Form die positive Rolle der Alliierten und ihrer Bundesgenossen betont, hatte nicht die verheerenden Folgen des Versailler Vertrages 1919 nach dem Ende des Ersten Weltkrieges auf die deutsche Politik und

Gesellschaft erwähnt, hatte nicht von der »Niederlage« der Deutschen 1944/45 gesprochen, sondern von ihrer »Befreiung« aus Hitlers Diktatur. Das führte zu einem freudigen Erstaunen vieler Niederländer, denn diese Rede entsprach nicht ihrer skeptischen Erwartungshaltung.

Im Vorfeld dieses Staatsbesuches bat der Oberbürgermeister der Stadt Amsterdam, Ed van Thijn, das Goethe-Institut um Nachhilfeunterricht in der deutschen Sprache. Er wollte von Weizsäcker auf Deutsch begegnen. Er hätte ja auch Englisch mit ihm sprechen können. Englisch beherrschte er weitaus besser als die deutsche Sprache. Ich war von seiner Bitte zutiefst berührt. Dieser vielbeschäftigte Mann in einer nicht unkomplizierten Stadt nahm sich für einen Wiederauffrischungskurs seiner rudimentären Deutschkenntnisse Zeit, obwohl er doch gar keine hatte. Also beschloss ich bei unseren Treffen in seiner nahegelegen Amtswohnung nicht auf Grammatik und schon gar nicht auf die leidigen deutschen Artikel zu achten, sondern ihn in einfachem Deutsch auf die Probleme anzusprechen, die ihm als Stadtoberhaupt auf den Nägeln brannten: Stadterneuerung, die fortgesetzte *Kraak*-Bewegung (Besetzung leerstehender Häuser), Drogen, den Weiterausbau der U-Bahn auf schwierigem Erdreich, die wirtschaftliche Lage der Stadt und viele andere Themen mehr. Ich wollte ihn zum Sprechen auf Deutsch bringen, ihm die Schwellenangst vor der deutschen Sprache nehmen. Und er begann zu sprechen, aus Engagement, aus Leidenschaft für seine Anliegen. Die sprachlichen Fehler in seinen deutschen Reaktionen ignorierte ich, sie waren ja auch völlig unwichtig. Er sprach auf Deutsch, und das war wichtig. Das war, was er wollte.

Ed van Thijn ist Jude, wie fast alle Bürgermeister Amsterdams seit Jahrzehnten, wenn nicht seit Jahrhunderten. Zu möglichen Verletzungen in seiner Vergangenheit oder der seiner Familie sagte er nichts. Das war für ihn kein Thema. Es war überhaupt kein Thema in den Niederlanden, im Gegensatz zu New York, jedenfalls in den Kreisen, in denen ich mich bewegte, und das war ein breites Netzwerk von Kulturleuten, unter denen sich sicherlich sehr viele Juden befanden. Sie haben mich niemals direkt oder indirekt auf ihr Jüdischsein, die Geschicke ihrer Eltern, Verwandten, Freunde, Bekannten angesprochen, nicht einmal versteckte Andeutungen gemacht.

Gut zwanzig Jahre später, als mich der Vorstand von Felix Meritis, diesem europäischen Zentrum für Kunst, Kultur und Wissenschaft in Amsterdam, dem ich jahrelang angehörte, zu einer Berlin-Reise unter meiner Führung bat und wir auf die frisch restaurierte Synagoge in Berlin schauten, fragte mich die Direktorin, Lynda Bouws – Steves sehr effiziente und geschickte Nachfolgerin –, ob ich wisse, dass sie Jüdin sei. Ich kannte sie seit mehr als dreißig Jahren, wir hatten immer sehr eng und gut zusammengearbeitet.

»Nein«, gab ich ehrlich zurück. »Hätte ich das wissen müssen? Hätte das etwas geändert? War ich unsensibel?«

»Überhaupt nicht«, war ihre spontane Reaktion, »es ist mir nur gerade eingefallen, weil wir von der Dombrücke aus diesen wunderbaren Blick auf die Synagoge haben.«

Auch Judith Belinfante, damals Leiterin des Joods Historisch Museum in Amsterdam und später Mitglied des niederländischen Parlaments in Den Haag, hat mich nie auf die Vernichtung so vieler Juden durch die deutschen Besetzer hingewiesen. Wir arbeiteten zusammen, wir mochten uns und mögen uns noch immer, 30 Jahre nach meinem Abschied aus Amsterdam. Sie hat mir in einer für mich sehr schwierigen Situation in Amsterdam beigestanden: Im Rahmen von *Berlin – Amsterdam 1920–1940 Wechselwirkungen* zeigten wir in

Zusammenarbeit mit dem niederländischen Filmmuseum auch nationalsozialistische Propagandafilme. Meine niederländischen Filmfreunde und ich wollten durch Filmeinführungen verdeutlichen, wie verführerisch und gefährlich gut gemachte Propagandafilme sind. Wie man die Filmlampen auf den jeweiligen Helden so strahlen lässt, dass er fast mit einem Heiligenschein gekrönt wird, während der jeweilige ideologische Gegner verdreckt im Dunkeln auf dem Fußboden kauert. Wie man Kameraeinstellungen und Schnitte so manipulieren kann, dass der jeweils Gute auch noch sterbend ein Held für Volk und Vaterland ist. Wir wollten warnen, denn Propagandafilme werden weiterhin weltweit hergestellt, nicht nur in den Ländern des »Bösen«, sondern auch in demokratischen Ländern wie den USA. Im vollbesetzten Vorführsaal des Filmmuseums herrschte eine geteilte Meinung. Nazifilme dürfe man auf keinen Fall zeigen, schrien die einen. Doch, man müsse wissen, wie die Verführungsmechanismen filmisch gehandhabt wurden und werden, riefen gestikulierend die anderen. In dieser für mich als Deutsche äußerst prekären Situation erhob Judith ihre Stimme. Sie war ganz fürchterlich erkältet, hatte Fieber, aber sie war gekommen, da ihr die Brisanz des Themas völlig klar war.

»Was wir nicht kennen und nicht durchschauen, können wir auch nicht beurteilen«, sagte sie mit heiserer Stimme. »Ich will diese Filme sehen, um zu begreifen.«

Danach trat Ruhe im Saal ein. Jeder kannte Judith und die Geschichte ihrer Familie.

Wie subjektiv und emotionsgeladen der Blick auf die selbsterlebte oder überlieferte Vergangenheit sein kann, begriff ich mal wieder bei der Vorführung der vierstündigen Rekonstruktion des Stummfilmes *Napoleon* von Abel Gance. Andreas Landshoff, Sohn des Exilverlegers Fritz Landshoff, hatte mich 1983 zu der Galavorstellung in das niederländische Hertogenbosch mitgenommen. Wir freuten uns auf das vielbesprochene Meisterwerk mit neu komponierter Musik für großes Orchester von Carmine Coppola. Anfangs fasziniert und dann immer erschrockener folgte ich den Bildern und lauschte der Musik. Hätte ich nicht gewusst, dass Napoleon ein französischer Film aus dem Jahre 1927 ist, dann hätte ich ihn für einen nationalsozialistischen Propagandafilm gehalten. Da stand Napoleon hoch oben auf einem Felsen, den sich zusammenballenden Wolken nah, lichtumflutet fernab vom gemeinen Volk, als einsamer Denker und Lenker der Geschicke. Leicht durch Adolf Hitler ersetzbar. Und die immer stärker anschwellende Musik verklärte ihn ins Unermessliche. Begeistert klatschten die Niederländer. Abel Gance war ja Franzose, also unverdächtig. Und Carmine Coppola war Amerikaner: noch unverdächtiger.

Präsident von Weizsäcker war sich der prekären Stimmungslage in den Niederlanden sehr bewusst. Deshalb hatte er sich als einen von vielen Programmpunkten bei seinem Staatsbesuch eine Diskussion mit niederländischen Schülern gewünscht. Diese fand auch statt, im Goethe-Institut. Schüler aus fünf Amsterdamer Schulen waren für dieses Gespräch benannt worden. Die Auswahlkriterien, außer leidlichen Deutschkenntnissen, waren mir unbekannt. Klar waren aber die Bedingungen der Schüler: Keine Presse, keine Lehrer, keine Eltern, keine Politiker, keine allgemein Interessierten. Als Gastgeberin durfte ich als einzige, selbstverständlich schweigende, nur beobachtende »Fremde« in dem abgeschlossenen Raum anwesend sein. Die Schüler, 15- bis 17-Jährige, gingen direkt zum frontalen Angriff über. Vehement kritisierten sie das Verhalten der Deutschen in Hitlers »Drittem Reich« und in den Jahren der Besetzung der Niederlande und ließen auch keine Zweifel daran, dass sie sich von der heutigen Bundesrepublik nicht viel Besseres erwarteten. Ob sie darauf von ihren Lehrern vorbereitet worden waren, oder ob sie sich mangels guter Deutschkenntnisse nicht in Nuancen ausdrücken konnten, wagte ich nicht zu beurteilen. Jedenfalls saß ich da wie erstarrt. Ich fürchtete, dass von Weizsäcker jeden Moment auf den Tisch schlagen und mit einem »jetzt langt es mir« den Raum verlassen würde. Aber er war klüger als sein Parteigenosse Helmut Kohl bei seinem Auftritt 1979. Nachdenklich und konzentriert hörte er sich den Schwall von Beschuldigungen an, ging auf die Schüler ein, fragte nach, ohne der Versuchung zu erliegen, sie mit moralisch erhobenem Zeigefinger eines Besseren belehren zu wollen. Dann lud er alle Schüler zu einem Besuch in die Bundesrepublik ein. »Da könnt ihr euch selbst kundig machen.« Seine Einladung setzte er wenige Monate später in die Tat um. Als die Schüler aus der Bundesrepublik zurückkamen, meldeten sie sich bei mir: »Wir haben einen von Weizsäcker-Fanclub gebildet, jetzt wissen wir viel mehr. Toll war die Reise. So ganz anders als erwartet. Er hat uns auch empfangen, und wir haben uns gut unterhalten.«

Als ich später mit von Weizsäcker über diese Erfahrung sprach, meinte er ganz bestimmt:

»Sie wissen ja wie ich, dass Annäherung nur durch einen versöhnlich geführten Dialog eine Chance hat. Jetzt müssen wir dieses Bemühen auf europäischer Ebene fortsetzen. Ich werde versuchen, einflussreiche Politiker zu motivieren, und Sie kommen von der zivilgesellschaftlichen Seite«, sprachs und übergab mir leicht verlegen lächelnd einen Meißner Porzellankrug.

»Ich weiß nicht, ob er Ihren Geschmack trifft. Das Protokoll hat so entschieden, da sie jetzt für eine Woche unser Gast sind.«

Über den Porzellankrug haben wir nicht weiter gesprochen, aber an unser verabredetes Vorgehen haben wir uns gehalten, sind uns auf vielen Symposien zur Erklärung und Sympathiewerbung für das sich vereinigende Europa begegnet. Er war strenger, protestantischer als ich. Als wir uns Ende der neunziger Jahre bei einem Empfang in der Kölner Philharmonie unterhielten und ich das von Kellnern angebotene Kölsch (in Köln trinkt man kein »Bier«, sondern »Kölsch«) dankend ablehnte, war er sichtlich empört:

»Kölsch hat hier Tradition, das sollten Sie berücksichtigen und auch trinken. Man muss sich immer auf den anderen einstellen.«

Er hatte ja Recht. Aber kleine Fehler darf doch jeder haben, dachte ich. Ich mag nun mal kein Bier, auch kein Kölsch.

Noch aber waren wir in den Niederlanden. Während seines Staatsbesuches wurde Bundespräsident von Weizsäcker ein großes Diner unter der Schirmherrschaft und Anwesenheit von Königin Beatrix und Prinzgemahl Claus gegeben. Angeboten wurde es in dem von Bürgern gebauten Rathaus in Amsterdam, das später als königlicher Palast genutzt wurde. Koos und ich gehörten zu den Gästen. Neben den vielen anderen mit niederländischen Orden dekorierten Würdenträgern erschien auch der deutsche Konsul aus Rotterdam mit dem Eisernen Kreuz, einem Orden aus dem Zweiten Weltkrieg, gut sichtbar auf seiner Brust geheftet. Neben ihn wurde ausgerechnet mein kriminologischer und journalistischer Ehemann platziert. »Diese Orden-Provokation kann nur schief gehen«, dachte ich und hoffte inständig, dass Koos diesen nationalistisch gesinnten Vertreter der BRD nicht zum Anlass einer seiner berüchtigten bissigen Artikel machen würde. Glücklicherweise wurde er von anderen Gesprächs-

Bundespräsident Richard von Weizsäcker im kontroversen Gespräch mit Amsterdamer Schülern im Goethe-Institut am 30. Mai 1985 (Foto: Bundesbildstelle Bonn)

partnern abgelenkt. Staatsmännisch übersah von Weizsäcker diesen eklatanten Fauxpas.

Doch Otto trat auf den Plan. Otto von der Gablentz, damals deutscher Botschafter in Den Haag, gehörte neben dem Kulturreferenten Roland Kliesow für mich – von wenigen anderen Diplomaten abgesehen – zu den deutschen Ausnahme-Diplomaten: warm, herzlich, sensibel und mit einem feinen Gespür für die damals noch stark belasteten deutsch-niederländischen Beziehungen, dabei nicht anbiedernd und kritiklos. Otto sorgte in aller Stille dafür, dass der deutsche Konsul in Rotterdam von der Frontlinie verschwand. Er selbst war bescheiden. Er bat um Gesprächstermine bei vielen niederländischen Einrichtungen, wie beispielsweise der Redaktion der niederländischen Tageszeitung *Trouw*, wohl wissend, dass diese im Widerstand gegen die deutschen Besetzer im Krieg entstanden war. Er hielt nicht Hof in seiner herrschaftlichen Residenz in Den Haag, er bat die anderen, sie besuchen zu dürfen. Otto wurde zu dem beliebtesten deutschen Nachkriegsbotschafter in den Niederlanden. Er war wohl einer der ersten Deutschen, die von niederländischer Seite gebeten wurden, am 5. Mai öffentlich zu Niederländern zu sprechen. Wie ich wehrte er sich dagegen, ein Ausnahme-Deutscher zu sein.

»Eigentlich bist du ja gar nicht deutsch«, wurde mir wiederholt gesagt, »du bist so wie wir.« Auch Otto hat dieses zweifelhafte Aussonderungs-Kompliment wiederholt gehört.

»Nein«, entgegneten wir, jeder in seinem Berufs-und Bekanntenkreis, »wir sind ganz normale Deutsche, und davon gibt es noch mehr.«

Otto ließ sich nicht vereinnahmen, weder »als einer der ihren« von den Niederländern, mit denen er durch ein engmaschiges Netzwerk verbunden war, noch durch sein Mutterhaus, das deutsche Auswärtige Amt. Diesem versuchte er mit liebenswürdiger Beharrlichkeit klarzumachen, dass Botschaften im auslaufenden 20. Jahrhundert eine neue Rolle und Bedeutung zukommt. Dass es nicht mehr in erster Linie darum geht, deutsche Interessen im Gastland durchzuboxen, sondern das »Mutterhaus« für die Befindlichkeiten des Gastlandes zu sensibilisieren, und das immer im europäischen Kontext. Fast eine Umkehrung vergangener, eingefahrener Denkungsmuster von Diplomaten. In Otto von der Gablentz und dem sehr offenen und lockeren Kulturreferenten Roland Kliesow, mit dem mich bis heute eine herzlich-freche-trinkfeste Freundschaft verbindet, fand ich gleichempfindende Partner.

Die Empfindlichkeiten im Gastland Niederlande mit Blick auf Deutschland traten immer wieder zu Tage. 1992/93 ließ das *Clingendael Instituut*, eine dem niederländischen Außenministerium nahestehende Einrichtung, eine Umfrage unter 1 800 niederländischen Jugendlichen zwischen 15 und 19 Jahren durchführen. Man wollte wissen, welches Bild sich diese jungen Menschen von den europäischen Nachbarn geformt hatten. Das Ergebnis war für Deutschland schlichtweg verheerend. Das habe auch an den unprofessionellen, suggestiven Fragen gelegen, versicherten mir zwei niederländische Soziologen. Wie auch immer: Die Deutschen wurden als arrogant, dominierend, nationalistisch und kriegstreiberisch abgestempelt. Otto, nach Jahren als Botschafter in Israel zum Chef der deutschen Auslandsvertretung in Moskau berufen, bemühte sich zusammen mit niederländischen Regierungsvertretern um Schadensbegrenzung. Die Deutsch-Niederländische Konferenz wurde ins Leben gerufen. Das war und ist, wenn auch heute unter den Namen Deutsch-Niederländisches Forum, eine von den jeweiligen beiden Außenministern getragene Experten-Gesprächsrunde, die sich mit Diskussionen deutsch-niederländischer Probleme an eine gezielte Öffentlichkeit, die Medien inklusive, wendet. 1996 tagte sie zum ersten Mal und seitdem ca. alle 18 Monate alternierend mal in den Niederlanden, mal in Deutschland.

Otto bat mich, im deutschen Lenkungsausschuss mitzuarbeiten. Das tue ich immer noch. Heute, angesichts eines gelösteren Verhältnisses zwischen den beiden Nachbarländern, sind die Problemkreise breiter gefasst. Die heutigen kritischen Themen, wie etwa Demokratiedefizite, Populismus, Migration, Umgang mit, Gewinn und Bedrohung durch die digitalen Medien werden stärker im europäischen Verband gesehen und mit Jugendlichen beider Länder angegangen.

Nach den sehr negativen Ergebnissen der Umfrage von 1992/93 ergriff die niederländische Regierung eine weitere

Initiative zur Verbesserung der wechselseitigen Beziehungen. Das *Duitsland Instituut* wurde 1996 gegründet. Diese unabhängige wissenschaftliche Einrichtung, verbunden mit der Universität von Amsterdam, hat sich zur zentralen Plattform für alle Fragen des Deutschunterrichts und der Deutschlandstudien entwickelt. Sie betreut in Zusammenarbeit mit dem Deutschen Akademischen Austauschdienst (DAAD) ein Graduiertenkolleg, unterhält eine hervorragende Website über das moderne Deutschland, betreibt eine gezielte Öffentlichkeitsarbeit über Deutschland und erreicht über Veranstaltungen zu politischen, wirtschaftlichen und gesellschaftlichen Fragen breite Kreise in den Niederlanden. Und – das war uns allen wichtig – verliert nie den Blick auf Gesamteuropa.

Jahrelang waren Otto und ich Mitglieder des Vorstandes.

Dass 1993 die Frankfurter Buchmesse ihren Schwerpunkt auf niederländische und flämische Titel legte, war ein Glücksfall in dieser angespannten Situation. Endlich zollte man dem Nachbarland volle Aufmerksamkeit. Eine Fülle niederländischer, literarischer Titel erschien in Übersetzung auf dem deutschen Markt. Das war ein Durchbruch. Heute werden mehr niederländische Titel auf den Backlists deutscher Verlage geführt, als deutsche Titel in den Niederlanden. Beispielsweise waren während meiner Amsterdamer Jahre alle Werke von Heinrich Böll, der sich sehr kritisch mit der deutschen Nachkriegsgesellschaft auseinandergesetzt hatte, ins Niederländische übersetzt und jederzeit lieferbar. Heute sind sie von den Backlists verschwunden.

2016 widmete sich die Frankfurter Buchmesse erneut den Niederlanden und Flandern. Vorausgegangen im März des Jahres war die niederländische »Woche des Buches«, die sich überall in den Niederlanden, auf Märkten, Plätzen, in kulturellen Einrichtungen auf das Kernthema Deutschland konzentriert hatte.

Es geht um Bücher, aber nicht nur um sie.

Im Umfeld der Buchmesse 1993 wurde in den deutschen Medien und in Gesprächsrunden auch viel über das niederländische Gesellschaftsmodell berichtet und diskutiert. Mit bewunderndem Respekt sahen plötzlich alle auf das sogenannte Poldermodell, eine Übereinkunft zwischen Vertretern von Arbeitgebern und Arbeitsnehmern, die fern aller lautstarken Öffentlichkeit im stillen Kämmerlein zum Wohle aller beschlossen wurde. Das wäre in Deutschland kaum denkbar gewesen. Zwar haben sich auch die deutschen Tarifparteien seit Jahren Mäßigung auferlegt, aber zuweilen werden die Forderungen doch durch Streiks unterstrichen. Nicht so kontinuierlich und so hart wie in Frankreich, aber dennoch.

Auch die vorsichtig austarierten Möglichkeiten der Sterbehilfe in den Niederlanden lösten Diskussionen in Deutschland aus. Jeder wird allerdings verstehen, dass bei diesem Thema Politiker wie Interessensverbände in Deutschland besonders zurückhaltend sind, denn die wach gehaltenen Erinnerungen an Euthanasieverbrechen aus der Nazizeit sind immer noch als dunkle Schatten da. Vergangenheit vergeht nicht so schnell. Ein unbelastetes Land wie die Niederlande kann da weiter gehen als ein belastetes Land wie Deutschland.

Im Zentrum der Debatten stand natürlich auch die niederländische Drogenpolitik. Dank ihrer großzügigen Verteilung weicher Drogen (aus fast jedem Café in Amsterdam strömte mir in den achtziger Jahren der süßliche Duft entgegen), ihrer kontrollierten Heroinabgabe, ihren mustergültigen Entzugszentren wurde diese nicht alles verbietende niederländische Politik einerseits sehr begrüßt, andererseits von deutscher Seite als zu lasch empfunden. Viele Politiker und andere Zuständige pilgerten in die Niederlande, um sich über die dortige Drogenpolitik zu informieren. Das Thema war so aktuell, dass wir vom Goethe-Institut in Amsterdam zusammen mit dem Rautenstrauch-Joest-Museum in Köln eine Ausstellung über Drogen organisierten. Dass Drogen, welcher Art auch immer, abhängig machen, war beiden Seiten klar. Aber das niederländische Laisser-faire, das mittlerweile auch restriktiveren Bestimmungen vor allem in Bezug auf Ausländer gewichen ist, und die deutsche Regelwut kamen irgendwie nicht in Einklang. Das mag auch mit einer schwer fassbaren Größe zusammenhängen: dem Maßhalten. Auf der jährlich veröffentlichten Liste der niederländischen Drogentoten standen an erster Stelle immer Deutsche. Waren sie, wie in vielen anderen Bereichen auch, zu maßlos, zu intensiv, zu »alles oder nichts«?

In den siebziger und beginnenden achtziger Jahren richtete sich die Neugier auf die Niederlande noch nicht so deutlich wie in den neunziger Jahren. Kaum jemand in Deutschland beobachtete mit Aufmerksamkeit das kulturelle Geschehen beim westlichen Nachbarn, während sich niederländische Verlage, Theater, Kulturhäuser, Museen, Konzertagenturen sehr wohl für die deutsche Gegenwartsliteratur, Ost wie West, die Inszenierungen eines Peter Stein an der Schaubühne in Berlin, eines Claus Peymann an den Bühnen von Bochum, eines Peter Zadek interessierten. Niederländer strömten zu den Gastspielen des Wuppertaler Tanztheaters unter Leitung von Pina Bausch, und anderer Tanzensembles, gingen zu den Konzerten der Berliner Philharmoniker, sahen Filme der damaligen rebellischen deutschen Filmemacher, Frauenfilme inklusive. Es war vor allem dem Holland Festival unter der Leitung von Frans de Ruiter, dem Musikexperten und späteren Leiter des den Haager Konservatoriums, und seinem Stellvertreter Arthur Sonnen, dem weit über die Grenzen hinausblickenden Theaterfachmann, zu verdanken, dass diese geballte Ladung an westdeutscher Kunst in den Niederlanden zu erleben war – und auch dem Liebhaber und Kenner von Poesie auf internationaler Ebene, dem Initiator und langjährigen Leiter von *Poetry International* in Rotterdam, Martin Mooij. Er fühlte sich in West- wie Ostdeutschland gleichermaßen zu Hause, kannte die Autoren, half bedrängten Autoren in aller Welt. Poesie verkörperte für ihn Leben. Alle sollten daran teilhaben, nicht nur das einschlägige Publikum. Deshalb gründete er *Poetry in the park*. Da saßen wir dann, Schriftsteller, Verleger, Kritiker, Kulturvermittler mit surinamischen, marokkanischen, türkischen Großfamilien im Gras, teilten das mitgebrachte Picknick, nahmen die auf einer Bühne vorgetragenen oder gesungenen Gedichte von Südafrikanern, Ost- wie Westdeutschen, und Vertretern anderer Nationen irgendwie wahr. Wir fühlten uns wie eine große Familie. Die poetische Stimmung war ausschlaggebend, die Texte konnte ja jedermann nachlesen.

»Es ist wunderbar, wie du das machst, Martin.«

»Nein, nein«, wehrte dieser von niemandem angefeindete Mann ab. »Ich mache es nur wie du, ich greife die Themen auf, die auf der Straße liegen.«

Oft habe ich mich gefragt, warum es zu diesem deutschen Kulturboom in jenen Jahren in den Niederlanden gekommen ist. Allein hätte das Goethe-Institut das nicht geschafft. Ganz sicherlich spielten die beteiligten Personen eine Rolle. Auch die hohe künstlerische Qualität des Gebotenen. Ein weiteres Element mag gewesen sein, dass sich westdeutsche Künstler und Kulturschaffende in jenen Jahren äußerst kritisch mit der politischen und gesellschaftspolitischen Gegenwart in der BRD auseinandersetzten. Kulturelle Wohlfühlevents waren das nicht. Das erfreute und erschreckte viele Niederländer gleichermaßen. Einerseits wurde ihrer skeptischen Erwartungshaltung der Boden entzogen, andererseits entsprach dieser emotionale Ausbruch, inhaltlicher wie formaler Art, nicht den Gesetzen ihres gemäßigten, Ausgleich suchenden Zusammenlebens.

Damals wurde auch diskutiert, den so radikalen wie genialen Theaterregisseur Claus Peymann als Chef des Amsterdamer Schauspielhauses zu verpflichten. Ich hielt das für keine gute Idee. Er war beherrschend, besessen von seiner Vorstellung, wie das Stück auf die Bühne gebracht werden sollte. Er forderte den totalen Einsatz von allen Mitwirkenden bis zur Erschöpfung. Das Ergebnis, und ich habe viele Inszenierungen von Claus Peymann gesehen – die Stücke des Österreichers Thomas Bernhard sind mir noch immer hellwach im Gedächtnis –, war dann auch überwältigend. Nur: In den Niederlanden ging/geht man nicht so miteinander um. Besessen ist man schon gar nicht, wenn doch, zahlt man dafür einen gesellschaftlichen Zoll der Ausgrenzung. Ich hatte oft den Eindruck, dass der gemeinsame, freundlich aufeinander abgestimmte Erarbeitungsprozess wichtiger war als das Ergebnis. Dass künstlerische Äußerungen zwar willkommen sind, aber nicht einem dringenden innerlichen Bedürfnis entsprechen, für das man notfalls auf die Barrikaden geht. Deshalb fürchtete ich, Peymann würde bald als dominanter, unberechenbarer, hässlicher Deutscher scheitern. Arthur Sonnen, der nicht nur die deutsche Theaterszene sehr gut kannte und mit deren Vertretern in bestem Deutsch kommunizierte, sondern auch häufig Proben von Claus Peymann miterlebt hatte, machte sich ähnliche Sorgen. Wir beide waren erleichtert, dass die Vorgespräche nicht zu einem Vertragsabschluss führten.

Das Maßlose, die ungeheure Intensität, das Extreme, das Grundsätzliche, das Hinterfragen aller Dinge, die vehemente intellektuelle Streitkultur auf hohem Niveau, wie beispielsweise beim Historikerstreit (1986/87), den der Philosoph Jürgen Habermas mit einer Attacke auf Naziverbrechen relativierende Historiker auslöste, das lag und liegt den Niederländern im Allgemeinen nicht.

»Du fragst immer ›warum‹, bohrst immer nach«, hatte mir mein calvinistischer Ehemann einmal entgegengehalten. Und der Nicht-Gläubige, aus der Kirche ausgetretene, aber eben von seiner Vergangenheit geprägte, hatte spöttisch hinzugefügt, »die Antworten stehen doch schon in der Bibel.«

Wer damals im Radio eine verhaltene Parlamentsdebatte in Den Haag mit einer vehementen in Bonn verglich, brauchte kaum weitere Erklärungen für den unterschiedlichen Umgang miteinander im öffentlichen Auftreten. Zu den ungeschriebenen Gesetzen in den Niederlanden gehörte (gehört) es, nicht aufzufallen, besser gesagt, nicht aus der Rolle des Harmoniesuchenden, sich gegenseitig tolerierenden Miteinanders herauszufallen. Natürlich sind nicht alle Niederländer gleich. »Die« Niederländer gibt es nicht, genauso wenig wie es »die« Deutschen gibt. Dennoch war und ist es nicht ratsam, mit dem Schlachtruf »Ich bin aber ganz anders« aufzutreten. Manch ein kritischer niederländischer Autor hat es daher vorgezogen, im Ausland weiterzuarbeiten. So zog es beispielsweise den sehr bekannten Schriftsteller Gerrit Komrij nach Portugal oder den großartigen Romancier W. F. Hermans nach Paris. Andere, wie Steve Austen oder der überaus gebildete und scharfsinnige Journalist bei *De Volkskrant*, Jan

Blokker, haben ihre unangepasste kritische Haltung in den Niederlanden aufrechterhalten, allerdings nicht immer zu ihrem Vergnügen.

Lebhaft erinnere ich mich an ein kurzes Gespräch mit Jan Blokker, dem Vorsitzenden der niederländischen Filmförderungsanstalt. Man hatte mich sehr zu meiner Freude als einzige Ausländerin, und das auch noch als Deutsche, für viele Jahre als Jury-Mitglied in den niederländischen *productiefonds* berufen. Über das Wochenende hatte ich das Drehbuch zu *De lift* (1983; *Fahrstuhl des Grauens*) gelesen, das später auch verfilmt wurde. In der ersten Szene wird beschrieben, wie eine Frau mit einem kleinen Kind an der Hand mit dem Lift in obere Geschäftsetagen fährt. Sie steigt aus, begibt sich in ein schickes Büro, wo ein gut gekleideter Mann an seinem Schreibtisch sitzt, und sofort beginnt eine wilde Sexschlacht. So weit so gut. Nur: Weder die Frau noch das Kind kamen im weiteren Drehbuch vor.

»Warum das?«, fragte ich Jan.

»Kathinka«, sagte er milde, »du bist in einem calvinistischen Land.«

Es hat ein bisschen gedauert, bis ich diese, mir zuerst als widersprüchlich erscheinende Erklärung begriffen hatte: Moralische Repression muss sich manchmal gegen alle Konventionen ungebremst Luft machen.

Ein gescheiter Clown nach Shakespeare-Manier, ja, das darf ein Niederländer sein, ein politischer Kabarettist auch, aber er muss immer »den Menschen in seiner Würde lassen«, wie die Niederländer sagen. Das taten auch die damals berühmtesten Kabarettisten wie Wim Kan und seine Frau Corry Vonk, die ich viele Male erlebt habe. Politisch bissig waren sie in den achtziger Jahren nicht mehr. Kabarett hatte sich mit Comedy vermischt, und so sollte es auch bleiben. In der BRD wurde in jenen umwälzenden siebziger und achtziger Jahren die Häme offener geäußert, die Polemik härter, gnadenloser nach vorne gebracht. Heute hat man in beiden Ländern einen Weichspüler beigemischt, in Deutschland allerdings eine weitaus kleinere Dosis als in den Niederlanden.

Alle Grenzen sprengende emotionsgeladene, gar noch mythologisierende Kunstwerke sind in den Niederlanden nicht entstanden. Keine philosophisch basierte Romantik, kein explodierender Expressionismus in Sprache und Bild. Die erste Expressionismus-Ausstellung nach dem 2. Weltkrieg in Paris jagte selbst den für ihre Bereitschaft zur Radikalität bekannten Franzosen Angst und Schrecken ein. Aber einer dieser laut Hitlers Politik »Entarteten«, Max Beckmann, konnte im niederländischen Exil überleben.

In den Niederlanden findet sich auch kein Äquivalent zum »teutonischen« Komponisten Richard Wagner oder einem so emotionsgeladenen Gustav Mahler. Mir Musik-Schwächling liegt seine Musik besonders nahe, während sie für Koos, den Musikliebhaber und -kenner »zu deutsch« ist, obwohl doch dieser geniale Komponist Österreicher war. Aber das waren ja andere Mächtige in Deutschland auch.

Das hieß und heißt aber nicht, dass beispielswiese die Werke von Richard Wagner nicht in den Niederlanden zur Aufführung kamen. Dafür setzte sich auch in meinen Amsterdamer Jahren eine aktive Wagner-Gesellschaft ein, was in Israel undenkbar gewesen wäre. Und einer der landesweit bekanntesten Journalisten, der sehr scharfzüngige Kritiker – auch der Bundesrepublik gegenüber –, Martin von Amerongen, stellte damals im Goethe-Institut seine sehr kluge Wagner-

Biographie vor. Großen deutschen Künstlern aus allen Sparten haben sich die Niederländer nie verweigert, haben sie nie mit Hinweis auf die deutsche Vergangenheit unterdrückt, obwohl sie wie Richard Wagner oder der Schriftsteller Hermann Löns von den Nazis instrumentalisiert worden waren. Die Niederländer haben auch keine großen Philosophen hervorgebracht, sieht man einmal von Erasmus von Rotterdam ab. Und geistesscharfe flammende Rhetoriker habe ich damals wie heute auch nicht entdecken können. Ein überaus erfolgreiches Kaufmannsvolk reformierter Prägung erlaubt sich derartige Exzesse nicht. Diese Haltung hat selbst die Minderheit niederländischer Katholiken verinnerlicht.

Bis heute kann ich mir kaum erklären, warum sich die Niederlande so stark von ihrem südlichen Nachbarland Belgien unterscheiden. Sie sprechen teilweise die gleiche Sprache. Jeder Niederländer versteht das etwas barockere Flämisch. Sie arbeiten in der *taalunie* (Sprachunion) zusammen. Schließlich gehörte bis zur Gründung von Belgien im Jahr 1830 das heutige Flandern als südliche Provinzen zu den Niederlanden.
   Wenn ich damals wie heute mit dem Zug über die mittlerweile unsichtbare, unkontrollierte Grenze aus den Niederlanden nach Belgien fahre, spürte und spüre ich sofort das Anderssein. Die vorbeiziehenden Häuser, Dörfer, Städtchen und Städte sehen viel vernachlässigter, viel ungepflegter aus. Kein Mensch scheint sich um ein adrettes, ordentliches, aufgeräumtes, blankgeputztes, transparentes, immer und allzeit vorzeigbares äußeres Erscheinungsbild seines Häuschens zu kümmern.
   Doch dann kommt der großartige, großzügige, fast barocke Hautbahnhof von Antwerpen. Ein Luxus der schönsten Art. Immer wieder stand ich da staunend, wenn ich anreiste,

um für das *Börsenblatt* über die Antwerpener Buchmesse zu berichten. Dann strebte ich zu Verabredungen mit Verlegern, Buchhändlern, Autoren. Sie luden mich zum Mittagessen ein. An die Kargheit niederländischer Lunches bei Dienstreffen mittlerweile gewöhnt, erwartete ich eine Erbensuppe, belegte Brötchen mit entweder Käse oder gekochtem Schinken, und Wasser, Saft, Buttermilch. Dem war aber nicht so. Erst kam eine raffinierte Vorspeise mit einem Glas Weißwein, dann ein vorzüglich zubereitetes Hauptgericht, begleitet von Rotwein und schließlich ein üppiger Nachtisch mit Sekt. Inzwischen führten wir leicht benebelt, aber in höchst vergnüglicher Stimmung Gespräche über Erfolgsautoren, die letzten Verkaufsstatistiken, den festen Buchpreis und vieles andere mehr. Ein Lunch in Antwerpen war immer ein wunderbares Fest der Sinne. Andere Niederländer genossen dieses wie ich, denn hier durften sie schwelgen. Als Gäste war es nicht ihre Schuld, dass sie sich stundenlang an all den Genüssen erfreuten. Sie waren ja eingeladen und fühlten sich ganz befreit. Kein Niederländer hat je nach Buttermilch gefragt.

Essen, Trinken, Genießen das scheint vielen Belgiern, welcher Sprache auch immer, wichtiger zu sein, als die Ziegel auf dem Dach zu reparieren.

Was mir noch auffiel, waren die vielen Klatsch-Zeitschriften an jedem Kiosk, à la *Bunte, Die Frau* und wie sie alle in Deutschland heißen. Diese waren und sind in den Niederlanden neben *Privé* und noch ein paar dazugekommenen kaum zu entdecken. Dort konnte und kann man nicht verschämt sagen, man habe, wartend beim Friseur oder beim Zahnarzt, zufällig gelesen, dass ein bekannter Tennisspieler seine soundsovielste Liebe entdeckt hat, dass Ärger oder Glück irgendein Königshaus bewegte, dass irgendeine bekannte Schauspielerin eine großartige oder grässliche Robe bei irgendeiner Premiere trug, aber, völlig ungeachtet ihres Körperumfanges, sich begeistert von den angebotenen gesunden und kalorienarmen Kochrezepten zeigte. In Belgien, auch in Deutschland, müsste man Stunden und Tage bei Friseuren und Zahnärzten verbringen, um dieses versammelte Society-Wissen in sich aufzunehmen. In den Niederlanden früher keine fünf Minuten, heute wahrscheinlich eine halbe Stunde.

Auf wissenschaftliche Erkenntnisse, die diesen Unterschied, den ich ja nur oberflächlich beobachtet habe, zwischen den burgundischen, barocken, sinnesfreudigen, laxen, unordentlichen Belgiern und den sparsam bis geizigen, ordentlichen, vernünftigen, rationalen, pragmatischen Niederländern zu erklären versuchen, bin ich nicht gestoßen. Meine subjektive Erklärung: Nach dem Ende des achtzigjährigen Krieges der niederländischen Provinzen gegen das übermächtige katholische Spanien unter den Habsburgern hatten 1668 im Westfälischen Frieden nicht nur das niederländische Bürgertum, sondern auch der Protestantismus in seinen diversen Ausformungen gesiegt. Und damit auch dessen Vorstellungen, wie man zu leben, zu denken, zu erziehen, zu arbeiten, zu beten, zu lernen, zu feiern hatte. Strenge calvinistische Regeln setzten sich durch, nicht aber im katholischen Süden, sei es im heutigen Flandern oder im südlichen Teil der heutigen Niederlande. Der dort herrschende, weniger strenge Katholizismus erlaubt leben und genießen und entlässt seine katholischen Schäflein nach erbrachter Beichte wieder ins fröhliche Leben.

Heute kann man in den Niederlanden sehr viel besser essen gehen, da viel mehr ausländische Restaurants hinzugekommen sind. Außerdem bietet die hervorragende Supermarktkette Albert Heijn nicht nur Köstlichkeiten aus aller Welt an, sondern liefert die entsprechenden Rezepte gleich mit. Albert Heijn gab es in meinen Amsterdamer Jahren noch nicht. Aber Buttermilch und *broodjes* zum Lunch sind immer noch Standard.

Es bleibt das Motto: »*Niet je nek uitsteken*« (nicht den Kopf, die Nase höher tragen und damit Kopf und Kragen riskieren). In Korridorgesprächen wurde und wird mehr geregelt als auf der öffentlichen Bühne. Das ist zwar überall so, aber in den Niederlanden besonders ausgeprägt. Auch ich wurde Teil dieses sich gegenseitig balancierenden Untergrundnetzes, das äußerst effizient funktioniert. Diese Form nivellierender und gleichzeitig ausgrenzender Toleranz habe ich immer wieder fasziniert beobachtet. Sie erinnerte mich an das Stachelschweinprinzip des Philosophen Arthur Schopenhauer. Über Jahrhunderte hatte man sich einerseits so lange aneinander gerieben und andererseits arrangiert, bis der richtige Abstand in der zusammen gepferchten Herde der Stachelschweine gefunden war, bis keine Gruppierung mehr von den Stacheln der anderen verletzt wurde, bis man auf engsten Raum voneinander distanziert und damit schmerzfrei zusammenleben konnte.

Leben und leben lassen ist die Maxime, wobei das größte Stachelschwein sein Überlegenheitsgefühl nicht immer ganz verbirgt. Aber auch das kleinste Stacheltier wird im austarierten Abstand akzeptiert, wenn es denn nicht die Nase höher trägt, wenn seine »Säule«, seine weltanschaulich bedingte Gruppierung, nicht das soziale und politische Gleichgewicht der Gesamtheit gefährdet.

Dieses in seinen strikten Abgrenzungen heute auslaufende »Säulenmodell«, habe ich zu Beginn der achtziger Jahre noch miterlebt, in abgeschwächter Form. Als Beispiel seien nur die Medien erwähnt. Der Radio- und Fernsehsender *VARA* war auf einer Linie mit sozialdemokratischem Gedankengut; *AVRO* entsprach der Grundhaltung der Rechtsliberalen; der Sender *KRO* war katholisch geprägt, wie auch die überregionale Tageszeitung *De Volkskrant*; *NCRV* ging mehr auf die Welt der Reformierten in ihren diversen Zersplitterungen ein, begleitet von *Trouw*, die jahrelang eine Kirchenseite führte. Nachrichten und überkuppelnde Themen, wie etwa die Übertragung einer Opernaufführung aus der Mailänder Scala durfte nur der nationale Radio- und Fernsehsender *NOS* bringen. Ihm entsprach die sehr gut gemachte Tageszeitung *NRC-Handelsblad*. Dieses kulturelle Grundverständnis besteht auch heute noch. Prägungen aus der Vergangenheit, aus der sich Gewohnheiten entwickeln, die sich wiederum auf die Kinder übertragen, sind in der Regel ganz normal, von den üblichen Ausreißern einmal abgesehen. Aber die jetzigen Grenzen zwischen weltanschaulichen/religiösen Abschottungen sind verschwommener geworden. Dazu hat auch das Erstarken des kommerziellen Senders *TROS* beigetragen, ergänzt von der überall anwesenden Tageszeitung *De Telegraaf*. Und natürlich der Einfluss vieler ausländischer Sender sowie die Globalisierung ganz allgemein.

Am Toleranzgedanken haben Politiker, Medien sowie die meisten gesellschaftlichen Gruppierungen festgehalten. Und diese althergebrachte Leitlinie für das Zusammenleben hat ja auch einiges bewirkt, bis in das Heute hinein. Immer haben die Niederländer Verfolgte aufgenommen, von den protestantischen Hugenotten aus Frankreich im 16. Jahrhundert über Emigranten aus Nazi-Deutschland, Flüchtlingen aus Ungarn 1956 und aus der Tschechoslowakei 1968 nach der Niederschlagung des »Prager Frühlings«, bis zu Flüchtlingen von überall aus unserer heutigen turbulenten Welt. Wenn die Kasse dann noch stimmte, war und ist die Aufnahme umso herzlicher.

Schon ab 1986 durften sich Ausländer, und zwar nicht nur aus der Europäischen Union, sondern aus der ganzen Welt, an Kommunalwahlen beteiligen, wenn sie denn mindestens fünf Jahre im Lande gelebt hatten. Ich habe 1986 an den Amsterdamer Kommunalwahlen teilgenommen mit meinem deutschen Pass. Mein niederländischer Mann darf das inzwischen auch in Köln, aber unsere türkischen, iranischen und kurdischen Freunde dürfen das noch immer nicht, obwohl sie seit mehr als 30 Jahren in der Domstadt wohnen, da sie sich nicht für die deutsche Staatsangehörigkeit entschieden haben und nicht zur Europäischen Union gehören.

Bereits in den achtziger Jahren legte man das Abtreibungsverbot in den Niederlanden in bestimmten Provinzen auf Eis. Das Gesetz wurde dort schlicht nicht mehr angewendet. Das wurde erleichtert durch unterschiedliche Rechtsauffassungen. Während in den Niederlanden das Opportunitätsprinzip entscheidet – ein Staatsanwalt kann bestimmen, ob etwas verfolgt wird oder nicht – herrscht in Deutschland das Legalitätsprinzip, das heißt jeder Anklage muss nachgegangen werden. Hätte ich mir in den achtziger Jahren eine Abtreibung gewünscht, wäre ich bestimmt nicht nach Deutschland gegangen, sondern in die Niederlande. Dort hätte ich nicht um Hilfe in der katholischen Provinz Brabant gebeten, sondern in der reformierten Provinz Noord-Holland. Und das taten dann auch viele junge deutsche Frauen.

Die der Ehe zwischen Mann und Frau völlig gleichgestellte Homo-Ehe ist seit 2001 in den Niederlanden gesetzliche Wirklichkeit, während die Deutschen im Juni 2016 immer noch diskutieren und debattieren. Ab und zu meldet sich dazu auch ein Kirchenvertreter, obwohl in Deutschland die Kirche, vor allem die katholische, nicht die Hintergrundmacht hat wie in Spanien oder Italien und auch von ihrer protestantischen Seite nie so prägend war wie in den Niederlanden. Was, fragte ich mich, können diese katholischen Kirchenmenschen auch beitragen? Von der Ehe haben sie nun wirklich keine Ahnung oder dürfen sie nicht haben, theoretisch jedenfalls.

Dass die niederländische, historisch zu erklärende Toleranz viele Facetten hat, habe ich in meinen Anfangsmonaten 1979 in Amsterdam erfahren.

»Schau Fernsehen«, sagten mir niederländische Bekannte aus der Kunstwelt, »dann kannst du schneller deine Sprachkenntnisse verbessern. Du musst natürlich *VPRO* einschalten. Diesen Sender sehen wir alle.«

VPRO, das stand für einen nicht weltanschaulich gebundenen, sondern einen freisinnigen, kritischen, frechen, intellektuellen Kanal, mit nicht sehr vielen, aber spannenden Sendestunden. Die Sendezeit war für jeden Kanal genau geregelt, nach der Zahl ihrer angemeldeten Mitglieder. (Heute wird der »Mitgliederbeitrag« über Steuern einbehalten, was den Sendern sehr geschadet hat, denn die »staatlichen« Zuschüsse wurden prompt um ein Drittel gesenkt.) Da der wache kritische Zuhörerkreis bei *VPRO* relativ klein war, war auch dessen Sendezeit begrenzt. Ich schaltete mich also in den Zuschauerkreis der Kulturleute ein, aus Neugier und weil ich montags, *VPRO* lief nur am Wochenende, mitreden wollte. Nie werde ich eine Diskussionsrunde mit ausländischen bildenden Künstlern vergessen, darunter mit dem deutschen Gerhard von Graevenitz, der bei einem Flugzeugunglück umkam. Der niederländische Gesprächsleiter wollte wissen, ob sie sich in den Niederlanden wohl fühlten, ob es ihnen an Unterstützung fehle, ob sie etwas brauchten, ob man etwas für sie tun könne.

»Nein«, erwiderten sie unisono. »Nein, es geht uns gut, wir haben keine Probleme.«

Aber der Moderator insistierte, hakte nach.
»Ist also alles perfekt?«
Schließlich nahm sich ein französischer Künstler, dessen Namen ich vergessen habe, ein Herz und sagte:
»Uns fehlt es an nichts, aber unsere Ideen und Arbeiten interessieren keine Seele (*maar het kan ook niemand iets schelen*).«
Da habe ich begriffen, dass Toleranz auch eine Wegschau-Toleranz sein kann, eine passive Toleranz sozusagen. Dieser Art von Toleranz bin ich später viele Male begegnet.

In das bürgerliche Toleranz-Balance-Schema war und ist auch das niederländische Könighaus eingebettet. Die junge Monarchie – sie feierte 2013 ihr 200-jähriges Bestehen – erschien mir immer von bürgerlicher Natur, weniger von aristokratischer Art, wie sie noch der deutsche längst verblasste Kaiser Wilhelm II. auszustrahlen versuchte. Prunk und Ausschweifungen welcher Art auch immer passen einfach nicht ins niederländische soziale Gewebe. Da war es nun nicht so glücklich, dass die dubiosen Finanzgeschäfte und die außerehelichen Eskapaden des deutschen Prinzgemahls Bernhard ans Licht der niederländischen Öffentlichkeit drangen. Das Gleichgewicht war in Gefahr. Die Regierung bemühte sich, dieses wiederherzustellen, so leise wie möglich. Prinz Bernhard wurden ein paar Privilegien genommen, und dann ging man zur Tagesordnung über. Ich habe diesen Prozess in den Niederlanden miterlebt und mich oft gefragt, wie denn seine Frau, Königin Juliana, dies alles ausgehalten hat. Diese große Dame und Mutter der Nation hat sich öffentlich nichts anmerken lassen. Sie blieb bescheiden, herzlich, umgänglich, auch mal mit dem Fahrrad unterwegs. Sie ließ sich nicht mit »Ihre Majestät« anreden, wie ihre Nachfolgerin, sondern mit »Mevrouw«. Sie war sehr beliebt.
Als sie im Januar 1980 zugunsten ihrer ältesten Tochter Beatrix nach 31-jähriger Regentschaft zurücktrat, saß ich

zufällig mit einem eher links denkenden Theaterregisseur in einem Restaurant, um eine Theatertournee zu besprechen. Plötzlich wurde das Radio lauter geschaltet. Wir hörten Julianas Abdankungsrede. Meinen Gesprächspartner, der sich nie etwas aus dem Könighaus gemacht hatte, traf diese allseits unerwartete Rede wie ein Donnerschlag. Tränen traten ihm in die Augen. Wir schwiegen eine Zeitlang, dann sagte er nur: »Aber sie gehört doch zu uns.«

Prinzessin Beatrix war kein leichter Start beschert. Als sie am 10. März 1966 ausgerechnet wieder einen Deutschen heiratete, Claus von Amsberg, waren die Menschen aus Protest in Massen auf die Straßen gegangen. Am 30 April 1980 wurde sie in der Nieuwe Kerk in Amsterdam zur Königin gekrönt. Prinzgemahl Claus stand an ihrer Seite. Es war ein strahlender Frühlingstag. Ich saß zu Hause bei offenem Fenster und schrieb einen Artikel für das *Börsenblatt*. Aber laute Menschenstimmen und dröhnende, tieffliegende Hubschrauber trieben mich dann doch neugierig und besorgt auf die Straße. Polizisten aus dem ganzen Land und Absperrungen überall. Dazwischen aufgeregte Menschengruppen. Es war kaum ein Durchkommen. Aber ich musste irgendwie hindurchkommen, denn just vor dem Kunstverein Arti et Amicitiae, wo das Goethe-Institut eine Ausstellung zeigte, und nicht weit von der Nieuwe Kerk, war ein Auto in Brand gesetzt worden. War die Ausstellung gefährdet? Wie würde es weitergehen? Ich hatte schon einige Demonstrationen in Amsterdam erlebt, aber die waren mir eher als fröhliche Volksfeste vorgekommen, ohne die mir aus Deutschland bekannte Härte. Dieses Mal war es anders. Für niederländische Konsens-Verhältnisse war die Wut groß, unübersehbar und unüberhörbar. Wie sich herausstellte, richtete sich der Zorn auch, aber nicht in erster Linie gegen den deutschen Prinz Claus, sondern war ein Aufruf zur Behebung der Wohnungsnot. »*Geen woning, geen kroning*« (Keine Wohnung, keine Krönung) stand auf den vielen Spruchbändern. Trotz aller Aufregung lief der Tag dann doch relativ glimpflich ab. Die Niederländer scheinen mir für Revolutionen nicht besonders geeignet. Der letzte Aufstand gegen die Spanier liegt jedenfalls weit mehr als 500 Jahre zurück.

Sehr beeindruckt hat mich, dass viele Jahre später eine ganzseitige Annonce in einer niederländischen überregionalen Tageszeitung erschien, in der sich frühere namhafte Opponenten bei Prinz Claus entschuldigten. Sie hätten sich in ihrer Anti-Haltung gegen ihn geirrt und bäten um Verzeihung. Das zeigte Größe. Prinz Claus hatte sich als kluge, geistreiche und von keinerlei Affären belastete Persönlichkeit erwiesen. Und er trat völlig unkonventionell auf, bewegte sich wie »du und ich«. Sein lockeres Wesen – »ganz undeutsch« hörte ich manchmal, »der ist ja wie wir« – ergänzte auf glückliche Weise den eher herberen Stil Ihrer Majestät, der Königin Beatrix.

Ich sehe ihn noch vor mir in Cordhose, krawattenlos und ohne (sichtbare) Leibwächter bei der Vorführung des Dokumentarfilmes *De Tijd, de Stroom* (Die Zeit, der Strom) beim Dokumentarfilmfestival in Amsterdam 1999. Es lag nahe, dass er sich für diesen zweistündigen Film besonders interessierte, denn er spielte in Groß Lüben, nicht weit von seinem Geburtsort Hitzacker entfernt, dicht bei der Elbe. Die Regisseure, Petra Lataster-Czich und Peter Lataster aus Amsterdam, hatten mich gebeten, ihnen bei der Suche nach einem Ort auf dem platten Land in der ehemaligen DDR behilflich zu sein. Einem Ort, wo sie Interviews mit Alteingesessenen, also »Dagebliebenen«, aber auch mit »Wessis« beziehungsweise mit Rückkehrern aus dem Westen führen und das Zusammenleben in diesem kleinen Dorf gut neun Jahre nach der Wende von 1989 veranschaulichen konnten. Ich vermittelte sie an meinen Schwager, den Rückkehrer Dieter Heusmann, und an meine Schwester Gerda, und diese stellten in Groß Lüben weitere Kontakte her. Die Latasters begegneten all diesen Menschen mit viel Feingefühl. Sie filmten die Landschaft an der Elbe, den Alltag im Dorf, wozu auch Feste und Beerdigungen gehörten. Sie führten Gespräche mit anpassungsfähigen Aufsteigern, die zum ersten Mal in ihrem Leben eigene Initiativen hatten ergreifen dürfen und diese auch nutzten, mit müden Älteren, die der alle und alles absichernden sozialistischen Vergangenheit nachtrauerten, mit Dieter und auch Gerda, die sich in diesen gesellschaftlichen Wandlungsprozess irgendwie eingliedern mussten. Es entstand ein realistischer Film, keine Schwarz-Weiß-Malerei. Übergroße Erwartungen an den Westen wurden ebenso deutlich wie verschwundene Hoffnungen und verbitternde Enttäuschungen. Gewinner und Verlierer waren zu sehen. Vergangenheit mischte sich mit Gegenwart. Prinz Claus hat diesen Film wohl besser verstanden als viele andere. Nach dem Ende des Films ging ich im Foyer des Kinos auf ihn zu. Ich kannte ihn von früheren Gelegenheiten. Zustimmend nickte er.

»Lass uns über den Film mit anderen Zuschauern sprechen, für die die Post-DDR-Welt auf dem platten Land sehr fremd ist.«

Rasch bildete sich ein Kreis um ihn. Auf alle Fragen ging er ein. Locker erzählte er von seiner Jugend in Brandenburg und versuchte zu erklären, wie schwierig sich der begonnene Transformationsprozess noch gestalten werde. Keinen Augenblick dozierte er. Er spürte einfach die Neugier der Kinobesucher, denen es als ausgeprägte Westler schwer fiel, sich in das ostdeutsche (und letztlich auch osteuropäische) Nachwende-Durcheinander hineinzufühlen.

Prinz Claus gelang es auf seine unkomplizierte, herzliche Art, diese Sehweise zu relativieren und zu verdeutlichen – jedenfalls ansatzweise –, dass das neue Deutschland ein Land der Mitte ist, das den Blick nach Osten wie nach Westen richtet, das sich dem Osten in vielerlei Hinsicht nicht nur politisch, sondern auch emotional verbunden fühlt, sich in den Westen aber gleichzeitig aus rationaler Einsicht seit Kriegsende zu integrieren versucht.

Auch ich wurde später mit dem eher westlichen als östlichen Blick vieler Niederländer konfrontiert. Als sich die Europäische Union 2004 gen Osten um acht Länder erweiterte, bat mich Marian Koren vom Verband öffentlicher Bibliotheken in den Niederlanden, diese relativ unbekannten Länder in mehreren Seminaren niederländischen Bibliothekaren vorzustellen. Wie war ihre Geschichte verlaufen? Welche Narben waren übrig geblieben? Was bedeutet ein gesellschaftlicher Umbruchprozess? Welche literarischen Werke aus Polen, Ungarn, der tschechischen Republik, aus der Slowakei, aus der DDR kannten sie? Was lag in Übersetzungen vor? Wie also konnten die Bibliothekare mit dem wachsenden Zustrom aus diesen und weiteren mitteleuropäischen Ländern umgehen? Wie auf die Zuwanderer eingehen? Das Interesse der nicht sehr zahlreichen Seminarteilnehmer war mäßig. Am Geld konnte es nicht gelegen haben. Dank kräftiger Subventionen waren die Zugangspreise sehr gering. Einige Bibliothekare konnte ich zwar mit meiner Begeisterung und vielen ganz praktischen Beispielen gewinnen, aber auch sie waren mehr mit dem Verstand als mit dem Herzen dabei. Denen da »im Osten« wünschte man alles Gute, aber sie lebten gefühlsmäßig sehr weit weg.

Diese Ost-West Ambivalenz war Prinz Claus sehr bewusst, auch wenn er den Beitritt der mittel- und osteuropäischen Länder 2004 nicht mehr erlebt hat.

Prinz Claus gibt es nicht mehr. Aber die niederländische Monarchie ist immer noch da. Sie wirkt leise in der Öffentlichkeit, aber umso mächtiger im Hintergrund. Und beliebt ist sie seit eh und je. Da dürfen ein paar Republikaner, wie mein Mann, eine Zeitschrift *De Republikein* herausgeben und sich ein kleines bisschen über das königliche niederländische Haus lustig machen, aber das fällt in der ausbalancierten niederländischen Gesellschaft weiter nicht auf. So viel Toleranz gebührt auch ein paar Ungleichgesinnten. Auf ein paar leicht Verrückte ist die niederländische Gesellschaft sogar stolz. Es ist schließlich ein sehr offenes Land, das weiß, wie das Individuum im Rahmen der ungeschriebenen Gesetze zu seinem Recht kommt und wie man darüber hinausgehende Widerborstigkeiten glatt bügelt.

Mit Prinzessin Margriet, der Schwester von Königin Beatrix, verstand ich mich besonders gut. Sie war unter anderem Präsidentin der Europäischen Kulturstiftung (ECF) mit Sitz in Amsterdam.

»Ich heiße Margriet und wenn du nichts dagegen hast, sagen wir DU zueinander«, begrüßte sie mich, als ich 2003 zur Vorstandsvorsitzenden dieser unabhängigen Stiftung gewählt wurde. Margriet glaubte wie ich an die Förderung der grenzüberschreitenden kulturellen Zusammenarbeit in einem erweiterten Europa. Eine Zusammenarbeit, die von der Zivilgesellschaft getragen wurde, von den vielen Nichtregierungsorganisationen (NGOs), den kleinen künstlerischen Initiativen, die Kontakte suchten, um Stipendien baten, Erfahrungen sammeln und mit Gleichgesinnten in anderen europäischen Ländern Projekte erarbeiten wollten. Die großen Festivals beispielsweise, hatten ja längst ihre Netzwerke. Einig waren sich Gottfried Wagner, der österreichische Direktor der Stiftung, Margriet und ich darin, unser

Augenmerk vor allem auf Mittel- und Osteuropa zu richten (inkl. Weißrussland, die Ukraine, Georgien), auch die Türkei wurde einbezogen, (die damals noch ein anderes Land war als heute nach dem Putsch vom Juli 2016 und dem darauf folgenden verheerenden staatlichen Gegenputsch gegen jedermann, der oppositionell dachte oder als Oppositioneller eingestuft wurde) und auch die nordafrikanischen Länder. Entsprechend zusammengesetzt war das Kuratorium, dem ich vorsaß.

»Meinst du nicht auch«, fragte ich Margriet in einer unser regelmäßigen Besprechungen, »dass wir auch ein russisches Mitglied brauchen?«

»Ja, sicher. Dafür werde ich mich einsetzen.«

Das tat sie dann auch und unterstützte meinen Personalvorschlag gegen die Skepsis einiger Osteuropäer.

»Wo kann ich sonst noch helfen? Geld besorgen? Türen öffnen? Namhafte Redner anschleppen?«

Margriet sah sich immer als Dienende eines gesamteuropäischen Ziels. Nie hat sie versucht, die Stiftung ins nationale niederländische Fahrwasser mit seinen diversen politischen Strömungen zu lenken, ins pan-europäische Tagesgeschäft einzugreifen, oder ihrem eigenen Ego zu frönen. Sie war immer sie selbst: engagiert, warmherzig, spontan, dem anderen zugewandt. Das äußerte sich selbst in kleinen Dingen.

»Wie kommst du jetzt zum Bahnhof«, fragte sie mich nach einem längeren Gespräch auf einem der königlichen Sitze leicht außerhalb von Den Haag gelegen.

»Ich werde den Empfang bitten, mir ein Taxi zu bestellen.«

»Nein, nein, *wacht even* (Moment, Moment), ich rufe meinen Chauffeur, der bringt dich hin.«

Eine derartige Geste wäre ihrer ebenfalls anwesenden designierten Nachfolgerin als Präsidentin von ECF, der bürgerlichen Frau ihres Neffen Constantijn, niemals eingefallen. Sie wollte Macht. Das führte schließlich zum Bruch mit den drei führenden Köpfen von ECF: dem Direktor Gottfried Wagner, mir als Vorstandsvorsitzender und meinem sehr klugen und ausgleichenden niederländischen Stellvertreter, Morris Tabaksblatt, ehemaliger Vorsitzender von Unilever und eng mit dem Königshaus verbunden.

Nun ja, auch einzelnen Mitgliedern des Königshauses fällt es nicht immer leicht, ihre Rolle zu finden.

Dennoch: Die niederländische Monarchie ist fest in der Denkwelt der Bevölkerung verankert, nicht nur unter den politisch und wirtschaftlich Mächtigen, die im Dunstkreis der königlichen Familie erfolgreich ihren Geschäften nachgehen.

Bevor ich beschloss, mein Amt niederzulegen, suchte ich 2008 einen geeigneten Nachfolger für unseren sehr effizienten und jederzeit mit Rat und Tat hilfreichen Schatzmeister im Kuratorium, Gerald Kalff. Seine Amtsperiode lief aus. Einer der Kandidaten, ein Finanzmanager einer großen niederländischen Firma, der natürlich auch den königlichen Kreisen nahe stehen wollte, fragte mich in unserem Bewerbungsinterview, ob »die« Deutschen ihren Kaiser, der 1918 abgedankt hatte und in den Niederlanden bis zu seinem Tod Zuflucht fand, nicht doch vermissten. Ob sie sich nicht nach einer Monarchie sehnten. Auf diesen Gedanken war ich noch gar nicht gekommen.

»Überhaupt nicht«, war meine spontane Reaktion, die ich auch nach einigem Nachdenken nicht revidiert habe. Das deutsche Kaiserreich, der Erste Weltkrieg und mit dessen Ende auch das Ende der deutschen Monarchie ist für fast alle Deutsche relativ verblasst. Meine Großeltern hatten mir vom Kaiser Wilhelm II. erzählt, von dem wichtigen Tag »Kaisers

Geburtstag«, der wohl etwas weniger volkstümlich verlief als die landesweit gefeierten Geburtstage des jeweiligen niederländischen Monarchen. Ich höre meine Berliner Großmutter noch sagen:

»Die Hofdamen taten mir wirklich leid. Sie konnten ihre verwelkenden Brüste nicht verbergen, da tiefe Dekolletés zu ihren Garderoben gehörten.«

Als Studentin der Geschichtswissenschaft erweiterte sich mein Horizont über die Dekolletés hinaus. Ich begriff, dass mit dem Ende des Ersten Weltkrieges weltweit überaus gravierende Umwälzungen verbunden waren, die in Deutschland erst ins Chaos und dann zu Hitlers Diktatur führten. Hitlers Herrschaft und der Zweite Weltkrieg haben sich im deutschen Gedächtnis viel tiefer eingegraben als das relativ kurze deutsche Kaiserreich. Das mag auch der Grund dafür sein, dass all den endlosen Publikationen, den vielen Erinnerungsreden und Veranstaltungen im Gedenken an den Ausbruch des Ersten Weltkrieges vor 100 Jahren zwar auch in Deutschland 2014 großer Raum eingeräumt wurde, aber auf der Gefühlsebene nicht den gleichen Nerv trafen wie in Frankreich, dem Vereinigten Königreich und vor allem dem damals so gebeutelten Belgien, von anderen Staaten einmal ganz abgesehen. In Russland empfindet man ähnlich wie in Deutschland. Der »Große Vaterländische Krieg« hat mehr Spuren hinterlassen als die Entscheidung des Zaren, 1914 gegen seinen Vetter, den deutschen Kaiser, zu den Waffen zu rufen.

Vielleicht schwingt erinnernde Wehmut in Österreich heute noch mit. Als Otto von Habsburg, der älteste Sohn des letzten österreichischen Kaisers Karl I., in Wien begraben wurde, weilte ich zufällig in dieser wieder erfrischend aufgeblühten Stadt. An einem strahlenden Julitag im Jahre 2011 beobachteten Gottfried Wagner und ich den endlosen

Trauerzug, der den Sarg des letzten österreichischen Kronprinzen vom Stephansdom in die Kapuzinergruft begleitete. Die gesamte politische Elite Österreichs, ganz gleich welcher Couleur, lief hinter dem Sarg. Vertreter aus allen ehemals österreichisch-ungarischen Gebieten waren dabei, darunter auch viele Landsmannschaften und Corpsbrüder. Alle österreichischen Zeitungen, egal welcher Ausrichtung, die ich auf der Stelle kaufte, erinnerten sich mit Wärme an die habsburgische Monarchie. Ich fühlte mich wie in einem seltsamen Märchen, das in Deutschland die Historiker beschäftigt, aber nicht die Menschen bewegt. Ich begriff, dass sich die österreichische Regierung und viele Landsleute besonders eng mit ihren östlichen Nachbarn verbunden fühlen, diese unterstützen und sich mit diesen aus einer vergleichbaren Denkhaltung heraus besprechen. Dieses gegenseitige Verständnis hat einerseits den Transformationsprozess in den »neuen europäischen Ländern« erleichtert, andererseits 2015/2016 aber auch zu einer gemeinsamen Blockadehaltung in der europäischen Flüchtlingspolitik geführt. Sie waren sich einig, dass der Nationalstaat vor der EU kommt und schlossen ihre Grenzen.

Am 30. April 2013 wurde der neue niederländische König, Willem Alexander, inthronisiert, nachdem seine Mutter, Königin Beatrix, ihren lange erwarteten Rücktritt im Januar angekündigt hatte. Glücklicherweise hat der König keine Deutsche zur Frau genommen. Das wäre ja denkbar gewesen, da Deutschland dank seiner ehemaligen Königreiche, Herzogtümer, Grafschaften und Landadelssitze nach wie vor ein großes Angebot an standesgemäßen Bräuten bereithält. Zu meiner Erleichterung entschied sich Willem Alexander für die Argentinierin Maxima und beschritt den schwierigen Weg zu ihrer Hochzeit. Maximas Vater war in die ehemalige argentinische Militärdiktatur verwickelt, und mit Diktaturen wollten die Niederländer nun wirklich nicht assoziiert werden. Diese Erfahrungen hatten sie mit der deutschen Besetzung 1940–1945 schon hinter sich. Das Dilemma wurde klug und leise in diplomatischen, nicht öffentlichen Gesprächen, aufgelöst. Maximas Eltern erschienen nicht zur Hochzeit und auch nicht zur Krönung. Damit war das Problem vom Tisch, und jeder war es zufrieden. In kürzester Zeit lernte Maxima perfekt Niederländisch und verzauberte ihre Untertanen durch ihre Herzlichkeit, ihren Charme. Sie gebar drei Kinder, drei Töchter, auch das gehört zu den Pflichten einer Königin, und ist heute vielleicht noch beliebter als ihr Ehemann. Das hat sie auf ihre ganz eigene Art mit Prinz Claus gemeinsam – auch wenn sich in anderen Bereichen Vergleiche verbieten.

Alles glätten und ausbalancieren konnte und kann auch das niederländische Königshaus nicht, auch wenn es von Kennern als das einflussreichste in Europa eingeschätzt wird. Als der Soziologe Pim Fortuijn zu Anfang des 21. Jahrhunderts mit seiner massiven Kritik am »Islam als rückständige Kultur« in die niederländische politische Arena trat, gestützt auf seine junge Partei *Leefbaar Nederland* (Lebenswerte Niederlande) war das Unbehagen bei Politik, Presse, Königin Beatrix und einem Teil der Bevölkerung groß. Einem Teil nur, denn ein anderer Teil hatte Fortuijn ja hochkommen lassen, hatte ihn gewählt. Dieser Populist widersprach den Integrationsbemühungen in dem traditionellen Einwanderungsland. Er wollte provozieren, nicht glattstreichen.

Fast alle zwei Monate war ich damals als Mitglied verschiedener Vorstände kultureller Stiftungen in den Niederlanden, las die Zeitungen, hörte die Nachrichten, spürte die Besorgnis der einen, aber auch die Stimme der anderen:

»Diese Ausländer nehmen uns Arbeit und Brot weg, sie halten sich nicht an unseren sozialen Konsens, sie müssen sich nach uns richten und nicht wir nach ihnen. Wir wählen Pim Fortuijn wieder.«
Ich wurde an die niederländische Anti-Ausländerpolitik der dreißiger Jahre erinnert, obwohl die Zeitläufte keineswegs vergleichbar sind. Verunsicherung herrschte im Land. Trotzdem: Groß und nachhaltig wirkte der Schock durch alle Gesellschaftsschichten hindurch, als Pim Fortuijn nicht etwa von einem Islamisten, sondern von einem Niederländer, einem Umweltaktivisten, 2002 ermordet wurde. Ein politischer Mord in den Niederlanden? Undenkbar und doch Realität. Ein Ausnahmefall, der so gar nicht in das niederländische Konsensmodell passt?

Im Jahre 2004 wurde der niederländische Filmregisseur Theo van Gogh von einem Niederländer marokkanischer Herkunft brutal ermordet. Anstoß war sein elfminütiger Film *submission* (Unterdrückung), nach dem Drehbuch der aus Somalia stammenden politischen Kämpferin Ayaan Hirsi Ali, die für die niederländischen Liberalen (VVD) auch ein paar Jahre Mitglied des niederländischen Parlaments war, bis sie nach Amerika emigrierte. Der Film kritisierte die Misshandlung von Frauen im Islam und wurde einmal bei *VPRO* ausgestrahlt. Wieder breitete sich Entsetzen aus. War auch dieser ethisch-politische Mord ein Lapsus in der niederländischen Geschichte?

Seit 2006 ist der islamkritische Populist und Politiker Geert Wilders im politischen Geschäft. Nur mit seiner Duldung konnte die niederländische Regierung eine Zeit lang überleben. Dabei setzte er natürlich auch seine Akzente. Beispielsweise wurden die Mittel für die niederländische Kulturarbeit auf ungeahnte, geradezu drakonische Weise gekürzt, da Künste und Kultur für ihn nicht wichtig waren, milde ausgedrückt. Auch er eine Ausnahmeerscheinung?

Über all diese für mich neuen Phänomene in der niederländischen Gesellschaft sprach ich mit Ed van der Vaart, einem guten niederländischen Freund.

»Ganz ehrlich zugegeben«, sagte er mir, »politische Morde in unserem Land hätte nicht nur ich, sondern auch viele Gleichgesinnte für völlig unmöglich gehalten. Der letzte geschah 1672. Kannst du überhaupt so weit zurückdenken? Da waren wir ein noch ganz junges Land, erst 1648 im Westfälischen Frieden, der den Dreißigjährigen Krieg in Europa beendete, aus der Taufe gehoben. Wir waren im Auf- und Umbruch. Unruhen, Wirren. Da kann man so eine Tat irgendwie noch nachempfinden. Aber heute: nein. Bei euch: ja. Bei euch ist alles möglich. Ihr habt viele politische Morde zu verantworten, bis in die jüngste Vergangenheit hinein. Denk nur an den Studenten Benno Ohnesorg, der 1967 bei einer Demonstration erschossen wurde.«

Er sagte nicht »von einem Polizisten in Notwehr erschossen«, obwohl diese Aussage heute auch in Frage gestellt wird, und man eher von einem durch die Stasi bezahlten Polizisten ausgeht.

»Sicher, unserem Kulturminister in den achtziger Jahren, Eelco Brinkman, hat man eine Torte ins Gesicht geworfen, wir beide standen doch knapp einen Meter neben ihm in der Nieuwe Kerk und waren entsetzt. Aber das ist etwas anderes als das Attentat auf euren heutigen Finanzminister Wolfgang Schäuble, der sich die Sahne nicht vom Gesicht wischen konnte, sondern seitdem im Rollstuhl sitzt. Ein guter Mann übrigens«, fügte er noch hinzu. »Und Wilders versuchen wir auch wieder in den Griff zu bekommen.«

»Also waren die politischen Morde wie die aufheizenden Populisten in der niederländischen Politik und Gesellschaft fremdenfeindliche Ausrutscher, die langfristig das Harmoniegefüge nicht ernsthaft stören können?«, bohrte ich nach.

»Ja«, meinte er, »das hoffe ich jedenfalls.« Wilders *Partij voor de Vrijheid* (Partei der Freiheit) ist zurzeit im Aufwind. Bei den letzten Kommunalwahlen im März 2014 hat sie ihr Ziel zwar nicht ganz erreicht, aber sie ist dennoch sehr präsent und könnte bei den nationalen Wahlen im März 2017 zur Mehrheitspartei werden.

»Wie geht ihr denn mit *de zwarte Piet* um?«, fragte er dann ganz unvermittelt, als wollte er das Thema populistische Parteien vermeiden.

»Den haben wir nicht. Wenn der deutsche Nikolaus am 6. Dezember abends zu den Kindern kommt, dann wird er von einem weißen Knecht Ruprecht mit der Rute begleitet, keinem schwarzen. Die lebhafte Debatte in der niederländischen Öffentlichkeit, ob der *zwarte Piet* Menschen anderer Herkunft und Hautfarbe diskriminiert, hat deshalb in Deutschland nicht stattgefunden. Beobachtet habe ich aber wohl, dass bestimmte, vielleicht diskriminierende Produkte unbenannt wurden. Als Kind liebte ich ein süßes mit Schokolade überzogenes Schaumgebäck. Wunderbar diese ›Mohrenköpfe‹ oder ›Negerküsse‹. Heute sind das nur noch ›Küsse‹. Auch der Schokoladen-Mohr der Firma Sarotti ist nur noch in Schokolademuseen zu bestaunen.«

»Und diese Umbenennung vollzog sich ohne öffentlichen Streit? Ich frage nur, weil es bei uns viel weniger fremdenfeindliche Demonstrationen, viel weniger angezündete Flüchtlingsheime gibt, als bei euch. Allerdings, und das bewundere ich, sind die Gegendemonstrationen von Bürgern aller Schichten in vielen Städten Deutschland meist viel zahlreicher. Nein, die Niederlande sind nicht das Land der Extreme.«

Vermutlich hat er Recht, dachte ich. Mit Blick auf die Deutschen erinnern sich die bodenständigen Niederländer, die ihre Probleme pragmatisch zu lösen versuchen und nicht bei jeder Aufregung vom Erdboden abheben, vielleicht zu sehr an die laute deutsche Streitkultur, an eine gewisse unberechenbare Irrationalität, die ihnen zutiefst zuwider ist.

Und es stimmt ja, wenn sie auf die vielen politischen Morde, die von der NPD (Nationale Partei Deutschlands) inklusive, hinweisen, obwohl diese verschwindend klein gewordene Partei mit gerade mal 5900 Mitgliedern keinerlei Chancen hat, öffentlich politisch aktiv zu werden. Aber wie wird sich die relativ junge rechtspopulistische, islamfeindliche Partei Alternative für Deutschland (AfD) entwickeln? Wilders und auch Marine Le Pen wollen gerne mit ihr zusammenarbeiten.

Hat die Gegenwart die Vergangenheit verdrängt? Bleibt Deutschland »ein besonderer Nachbar« für die Niederlande, die den durch nichts zu entschuldigenden deutschen Überfall von 1940, Krieg und Besetzung zwar in den Hinterkopf verschoben, nicht aber vergessen und vergeben können? Ich würde diese Frage heute verneinen.

Die wirtschaftlichen Kontakte florieren, zahllose niederländische Touristen besuchen deutsche Städte und Landschaften in Ost wie in West und ebenso viele Deutsche, wenn nicht sogar mehr, kaufen oder mieten sich ein Häuschen oder eine Wohnung an den niederländischen Stränden, in Ferienressorts, aber auch in den Städten und verstehen sich gut mit ihren niederländischen Nachbarn. Zuwanderer aus Deutschland stehen an dritter Stelle nach Türken und Indonesiern.

Der Schüleraustausch ist zur Selbstverständlichkeit geworden. Deutsche Studenten studieren in den Niederlanden und werden auch regelrecht angeworben. Niederländische Studenten, wenn auch prozentual gesehen weit weniger, lernen an deutschen Universitäten. Um eine Verbesserung deutscher Sprachkenntnisse wirbt der niederländische Präsident des Arbeitgeberverbandes. Wirtschaft und Handel würden Milliarden Gewinne entgehen, meint er, weil niederländische Kaufleute nicht in der Sprache ihrer deutschen Partner kommunizieren könnten. Das schmerzt ein Handelsvolk. Die Kontakte im kulturell/künstlerischen Bereich sind längst Normalität.

Auch auf politischer Ebene besteht weitgehend Einverständnis. Da kommt den Niederländern sicherlich entgegen, dass das angrenzende Bundesland Nordrhein-Westfalen alles für gute Beziehungen tut und dass an der Spitze der deutschen Regierung in Berlin eine emotionsfreie, gelassene Kanzlerin mit ruhiger Hand regiert: Angela Merkel. Die wissenschaftliche Herangehensweise dieser Physikerin und das Arbeitsethos dieser Protestantin sind ja fast schon niederländisch. Sich aufbäumende »Kurfürsten«, also die Ministerpräsidenten der 16 Bundesländer, hat sie lächelnd, aber keinen Widerspruch duldend, gezähmt. Selbst aus Bayern, den Niederländern aus Zeiten des Ministerpräsidenten von Franz Josef Strauß als besonders reaktionär verdächtig, kommt nur noch ein gelegentliches Aufzucken, das nicht nur Niederländer irritiert.

»Was sagen denn die deutschen Autofahrer zur Maut, der Abgabe für die Benutzung von Bundesstraßen und Autobahnen, die sich die bayerische CSU hat einfallen lassen?«, wollte mein Ed wissen.

»Statistiken kenne ich dazu nicht. Aber aus meinem Bekanntenkreis wie aus den Medien klingt unisono der Tenor: Eine Maut für alle, Inländer wie Ausländer, ist in Ordnung, wie das auch in Frankreich oder Spanien oder Österreich praktiziert wird. Nicht in Ordnung ist, dass deutsche Auto-

fahrer ihre Unkosten durch eine Reduzierung der Kraftfahrtsteuer zurückerstattet bekommen. Das ist Diskriminierung, widerspricht allen europäischen Regeln der Gleichbehandlung. Wir wollen Europa.«
»Und was denkst du?« fragte ich ihn.
»Das Gleiche. Sollte die Gesetzesvorlage zur Maut durchgehen, hoffe ich auf einen abschlägigen Bescheid des Europäischen Gerichtshofes. Deutschland muss und will sich gegen jede Art der Diskriminierung stemmen. Im Fall der Maut ist das für seine sieben europäischen Nachbarländer mit seinen vielen Grenzgängern besonders wichtig. Warum sollten nicht Niederländer oder Österreicher oder Polen oder Dänen kostenfrei ein paar Kilometer deutsche Straßen benutzen, um billiger tanken zu können, einzukaufen, sich mit Freunden zu treffen, ein bisschen umzusehen, mit anderen einen Kaffee zu trinken, ins Gespräch zu kommen. Das ist eine von vielen Chancen, dass Europa ›von unten‹ wachsen kann.«
»Ja«, stimmte ich ihm zu. »Darum geht es doch.« Und ergänzte: »Ich bin sicher, dass die Maut in der vorgeschlagenen Form nicht durchgeht. Der CSU-Verkehrsminister wird Kompromisse mit der EU-Kommission suchen (was er auch tat). Das wird so lange dauern, bis an dem Vorstoß nichts mehr dran ist.«
»Auch unsere Regierung war immer solidarisch mit euch und der EU«, betonte Ed. Wir haben auf der gleichen Sparpolitik wie eure Merkel und euer Finanzminister Schäuble gegenüber den meist südeuropäischen Schuldenländern bestanden. Pech für euch, dass ihr dafür die Prügel abbekommen habt. Ihr seid halt größer und tonangebender als wir. Mir ist schon klar, dass ihr zusammen mit dem schwächelnden Frankreich diese Führungsrolle nicht wolltet. Aber die Realität ist nun mal so.«

»Das ist wahr. Europäische Solidarität haben die Niederlande auch in der Flüchtlingskrise bewiesen, neben wenigen anderen Staaten wie Spanien, Belgien, Luxemburg. Aber kannst du dir erklären warum die Niederlande zusammen mit Frankreich 2005 gegen eine europäische Verfassung gestimmt haben? Warum hat der niederländische Blog *Geen stijl* (kein Anstand) es geschafft, ein Referendum gegen den Assoziierungsvertrag der EU mit der Ukraine durchzusetzen?«

»Frag mich nicht. Ich weiß es nicht. Ich war jedenfalls nicht dagegen, hab mich für das negative Ergebnis geschämt, wie viele meiner Freunde auch. Aber«, sagte er beinahe tröstend, »die enge deutsch-niederländische Zusammenarbeit ist davon nicht betroffen, allen Rechtspopulisten zum Trotz.«

So sieht es derzeit aus, dachte ich. Dennoch: Sollte die Stimmung umschlagen, sollte es in Deutschland wieder zu starken gesellschaftlichen und politischen Reibungen kommen, dann wäre eine Mehrheit der Niederländer nicht überrascht.

Im Kern geht es heute um den anderen Stil im Umgang miteinander. Eine größere deutsche Konfrontationswilligkeit, eine Streitbereitschaft, eine heute unter den Wohltaten der Konsumgesellschaft, des Wohlfühldaseins verborgene Eruptionsfähigkeit würden, wenn durch ernsthafte Krisen ausgelöst, die skeptische Erwartungshaltung der Niederländer sofort wieder wachrufen, nach dem Motto: wie damals. Aber den Handelsverkehr zwischen den beiden Ländern würde dies wie eh und je nicht stören.

Im Osten

Prag

Wie paart sich der Aufbruch mit der nationalen Rückbesinnung?

Trotz eines unbestimmten Gefühls der Nähe wusste auch ich wenig vom Alltag in den sowjetischen Satellitenstaaten Mittel- und Osteuropas. Einer meiner Deutschschüler beim Goethe-Institut in Brilon verhalf mir zu ersten Einblicken: Vasek Broz.

»Besuch uns doch mal in Prag«, sagte er einladend.

Wie es seinen bürgerlichen Eltern gelungen war, ihm das Visum und das Geld für einen Deutschkurs zu besorgen, ist mir heute noch unklar. Im Sommer 1967 machte ich mich in meinem 13 Jahre alten VW auf die Reise. An der deutsch-tschechischen Grenze wurde ich gründlich kontrolliert, endlose Fragebögen musste ich ausfüllen.

»Farbe des Autos«, hieß es barsch. »Da steht nichts.«

Ich starrte auf mein uraltes Vehikel, dessen Farbe schlicht nicht auszumachen war.

»Natur«, stammelte ich, was glücklicherweise akzeptiert wurde.

In Prag wurde ich von Vaceks Familie herzlich empfangen. Von der politischen Situation sprach niemand. Bald drehten sich die Gespräche um die Frage, wie man durch Tauschen die wichtigsten Dinge des Alltags ergattern könnte. Frau Brozowa hielt dafür einen Trumpf in der Hand. Da sie zum kritischen Bildungsbürgertum gehörte, hatte sie nur wenige Berufschancen. Deshalb verkaufte sie abends Kinokarten, und die waren sehr begehrt. Gerade hatte sie einen Stapel von ihr »reservierter« Karten in einen so dringend benötigten Autoreifen umgesetzt.

Warum kommt bloß keine Freude auf, dachte ich. Das ist doch ein richtiges Erfolgserlebnis. Ich musste begreifen, dass Vaceks Eltern bereits mit dem nächsten Tauschprojekt beschäftigt waren. Sie konnten nicht entspannen. Der ständige Überlebenskampf und die Sorge um die Erziehung der Kinder Vacek und Mascha fraßen alle Energie auf. Ähnliche Erlebnisse hatte ich später viele Male in der Sowjetunion.

»Mascha muss auch Deutsch lernen, sie muss für sich eine Zukunft entwickeln«, erklärten mir die Eltern.

Was tun? Für ein Stipendium am Goethe-Institut in Brilon konnte ich sorgen, aber wie einen Pass beschaffen? Der war sehr teuer. Nach meiner Rückkehr wandte ich mich höchst verlegen an meine Großmutter, denn über Geld sprach man nicht. Das war ein Tabu, reserviert für Proletarier. Nachdem ich ihr die Situation erklärt hatte und zugab, dass mein Anfangsgehalt beim Goethe-Institut von DM 250 schlicht nicht für die Anschaffung des Passes ausreiche, nickte sie zustimmend und wechselte sofort das Thema.

Mascha konnte in Brilon einen Sprachkurs belegen, Dort verliebte sie sich in einen dänischen Sprachschüler. Die beiden heirateten in Dänemark.

Vacek zeigte mir Prag, diese europäischste aller europäischen Städte. Wir besuchten die imposanten Paläste, die uralte Universität, schlenderten über die Karlsbrücke zur Kleinseite, verharrten immer wieder auf meinem Lieblingsplatz vor der Teynkirche und kehrten in die berühmten Bierkeller ein.

»Wenn du ein Mitbringsel brauchst, dann kauf Wodka, aber keinen sowjetischen, sondern den von uns«, betonte er kurz vor meiner Abreise. Das tat ich dann auch.

Auch Anfang 1968 fuhr ich wieder in diese großartige Stadt und erneut am 21. August 1969. Dieses Datum werde ich nie vergessen, denn als ich die bayerisch-tschechische Grenze überqueren wollte, warnte mich ein besorgt blickender Grenzbeamter:
»Fahren Sie nicht heute. Heute ist doch der erste Jahrestag von Alexander Dubceks Entlassung. Da könnte es zu Unruhen kommen.«
Ich hatte nicht auf das Datum geachtet. Aber es stimmte. Genau ein Jahr zuvor war die Symbolfigur des *Prager Frühlings*, Alexander Dubcek, der 1. Sekretär der kommunistischen Partei der ČSSR, gestürzt worden. Panzer des Warschauer Paktes, angeführt von sowjetischen, hatten seine Reformpläne und die Hoffnungen vieler Bürger überrollt. Ich fuhr trotzdem weiter auf ein stockfinsteres, menschenleeres Prag zu. Kein Mensch hatte sich im Gedenken an diesen populären Politiker auf die Straße gewagt. Aber hinter fast jedem Fenster brannten Kerzen. Ein gespenstisches Bild. Der Anblick dieser stillen, ohnmächtigen Trauer hat sich mir tief ins Gedächtnis eingegraben.

Auch die Familie Broz war bedrückt und verunsichert. Schon am nächsten Tag wurden mir ihre Sorgen vor Augen geführt. Vacek hatte gerade seine erste Stelle bei einer Regierungsbehörde bekommen. Ich versprach, ihn nach Dienstschluss abzuholen. Geparkt stand ich bereit und sah ihn kommen. Mit ausdruckslosem Blick lief er an meinem Auto vorbei. Hatte er mich übersehen? Ich wartete. Nach einigen Minuten kam er zurück, riss die Beifahrertür auf, setzte sich und rief atemlos:
»Fahr los. Ich werde beobachtet.«
Beim Abendessen fielen Bemerkungen wie:
»Auch beim Nachbarn stand schon mal ein Auto mit westlichem Kennzeichen. Es wird schon nichts passieren.«

Mir wurde klar, dass ich eine Gefahr für meine Freunde darstellte, dass sie Angst hatten. Bei meinen nächsten Besuchen schlief ich in einem Hotel.

Für Jüngere mögen meine damaligen Erfahrungen exotisch klingen, kaum nachvollziehbar. Im heute von Touristen überströmten Prag, einer Metropole, in der es alles zu kaufen gibt, was der Weltmarkt bietet, in der die Vielfalt an kulturellen Angeboten an nichts zu wünschen übrig lässt, wo der zentrale Wenzelsplatz mit seinen Einschusslöchern nur für genau Hinschauende noch an den 1968 niedergeschlagenen Aufstand erinnert, scheint sich die Versöhnung mit der Vergangenheit mit dem Blick in die europäische Zukunft gepaart zu haben. Abgeschlossen ist dieser Prozess nicht. Hinter den Kulissen ist der Kampf zwischen alten Kadern und neuen Kräften keineswegs ausgestanden – wie auch nicht in allen übrigen mittel- und osteuropäischen Ländern. Das war in der deutschen Nachkriegs-BRD nicht anders und auch nicht im Nach-Franco-Spanien oder im Nach-Salazar-Portugal. Diese Prozesse brauchen Generationen.

Im Jahre 2003 saß ich mit einer Biographin des ersten tschechischen Präsidenten nach der Befreiung von der Sowjetunion, Vaclav Havel, auf einer Terrasse in Prag.
»Meine Eltern«, erzählte sie, »waren ganz auf das Schreckgespenst die Nazis fixiert. Sie waren und sind ihr Feindbild. Meine Generation wehrte sich so gut es ging gegen die sowjetisch-kommunistische Herrschaft. Wir machten uns unsichtbar, zogen aufs Land. Für euch mögen die Sowjets als Mitbefreier von der Naziherrschaft gelten, jedenfalls von heute aus gesehen. Für uns begann dagegen eine neue Besetzung. Meine Kinder interessieren sich für das nächste Fußballspiel. Sie wissen nicht, was Unfreiheit ist. Freiheit ist für sie selbstver-

ständlich. Und die ist für sie eher eine Konsumfreiheit denn eine geistige Freiheit. Aber unser aller Misstrauen gegenüber Russland bleibt. Denen trauen wir alles zu. Deshalb ist unser Beitritt zur EU und der NATO im nächsten Jahr so wichtig.«

»Europa als Freiheitsideal, als Friedensprojekt, diese ursprüngliche Idee Europas lebt bei uns nicht mehr«, erklärte mir 13 Jahre später eine ehemalige, kritisch-offene Mitarbeiterin des tschechischen Fernsehens.

»Wie erklärst du dir diese Abkehr?«

»Am Anfang waren wir voller Begeisterung und Hoffnung. Zwar hat es uns gestört, dass die EU ständig wirklich kleinkarierte Regeln vorgab, die in unseren Alltag, unsere Lebensweise eingriffen: nur dieses Brennholz ist erlaubt, nur diese Gurken. Aber naja, haben wir uns gesagt, Europa als Hafen der Freiheit und Sicherheit ist wichtiger. Und mit Vaclav Havel regierte eine großartige pro-europäische Persönlichkeit. Ein Mann wie er ist zurzeit nicht in Sicht. Wir bemühten uns mit Erfolg, all die aufgetragenen Marktmechanismen umzusetzen, auch dank europäischer Subventionen. Unserer Wirtschaft geht es gut. Tschechien verzeichnet die höchste Wachstumsrate in Europa. Aber immer diese Regelwut. Als während der Flüchtlingskrise, spätestens ab September 2015, wieder neue Befehle aus Brüssel kamen, wir hätten soundsoviele Flüchtlinge aufzunehmen, da kippte die Stimmung endgültig. Begreift ihr denn unsere Lage überhaupt nicht, haben viele, auch ich, gefragt. Wir waren immer ein multikulturelles Land. Bei uns wohnten Österreicher, Deutsche, Ungarn, Polen, Juden, Balten, Russen – alles Menschen aus Europa. Aber Afrikaner, Afghanen, Iraker, Syrer, Türken, Menschen aus völlig anderen Kulturkreisen, mit einer anderen Religionsauffassung, einer anderen Lebensweise, die kannten wir doch gar nicht. Ihr schon, ihr seid schon länger

Einwanderungsländer, habt mehr Erfahrung. Wie viele Terroristen sind unter den Moslems? Und jetzt sollen wir diese per Dekret aus Brüssel bei uns aufnehmen.«

Ich wagte nicht zu sagen, dass sich die große Mehrheit der europäischen Staatsoberhäupter auf einen Verteilungsschlüssel geeinigt hatte.

»Außerdem wollen die gar nicht bei uns bleiben. Nur ein Beispiel, das all unsere Medien mit großer Enttäuschung aufgegriffen haben. Eine syrische Familie mit sechs Kindern wurde bei uns aufgenommen, versorgt, betreut. Mit Rat und Tat unterstützte man sie. Und was sagte sie nach einem Jahr? Wir wollen nach Deutschland.

Hilfsbereitschaft ist also da, die zeigen wir jetzt auch den vielen Ukrainern, die zu uns kommen. Die sind uns vertraut.«

»Das glaube ich, nur sind diese zumeist keine Menschen in Not, sondern schlicht Gastarbeiter, wie auch in Polen.«

»Ich will dir nur sagen, dass die Stimmung im Land geteilt ist. Die Gruppe der Pro-Europäer ist viel kleiner geworden. Die Europa-Kritiker um unseren immer noch sehr einflussreichen Ex-Präsidenten Vaclav Klaus sind gewachsen. Viele können nachempfinden, dass er ›mehr Angst vor dem Politbüro in Brüssel hat als vor Putin‹, wie er öffentlich gesagt hat.«

Auf meinen erstaunten Blick entgegnete sie mit fester Stimme:

»Putin ist oft vom Westen provoziert worden. Dazu kommt, dass alles, was er sagt und tut vom Westen schlecht gemacht wird. Wir sehnen uns weiß Gott nicht nach Sowjetzeiten zurück, aber man muss auch den mächtigsten Mann Russlands seine Würde lassen. Das tun wir. Wir sind ein unabhängiger, souveräner, starker Staat, der mit allen auf gleicher Augenhöhe spricht und von niemanden gegängelt werden will, auch nicht als Mitglied der EU oder NATO.

Warschau

Befreit von sowjetischer Vormundschaft und gefangen im neuen Nationalismus?

Mitglied der EU und der NATO wollte auch Polen werden. So weit war es Mitte der achtziger Jahre noch nicht. Meine ersten Erfahrungen in der heutigen mitteleuropäischen Regionalmacht machte ich nicht privat, sondern als Mitglied einer deutschen Regierungsdelegation. Dank Gorbatschows Politik der »Perestroika«, des Umbaus und der Transparenz im gesellschaftlichen Leben, hatte eine Art »mitteleuropäischer Frühling« begonnen. Daraufhin beschloss das deutsche Auswärtige Amt (AA) mit den Ostblockländern inklusive der Sowjetunion Kulturabkommen zu verhandeln – zur Intensivierung des kulturellen Austausches und als Vorbereitung zur Gründung von Goethe-Instituten. Die Verhandlungen sollten von deutschen Kulturwochen flankiert werden.

Da ich mittlerweile als Abteilungsleiterin »Kultur- und Informationsprogramme Ausland« in der Zentralverwaltung des Goethe-Instituts in München arbeitete, wurde ich mehrfach gebeten, an diesen Delegationen in Prag, Bratislava, Warschau, Tirana und anderen Städten teilzunehmen. Das gedenkt mir ewig, wie die Badener sagen. Eine »Delegazia« war offensichtlich etwas ganz Besonderes, Abgehobenes. Sie stellte einen anderen Staat in Miniatur dar. Weit ab vom Alltag der Menschen in den Gastländern wurde sie in den für Ausländer vorgesehenen Hotels untergebracht, bestens bewirtet und auf Schritt und Tritt begleitet – höflich korrekt.

Noch nie war ich so staatsmännisch im luftleeren Raum behandelt worden. Kleinere Ausflüge führten zu vorzeigbaren Musterbetrieben, wie beispielsweise zu einer Geflügel-Verarbeitungsfabrik in Kosice, in der Slowakei.

Aber dann begannen die Verhandlungen. Diese gestalteten sich in Warschau besonders schwierig. Streng nach Nationalität und Hierarchie geordnet saßen sich die beiden Verhandlungspartner an einem langen Tisch gegenüber. Es herrschte eine gespannte Stimmung. Zutiefst hatten beide Seiten die Rhetorik des Kalten Krieges verinnerlicht. Für die polnische Seite stellte das geheime Zusatzabkommen im Hitler-Stalin-Pakt von 1939, in dem das Deutsche Reich und die Sowjetunion Polen unter sich aufgeteilt hatten – nicht zum ersten Mal in der Geschichte –, kein vergessenes Relikt der Vergangenheit dar. Die deutsche Seite tat sich schwer, die schon 1970 vom deutschen Bundeskanzler Willy Brandt anerkannte Oder-Neiße-Grenze als endgültig zu betrachten. Immer wieder bestand sie darauf, in den Abschlusspapieren ehemalige deutsche Städtenamen zu nennen, also beispielsweise »Breslau« statt »Wrocław« durchzusetzen. Ich war darüber innerlich so empört, dass ich fortan nur von Wrocław sprach, nicht zur Freude der deutschen Delegationsleitung. Man kann doch das Rad der Geschichte nicht zurückdrehen, dachte ich. Es waren doch die Deutschen, die Polen am 1. September 1939 unter falschem Vorwand überfallen hatten. Ohne den mit der UdSSR abgesprochenen Angriffskrieg wäre es nach der Niederlage nicht zu der beklagenswerten Vertreibung vieler Deutscher aus Polen gekommen. Ohne den Hitler-Stalin-Pakt hätte die sowjetische Armee nicht am 17. September 1939 von Osten her in Polen einfallen können, um ihren Teil der verabredeten Beute abzuholen.

Ich betrachtete meine polnischen Gegenüber. Einer blickte nicht so streng, wirkte offener, gelöster. Mit ihm traf ich mich abends beim Wein. Wir Komplizen erreichten dann doch noch ein halbwegs gemäßigtes Protokoll. Kultur ist Kommunikation.

Goethe-Institute gab es in den Warschauer-Pakt-Staaten nicht – außer in Bukarest. Herder-Institute vom Brudervolk DDR wirkten dort. Bei den Verhandlungen wurde deutlich, dass ohne den Segen aus dem sowjetischen Machtzentrum auch keine Goethe-Institute gegründet werden konnten. Zuerst sollten die Siegermächte aus dem Zweiten Weltkrieg, die USA, Großbritannien und Frankreich, kulturell vertreten sein und dann ein Goethe-Institut in Moskau. So kam es auch. Die Goethe-Institute in Warschau, Budapest, Prag, Riga, Sofia, Kiew, Almaty und anderswo in ehemals kommunistischen Satellitenstaaten der Sowjetunion konnten erst nach 1990, dem Start des Goethe-Instituts in Moskau, ihre Arbeit aufnehmen.

Nicht ganz einfach ließ sich den polnischen und allen weiteren Verhandlungspartnern in Mitteleuropa vermitteln, dass Goethe-Institute nicht Teil des deutschen Staatsapparates waren und sind. Dass sie als eingetragener Verein operieren. Dass sie nicht wie das *Institut Francais*, das *Istituto Italiano*, das spanische *Instituto Cervantes*, der relativ unabhängige *British Council*, das spätere polnische, tschechische, ungarische Kulturinstitut und andere mehr von den Direktiven ihres jeweiligen Außen- oder Kulturministeriums abhängen. Diese staatsferne Gestaltungsmöglichkeit, diese Chance, den Eigenwert von Künsten/Kultur zu betonen, auch wenn sie sich unbehaglich kritisch und rebellisch äußern, diese Aussicht, im Dialog mit Partnern im Gastland kulturelle Projekte zu entwickeln – und die sind in Warschau ganz andere als in Amsterdam, von außereuropäischen Ländern ganz zu schweigen – hatte das Goethe-Institut der deutschen Niederlage 1945 zu verdanken. Die westdeutsche Nachkriegsregierung wollte auf keinen Fall im Ausland den Eindruck erwecken, Künste/Kultur würden erneut als Propagandawaffe zur Erreichung außenpolitischer Ziele eingesetzt. Das heißt nicht, dass das Goethe-Institut im politikfreien Raum fungiert. Öffnungen und Schließungen sind nach wie vor Sache des Auswärtigen Amtes. Es fehlte und fehlt auch nicht an »zwingenden Ratschlägen« für eine deutschlandfreundliche Kulturarbeit oder an Beschwerden über deutschlandkritische Veranstaltungen, wie ich in Barcelona und Amsterdam erlebt habe, und die ständig auf meinen Münchener Schreibtisch flatterten. Aber die konnte ich mit begründeten Argumenten abschmettern. Ärger hatte ich, ja, aber wenn man »steht«, ist der auszuhalten.

Politiker und Künstler leben in anderen Denkwelten, sprechen andere Sprachen. Auch bei der Planung und Durchführung der deutschen Kulturwoche in Polen fürchtete ich, dass die Künste als Exportartikel, als schmückendes Beiwerk für politische Anstrengungen missbraucht werden könnten. Ich aber suchte getreu dem Untertitel des Goethe-Instituts »Zur Förderung der internationalen kulturellen Zusammenarbeit«, wobei ich das Wort »Zusammenarbeit« gar nicht deutlich genug hervorheben konnte, nach den Befindlichkeiten, Wünschen, Erwartungen im Gastland Polen. Von Polen aus wollte ich ein Programm zusammenstellen, nicht von der Bundesrepublik aus.

Dafür musste ich aber erst ein Gespür für dieses von uns mental weit entfernte Land entwickeln, in dem ich niemanden kannte. Wie waren die Lebensverhältnisse? Wie der Alltag? Ich beschloss, im Frühjahr 1987 den Kulturreferenten der Deutschen Botschaft in Warschau zu besuchen – als ersten Einstieg sozusagen.

»Was kann ich Ihnen mitbringen?«, fragte ich ihn wenige Tage vor meinem Abflug.

»Hier ist es kalt, die Kinder brauchen Vitamine, können Sie Südfrüchte, Apfelsinen, Bananen, Zitronen einpacken und Gemüse?«

»Na, klar«, sagte ich leicht verwundert. In der spanischen Diktatur unter Franco wäre diese Bitte ganz lächerlich gewesen. Da hätte man höchstens mal gerne Quark und Heringe gegessen oder mal etwa Sahne in die Sauce gerührt. Aber es ging ja auch bestens mit Wein. Von einem Versorgungsnotstand, den ich auch in Prag erlebt hatte und später in allen mitteleuropäischen Ländern inklusive der DDR, konnte keine Rede sein.

Abends saßen wir frierend in seiner Warschauer Wohnung. Plötzlich stand er auf und brüllte die Wand an: »Verdammt noch mal, hier ist es saukalt, dreht endlich die Heizung höher, auch jetzt vor dem 1. Oktober.«

Am 1. Oktober wurden die Heizungen mittels einer zentralen Steuerung auf den Winter eingestellt, auch in Moskau, völlig unabhängig von der Wetterlage. Zu meinem maßlosen Erstaunen reagierten die Abhörer. Nach einer halben Stunde wurde es spürbar wärmer.

»Das mache ich immer so«, reagierte er gelassen. »Meistens funktioniert es.«

Na ja, vielleicht bei Diplomaten, dachte ich.

Auch in Barcelona konnte es im Winter recht nasskalt werden, zumal die meisten Wohnungen ohne Zentralheizung ausgestattet waren und sind. Aber man rief keine alles regelnde staatliche Gewalt um Wärme flehend an, sondern kaufte sich ein oder zwei Butanöfen mehr. Man konnte Dinge selbst regeln, war nicht entmündigt. So unterschiedlich konnten Diktaturen in Europa sein.

Bei meinem Warschau-Aufenthalt wollte ich mich gleichzeitig kundig machen, welche kulturellen Veranstaltungen in der polnischen Metropole Sinn machen könnten, wo und wie sich an gemeinsame deutsch-polnische Interessen anknüpfen ließe, aus welchem künstlerischen Bereich man sich mehr Informationen erhoffte. Zu meinem Glück traf ich Waldemar Dabrowski. Er war damals Leiter des Studio Theaters im Warschauer Kulturpalast, einem »Geschenk der Sowjetunion«, wenn auch weitgehend von Polen finanziert; noch heute ein Wahrzeichen der Stadt. Er half mir, die Stadt, das gesellschaftlich-politische Klima, die historischen Narben nachempfinden zu können, nicht nur mit dem Verstand zu begreifen. Eines Tages fuhr er mich durch die Stadt, eine Stadt, die im Krieg von den Deutschen so platt bombardiert worden war, wie Köln von den Alliierten. Ohne Zorn oder gar Hass erläuterte er, dass die Bomben auf Warschau nicht nur Häuser und Baudenkmäler im gesamten Stadtgebiet in Schutt und Asche gelegt hatten.

»Diese haben wir restauriert«, sagte er, »wie du siehst«, als wir durch die komplett wieder hergestellte Altstadt schlenderten, »oder Neues gebaut. Schlimmer war, dass die physische Auslöschung der Stadt auch das multikulturelle gesellschaftliche Gewebe von Warschau zerstört hat. Die gebildete, weltoffene Schicht, darunter viele Juden, wurde vertrieben oder vernichtet. Eine neue, ganz andere Gesellschaft muss erst heranwachsen. Und das braucht viel Zeit.«

Dann diskutierten wir, welche Kunstäußerungen aus der Bundesrepublik in dieser Situation in Polen auf Interesse stoßen könnten, und wie wir Wechselbeziehungen zwischen polnischen und westdeutschen Künstlern und Kultureinrichtungen voranbringen könnten – Beziehungen, die sich auf dem Wissenschaftssektor, zwischen Universitäten bereits angebahnt hatten. Die Grenze war 1987/88 noch sehr dicht, aber es gab Löcher im Zaun. Als Glücksfall erwies sich Roberto Cuilli mit seinen Inszenierungen am Theater an der Ruhr in Mühlheim. Die beiden Regisseure, Waldemar und Roberto, verstanden sich sofort und kooperierten mühelos. Von 1989 bis 1991 stellte Cuilli die polnische Theaterlandschaft in Mühlheim vor.

Auch Lesungen von Günter Grass waren möglich, obwohl oder weil er aus Danzig stammte, Handlungsort seines weltberühmten Romans *Die Blechtrommel* (1959), einer Stadt, die heute zu Polen gehört und Gdańsk heißt. In diesem fulminanten Roman hatte sich Grass auf surrealistische, bizarre, manchmal groteske Weise und oft skurrile Art mit dem Nationalsozialismus auseinandergesetzt, Schuld und Tragik verwoben. 1993 wurde er Ehrenbürger von Gdańsk und blieb das auch, obwohl er bekannt hatte, als Jugendlicher kurze Zeit bei der Waffen SS gedient zu haben.

Ebenso willkommen geheißen wurde Horst Bienek aus dem oberschlesischen Gleiwitz, das heute Gliwice heißt. Sein Werk war stark von der Kriegs-und Nachkriegszeit geprägt, wie seine oberschlesische Chronik in vier Romanen verdeutlicht. Er war auf der Suche nach dem verlorenen Land seiner Kindheit und Jugend, nach dem friedlichen Zusammensein zwischen Polen und Deutschen. »*A la recherche du pays perdu*« schrieb er mir 1980 als Widmung in *Zeit ohne Glocken* (1979).

Neugierig war man auch auf die »Junge Kunst aus der BRD«, die der damalige Kurator der Kunstsammlung NRW, Ulrich Krempel, vermittelte und damit gleichzeitig die Basis für künstlerischen Dialog und Austausch legte.

Sehen wollte man endlich die berühmten deutschen Filme der siebziger und achtziger Jahre, beispielsweise die Arbeiten von Wim Wenders, Rainer Werner Fassbinder, Volker Schlöndorff, Peter Lilienthal, Werner Herzog, Jürgen Syberberg und vielen anderen sogenannten Autorenfilmern. Ihr künstlerischer Stil war sehr unterschiedlich. Dennoch setzte sich jeder auf seine Weise kritisch mit der Realität der BRD auseinander, immer im Bewusstsein, dass diese aus einer verbrecherischen Vergangenheit hervorgegangen war.

In Moskau, so stellte ich einige Jahre später fest, waren diese Filme ebenso unbekannt. Sie galten als Geheimtipp. Natürlich zeigten wir sie auf Bitte der vielen Cineasten.

Als Highlight der Kulturwoche in Warschau stellte sich das Stuttgarter Ballett heraus.

Kein Wunder, dachte ich, der Ruf dieses weltberühmten Balletts ist durch offene wie geschlossene Landesgrenzen hindurchgedrungen. Selbst Amerikaner, die nicht die geringste Ahnung hatten, wo die BRD lag, kannten Stuttgart wegen des Balletts. Abgesehen von der herausragenden Qualität hatte ich einen anderen, mir bislang völlig fremden, Aspekt nicht wahrgenommen, nämlich die Frage von Besuchern wie Kritikern, was denn nun eigentlich »deutsch« an dieser hervorragenden Aufführung sei. Da werde *Endstation Sehnsucht* nach dem gleichnamigen Werk des amerikanischen Schriftstellers Tennessee Williams in der Choreographie des Amerikaners John Neumeier aufgeführt, mit der Musik des Russen Sergei Prokofjew sowie des Russen deutscher Abstammung, Alfred Schnittke. Das so etwas möglich ist: ein nicht-deutsches Werk, ein nicht-deutscher Choreograph, nicht-deutsche Komponisten und ein international zusammengesetztes Ballett-Ensemble – und das bei einer deutschen Kulturwoche!

»Alle arbeiten zurzeit in Stuttgart, kommen also aus der BRD. Für große Künstler spielen mentale oder staatliche Grenzen keine Rolle«, versuchte ich zu erklären. »Das macht Kunst so großartig. Echte Künstler machen keine nationale Politik.«

Jahre später habe ich in Moskau eine ähnliche Erfahrung gemacht. Als Gründungsleiterin des Goethe-Instituts hatte ich auf Bitten russischer Tanzexperten das Wuppertaler Tanztheater unter Leitung von Pina Bausch zu Gastvorstellungen und Workshops in die sowjetische Hauptstadt eingeladen. Unter den Tänzern waren sehr viele Nationalitäten vertreten. Für mich war das völlig normal, aber viele Beobachter zeigten sich erstaunt, nicht kritisch, nur überrascht. Verwirrt reagierten auch die Behörden, als sie die Visa ausstellten. Man hatte mit Deutschen gerechnet. Konnte man einem mexikanischen Tänzer ein Visum erteilen oder einer argentinischen Tänzerin? Das passte irgendwie nicht ins nationale Schema. Mit Hilfe von einflussreichen Freunden ging alles gut, und Pina Bausch wurde bejubelt.

Bei meinen vielen vorbereitenden Gesprächen in Warschau stand mir Waldemar Dabrowski immer beratend zur Seite. Er wurde später Intendant der Warschauer Oper, dann Kulturminister, anschließend wieder Opernintendant und verantwortlich für das Chopin-Festival in der polnischen Hauptstadt. Ein historisch bewusster, differenziert denkender, offener, liberaler Geist. Europäisch gesinnt, nicht national begrenzt, rauch- und trinkfest. Auch diese Eigenschaften teilen wir. In unseren wechselnden Funktionen haben wir uns immer wieder getroffen. Er gab mit gute Tipps zur Gestaltung von *Klopsztanga-Polen in NRW*, einem riesigen polnischen kulturellen Projekt, das 2012 in 19 Städten in Nordrhein-Westfalen stattfand und dem ich auf Bitte des ausführenden Adam-Mickiewicz-Instituts in Warschau, personifiziert durch seine stellvertretende Leiterin Joanna Kiliszek, zusammen mit einer Kollegin beratend zur Seite stand.

Zwischen 1987/88 und 2012 hatte sich die polnische Kulturlandschaft stark verändert. Polen war, so schien es mir, viel experimenteller geworden. Künstlerische Privatinitiativen drangen an das Licht der Öffentlichkeit, nicht nur in Warschau, sondern stark auch in Wrocław, Kraków, Gdańsk und anderen Städten. Die unterdrückte kreative Energie brach sich Bahn. Ich bekam den Eindruck, dass sich viele junge bildende Künstler von dem ehemaligen sowjetischen Schönheitsideal geradezu angewidert abwandten, alles in Frage stellten. Auch in Filmen, Romanen, soziologisch-philosophischen Arbeiten wurden neue Fragen aufgeworfen, die für Europa und die Welt von Bedeutung sind. Man denke nur an die Schriften von Zygmunt Bauman, etwa *Culture in a Liquid World* (2011). Die Musik ist besonders in Katowice wieder zu einem internationalen Motor geworden. Grenzüberschreitende Kooperationen zwischen Polen und vor allem seinen östlichen Nachbarländern sind nicht mehr wegzudenken, wie sie beispielsweise in der Villa Decius in Kraków unter der energischen Leitung von Danuta Glondys tagtäglich praktiziert werden. Nach allen Himmelsrichtungen streckte die polnische Kulturszene, privat oder staatlich, ihre Fühler aus und war selbst außerordentlich erfindungsreich auf höchstem qualitativem Niveau. Ich konnte von Atelier zu Atelier gehen, Kulturzentren besuchen, an Theatervorstellungen teilnehmen, mit Kuratoren und Künstlern sprechen. Und war fasziniert.

Reibungslos vollzog und vollzieht sich dieser noch immer andauernde Transformationsprozess nicht. Vergangenheiten sind beharrlicher, als ich mir eingestehen wollte. Im April des Jahres 2011 wurde ich unerwartet Zeuge dieser Spannung. Zufällig schaute ich aus dem Fenster meines Hotels, das direkt neben dem Präsidentenpalast lag. Eine wachsende Menschenmenge fiel mir auf, die sich in der Einfahrt zum Sitz des Präsidenten um den Ex-Premier Jarosław Kaczyński scharte. Soweit ich dank meiner Russischkenntnisse aus den mir zufliegenden polnischen Wortfetzen heraushören konnte, ging es in Liedern und Diskussionen um die vergangene Größe des ewigen Opferlandes Polen: Opfer der Deutschen, Opfer der Russen. Es ging um den Nationalstaat Polen, nicht um Europa. Vergangenheiten hinterlassen Narben.

»Diese Nationalkatholiken treffen sich dort einmal in der Woche zusammen mit EU-Skeptikern und Anhängern antipolnischer Verschwörungstheorien«, erklärte mir kurz darauf eine polnische Kuratorin bei einer Ausstellungseröffnung.

»Gibt es heute einen besonderen Anlass«, wollte ich wissen.

»Ja, der Flugzeugabsturz unserer polnischen Maschine am 10. April 2010 vor der russischen Stadt Smolensk hat alte Wunden aufgerissen. In der Maschine saßen 98 Polen. Neben dem Präsidenten, Lech Kaczyński, dem Zwillingsbruder von Jaroslaw, die Elite des Landes. Alle tot. Sie wollten an Trauerfeierlichkeiten in Katyn teilnehmen, wo die Sowjets 1940 die Besten unseres Landes, 22.000 Leute erschossen haben. Vor 1989 durften wir über Katyn nicht einmal reden oder mussten der offiziellen Version zustimmen, dass die Deutschen die Mörder waren. Und jetzt diese erneute Katastrophe.«

»Ich verstehe den Zusammenhang nicht ganz«, unterbrach ich vorsichtig.

»Der Flugzeugabsturz ist nie völlig aufgeklärt worden. Die Hälfte der Polen misstraut den Ergebnissen des russischen Untersuchungsberichts, die polnischen Piloten hätten das schlechte Wetter falsch eingeschätzt, bzw. die politisch hochrangigen polnischen Passagiere hätten den Piloten die Landung befohlen. Deshalb sei das Flugzeug abgestürzt. Nein, sagt man hier, das war ein Attentat von russischer Seite, wieder einmal. Und Jaroslaw beschuldigt die Regierung unter dem Ministerpräsidenten Donald Tusk mit seiner rechtsliberalen Bürgerplattform (PO) zur Verschleierung beigetragen zu haben.«

Sind Katyn und jetzt Smolensk Symbole für das belastete polnisch-russische Verhältnis wie der Aufstand der Juden im Warschauer Ghetto 1943 und der Warschauer Aufstand 1944 gegen die deutschen Besetzer für die schwierigen deutsch-polnischen Beziehungen?«

»Ja, sehr verknappt ausgedrückt, wird das häufig bei uns so empfunden.«

»Hat Tusk genügend Unterstützung? Er ist im europäischen Ausland sehr geachtet.«

»Die Stimmung im Land ist geteilt, aber er ist immerhin im freien Polen der erste Ministerpräsident, der wieder gewählt wurde. Der erzkonservative katholische Sender *Radio Maria* steht nicht auf seiner Seite. Die Getreuen Jarosławs von der rechts-konservativen Partei Recht und Gerechtigkeit (PiS) fahren einen antirussischen, kritisch deutschen und antiliberalen Kurs. Jarosław hofft, Präsident oder jedenfalls ein einflussreicher Drahtzieher seiner Partei zu werden um »die nationale Ehre wieder herzustellen.«

Das Eis zwischen Deutschland und Polen wird schmelzen hatte ich Anfang Dezember 2004 noch hoffnungsfreudig gedacht, als ich durch Wrocław schlenderte. Es war eine Wanderung durch die europäische Geschichte. Glanz und Elend wurden lebendig, die Wiederauferstehung aus den Trümmern des Zweiten Weltkrieges, die Neugestaltung nach dem Fall des Kommunismus. Die liebevoll restaurierte deutsche Altstadt mit ihren prächtigen Kirchen, fröhlichen Märkten und historischen Gebäuden erinnerten mich an das kosmopolitische Mitteleuropa längst vergangener Tage, die Stefan Zweig in seinem Roman *Die Welt von gestern* (1942) so meisterhaft beschrieben hat. Für einen Augenblick vergaß ich die Narben der Geschichte: Die Auflösung des polnischen Staates, die Unterdrückung des polnischen Volkes unter fremden Besetzern: Tschechen, Österreichern, Deutschen Russen.

Mit einem kleinen Grüppchen entschloss ich mich zu einem Ausflug in die wunderschöne niederschlesische Landschaft. Es war ein sonniger, allerdings bitterkalter Wintertag. Immer wieder fielen mir längs der Straße verfallene Gehöfte auf.

»Hat das Geld zur Restaurierung nicht gereicht?«, fragte ich den mitreisenden Vertreter des polnischen Kulturministeriums.

»Darum geht es nicht«, antwortete er mir freundlich. »Hier wohnten einmal Deutsche und jetzt Polen. Die haben Angst, dass die Deutschen zurückkommen, deshalb reparieren sie nur das Notdürftigste.«

»Aber«, wandte ich völlig entsetzt ein, das ist doch undenkbar. Deutschland hat doch die Oder-Neiße-Linie, die heutige Grenze zum polnischen Staat voll anerkannt. Da spielt es doch keine Rolle, was einige Vertriebenenverbände sagen!«

»Stimmt«, erwiderte er, »aber Ängste sind eben nicht rationaler, sondern irrationaler Natur.«

Ich fühlte mich entmutigt, aber dann kam doch noch ein Versöhnungsschimmer. Wir fuhren weiter, wanderten durch das hervorragend restaurierte Städtchen Jelenia Gora, vormals Hirschberg, besichtigten ein Kloster und landeten schließlich halb erfroren in dessen Schänke. Da saßen wir, zwei Polen, ein Österreicher, eine Deutsche, ein Ukrainer und ein Russe. Wir alle geschichtsbewusste Nachkommen von »Tätern« wie »Opfern« gleichermaßen und versuchten, uns vor dem prasselnden Feuer eines großen offenen Kamins wieder aufzuwärmen, körperlich wie seelisch. In einem Kauderwelsch von Sprachen verständigten wir uns. Wir lachten gemeinsam. Es wurde ein langer guter deutsch-polnischer, nein, europäischer Abend.

Auch das polnisch-russische Verhältnis ist trotz annähernden Versöhnungsversuchen auf allen Ebenen seit 1990 noch immer fragil, seit der Russland-Ukraine-Krise ab 2014 noch weitaus fragiler. Im Oktober 2013 telefonierte ich mit Waldemar Dabrowski, der in Warschau gerade in seinem Dienstauto saß. Plötzlich wurde das Telefonat unterbrochen. Es ächzte und krachte im Äther. Als die Verbindung wieder hergestellt war, sagte Waldemar: »Das lag sicher daran, dass ich gerade an der russischen Botschaft vorbei gefahren bin.« Wir lachten beide, wohl wissend, dass sich hinter diesem Scherz endlose nicht vergessene Vergangenheiten aufgestaut hatten. Schon vor dem Wiedererstarken der PIS wurde der Kulturaustausch mit Russland eingeschränkt. Ich empfand das als sehr traurig, denn viele Jahre Nachkriegserfahrungen hatten mich gelehrt, dass es gerade die Künstler und Wissenschaftler sowie Vertreter anderer Nichtregierungsorganisationen sind, die bei politischen Kontroversen die Türen zum Anderen offen halten, für Vernetzungen der Zivilgesellschaft sorgen.

Berührt hat mich ein Gespräch mit einem Taxichauffeur, der mich im Oktober 2014 aus der Innenstadt von Warschau zum Flughafen brachte. Nach den Europawahlen 2014 war der polnische Ministerpräsident Donald Tusk zum Präsidenten des Europäischen Rates der 28 Regierungschefs in der EU ernannt worden. Mit ihm gelangte die erste gewichtige

Stimme Mitteleuropas auf das europäische Parkett, was allseits begrüßt wurde.

»*We are a little bit Europe now*« (Wir sind jetzt ein bisschen Europa), sagte der Taxifahrer stolz lächelnd. »*No*«, reagierte ich spontan, »*you were always Europe, and we are happy about it.*« (Sie waren immer Teil Europas, und wir sind froh darüber.)

Gut ein Jahr später hätte ich ihm genauso geantwortet, allerdings nicht mehr ganz so unbeschwert. Ein politischer Erdrutsch drohte dieses starke, zu Recht selbstbewusste Land zu verändern. Ein Land, das sich mit Erfolg selbst einen drastischen Transformationskurs auferlegt hatte, dem es wirtschaftlich besser ging als jedem anderen mitteleuropäischen Staat und auch einigen Ländern des »alten Europas«, das laut Amnesty International zusammen mit Estland die geringste Korruption in allen post-sowjetischen Satellitenstaaten aufwies, das sein breit gefächertes Kulturleben förderte und nicht finanziell schrumpfen ließ, das auf allen Ebenen Beziehungen zu seinen westeuropäischen Nachbarn und zur EU aufnahm und pflegte. In diesem Land – in Polen würde man wohl den Begriff »Nation« vorziehen – verschafften die Wähler in den Oktoberwahlen 2015 der PIS die absolute Mehrheit im Parlament. Die liberale und reformfreudige PO erlitt eine dramatische Niederlage. Woher kamen die Wählerstimmen? Was war passiert? Ich versuchte mich überall umzuhören, nicht nur in den polnischen Großstädten.

»Die denken auch an uns Ärmere«, sagte man mir immer wieder, vor allem im Osten des Landes.

»Die wollen die Rente mit 67 Jahren zurücknehmen, geben uns mehr Kindergeld, bessere Renten, versprechen kostenfreie Medikamente für Ältere. Wir leben nicht so gut wie ›die Etablierten‹, ›die Kaste‹ in Warschau. Gut, dass man deren Telefongespräche abgehört hat. Die machen sich über uns lustig: Nur ein Dieb oder ein Idiot gäbe sich mit 1000 Euro im Monat zufrieden, haben sie gesagt. Wir haben höchstens 500 Euro im Monat, und die Allerärmsten bringen es gerade mal auf 100 Euro. Aber das wird sich jetzt ändern, denn wir sind die Mehrheit.«

»Hat die PIS Ihnen im Wahlkampf auch gesagt, dass sie bei einem Wahlsieg das Land radikal umbauen will?«, hakte ich nach.

»Nein, aber die werden es schon richtig machen. Polen den Polen. Wir haben unsere Werte.«

»Und wenn diese nicht mit den in der EU vereinbarten Werten übereinstimmen? Sie sind doch 2004 in die EU eingetreten, und Polen profitiert sehr stark von seiner EU-Mitgliedschaft.«

»Wer hat denn gesagt, dass wir austreten wollen. Niemand. Aber man soll uns achten, wie wir sind. Keiner soll sich da von außen einmischen.«

Der Umbau des Staates hatte sich schon vor den Parlamentswahlen angedeutet. Der im Mai 2015 gewählte neue Präsident Polens, Andrzej Duda, Mitglied der PIS, dachte gar nicht daran, die noch vom alten Parlament rechtskräftig gewählten drei Richter für das oberste Verfassungsgericht zu vereidigen. Ein klarer Bruch der polnischen Verfassung. Kaum hatte das neue Parlament zwei weitere Richter, PIS-Anhänger, gewählt, wurden sie innerhalb Stunden vom Präsidenten im Amt bestätigt. In einer Nacht- und Nebelaktion schränkte eine neue Gesetzgebung die unabhängige Entscheidungskraft dieses obersten Gerichtes stark ein: Immer sollen zwei Drittel der insgesamt 15 Richter ihr Urteil fällen; Anträge dürfen nicht mehr nach Dringlichkeit, sondern nach Eingangsstempel behandelt werden. Bei den angehäuften

Stapeln würden somit alle weiteren nicht verfassungskonformen Gesetze der PIS-Regierung Jahre auf ihre Bearbeitung warten. Das amtierende Verfassungsgericht hielt sich an dieses Gesetz nicht, sondern erklärte es am 9. März 2016 für verfassungswidrig, mit zwei Gegenstimmen der beiden neuen PIS-Richter. Die Regierung wiederum erkannte dieses Urteil nicht an und veröffentlichte es nicht, wie von der Verfassung vorgeschrieben. Beginnt so ein Zerbröseln der allseits in der EU anerkannten Gewaltenteilung? Wird diese Tendenz zunehmen, wenn Ende 2016 das Amt des allseits geachteten Vorsitzenden des obersten Verfassungsgerichts Andrzej Rzepliński ausläuft? So kam es.

»Das Recht ist eine wichtige Sache«, hört man aus polnischen Regierungskreisen, »aber über dem Recht steht das Wohl des Volkes.« Dessen Interpretation beansprucht die PIS für sich, denn »das Volk« hatte sie ja mehrheitlich gewählt, bei einer Wahlbeteiligung von 50 Prozent.

Als nächstes waren die öffentlich-rechtlichen Medien dran. Sie sollen »nationale Kulturinstitute« werden, nicht mehr kontrolliert von einem unabhängigen Rundfunkrat, sondern vom PIS-Finanzminister, der sich auch sogleich an einen Personalaustausch machte. Die Chefs der Geheimdienste, der staatlichen Eisenbahn, der Börse und anderer staatlicher Einrichtungen mehr wurden ebenfalls durch Linientreue ersetzt. Auch die Beamten sollen ihre gesetzlich garantierte Unabhängigkeit verlieren.

Was kommt noch? Ein neues auf die PIS zugeschnittenes Wahlrecht? Eine höhere Besteuerung internationaler Handelsketten und Banken, damit die sozialen Wahlgeschenke bezahlt werden können? Das härteste Anti-Abtreibungsgesetz in ganz Europa? Eine Verfassungsreform à la Ungarn mit völkischem Akzent? Ein noch stärker ausgebautes Überwachungssystem durch die Geheimdienste? Vielleicht sogar eine Internetsteuer, an der Viktor Orbán in Ungarn allerdings gescheitert ist.

Wird die Wirtschaft das mitmachen? Werden Investoren wegbleiben? Schon im Januar und Mai 2016 wurde Polen von zwei internationalen Ratingagenturen herabgestuft.

Polen soll »repariert, muss wieder in Ordnung gebracht werden«, erklärte der eigentliche Machthaber im Land, Jarosław Kazcyński, da das Land durch macht- und geldgierige Seilschaften politisch und moralisch verrottet sei. Sie hätten das Volk betrogen. Es fehle der »Stolz, ein Pole zu sein.« Letzteres erstaunte mich, denn ich habe auf meinen vielen Reisen nach Polen noch nie einen polnischen Staatsbürger getroffen, der nicht »stolz war, eine Pole zu sein«, weder in Gesprächen auf Regierungsebene noch bei Diskussionen und Symposien, noch bei Alltagsgesprächen auf dem Markt oder mit Freunden beim Abendessen. Polen dürfen Polen kritisieren, aber ein Nicht-Pole sollte mit der polnischen Empfindsamkeit sehr behutsam umgehen.

Noch unmissverständlicher als Kaczyński drückte sich der neue Außenminister Witold Waszczykowski Ende Dezember 2015 aus. Es gehe doch lediglich darum, »unseren Staat von einigen Krankheiten der linken Vorgängerregierung zu heilen.« Die habe zu einem »Mix von Kulturen und Rassen« tendiert, zu »einer Welt von Radfahrern und Vegetariern, die nur noch auf erneuerbare Energien« setzen (Polen unterhält viele Kohlekraftwerke) und »jede Form von Religion bekämpfen. Das sind nicht unsere Werte.«

Vorsichtig wandte ich mich Anfang 2016 an eine hohe, mittlerweile entlassene Funktionärin aus dem staatlichen polnischen Kulturbereich mit der Frage, ob die westeuropäischen Medien die neue Situation in ihrem Land zu kritisch sähen, zu sehr dramatisierten.

»Sag du mir, was in deinem Land vorgeht, du kennst es besser.«

»Es ist viel schlimmer, als du das indirekt andeutest«, war ihre Reaktion. „Die katholische Kirche hat großen Aufwind im Gedenken an unseren polnischen Papst Johannes Paul II. Du hast ja all die Gedenkfeiern für ihn miterlebt. Den heutigen Papst Franziskus mag man überhaupt nicht. Zu liberal, zu offen, zu global, zu wenig polnisch. Der erzkonservative Sender *Radio Maria* hat wieder voll aufgedreht, obwohl selbst euer mehr als konservativer deutscher Ratzinger als Papst Benedikt XVI. diesen zu dämpfen versucht hatte. Vor einem Jahr haben sich noch polnische Bürgermeister als Homos geäußert. Das ist vorbei.

In der kulturellen Szene breiten sich Ängste aus. Bereits kurz nach seiner Ernennung zum Kulturminister wollte Piotr Gliński die Premiere des Stückes der österreichischen Nobelpreisträgerin Elfriede Jelinek als pornographisch in Wrocław verbieten lassen. Im Filmbereich sollen die staatlichen Fördergelder vermehrt in Projekte fließen, die Polen und der Welt von unseren Leiden und unseren Helden erzählen. In der Mache ist der Film *Smolensk*. Der wird das russische Attentat beweisen. (Das tat er dann auch. Dem neuen linientreuen polnischen Botschafter in Berlin gelang es allerdings nicht, ein Berliner Kino zur Gala-Vorstellung zu überreden.) Jetzt wird über einen Film zu Józef Piłsudski laut nachgedacht. Ja, Piłsudski war eine bedeutende politische Figur in den Jahren zwischen dem Ersten und dem Zweiten Weltkrieg. Er war Garant der Unabhängigkeit und nationalen Souveränität Polens, als sich das Land 1918 nach 123 Jahren russischer Fremdherrschaft befreite. Aber Piłsudski war auch ein äußerst autoritärer Staatslenker Polens. Er passt nicht mehr als Vorbild in unser gemeinsames, demokratisches Europa. Außerdem gibt es doch schon viele äußerst differenzierende polnische Filme zu jüngeren Geschichte. Denk nur an *Mistra 44* über den Warschauer Aufstand oder an *Ida* von Paweł Pawlikowski, der im Frühjahr 2015 als erster polnischer Film den Oscar für den besten ausländischen Film gewann. Aber der Held in *Ida* war für unsere heutigen Oberen wohl nicht patriotisch genug. Da versteckt er eine polnische jüdische Familie vor den deutschen Häschern, bringt sie außer dem Mädchen Ida dann aber doch um, da er Angst hat, vor den Deutschen entdeckt zu werden. Er war nicht heldenhaft, nicht mutig genug, zu zaghaft, und der latente polnische Antisemitismus schimmerte in dem Film auch durch. Deshalb protestierte unser Soziologieprofessor Piotr Gliński schon 2014 gegen diesen ›nicht-polnischen‹ Inhalt.

Die rund 140 öffentlichen polnischen Theater hängen neben der Filmindustrie stark von staatlichen Zuschüssen ab. Und was sagt Gliński? ›Der Subventionskuchen wird anders zugeschnitten werden.‹ Es ist ja in Ordnung, dass er ›Polen in der Welt befördern möchte‹, aber das geht nur in enger Zusammenarbeit mit ausländischen Künstlern.«

Wem sagst du das, dachte ich, die ich aus dem »Tätervolk« abstammte, mich immer gegen Kulturexport gewehrt und immer vehement für Kulturdialog eingesetzt habe.

»Auch die zeitgenössische Kunst wird es schwer haben. Sie erscheint zu linksliberal, zu abstrakt, zu kritisch, zu freizügig, zu provokativ. Dabei ist sie großartig und wird auch überall außerhalb Polens Grenzen so gesehen.

In die dezentralisierte Bildungspolitik will die PIS eingreifen, nach dem Motto: Der patriotische Segen kommt von oben. Ihr da unten müsst euch nur um die Erhaltung eurer Schulen und Universitätsgebäude kümmern. Die inhaltlichen Vorgaben kommen von uns, wie in Ungarn.

Priorität hat die ›Stärkung der Geschichtspolitik‹ – im Schul-und Ausbildungswesen, in den Künsten, im Denkmalschutz – anlässlich der Feiern im Jubiläumsjahr 1918, als Polen seine Unabhängigkeit wiedererlangte.«

Erschöpft, wütend, traurig brach sie ab. Es entbehrte nicht einer gewissen Ironie, dass ich, die Deutsche, ihr Mut zusprach: »Mach dir nicht so viele Sorgen. Polen war schon immer ein rebellisches Land. Und auch heute sind viele Menschen sofort nach den ersten nicht mit der Verfassung zu vereinbarenden Gesetzen protestierend auf die Straßen gezogen. Und das tun sie immer noch. Das Komitee zur Verteidigung der Demokratie (KOD) ruft allwöchentlich zu Demonstrationen auf. Die Bezirksregierung in Wrocław hat Jelineks Stück nicht abgesetzt. Der Film *Ida* war weltweit ein riesiger Erfolg. Wenn ein Land die Kraft des zivilen Widerstands hat, dann ist es Polen. Polen hat noch viele unabhängige Radio-TV Sender wie *TNV* oder *Polsat* und entsprechende Zeitungen wie *Gazeta Wyborcza* oder das Magazin *Polityka*. Gerade hat diese Zeitschrift den Vorwurf eurer Regierungschefin Beata Szydlo widerlegt, die Vorgängerregierung habe nichts zur Aufklärung der Flugzeugkatastrophe in Smolensk getan. Falsch schreibt sie. 1700 Zeugen wurden vernommen, 17 Expertisen eingeholt und die Ergebnisse in 770 Ermittlungsbändern veröffentlicht. Auch die sozialen Medien lassen sich nicht so einfach an die Leine legen. Da wechseln sich Kritik und Gegenkritik ab.

Vielleicht ist die Transformation zu schnell gegangen, hat etliche Menschen nicht mitgenommen. Das ist auch andernorts nach dem Zusammenbruch autoritärer Systeme so geschehen, auch in Westeuropa. Aber die oppositionellen Parteien stellen sich bereits erneut auf: Ryszard Petru baut an seiner proliberalen, proeuropäischen *Moderne*, auch wenn sie bis jetzt nur wenige Mitglieder hat, und die PO unter ihrem neuen Chef Schetyna baut zielstrebig an ihrem verlorenen Image und ihrer geschwundenen Mitgliederzahl. Bis zu den Neuwahlen 2019 kann sich doch noch viel ändern! Und denk an die vielfältigen politischen, wirtschaftlichen, wissenschaftlichen und kulturellen Beziehungen zwischen Polen und seinen westlichen wie östlichen Nachbarn. Die lassen sich nicht so einfach kappen. Polen gehört zum Herzen Europas. Dein Land wird von der EU und dem Europarat nicht alleine gelassen. Die Venedig-Kommission des Europarates, also ausgewiesene juristische Experten, hat die polnische Regierung in einem von diesem selbst erbetenen Gutachten massiv kritisiert. Mit seinem Verfassungsgesetz gefährde es die Demokratie und die Menschenrechte. Die EU-Kommission hat ein Rechtsstaatsverfahren gegen die PIS-Regierung eingeleitet, um in mehreren Schritten zu untersuchen, inwieweit gegen polnisches und vor allem gegen europäisches Recht verstoßen wurde.«

Ich hole tief Luft.

»Ich fürchte«, nahm sie fast resigniert den Faden wieder auf, »das wird sicher im Sande verlaufen. Man wird Polen wohl kaum das Stimmrecht im Europäischen Rat entziehen. Soweit ist es weder in Österreich gekommen, als die Freiheitliche Partei Österreichs (FPÖ) unter Jörg Haider mit in der Regierung saß und europäisches Recht aushöhlte. Und auch heute nicht in Ungarn unter dem autoritären Ministerpräsidenten Viktor Orbán. Vielleicht wird man rein formal ein paar Angleichungen an das europäische Recht vornehmen, sich aber ansonsten jegliche Einmischung verbitten. Wie das geht, hat Orbán gezeigt, der ja in seiner Verfassungs-, Medien- und Kulturpolitik ähnlich denkt und handelt. Er und Kaczyński verstehen sich gut und halten auch einvernehmlichen Kontakt zu den zwei weiteren Visegrád-Ländern, Tschechien und die Slowakei. Sie sehen die EU in erster Linie als eine Wirtschaftsunion, die ihnen stark genützt hat und auch weiterhin nützt. Putin ist ihnen ein Vorbild für einen starken Führer, auch wenn vor allem die Polen Russland weiterhin als Gefahr sehen. Also fordern sie mehr NATO-Stützpunkte in ihren Ländern. Die werden ja auch bald in Rumänien und bei uns kommen. Ansonsten wollen sie in ihrer Innenpolitik in Ruhe gelassen werden. Sie wissen ja am allerbesten, was die richtigen Werte für ihr Nationalvolk sind«, schloss sie fast sarkastisch. »Und viele Menschen werden ihre Jobs verlieren, wenn sie zu aufmüpfig werden.«

»Dennoch scheint mir die Macht der Straße in Polen stärker zu sein, als in Ungarn«, versuchte ich entgegenzuhalten.

»Vielleicht, hoffentlich. Aber auch dort gab es viele Demonstrationen und offene Kritik weltberühmter Intellektueller, wie von dem Pianisten András Schiff oder dem Romancier und Essayisten György Konrád. Erreicht haben sie wenig.«

Vor meinem inneren Auge erschien eine riesige Landkarte Ungarns, die ich im Büro einer großen Spargelanlage ca. 100 Kilometer südlich von Budapest entdeckt hatte.

»So groß war Ungarn einmal«, erläuterte mir der Verwaltungschef, aber im Vertrag zu Trianon 1920 nach dem Ersten Weltkrieg hat man uns zwei Drittel unseres Landes weggenommen. In fremden Ländern leben jetzt drei Millionen unserer ungarischen Landsleute, aber die gehören doch zu uns.«

»Spürst du nationale bis nationalistische Gefühle in deinem Großbetrieb?«, fragte ich meinen Bruder Hans, als meine Schwester und ich mit ihm 2003 dort seinen 60. Geburtstag feierten. Zusammen mit ein paar deutschen Freunden hatte er die Spargelplantagen aufgebaut und war für die Produktion zuständig.

»Nein, wir haben slowenische, serbische, rumänische, bulgarische und ungarische Spargelstecher, das läuft harmonisch, wie du ja gesehen hast. Alle haben mehr Temperament als wir Nordlichter. Da verschwindet schon mal eine Serbin mit einem Ungarn hinter dem Busch und kommt zufrieden zurück. Aber da schaue ich weg. Privatsache. Die Sehnsucht nach dem großungarischen Reich ist spürbar, aber nicht aggressiv. Erstmal wirtschaftlich wieder auf die Beine kommen, voll losgelöst von Russland, dann nächstes Jahr in die EU eintreten und dann sich auf Ungarisches konzentrieren.«
Er sollte mit seiner Prognose Recht behalten.

Polnischer Nationalstaat? Sich auf Ungarisches konzentrieren? Was waren das für Töne? Hatten wir Westeuropäer in der Euphorie beim proklamierten Ende des Kalten Krieges unterschätzt, dass sich viele der neuen EU-Mitglieder aus Mittel- und Osteuropa zwar von der sowjetischen Herrschaft befreit fühlten, die EU mit offenen Armen begrüßten, ihre Identität aber nicht auf einem europäischen Gemeinschaftsgefühl, sondern nach dem Motto »Ein Volk, ein Territorium, eine Geschichte« zu definieren begannen?

Hatten wir verdrängt, dass auch unsere Länder früher oder später zu Einwanderungsländern geworden waren? Die deutsche Regierung hatte sich damit besonders schwer getan. In Stein gemeißelt steht am Giebel des Reichstags in Berlin: »Dem Deutschen Volke«. Beim Umzug der Regierung der BRD 1990 aus dem provisorischen Bonn in das Regierungsviertel Deutschlands in Berlin machte der renommierte Künstler Hans Haacke in einem Aufsehen erregenden Kunstprojekt deutlich, dass diese Inschrift umgetauft werden müsste in: »Der Bevölkerung«, also allen, nicht nur Deutschen gewidmet, sondern auch Jugoslawen, Italienern, Spaniern, Türken, Rumänen, Bulgaren, Afghanen, Irakern,

Syrern..., die aus wirtschaftlichen Gründen nach Germany geholt wurden, oder in dieses strebten, weil sie sich dort ein besseres Leben erhofften bzw. vor Krieg, Terror, Gewalt geflüchtet waren. Hatten wir nicht wahrgenommen, dass die Zeiten des multiethnischen Zusammenlebens von Menschen meist christlichen oder jüdischen Glaubens in Polen, Ungarn, Tschechien, der Slowakei der Vergangenheit angehörten, dass unter den kommunistischen Regimen kaum noch »Ausländer« das Straßenbild prägten, von ein paar wenigen aus gleichdenkenden Bruderländern, wie vereinzelten Vietnamesen, einmal abgesehen.

Dass der Zustrom islamischer Flüchtlinge seit den Kriegen in Afghanistan, dem Irak und dem seit 2011 anhaltenden Bürgerkrieg in Syrien sie in ihrem nationalen Selbstfindungsprozess schlicht überforderte, sie daher jeglichen europäisch abgestimmten Verteilerschlüssel für die Flüchtlinge ablehnten?

Manchmal hätte man sich dennoch gewünscht, dass die Menschen wie die Regierungen sich erinnerten, wie viele Flüchtlinge aus Ungarn 1956, aus Polen und der ČSSR 1968 nach den Aufständen gegen die sowjetische Obermacht in Westeuropa aufgenommen wurden. Dass die EU nicht nur ein sicherer, Geld spendender Hafen ist, sondern auch eine Rechts- und Wertegemeinschaft darstellt, die Solidarität und gemeinsame Verantwortung erfordert.

»Hast du die Schlagzeile in einer überregionalen deutschen Zeitung neulich gelesen«, fragte mich ein fast schon resignierter polnischer Freund: »Besuche Europa, solange es noch besteht.«

»Sei nicht so pessimistisch. Europa hat doch schon viele Krisen überwunden, denke nur an die umstrittene deutsche Wiedervereinigung. Ich weiß, die Eurokrise ist nicht nur mit Blick auf Griechenland keineswegs überwunden. Die Flüchtlingskrise hat nach der Abschottung der Balkanroute nur eine kurzfristige Pause gemacht. Die Fliehenden werden sich andere Weg suchen, beispielsweise von Libyen aus, und dort gibt es keine stabile Regierung, mit der man ein Rückführ- und Austauschabkommen treffen könnte, wie mit der Türkei. Selbst letzteres ist mir aus vielen Gründen nicht ganz geheuer. Dennoch: Europa wird es schaffen. Die EU ist doch kein Fertigprodukt, sondern ein Projekt im ständigen Werden. Weltweit gibt es keinen besseren Ansatz zur supranationalen Zusammenarbeit auf der Basis vergleichbarer gesellschaftlicher Vorstellungen. Klar ist das ein mühsames Zusammenraufen, weil jeder Staat zuerst an sich denkt und die 28 Regierungschefs die Gangart vorgeben und nicht die Europäische Kommission. Warum man immer auf Brüssel schimpft, ist mir ein Rätsel. Man sollte besser vor der eigenen Haustür kehren. Immerhin haben alle die europäischen Institutionen und vor allem das Europäische Parlament (EP) gestärkt. Das ist doch was!«

»Woher nimmst du dieses Gottvertrauen?«

»Ehrlich gesagt, vertraue ich da weniger auf Gott als auf die Menschen. Sie haben allen national-populistischen Bewegungen zum Trotz eine unendliche Fülle intereuropäischer Netzwerke geschaffen, treffen sich, arbeiten zusammen. Die vielen Nicht-Regierungsorganisationen, Stiftungen, wie die Europäische Kulturstiftung (ECF) oder *Culture Action Europe* lassen sich die Butter nicht mehr vom Brot nehmen. Sie sind zu einer starken pro-europäischen Lobby herangewachsen im Dialog mit und unterstützt von der Kommission. Hätte es ohne diese beispielsweise das Studentenaustauschprogramm *Erasmus* gegeben? Also: Nur Mut.«

»Na, hoffentlich erlebe ich noch eine Verbesserung.«

»Solange Europa noch besteht«, sagte ich leicht ironisch, »solltest du mal die baltischen Staaten besuchen. Dort war die Lage gegen Ende der Sowjetunion mehr als brenzlig. Heute stehen sie klar zur EU und zu den im europäischen Konsens abgesprochenen Verpflichtungen. Und doch haben sie ihre Eigenarten bewahrt. Für mich sind sie ein Vorbild europäischer Solidarität.«

Tirana

Bleibt die Einsamkeit des traditionell abgeschotteten Landes?

Aus der Sicht manch eines Amerikaners waren mittel- und osteuropäische Länder alle gleich. Dort herrschten Kommunisten und das genügte, sie allesamt abzulehnen. Auch nicht wenige Westeuropäer neigten zu dieser Ansicht. Warum sich auch sein Feindbild durch Fakten kaputt machen lassen! Das propagierte »Feindbild« hatte eine differenzierende Sicht auf die Geschichte und Eigenheiten dieser Länder verdrängt. Sie blieb Osteuropa-Experten und durch Freundschafts- wie Familienbande zugeneigten Menschen vorbehalten.

Besonders wurde mir das in Tirana, in Albanien vor Augen geführt. Ein Land, das dieser Kluft lange Zeit genauso wenig entgegengewirkt hatte.

Dass dieses verschlossene Land straff kommunistisch regiert wurde, unterstützt von einem stark ausgebauten Geheimdienst, das wusste ich. Aber wie sich diese Diktatur auf den Alltag der Menschen auswirkte und auf das kulturelle Leben, ahnte ich noch nicht. Ich wollte/sollte jedoch erkunden, welche künstlerischen und technischen Voraussetzungen für eine deutsche Kulturwoche in Tirana gegeben waren.

1987 reiste ich zu diesem Zweck zum ersten Mal in das Land an der südöstlichen Peripherie Europas. Schon auf der Fahrt vom Tiraner Flughafen in das Zentrum der albanischen Hauptstadt erstaunte mich so manches. Der Wagen, in dem ich abgeholt worden war, rollte einsam und verlassen über die Landstraße. Kein Gegenverkehr, keine Ampeln, kaum Verkehrsschilder.

»Nur staatliche Autos sind zugelassen, private sind verboten«, erläuterte mir der mich begleitende Mitarbeiter aus dem albanischen Kulturministerium. Das hatte ich noch in keinem anderen kommunistischen Land erlebt. Zwar gab es überall lange Wartezeiten, bis man endlich Besitzer eines eigenen Fahrzeugs werden konnte, aber dann konnte man sich im eigenen Land frei bewegen und ohne größere Komplikationen im eigenen Auto in die kommunistischen Bruderländer in die Ferien fahren.

»Und was bedeuten diese vielen kleinen Erdhügel rechts und links von uns?«, wollte ich wissen.

»Das sind Bunker, Zellen für unsere Vaterlandsverteidiger, wenn andere uns angreifen«.

»Andere? Welche?«

»Zum Beispiel Jugoslawien. Das Kosovo haben die ja schon, und da wohnen hauptsächlich Albaner, wie auch in Mazedonien. Wir müssen wachsam sein, dass sie nicht auch noch unser Land schlucken.«

»Aber Jugoslawien hat sich doch ebenfalls früh von der Sowjetunion distanziert und dort ist alles ruhig«, entgegnete ich, auch wenn ich eigentlich verwundert war, dass dieser junge multiethnische, multireligiöse, multisprachliche Staat, den ich in den siebziger und Anfang der achtziger Jahre oft besucht hatte, sieben Jahre nach dem Tod des Alleinherrschers Tito (1945–1980) immer noch nicht zusammengebrochen war.

»Da gärt es aber gewaltig«, gab er zu bedenken. »Jetzt reiben sich dort bereits die Kräfte. Serbien wird stärker. Wer weiß, was da noch alles auf uns zukommt. Wir müssen uns schützen, in unseren heutigen Grenzen. Nur ein paar Verrückte glauben an eine Wiederauferstehung eines Groß-Albanischen Reiches.«

»Müssen Sie sich auch vor den Sowjets schützen?

»Sie wissen doch, dass die 1968 die ČSSR mit Gewalt nieder gemacht haben. Denen trauen wir schon gar nicht, zumal Nikita Chruschtschow den wahren Führer der marxistischen Lehre Josef Stalin vom Sockel gestoßen hat. Seit der Entstalinisierung 1960/61 haben wir mit der Sowjetunion gebrochen. Die Chinesen sind auch zu Renegaten geworden. Und wer weiß, was der kapitalistische Westen vorhat.«

Ich schwieg und dachte: »Allein gegen die ganze Welt! Wie kann man sich in Zeiten möglicher Atomkriege und bestens ausgerüsteter Kampfflugzeuge auf solch vorsintflutliche Erdlöcher verlassen? Sicher nicht mit Opas Schießgewehr.«

Wir näherten uns dem zentralen Platz in Tirana. Dort begrüßte uns ein riesiges Stalin-Denkmal. Daneben Lenin in Stein gehauen. Mit letzterem hatte ich gerechnet. Lenin war überall in sowjetisch beherrschten Staaten. Nicht aber Stalin. Den hatten fast alle Länder des Warschauer Paktes auf Geheiß Moskaus längst beseitigt. Aber Albanien unterhielt ja keine diplomatischen Beziehungen mehr mit Moskau.

Wir bogen ab vom Skanderbeg Platz, so benannt nach einem albanischen Nationalhelden, der gegen die Osmanen gekämpft hatte, und fuhren eine kurze Strecke auf dem Boulevard der Märtyrer entlang zu unserem wunderbar altmodischen Hotel Dajti. Es war ganz offensichtlich den wenigen hier geduldeten Ausländern vorbehalten. Dort logierte auch der frisch eingetroffene deutsche Gesandte. An Überbeschäftigung litt er nicht.

Auf dem Boulevard flanierten diskret verliebte Paare, nicht sich wild küssende Pärchen, wie im Westen. Daneben Frauen mit ihren Kindern, »anständig« gekleidete Männer nach Büroschluss, nicht in Jeans und Turnschuhen, ältere Ehepaare.

Das Stalindenkmal auf dem zentralen Skanderbegplatz in Tirana, 1989 (Foto: Koos van Weringh)

Der Boulevard war ihr zentraler Ausgehort, denn Cafés, Restaurants, Bistros, gar Partykeller gab es im Gegensatz zu den meisten mitteleuropäischen Ländern, von der Sowjetunion einmal abgesehen, kaum.

Aus meinem Hotelzimmer blickte ich auf das gerade fertiggestellte monumentale Mausoleum für den langjährigen stalintreuen Diktator Enver Hoxha.

»Hoxha«, erklärte mir Bekim, der mir als Dolmetscher für meine anstehenden Gespräche mit Kulturinstitutionen zugeordnet war und mich ständig begleitete, »hat Albanien von den Italienern und den Deutschen 1944 befreit und bis zu seinem Tod unsere Geschicke glücklich geleitet. Sie haben doch die zufriedenen Gesichter auf dem Boulevard gesehen.«

In der Tat, von einer unterschwelligen Aufbruchsstimmung wie etwa in Polen, der ČSSR, Ungarn oder den baltischen Ländern, wie ich später feststellen konnte, war in Tirana öffentlich nichts zu spüren. Vielleicht in den Familien, den Clans, innerhalb von Studentengruppen, aber vor diesen wurde ich abgeschirmt.

Bekim war damals ein junger, schüchterner, linientreuer Germanistikstudent. Als ich ihm den Roman von Heinrich Böll *Ansichten eines Clowns* schenken wollte, ein Roman, der in seiner kritischen Betrachtung der deutschen Nachkriegszeit sicherlich keinen Anstoß in kommunistischen Kreisen erregen konnte, zuckte er sichtbar zurück und hob abwehrend die Hände. Alles ausländisch Gedruckte war an sich verdächtig, und dann ein Buch vom Klassenfeind? Obwohl, ich war ja nur ein halber, ich war ja eine »Offizielle«. Die albanische Regierung genehmigte ihm das Geschenk. Die Werke von Heinrich Böll waren gerade zur Übersetzung ins Albanische freigegeben worden, viele Jahre nach ihrer Übertragung in andere mitteleuropäische Sprachen.

Daneben das Lenindenkmal, 1989 (Foto: Koos van Weringh)

Nach meinen ersten Gesprächen mit mir vorgegebenen albanischen Veranstaltern wurde mir klar, dass wir nicht, wie in Warschau, zu einem gemeinsam entwickelten Konzept kommen würden. Die Kunstszene empfand sich als Empfänger, nicht als partnerschaftlicher Mitgestalter. Weder das Nationalmuseum noch die Künstler, soweit ich mit ihnen in Kontakt treten konnte, waren mit den künstlerischen Nachkriegsentwicklungen in Europa, in Deutschland, auch nur halbwegs vertraut. Sie konnten nicht äußern, was sie gerne hätten. Für jegliche abstrakte Kunst, sei es im Bereich der Bildenden Kunst, der Literatur, des Tanzes, des Theaters, der Musik, oder jeder offenen Diskussion im Feld der streng regulierten Geisteswissenschaften fehlte der Nährboden. Dialogisches Vorgehen war fremd, nie geschult und auch nicht erwünscht.

Das war unter der Diktatur Francos in Spanien ganz anders. Da konnte man irgendwie und irgendwo immer alles besprechen und arrangieren. Im Gegensatz zu Hoxha wollte Franco kein neues Menschenbild kreieren, schon gar nicht nach der puren Lehre von Marx, die die albanischen Autoritäten in Stalin weiterhin verkörpert sahen. Hoxhas Nachfolger versuchte sehr vorsichtig, den harten Zugriff auf alle Lebensbereiche etwas zu lockern, sonst hätte auch ich keineswegs einreisen können.

Es half nichts. Ich musste von meinem dialogischen Verständnis Abschied nehmen und ein Kulturprogramm vorschlagen. Beraten von meinen Mitarbeitern setzte ich in allen Kunstsparten auf das Realistische, das Figurative und vermied alles Experimentelle. Vielleicht hätte man sich im offiziellen Albanien auch über Volkskunst, Volkstänze, Volksmusik gefreut. Aber diese Volksbräuche, die es ja auch in Deutschland gab, waren unter Hitler derart missbraucht und instrumentalisiert worden und hatten in der Nachkriegszeit ihre Authentizität verloren, dass ich zu diesem intellektuellen Opfer nicht bereit war.

Alle »braven« Veranstaltungen fanden ihr Publikum, ein erstes Türchen zu einer fremden, aber kaum realistisch einschätzbaren Welt war geöffnet worden. Dennoch blieben wir auf Grund unserer so verschiedenen Vergangenheiten und Erfahrungen höflich in getrennten Welten.

Einer hat eine größere Nähe herstellen können: Wolfgang Jörg zusammen mit seiner Frau Ingrid von der *Berliner Handpresse*. Wolfgang, der Maler und Grafiker war ein außerordentlich kommunikativer Mensch bei Tag wie bei Nacht. Nachts gesellten sich ein paar Bier mehr dazu und noch viel mehr Raki. Er genoss es, auf Menschen zuzugehen und mit diesen umzugehen. Auf seiner nach Tirana mitgebrachten Handpresse druckte er ständig für Kinder wie Erwachsene verständliche Motive von Blumen und Tieren, ließ auch die Kinder selbst mal an die Presse, zeigte seine illustrierten, wundervollen Kinderbücher. So nebenbei lagen da auch »subversive« Titel herum mit Gedichten und Geschichten aus der anderen Welt wie etwa von der DDR-Dissidentin Sarah Kirsch. Nachts vertiefte er dann seine Bekanntschaften. Viele sahen ihn nach dem Umbruch als Anlaufort in Berlin, als Berater, Vermittler, Helfer, Arbeitsbeschaffer.

Im Kern stellte die deutsche Kulturwoche in Tirana einen kulturellen Staatsakt dar, den man wie in allen ehemaligen kommunistischen Ländern nicht nur vertragsgetreu, sondern auf der technischen wie Betreuungsebene perfekt ausführte. Dem ausländischen Staatsgast durfte es an nichts fehlen. Da mein Mann mich gelegentlich auf meinen weiteren Reisen nach Albanien begleitete, wurden auch seine Wünsche erforscht.

»Das Band an meiner Armbanduhr ist gerade gerissen. Könnten Sie mir ein Geschäft zeigen, wo ich ein neues kaufen kann?« fragte er Bekim. Dann geschah in unseren Augen ein kleines Wunder. Unser Staatsauto hielt vor einem kleinen Ledergeschäft. Der Inhaber, besser gesagt der dort führende Angestellte, denn Privateigentum gab es nicht, warf einen Blick auf die Uhr, griff zu einem Stück Leder und schnitt dies in kürzester Zeit in die passende Form. Bezahlen durften wir das neue Armband nicht. Dazu mag beigetragen haben, dass ein Niederländer live nicht so oft zu sehen war. Albaner, die Zugang zum italienischen Fernsehen hatten, bewunderten die niederländischen Fußballspieler. Auf einem Plakat hinter dem Ladentisch blickten uns Ruud Gulitt, Marco van Basten und Frank Rijkaart an, berühmte niederländische Top-Spieler, die zu der Zeit im AC Mailand spielten. Die beiden Männer ahmten die offenbar weltberühmten Trippelschritte dieser Fußballhelden nach, verständigten sich ohne Sprache und schienen sich völlig einig zu sein. Ja, menschliche Kontakte unterhalb der Staatsebene.

Ein anderes Mal gab Koos zu verstehen, dass er, der leidenschaftliche Sammler politischer Karikaturen, liebend gerne die Redaktion der 1945 gegründeten satirischen Zeitschrift *Hosteni* besuchen würde. Koos hatte Ende der siebziger Jahre dieses Satireblatt auf einem Buchmarkt von linksgerichteten Verlegern in Amsterdam entdeckt. Er kaufte sich ein albanisch-niederländisches Wörterbuch, um die Unterschriften zu den politischen Zeichnungen entziffern zu können, die sich gegen Ost und West, gegen den sowjetischen Kommunismus wie den westlichen Kapitalismus gleichermaßen wandten. Das Hoxha-Regime wurde natürlich nicht aufgespießt. Spontan abonnierte Koos das Blatt, obwohl er davon ausging, dass nie ein Exemplar bei ihm in Amsterdam ankommen würde. Fehlurteil. Pünktlich wurde alle zwei Wochen ein Exemplar geliefert. Vertrag ist Vertrag.

Das Kulturministerium vereinbarte mit den Redakteuren einen Termin. Während wir in der Hotel-Lobby warteten, erreichte uns die telefonische Bitte, eine Stunde später zu erscheinen. Es stellte sich heraus, dass die Redaktion noch eine Flasche Raki auftreiben wollte. Raki gehörte wie viele Produkte zu den Mangelwaren. Aber es gelang einem Freund, von einem Freund, der wiederum jemanden in der Regierung kannte, die gewünschte Flasche zu besorgen. Solche Netzwerke funktionieren auch heute noch. Höchst animiert kam Koos von dem Treffen zurück. Man hatte sich in einem Mischmasch aus Englisch, Französisch, Deutsch über die Rolle der politischen Karikatur ausgetauscht, wobei die Albaner nicht an Seitenhieben auf die eigene Regierung gespart hatten. Es wurde viel gelacht, die Flasche geleert um elf Uhr morgens. Und zum Abschied bekam dieser Exot aus den Niederlanden, der wohl einzige Abonnent in Westeuropa, fünf Originalzeichnungen geschenkt. *Hosteni* besteht nicht mehr.

Die Gastfreundschaft in Albanien war sprichwörtlich, auch wenn sie in meinem Fall vom Kulturministerium beflügelt wurde. In einem Staatsauto fuhr man uns durch dieses wunderschöne, gebirgige Land. Immer mal wieder hielten wir hinter einer Schafsherde, die gemächlich die wenig ausgebauten Straßen überquerte. Auf dem Weg zum Kurort Saranda in Südost-Albanien wurden wir zur Besichtigung von Tomatenfeldern eingeladen, als Beweis, wie produktiv dieses Agrarland doch sei. Der Aufbau industrieller Anlagen, hauptsächlich zur Gewinnung bestimmter Metalle, verlief noch schleppend. Die Tomaten aber, die waren köstlich und gaben mir den Glauben an die wohlschmeckenden, chemiefreien Tomaten meiner Kindheit zurück. In Saranda tauchten wir bei großer Hitze in das von keinerlei Touristen verschmutzte Meereswasser ein. Vor uns lag das griechische Korfu, zum Greifen nahe, schwimmend erreichbar. Aber daran war gar nicht zu denken. Kontrollboote sicherten die albanische Grenze. Noch trennte nicht nur der Kalte Krieg im Allgemeinen, sondern auch die eigenwillige Interpretation der reinen kommunistischen Lehre unter Enver Hoxha die beiden europäischen Nachbarländer.

Ich kam mir wie in einer anderen Wirklichkeit vor. Diesem unberührten, in seinen Strukturen und Lebensformen fast archaisch wirkenden Land konnte ich keine schnelle Öffnung zur Welt wünschen. Dieses in jeder Hinsicht unvorbereitete Land, so fürchtete ich damals, würde von westlichen Wirtschaftshaien überschwemmt und ausgebeutet, von Touristen überflutet, die sich dann auch noch lauthals beschweren, dass ihre Bleibe ohne Minibar ist. Letzteres war keine bösartige Mutmaßung von mir. Noch höre ich die entsprechende wütende Beschwerde eines Schauspielers vom Thalia Theater in Hamburg im Foyer unseres Hotels in dem weitaus moderneren Bratislava anlässlich einer deutschen Kulturwoche in der Slowakei.

Weder ich noch andere ahnten damals, dass eine abrupte Öffnung bereits 1990 kommen sollte. Viele Albaner, Dissidenten wie Wohlstandsuchende, flüchteten in Tausenden in die neu errichteten ausländischen Botschaften, auch in die deutsche, die 1990 gerade ihre Tore öffnete. Das albanische System brach zusammen, etwas Neues konnte gar nicht so schnell an dessen Stelle kommen. Eine tragende Mittelschicht gab es nicht, von Gewaltenteilung hatte man noch nie gehört, die Gesetze des Marktes selbst in seiner sozialen europäischen Ausrichtung waren unbekannt. Das traf zwar auf alle ehemals kommunistischen Länder in Europa zu, aber im

Aus der »politisch-satirisch-humoristischen Zeitschrift« Hosteni: »Perestrojka«, 26. August 1989

abgeschotteten Albanien war die Wucht des Systemwechsels noch viel härter.

Wie überall nach dem Ende einer Diktatur waren die äußerlichen Veränderungen zuerst sichtbar, nicht neue Denkmuster. Die Stalinmonumente wurden abgerissen, wie auch die von Enver Hoxha. Das Hoxha-Mausoleum rottet heute vor sich hin, wird nur gelegentlich für Ausstellungszwecke benutzt. Autos verstopfen den wiederholt neugestalteten Skanderbeg Platz und den Boulevard der Märtyrer. Die Bunker sind zum Teil in Party-Keller mutiert. Neue Hotels, Botschaftsgebäude, Wirtschaftszentren, Restaurants, Cafés bestimmen das Zentrum. Je nach Saison geht täglich ein- bis dreimal eine Fähre zwischen Saranda und Korfu. Nur: der Auswanderungsdrang hat nicht nachgelassen, von Illusionen beflügelt.

Dennoch: Langsam bildet sich eine Mittelschicht heran. Das Land versucht sich in demokratischen Spielregeln trotz aller Clan-Absprachen und Korruption. Albanien ist mittlerweile Mitglied vieler internationaler Organisationen, auch der NATO und hat ein Assoziierungsabkommen mit der EU geschlossen, was das Reisen ohne Visa in die EU erleichtert. Und auch im künstlerischen Bereich entwickelt sich viel Eigeninitiative. Beispielsweise wurde 2014 ein internationales Filmfestival in Saranda gegründet unter der künstlerischen Leitung von Mirela Oktrova.

Albanien strebt eine EU-Mitgliedschaft an. Gleichzeitig erinnert sich die überwiegend moslemische Gesellschaft an ihre osmanische Vergangenheit. Dafür sorgt auch die Türkei, die in den Jahren 2014/15 eine riesige Moschee in Tirana hat bauen lassen. Immerhin ein sichtbarer Beweis für das Ende des von Enver Hoxha verhängtem Religionsverbotes.

»Wir streben mit all unseren Nachbarn eine gute Zusammenarbeit an«, verkündete der albanische Premierminister

Sali Berisha (2005–2013) in einem Interview im Jahre 2010. »Ja, es war schmerzhaft, dass das Kosovo 1982 zu einer Teilrepublik von Serbien wurde, aber mit der Unabhängigkeit des Kosovo 2008 sind die Grenzen auf dem Balkan endgültig gezeichnet. Das respektieren wir, obwohl 88 Prozent der Bevölkerung Albaner sind. Dafür bauen wir das Straßennetz zum Kosovo und nach Mazedonien aus und eine Eisenbahnlinie, die Albanien mit dem Kosovo und Serbien verbindet. Nicht nur wir, sondern die ganze Region wird davon profitieren. Wir wissen, dass wir noch nicht alle Kriterien der EU erfüllen, aber wir arbeiten daran.«

»Ja«, ergänzte sein Nachfolger Edi Rama, »wir werden keine ethnischen Konflikte zwischen Albanern und Mazedoniern oder zwischen Albanern und Serben unterstützen. Das würde uns auf unserem Weg nach Europa um Jahrzehnte zurückwerfen. Es geht bei den gelegentlichen Zusammenstößen in Mazedonien auch weniger um Stammeskämpfe oder religiöse Auseinandersetzungen als vielmehr um die Empörung über die Korruption, die Vetternwirtschaft, den Wahlbetrug, den Missbrauch des Justizsystems, den Mafia-ähnlichen Regierungsapparat. Da sind wir in Albanien schon einen Schritt weiter, auch wenn wir noch deutliche Demokratiedefizite haben. Aber sind Bulgarien, Rumänien oder Serbien, Kroatien schon demokratische Musterschüler?«

»Wie sollten sie auch«, dachte ich. »Alle südosteuropäischen Staaten, die nach dem Zusammenbruch der Habsburgmonarchie und des Osmanisches Reiches während und nach dem Ersten Weltkrieg entstanden sind um nur wenig später von neuen Mächten besetzt zu werden, tun sich mit heutigen europäischen Normen schwer. Rechtsstaatlichkeit und ein investigativer Journalismus sind neue Begriffe, die inhaltlich noch nicht ausgefüllt sind, da ein langsam gewachsener Nährboden fehlt. Stärker wirken Nationalstolz und Pa-

Hosteni: »Demokratie«, 26. November 1989

triotismus, die sich um heroische Erinnerungen ranken. Das ist nachvollziehbar.«

Warum betrieb die EU so intensiv die Osterweiterung? Um den Menschen dort zu neuen Freiheiten zu verhelfen? Die Realität ist nüchterner. Man suchte marktwirtschaftlich denkende stabile Nachbarn aus geopolitischen Gründen. Anders ausgedrückt: Es ging um die Erweiterung der europäischen Einflusssphäre. Europäische Gelder, die bis Ende der achtziger Jahre überwiegend Irland, Spanien und Portugal zu Gute gekommen waren, fließen nun verstärkt in die osteuropäischen Regionen. Nur das Lebensgefühl verändert sich nicht so schnell.

Edi Rama hatte auch das Demokratiedefizit in Bulgarien angesprochen. Dabei fiel mir eine sehr denkwürdige Begegnung in diesem Land ein:

»Kommen Sie herein«, winkte mir eine Bäuerin in einem Dorf im Norden Bulgariens zu, als meine Schwester und ich 2008 auf unserer Reise durch das uralte Kulturland bewundernd vor ihrem Gehöft standen. »Ich koche gerade Gjuvec. Sie können gerne mitessen. Ein paar Nachbarn kommen auch.« Dankbar nahmen wir die unerwartete Einladung an. Herzlich war die Stimmung, als hätten wir schon immer zu diesem Kreis gehört.

»Sie kommen also aus Deutschland«, stellte die Bäuerin fest, als wir den Eintopf aus Fleisch, Gemüse und Kartoffeln verzehrten, »dann kennen Sie sich doch mit Europa aus.«

»Ein bisschen.«

»Warum müssen wir unsere Eier jetzt abstempeln lassen? Jeder weiß doch, dass sie frisch und gut sind.«

»Naja«, murmelte ich um eine Antwort verlegen, »vielleicht sind sie nicht überall gleich gut und werden deshalb geprüft.«

»Kommen noch mehr solche merkwürdigen Regeln?«, wollte ein Nachbar wissen.

»Möglich, denn es gibt so viele Verbände und Interessengemeinschaften, die ihre Ziele durchsetzen wollen.«

»Was? Der Staat regelt doch alles.«

»Nein, vor allem der Markt. Aber eine EU-Regel ist wieder abgeschafft worden und andere werden das gleiche Schicksal erleben: Die gradlinige Gurke.«

Schallendes Gelächter.

»Eine gradlinige Gurke! Na sowas. Gurken sind doch fast immer krumm.«

»Stimmt«, stotterte ich, »so waren sie auch in meiner Kindheit. Aber gradlinige lassen sich offenbar besser verpacken und auf den Markt bringen. Alles Geschäft.«

»Was seid ihr doch für Kapitalisten, entschlüpfte es der Bäuerin, »die gezüchteten Dinger schmecken doch gar nicht.« Als ob sie sich für ihre Kritik schämte, wechselte sie das Thema.

»Wir sind arm, aber wir halten zusammen, helfen uns gegenseitig, lachen und singen gemeinsam.«

Ich musste spontan an meine Chef-Dolmetscherin Irina Kynina am Goethe-Institut in Moskau denken. »Früher sangen wir abends alle zusammen mit unseren Freunden. Jetzt geht jeder seiner Wege«, hatte sie einmal bedauernd geäußert. »In der neuen Gesellschaft geht auch viel kaputt.«

»Der Gemeinschaftssinn ist auch in Westeuropa nicht verschwunden«, wand ich ein. »Auch da hilft man sich gegenseitig. Allerding ist der Sinn für die Großfamilie schwächer geworden. Und auch für die Kirche, einen Verein, eine Partei. In vielem muss sich der Einzelne selbst kümmern, beispielsweise bei der Altersversorgung.«

»Wieso? Die ist doch staatlich oder betrieblich geregelt.«
»Ja, aber oft reicht sie nicht. Und nicht jeder hat wie Sie einen Garten, ein paar Äcker, um Hühner oder ein Schwein zu halten, Karotten, Bohnen, Erbsen, Kartoffeln, Zwiebeln anzubauen. Sie können alles einmachen, kommen damit über den Winter oder machen Tauschgeschäfte. Meine Mutter hat das auch so gemacht.«

»Ja, ja, meldete sich ein Bauer zu Wort, der bislang nur zugehört hatte. »Wir dachten immer, das regelt der neue Staat, die EU, und unsere Regierung passt sich an. In der Tat ist das Leben in den Städten schwieriger. Da braucht man schon ein paar Nebenarbeiten oder muss zur Spargel-Erdbeer-Weinernte nach Westeuropa gehen, zusätzliches Geld verdienen. Dafür haben die Städter andere Vorteile. Sie sind besser informiert als wir hier auf dem Land. Sie tun sich mit dem Reisen leichter. Sie wissen, wie man Gelder aus der EU holt, sind mit den Mächtigen in unserem Land besser vernetzt.«

»Selbst wir hier profitieren auch von der EU«, unterbrach ein anderer. Sicherlich haben Sie unterwegs die vielen neuen Straßen bemerkt. Alle mit EU-Geld gebaut. Überall hängt die EU-Flagge.«

Das war mir nicht entgangen.

»Und wieviel Geld haben korrupte Landsleute von uns von den europäischen Zuschüssen abgezweigt?«, mischte sich die resolute Bäuerin ein. »Haben Sie deren Villen gesehen?«

Das musste ich zugeben, ohne mich auf das heikle Thema, mit dem ich bereits in Rumänien konfrontiert worden war, näher einzulassen. Ich sah die Prachthäuser vor mir, im post-modernen Stil, mit vielen Säulen und Erkern ausgestattet, großspurig, Reichtum ausstrahlend, mit einem Mercedes oder BMW am Ende der prächtigen Auffahrt. Wem sie gehörten, wusste ich nicht und auch nicht, welche Konten ihre

Eigentümer in den damals noch geschützten Steueroasen in Europa und weltweit unterhielten.

»Unsere Bonzen waren immer privilegierter, aber nicht in diesem Ausmaß. Eine Schande ist das. Bei Ihnen gibt es das wohl nicht.«

»Leider doch«, musste ich ihr wahrheitsgetreu sagen. »Korruption gibt es überall auf der Welt, auch in der EU.«

»Was?«, fuhr sie dazwischen. »Sie haben doch so viele Regeln und Gesetze.«

»Das heißt ja nicht, dass sich jeder daran hält. Menschen sind nicht so verschieden. Der Unterschied besteht wohl nur darin, dass es in Staaten, in denen die Richter unabhängig sind, in denen die Polizei anständig bezahlt wird, also kein Geld erpresst, in denen die Medien frei und kritisch berichten können, schlicht schwieriger ist, betrügerischen Geschäften nachzugehen. Die Wahrscheinlichkeit, dass unsaubere Machenschaften ans Tageslicht kommen und dann bestraft werden ist einfach größer, aber keineswegs gesichert.

»Auch bei den Mächtigen?«

»Ja, sicher. Kein Politiker kann es sich leisten, eine Putzfrau ohne Sozialversicherung zu beschäftigen oder seine Frau in seinem Dienstwagen ihre Einkäufe erledigen zu lassen.«

»Das sind doch Lächerlichkeiten.«

»Wenn Sie dann in der Zeitung oder im Internet angeprangert werden, ist das nicht mehr so lächerlich. Aber es gibt auch schwerer wiegende Korruptionsfälle. Beispielsweise gibt es illegale Preisabsprachen zwischen großen Konzernen, oder Menschen werden illegal abgehört, oder« – hätte ich einige Jahre später gesagt – »der berühmte deutsche Autohersteller Volkswagen betrügt seine Kunden mit manipulierten Abgaswerten.«

Betretenes Schweigen. Vielleicht fielen dem einen oder anderen seine kleinen Betrügereien wieder ein, ein versetzter Grenzpfahl, die Milch zu knapp abgewogen…

»Prost«, unterbrach eine Nachbarin die kurze Stille und erhob zum wiederholten Mal ihr Glas mit Trojanska slivova, einem kräftigen Pflaumenschnaps. Gerda und ich waren an harte Getränke zwar überhaupt nicht gewöhnt, aber da half nichts. Durchhalten, zwinkerten wir uns bereits leicht benebelt zu. Kleine Schlückchen nehmen, auch wenn dies der Landessitte widersprach. »Unsere jungen Leute zieht es nach Europa. Sie können jetzt ja frei reisen und überall arbeiten. Das ist gut. Sie machen Erfahrungen, lernen. Nur leider kommen viele nicht zurück. Wir auf dem Land werden älter. Die Kinder fehlen. In den Städten sind die besten Kräfte ausgewandert. Wir brauchen die doch. Und beliebt sind sie auch nicht in Europa.«

Ihr herausfordernd fragender Blick versetzte Gerda und mich mal wieder in eine Dilemma-Situation. Es war ja wahr, dass Bulgaren (und Rumänen und Albaner) in Westeuropa, vor allem in Deutschland, nicht besonders angesehen sind und den schlechten Ruf von Bettlern und Taschendieben haben, ein Negativbild, das mit der zahlenmäßig viel größeren Gruppe von Türken und Kurden nicht assoziiert wird. Aber wie das erklären? »Ihr meint sicher die Roma«, hätte man uns geantwortet. »Die mögen wir auch nicht, unzuverlässiges Volk.« Wie schlecht man mit den Roma in den Balkanländern und auch in Ungarn umging, hatten wir zur Genüge beobachten können. Auf eine derartige Diskussion wollten wir uns nicht einlassen.

»Ehrlich gesagt, viele Bulgaren meinen, dass in Westeuropa die Grundversorgung für alle Menschen automatisch vom Staat gegeben ist. Aber dem ist nicht so. Man muss auch selbst etwas dafür tun, die Sprache erlernen, Initiativen ergreifen, hart arbeiten, auf Vertrautes verzichten. Ich weiß, das ist weder ein leichter noch ein fröhlicher Prozess, es ist eine Chance, keine Garantie.«

»Was soll's«, rief sie fast fröhlich, »heute feiern wir – Prost – und morgen sehen wir weiter. Schluss mit all den Regeln und Prinzipien. Wir haben *uns* doch. Riechen Sie mal an unserem einzigartigen Rosenparfum. Das habt ihr nicht.«

Dann wurden wir kräftig umarmt. Wie wir es nach dem letzten Schnaps in unsere bescheidene Herberge geschafft haben, weiß ich nicht mehr. Aber noch am nächsten Morgen umwehte uns der sinnliche Duft der Rosen.

Moskau

Verlierer des Kalten Krieges oder neuer Gewinner?

»Die Mehrheit der Russen wird Wladimir Putin 2018 erneut zum Präsidenten wählen. Er hat unser Land wieder groß gemacht«, meinte Dimitrij, ein aus Russland ausgewanderter Deutschstämmiger aus meinem Bekanntenkreis. Ich hatte ihn zufällig in Begleitung eines Freundes in der Kölner Altstadt getroffen. Es war im April 2016.
»Du klingst ja wie die amerikanischen Präsidentschaftskandidaten, die ihr Land auch als das größte preisen.«
»O Gott nein«, warf er den Gesprächsball entsetzt zurück. »Die Amerikaner wollen uns doch bloß zermürben, spalten. Jetzt haben ihre Geheimdienste die Panama Papers lanciert, die dem Freundeskreis um Putin Geldwäsche vorwerfen. Milliarden Euro sollen aus Russland in Steueroasen geflossen sein. Das würde Putin niemals zulassen. Gelder aus Russland abzuziehen ist unpatriotisch, hat er wiederholt gesagt und ungesetzlich auch noch, wenn Minister, hohe Beamte, Leiter von Staatskonzernen ihre Teilhabe an ausländischen Firmen nicht offen legen. Recht hat unser Präsident. Wir brauchen die Gelder für den weiteren Ausbau der Infrastruktur, zur Modernisierung, zur Ermunterung des Konsums einheimischer Produkte, zur besseren Unterstützung von Jugendlichen. Das hat Putin in seiner Rede zur Nation im November 2015 ganz stark betont. Wir sind also wieder einmal Opfer der westlichen Propaganda.«

»Moment mal«, unterbrach ich ihn in seinem Putin-Lob, das ich bisher von ihm noch nicht gehört hatte. »Die anonymen Enthüllungen über Tausende von Briefkastenfirmen, die die Anwaltskanzlei Mossack Fonseca in Panama weltweit vermittelt hat, hat doch nichts mit den amerikanischen Geheimdiensten zu tun, auch wenn ich diesen so wenig traue, wie den russischen. Aber in diesem Fall sind Politiker, Manager, Sportler, die Fifa und andere öffentliche Größen rund um den Globus betroffen. Der englische Premierminister David Cameron kam in Bedrängnis. Der irische Ministerpräsident musste zurücktreten, auch ein spanischer Minister. Der Gründer von *Front National*, Le Pen, in Frankreich kam in Erklärungsnot. In China wurden sofort alle entsprechenden Internetseiten gesperrt, denn aus dem Land der Mitte kamen die meisten verdächtigen Meldungen. Undeutliche Geldverschiebungen wurden in Südamerika, in Asien inklusive dem antikapitalistischen Nordkorea, in Afrika, in Australien aufgedeckt. Die entlarvten kremlnahen Oligarchen spielen also nur *eine* Rolle unter vielen.

»Und warum tauchen so wenige Amerikaner in den Papieren auf?«

»Erstens werden es jeden Tag mehr und zweitens mag es unter anderem daran liegen, dass mindestens drei amerikanische Bundesstaaten selbst Steuerparadiese sind.«

»Muss deshalb gleich eine Informationsattacke gegen den russischen Präsidenten gestartet werden, um Russland zu destabilisieren, wie sein Pressesprecher Dmitrij Preskow klar gestellt hat?«

»Tut doch niemand. Der *Süddeutschen Zeitung* (SZ) wurde das riesige Datenmaterial zugespielt. Sie hat es mit 400 Journalisten des Internationalen Konsortiums für investigative Journalisten weltweit ein Jahr lang gründlich untersucht. Auch Kollegen von *Nowaja Gazeta* waren dabei, wie du weißt. Die SZ hat nie gesagt, Briefkastenfirmen, also Scheinfirmen seien an sich illegal. Aber die gestellten Fragen sind schon berechtigt: Wer hat sein Geld in Steueroasen verlegt? Warum tat er das? Was geschah dann mit den Dollarbergen? Selbstbereicherung? Steuerhinterziehung? Illegale Geschäfte wie Waffen-Drogenhandel, Finanzierung von Terroristen? Angst, dass das vielleicht redlich erworbene und versteuerte Vermögen von wechselnden Regierungen in unsicheren Rechtsstaaten jederzeit konfisziert werden könnte, also nicht sicher ist. Aber derartige Sorgen wird man in Russland, einer lupenreinen Demokratie, doch nicht haben, oder?«

»Selbstverständlich nicht.«

»Warum sind dann zwei Milliarden Dollar durch ein Offshore-Firmennetz geschleust worden, in dessen Zentrum der Jugendfreund Putins, der Cellist Sergej Roldugin steht?«

»Hab ich doch schon gesagt. Weil die USA uns schaden wollen. Die SZ gehört doch zur amerikanischen Investment Bank Goldman Sachs. So hängen die amerikanischen Interessen zusammen. Das hat Putin in seiner Frage-Antwort-Stunde *Direkter Draht* mit russischen Bürgern gerade erklärt. Und er muss das doch wissen.«

»Offenbar nicht«, konterte ich. Diese Aussage ist schlicht falsch. Das lässt sich leicht nachprüfen. Russische Propaganda.«

»Gut, ja, Preskow hat sich ja auch für diese Fehlinformation entschuldigt.«

»Das ehrt ihn. Hoffentlich haben ein paar der acht Millionen Zuschauer diese Entschuldigung auch mitbekommen. Die meisten werden wohl weiterhin glauben, es handele sich um eine Provokation, angezettelt von den amerikanischen Geheimdiensten.«

»Das sehe ich anders. Er hat doch zugegeben, dass die auf Russland bezogenen Informationen der Panama Papers wahrheitsgetreu sind. Rodulgin hat mit dem Geld kostbare Musikinstrumente für unser Land gekauft. Das war richtig, wir sind ein Kulturland. Dafür müsste doch der Westen größtes Verständnis haben.

»Warum sollte dann die kremlkritische Tageszeitung *Nowaja gazeta* an der Veröffentlichung ihrer Erkenntnisse gehindert werden?«

»Davon habe ich nichts gehört.«

Dimitrij schaute verlegen nach allen Seiten. Mein Freund, der während dieses Gespräches kein Wort gesagt hatte, verabschiedete sich. Kaum war er außer Reichweite, machte mir Dimitrij große Vorwürfe:

»Warum hast du so insistiert? Du weißt doch so gut wie ich, dass jeder bei uns sein Geld ins Ausland verschiebt, wenn sich ihm Möglichkeiten bieten. An diesen mangelt es den Mächtigen bis in die Regierungsspitze wahrlich nicht. Wer die Macht hat, hat das Recht. Putin hat Macht und will die auch behalten. Er kann sich aus den Offshore-Töpfen bedienen, ohne dass sein Name genannt wird. Aber das kann ich doch nicht öffentlich sagen, zumal sich dein Begleiter Notizen gemacht hat. Der russische Geheimdienst hat auch hier seine Augen und Ohren offen. Die meisten Menschen bei uns, außer der kleineren Gruppe der Oppositionellen, werden Putin und seinen Getreuen diese Geldgeschäfte als Kavaliersdelikte verzeihen, weil sie ähnlich denken und handeln.

Viele bei uns haben ein Auslandskonto. Im Gegensatz zu Sowjetzeiten ist das heute legal. Aber man muss es angeben und über jede Kontobewegung berichten. Sonst drohen 30–50 Euro Strafe, zur Korruptionsbekämpfung, heißt es.«

»Du willst doch nicht sagen, dass diese lächerlich geringe Strafe den milliardenschweren Vorstandsvorsitzenden eines großen Staatsbetriebes abschreckt. Auch nicht einen Mittelständler, selbst nicht einen der verarmten Akademiker, der sein westliches Honorar von 500 Euro im Ausland schlicht absichern will, obwohl er dafür heute keine Zinsen mehr bekommt.«

»Natürlich weiß ich das. ›Die da oben‹ haben ihre eigenen Kanäle, und ›die da unten‹ haben mit ihrem wenigen Geld weder die Absicht noch die Möglichkeit, illegale Geschäfte zu betreiben. Aber in einem sind sich die kleinen Leute einig: Die russische Politik ist unvorhersehbar, unberechenbar. Also ist es besser, die paar Kröten in einen sicheren Hafen bringen.«

Auf Grund meiner Erfahrungen konnte ich ihm nicht widersprechen.

»Und wie werdet ihr jetzt in Europa auf die Enthüllungen der Panama papers reagieren?« fuhr er fort. »Da ist doch auch fast jedes Land in die Machenschaften verwickelt, auch viele Banken in Deutschland.«

»Stimmt. Die Empörung ist groß. Überall werden Untersuchungsausschüsse eingesetzt, auch vom europäischen Parlament. Aber ob dabei letztlich mehr Transparenz, mehr Helligkeit in die dunklen Geld-Kanäle gebracht wird, bleibt ein Fragezeichen. Geld sucht sich seinen Weg. Und wenn ein Vulkan in Italien ausbricht, Griechenland sich als zahlungsunfähig erklärt, das Flüchtlingsabkommen mit der Türkei platzt, der Flüchtlingsstrom nach Europa wieder anschwillt, Nordkorea eine neue Rakete zündet oder eine neue Seuche wie die längst vergessene Ebola die Welt bedroht, der Brexit kommt, dann springen die Medien auf die tagespolitische Sensation, die alte könnte leicht vergessen werden.« Ein paar Monate später hätte ich noch hinzugefügt, dass auch die Bahama-Leaks aufgetaucht sind, mit vielen Namen von Menschen, die ihr Geld in der bekannten Steueroase, den

Bahamas, verbergen wollen. Dass zu ihnen auch die ehemalige EU-Kommissarin für Wettbewerb zählt, die Niederländerin Neelie Kroes, die dort als Direktorin vieler Fonds aktiv war. Gesagt hat sie das aber nicht. Das war gegen die EU-Vorschriften. Das Thema wird dadurch etwas am Kochen gehalten. Jetzt aber schloss ich: »Wir bleiben Optimisten der Aufklärung, wie immer.«

»Putin wird das alles nicht weiter rühren. Er wird seinen Stil nicht ändern. Im Bewusstsein vieler Russen hat er unser Land erfolgreich wieder als gleichwertigen Partner auf die Weltbühne gebracht. Das muss man anerkennen.«

»Sprichst du deshalb immer von ›wir‹, ›uns‹, ›unserem Land‹, ›bei uns‹, wenn wir über Russland reden, obwohl du doch schon gut 20 Jahre in Deutschland lebst?«

»Weißt du, mein Verstand ist hier, mein Herz in Russland. Nicht bei dem System, wohl aber bei den Menschen.«

Im April 2016 begriff ich, was er mir sagen wollte. Aber als ich Anfang September 1990 nach Moskau versetzt wurde mit dem Auftrag, dort ein Goethe-Institut zu gründen, war ich von dieser Erkenntnis noch weit entfernt. Bei mir überwog das Gefühl, in ein Land zu kommen, von dem mir schon als Kind mein Großvater Fritz Mackowsky wundersame Geschichten erzählt hatte. Geschichten aus dem Zarenreich. Wie großherzig und großzügig die Menschen da waren! Und so musikalisch begabt! Welche Würde sie ausstrahlten! Er schilderte rauschende Feste, sprach von seinen vielen Reisen durch das riesige Land in der gerade erst eröffneten Transsibirischen Eisenbahn, in der 1. Klasse natürlich, mit Champagner und Kaviar. Irritiert war er, der fließend Russisch sprechende preußische Generalstabsoffizier, der viel in der ehemaligen Hauptstadt St. Petersburg zu tun hatte, über den mangelnden Sinn für Ordnung und Disziplin. Aber, schränkte er seine Kritik ein, »im Improvisieren waren die Russen wirklich genial«. In der kommunistischen Sowjetunion war er nie. Ich aber war in dieser gelandet.

Schon am Flughafen ging es recht vertraut zu, wie in Spanien. Man wartete endlos auf die Koffer und jeder sprach mit jedem, es wurde viel gelacht. Ein fröhliches Durcheinander. Von Effizienz konnte keine Rede sein, ganz anders als in New York. Offizielle Taxis gab es nicht. Stattdessen warteten Familienangehörige, Freunde, Bekannte, von Betrieben Entsandte oder, wie auf uns, ein Mitglied der deutschen Botschaft. Dann ging es über marode autoleere Straßen in die schwach beleuchtete Stadt. Reklameschilder längs des Weges? Nirgends, das wäre ja auch kapitalistisch gewesen. Beleuchtete Schaufenster in der Innenstadt? Keine Spur. Da es sowieso kaum etwas zu kaufen gab, war das auch egal.

»Kennen Sie einen Wohnungsmakler?«, fragte ich unsere Begleiterin. Sie lachte nur.

»Wohnungen werden hier zugewiesen, Ausländer leben in getrennten Wohnblocks. Sie haben Glück. Sie kommen in das Deutsche Haus, in eine schöne Wohnung, aus der unser Kanzler bald ausziehen wird.«

»Wie, wo ein Konto eröffnen?«

»Geht nicht. Die Deutsche Bank darf hier keine Privatkonten führen und zu einer russischen Bank würde ich Ihnen nicht raten. Nicht krisenfest.«

Also Geld für den Eigenbedarf und für ein zukünftiges Institut auf anderem Wege besorgen, resümierte ich. Das klappte auch, wenn auch auf nicht konventionelle Weise. Ein paar Mal im Jahr flogen ich und später auch meine engsten deutschen Mitarbeiter nach München, hoben von unserem Moskauer Auslandskonto zwischen 50.000 und 70.000 DM in kleinen Scheinen ab und brachten diese in großen Handtaschen zurück. Ich brauchte dieses harte Geld, um den wachsenden Stamm der russischen Mitarbeiter jedenfalls zum Teil in Devisen-Coupons zu bezahlen, damit sie bei der Stange blieben und nicht pausenlos herumtelefonierten, wo es gerade etwas zu ergattern gab. Der Rubel befand sich bald im freien Fall, für die Rubel-Gehälter konnte man immer weniger kaufen, aber in den *Berioskas*, den Devisenläden, gab es für die Coupons weiterhin eine bescheidene Auswahl und Exotika wie Käse. Unser heimlicher Devisenimport war nicht illegal. Das mitgebrachte Geld musste allerdings beim Zoll angegeben werden. Nur: Das Hinblättern all der vielen Scheine hätte nicht nur bei den Zollbeamten, sondern auch bei der hinter uns wartenden Menschenschlange pure Gier ausgelöst. Diese und die wenig erfreulichen Folgen davon wollten wir natürlich vermeiden.

Später eröffneten wir – den russischen Gesetzen gehorchend – bei der russischen Außenhandelsbank ein Konto, ein schwieriges Unterfangen, da niemand wusste, wie das ging. Als es endlich so weit war, ließen wir vorsichtshalber nur einen geringen Betrag aus Deutschland überweisen. Ein Glück, denn die Bank ging in kürzester Zeit bankrott. Schließlich erklärte sich die deutsche Botschaft bereit, die für uns notwendigen Gelder über den Kurierweg einfliegen zu lassen. So auch die dienstliche wie private Post, die auf dem Normalweg zwischen zehn Tagen und sechs Wochen brauchte. Die beiden Faxgeräte, die Koos und ich bei unserer Erstankunft mitgebracht hatten, waren nützlich. Vorausgesetzt das internationale Telefon funktionierte, was keineswegs immer der Fall war.

Wenn uns russische Freunde baten, ihre raren Devisen auf einem Konto in Deutschland zu deponieren, tat ich das. Das war nicht legal, aber in Notsituationen kann man nicht auf jede offizielle Regelung achten.

Lenin als riesige Plakatwand, Moskau 1990 (Foto: Koos van Weringh)

Alles klappte irgendwie, dank der vielen aufgeschlossenen, wunderbaren Menschen.

Kaum hatte ich mein erstes Interview im sowjetischen Staatsfernsehen gegeben, riefen mich viele mir völlig unbekannte Menschen an: »Ich möchte bei Ihnen arbeiten«, sagte Tanja. »Ich weiß von einem Grundstück, auf dem Sie eine Goethe-Institut bauen könnten«, meinte ein gewisser Arkadi. »Soll ich Sie mit unseren Kulturinstitutionen bekannt machen, ich kenne sie alle gut und könnte Ihr Dolmetscher sein«, bot Nadja an. »Ich führe Sie zu den Künstlern, die im Untergrund arbeiten«, versprach eine andere Stimme. Was für eine stürmische Hilfsbereitschaft, Offenheit, was für ein Entgegenkommen! Auch die sowjetischen Ministerien, von denen ich eher Strenge und Abschottung erwartet hatte, erkundigten sich immer wieder bei mir, ob mir etwas fehle, ob sie mich unterstützen könnten. »Dann regeln wir das.« Und das taten sie auch, immer zu meinen Gunsten. Selbst noch bei meinem Abschied aus Moskau im Frühjahr 1994. Nach einem neuen Gesetz musste jeder ausreisende Ausländer auf langen Listen all seine Habe präzise beschreiben, wohl aus einer nicht unberechtigten Sorge, russische Kulturgüter würden im Diplomatengepäck über die Grenze gebracht. Den Kauf von vier russischen zeitgenössischen Gemälden konnte ich beweisen. Aber wie unsere große Bibliothek von über 10.000 Exemplaren? Titel, Autor, Erscheinungsjahr, Verlag sollte für jeden einzelnen Band aufgelistet werden. Ein Alptraum. Da sprang mal wieder Michail Schwydkoj ein, der Kulturjournalist, mittlerweile stellvertretender Kulturminister, über die Jahre zum Freund geworden.

»Ich schicke dir einen Zollbeamten vorbei. Der läuft einmal durch die Wohnung und dann ist das in Ordnung.« So geschah es. Mischa wurde später Kulturminister und ist heu-

»Wir bauen den Kommunismus«, Moskau Anfang 1991 (Foto: Koos van Weringh)

»Ich bin Gorbatschow«, Moskau im November 1991 (Foto: Koos van Weringh)

te Sonderbeauftragter im russischen Präsidialamt für internationale kulturelle Beziehungen.

Es herrschte eine hoffnungsfrohe Aufbruch- und Umbruchstimmung, jedenfalls in den kulturellen Kreisen, in denen ich mich zu bewegen begann. Diese Kreise waren elitär und volksnah zugleich. Elitär, weil es nur die besten Schauspieler, Tänzer, Regisseure, Museumsleute, Kuratoren, Musiker, Schriftsteller, Wissenschaftler und andere Intellektuelle in die stolze Hauptstadt schafften, direkt gefolgt von Leningrad. Volksnah, weil diese von Menschen wie du und ich bewundert und verehrt wurden. Ihre Namen waren in aller Munde. In der perfekt funktionierenden Metro lasen die Menschen Bücher, unter anderem die sogenannten »dicken Literaturzeitschriften« die es heute kaum mehr gibt. Die Konzertsäle waren voll besetzt. In den großartigen Museen, wie dem Puschkin Museum oder der Tretjakow Galerie traten sich die Besucher gegenseitig auf die Füße. Die Liebe zu den Künsten entsprach einem tiefsitzenden Bedürfnis von Menschen ganz unterschiedlicher sozialer Herkunft und Bildung. Es war keine Flucht aus dem grauen Alltag, der nur sehr wenige Ausgehmöglichkeiten bot.

Eines Tages examinierte Sina, die mir von der staatlichen für Ausländer zuständigen Behörde UPDK als Haushaltshilfe zugewiesen worden war, meine Kenntnisse der russischen Literatur.

»Was haben Sie von Alexander Puschkin, Lew Tolstoi, Nikolai Gogol, Fjodor Dostojewski, Anton Tschechow gelesen?«

Meine Antwort befriedigte sie offenbar.

»Ja, wir haben große Dichter und Denker. Zu ihnen gehört übrigens auch Taras Tschewtschenko«, fuhr sie fort. »Er kam aus dem Süden. Ihre Straße heißt nach ihm.«

»Sie meinen aus der Ukraine.«

»Ja, aber das spielt doch keine Rolle. Wir sind ein Vielvölkerstaat, gehören alle zusammen.«

Die Bemerkung, dass sich Tschewtschenko, ein ukrainischer Nationalheld und literarischer Rebell, äußerst kritisch zum Zarenreich geäußert hatte, unterdrückte ich.

»Außerdem«, fügte sie fast trotzig hinzu, Josef Stalin war auch kein Russe, sondern Georgier. Er war der wichtigste Politiker der Sowjetunion. Das zeigt Ihnen doch, dass wie alle gemeinsam ein großes Reich sind mit einer großen Kultur.«

Das Überlegenheitsgefühl in ihrer Stimme war nicht zu überhören. Dass Menschen ihren Patriotismus mit einer höher stehenden Kultur begründeten, mit dem Geistigen, hatte ich in den USA nicht erlebt. Dort nährte sich Patriotismus aus ganz anderen Wurzeln.

Hätte ich meine Haushaltshilfe in New York, Corry, nach Walt Whitman, einem der bekanntesten amerikanischen Poeten des 19. Jahrhunderts gefragt, hätte sie mir in ihrer fröhlichen Art sicherlich geantwortet:

»Meinen Sie den neuen Chefkoch im Hilton Hotel? Ja, der soll sehr gut sein.«

Auch unserem hochgebildeten Russischlehrer, Vitali Swerew, ging es nicht darum, mir für den Alltag praktische Fragen auf Russisch beizubringen, wie etwa: Was kostet das? Wo kann ich links abbiegen? Wie enteise ich mein Auto? Gibt es Privattaxis? Wann wird es ein Moskauer Telefonbuch geben? Mit liebenswürdiger Zähigkeit machte er mir klar, dass ich nur über die russische Literatur zu einem besseren Verständnis meines Gastlandes gelangen würde. Er behielt Recht.

Wer sich einmal durch Puschkins Erzählung *Der Schneesturm* (1831) auf Russisch durchgearbeitet hat, weiß dass Puschkin *ein* Schlüssel zum Verständnis für Russland ist: Ein heftiger, dunkler, Weg und Steg unter sich begrabender

Schneesturm dient als Metapher für die aufgewühlten Gefühle zweier nicht standesgemäßer Liebenden. Aber sie glauben an sich trotz des stürmischen Gegenwindes in der damaligen russischen Ständegesellschaft und finden schließlich zueinander. Dank Puschkins einzigartiger Sprachgewalt wird für den Leser dieser äußerliche wie innerliche Aufruhr über alle Sinne, nicht nur den Verstand fühlbar, hörbar, fast physisch erfahrbar. Puschkin ist nur schwer übersetzbar. Am ehesten vielleicht noch ins Deutsche mit seiner literarischen Tradition der Romantik.

»Und jetzt lesen wir Anton Tschechows Erzählung *Die Dame mit dem Hündchen*. Er hat sie 1899 auf der Krim geschrieben in seinen letzten Lebensjahren. Tschechow entfaltet darin das Seelenleben seiner tragischen Protagonistin. Jeder Mensch hat ein eigenes differenziertes Seelenleben.«

Kein amerikanischer Literaturwissenschaftler hat mich je auf ein derartiges Thema in der amerikanischen Literatur angesprochen.

Zurück zu den großen Kulturschöpfungen des 19. Jahrhunderts! Zurück zur vorrevolutionären Zeit, zum Zarenreich! Vergessen wir die Sowjetunion! Diese Stimmung lag Anfang der neunziger Jahre in der Luft. Auch wir vom Goethe-Institut erspürten hier einen Anknüpfungspunkt. Beispielsweise im Bereich Ausdruckstanz. Auf Bitten russischer Tanzpartner luden wir Pina Bausch vom Wuppertaler Tanztheater ein. Sie wusste von der großen, im Kommunismus unterdrückten, russischen Tanzkultur, sprach diese in Arbeitsgruppen klug an. Sensibel wie sie war, begriff sie sofort, was uns wichtig war: uns auf gleicher Augenhöhe begegnen. In turbulenten Zeiten, in denen es weniger um die Befolgung zerbröselnder Gesetze als vielmehr um den Aufbau zwischenmenschlicher Beziehungen und Netzwerke ging.

Das sah Berthold Beitz etwas anders. Da saß ich nun 1991 in seinem großherrschaftlichen getäfelten Büro in der Villa Hügel bei Essen. Ich wollte ihm, dem Vorsitzenden der Krupp-Stiftung, einen Zuschuss für unser Tanzunternehmen entlocken. Hinter seinem breiten Schreibtisch erblickte ich auf einer Konsole Fotos, die Beitz Arm in Arm mit den Mächtigen der Sowjetunion abbildeten. Breschnew zum Beispiel. Beitz sorgte für einen beachtlichen Zuschuss für uns. Sein Wort hatte Gewicht. Aber zuvor drückte er sein Unbehagen über die Veränderungen in der Sowjetunion aus:

»Die Sowjetunion ist ein äußerst zuverlässiger Partner. Dort hält man sich an Verträge. Was einmal vereinbart ist, wird auch umgesetzt. Aber der Gorbatschow wird das mit seinen Reformideen alles kaputt machen. Das werden Sie bald merken. Wir wissen ja noch gar nicht, was uns da alles erwartet. Aber gut sieht es nicht aus. Das wird unwiederbringliche Folgen haben.«

Und diese kamen. Im August 1991 wurde Gorbatschow gewaltsam abgesetzt. Der Versuch der beharrenden Kräfte mit dem Gegenputsch vom 4. Oktober 1993 die sowjetische Ordnung wieder herzustellen, misslang. Es waren Tage, die ich nie vergessen werde. Am Vorabend des Oktoberputsches waren wir noch bei Maja Turowskaja eingeladen, der großen alten Dame der sowjetischen Film- und Theaterkritik. Am nächsten Morgen rollten die Panzer vor unseren Augen auf das »weiße Haus« zu und verwandelten es durch die abgefeuerten Raketen Schritt für Schritt in ein »schwarzes«. Koos fotografierte das Geschehen aus unserem Wohnzimmerfenster, denn verlassen durften wir unsere Wohnung nicht. Überall Scharfschützen auf den Dächern. Am Telefon musste ich Maja jede Bewegung, jede Veränderung berichten. Wir hielten den Atem an.

Doch die kommunistische Herrschaft kam nicht zurück, wie sich Beitz und etliche sowjetische Kader wohl erhofft hatten. Die Alltagsrealität hatte sich längst anders entwickelt. Als Leitbild galt der rückwärtsgewandte Blick in eine vermutete bessere Vergangenheit, die sich auch im Straßenbild niederschlug. Ich sehe noch bei den Aufmärschen zum 1. Mai Männer in zaristischer Uniform vor mir, mit der weiß-blauroten Trikolore aus der Zeit des Zaren Peter dem Großen im Arm, statt der roten Flagge mit Hammer und Sichel. Die sowjetische Nationalhymne verschwand, stattdessen erinnerte man sich an eine Melodie aus Glinkas Oper *Ein Leben für den Zaren*.

Statuen mächtiger Sowjetfunktionäre wie die von Felix Dserschinski, dem Vorsitzenden der Tscheka, Vorläufer des späteren Komitees für Staatssicherheit (KGB) vor der berüchtigten Lubjanka, dem »Folterministerium« lagen nun als gebrochene Helden auf dem Hinterhof der Neuen Tretjakow Galerie am Krimski Wal. Heute sind sie noch immer dort, wieder aufgerichtet. Selbst viele der in Stein gemeißelten oder in Eisengitter geschmiedeten Insignien aus der Sowjetunion wurden beseitigt. Nicht ganz einfach, schon rein technisch gesehen.

Bei vielen Städte- und Straßennamen griff man auf vorrevolutionäre Bezeichnungen zurück. Leningrad wurde in St. Petersburg zurückgetauft; Gorki erhielt seinen alten Namen Nishni Nowgorod; die Gorkistraße, die auf den Roten Platz in Moskau führt, hieß plötzlich wieder Twerskaja. So schnell kam man bei den vielen Namensänderungen, auch der Metrostationen, gar nicht hinterher.

Mein Mann wurde Beobachter eines sich streitenden amerikanischen Ehepaares:

»Doch, in meinem Stadtplan steht doch Gorkistraße«, sagte sie empört.

»Kannst du denn nicht das Straßenschild lesen, da steht Twerskaya ul.«, erwiderte er nicht minder indigniert. »Du hast eben keinen Orientierungssinn.«
»Und du willst immer Recht behalten.«
Koos mischte sich ein und erklärte, dass sie beide Recht hätten. Daraufhin luden sie ihn zu einem Kaffee in das nur für Ausländer zugängliche Intourist Hotel ein, vor dem sie standen. Dieses ist mittlerweile einem nachgebauten Hotel aus vorrevolutionären Zeiten gewichen, nicht zum Schaden der architektonischen Schönheit von Moskau.

Das Abräumen sowjetischer Namen, Insignien und Symbole reichte jedoch nicht, um das Wertevakuum nach dem Zusammenbruch der Sowjetunion 1991 zu füllen. Als Boris Jelzin 1991 nach dem Putsch in Moskau als russischer Präsident das Ruder in die Hand nahm, entsann er sich der orthodoxen Kirche. Sie war unbelastet, da zu Sowjetzeiten verfolgt, und sie versprach mehr geistigen Halt als die vielen plötzlich auftauchenden Sekten, die auf den Straßen ganz offen um Seelen warben, darunter auch viele amerikanische Evangelikale. Quasi über Nacht legte der bekennende Atheist und Kommunist plötzlich großen Wert darauf, mit dem Patriarchen gesehen und fernsehtauglich gefilmt zu werden.
Du Heuchler, dachte ich 1992, als ich die TV-Übertragung des Ostergottesdienstes mit ihm in Moskau sah.
Die Kirche wurde rehabilitiert. Tausende vor sich hin rottender Klöster und Kirchen wurden mit staatlicher Unterstützung wieder hergerichtet und erstrahlten in neuem Glanz. Das augenfälligste Beispiel ist wohl die Christ-Erlöser-Kathedrale unweit vom Puschkin Museum in Moskau. In der kommunistischen Ära musste sie dem geplanten Sowjetpalast weichen, der allerdings nie gebaut wurde. Stattdessen gab es dann hier ein Schwimmbad. Jetzt wurde das mächtige

Auf diesem Sockel stand der frühere Geheimdienstchef Felix Dserschinski in Moskau bis Ende 1991 (Foto: Koos van Weringh)

Gebäude in geradezu atemberaubender Schnelligkeit in alter Form wiedererrichtet.

Dass die hierarchische Spitze der Kirche mit dem sowjetischen Geheimdienst zusammengearbeitet hatte, war zwar durchgesickert, tat dem neuen Kirchen-Staat-Verbund jedoch keinen Abbruch. Weder der Patriarch noch die Politik sprachen darüber, auch Wladimir Putin nicht, als er im Jahr 2000 Jelzins Nachfolge als Präsident der Russischen Föderation antrat. Die orthodoxe Kirche konnte sich in enger Zusammenarbeit mit der Regierung weiter festigen, erhielt viele Privilegien.

Als Beispiel sei nur das dreitägige Alexandr-Men-Gedenksymposium erwähnt, das im September 2015 in der Bibliothek für Ausländische Literatur in Moskau und an Mens Wirkungsstätte stattfand. Alexandr Men arbeitete als orthodoxer Priester in einer kleinen Gemeinde 50 Kilometer außerhalb von Moskau. Ihm ging es um den Dialog der Religionen und Kulturen, um das Verständnis für den Anderen, den Fremden, um die Öffnung der Kirche zum Menschen hin, nicht um das Beharren auf starren Dogmen und Zeremonien.

»Alexandr Men war eine Art Martin Luther«, sagte mir ein befreundeter russischer Intellektueller. Seine unkonventionelle Gemeinde- und Jugendarbeit sowie die Vielzahl seiner in viele Sprachen übersetzten Publikationen machten ihn zu Zeiten der Perestroika, dem Umbau der sowjetischen Gesellschaft unter Michail Gorbatschow, international bekannt. Das änderte an seinem Wesen nichts. Er wollte ein einfacher Priester bleiben, war also auch verheiratet. Im September 1990 wurde er in der Nähe seines Wohnhauses ermordet, mit einem Beil.

Die Mörder wurden nie dingfest gemacht.

Auf Initiative der Akademie der Diözese Rottenburg-Stuttgart, vorgetragen von dem russisch-deutschen Über-

Gefallene Denkmäler sowjetischer Politiker wurden in den Hinterhof des »Hauses der Künstler« verbannt, Moskau im November 1991 (Foto: Koos van Weringh)

setzer und kulturellen Vermittler Boris Chlebnikow, wurde 1994 der Alexandr-Men-Preis zur Auszeichnung von Gleichgesinnten im deutsch-russischen Verhältnis ins Leben gerufen. Da ich 1995 als erste den Preis erhielt, der bis zum Jahre 2014 auf Beschluss einer gemeinsamen deutsch-russischen Jury jährlich abwechselnd in Stuttgart bzw. in der Bibliothek für Ausländische Literatur in Moskau verliehen wurde, war ich auf das Symposium unter den heutigen politischen Umständen sehr gespannt.

Neben der Würdigung von Leben und Werk dieses außergewöhnlichen Priesters hatte ich erwartet, dass Fragen diskutiert werden würden, wie:

Wie steht die orthodoxe Kirche heute in einer veränderten Gesellschaft zu diesem reformfreudigen Mann?

Hat er die Kirche verändert?

Wird in seinem Sinne weiter gearbeitet auch mit Unterstützung des Staates?

Fehlanzeige. Fragen und Diskussionen waren nicht zugelassen. Der Vertreter der Regierung und die überwiegend kirchlichen Repräsentanten betonten unisono: Alexandr Men war ein treuer Sohn der Kirche, kein Dissident. Widerstand gegen ihn hat es nie gegeben, jedenfalls nicht von der Spitze der Kirche. Als einer der wenigen ausländischen Redner Mens Hinwendung zu den Menschen mit den Bemühungen des heutigen Papstes Franziskus verglich, wurde diese ja nicht unberechtigte Feststellung mit Schweigen übergangen. Mit viel Lob und Anerkennung beerdigte die orthodoxe Kirche inklusive dem Patriarchen von Moskau, Kyrill, Alexandr Men als Priester einer vergangenen Umbruchzeit zum zweiten Mal, dieses Mal wohl endgültig.

So festgezurrt waren die kirchlichen wie weltlichen Strukturen Anfang/Mitte der neunziger Jahre noch nicht. Im Gegenteil.

In der Kultur- und Kunstszene ging es um die Wiederentdeckung und Rehabilitierung verbotener Kunstäußerungen. Auch in diesem Bereich wollte man an die vorrevolutionären Künste anknüpfen. Die russische Avantgarde der zehner und zwanziger Jahre des vergangenen Jahrhunderts wollte in den Worten ihres wohl bekanntesten Vertreters, Kasimir Malewitsch, »die Kunst vom Ballast der gegenständlichen Welt befreien« (1913), was im völligen Widerspruch zu Stalins Kulturpolitik und dem sowjetischen Realismus stand. Jetzt wurden die Werke von El Lissitzky, Natalia Gontscharowa, Alexandr Rodtschenko und vieler weiterer Künstler aus den Depots geholt, der russischen Öffentlichkeit vorgestellt und vielerorts in Europa gezeigt.

Quasi über Nacht bauten die Museen ihre linientreuen Dauerausstellungen in zeitgemäße um. Die Radikalität dieser Maßnahme wurde mir im Frühjahr 1991 vor Augen geführt, als ich im Russischen Museum, das eine besonders große Sammlung russischer Avantgarde-Kunst sein eigen nennt, im (noch-)Leningrad zum Besuchstermin bei dessen Direktor geleitet wurde. Überall auf den Fußböden lagen abgerissene Plakate, Schriften, geradezu verkrümmte Bücher, Bilder. Die akzeptierte Kunst aus früheren Jahren war jetzt Müll.

Wegwerfen ist einfach, dachte ich, aber kommen die Menschen mit ihren seit Jahrzehnten eingefahrenen Seh-und Denkmustern da überhaupt noch mit? Wenn es doch bloß langsamer ginge!

Rehabilitiert wurden auch in der Sowjetunion verfemte Theaterautoren, Filmemacher, Musiker. Man denke nur an den mittlerweile auch in Europa bekannten surrealistischen Theaterautor Daniil Charms, der viele Male verhaftet worden war und schließlich in einem sowjetischen Gefängnis 1942 verhungerte. Oder an Filme wie *Die Kommissarin* (1967) von Alexandr Askoldow, der wegen seiner antisowjetischen

So mächtig die orthodoxe Kirche, so klein der Mensch (Datum und Fotograf unbekannt)

Haltung über 20 Jahre in der Schublade lag, aber nach 1988 weltweit gefeiert wurde. Auch die Werke des umstrittenen Komponisten und Dirigenten Dmitri Schostakowitsch kamen wieder zur Aufführung.

Die russischen Archive öffneten sich, jedenfalls vorübergehend. Die bisher im Dunklen zirkulierende Samisdat (Selbstdruck)-Literatur erschien im Tageslicht. Das Thema Beutekunst, also von sowjetischen Soldaten mitgenommene Kulturgüter aus Deutschland bzw. aus von Deutschen im Zweiten Weltkrieg besetzten Ländern wie beispielsweise die Niederlande, konnte diskutiert werden.

»Da müssen wir ran«, meinte Ekaterina Genieva, die mutige und energische Generaldirektorin der Bibliothek für ausländische Literatur und gewährte mir Einblick in ihre Giftschränke.

»Tun wir«, war meine Reaktion.

Wir organisierten einen deutsch-russischen Bibliothekskongress zum Thema, nicht unbedingt zur Freude der beiden Außenministerien, aber deren drohende Hinweise ignorierten wir. Wir wollten ja nicht in erster Linie die Rückgabe erbeuteter Bücher, Schriften, Bilder erzwingen, obwohl wir dies begrüßt hätten, es ging uns um ihre Klassifizierung in Katalogen, um Forschern aus aller Welt Zugang zum verschollenen Kulturgut zu verschaffen. Die Kataloge habe ich heute noch. Am ersten Sitzungstag legte der zuständige Mitarbeiter aus dem Kultusministerium Fotos auf den Tisch, die dokumentierten, dass ein kleiner Teil der geraubten Titel vergammelt, verschimmelt war. Sein amerikanischer Kollege in Washington hätte sich da schwerer getan. Er hätte erklären müssen, dass ein Großteil der in die USA gebrachten Beutekunst längst auf dem freien Markt verkauft, also nicht mehr aufzufinden war. In der Sowjetunion dagegen wurden die Werke im Verborgenen bewahrt und in der Regel auch res-

Titelblatt des Ausstellungskatalogs Deutsche Beutebücher in den Beständen der Bibliothek für Ausländische Literatur in Moskau, *Dezember 1992*

tauriert. Der Repräsentant aus dem sowjetischen Kultusministerium empfand sich nicht als mutig, nur als ehrlich. Heute würde ihn eine entsprechende Dokumentation Kopf und Kragen kosten. Die Depots der Museen, die Keller der Bibliotheken, die Schränke der Archive sind wieder verschlossener geworden. Irina Antonowa, von 1961 bis 2013 Direktorin des Puschkin Museums und nunmehr Präsidentin, war von der öffentlichen Diskussion über eine mögliche Rückgabe der sogenannten »Trophäenkunst« nicht begeistert. Sie hatte den Zweiten Weltkrieg miterlebt, war als junge Kunsthistorikerin dabei, als unzählige Kisten mitgeschleppter Kunstschätze im Puschkin Museum in Moskau ausgepackt wurden. Ihre harte Haltung als Direktorin des weltberühmten Museums zum Thema Beutekunst begründete sie mir gegenüber ganz offen. Ihre Sprache war fast so schnörkellos und direkt wie die von Ellen Stewart vom La MaMa Theater in New York:

»Was hier lagert wissen wir nicht genau. Warum zurückgeben? Das ist russischer Besitz. Entschädigung für all das Leid, das Nazi-Deutschland uns zugefügt hat.«

»Warum erhielten dann Bibliotheken, Museen, Filmarchive in der DDR geraubte Kunstschätze zurück?«

»Die DDR war nicht faschistisch, gehörte zu uns.«

»Und Österreich und die Niederlande?«

»Die waren auch Naziopfer. Die Deutschen haben ihre Kunstschätze verschleppt.«

»Und Sie haben sie übernommen.«

»Wir haben sie gerettet.«

»Betrachten wir all die vielen noch gelagerten geraubten Kunstschätze als Weltkulturerbe, das öffentlich zugänglich sein sollte, egal, wo es sich befindet.«

»Diese Einstellung gefällt mir schon besser.«

Tatsächlich »fand« sie dann im Depot den Schatz von Priamos, den der deutsche Archäologe Heinrich Schliemann bei

Ausgrabungen in Troja entdeckt hatte und stellte ihn aus. Immer wieder wurde Trophäenkunst in den Kellerräumen »entdeckt«, aber »gefunden« ist noch längst nicht alles, wie ich von Insidern weiß. Angesichts des heutigen angespannten Klimas zwischen Russland und Deutschland sind Rückgabegespräche kaum denkbar. Damals suchte man noch das Gespräch mit dem Westen, dem alten Feindbild und dem neuen unkritisch willkommen geheißenen Gesellschaftsmodell.

Wo immer ich zu Beginn der neunziger Jahre in der zerfallenden Sowjetunion weilte oder später in der Russischen Föderation, stieß ich auf großes Interesse an Europa. Nicht nur in Moskau und St. Petersburg sondern auch in Nowosibirsk, Rostow am Don oder in der sibirischen Hauptstadt Krasnojarsk, die in ihrer Infrastruktur, ihren Museen, Theatern, Konzertsälen, Bibliotheken, Festivals, aufkommenden Restaurants, Cafés, Warenhäusern Ende des 20. Jahrhunderts den Vergleich mit manch einer Großstadt in Europa kaum scheuen musste. Kein Wunder wahrscheinlich, denn die aus den baltischen Ländern und anderen Teilen Russlands unter Josef Stalins Ägide nach Sibirien Deportierten hatten ihr geistiges kulturelles Erbe mitgenommen und in anderer Umgebung wieder zum Leben gebracht, wenn auch unter straffer kommunistischer Aufsicht. Man wollte Kontakte zu Europa knüpfen, bat um kulturellen Austausch, wollte alles wissen, alles erfahren. Eine besondere Zuneigung galt Deutschland, obwohl die Deutschen die Sowjetunion 1941 überfallen hatten. Diese Sympathie beruhte auf einer empfundenen Seelenverwandtschaft.

»Ihr seid nicht völlig westlich«, sagte mir der Intendant der Oper in Krasnojarsk bei einem Kulturmanagement-Seminar im Jahre 1999. »Eure Mentalität ist zwischen der unsrigen

und der westlichen. Ihr seid rationaler als wir, aber auch romantischer als die Engländer, die Niederländer, die Skandinavier. Ihr seid zu großen Gefühlen fähig wie wir und schämt euch dafür nicht.«
»Unsere rational überdeckte Irrationalität hat der Welt auch viel Leid gebracht«, wandte ich ein. »Und diese Vergangenheit ist bei unseren Nachbarn noch nicht vergessen.«
»Aber das waren doch eure Oberen, nicht das Volk. Wir haben auch viel unter unseren Oberen gelitten, aber das hat unsere wie eure eruptive Kreativität nicht erstickt. Jetzt sind wir die schlimmsten Oberen los und können unsere neue Freiheit mit Euch in Europa gestalten.«

Wie hoffnungsfroh er war! Er und viele andere Intellektuelle in den Millionenstädten des Landes erwarteten vom Goethe-Institut schlicht alles: Könnten wir die ideologisch amputierten Geisteswissenschaften wie Soziologie oder Philosophie bei der Entrümpelung ihres kommunistischen Ballastes finanziell unterstützen? Wären wir bereit, Kontakte zwischen deutschen/europäischen Filmemachern, Musikern, Schriftstellern, Kuratoren, Theaterleuten, Verlagen… und ihren russischen Kollegen herzustellen, auch mit Reisestipendien? Wann würden wir die bisher unbekannten Autorenfilme zeigen? Aufführungen aus der aktuellen europäischen Theaterszene einladen? Helfen, bislang verstümmelte Übersetzungen von unliebsamen deutschen aber auch nichtdeutschen Autoren durch neue, authentische zu ersetzen? Letzteres wollten der Germanist Boris Chlebnikow und die *Zeitschrift für ausländische Literatur* wissen. Die vielen Bände mit Neuübersetzungen bewahre ich immer noch als Schatz. Hatten wir Material zu Kulturpolitiken in Europa? Zu den Umwälzungsprozessen in der DDR und anderen ost- und mitteleuropäischen Ländern? Wie könnte die Fortbildung

ausländischer Deutschlehrer mit neuen Inhalten und Methoden angereichert werden. Gab es neue Erkenntnisse über das in der DDR erworbene Wissen hinaus? Wie das im Aufbau befindliche Goethe-Institut mit dem materiellen wie geistigen Erbe der DDR umgehen wollte, interessierte auch Gregor Gysi, den freien Rechtsanwalt und führenden Politiker in der Sozialistischen Einheitspartei Deutschlands (SED). Gysi meldete sich mit einigen Begleitern zu einem Besuch bei mir an. Wir kleines Pioniertrüppchen waren gerade dabei, in einen Teilkomplex der riesigen bunkerähnlichen ehemaligen DDR-Botschaft einzuziehen. Über das Wochenende hatten wir die ersten Zimmer gestrichen. Dass wir das konnten, verdankten wir der Hilfe von Hoch-Tief. Die Firma baute die neue deutsche Botschaft, verfügte also über Farbe und Pinsel, die sie uns zur Verfügung stellte. Mein kleines Büro war fertig. Außerdem hatten wir dank der vielen Hilfsangebote ein russisches Ehepaar gefunden, das für Kaffee, Tee und einfache Mahlzeiten in einem notdürftig als Küche umgebauten Raum für die Mitarbeiter sorgte. Ein Bistro oder Café gab es weit und breit nicht. Wir konnten Gysi also bescheiden bewirten. Dank seiner Beziehungen zu sowjetischen Regierungskreisen und zur DDR-Botschaft war ihm das Gebäude vertraut. Dass er als normal Sterblicher nicht durch das Hauptportal schreiten und über eine große prächtige Treppe hochsteigend von mir empfangen werden, konnte wusste er. Er wie wir mussten lange Zeit einen Seiteneingang benutzen, wie zu DDR-Zeiten.
Bei Tee und russischem Gebäck, was sich fast immer auftreiben ließ, versuchte ich seine freundlich formulierten, präzise gestellten Fragen zu beantworten:
- Ja, wir planten ein mehrtägiges Symposium mit ostdeutschen, westdeutschen, osteuropäischen und russischen Kulturpolitikern sowie Experten der verschiedensten Kunst-

Titelblatt des Almanachs für deutschsprachige Literatur *mit Erst- bzw. Neuübersetzungen von Gaston Salvatore, Hans Magnus Enzensberger, Michael Krüger, Sten Nadolni, Günter Herburger, Stefan Heym, Moskau 1992*

sparten als Informationsaustausch zum gesellschaftlichen Transformationsprozess in den Ländern.

- Ja, wir würden gerne Ex-Mitarbeiter der Ex-DDR Botschaft übernehmen, wenn sie die entsprechende Qualifikation besäßen, was beispielsweise bei meiner hervorragenden Dolmetscherin Irina Kynina der Fall war.

- Nein, wir drängten die »abwickelnden« Botschaftsmitarbeiter nicht so schnell wie möglich aus dem Haus. Wir wüssten, dass sie einer schwierigen Zukunft entgegen gingen, besprächen uns regelmäßig mit ihnen.

- Nein, wir bereicherten uns nicht an den vielen aus der DDR importierten Produkten aller Art, die noch in den Kellern der Botschaft lagen. Honeckers gesammelte Schriften würden wir gerne jedem Interessenten schenken.

Es war ein gutes, ehrliches nicht ohne Humor geführtes Gespräch. Zum Abschied begleitete ich ihn durch das Haus, soweit wir es selbst schon kannten.

»Hier, der größte Saal, der ehemalige Festsaal Ihrer Botschaft. Den wollen wir als Buch-Informations-Begegnungsbibliothek einrichten, in dem jeder Besucher alles fragen kann, was er will, sich jedes Buch selbst aus dem Regal holen kann, auch DDR-Literatur. Es soll also eine bislang in Russland unbekannte ›offene‹ Bibliothek werden. Jede ideologische Ausrichtung liegt uns völlig fern.«

In der Tat umfasste der Info-Nachholbedarf alle Lebensbereiche. Das Spektrum der aufgeworfenen Fragen und Themen war fast unbegrenzt, ging weit über die klassischen Aufgabenbereiche eines Goethe-Instituts hinaus. Das schreckte mich und den langsam wachsenden Stamm der sehr engagierten Mitarbeiter keineswegs ab. Außergewöhnliche Situationen erfordern ein außergewöhnliches Verhalten. Da darf man es mit den Verwaltungsregeln und dem »Deutschlandbezug« nicht allzu genau nehmen. Noch nie in meinem Leben habe ich so viel gearbeitet, aber das kam mir gar nicht als Arbeit vor. Es ging ja um den Dialog mit warmherzigen, sensiblen und höchst kultivierten Menschen, die uns in nichts nachstanden. Gregor Gysi hatte das verstanden. Alles war möglich, alles besprechbar. Staatliche Einrichtungen wie das zu Perestroika-Zeiten gegründete Kino-Museum, »die« Kinemathek des Landes, zeigte dank der Initiative, dem Weitblick und der umfassenden Bildung seines Gründungsleiters und Eisenstein-Experten, Naum Klejman, Filme aus aller Welt. Für ihn waren und sind geographische wie mentale Grenzen dazu da, überwunden zu werden. Oft saßen wir rauchend in seinem Büro oder in der vom ihm gepflegten, vollständig erhaltenen Wohnung des großen russischen Filmkünstlers und Philosophen Sergej Eisenstein und überlegten, welche Filmprogramme wir gemeinsam konzipieren könnten. Beispielsweise zu den wechselvollen, keineswegs immer harmonischen aber doch tief verankerten deutsch-russischen Beziehungen, auf die mich auch immer wieder Lew Kopelew wortgewaltig ansprach. Naum verstand es, junge Leute anzuziehen und ihnen über den Film eine differenziertere Sicht auf die Welt zu vermitteln. Seine und unsere gemeinsamen Filmreihen wurden damals vom Kultusministerium unterstützt.

Zuspruch erhielten auch künstlerische Privatinitiativen, ein neues Phänomen. Die ersten Galerien, die sich auch an Zeitgenössisches, Abstraktes wagten, waren plötzlich da. Beispielsweise die Galerie des Politikers, Managers und Kunstfreundes Marat Gelman, der auch einem westlichen Publikum durch seine Präsenz bei der Art Cologne bekannt wurde. Nach etlichem Ärger mit der heutigen Obrigkeit zog er sich zuerst nach Perm und schließlich in sein Heimatland Moldawien zurück.

Auch Kunstsammler gab es wieder. Zu ihnen gehört Andrej Gerzev, ein ehemaliger Mathematiklehrer, der mit scharfer Intelligenz, einer geradezu preußischen Arbeitswut und spartanischer Lebensweise (nicht trinken, nicht rauchen) ein Verlagsimperium aufbaute. Viele Male habe ich seine Galerie am Ring in Moskau besucht, später in der renovierten Weinfabrik, die sich zu einem kleinen Galerienviertel entwickelte. Er brachte mir immer eines seiner neu verlegten Kunstbücher mit und die wunderbaren eingelegten russischen Pilze. Anfangs sammelte Andrej Werke »einheimischer« Künstler aus Russland, Georgien, der Ukraine, Moldawien, dem Kaukasus. Später richtete er seine Sammlung international aus.

Die Sowjetunion hatte sich zwar aufgelöst, blieb aber im Bewusstsein vieler Russen trotz all der »neuen Ausländer« aus den ehemaligen Sowjetrepubliken eine große Familie mit Russland als Familienvater. Vielzählige grenzüberschreitende Familienbande, die überall gesprochene russische Sprache, das Gefühl, zu einer großartigen kulturellen Gemeinschaft mit glorioser imperialer Vergangenheit zu gehören, waren die Basis eines nicht aggressiv zur Schau getragenen Patriotismus. Diesem sollten nur noch schnell die neuen Freiheiten und demokratische Spielregeln hinzugefügt werden.

Letzteres war leichter angedacht als umgesetzt. Es fiel mir zwar auf – um in dem mir vertrauteren kulturellen Bereich zu bleiben –, dass die wenigen Buchtitel mit höchster Auflage einer Vielzahl von Titeln mit weit geringerer Auflage wichen, dass neue Zeitungen und TV-Sender für eine weitaus größere Meinungsvielfalt sorgten (das Internet spielte in den neunziger Jahren noch keine große Rolle), dass politische Gruppierungen, Parteien wie Pilze aus der Erde schossen, dass kulturpolitische Diskussionen frei geführt worden, dass jeder Künstler alles produzieren konnte, was er wollte, dass aber auch der Nährboden fehlte, um die Grenzen zwischen Anarchie und Demokratie, zwischen Freiheit und Verantwortung zu erkennen. Einmal war ich ganz erschrocken, als Grigori Jawlinski, der Leiter der neuen liberalen Partei *Yobloko* (der Apfel) in einem TV-Duell auf seinen Widersacher mit brutalen Worten geradezu einstach, als habe er ein Messer in der Hand. Seit meinen ersten Tagen in Moskau verband mich mit Grigori ein freundschaftliches Verhältnis. Er und seine Partei wollten helfen, eine Zivilgesellschaft aufzubauen. Dafür hatte er auch das sogenannte Epi-Zentrum gegründet, ein Forschungszentrum mit 25 Wissenschaftlern für vergleichende wirtschaftliche, soziale, politische, mediale Themen. Etwa zu den Fragen: Was regelt der Staat, was ist Privatsache in westeuropäischen Ländern, Deutschland vor allem? Wir arbeiteten eng mit diesem Zentrum zusammen, das es heute nicht mehr gibt. Wie konnte dieser liberale und tatkräftige Mann die demokratischen Basisregeln missachten: auch den politischen Gegner in seiner Würde lassen?

Noch eine weitere Erfahrung stimmte mich sehr nachdenklich. Eine Begegnung 1992 mit dem jungen Gouverneur der Region Nishni Nowgorod, Boris Nemzow, der 2015 in Kremlnähe in Moskau ermordet wurde. Nemzow war ein außerordentlich dynamischer Charakter. Als der 32-Jährige seine Bürotür öffnete, um mich zu empfangen, füllte seine Energie sofort den Raum, obwohl er noch gar kein Wort gesagt hatte. Ich kann mich kaum erinnern, je eine derartige allumfassende körperliche wie geistige Präsenz erlebt zu haben. Schnell, ungeduldig, fast ungestüm erzählte er dann von seinen Reformplänen in seinem Bezirk. Er fragte mich, ob ich ihn bei der Stärkung des aufkeimenden Mittelstandes unterstützen könne, Kontakte knüpfen zu deutschen oder europäischen

V.l.n.r.: Tatjana Eregina (Epi-Center), Grigori Jawlinski, Kathinka Dittrich van Weringh (Privatfoto)

Einrichtungen, Austauschprogramme initiieren, für Stipendien sorgen, künstlerische Zusammenarbeit in die Wege leiten. Jetzt. Sofort. Aus vollster Überzeugung stimmte ich ihm zu. Als Marktliberaler war sein Hauptanliegen die Privatisierung, denn noch gehörte jedes Grundstück, jedes Haus, jede Wohnung, jeder Betrieb, jedes Hotel, jedes Restaurant (soweit überhaupt vorhanden), jedes Geschäft, jede Schule oder Ausbildungsstätte, jede Klinik, jede Ackerfläche – schlicht alles – dem Staat, oder, wie es offiziell hieß, dem Volk. Besonders am Herzen lag Nemzow die Privatisierung der Landwirtschaft.

»Kommen Sie mit«, sagte der immer Aktive, der immer auf dem Sprung war. »Dann sehen Sie, was ich meine.«

Die Gouverneure hatten damals unter der sehr lockeren Führung von Boris Jelzin fast unkontrolliert freie Hand. Einflussreiche Gleichgesinnte von Nemzow wie Jegor Gaidar und vor allem der ab 1992 für Privatisierung zuständige Minister Anatoly Chubais steuerten ungebremst auf das amerikanische Marktmodell zu.

Ich begleitete Nemzow und erlebte, wie in kürzester Zeit eine Kolchose aufgelöst und an Bauern verteilt wurde.

Eine landwirtschaftliche Expertin bin ich nicht, habe aber aus den Gesprächen mit meinem Vater, einem landwirtschaftlichen Unternehmer und meinem ähnlich denkenden Bruder so einiges mitbekommen.

»Ein bäuerlicher Betrieb muss bei halbwegs gutem Boden mindestens 130 Hektar bewirtschaften, wenn er überleben will«, wurde mir gepredigt.

»Man muss immer das Ganze im Auge behalten, das Wichtige vom Unwichtigen unterscheiden, die technische Entwicklung verfolgen, den Markt beobachten, Angebote für Saatgut, Dünger... vergleichen.«

All diese Ratschläge wurden bei der Bodenreform in Russland nicht berücksichtigt. Die privatisierten Ackerflächen erwiesen sich als zu klein. Einen Gesamtüberblick konnte der neue Bauer nicht haben, denn in einer Kolchose war er als Arbeitnehmer des Staates nur für einen Teilaspekt zuständig. Er arbeitete als Traktorist oder als Melker oder als Buchhalter oder als Agraringenieur. Was produziert werden sollte, war von höherer Stelle vorgegeben. Ein freier Markt mit Angebot und Nachfrage existierte nicht. Kein neuer Bauer hatte gelernt, die vielfältigen landwirtschaftlichen Aufgaben und Tätigkeiten zu erfassen, geschweige denn Risiken einzugehen, Eigenverantwortung zu übernehmen, auf ein bisher mageres aber doch abgesichertes Leben zu verzichten.

Da standen sie nun, die sogenannten Bauern in Nemzows Bezirk mit einem Stück Papier in der Hand. Das Wort »Aktie« war damals noch kaum im Umlauf. Was sollten sie mit dem Zettel, der ihnen einen Anteil an der Kolchose versprach? Also verkauften sie ihn wieder, an schnellere, gewieftere, meist unter Wert. Bei anderen Betrieben, die privatisiert wurden, ging es ähnlich zu. Diese überhastete Privatisierung sorgte erneut für Großbetriebe, war *einer* der Gründe für das Entstehen einer neuen Klasse, der Oligarchen.

Deprimiert kehrte ich von dem Landausflug mit Nemzow zurück. Warum konnte dieser gescheite Mann nicht erkennen, dass sich das amerikanische Wirtschaftsmodell nicht über Nacht in Russland einführen ließ. Warum hatte er sich von Harvard-Professoren überzeugen lassen?

Die anfängliche Euphorie, der Glaube, dass sich »das Beste aus zwei Welten«, wie der abgesetzte Präsident Michail Gorbatschow bemerkt hatte und dem auch sein Nachfolger Boris Jelzin nicht widersprach, soeben mal zusammenfügen ließ, wich einer zunehmenden Ernüchterung. Enttäuschung breitete sich aus. Dazu trug die Wirtschaftskrise der zerfallenden Sowjetunion entscheidend bei. Die alten, nicht mehr wettbewerbsfähigen Industrien brachen weg, Gehälter wurden nicht mehr bezahlt. Viele Menschen, auch meine Sina, verloren ihr kleines Sparguthaben, weil sie dem Versprechen von Banken, 35 Prozent Zinsen zu zahlen, gegen alle Warnungen geglaubt hatten. Der Rubel befand sich im freien Fall. Tauschte man 1990 noch drei DM gegen einen Rubel um, bekam man 1998 bereits 35 Rubel für eine Mark. Menschen mit festen Gehältern wie die russischen Ortskräfte des Goethe-Instituts mussten ihre Eltern mit ernähren.

Der Begriff »Konkurrenz« war ein neues kapitalistisches Wort. Bislang hatte man die Produktion von Gütern über das riesige sowjetische Imperium verteilt: Streichhölzer kamen aus Aserbaidschan (deren Fehlen wurde mir als Raucherin schmerzlich bewusst, zumal sich keine Feuerzeuge auftrie-

Standbild am Leninski-Prospekt in Moskau
... von der kommunistischen Propaganda »UdSSR Bollwerk des Friedens«, 1991

ben ließen), Straßenbahnen aus Tschechien, Eisenbahnwagen aus den Volkseigenen Betrieben (VEB) der DDR, Käse aus den baltischen sowjetischen Republiken, Wein aus Moldawien und der Ukraine, eingelegtes Obst und Gemüse aus Georgien, um nur einige Beispiele zu nennen. Russland hatte Rohstoffe, Öl und Gas, konnte aber die Menschen aus eigener Kraft nicht ernähren.

Dies verzweigte sowjetische Planwirtschaftsmodell existierte ab 1991 nicht mehr. Die Unabhängigkeit von 14 früheren Unionsrepubliken – die drei baltischen Länder, Moldawien, Weißrussland, die Ukraine, Georgien, Armenien, Aserbeidschan, Kirgistan, Usbekistan, Kasachstan, Turkmenistan, Tadschikistan – reduzierte die Sowjetunion auf zwei Drittel ihres Territoriums. Darüber hinaus schwand die Einflusssphäre der Sowjetunion drastisch, da befreundete sozialistische Staaten mit »eingeschränkter Souveränität«, wie sie die Breschnew-Doktrin 1968 verkündet hatte, also Polen, Ungarn, die Tschechoslowakei, die DDR, Rumänien und Bulgarien zusammen mit den baltischen Ländern mit aller Macht und ab 2004 mit Erfolg in die Europäische Union und in die NATO drängten. Der Gegenpol zu diesem westlichen Militärbündnis, der 1955 gegründete Warschauer Pakt zwischen Albanien (kurzfristig), Bulgarien, der DDR, der ČSSR, Polen, Rumänien, Ungarn und der UdSSR löste sich 1991 auf.

Im Alltag bekamen die Menschen all das zu spüren. Jede Zugreise von Moskau nach Riga oder Kiew, Prag oder auf die Krim dauerte nun noch länger, da Zoll und Visaformalitäten an den neuen Außengrenzen abgewickelt werden mussten. Das zurückströmende sowjetische Militär sah einer düsteren Zukunft entgegen. Wo gab es neue Arbeitsplätze? Wie sollten sie ihre Familien ernähren?

... über die absolute Leere, 1993

... zum kapitalistischen Werbeträger der Ing. Bank, 1994 (Fotos: Koos van Weringh)

Innen- wie außenpolitisch war das sowjetische Imperium im Mark erschüttert. Das russische Schrumpfgebiet musste sich politisch, wirtschaftlich, sozial und kulturell neu erfinden. Eine Herkulesaufgabe. In dieser kaum zu bewältigenden Situation wurde im Jahre 2000 Wladimir Putin Präsident, ein unbekannter KGB-Offizier, der den Zusammenbruch der Sowjetunion »zur größten Katastrophe des 20. Jahrhunderts« erklärt hatte. Aus seiner Sicht und auch aus der Sicht vieler Russen sehr wohl nachvollziehbar. Wirtschaftliche Not, ein erschüttertes Selbstwertgefühl, das Empfinden, von Brüdern und Schwestern abgeschnitten zu sein, international nicht mehr als ebenbürtiger Partner geachtet und gefürchtet zu werden, stellte eine Demütigung sondergleichen dar. Sie gipfelte später in dem unbedachten Ausspruch des amerikanischen Präsidenten Barack Obama: »*Russia is a regional power*« (Russland ist nur eine Regionalmacht).

Putin machte sich an die Arbeit. Dank sprudelnder Öl- und Gasquellen bei noch hohen internationalen Preisen für diese Produkte sank die Arbeitslosigkeit, erhielten die Arbeiter ihren Lohn und die vielen alten Menschen ihre bescheidenen Pensionen. Immerhin durften und dürfen sie schon mit 55 Jahren in Rente gehen. Das brachte Putin Zustimmung, weniger von der aufstrebenden Mittelschicht, als vielmehr von der ärmeren Bevölkerung auf dem Land, die sich, wie fast überall auf der Welt, weniger für Politik und Freiheit aber wohl für ein auskömmliches Einkommen interessiert. Anfangs fiel es gar nicht auf, dass Putin konsequent wieder einen Zentralstaat errichtete. Gleichzeitig entwickelten Putin und seine Mitstreiter Schritt für Schritt ein neues hehres Leitbild für die erniedrigte Nation. In vielen Gesprächen wollte ich mich kundig machen, was das denn bedeute. Eine Unterhaltung ist mir besonders in Erinnerung geblieben:

Abschied aus Moskau im März 1994, Andrej Bitow und Kathinka Dittrich van Weringh (Privatfoto)

»Oleg«, fragte ich im Jahre 2010 einen befreundeten pensionierten Theaterregisseur, kannst du von deiner Rente leben?«
Er wohnte in einem Außenbezirk von Moskau in einer Ein-Zimmer-Wohnung. Das Geld für den Ankauf der Wohnung – ein Wohnungskauf war nach dem Umsturz möglich – hatte er sich aus ausländischen Honoraren zusammengespart. Ich hatte 1993 die 25.000 DM für den Wohnungskauf in die Bundesrepublik gebracht und dort auf das Konto einer sowjetischen Emigrantin überwiesen. Glücklicherweise hatte er rechtzeitig gehandelt, denn das Interesse in Europa an den Umwälzungen in Russland schwand dahin. Die Medien wandten sich anderen Event-Themen zu. Damit verringerten sich auch die bezahlten und honorierten Einladungen an russische Künstler, Wissenschaftler, Dissidenten, Leiter neuer liberaler Bewegungen, privater Initiativen.

»Es geht schon«, meinte er. »Steuern muss ich nicht bezahlen. Die Metro kann ich als Rentner frei benutzen. Drei Stationen weiter ist ein Markt, da ist alles billiger. Teurer ist der Schutz der Wohnung.«

»Wieso das?«

»Kriminelle Banden versuchen immer wieder einzubrechen. Da brauchst du schon doppelte Türen und drei Schlösser. Ich fahre bei Dunkelheit nicht mehr gern in die Stadt. Meine Tochter bringt auch manchmal etwas mit. Geld kann ich ihr dafür nicht geben. Aber Bücher, Zeitschriften, meine Artikel. Das macht sie auch ein bisschen stolz.«

»Was studiert deine Tochter?«

»Erst wollte sie ins Kloster gehen, jetzt studiert sie Literaturwissenschaft. Dabei kann ich ihr helfen.«

»Gehört dazu auch das Fach Kulturologie?«

»Ja sicher, das ist seit 1992 Pflichtfach in allen Fakultäten. Da lernt sie, dass Russland eine eigenständige Kultur besitzt mit spezifisch russischen Werten und Traditionen.«

Kathinka Dittrich van Weringh und Otto von der Gablentz (Privatfoto)

»Und was hältst du von Putin?«

»Der stabilisiert das Land. Er legt die wildgewordenen Großfürsten, ich meine die Gouverneure wieder an die Kandare, sorgt für Ordnung und Orientierung.«

»Orientierung?«

»Naja, keine kommunistische, obwohl die auch nicht in allem schlecht war. Wir Schriftsteller, Künstler haben heute unseren Stellenwert verloren. Wir sind Marktprodukte. Aber ein Volk braucht doch ein kulturelles Gemeinschaftsgefühl. Wir sind doch nicht nur Entertainer!«

»Den Vorwurf ein Entertainer zu sein, kannst du Putin sicherlich nicht machen.«

»Lass deine Ironie. Wir brauchen Werte, die uns zusammenschweißen.«

»Und die Korruption? Kannst du deinem Arzt Dollarscheine zuschieben, wenn du am grauen Star operiert werden musst? Kannst du deiner Tochter über Freunde der Partei Einiges Russland zu einer guten Stelle verhelfen? Durchschaust du noch die Verflechtung von Macht und Geld auf der Regierungsebene, bei den renationalisierten Konzernen, beim wieder erstarkten Militär, in den höheren gesellschaftlichen Kreisen?«

Seine Antwort verblüffte mich, da er meine Fragen schlicht hinwegwischte.

»Unseren Alltag regeln wir schon untereinander, wie immer. Und ›die da oben‹ machen es nicht schlecht. Sie haben unsere Würde wieder hergestellt.«

»Ich verstehe, dass ihr euch niedergedrückt fühlt, dass viele von euch verbittert wurden, da weder die europäischen Länder noch die USA viel Verständnis für eure schwierige Lage zeigten. Aber muss man dafür einen neuen Wertekanon kreieren und von Staates Seite gesetzlich zementieren? Ich weiß auch gar nicht so genau, wie man die russischen Werte definieren sollte, die sich offenbar deutlich vom oft als dekadent verschrienen Europa und vor allem Amerika abgrenzen sollen.«

»Was?«, erwiderte er sichtlich enttäuscht, »das hast du nach deinen vielen Jahren in Russland, auf all deinen Reisen nach Krosnojarsk, Nowosibirsk, Nishni Nowgorod, Rostow am Don, Kiew, Minsk, Tblissi noch nicht begriffen? Es ist unser Russischsein, unser Gemeinschaftsgefühl, unsere hoch entwickelte Sprache, unsere Kunst, Musik, Literatur, unsere tausendjährige Geschichte.«

»Die kaukasischen Republiken erwähnst du nicht«, unterbrach ich ihn. »Da war ich auch oft.«

»Doch, die gehören natürlich auch dazu. Mit den Tschetschenen haben wir die Lage ja inzwischen geklärt. Aber die sind etwas anders, fremder, eigenwilliger, Clan-orientierter,

V.l.n.r.: Kathinka Dittrich van Weringh, Ekaterina Genieva, Jurij Sdorowow, Boris Chlebnikow (Privatfoto)

islamischer. Die orthodoxe Kirche ist da eine bessere geistige Grundlage.«

Er war derart in Fahrt gekommen, dass ich gar nicht zu sagen wagte, wie vage mir seine Wertebeschreibung noch immer vorkam und wie befremdlich ich seine für mich überraschend deutlich geäußerte nationalistische Haltung empfand. Irgendwie war er ein anderer geworden. Auf meinen fragend-zweifelnden Blick entgegnete er unbeirrt:

»Du willst es mal wieder ganz pragmatisch wissen. Also: Markt und Konsum sind nicht alles. Bei euch fehlt der geistige Zusammenhalt. Da sind wir dem Westen überlegen. Ehe und Familie sind uns wichtig, Freundschaften.«

Ich wollte der schwieriger werdenden Diskussion eine leichtere Wendung geben und sagte daher lachend:

»Oleg, du bist jetzt zum fünften Mal verheiratet, also nicht gerade eine Paradebeispiel für die ewige Ehe.«

»Wieso? Ich habe immer geheiratet, nie – na, sagen wir, nicht lange – in wilder Ehe mit unehelichen Kindern gelebt.«

»Aber wenn du dich noch mal scheiden lässt, wird das teuer, du bekommst Ärger.«

»Nein«, lächelte er verschmitzt, »das regeln wir schon.«

Ein paar Jahre später hätte er wohl geantwortet: »Nach Putins Scheidung befinde ich mich doch in bester Gesellschaft mit unserem Präsidenten.«

Redeten wir aneinander vorbei? War meine Logik eine andere als seine? War unser Gespräch so asymmetrisch wie die orthodoxen Kirchenbauten, bei denen die eine Hälfte der Fassade keineswegs der anderen glich und gleicht im Gegensatz zu europäischen Kathedralen, Kirchen?

Oleg blieb unbekümmert.

»Heute Morgen war ich auf dem Markt und habe für dich eingekauft. Jetzt koche ich für uns.«

Dann verbrachten wir einen vergnügten politikfreien Abend, sprachen über Theater, Kunst, Literatur und aßen Kartoffeln mit eingelegten Pilzen.

Russland ein Reich mit einer tausendjährigen Geschichte, wie Oleg ohne jeden Selbstzweifel postuliert hatte? Keiner meiner früheren und späteren Gesprächspartner erwähnte jemals, dass dieses Reich durch innere Kolonialisierung auf nachbarschaftlichem Territorium, besiedelt von anderen Stämmen mit anderen Religionen, entstanden war. Nicht durch die Schaffung von Kolonien in fernen Welten, die weitab vom Mutterland lagen wie von Niederländern, Spaniern, Portugiesen, Engländern, Franzosen, auch von Belgiern, Italienern, Deutschen und Amerikanern betrieben. Putin würde diese von den Zaren eroberten Gebiete niemals als

Kolonien bezeichnen. Nein, sie waren und sind gefühlsmäßig immer noch Teil eines großrussischen Reiches, verbunden durch »einen gemeinsamen Geist«. Dieses »gemeinsame Gedankengut« wird nicht nur von den meist wieder verstaatlichen Medien verbreitet, sondern soll auch in neuen Geschichtsbüchern für Schulen und Universitäten Grundlage der Erziehung bilden. Russland dachte und handelte immer imperial, beruft sich nicht auf eine Tradition als Nation, als Nationalstaat.

Ein überzeugter Autor derartiger Geschichtsbücher ist der heutige russische Kulturminister Dr. Wladimir Medinskij, in der Zentralukraine geboren. Seine diversen Titel sind im größten Buchgeschäft Moskaus, dem Haus des Buches, so werbewirksam ausgestellt, dass man sie gar nicht übersehen kann. Und gekauft werden sie auch, wie ich noch im September 2015 beobachten konnte. Historische Fakten interessieren Medinskij weniger: »Fakten an sich bedeuten nicht viel. Alles beginnt nicht mit Fakten, sondern mit Interpretationen. Wenn Sie Ihre Heimat lieben, Ihr Volk, dann wird die Geschichte, die Sie schreiben, immer positiv sein«, und keine »Geschichtsverfälschung.«

Es ist sicherlich wahr, dass jede Generation auf Grund detaillierterer Erkenntnisse, größeren Abstands vom Geschehen und auch aus dem jeweiligen Zeitgeist heraus Geschichte neu interpretiert. Sonst gäbe es ja keine Geschichte der Geschichtsschreibung. Allerdings zu postulieren, wie Medinskij in einer linientreuen russischen Tageszeitung verkündete, dass jede souveräne Macht Geschichtspolitik betreibe, »die Geschichte für ihre Interessen nutze«, zeugt von einem seltsamen Demokratieverständnis. In Europa hätte eine derartige Äußerung zu einem erbitterten, öffentlich geführten, von den Medien unterstützten Streit zwischen Historikern geführt. Er wäre nicht der erste gewesen.

Zur tausendjährigen pan-russischen Geschichte gehört auch die kommunistische Epoche der Sowjetunion. Im Gegensatz zu seinem Vorgänger Boris Jelzin hat Wladimir Putin diese Periode nicht negiert, sondern sie in sein Machtdenken integriert. Beispielsweise ließ er den 7. November, den Feiertag zum Gedenken an die Oktoberrevolution 1917, abschaffen und ersetzte diesen durch den 4. November, den »Tag der Einheit des Volkes« (am 4. November 1612 war Moskau von den polnischen Besatzern befreit worden). Bereits 2001 führte er die sowjetische Nationalhymne mit leicht variiertem Text wieder ein, die Jelzin abgeschafft hatte. Auch der Ehrentitel »Held der Arbeit« wurde wieder belebt. Und die Armee bekam das rote Sowjetbanner mit dem Sowjetstern zurück.

»Igor«, fragte ich einen langjährigen Bekannten, hast du das mitbekommen? Was bedeutet dir das?

»Ist mir egal. Aber mein Kumpel in der Armee hat sich gefreut. Die haben ja sonst nichts.«

Heikler war schon die Frage, wie der langjährige sowjetische Diktator Josef Stalin in dieses Szenario passte. In seinen frühen Reden hatten Putin und der zwischenzeitliche Präsident Dmitrij Medwedew (2008–2012) Stalin als Verbrecher bezeichnet. Sie hatten den Hitler-Stalin-Pakt von 1939 heftig kritisiert, da dieser die Aufteilung von Ost- und Mitteleuropa zwischen der deutschen und der sowjetischen Diktatur in einem geheimen Zusatzprotokoll beschlossen und besiegelt hatte. Noch am 65. Jahrestages des Sieges über den Faschismus im Jahr 2010 dämpfte der Kreml die Erwartungen von Veteranenverbänden, Stalin-Porträts in der Hauptstadt aufzuhängen, obwohl der damalige, sehr dynamische Oberbürgermeister Luschkow dafür war. Die Regierung befürchtete, hochrangige Vertreter der anderen Siegermächte des Zweiten Weltkrieges, also der USA, Frankreichs und Großbritanniens sowie weitere Staatsoberhäupter würden sonst den Feierlichkeiten fern bleiben. Das sah bei den Vorbereitungen zum 70. Jahrestag des Kriegsendes 2015 ganz anders aus. Wiederholt betonte Putin die siegesreiche Führerrolle Stalins im Zweiten Weltkrieg, relativierte den Hitler-Stalin-Pakt – er habe den Sowjets Zeit zur Aufrüstung gegeben – ließ die aufkommende Stalin-Renaissance gewähren, weil es dem »Willen des Volkes entspräche«. Deshalb seien die lokalen und regionalen Behörden frei in ihrer entsprechenden Gestaltung.

Ich staunte nicht schlecht, als ich vor ein paar Monaten an der Decke der renovierten Metrostation Kurskaja in Moskau einen Auszug aus der alten und wieder neuen Nationalhymne in Stein gemeißelt las:

»Durch Gewitter schien uns die Sonne der Freiheit
Und Lenin der Große erleuchtete uns den Weg
Uns erzog Stalin zur Treue zum Volk
Zu Arbeit und Heldentaten regte er uns an.«

Unbehindert weihte man wieder Stalin-Denkmäler ein, brachte Gedenktafeln an in Kaliningrad, Lipezk, Nishni Nowgorod und anderen Orten, selbst in Krasnojarsk, der Hauptstadt Sibiriens, obwohl gerade dorthin unter Stalin tausende Menschen aus allen Teilen des Reiches zwangsumgesiedelt worden waren. Die Stadt Wolgograd, die ab 1925 bis zur Entstalinisierung 1961 Stalingrad hieß, darf sich an bestimmten Gedenktagen zum Zweiten Weltkrieg wieder Stalingrad nennen.

Eigentlich ging und geht es gar nicht um die Person Stalin. Er dient vielmehr als Symbol für die Kraft, den Siegeswillen und die Überlegenheit der vereinten sowjetischen Völker. Das lässt sich gut in *Plokannaj Gora* beobachten, einer monumentalen Gedenkstätte für die Siege Russlands/der Sowjetunion nicht weit vom Zentrum Moskaus entfernt. An diesem Hügel (*gora*) waren schon Napoleon gescheitert und später wieder die deutschen Invasoren im Zweiten Weltkrieg.

Mich hat schon immer interessiert, welche Denkmäler »Täter« wie »Opfer« des Zweiten Weltkrieges der Nachwelt überliefern wollen. Vom Königsplatz in München mit seinem sehr spät eröffneten NS-Dokumentationszentrum, dem gigantischen Denkmal für sowjetische Gefallene in Berlin-Treptow, dem Haus des Terrors in Budapest und seinem geradezu mystischen, nur Flüstern erlaubenden Skulpturenpark gefallener kommunistischer Größen in einem Außenbezirk der ungarischen Hauptstadt, der (Opfer)-Dauerausstellung im Londoner War Museum, bis zu dem schon beschriebenen überdimensional großen Grabmal des Diktators General Franco, dem *Valle de los caidos*, um nur einige wenige zu nennen. *Poklannaj Gora*, aufgewertet und baulich unter Putin erweitert, ehrt die Helden der Sowjetunion, die den Faschismus dank Stalin gemeinsam besiegt haben. Von den millionenfachen Opfern ist da weniger die Rede. Zwischentöne fehlen, beispielsweise berührende Briefe von russischen Wochenschau-Kameraleuten an ihre Mütter während des Krieges, wie unter anderem vom russischen Filmmuseum vorgeschlagen. Die Ausstellung zum 70. Jahrestag des Kriegsendes 2015 sollte patriotische Siegerlaune ausstrahlen.

Für die Opfer der stalinistischen Terrorwellen sowie für heutige Menschenrechtsfragen setzt sich, neben vielen kleineren Initiativen, die Nicht-Regierungs-Organisation (NGO) *Memorial* in Moskau ein. Sie wurde 1988 zu Zeiten der *Perestrojka* gegründet, ist heute international organisiert – hat auch einen Sitz in Berlin – und vertritt als Dachverband 60 russische Niederlassungen. Memorial hat nicht nur Tausende von Dokumenten zur Erinnerung an die Schickale von Menschen zu Zeiten des großen Stalin-Terrors gesammelt, sondern macht diese auch in Ausstellungen, bei Podiumsdiskussionen und Vorträgen öffentlich bekannt. Zum Beispiel hat die Stiftung zusammen mit gleichgesinnten Designern, Journalisten und Historikern 2014 ein Projekt entwickelt, das an die in Köln erdachten Stolpersteine erinnert: »Letzte Adresse«. Gedenktafeln an Häusern sollen an Menschen erinnern, die vor ihrer Erschießung in diesen lebten. In Moskau allein waren das 40.000. Die Nachfrage von Angehörigen der Opfer stieg und stieg. Diese Aktion sowie weitere kritische Äußerungen von Memorial zur heutigen Menschenrechtssituation passten nicht in das Konzept eines zunehmend wieder zentralistisch werdenden Staates mit einer glorreichen Vergangenheit, in der es allen Menschen auch dank Stalin doch so gut ergangen war.

Als Arseni Rossinski, Chef von Memorial, vor einiger Zeit in Köln erzählte, wie seine Büroräume in Moskau von Sicherheitskräften unangekündigt gestürmt, Daten, Festplatten und Archivmaterial mitgenommen worden waren, fragte ich ihn naiv:

»Hatten Sie denn keine Sicherheitskopien?«

Fast unwirsch winkte er ab:

»Dazu hatten wir doch keine Zeit. Wir mussten arbeiten, arbeiten, arbeiten. Schon 2010 mussten wir den Stalin-Plakaten in Moskau den Krieg erklären.«

2014 hatte sich die Lage keineswegs verbessert. Irina Scherbakowa, eine der Mitbegründerinnen von Memorial, machte unumwunden klar:

»Es wird eng. Bei uns hat die Putin-Regierung nicht das übliche Argument der Steuerhinterziehung angewandt, was auf manche Institute oder Betriebe ja auch zutreffen mag. Bei uns wird beanstandet, dass unsere Organisationsstruktur nicht den neuen Gesetzen entspreche. Überdies seien wir eine NGO, die politische Ziele verfolge und vom Ausland finanziell unterstützt werde und das ist seit dem 2012 erlassenen Auslandsagenturengesetz verboten.«

»Können Sie sich dagegen wehren?«

»Wir in Moskau ja, wir haben die besten Anwälte. Aber für die in der Provinz wird es schwer.«

Tatsächlich konnte der Antrag des russischen Justizministeriums zur Auflösung von Memorial Mitte November 2014 abgewiesen werden. Aber die dunklen Gewitterwolken haben sich noch keineswegs verzogen.

Kurz nach dieser Entscheidung telefonierte ich mit Olga, einer guten russischen Freundin, die zusammen mit ihrem Mann Mitte der achtziger Jahre aus der Sowjetunion ausgewiesen worden war. Olga hört seitdem täglich in Köln russische Nachrichten, sieht russisches Fernsehen, sucht im Internet nach russischen Hintergrundinformationen, informiert sich auf Reisen nach Moskau und St. Petersburg, spricht mit ihren dortigen Freundinnen.

»Olga, wie siehst du heute in Lage in Russland?«

Ich hatte von dieser intelligenten und lebhaften Frau erwartet, dass sie die zunehmende Gängelung der aufkeimenden Zivilgesellschaft in Russland kritisieren, mein wankendes Verständnis für die russische Politik teilen würde und dass wir uns wie immer einig wären, dass Russland aber ganz wunderbare Menschen beherbergt trotz des Staates.

»Wie ich die Lage sehe? Sehr positiv.«

»Wirklich?«, erwiderte ich leicht verstört. »Spätestens seit den Regional-und Präsidentschaftswahlen 2011/2012 wurden die Freiheiten der Menschen stark zurückgestutzt:

Eingeschränkte Meinungs- und Versammlungsfreiheit, das Ausländeragentengesetz, das Verbot homosexueller Propaganda, da die Familie die sittliche Zelle sei, die Kirche als neuer Machtfaktor, nicht aufgeklärte politische Morde, wie der an der Journalistin Anna Politowskaja 2006 und an weiteren Journalisten der *Nowaja Gaseta*, Haft und Gefängnis für politische Widersacher, was viele der besten Köpfe zur Emigration bewegte, obwohl sie dort auch nicht sicher waren und sind – denk nur an den von Russen verübten Giftmord an dem Ex-Geheimdienstler Alexandr Litwinenko in London –, ja und dann die wachsende Kapitalflucht aus Russland und ...«

»Weißt du«, unterbrach sie mich spontan, »gerade wurde eine Ausstellung mit Ikonen in Moskau gezeigt. Die Kommentare: man soll darauf ›scheißen‹. Das geht nicht. Man kann Schimpfwörter nicht als Provokation benutzen.«

»Da hast du Recht. Ich halte auch nichts von ›Mist‹ und ›Scheiße‹. Das ist primitiv. Aber die großartige russische Sprache, ist nun einmal besonders reich an Schimpfwörtern. Euer Außenminister Sergej Lawrow macht davon lebhaften Gebrauch.«

»Ist mir noch nicht aufgefallen.«

»Oder denke an die legendäre Romanliteratur Russlands im 19. Jahrhundert. Die spart auch nicht an Flüchen.«

»Sicher. Aber man darf die eigene Heimat nicht beschmutzen. Davon müssen wir uns reinigen. Deshalb ist das Gesetz gegen Flüche und Schimpfwörter gut und auch das Gesetz gegen die Verletzung Gläubiger.«

»Für diesen ›Unrat‹ (*mat*) werden auch Ausländer verantwortlich gemacht, obwohl diese die russische Sprache meist nur mangelhaft beherrschen.«

»Das ist etwas anderes. Die Ausländer unterwandern unsere Institutionen mit ihrem Geld. Mit Geld, so glauben sie, kann man alles regeln, beeinflussen.«

»Trifft das auch auf die Stiftung Memorial zu, die kurz vor der Schließung stand?«

»Memorial war einmal eine demokratische Bewegung, die vor dem Vergessen von Stalin-Opfern warnen sollte. Jetzt ist sie aber eine westlich gestützte Institution, die negative Nachrichten über Russland in der Welt verbreitet.«

»Aber ohne Geld kann man doch keine Aufklärung betreiben?«

»Natürlich nicht, aber dafür brauchen wir keine ausländischen Gelder.«

»Auch nicht die Sacharow-Stiftung in Moskau oder die Umweltschutzorganisation Ecodefense, die sich nicht als ›ausländischer Agent‹ registrieren und damit diffamieren lassen will. Ich rede ja gar nicht von ausländischen Stiftungen wie der Konrad Adenauer Stiftung oder der Heinrich Böll Stiftung, die auch unliebsamen Besuch von der Staatssicherheit und den Steuerbehörden bekamen.«

»Du übertreibst. Wir können unsere Gesellschaft aus eigener Kraft wieder aufbauen. Wir brauchen nicht die Demokratieförderung durch ausländische parteinahe Stiftungen.«

»Olga, ihr habt in der Sowjetunion gelitten, ihr seid ausgewiesen worden. Kommt das sowjetische System in anderem Kleid zurück?«

»Aber nein. Putin schaut voraus, nicht zurück. Er will unser wunderbares Land zusammenhalten, er gibt uns wieder eine Identität. Daher verknüpft er zaristische und sowjetische Elemente.«

»Mit Mitteln der gelenkten Demokratie, wie er selbst sagt.«

»Da hat er doch recht. Es geht doch gar nicht anders. Du hast doch selbst immer gesagt, dass es nach einer Diktatur keine Stunde null gibt.«

»Das stimmt, aber damit habe ich auch gemeint, dass man die Verbrechen der Vergangenheit nicht einfach unter den Tisch fegen darf. Wo sind denn die Gedenkstätten in ehemaligen Gulags, den russischen Konzentrationslagern?«

»Auch da muss man nicht übertreiben. Eine langt doch.«

»Aber diese einzige *Perm 36*, wo Dissidenten, politische Häftlinge aus allen Teilen der Sowjetunion bis 1988 in Haft saßen, soll jetzt auch geschlossen werden. Kein Geld, sagt der neue Gouverneur aus dem Nord-Ural. Er will alle Erinnerungsaktivitäten an die Opfer einfrieren. Wie sollen Jüngere denn dann die Geschichte begreifen? Das ist uns in Deutschland mit seiner nationalsozialistischen Vergangenheit und auch der kommunistischen Unterdrückung in der DDR sehr bewusst.«

»Wie immer macht ihr alles übergründlich. In Russland wollen wir in die Zukunft schauen, nur das Beste aus der Vergangenheit mitnehmen, eine übertriebene Vergangenheitsbewältigung, wie ihr das nennt, würde die Jüngeren nur paralysieren.«

»Soll sich die Kraft der Jugend in den von Putins Verwaltung initiierten Jugendverbänden austoben«, warf ich leicht sarkastisch ein. »Erst ›Die gemeinsam Gehenden‹, dann ›Die Unsrigen‹, dann ›das Netz‹?«

»Das ist doch gut so. Sie treten für Russlands Werte ein, haben sich spontan entwickelt. Du denkst wohl immer noch an die Zwangs-Jugendorganisation Komsomol aus sowjetischen Zeiten. Da musste jeder rein. Das ist doch vorbei.«

(Hätten wir ein Jahr später telefoniert, hätte ich sie auf die *russische Schülerbewegung* angesprochen, die keineswegs spontan das Licht der Welt erblickte, sondern der »Föderalen Behörde für Fragen der Jugend« unterstellt ist und von dieser auch finanziert wird. Sie ist programmierter Teil des Systems geworden.)

Olga holte tief Atem.

»Warum stellst du immer so kritische Fragen? Warum ist die Presse so gegen Russland? Ständig wird nach Negativem gesucht.«

»Das stimmt nicht«, erwiderte ich entschieden. »Gerade in Deutschland gibt es mehr als in allen anderen europäischen

Ländern die sogenannten ›Russlandversteher‹, zu denen auch ich gehörte, wie du weißt. Nur: Verstehen heißt, sich in eine andere Kultur, Sprache, Geschichte hineinzufühlen, um die heutigen Vorgänge überhaupt nachvollziehen zu können, nicht aber alles gutzuheißen, was da ›von oben‹ angeordnet, in der Duma, in der keine liberale Partei mehr vertreten ist, durchgewinkt und dann mit vielen Konsequenzen für das gesellschaftliche Gefüge umgesetzt wird. Nimm Deutschland, sicher kein einfaches Land, wenn auch zurzeit relativ stabil. Ich bin Gott froh, dass es so viele kritische politische Magazine im Fernsehen gibt, die politisches Unvermögen oder Missstände an den Pranger stellen. Nur so lebt eine Zivilgesellschaft.«

»Der Aufbau einer Zivilgesellschaft braucht Zeit, das weißt du so gut wie ich. Und sie ist in jedem Land anders. In Europa hat man wenig Ahnung von der russischen Denkwelt und in den USA schon gar nicht. Wir brauchen zuerst Stabilität. Für die Weiterentwicklung vertraue ich auf unsere innere Kraft.«

Diese innere Kraft, so schwang es mit, hat »der Westen« offensichtlich nicht, auch wenn Olga die in den russischen Medien benutzten Beschreibungen wie »dekadent«, »konsumgierig«, »verweichlicht« für diesen nicht verwandte.

Ich insistierte:

»Dabei könnten doch auch die russischen Medien helfen durch eine Vielfalt von Meinungsäußerungen, inklusive der Regierungsmeinung. Warum prangert der einst so regierungskritische Sender *NTW* seit seiner Übernahme durch den staatlich kontrollierten Energiekonzern Gazprom alles an, was sich nicht mit der Regierungslinie verträgt? Liegt es daran, dass dieser TV-Kanal von dem Oligarchen Alexej Miller, einem Putin-Freund aus Petersburger Tagen geleitet wird? Warum gibt es so gut wie keine unabhängigen Medien mehr mit Ausnahme des kleinen privaten TV-Senders *Regen* (*Doschd*), der Radiostation *echo moskwy*, der überregionalen Tageszeitung *Nowaja Gaseta*, die alle unter erheblichem politischen Druck stehen? Ich weiß, es gibt noch mehr kleinere print- und audiovisuelle Medien, die aber nur nach dem Grundsatz operieren können: Je geringer der Ausstrahlungsradius, je freier die Berichterstattung. Die Schere im Kopf wächst. Du hast sicher auch gelesen, dass Russland mit Blick auf seine Pressefreiheit laut *Reporter ohne Grenzen* auf Platz 152 von insgesamt 180 angeführten Nationen gerutscht ist. Stört dich das nicht?«

»Was sind die Einstufungskriterien?«

»Politische Unterdrückung, wirtschaftlicher Einfluss, Interessen von Familienclans, noch nicht entwickelter investigativer Journalismus, Selbstzensur aus den unterschiedlichsten Gründen.«

»Lobbyisten und andere subjektive Meinungsmacher gibt es bei euch doch auch«, umging sie meine Frage. »Ich vertraue den staatlichen russischen Medien. Es ist richtig, dass unser neues Mediengesetz Ausländern verbietet, mehr als 20 Prozent Anteile an einer Zeitung oder einem Sender zu kaufen. Mach dir keine Sorgen um deine Lieblingszeitung *Nowaja Gaseta*. Da hat Gorbatschow sein Geld drin und auch andere Russen. Und: Wer unseren Medien misstraut, kann ja ins Internet gehen. Das wird nicht kontrolliert, nicht abgestellt. Jeder kann dort seine Meinung sagen, auch Extremisten und Terroristen.«

»Ist der Blogger, der Jurist Alexej Nawalni denn ein Terrorist, weil er im Internet die Verfilzung in Staatsunternehmen aufzeigte und sich mit tausenden kritischer Bürger zur Enthüllung weiterer Skandale vernetzte?

(Dass Nawalni im Februar 2015 zu dreieinhalb Jahren Haft »wegen Unterschlagung« verurteilt würde, konnte ich

damals noch nicht wissen und auch nicht, dass gegen Mitarbeiter seiner Stiftung Prozesse angestrengt wurden.)
 War Boris Nemzow ein Extremist, weil er im Internet unter anderem über den unermesslichen Reichtum von Putin und seiner Getreuen berichtete? Weil er eine Putin-kritische Dokumentation über die Annexion der Krim und die Ukraine Krise vorbereitete?«
»Die verfolgen destruktive, nicht konstruktive Ziele.«

Ich fragte nicht weiter, weil ich unsere Freundschaft nicht zerstören wollte, gebe aber zu, dass ich gerne noch bemerkt hätte: Was heißt, dass das Internet nicht kontrolliert wird? Man muss es ja nicht gleich abschalten, kann es aber sehr wohl manipulieren. Der Kreml bezahlt viele Trolle, die die Regeln der Internet-Community zersetzen, indem sie in Auftrag gegebene Botschaften geschickt verpackt einspeisen mit dem Ziel, bei den Nutzern Verwirrung zu schaffen, die öffen+tliche Meinung und Wahlen zu beeinflussen. Die Nutzer sollen sich fragen, welche Internet-Botschaften denn überhaupt noch glaubwürdig sind. Olga, die Internet-Erfahrene, hätte mir nicht geglaubt.

Auch nicht beim »Fall Lisa«. Da erschien Lisa, eine dreizehnjährige Russin deutschstämmiger Herkunft, eines Abends nicht bei ihren Eltern in Berlin. Bei Rückkehr am nächsten Morgen berichtete sie, sie sei von einem Nordafrikaner vergewaltigt worden. Diese Lüge passte in die Stimmung, denn nach der international beschriebenen Silvesternacht in Köln 2015/2016 war es zu etlichen sexuellen Übergriffen durch Nordafrikaner gekommen. Deutschstämmige Russen gingen auf die Straße. Der russische Außenminister Lawrow sprach von »unserem Mädchen«, dabei hatte sich die russische Regierung nie um die Russlanddeutschen gekümmert, im Gegenteil. Das Gör hatte schlicht bei einem Freund übernachtet. Aber eine Richtigstellung erfolgte in den russischen Staatsmedien nicht.

Wie konnte dieser Argwohn gegenüber dem Westen, vor allem den USA, lange vor der Ukraine-Krise ab 2013/2014 entstehen, fragte ich mich immer wieder. Was hat den Beginn der hoffnungsvollen Zusammenarbeit zwischen den beiden alten Kriegern zermürbt? Was ist da schief gegangen?

»Du musst das verstehen«, sagte mir Alexandr, ein einst so optimistischer Mitarbeiter des sowjetischen Kulturministeriums bei einem Abendessen in Moskau Ende Februar 2012. Er hatte sich mittlerweile als Kulturberater selbstständig gemacht, ist aber stark von Regierungsaufträgen abhängig. »Wir sind zutiefst enttäuscht. Die USA sind froh, dass es uns wirtschaftlich nicht besonders gut geht. Ständig zeigen sie uns ihre Überlegenheit. Sie geben sich nicht die allergeringste Mühe, sich in unsere Welt zu versetzen. Sie wollen die Welt regieren mit Geld, einer hochentwickelten Technologie, der größten Armee der Welt und der Verbreitung ihrer unglaubwürdigen demokratischen Ideologie.«

»Ideologie?«

»Wenn man wie ein demokratischer Messias auftrat, lautstark demokratische Werte verkündet, dann muss man sich zumindest selbst daran halten. Aber das geschieht ja nicht. Jahrzehntelang hat die amerikanische Politik den südamerikanischen Kontinent untergraben, hat in Nicaragua, Chile und anderswo die Diktatoren unterstützt, hat auf Lügen aufgebaut 2003 den Irak-Krieg begonnen, hat wesentlich dazu beigetragen, dass der libysche Herrscher Muammar Gaddafi 2011 zu Fall kam, ohne an einen Aufbauplan danach zu denken. Nur Tote und Chaos sind das Ergebnis bis heute. Die Amerikaner planen ein Raketenabwehrsystem in Polen und

Tschechien, wohl gemerkt ostwärts, also auf uns gerichtet, unterwandern unsere russischen Institutionen, lassen vom Präsidenten abgesegnet im Widerspruch zur eigenen Verfassung die ganze Welt ausspionieren, kennen keine soziale Gerechtigkeit und haben Putins Annäherungsversuche schlicht missachtet, wie beispielsweise bei der Sicherheitskonferenz in München 2007. Nein, die Amerikaner wollen nicht Partner in der neu geschaffenen friedlichen Weltordnung sein, die wir in verschiedenen Verträgen in den neunziger Jahren mitunterzeichnet haben. 1996 sind wir dem Europarat beigetreten« – »zu dem jetzt ein sehr gespanntes Verhältnis besteht«, warf ich ein – »1998 ratifizierten wir die Europäische Menschenrechtskonvention. Das wird alles nicht anerkannt.« »Da herrschte Putin noch nicht«, gab ich kritisch zurück. »Das waren noch ganz andere Zeiten.«

»Wir waren so naiv und gutgläubig. Aber Putin richtet das jetzt«, fuhr er verbittert fort.

Nicht all seine Argumente konnte ich entkräften. Auf meinen vielen Südamerikareisen in den achtziger Jahren hatte ich ja selbst das Treiben der *United Fruit Company* verfolgen können, hatte erfahren, wie den USA nicht genehme Oppositionelle verschwinden mussten, wie etwa der chilenische Regierungschef Salvador Allende, an dessen Sturz 1973 Henry Kissingers Außenpolitik wesentlichen Anteil hatte. In Moskau und der riesigen russischen »Provinz« hatte ich in den neunziger Jahren beobachtet, wie das amerikanische Kapital Fuß fasste, wie der Glaube an den Kommerz amerikanischer Prägung zu schnell alte Strukturen zerschlug – nicht nur in der Landwirtschaft.

»Ich verstehe deine unerfüllte Erwartungshaltung«, sagte ich schließlich. »Vielleicht könnte sich Russland auf seine eigene Modernisierung konzentrieren. Davon ist doch seit Jahren die Rede, aber nichts ist passiert. Eine Diversifizierung

der Wirtschaft, die nicht nur von Öl und Gas abhängt, würde Russland wieder stärker machen.«
»Das kommt schon noch. Erstmal geht es um unsere Ehre! Nicht um Regelungen. Russischsein ist ein kulturelles Gefühl, kein Regelwerk. An Gesetze hält sich sowieso keiner, denn auf jedes Gesetz folgt gleich ein Gegengesetz. Ich würde gerne alle von mir geforderten Steuern bezahlen, aber dann hätte ich jeden Monat ein Minuseinkommen.«
»Du klingst so staatsfern wie manch ein republikanischer Amerikaner.«
»Keineswegs. Wir brauchen eine starke Staatsmacht, die für Stabilität und unser Ansehen sorgt. Mit der arrangieren wir uns dann auf unsere Weise.«
Auf dem Rückweg zu meinem Hotel spürte ich den Geist der Opposition in der Luft. Die Präsidentschaftswahlen standen am 4. März an, bei denen Wladimir Putin und der scheidende Präsident Dmitrij Medwedjew mal eben die Rollen tauschen sollten, weil das »Volkes Wille« war. Überall stieß ich auf Demonstrationen. Es funktioniert vielleicht doch, dachte ich. Massenweise protestierten die Menschen gegen die Wahlversprechen und -geschenke der Staatspartei Einiges Russland, gegen die Korruption, gegen eine unfähige Justiz, gegen die Verfilzung, gegen den Bescheid der zentralen Wahlkommission, die liberale Jabloko Partei unter Grigori Jawlinski nicht zur Wahl zuzulassen, da ein Großteil seiner zwei Millionen gesammelter Unterschriften ungültig seien. Eine langsam wachsende Zivilgesellschaft meldete sich, nicht nur in Moskau, sondern auch in den Millionenstädten in der Provinz, wie ich im Hotel aus dem Fernsehen erfuhr.
Aber dann gelang es Putin, an das Ehrgefühl de »wahren Volkes« zu appellieren, an »das Volk der Sieger«. Und er siegte, wenn auch nur mit Hilfe von nachgewiesenen Wahlfälschungen. Die Erfahrungen mit den Straßenprotesten lie-

ßen ihn die innenpolitischen Zügel noch straffer anziehen. Die Opposition zersplitterte. Und mit ihr auch die Hoffnung vieler liberaler Persönlichkeiten und Einrichtungen.

Im Gegensatz zu den Duma-Wahlen 2011 zogen bei den Parlamentswahlen Ende September 2016 keine Protestler durch die Straßen. Desinteresse bis Apathie überwogen. In autoritären Systemen wie der Sowjetunion und dem heutigen Russland war man an eine Wahlbeteiligung von bis zu 98 Prozent gewöhnt. Aber nicht einmal die Hälfte aller Wahlberechtigten gab ihre Stimme ab.

Diese 48 Prozent bestätigten die Regierungspartei Einiges Russland. Mit ihr zog die kremltreue Opposition ins Parlament ein. 2012 hat die »Zeitenwende« in Russland endgültig eingeläutet. Die kritischen Oppositionellen blieben erneut draußen.

»Die Jugend«, sagte mir ein russischer Politologe, »interessiert sich für andere Themen wie Mode, Autos, Konsum.«

»Aber es gibt doch auch Stimmen, die auf Missstände hinweisen wie vernachlässigte Schulen, von Schlaglöchern durchzogene Straßen oder ausbleibende Löhne.«

»Diese Mängel werden der Bürokratie angekreidet, nicht Putin. Wenn das der Führer wüsste, dann wären all diese Schwächen rasch behoben, höre ich öfter. Die staatstreuen Medien berichten über diese Schwächen des Systems nicht.«

Aber das unabhängige Meinungsforschungsinstitut *Lewada* gibt doch die Stimmung wieder!

»Wahrscheinlich nicht mehr lange.«

Hoffentlich hat er Unrecht, dachte ich, aber teilte mit ihm die Besorgnis. Wie hatten sich die Zeiten verändert. Das *Lewada*-Institut war 1987 zu Zeiten der neuen Offenheit dank Michail Gorbatschow gegründet worden. Es sollte ergründen, wie der gewöhnliche Sowjetmensch denkt und fühlt. Anfang der neunziger Jahre bat ich den Leiter, den Soziologen Jurij

Lewada, um eine Studie zur Rolle der *Deutschen Welle* nach dem Ende des Kalten Krieges. War dieser deutsche Auslandssender noch nötig? Hatte er noch Zuhörer? Jeder konnte doch jetzt reisen oder sich über die einheimischen Medien informieren, die eine breite Meinungsvielfalt vertraten. Knapp und sachlich erstellte das Zentrum ein Gutachten und begründete in diesem die schwindende Bedeutung der *Deutschen Welle* und anderer Auslandssender. Ein Kompliment an die Meinungsfreiheit in Russland von 1993. Das sollte nicht so bleiben. 2003 bekam das staatliche Zentrum eine kremltreue Leitung. Daraufhin gründeten Lewada und seine Mitarbeiter ihr eigenes Institut. Nach dem Tod von Lewada wurde sein langjähriger Mitarbeiter Lew Gudkow Direktor. Er hat es nun schwer. Darf er wirklich noch völlig neutral die Stimmung im Lande erforschen? Im September 2016 wurde sein Zentrum auf die Liste »ausländischer Agenten« gesetzt, weil Geld aus einer früher sehr begrüßten Kooperation mit der Universität in Wisconsin geflossen war. Heute könnte das Goethe-Institut in Moskau das Lewada-Zentrum nicht mehr um ein Gutachten bitten, etwa zur Lage der Russlanddeutschen oder zur neuen Bedeutung der *Deutschen Welle* oder zur Rolle der deutschen Sprache in Russland und vielen anderen Themen mehr. Da müsste ja deutsches, also ausländisches Geld fließen, das würde das Zentrum noch mehr stigmatisieren. Ja, da ist schon sehr viel Phantasie gefragt.

Für engagierte kritische Menschen wird das Leben stets schwieriger.

»Manchmal halten wir den Atem an«, kommentierte der künstlerische Leiter des Zentrums für zeitgenössische Kunst in Moskau bei einem Empfang in Moskau 2014. Ich hatte in den neunziger Jahren eng und gut mit ihm zusammengearbeitet.

»Noch habe ich keine Schwierigkeiten, aber in meinem Kopf klingelt ständig das Signal ›Achtung‹. Gerade bereite ich eine Podiumsdiskussion mit einem offiziell missliebigen Künstler vor. Hoffentlich geht es gut. Aber«, ergänzte er, »die vielen kleinen künstlerischen Initiativen haben weit mehr Spielraum als Gruppierungen, die sich mit Menschenrechten, sozialen- oder Umweltfragen, schlicht allem was politisch sein könnte, befassen. Und wenn es doch mal hart kommen sollte, wissen wir ja aus Sowjetzeiten, wie man auf Zensur eingeht, besser gesagt, diese umgeht.«

»Die Zeiten werden schwieriger für uns«, hatte mir auch Ekaterina Genieva bei der jährlichen Versammlung des internationalen Beirates, dem ich bis vor kurzem angehörte, immer wieder gesagt. Unsere Bibliothek für ausländische Literatur ist gemeinnützig, aber jetzt müssen wir auf alles Steuern bezahlen, wie alle anderen staatlichen Kultureinrichtungen auch. Doch es ist nicht nur das. Ich habe bei den Präsidentschaftswahlen 2012 offen für Michail Prochorow gestimmt, also gegen Putin. Prochorow ist zwar unter Putin an sehr viel Geld gekommen, ist heute der drittreichste Mann des Landes, aber er denkt und agiert liberal, demokratisch, sozial. Seine Stiftung, die seine Schwester Irina leitet, engagiert sich stark im Erziehungs- und Bildungswesen. Er stützt die Zivilgesellschaft. Mein Wahlbekenntnis wird uns als staatlicher Institution Ärger bringen.«

»Meinst du wirklich? Du tust doch viel für Russland, unterstützt überall kleinere Bibliotheken im Lande, hast viele ›Zentren der Toleranz‹ eingerichtet, wo Vertreter aller Religionen miteinander diskutieren können, wo der Begriff Toleranz im Sinne von Pater Men gelebt werden kann. Du hast viele Symposien zu heiklen Fragen wie Beutekunst oder Antisemitismus organisiert …«

»Putins Politik verhärtet sich, ich beobachte das schon seit einiger Zeit: nach innen mehr ›russisch‹ sein, nach außen mehr ›anti-russische Feinde‹ entdecken. Gerade – das war 2013 – hat unsere Abteilung, das Institut für Toleranz in unserer Kinderbuchserie, die keine geringere als Ludmilla Ulitzkaja herausgibt, einen illustrierten Band *Die Familie bei uns und bei anderen* herausgegeben. Wir wollten bei Kindern das Verständnis für unterschiedliche Familienmodelle in verschiedenen Kulturen fördern. Gerade mal elf Zeilen sind homosexuellen Paaren gewidmet. Und wie reagiert unser Kulturministerium? Dieses Buch kommt in keine russische Bibliothek!«

(Abends las ich diesem sehr neutral verfassten, in Inhalt wie Form gut gemachten Band.)

»Zensur also?«

»Nie direkt, nie schriftlich. Auf meine brieflichen Anfragen, was man denn erwarte, wie das Budget aufgestellt werden solle, bekam ich schlicht keine Antwort.«

»Ist man denn nicht stolz darauf, dass du als Russin jahrelang im Vorstand der internationalen Bibliotheksvereinigung (Ifla) vertreten warst, dass du von 1995 bis 2004 als Präsidentin der russischen Zentrale der gemeinnützigen Soros Stiftung gearbeitet hast, die sich für Bürgerrechte vor allem in ost- und mitteleuropäischen Ländern sowie in Russland einsetzt? Dass deine vielseitigen internationalen Kontakte zur Ehre Russlands beitragen?«

»Nein, unsere Internationalität erregt eher Misstrauen. Das amerikanische Kulturzentrum in unserem Haus geriet neulich unter Beschuss, fühlte sich so bedrängt, dass es sich bereits beim Goethe-Institut nach Unterbringungsmöglichkeiten erkundigte. Die mündlich überbrachte Nachricht lautete: Schließt das amerikanische Kulturzentrum bis zum 28. Mai 2015. Keine Ahnung, warum dieses Datum. Ich erbat ei-

nen offiziellen Brief. Der kam nie. Als ich dann Medinskij klar machte, dass das Zentrum seit 27 Jahren bei uns untergebracht ist, und ich jedes Jahr einen Vertrag mit dem amerikanischen State Department unterzeichne, hörte ich nichts mehr.
Dem British Council, wie du weißt ja auch bei uns untergebracht, ging es ebenfalls an den Kragen. Als ausländische Einrichtung ohne Staatsvertrag habe der Council gegen russische Steuergesetze verstoßen. Jetzt ist nur noch ein Rumpfinstitut übrig. Die Bibliothek haben sie uns geschenkt, die sehr beliebten Sprachkurse aufgegeben. Was bleibt, ist eine Art Informationsstelle.
Das Goethe-Institut ist nicht in Gefahr. Ihr habt einen Staatsvertrag, seid also offiziell Teil der deutschen Botschaft. Ich weiß, dass dir das nie gefallen hat, aber heute bedeutet das Schutz. Das sichert auch eure russischen Mitarbeiter ab, obwohl sie hin- und hergerissen sind, wie ich höre. Sie stehen hinter der Dialogbereitschaft des Instituts, haben aber gleichzeitig Angst, etwas falsch zu machen, gegen die vielen neuen russischen Gesetze zu verstoßen. Einige bewundern Putin auch. Schwierigkeiten könntet ihr höchstens mit euren sogenannten ›Lesesälen‹ überall in Russland bekommen.«
»Das fürchte ich auch«, entgegnete ich, zumal mir ein Vertreter des russischen Außenministeriums unverblümt gesagt hatte, dass sich für diese Minibibliotheken als Bestandteil deutscher Konsulate wohl kaum ein Beweis erbringen lasse. »Ich wäre traurig, wenn sie geschlossen würden. Ausleihorte von Büchern lassen sich dank der digitalen Medien ersetzen, verloren gingen jedoch Begegnungen, menschliche Kontakte.«
»Natürlich. Dafür stehen wir ja auch. Vor kurzem hat man mir wieder, indirekt natürlich, dringend nahegelegt, unsere Kontakte zu den ehemaligen Sowjetrepubliken, etwa Aserbaidschan oder Armenien zu intensivieren. Das hast du ja im internationalen Beirat gehört. Wir haben nichts dagegen,

aber dann brauchen wir auch mehr Geld. Das aber gibt es nicht. Also unsere westlichen Aktivitäten mit Italien, England, Schottland, Deutschland, den USA usw. reduzieren. Das ist die unausgesprochene Aufforderung.
Ich muss bleiben, weiter kämpfen«, sagte sie mir zum Abschied.»Was wird sonst aus der Bibliothek?«
Der Krebstod holte sie am 8. Juli 2015. Vorher musste sie noch erleben, wie ihr Haus bis zum 1. Juli sechsmal von staatlichen Inspekteuren heimgesucht wurde, immer auf der Suche nach Steuerhinterziehung, bzw. nicht-russischer Ausrichtung. Hat sie die Mieteinnahmen von Amerikanern, Briten, Niederländern, Japanern, Bulgaren und einer Anzahl weiterer Kulturinstitute, die in dem riesigen Gebäude untergebracht sind, auf ausländische Konten einzahlen lassen? Ich weiß es nicht. Die staatlichen Nachforschungen blieben jedenfalls erfolglos. Aber neue Mietverträge sind in Bearbeitung. Bei der Nachfrage, wie sie es denn mit der Soros Stiftung halte, die mittlerweile auf der schwarzen Liste »unerwünschter ausländischer Agenten« gelandet war, konnte Katja den wohl nicht sehr gut vorbereiteten Inspekteuren klar machen, dass sie seit 2004 deren Geschicke nicht mehr leite. Im Dezember 2015 wurden die *Open Society* Stiftungen des amerikanischen Philanthropen ungarischer Herkunft, George Soros, der seit 1987 in Russland mit Milliarden Dollar Bibliotheken, Universitäten, Schulen, das Kulturleben unterstützt hatte, des Landes verwiesen. Begründung: Gefährdung der verfassungsmäßigen Ordnung Russlands und der Sicherheit des Staates.

Musste Katja auch Kompromisse eingehen, um ihr Haus aus der Schusslinie zu holen, eine Position zwischen Anpassung und Widerstand einzunehmen, »russischer« zu sein? 2015 sorgte sie dafür oder ließ es zu, dass der weithin unbekannte, nie gegen etwas protestierende Vorsitzende des Rates für die Entwicklung der Zivilgesellschaft und Menschenrechte beim Präsidenten der Russischen Föderation – eine Funktion, die es seit 1994 gibt –, Michail Fedotow, ohne Absprache mit dem deutschen Teil der deutsch-russischen Jury den Alexandr-Men-Preis erhielt. Hört man die Stimme der heutigen Menschenrechtsbeauftragten Tatjana Moskalkowa, wird man in seinem Misstrauen bestätigt: »Das Menschenrechtsthema wird von westlichen und amerikanischen Strukturen aktiv als Waffe für Erpressung, Spekulation, Drohungen, Destabilisierungsversuche und Versuche, auf Russland Druck auszuüben benutzt.« Ihre Aufgabe sei es, dem entgegenzuwirken. Diesen Gedankengang hatte sie vom Patriarchen Kyrill übernommen, der sinngemäß gesagt hatte, die Menschenrechte stellten die größte Häresie in der Glaubensgeschichte dar.

Das wird wohl das Ende dieses renommierten Preises einläuten, den so prominente Persönlichkeiten wie Michail Gorbatschow, Lew Kopelew, der Schriftsteller und Politiker Tschingis Aitmatow oder der sensible deutsche Russland-Vermittler Gerd Ruge neben anderen zuerkannt bekamen. Auf Grund welcher Überlegungen auch immer Katja sich 2015 auf den fragwürdigen Deal einließ, sei dahin gestellt. Ohne sie und die Trägerschaft der Bibliothek für Ausländische Literatur hätte der Preis nicht 20 Jahre lang vielen Menschen Mut gemacht.

Heute sind die Mitarbeiter der Bibliothek verunsichert. Der von ihnen vorgeschlagene Nachfolgekandidat für Katja wurde vom Kulturministerium abgelehnt. Stattdessen wurde ihre Stelle, wie viele andere hochstehende Positionen in staatlichen Kultureinrichtungen auch, aus regierungsgenehmen Kreisen neu besetzt.

Lew Kopelew bei der Verleihung des Alexandr-Men-Preises 1996, rechts Laudator Fritz Pleitgen (Privatfoto)

Auch Naum Klejman geriet durch die innenpolitische Entwicklung Russlands, die ihr Spiegelbild in der russischen Außenpolitik finden sollte, zunehmend in Bedrängnis. 2005 musste das zentral gelegene Moskauer Filmmuseum, dieses Mekka für Filmemacher, einem kommerziellen Kinozentrum mit 24 Sälen weichen. Das einzigartige Archiv wurde in die am Rande Moskaus liegenden Räume des staatlichen Filmkonzerns Mosfilm verfrachtet ohne eigene Abspielstätten. Geschah dies im Kommerzialisierungsrausch? Naum, dieser Garant der cineastischen Kultur, verzagte nicht, vielleicht weil er sich von einer internationalen Welle der Sympathie, der Solidarität, des Protestes gegen diesen staatlichen Beschluss getragen fühlte, auch wenn diese an den Tatsachen nichts änderten.

»Und jetzt?«, fragte ich Naum damals. »Willst du in einem anderen Land arbeiten? Jede Universität, jede Filmhochschule in den USA und in Europa steht dir offen.«

»Ja, in Amerika habe ich auch viele Freunde. Weißt du, ich bewundere die Kraft der Amerikaner, aber irgendwie ist das nicht mein Land. Europa, vor allem Deutschland sind mir näher. Das hat auch mit meiner Liebe zur deutschen Sprache zu tun. Aber auswandern? Nein. Mein Platz ist hier. Spielstätten finden wir bei den ausländischen Kulturinstituten, in bestimmten Kinos, im Puschkin Museum. Auch Katja Genieva hat Räume in der Bibliothek angeboten, aber dort gibt es keine Abspieltechnik. Was mir besonders Mut macht, sind die wachen, neugierigen jungen Leute in der Provinz. Die wollen was, sind selbstsicherer geworden. Mit ihnen arbeiten wir viel zusammen. Und natürlich bin ich oft im Baltikum oder in der Ukraine oder in Weißrussland zu Filmseminaren, zu Retrospektiven, auch immer wieder in Berlin. Wir geben nicht auf.«

Neun Jahre später war die Lage komplizierter geworden. Das aufkeimende Selbstbewusstsein in den russischen Millionenstädten hatte nach Putins Wahlsieg 2012 mit restriktiven Gesetzen als Folge einen deutlichen Dämpfer erhalten. Auch an Naum ging dieser bedrückende Stimmungswandel nicht vorbei. Das Kulturministerium wollte ihn schlicht weghaben. Der Vorwurf: Finanzielle Unregelmäßigkeiten. Außerdem habe er viel zu wenige russische Filme gezeigt. Das solle sich unter der neuen vom Ministerium eingesetzten Direktorin, Larisa Solonizyna, ändern. Von Absetzung könne natürlich keine Rede sein. Schließlich wolle man Naum zum Präsidenten des Filmmuseums befördern mit einem mehr als dreifachen Gehalt im Vergleich zu seiner bescheidenen Rente. Naum lehnte ab, ein Mann seines Charakters lässt sich nicht kaufen, um einen inhaltslosen Ehrenposten einzunehmen. Naums Mitarbeiter schrieben einen Protestbrief an das Ministerium, drohten aus Solidarität geschlossen zurückzutreten, auch mit dem Hinweis, dass die neue Direktorin keinerlei Ahnung von Filmgeschichte habe und nichts anderes tue als unerlaubt ihre Internetseiten zu durchsuchen. Naum beschwor sie zu bleiben. »Ihr müsst weitermachen. Wir werden gebraucht.« Tröstlich ist, dass die Filmfestspiele Berlin 2015 Naum mit der Berlinale Kamera auszeichneten und den gerade fertiggestellten Dokumentarfilm *A public affair* über ihn, sein Wesen, seine jahrelange Arbeit, seine Mitarbeiter einer internationalen Filmöffentlichkeit vorführten.

Im September 2015 trafen Naum, seine Tochter Vera – feste Mitarbeiterin des Filmmuseum unter schwierigen Bedingungen – und ich uns wieder in der mir so vertrauten Eisensteinwohnung. Es gab Tee mit dem köstlichen russischen Gebäck. Natürlich sprachen wir, wie immer, auch über Filme, nicht nur über die von Eisenstein, obwohl Naum gerade einen längeren Artikel über *Potemkin* vorbereitete.

»Verstehst du, warum der Film *Leviathan* von Andrej Swjaginzew weltweit Preise erhielt, unter anderem den Golden Globe, aber dennoch nach Erscheinen 2014 vom Kulturminister Medinskij und nicht nur von ihm heftig kritisiert wurde, warum er bedauerte, den Film zu einem Drittel mitfinanziert zu haben?«, wollte ich von Naum wissen. »Der Film ist sicher regimekritisch, wenn er darlegt wie ein korrupter Bürgermeister in einem kleinen sibirischen Dorf dem Automechaniker Nikolai sein selbstgebautes Haus, sein Grundstück, seine Heimat, in der schon seine Vorväter wohnten, mit dem Segen der Kirche wegnimmt. Aber der Film hat doch eine zweite Ebene. Er zeigt die Tragik zwischenmenschlicher Beziehungen, die es überall auf der Welt gibt. Überall könnte der Alkoholiker Nikolai von seiner Frau nicht geliebt werden, könnte diese eine Affäre mit seinem besten Freund beginnen, einem Anwalt, der ihm – wenn auch erfolglos – Rechtsbeistand zusicherte. Opfer sind sie doch alle, außer dem Bürgermeister und dem Popen, der am Ende in der neuen Kirche predigt, wo einmal Nikolais Haus gestanden hatte.«

»Ich sehe das wie du. Aber Medinskij begreift das nicht. Das habe ich auch öffentlich gesagt. In russischen Filmen sollen positive, patriotische Helden auftreten, die nicht öffentlich ›auf unsere Regierung spucken‹«, erwiderte Naum. »Aber das Leben ist nun mal sehr komplex und in Russland unsicher. Wir wissen nie, was morgen geschieht. Erinnerst du dich an die Szene am Ende des Films, als der Bürgermeister Nikolai triumphierend entgegenhält: ›Du hast noch nie irgendwelche Rechte gehabt, hast jetzt keine und wirst keine haben‹?«

»Ja, diese drastische Aussage hat mich doch stocken lassen.«

»Deshalb sind Freundschaften so wichtig, Gleichgesinnte, Netzwerke – die Menschen eben, um die geht es.«

Da sein Handy pausenlos klingelte, man ihn um filmischen Rat, um Termine zu Projektabsprachen, um Artikel bat, fühlte ich, dass nicht »die Menschen«, sondern das System Naum ins Aus geschickt hatten.

»Weißt du«, sagte er fast in einem Nebensatz, »bei uns kam die Aufklärung nicht über Philosophen, sondern über die Literatur.«

»Kein Immanuel Kant also, der an den Verstand appellierte, sich aber sehr wohl der Vielseitigkeit menschlicher Wahrnehmungen bewusst war?«

»Nein, Schriftsteller, die die persönlichen Gefühle, ja den Aufruhr von Gefühlen auch ganz einfacher Menschen beschreiben, sie zu eigenständigen Individuen machen. Denke nur an *Die arme Lisa* (1792) von Nikolai Karamsin. Diese Novelle läutete die russische Aufklärung ein. Karamsin war monarchistisch, glaubte an den starken Staat. Er sprach sich angesichts der Französischen Revolution nicht für politische Experimente aus, wohl aber gab er den Anstoß zu einer humaneren, individuelleren Literatur.«

Erst war ich ganz perplex, dann verstand ich, warum mir mein Russischlehrer Vitalij 25 Jahre früher den *Schneesturm* von Puschkin und *Die Dame mit dem Hündchen* so ans Herz gelegt hatte.

»Puschkin hat Karamsins Ideen die ästhetisch-literarische Form gegeben«, erläuterte Naum weiter. »Russland ist bildhaft, Russland ist ein Gefühl.«

Jetzt begriff ich auch, warum der 2014 verstorbene, vielfach vom russischen Staat ausgezeichnete und jedem Russen bekannte Schauspieler Alexej Dewotschenko 2011 alle Staatspreise an Putin zurückgab. Er war nicht daran interessiert, als positiver Held und Patriot die Massen mit Theater zu unterhalten. »Viel näher ist mir ein Theater, das die Seele des Menschen erforscht, die Motive seines Handelns … dass die Zuschauer darüber nachdenken, wie sie ihr Leben leben … dass eine bürgerliche Gegenwehr entsteht…«

»Weißt du«, fuhr Naum nach meiner kurzen nachdenklichen Pause fort, »bei uns fehlen psychologische und philosophische Begriffe und auch entsprechende Experten. Gewohnheiten und Traditionen sind wichtiger. Nach wie vor wird unser Leben ›von oben‹ gelenkt, vom Staat wie von der Kirche. Anders als in den USA haben die Menschen keinen direkten Draht zu Gott, sie erreichen ihn nur über viele Stufen, Hierarchien. Auch unsere Demokratie gleicht eher einem Bühnenbild. Die sich widersprechenden Gesetze sind nicht eindeutig. Alles lässt sich von mehreren Seiten betrachten. Sie sind so mehrdeutig wie unsere reiche Sprache.«

Wieder dieses Asymmetrische, dachte ich und sagte, »aber das Land hat doch dringenden Modernisierungsbedarf, braucht Fortschritt.«

»Nur, was ist Fortschritt?«, fragten wir uns beide. Ein besserer Kühlschrank? Ein Auto mit Navigator? Medizinische Erkenntnisse? Ein Mindestlohn? Das weltweite Internet? Glückliche Menschen? Aber was ist Glück?
»Der Mittelstand fühlt sich entmutigt«, fuhr er fort. »Zu demonstrieren ist heute sehr schwer geworden. Initiativen zu ergreifen auch. Was man in Europa unter Grundrechten versteht, die gesetzesmäßig klar geregelt und einklagbar sind, hat sich in 25 Jahren Post-Sowjetunion kaum entwickeln können. Zu wenig Zeit, zu wenig Erfahrung, zu stark die verinnerlichte Erwartung, das alles ›von oben‹ kommt, alles irgendwie von selbst geht. Wir haben nicht das zupackende Selbstbewusstsein von Amerikanern. Fortschritt ist ein Traum, wie im Märchen vom Hecht.«
Auf meinen fragenden Blick sagte Naum:
»Das Märchen kennst du nicht? Also: Jemelja, ein fauler, nicht besonders schlauer Dorfbursche, liegt am liebsten schlafend auf dem russischen Ofen. Als seine beiden fleißigen Brüder und deren Frauen ihn bitten, doch auch etwas zum Haushalt beizutragen, sagt er immer nur: Ich habe keine Lust. Schließlich lässt er sich doch bewegen, Wasser zu holen, da ihm dafür Geschenke angeboten werden. Als er im nahe gelegenen See ein Eisloch geschlagen hat, entdeckt er einen Hecht und fängt ihn. Der Hecht verspricht ihm, all seine Wünsche zu erfüllen, vorausgesetzt, er lasse ihn wieder ins Wasser zurück. Er müsse nur sagen: »Auf Hechtes Geheiß, nach meinem Willen sei's.« Jemelja versucht es. Die gefüllten Wassereimer sollen von selbst nach Hause laufen. Er hat keine Lust sie zu schleppen. Die Eimer setzen sich in Bewegung. Und auch das Holz, das er hacken soll, zerlegt sich von selbst und frisches kommt aus dem Wald. Schließlich wird er zum Zaren gerufen. Mit seiner Zauberformel sorgt er dafür, dass sich dessen Tochter in ihn verliebt, beide ein Schloss erhal-

ten, er klug und gut aussehend wird, auch bestens gekleidet, das Zarenreich bekommt und schließlich Zar wird. Ein guter natürlich.

Die Amerikaner haben das Märchen, dass jeder Tellerwäscher Präsident werden kann, wenn er nur die Ärmel hochkrempelt. Bei uns glaubt man eher, dass sich schon alles irgendwie von selbst regelt und der Zar oder Präsident schon dafür sorgen wird. Ja, andere Erfahrungen aus anderen Vergangenheiten.«

Hatte Naum, dieser aktive und aufrechte Mann, die Parabel vom passiven russischen Untertan ernst gemeint? Ich erinnerte mich an eine Bemerkung eines russisch-deutschen Übersetzers, mit dem ich am Tag davor zu Abend gegessen hatte.

»Wir haben keine Lust zu arbeiten. Die Völker aus dem Kaukasus versorgen uns schon wie immer mit Obst und Gemüse und was wir sonst noch brauchen.«

»Sie sind ganz schön sarkastisch«, hatte ich erwidert.

»Nein«, konterte er ernster werdend. »Auch anerkannte russische Ökonomen äußern Zweifel am Innovationswillen oder gar an der Innovationsbereitschaft, da ein zentralistisch regiertes Land, ein autoritäres Regime, den Kreativen nicht viele Freiheiten lässt und außerdem nur sehr geringe Mittel für Bildung und Forschung bereitstellt. Ich kenne Sie seit 25 Jahren und weiß, dass Sie große Sympathie für Russland empfinden. Das ist schön. Das sollte Ihren Blick aber nicht verklären. Deutsche lieben Fakten. Also: Wissen Sie, dass das kleine Dänemark doppelt so viele Patente hat registrieren lassen wie Russland? Dass Deutschland in nur einem Jahr mehr Patente angemeldet hat, als die Sowjetunion/Russland in 50 Jahren? Soweit zu den Modernisierungsversuchen ›von oben‹ und der Bereitwilligkeit ›von unten‹.«

Ich wandte mich wieder Naum zu:
»Es gibt doch die Oligarchen. Vom Himmel ist ihr Reichtum nicht gefallen und auch nicht durch einen Zauberspruch, wie bei Jemelja. Und viele fördern mit ihrem Geld auch kulturelle, sportliche, soziale Projekte, wie ich selbst in Sibirien erlebt habe. In umwälzenden Gründerzeiten gibt es solche Erscheinungen. Denk nur an den Amerikaner Rockefeller oder den Deutschen Krupp.«

»Sicher, ein paar schlauere, schnellere, gut vernetzte und auch – zugegebenermaßen – kompetentere, sozial gesinntere gibt es überall auf der Welt. Aber ohne die abwartende Ohnmacht der Masse hätten sie es in Russland nicht so weit gebracht. Sie wollten auch politische Macht. Putin hat ihnen die rote Linie gezeigt: Mischt euch nicht in die Politik ein, nicht direkt jedenfalls, wie etwa Michail Chodorkowski, du weißt, der ehemalige Chef des Ölkonzerns Yukos, der dafür zehn Jahre im Gefängnis saß. Dann lasse ich euch gewähren, ja brauche euch auch, wie ihr mich. Die Oligarchen gehören zu unserer heutigen gelenkten Demokratie. Sie sind halb politisch, halb nicht. Einige von ihnen sitzen auch in der Regierung. ›Da oben‹ versteht man sich.«

Bevor wir zu einem vorzüglichen georgischen Bistro auf dem Arbat aufbrachen, warf Naum noch einen Blick auf die Kassette mit allen Filmen des berühmten niederländischen Dokumentarfilmers Joris Ivens, die ich Vera mitgebracht hatte.

»Schade, dass Ivens die Lyrik seiner früheren Filme wie *Regen* (1929) der Politik geopfert hat, schon ab *Borinage* (1934), dem Bergarbeiterdrama. Es ist die unabhängige Kunst, die das Wesentliche über das Leben vermittelt, sei es über den Film, die Literatur, das Theater, die Musik, die bildende Kunst. Daraus können wir Erkenntnisse und Kraft ziehen.«

Wollte er an Karamsin anknüpfen, fragte ich mich, diese andere Art der Aufklärung, des Humanismus als im Westen?

Ging es weniger um den Menschen als politisches Wesen, das auf seine errungenen Rechte im Rechtsstaat pocht? Wenig später, aber für unser Gespräch zu spät, befragte die deutsche Wochenzeitung *Die Zeit* elf Philosophen und Philosophinnen aus aller Welt, von New York, Pittsburgh bis Moskau über Peking, Tokio, Osaka, Johannesburg, Tunis, London, Rom und Paris zur heutigen Bedeutung des deutschen Philosophen Immanuel Kant. Alle analysierten rational diesen Philosophen »der Vernunft und des Friedens«, dem die Unzulänglichkeit des Menschen sehr wohl vertraut war, aus ihrem jeweiligen gesellschaftlichen Kontext heraus. Nur einer, der Moskauer Philosoph Wladimir Kantor, griff dabei auf die Kunst, in diesem Fall die Literatur, zurück:

»…wie der große russische Dichter Fjodor Dostojewski schrieb: Der Mensch sucht den Führer aus Angst vor der Freiheit, denn Freiheit bedeutet für ihn Verantwortung … der Großinquisitor in *Die Brüder Karamasow* hat Christus vorgeworfen, seine Idee könne nur von wenigen gelebt werden. … Christus habe schließlich gesagt: Denn viele sind berufen, aber wenige sind auserwählt. Das ist die berühmte biblische Formel – und sie zeigt in der Tat, dass höhere Ideen für die Mehrheit unzugänglich sind.«

Kantor beendet seinen Beitrag mit der kryptischen Bemerkung: »Kants Ideen bleiben lebenswichtig für uns. Allerdings glaube ich, dass Europa im 21. Jahrhundert Kants Ideen erst noch verwirklichen muss, sofern es überhaupt Europa bleiben will.«

Naum, Vera und ich liefen weiter auf der Touristenstraße Arbat. Ich spähte immer mal wieder nach einer ausländischen Zeitung, konnte aber keine entdecken, wie zuvor auch nicht an anderen zentral gelegenen Kiosken oder im internationalen Flughafen. Ab und zu warfen wir einen Blick in Supermärkte, die im Stadtzentrum die mir so vertrauten offenen Märkte verdrängen. Für einen Touristen wäre die angespannte wirtschaftliche Lage Russlands nicht erkennbar gewesen. Es gab alles: Oliven aus Italien, Weine aus Frankreich und Spanien, Oetker-Puddingsorten aus Deutschland nebst einheimischen Produkten und solchen aus den kaukasischen Regionen. Es fehlte nur französischer Käse, ein sehr begehrtes Mitbringsel. Und billig waren sie für einen Reisenden, der Euro oder Dollar im Gepäck hatte, auch noch. 74 Rubel bekam ich für einen Euro, fast ein Päckchen Zigaretten. (Im Januar 2016 waren es bereits weit über 80 Rubel). Aber ein russischer Pensionär mit einer mittleren Rente von 12.400 Rubel (knapp 230 Euro), ab 2017 dann 13.620 Rubel, kommt damit nicht weit.

»Alles ist viel teurer geworden«, hatten mir schon Freunde bei meinen vorangegangenen Treffen erklärt. Alle Subventionen werden gekürzt, außer die für das Militär und die innere Sicherheit, die Lehrer wissen nicht mehr, ob sie ihre Gehälter noch bekommen und andere Berufsgruppen auch nicht. Offizielle Arbeitslose gab und gibt es bei uns nicht. Das ist die Vorgabe von Putin. Also schichtet man das Geld um. Es kommt zu starken Arbeitszeitverkürzungen bei entsprechendem Lohnausfall. Das damit gesparte Geld wird zur Erhöhung der Gehälter der noch in Lohn und Brot stehenden verwendet. So klappt die Statistik. Hart sind die Akademiker betroffen. Sie bringen sich mit Nebenjobs über die Runden. Die gibt es in Moskau, aber nicht überall. Die Renten werden nicht der hohen Inflation angepasst, wie im Grundgesetz vorgesehen. 2016 ist eine Erhöhung um vier Prozent anvisiert, die Inflation betrug 2015 aber zwischen zehn und zwölf Prozent, stagniert aber jetzt, wenn auch auf hohem Niveau. Staatsreserven in Devisen sind zwar noch da, man greift aber schon auf die Pensionsfonds zurück, die werden nächstes

Jahr auch leer sein. So schlecht wie heute war die wirtschaftliche Lage nur 1998. Der dramatisch niedrige Ölpreis macht uns zu schaffen.«

Alarmierende Nachrichten, fast fatalistisch vorgetragen, ohne Zorn, ohne einen erkennbaren Keim zur sozialen Unruhe.

»Es bleiben ja die Menschen«, hatte mir Naum zum Abschied nochmals gesagt.

Wie Recht er hatte! Ich lief zur nächsten Metrostation und kaufte mir ein Mehrfachticket. Hinter mir bildete sich sofort eine lange Menschenschlange. Die Ticketverkäuferin, sicher keine Gutverdienende, war von meiner russischen akzentgefärbten Nachfrage so berührt, dass sie nicht nur anerkennend den Daumen hob, sondern ihr Fenster dicht machte und mich zu einem riesigen Metroplan in der Halle begleitete. Dort erklärte sie mir langsam sprechend, wie ich zu meinem Ziel, dem Taganskaja Platz, fahren musste. Keiner der Wartenden hinter mir murrte. Am Ziel angekommen verfehlte ich den richtigen Ausgang und kam mir bei der Dunkelheit etwas unsicher vor. Also fragte ich den nächstbesten Passanten, wie ich denn zum Gästehaus der Bibliothek für Ausländische Literatur gelangen könnte. Er zückte sofort sein I-phone, was jeder hat, suchte nach der Adresse, begleitete mich dann um den riesigen Platz herum und schickte mich in die richtige Richtung.

Das sind, so mag man einwenden, kleine menschliche Beispiele, die man überall erleben könnte. Vielleicht. Aber eine weitere Gegebenheit ist nicht alltäglich. Eine Kollegin von mir, die ehemalige Bibliothekarin am Goethe-Institut Moskau, machte 2012 eine Reise durch Russland. In Sibirien wurde sie krank und suchte einen Arzt auf. Er verschrieb ihr Medikamente und wies sie eindringlich darauf hin, dass sie während der Weiterfahrt ihr Blut nochmals müsse prüfen lassen, um die Arzneien richtig zu justieren. »Offensichtlich ist ein Arzt in dem Zug«, dachte sie. Zu ihrem maßlosen Erstaunen hielt der Zug an einer kleinen Station. Vor ihrem Wagen wartete ein Sanitätsauto. Ein Arzt kam auf sie zu, untersuchte ihr Blut und glich die Medikamente an.

Wie soll man diesen Kontrast, ja Widerspruch begreifen zwischen einem härter werdenden System und den warmherzigen, geduldigen Menschen im Alltag?

»Tröste dich«, sagte mir der Freund Igor Sacharow-Ross, ein in Köln lebender russischer Künstler, »selbst unsere größten Schriftsteller haben es nicht vermocht, unser so widersprüchlich erscheinendes Land zu erklären.«

Auch Wladimir Putin ist schwer zu durchschauen, schon gar nicht von verstandesorientierten Analytikern. Ich suchte nach russischen, nicht westlichen Stimmen. Seine Anhänger – und diese bilden nach wie vor die Mehrheit – wie seine Gegner liefern eine Vielzahl von Interpretationen:

»Er ist ein Bandit«, bemerkte ein mir befreundeter russischer Germanist, wohlgemerkt auf der Straße in Moskau, nicht in seiner Wohnung. »Aber wir haben viel mehr private Freiheiten als in der Sowjetunion. Jeder kann das studieren, was er will, sein Geld verdienen, wo er will. Wir können reisen, wohin wir wollen, selbst für immer das Land verlassen, lesen, was wir wollen, unser Privatleben gestalten, wie wir das möchten. Beim Schreiben muss man vorsichtiger sein. Ich habe einmal in einem Artikel über Günter Grass ›Vertriebene‹ erwähnt. Dieser Begriff ist in Russland ein Tabu. Ich wurde angezeigt. Aber alles verlief im Sande. Eine Bekannte wurde bei einer öffentlichen Veranstaltung gefragt, was sie unter Patriotismus verstehe. Meine Kinder anständig großbringen, hat sie geantwortet. Falsch. Vaterlandsliebe, hätte sie sagen sollen. Sie bekam einen Prozess. Staatsanwälte warten auf Denunzianten. Es ging aber glimpflich aus. Ja, Putin ist ein Bandit, aber kein klassisch sowjetischer.«

»Putin muss selig gesprochen werden«, meinte eine russische Nonnengruppe, »denn Gott hat ihm die Kraft für seine Heldentaten gegeben.« Welche heroischen Taten sie da im Auge hatte, blieb offen. Das klang fast so wie die Aussage des Patriarchen Kyrill: »Die Putin-Zeit ist ein Wunder Gottes.«
Zwischen diesen Extremen stieß ich auf unendlich viele Zwischentöne.

Die zahllosen Abbildungen Putins auf Souvenirartikeln, auf Tassen, Tellern, Schnapsgläsern, Flaschenöffnern, Schlüsselanhängern, T-Shirts, Fotos, Buchdeckeln, Kalendern suggerieren Putin als Muskelmann, Reiter, Taucher, Bärenbezwinger, Pilot, als nachdenklichen Staatmann, kurz: als den starken, bereits vom Erdboden abgehobenen Politiker, der den Zentralstaat wieder etabliert hat, im Inneren für Recht und Ordnung sorgt und dem «russischen Menschen«, den Menschen in der »Russischen Welt« versichern kann:

»Unser genetischer Code ist einer unserer wichtigsten Konkurrenzvorteile in der heutigen Welt.«

»Putin will seine innenpolitischen Zähmungserfolge nun auch auf die Außenpolitik übertragen. Ob er dabei einer langfristig angelegten Strategie mit teilweise völkischem Akzent folgt oder je nach politischer Welt-Wetterlage taktiert, ist schwer zu sagen«, meinte ein kritischer Journalist. »Jedenfalls hat er die 25 Millionen Russen im Blick, die heute außerhalb der Russischen Föderation wohnen, aber zur ›russischen Welt‹ (*russkij mir*) gehören.«

Von *russkij mir* hatte schon sein Vorgänger Boris Jelzin gesprochen, allerdings nicht so nachhaltig. Diese 25 Millionen befinden sich vor allem in den Baltischen Ländern, in der Ukraine, in Georgien, Moldawien, Weißrussland, Armenien, Aserbaidschan. Putin versprach nun, die Blutsbrüder im jetzt »nahen Ausland« zu schützen, egal ob sie bedroht waren, sich bedroht fühlten, oder Putin und sein Apparat meinten, dass sie sich bedroht fühlen sollten.

Nida/Vilnius

Ist mit der Integration in die EU die von Russland abhängige Vergangenheit überwunden?

Anfang der neunziger Jahre fühlten sich die Russen in den baltischen Ländern keineswegs bedroht. Das Gegenteil war eher der Fall. Litauer, Esten und Letten sahen sich von den Sowjets unterdrückt, nicht von einzelnen russischen Menschen. Das hatten Koos und ich schon im November 1990 bei unserer ersten Reise nach Vilnius und Kaunas gespürt, im April 1991 nach Tallinn und im Mai nach Riga. Ganz plastisch vor Augen geführt wurde uns das im Frühsommer 1991 in Litauen.

Vitas, ein litauischer Theaterregisseur, und Lena, eine befreundete litauische Journalistin, hatten uns in ihr Heimatland eingeladen – noch eine sowjetische Republik. In Moskau begann die lange Autofahrt und verlief problemlos bis Klaipeda, eine Stadt die einmal Memel hieß. Bei einem kurzen Zwischenaufenthalt dort entdeckte Koos eine riesige Lenin-Statue, die von Soldaten bewacht wurde. Ein bizarrer, ja geradezu grotesker Anblick. Mussten sowjetische Denkmäler bewacht werden? Was schwelte da im Untergrund?
Sofort zückte Koos seine Kamera.
»Lass das«, rief ich ihm zu. »Du weißt doch, dass Fotografieren verboten ist. Das bringt uns allen nur Ärger.«
Aber ein politisch interessierter Journalist mit kriminologischem Hintergrund lässt sich nicht aufhalten. Schon Ende

Ein Soldat und ein Panzer bewachen das Lenindenkmal in Klaipeda (Litauen, Frühjahr 1991 (Foto: Koos van Weringh)

Mai 1989, als ich in Peking Gespräche über ein zu gründendes Goethe-Institut führte, hatte er mich um den Schlaf gebracht. Unbekümmert fuhr er auf einem gemieteten Fahrrad mit Hunderten Chinesen zum Platz des Himmlischen Friedens. Er sprach mit rebellischen Studenten, fotografierte ihre dort aufgeschlagenen Zelte und die von ihnen errichtete Freiheitsstatue. Drei Tage bevor Panzer jeden Widerstand plattrollten. Und jetzt Klaipeda.

»Ich hab ihn im Kasten«, strahlte er mich an.

»Nichts wie weg«, dachte ich.

Das gelang. Abends kamen wir im Kurort Nida (ehemals Nidden) auf der Kurischen Nehrung an der Ostsee an. Unter einem Kurort stellt man sich einen internationalen Erholungsort mit allen Annehmlichkeiten vor. Ausländern sind wir nicht begegnet, wohl aber vielen Russen, die waren damals noch keine Ausländer. Wir aber wohl. Als solche hatten wir keinen Zugang zu den staatlich-sowjetischen Erholungsheimen. Kein Verlust. Wir fühlten uns in der Försterei, in der Vitas uns privat untergebracht hatte – einen Steinwurf von der ehemaligen Sommerresidenz Thomas Manns entfernt –, sehr gut aufgehoben. Mit unseren sympathischen Vermietern (Eigeninitiative war bereits im Entstehen!) sprachen wir natürlich Russisch und auch in den im Vergleich zu Moskau relativ gut bestückten sehr gepflegten Läden in dem kleinen Städtchen. Sogar Käse konnten wir erstehen und geräucherte Aale. Was für ein Luxus! Dass es sowas wie Fisch überhaupt noch gab, hatten wir auf unseren langen Spaziergängen am sauberen, meist menschenleeren Sandstrand erfasst, besser gesagt, gerochen. Überall wurde privat Aal geräuchert. Ein betäubender Duft lag in der Luft. Abends teilten wir unsere erworbenen Schätze, Wodka inklusive, mit der Försterfamilie.

Eines Tages schlugen uns unsere Freunde vor, in die Nachbarregion, das sowjetische Kaliningrad (Königsberg) zu fahren. Diese Exkursion war mutiger und gleichzeitig aufschlussreicher, als ich mir vorgestellt hatte. Plötzlich mussten wir vor einem Schlagbaum halten. Ein Schlagbaum? Es gab doch innerhalb der Sowjetunion keine Grenzen! Litauer hatten diesen illegalen Grenzübergang errichtet und Litauer kontrollierten uns. Dank unserer litauischen Freunde kamen wir durch. Auf »der anderen Seite« dann ein völliger Kontrast: miserable Straßen mit tiefen Schlaglöchern, erbärmliche Läden, in denen man außer Konserven nicht viel kaufen konnte. Alles wirkte verlottert. Diesen Unterschied zu Litauen hatten uns die Freunde verdeutlichen wollen. Sie wollten nicht mehr zur Sowjetunion gehören. Auf der Rückfahrt wieder Kontrolle. Dieses Mal wurde das Auto von sowjetischen Beamten auf der Kaliningrader Seite nach Schmuggelwaren

Die Freiheitsstatue auf dem Himmlischen Platz des Friedens, Peking am 1. Juni 1989 (Foto: Koos van Weringh)

untersucht. Aber was hätten wir denn schmuggeln sollen? Nachdenklich landeten wir in Nida.

Eine Woche später wurden an diesem inoffiziellen Grenzübergang sieben Menschen von sowjetischen Soldaten erschossen. Die Lage war außerordentlich prekär. Würden die Litauer und auch die Letten und Esten es schaffen, ihre frühere Unabhängigkeit zurück zu erhalten? Würden sie es wagen, einer eventuell einrückenden sowjetischen Armee zu trotzen? Wir hielten den Atem an. Es brodelte ja nicht nur am Übergang zur Provinz Kaliningrad, sondern besonders auch in der Hauptstadt Vilnius (Wilna), wo wir anti-sowjetische Demonstrationen erlebten. Ein mutiges bis wagehalsiges Aufbäumen.

Auch in Kaunas (Kauen), der ehemaligen Hauptstadt Litauens, kam es zu Sabotageakten. Vitas wollte uns dort mit dem Werk des visionären modernistischen Malers und Komponisten M. K. Ciurlonis bekannt machen. Abgesehen von kleineren Publikationen war er im Westen noch nie vorgestellt worden. Voll Neugier strebten wir in das Museum, nur mit einem halben Blick die Lenin-Statue auf dem Vorplatz streifend. Cuirlonis' Werk erschien uns so einzigartig und großartig – es wurde später, als ich Kulturdezernentin in Köln war (1994–1998) im Wallraf-Richartz Museum zum ersten Mal in Europa vorgestellt –, dass wir am nächsten Tag unsere Eindrücke vertiefen wollten. Jetzt fiel uns das Lenin-Monument auf, weil es weg war. Nur der Sockel stand noch da, den Koos natürlich sofort fotografierte. Über Nacht hatten Unbekannte die tonnenschwere Statue abgeschleppt. Den zurückgebliebenen Stumpf bewachten Soldaten mit Gewehren. Welch' hilflose Gebärde der noch herrschenden Kräfte!

Die baltischen Länder haben es geschafft, obwohl es auf des Messers Schneide stand. Das ist nicht, wie man meinen könnte, dem Reformpolitiker Michail Gorbatschow zu ver-

»Russe geh heim«, Tallinn (Estland) am 20. April 1991 (Foto: Koos van Weringh)

danken. Erst sein Nachfolger Boris Jelzin hat die Unabhängigkeit der baltischen Staaten offiziell bestätigt. Sie haben sich nicht in einen alten/neuen Nationalismus eingebunkert. Zwar machte man uns überall auf den späteren Reisen durch diese Länder mit den wieder aufkeimenden nationalen Kulturen und künstlerischen Äußerungen bekannt. Vorherrschend aber zeigte sich die Bereitschaft, mit Europa zu kommunizieren, sich als neuer/alter Teil von Europa zu stabilisieren mit allen Rechten und Pflichten. Angst, von *einem* Staatengebilde, der Sowjetunion, in ein *anderes*, die EU, zu wechseln habe ich nicht gespürt. Sicher, manchmal gab es Vorbehalte gegenüber Deutschland, dessen Wehrmacht gegen die Absprache mit der sowjetischen Regierung im Geheimprotokoll des Hitler-Stalin-Paktes vom August 1939 in den baltischen Ländern gewütet hatte. Aber Hass ist uns nicht begegnet. Auch nicht gegen die heutige Bundeskanzlerin Angela Merkel, die widerstrebend eine Führungsrolle in Europa übernommen hat. Ihre Zurückhaltung kann man auf Grund der deutschen Vergangenheit durchaus verstehen, ja war und ist geboten. Wir spürten vielmehr große Offenheit, Zuneigung und Nachdenken, wie man die Jahrhunderte alte deutsche Präsenz in den baltischen Ländern wieder beleben, mit der jüngsten kommunistischen Vergangenheit versöhnen und mit den Deutschen und anderen Europäern, vor allem Skandinaviern und Polen, in einem friedlichen Europa zusammenleben könnte.

Auch die baltischen Länder gerieten in den Strudel der der sogenannten »Eurokrise« ab 2008, da sie nach eigenen Verlautbarungen über ihre Verhältnisse gelebt hatten. Aber sie haben sich mit härtesten Sparmaßnahmen selbst aus der Krise gehievt, ohne Euro-Rettungsschirme in Form von billigen Krediten mit durchgreifenden Reformen als Gegenleistung. Das kann man von Irland, Portugal, Spanien, Griechenland und Zypern – Staaten des »alten Kontinents« – nicht sagen.

»Ihre Einschätzung freut mich«, gab mir Vladas, ein litauischer Architekt aus Vilnius, 2014 zu verstehen. »Aber auch wir haben noch mit der Vergangenheit zu kämpfen. Wir bestehen auf unseren lange unterdrückten nationalen Sprachen als Amtssprachen. Dagegen aber wehrt sich die russische Minderheit in unseren Ländern, die in Lettland knapp ein Drittel der Bevölkerung ausmacht. Zwar sind die meisten ethnischen Russen nicht ganz freiwillig zu uns gekommen, sondern wurden nach der Invasion der Sowjetunion 1940 in unsere bis dahin unabhängigen Staaten umgesiedelt. Im Verlauf von 50 Jahren haben sie sich allerdings an ihre überlegene Rolle gewöhnt.

Als Sie 1990 beim internationalen Theaterfestival in Tallinn waren, haben Sie da estnisch gehört?

»Nein«, gab ich zu, »aber zwei englische Worte.«
»Wie das?« wollte er erstaunt wissen.

Mein Mann, ein nordniederländischer Calvinist, wie ich ihn ironisch charakterisiere, kam aufgeregt in unser Hotelzimmer.

»Stell dir vor«, sagte er Atem holend, »da war eine leicht bekleidete Frau im Aufzug und hat mich gefragt: ›How much?‹ Was kann sie denn gemeint haben? Ich habe doch nichts zu verkaufen.«

»Das solltest du auch nicht. Du solltest Sex kaufen.«

Auch Vladas musste über so viel Unschuld lächeln, wohl wissend, dass in Ausländerhotels in allen ostmitteleuropäischen Ländern – noch 2013 habe ich das in Warschau beobachtet – über die Prostitution die schmale Haushaltskasse angereichert wird.

Dann fuhr er fort:

»Bei Ihrem Ferienaufenthalt in Nida 1991 war doch auch alles auf Russisch.«

»Stimmt.«

»Heute sind wir unabhängige Länder. Aber viele, nicht alle bei uns wohnenden Russen weigern sich, unsere Landessprachen zu lernen. Sie können also nicht eingebürgert werden, wie Ausländer ohne Deutschkenntnisse bei euch auch nicht, haben beschränkte Bürgerrechte, können beispielsweise in kein politisches Amt gewählt werden, können zwar reisen, aber haben als Staatenlose keinen Pass. Dieses russische Minderheitsproblem haben wir noch nicht gelöst. Putins Leute üben natürlich massiven Druck aus, Russisch als zweite offizielle Sprache zuzulassen. Der Westen unterschätzt oft den Einfluss der russischen Regierung. Wenn beispielsweise, und das ist in Vilnius geschehen, ein sowjetisches Denkmal aus der Innenstadt an die Peripherie umgesetzt wird, bricht sofort lautstarker Protest aus Moskau aus. Vor den Russen

»Freiheit für das Baltikum«, Riga am 17. Mai 1992 (Foto: Koos van Weringh)

sind wir immer noch nicht sicher und nach der Annexion der Krim schon gar nicht. Deshalb brauchen wir mehr Schutz durch die NATO. Zuviel Vergangenheit belastet die Gegenwart.«

Kiew

Zwischen Vergangenheit und europäischer Zukunft?

Stärkung durch die EU und NATO strebt auch die Ukraine an. Sie fühlte sich dazu ermutigt, da die EU seit 2009 deutlich ihre Fühler zu den östlichen Nachbarn, also zu ehemaligen sowjetischen Republiken, ausstreckte. Angeboten wurden Assoziierungsabkommen unter gewissen Auflagen sowie beratende und finanzielle Unterstützung. In Moskau schrillten die Alarmglocken. Moskau wollte ebenfalls die Ukraine, Georgien, Moldawien, Armenien und Aserbaidschan für die von der Russischen Föderation angeführte Zollunion gewinnen, zusätzlich zu den zwei bereits vorhandenen Mitgliedern Kasachstan und Weißrussland. Eine Art Gegengewicht zur EU zum Schutz der »russischen Welt«. Die Kollision der beiden Expansionspolitiken war absehbar. Und die kam.

Beim Gipfeltreffen der europäischen Regierungschefs im November 2013 im litauischen Vilnius war der ukrainische Präsident Viktor Janukowitsch nicht mehr bereit, das ausgehandelte Assoziierungsabkommen zu paraphieren. Er hatte dem Druck Russlands nachgegeben. Die wirtschaftlichen Beziehungen zu Russland hätten Vorrang. Dieses »Nein« löste die anfangs friedlichen Proteste auf dem Kiewer Maidan aus, auf dem die Demonstranten in der klirrenden Kälter des Winters 2013/14 nicht nur für Europa, sondern auch gegen das verfilzte ukrainische politische System, gegen die Korruption, gegen Menschenrechtsverletzungen ausharrten. Auch eine kleine Gruppe extremer Nationalisten waren unter ihnen und radikale Janukowitsch-Verteidiger. Die Stimmung eskalierte. Es gab Tote. Janukowitsch beging mit einigen seiner Minister Fahnenflucht, bei Nacht und Nebel gen Russland, obwohl er kurz davor dank der Vermittlung Polens, Frankreichs, Deutschlands und auch Russlands ein Memorandum zur friedlichen Beilegung des Konfliktes unterzeichnet hatte. Viel später hat Putin erklärt, dass er seinen Sicherheitskräften die Anweisung gegeben hatte, Janukowitsch »per Luft, Wasser oder Land rauszuholen«, denn »sonst hätten sie ihn umgebracht«.

Janukowitsch hinterließ nicht nur eine überaus reich ausgestattete fürstliche Residenz, die das wütende Volk nun besichtigen konnte, sondern auch ein Land im Aufruhr, in dem sich Russlandgesinnte (vor allem im Osten der Ukraine), Russlandfeinde, Europaanhänger, extreme wie gemäßigte Nationalisten, Demokratiebefürworter und Verteidiger des von Oligarchen gesteuerten politischen Systems misstrauisch beobachteten, beschimpften, bekämpften.

Der Notstand wurde ausgerufen, eine Übergangsregierung vom ukrainischen Parlament ernannt, sofortige Neuwahlen ausgeschrieben.

Derartige Turbulenzen hätte ich mir bei meinem ersten Besuch in Kiew im September 1990 anlässlich eines Symposiums nicht vorstellen können. Bedroht fühlten sich die russischen Tagungsteilnehmer nicht, auch nicht die aus der russlandfreundlichen Ostukraine angereisten. Auf den Straßen und in den vereinzelten Cafés hörte ich russische und ukrainische Stimmen; ähnlich wie die katalanische Sprache hatte sich das Ukrainische nie ganz unterdrücken lassen. Man ging freundlich miteinander um. Das Unbehagen richtete sich nicht gegen den einzelnen russischen Menschen, wohl aber gegen das als auferlegt empfundene sowjetische System, die sowjetische Oberherrschaft. Euphorischer Freiheitsdrang lag in der Luft, aber eine Revolte bahnte sich noch nicht an. Noch hieß der »Maidan« »Platz der Oktoberrevolution«. Erst 1992 wurde er in den »Platz der Unabhängigkeit« umgetauft. Von diesem Platz aus erhob sich das riesige Lenin-Denkmal in unendliche Höhe. Es war in einen Hügel hineingemeißelt, fest verbunden mit dem felsigen Untergrund. Für die Ewigkeit sozusagen.

Bei unserem nächsten Besuch in Kiew, ein Jahr später, war man dabei, das monumentale Lenin-Denkmal abzutragen, Stein um Stein. Eine technische Hochleistung. Heute steht am Platz der Unabhängigkeit das 63 Meter hohe Denkmal der Unabhängigkeit. Wird dieser Platz in Zukunft wieder einmal umbenannt werden müssen?

Auf unserer Zugreise 1993 von Moskau aus auf die Krim fiel mir auf, dass alle Lenin-Denkmäler in Donezk, in der Ostukraine, noch standen und auch in Jalta, Sewastopol oder Simferopol auf der Krim. Dort werden sie wohl noch lange bleiben. Die Tatsache, dass man den ukrainischen auf der Krim geborenen Jungfilmer Oleg Senzow verschleppte und 2014 vor ein russisches Gericht stellte, weil er unter anderem die Sprengung eines Lenin-Denkmals vor dem Ministerrat in Simferopol geplant haben soll, spricht dafür. Dass der heutige Präsident der Ukraine, Petro Poroschenko, im Oktober 2015 ein umstrittenes Dekret zum Verbot aller kommunistischen wie nationalsozialistischen Symbole unterschrieb (Straßennamen, Denkmäler, Gedenktafeln, Hymnen, Firmennamen), hat keine Auswirkung auf die Krim oder auf die abtrünnigen Provinzen in der Ostukraine. Ob dieses Dekret klug ist, ist eine andere Frage. Vergangenheit lässt sich nicht einfach abschaffen.

Das Lenindenkmal am Maidan in Kiew, 12. September 1990 (Foto: Koos van Weringh)

und dessen Abriss im Oktober 1991 (Foto: Koos van Weringh)

Das politische Durcheinander in Kiew, ein neuer russischstämmiger und russlandfreundlicher Regierungschef in der autonomen Republik Krim, die Entsendung von russischen Soldaten auf die Halbinsel, was Putin anfangs zwar leugnete, später aber zugab, die Besetzung des Parlaments durch »Selbstverteidiger der russischsprachigen Bevölkerung der Krim« führten schließlich zum Unabhängigkeitsreferendum am 17. März 2014. Einschüchterungsversuche und eine flächendeckende Wahlkampagne fehlten nicht. Wie die *Nowaja Gaseta* herausfand, hatte Putin im kleineren Kreis im Februar 2014 geäußert: »Wir müssen beginnen, die Krim zu Russland zurückzuholen.« Dazu bekannte sich Putin allerdings erst ein Jahr später.

Am Tag vor dem umstrittenen Referendum auf der Krim telefonierte ich mit einem russischen Freund in Moskau, dem international anerkannten Geisteswissenschaftler, Übersetzer, Essayisten Jurij Archipow – in der Ukraine geboren –, um ihm zu seinem Geburtstag zu gratulieren und ihn nach seiner Meinung zur Krim zu fragen:

»Jurij, wie siehst du das morgige Referendum?«

»Das Ergebnis ist doch völlig klar. Die Krim gehört zu uns. Dieser Idiot Chruschtschow hat unsere Krim 1954 an die Ukraine verschenkt. Damals haben wir das als Studenten nicht verstanden. Heute wissen wir aus dem Fernsehen warum. Nach Stalins Tod tobte ein Machtkampf zwischen ihm und Stalins Nachfolger Georgi Malenkow. Die Ukrainer haben Chruschtschow unterstützt. Aus Dank hat er ihnen dann die Krim vermacht.«

»Warum sprichst du von Nikita Chruschtschow als ›diesem Idioten‹? Er hat doch als erster Vorsitzender der Kommunistischen Partei der Sowjetunion (KPdSU) für eine Abmilderung des strengen zentralistischen Systems gesorgt. Warst du gegen das damalige ›Tauwetter‹, das so viele begrüßten?«

»Nein, natürlich nicht. Das war gut. Aber die Krim, die Ukraine gehören zu uns. Dieser historische Fehler wird jetzt korrigiert. Außerdem sitzen in der neuen ukrainischen Regierung doch nur Faschisten.«

»Nur?«

»Viele. Die Swoboda Partei und die ultra-Rechte. Sie beziehen sich auf Stepan Bandera, diesen extrem nationalistischen mit allen barbarischen Mitteln für die Unabhängigkeit der Ukraine kämpfenden Galizier. Seine Anhänger haben jeden ermordet, der nicht ihrer Meinung war. Außerdem hat er mit Hitler paktiert.«

»Dafür hat ihn der KGB 1959 ja auch in München ermordet«, bemerkte ich knapp.

»Eine Schande, dass er 2010 post mortem den Ehrentitel ›Held der Ukraine‹ erhielt.«

»Warten wir doch erstmal die Neuwahlen in der Ukraine ab«, versuchte ich seine Erregung zu dämpfen. (Tatsächlich brachten diese Wahlen im Oktober 2014, an denen sich weder die abtrünnigen Provinzen beteiligen wollten noch die Krim teilnehmen durfte, keine rechtsradikale Gruppierung ins Parlament. Sie scheiterten an der Fünf-Prozent-Klausel.)

»Und der selbsternannte Chef der Krim ist kein Faschist?«

»Natürlich nicht. Der ist ein Russe.«

Ach so, dachte ich, da gibt es wohl keine Nationalisten, und sagte: »Aber Jurij, ethnische Russen werden weder auf der Krim noch in der Ukraine diskriminiert. Das habe ich doch selbst wiederholt erlebt.«

»Doch, man hört, dass die ukrainische Sprache zur alleinigen Amtssprache erhoben werden soll. Aber alle sind doch zweisprachig.«

»Dieses Gesetz gibt es noch nicht, aber es stimmt, dass es geplant ist, was ich so schlecht finde wie du.« (Das Gesetz trat nie in Kraft.)

Ich wagte nicht, weiter zu insistieren, denn man weiß ja heutzutage nicht mehr, wer wen abhört. Gedacht habe ich aber, dass die Krim nicht seit Urzeiten russisch ist, dass die unterschiedlichsten Besatzungsmächte im Laufe der Geschichte diese Halbinsel immer wieder eingenommen haben und besetzt hielten, weil sie alle, so auch Russland, Zugang zum Schwarzen Meer suchten.

Gefragt hätte ich Jurij noch gerne, wie er denn die Zukunft der russisch dominierten Ostukraine sieht und das Schicksal der Ukraine überhaupt. Ich unterdrückte meine Neugier. Ich wollte meinen patriotischen russischen Freund nicht weiter nerven. Schließlich hatte er am 16. März Geburtstag.

»Die KPdSU verspricht für das Jahr 2000«, Kiew im Oktober 1991 (Foto: Koos van Weringh)

Da Referendum auf der Krim fiel aus wie erwartet. Russland annektierte die Krim. Für Putin so wichtig »wie der Tafelberg in Jerusalem für die Juden und Moslime«. Die USA und mit einiger Verzögerung auch die EU reagierten mit Empörung und Sanktionen. Enttäuschend stellte Putin fest, »die EU hat sich dem Diktat Washingtons gebeugt.« Ein klarer Völkerrechtsbruch sei diese Annexion, hieß es in allen Medien, denn der sogenannte Hilfeschrei von der Krim an Russland sei gelenkt gewesen, und die ukrainische Verfassung lasse ein derartiges Referendum überhaupt nicht zu. Die Annexion stelle außerdem eine gravierende Verletzung der europäischen Sicherheitsstruktur dar, die nach Beendigung des Kalten Krieges in den neunziger Jahren mit Moskaus Zustimmung in vielen Verträgen abgesichert wurde. So auch im Budapester Memorandum von 1994, das mit der Unterschrift Moskaus den Verbleib der Krim bei der Ukraine garantierte. In der Tat, das kann man alles nachlesen. Aber Fakten sind eben etwas anderes als Interpretationen, würde der russische Kulturminister Medinskij sagen.

Aber: Begingen die Europäer Arm in Arm mit den Amerikanern nicht auch einen Völkerrechtsbruch, als sie in den Balkankriegen in den neunziger Jahren Russlands Verbündeten Serbien bombardierten, dem Kosovo, einer serbischen Provinz, zu einem unabhängigen Staat verhalfen und 2008 mit Mehrheit die Unabhängigkeitserklärung des Kosovo anerkannten?

Das ist schon eine Zeitlang her. Doch höre ich immer noch das ohrenbetäubende Dröhnen der NATO-Bomber, die ohne UN-Mandat über unsere Köpfe hinwegdonnerten, als meine Schwester und ich am Flughafen in Palermo nach einer Ferienwoche in Sizilien festsaßen. Der zivile Luftraum war gesperrt. Die Bomber sorgten für neue, nicht vertraglich abgesprochene Realitäten.

Langsam fiel mir auf, dass sich auch meine liberalen nicht nur patriotischen russischen Freunde und Bekannte beim Thema »Krim« sehr zurückhaltend äußerten.
»Weißt du«, war und ist der Tenor, »unsere größten Schriftsteller haben dort ganz wichtige Werke geschrieben, haben dort gelebt. Viele unserer heutigen Größen sind dort geboren. Die Krim ist unser Sanatorium, unser Erholungsort seit eh und je.« Das war die Krim auch für unseren Moskauer Freund und Verleger Jurij Sdorowow, der mein Russlandbuch *Für mich für immer* 1995 auf Russisch herausbrachte, bevor es 1996 in erweiterter Fassung mit dem Titel *Abenteuer Moskau* in Deutschland erschien.

Jurij, seine bezaubernde Frau Irina, Koos und ich fuhren 1993 mit dem Zug von Moskau nach Jalta. Gut 27 Stunden dauerte die Bahnfahrt auf harten Holzbänken. Aus Erfahrung wussten wir, dass mit einem Speisewagen nicht zu rechnen war. Folglich brachten nicht nur wir, sondern alle Mitreisenden reichlich Proviant mit. Schleppend verlief die Grenzkontrolle. Sie war den kontrollierenden Beamten wie den Reisenden noch völlig fremd. Langsam tuckerte der Zug nach Donezk in der Ostukraine. Keiner von uns ahnte damals, dass gut 20 Jahre später ein Bürgerkrieg die Ukraine erschüttern, dass sich Donezk zu einer Hochburg der Separatisten entwickeln würde, kräftig von Russland unterstützt. Sofort entwickelten sich freundschaftliche Gespräche mit den neu Zugestiegenen, Ukrainern wie Russen. Mehrere Flaschen Wodka machten die Runde. Ich nippte verschämt an einer mitgebrachten Flasche *Champanskaja* (Sekt), was man mir als Frau verzieh. Selten habe ich eine so fröhliche Reise erlebt.

In Jalta hatte Jurij für eine Unterkunft im Gästehaus des Schriftstellerverbandes gesorgt: freie Unterkunft, eigene Verpflegung. Viel besser als ein Ausländerhotel. Wir waren keine abgeschirmten Touristen. Jurij, der aus Gesundheitsgründen jährlich ein paar Wochen auf der Krim zubrachte, kannte alles und alle, was uns zu höchst amüsanten und interessanten Begegnungen verhalf. Auf dem Markt steuerte er direkt auf einen russischen Metzger zu, für Gemüse und Obst zog er einen ukrainischen Stand vor. Aber auch dort sprach man Russisch und Rubel wurden akzeptiert. Es ging um das in seinen Augen beste Fleisch und frischeste Gemüse, nicht um russisch oder ukrainisch. Abends bereiteten wir dann ein köstliches Mal auf unserer großen Dachterrasse.

Eines Tages schlug Jurij vor, nach Sewastopol zu fahren, der für Ausländer gesperrten Stadt, da dort die sowjetisch/russische Schwarzmeerflotte stationiert war und ist. Koos zog es vor, sich in Jaltas Buchläden nach politischer Karikatur umzuschauen und das legendäre Konferenzzentrum zu besuchen, in dem Stalin, Roosevelt und Churchill nach Ende des Zweiten Weltkrieges die Neuordnung Europas unter sich festgelegt hatten. Über den Schriftstellerverband hatte Jurij ein Auto mit Chauffeur organisiert – ein Schriftstellerverband war damals ein kleiner Staat im Staate, der für seine Mitglieder von der Wiege bis zum Grabe alles regelte – und wir fuhren zu dritt los.

»Rede jetzt lieber nicht«, warnte mich Jurij kurz vor der verschlossenen Stadt. »Die Kontrolle wird dich sofort an deinem ausländischen Akzent erkennen. Ich regele das schon.«

Ich schwieg mit leicht angespannten Bauchmuskeln und Jurij bewies mal wieder, dass alles irgendwie möglich war, mit freundlichem Humor, etwas Wodka. Nach etwas Geplänkel wurden wir durchgewinkt in die verbotene Stadt. Diese erschien mir weit weniger geheimnisvoll, als ich mir vorgestellt hatte. Das Leben verlief völlig normal. Wir bestaunten die Schwarzmeerflotte, wandelten durch die Straßen, aßen in einem kleinen Restaurant zu Mittag. Ich sprach wieder Russisch, wurde von niemandem als Ausländerin denunziert. Der menschliche Umgang miteinander war offenbar allen wichtiger als das staatlich Verordnete.

Auf der Rückfahrt fragte ich Jurij nach dem Los der muslimischen Krimtartaren.

»Ein trauriges Kapitel mit guten Ausgang«, meinte er. »Viele Tausende wurden unter Stalin 1944 nach Zentralasien vertrieben. Ab 1988 konnten sie wieder zurückkehren, ihre Religion ausüben, ihre Selbstverwaltungsorgane ausbauen, ihren eigenen TV-Sender betreiben, ihre eigene Zeitung herausgeben. Jetzt leben sie friedlich mit Russen und Ukrainern zusammen. Die Krim und wir sind eine über Jahrhunderte gewachsene Gemeinschaft.

Damals hatte er Recht. Heute ist das anders: Dem Sender *ART* wurde mittlerweile die Lizenz entzogen, die Tageszeitung *Awdet* darf nicht mehr erscheinen, das Oberhaupt der Krimtartaren erhielt Einreiseverbot, die Gedenkfeiern der Tartaren sind seit Mai 2014 verboten. Das macht auch Jurij betroffen. Nicht angesprochen habe ich Jurij auf den Status der ukrainisch-orthodoxen Kirche, die sich mit der Unabhängigkeit der Ukraine 1991 formiert hatte. Auch sie kämpft heute auf der Krim um ihr Überleben. Der Kiewer Patriarch wurde vom Moskauer Patriarch Kyrill exkommuniziert.

Ob es den Menschen auf der Krim heute besser geht, wird von vielen bezweifelt. Fraglich auch, ob sich alle Krimbewohner über das im Juni 2016 auf der Krim errichtete Denkmal für »den heldenhaften russischen Soldaten« freuen. Sicher ist aber: Die »Heimholung« der Krim war Putins Machterhalt sehr förderlich.

Beim Stichwort »Ukraine« gehen die Meinungen deutlich weiter auseinander, wie ich bei meinen Moskau Besuchen 2014 und 2015 erfuhr.

»Putin will die Ukraine doch gar nicht in die Russische Föderation zurückführen, wie ihr im Westen glaubt«, meinte ein russischer Journalist. »Putin reagiert nur auf den Hilferuf der Russen, die mehrheitlich in der Ostukraine leben.«

»Merkwürdig nur, dass die russische Staatsanwaltschaft bereits 2010 die ukrainische Bibliothek in Moskau wegen antirussischer Propaganda verklagte, wenn auch ohne Erfolg, und im Oktober 2015 das Haus auf Propagandaliteratur durchsuchte, Material beschlagnahmte und die Leiterin 48 Stunden lang in Gewahrsam nahm.«

»Das höre ich zum ersten Mal«, war sein Kommentar.

»Und warum rufen die dortigen prorussischen Separatisten dann die unabhängigen Volksrepubliken Donezk und Luhansk aus, was eindeutig gegen die ukrainische Verfassung verstößt?«

»Du weißt, wie zentralistisch die Ukraine regiert wird, wobei es dem Osten zunehmend schlechter geht. Da musste einfach etwas passieren.«

»Du meinst Militär, Waffen und Beamte aus Russland zu liefern ohne die souveräne ukrainische Regierung zu fragen, endlose Hilfskonvois ohne Kennzeichnung mit Lebensmitteln in die umkämpfte Region zu schicken, zuzulassen, dass auf der Krim erprobte russische Armeeführer und Geheimdienstler wie Igor Girkin, genannt Strelkow, im Donbass ruhig weitermachen?«

»Kiew hat doch den Bürgerkrieg ausgelöst. Wenn Menschen leiden, kann man nicht lange fragen. Das hat eure Merkel doch auch gemacht, als sie ohne Absprache mit ihren europäischen Partnern den in Ungarn festsitzenden Flüchtlingen aus Syrien die Tore nach Deutschland nicht verschloss. Das mit dem russischen Militäreinsatz stimmt übrigens nicht. Typisch westliche Propaganda«, fuhr er unbeirrt fort.

»Ich verlasse mich keineswegs nur auf westliche Medien, sondern beziehe mich auch auf russische Medien, allerdings nicht nur auf die staatlichen«, konterte ich, »zu offensichtlich ist deren Propaganda«, gab ich den Vorwurf kühl zurück.

»Außerdem frage ich russische Freunde jeder Denkart. Girkin hat mit seiner Rolle auf der Krim und dann als Kommandant der Separatisten in Slawjansk selbst im russischen Fernsehen geprahlt. Nicht angenehm für die russische Regierung. Vielleicht hat man ihn deshalb aus der Ostukraine abgezogen. Und die Mütter der im Donbass gefallenen russischen Soldaten haben auch unüberhörbar ihre Stimme erhoben. Die *Nowaja gaseta* hat eine ganze Ausgabe der Ukraine-Krise gewidmet und sehr kritisch die russische Militärbeteiligung geschildert.«

»Diese Zeitung ist sehr oppositionell eingestellt, ich glaube ihr nicht. Unsere Regierung sucht doch Frieden.«

»Hat sich die russische Regierung denn für die Umsetzung der internationalen Friedensbemühungen eingesetzt, wie in Minsk im September 2014 und wieder mit Minsk II im Februar 2015 vereinbart? Von einer Waffenruhe damals wie heute habe ich nichts gemerkt.«

»Das haben die Kiewer Faschisten verhindert. Da mussten sich unsere Landsleute im Osten wehren. Und was macht ihr in Europa? Ihr verlängert die Sanktionen gegen Russland.«

»Und Moskau seine Gegensanktionen«, schob ich ein. »Die Sanktionen, über deren Sinn man sich streiten kann, sind an die Umsetzung von Minsk II vom Februar 2015 gekoppelt. Ich bezweifele, ob das Ziel je erreicht werden wird und ob Putin sich dafür aktiv einsetzt. Er wird den Konflikt einfach schmoren lassen. Die beiden ›Volksrepubliken‹ sind doch schon jetzt praktisch russische Protektorate.«

»Warum zeigst du so wenig Verständnis für den russischen Einsatz?« Und dann entschlüpfte ihm eine Bemerkung, die ihm, seinem Gesichtsausdruck nach zu schließen, offenbar selbst nicht ganz geheuer war. »Die Ukraine war doch nie in ihrer Geschichte ein unabhängiger Staat, geschweige denn eine Nation.«

Ich war zu müde, um auf die komplexe Frage, was einen Staat von einer Nation unterscheidet, einzugehen, zumal jeder Staat den Begriff »Nation« heute anders benutzt.

»Also ganz stimmt das nicht«, widersprach ich. »Es gab eine ukrainische Republik vom 20. November 1917, als sich nach dem Zusammenbruch der zaristischen Armee die Ukraine unabhängig erklärte, bis zum Februar 1922. Das sagen nicht nur die Geschichtsbücher, das weiß ich auch aus den Memoiren meines Großvaters. In diesen schildert er lebhaft, wie er im Ersten Weltkrieg, im Mai 1918, als Generalstabsoffizier von der Westfront nach Kiew versetzt wurde mit dem Auftrag, in der ›jungen Republik‹ den ukrainischen Generalstab zu reformieren. Ein befreundeter deutscher Generalstabsoffizier sollte das gerade geschaffene ukrainische Kriegsministerium kritisch durchleuchten. Von beiden wurde außerdem erwartet, sich um die Aufstellung der im Aufbau befindlichen ukrainischen Armee zu kümmern. Da mein Großvater sehr gut Russisch sprach, konnte er auch die ukrainische Sprache halbwegs verstehen, deren Gebrauch nun stetig zunahm. Beide Offiziere arbeiteten eng mit dem ukrainischen Staatschef, dem Hetman Pawlo Skoropadski, einem ehemaligen General des Zaren, zusammen. Er war quasi ein Protegé der deutsch-österreichischen Besatzungsmächte in der Ukraine. Leicht hatte er es nicht. Probleme bescherten ihm andersdenkende ukrainische Nationalisten wie auch die prosowjetische Regierung im Osten der Ukraine, in Charkiw, die sich im Dezember 1917 gebildet hatte. Dennoch lenkte er die Geschicke der unabhängigen Ukraine, bis die Bolschewiki diesem Zustand ein Ende bereitete. ›Im brodelnden Meer der russischen Revolution‹, so schrieb mein Großvater, wurde die Ukraine 1922 als Ukrainische Sozialistische Sowjetrepublik in die Sowjetunion eingegliedert.«

»Diese unrühmliche Episode ist doch vorbei!«, sagte mein Journalist.

Und vorbei war auch unser Gespräch.

»Wie wird meine Freundin Anja reagieren«, fragte ich mich. Ihre gesamte Familie wohnt in der Nähe von Kiew, zurückgekehrt aus Kasachstan, wohin Stalins Umsiedlungspolitik sie vertrieben hatte. Anja selbst hat einen russischen Pass, ist seit kurzem in Deutschland mit einem Russlanddeutschen verheiratet, der einen deutschen Pass besitzt.

»Wir sind hin- und hergerissen«, meinte sie. »Die Ukraine und Russland gehören doch zusammen. Aber jetzt herrscht blinder Hass auf beiden Seiten. Sogar die Kulturszene ist betroffen. Russische Künstler sind in der Ukraine nicht mehr willkommen. Kiew hat eine schwarze Liste mit 500 Kulturschaffenden zusammengestellt, die Russlands Vorgehen auf der Krim begrüßt haben.«

»Das ist sehr traurig«, stimmte ich ihr zu, »denn trotz aller Krisen und Kriege sind Künstler immer in Verbindung zu den Menschen im anderen Lager geblieben. Leider ist die russische Seite auch nicht gerade zimperlich. Denk nur an euren allseits bekannten Rocksänger Andrej Makarewitsch, einen ehemaliger Putin-Verehrer. 2008 gab er ein Konzert auf dem Roten Platz zur Unterstützung von Wladimir Putin und Dmitrij Medwedjew. Er hat viele staatliche Auszeichnungen erhalten, Aber als er 2014 vor Flüchtlingskindern in Donezk sang, fiel er in Ungnade. Schon lange habe er mit den Kiewer Faschisten geliebäugelt, las ich in der *Iswestija*, man solle ihm alle staatlichen Preise aberkennen. Das gelte für alle, wenn sie das Vaterland verraten.«

»Was«, sagte sie entsetzt, »soweit darf es nicht kommen, er ist doch kein politischer, sondern ein sehr lyrischer Sänger.«

»Ekaterina Genieva hat ihn zu einem Konzert in den großen Saal der Bibliothek für Ausländische Literatur eingeladen. Aber ihr oberster Dienstherr Medinskij winkte ab.

Schließlich haben sich die beiden darauf geeinigt, das Konzert in den Hof zu verlegen, da dieser nicht mehr ›staatlich‹ sei. Eine glänzende Idee, finde ich, denn jetzt hörte die gesamte Nachbarschaft seine lyrischen Lieder und sammelte gleichzeitig Spenden für die ukrainischen Flüchtlingskinder.«

»Wie schön, dass das Menschliche doch immer wieder siegt, das ist und bleibt doch das Wichtigste«, meinte sie. »Aber«, schob sie zögernd nach, »ich bin doch sehr verunsichert. Wie gerne würde ich meine alte Mutter in der Ukraine besuchen, wie jedes Jahr. Aber die Schikanen, die Menschen mit russischem Pass an der Grenze erleben, wie mir erzählt wurde, machen mir Angst.«

Schließlich raffte sie sich doch mit ihrem Mann zu dieser Reise auf.

»Und, ging alles gut?«, fragte ich sie nach ihrer Rückkehr.

»Ja, ich wurde zwar viel länger ausgefragt als Wolodja, was ich denn in der Ukraine wolle, zu wem ich denn reise, aber nach gut 20 Minuten war auch ich durch die Grenzkontrolle. Nur: Warum muss es überhaupt Grenzkontrollen zwischen unseren Bruderländern geben?«

Für Naum Klejman sind Grenzkontrollen kein abschreckendes Hindernis.

»Ich war mal wieder in Georgien«, erzählte er mir bei unserem letzten Treffen. »Dort habe ich mit Vertretern aller Religionen an vielen filmischen Beispielen gezeigt, wie man in der Jugendarbeit das Verständnis für den jeweils Andersgläubigen über das Medium Film vermitteln kann. Einen derartigen Workshop könnte ich im heutigen Russland nicht durchführen. Natürlich werde ich auch in die Ukraine reisen, um meine dortigen Filmfreunde zu unterstützen. Film ist nicht Tagespolitik.«

Schon im März 2014 hatte Naum einen offenen Brief an ukrainische Filmkünstler unterzeichnet. Das Schreiben kritisierte die Berichterstattung, »diese Lügen«, der staatlichen russischen Medien über die Vorgänge in der Ukraine, wandte sich gegen einen Einmarsch russischer Truppen im südlichen Nachbarland und stellte klar: »Zweifelt nicht an uns, wir sind an der Seite der Wahrheit und wir sind mit Euch.«

In Moskau hatte ich Ende 2015 einen ukrainischen Historiker kennengelernt. Er lebt und arbeitet im russischen Rostow am Don, einer Grenzstadt zur Ukraine. Wir verabredeten uns.

Erst liefen wir schweigend an dem mir so vertrauten Ufer der Moskwa entlang. Dann sagte er unvermittelt:

»Sie wollen sicherlich wissen, wie ich die innere und äußere Lage Russlands und die Zukunft der Ukraine einschätze.«

»Ja gern«, gab ich ihm zu verstehen.

»Dann wandern wir weiter. Das Gespräch eignet sich nicht für ein öffentliches Café.«

»Gut«, nickte ich.

»Also«, begann er, »Putin ist kein Ideologe, er ist ein pragmatischer Machtpolitiker. Nicht zu vergleichen mit Josef Stalin oder Adolf Hitler. Er will die von ihm viel beschworene großartige tausendjährige russische Geschichte wieder beleben und glorreich weiterführen.

Ethnische Minderheiten und andere Religionen stören ihn nicht, wenn diese sich denn der ›russischen Welt‹, besser gesagt, dem Moskauer Machtzentrum anpassen. Russland soll wieder auf die internationale politische Landkarte gesetzt werden als respektierte bis gefürchtete Staatsmacht, an der keiner vorbeikommt. Viele in Europa meinen, dass Putin wie ein Kolonialherrscher des 19. Jahrhunderts verlorene territoriale Gebiete zurückerobern wolle, um diese dann der Russischen Föderation einzuverleiben. Das sehe ich nicht so. Putins Taktik ist ganz anders.«

Und Tschetschenien? wollte ich fragen. Aber er kam mir zuvor.

»Im ›inneren Kreis‹ der ehemaligen Sowjetunion lässt Putin keine Unabhängigkeitsbewegung zu. Denken Sie an Tschetschenien. Das war eine kaukasische autonome Sowjetrepublik, Teil der Sowjetunion. Die einseitige Unabhängigkeitserklärung Tschetscheniens 1991 wurde weder von Gorbatschow noch von Jelzin noch von Putin gebilligt. Zwei Kriege mit vielen Opfern folgten und endeten 2003 mit dem Verbleib Tschetscheniens im russischen Staatsverband.«

»Dass dessen heutiger Regierungschef, der autoritäre Ramsan Kadyrow sunnitischer, also extrem konservativer islamischer Prägung sich keineswegs an die vielbeschworenen russischen Werte hält, stört Putin offensichtlich nicht«, wagte ich einzuwerfen.

»Natürlich nicht. Solange sich die Tschetschenen als ergebene Untertanen erweisen, können sie in ihrer autonomen Republik machen, was sie wollen. Als Tribut dafür liefern sie selbst Mitbürger als mutmaßliche Mörder von Nemzow aus. Nochmals: Es geht Putin um Machterhalt und den Wiederausbau der russischen Einflusssphäre.«

»Aber die Annexion der Krim war doch eindeutig eroberter territorialer Zuwachs«, insistierte ich.

»Die Krim hat im Machtdenken Putins und im Gefühl der Mehrheit der russischen Bevölkerung einen Sonderstatus. Sie gehörte vielen Mächten, aber seit 1783 ist sie Teil Russlands. Sie wurde als ›autonome Republik‹ nur zurückgeholt. Ich bin ganz sicher, dass sie russisch bleibt«, sagte er bitter, »allen Widrigkeiten zum Trotz. Daran haben sich inzwischen auch die Europäer und die Amerikaner gewöhnt. Oder finden Sie das Thema noch in den Medien oder politischen Debatten bei euch? Interessiert doch niemanden mehr. Neue Schlagzeilen müssen her. So funktioniert medialer Wettbewerb im Westen.«

»Und was sind die Widrigkeiten bei der Eingliederung der Krim?«, wollte ich wissen, weil ich an diesem Punkt unseres Gesprächs eine Debatte über staatlich gelenkte Medien in Russland im Unterschied zu marktorientierten, Quoten beherrschten im Westen vermeiden wollte.

»Die Halbinsel droht zu verarmen. Ausländische Touristen bleiben aus. Die Umstellung auf den Rubel verläuft schleppend. Früher ukrainische, jetzt russische Unternehmen erhalten keine amerikanischen Kredite mehr, wie deren neue Mutterfirmen in Russland auch nicht. Russland hat angesichts seiner angespannten Wirtschaftslage größte Mühe, die Infrastruktur zu erhalten, die neu anfallenden Verwaltungskosten zu zahlen, die Renten für ältere Bürger aufzubringen. Nichts ist gesichert. Wenn Krimtartaren auf ukrainischem Gebiet die Stromversorgung in die Ukraine unterbrechen, dann muss Russland mit Notaggregaten reagieren, und die Bevölkerung leidet. Auch die Versorgung der Bevölkerung ist schwierig, da es noch keine Landverbindung zwischen Russland und der Krim gibt und der Warentransport über die Fähren sehr teuer ist. Ob die geplante Brücke von 19 Kilometern Länge auf dem sehr unsteten Untergrund wirklich bald stehen wird, bezweifeln selbst Experten. Trotz allem, Russland wird an der Krim festhalten. Russischer Patriotismus.« Und er fügte fast sarkastisch hinzu: »Jedenfalls müssen die Russen keine Pacht mehr für die Stationierung der Schwarzmeerflotte an die Ukraine zahlen. Die ist ja jetzt auf russischem Gebiet.«

»Könnte eine vergleichbare Annexionspolitik nicht auch in den abtrünnigen Provinzen Georgiens geschehen, in Südossetien und Abchasien?«

»Nein«, erwiderte er, ohne den geringsten Zweifel. »Das würde Russland international in die Isolation treiben, Gegenkräfte, vielleicht sogar militärische hervorrufen und Russland mehr Geld kosten als es hat. Die beiden Gebiete wollten zwar schon 1918 unabhängig von Georgien werden, da sie sprachlich und kulturell mit den Georgiern nicht viel gemeinsam haben, gingen dann aber in der sowjetischen georgischen Republik unter. Als sich dort nach 1991 erneuter Widerstand regte, machte der georgische Regierungschef Michail Saakaschwili den taktischen Fehler, Truppen in die aufmüpfigen Provinzen zu schicken. Ein willkommener Vorwand für Putin, sich im Krieg 2008 mit russischen Truppen zu beteiligen, um die in den Provinzen lebenden Russen zu ›schützen‹. In Wahrheit waren deren gar nicht so viele. Aber die russische Regierung hatte vorgesorgt. Jahrelang hatten die Menschen dort kostenlose medizinische Versorgung aus Russland erhalten, und es war ihnen leicht gemacht worden, russische Staatsbürger zu werden. Beim Einmarsch der russischen Truppen gab es also nur wenige ethnische Russen in den beiden Provinzen, aber viele russische Staatsbürger. Russland gewann die Schlacht um Einfluss, nicht um neues Territorium.

Oder nehmen Sie die russlandfreundliche Provinz Gaugasien in Moldawien. Die dort produzierten Weine können zollfrei nach Russland geliefert werden, während die hervorragenden moldawischen Weine plötzlich als gesundheitsschädlich abgelehnt werden, auch Obst und Gemüse aus ehemaligen Bruderländern. Zum moldawischen Transnistrien brauche ich Ihnen ja nicht viel sagen. Diese Provinz hat sich 1990/91 einseitig unabhängig erklärt, hat eine eigene Verwaltung, eine eigene Währung. International anerkannt wird Transnistrien von fast niemandem, aber russische Soldaten stehen ›schützend‹ auf dem Territorium.

Und mein Land? Die Ukraine? Es wird nicht zur Ruhe kommen. Das ist auch Russlands Absicht. Russland wird immer behaupten, dass es keinen Einfluss auf die selbsternannten ostukrainischen ›Volksrepubliken‹ hat. Dort werden zwar mit russischer Hilfe bereits neue Geschichtsbücher erarbeitet, neue Lehrpläne für die Universitäten aufgestellt, die Verwaltung nach russischem Muster umgebaut. Aber: Kiew müsse für Gehälter, Löhne, Renten, Zuschüsse für die großen staatlichen kulturellen Institutionen aufkommen. Schließlich seien es ukrainische Provinzen. Nicht einfach für Rentner. Die müssen nun Schlagbäume passieren, um an Banken auf Kiewer Grundgebiet ihre Renten abzuholen. Mit Donezk und Luhansk müsste Kiew verhandeln, den Volksrepubliken mehr Autonomie geben.«

»Wann waren Sie zum letzten Mal in Neurussland«, wollte ich wissen.

»Vor ein paar Monaten. Die Einreise wird einem nicht leicht gemacht, obwohl ich kein Journalist bin, der hätte es noch schwerer. In vielen Gesprächen habe ich erfahren, dass die Mehrheit der Bewohner nicht radikal separatistisch denkt. Sie wollen einfach überleben, egal unter welchem Regime. An den Rubel haben sie sich schon gewöhnt.«

Die Bilder, die er nach seinem letzten Besuch mit sich trug, belasteten ihn sichtbar. Ich schwieg.

»Russland wird die ostukrainischen Volksrepubliken Donezk und Lahanz nicht offiziell per gelenktem Referendum annektieren, wie die Krim«, fuhr er nach einer Weile fort. »Da bin ich mir sicher. Und doch hat die russische Führung ihr Ziel erreicht. Nachdem ihr die Ukraine als angestrebtes Kernstück der Zollunion entgangen ist – wie auch Georgien – bleibt immerhin die Ostukraine mit offener Grenze zu Russland als wichtiges Einflussgebiet und als destabilisierender Faktor für die gesamte Ukraine. Das genügt Putin vorerst.

Er machte eine Atempause, schien nachzudenken, wie er mir die Komplexität der Situation vermitteln könnte. Ich unterbrach ihn nicht, wartete, schaute auf den ruhig dahinfließenden Fluss, der Harmonie ausstrahlte, die es in der Wirklichkeit nicht gab. Aber die Moskwa war im Lauf der Jahrhunderte schon an vielen Eruptionen friedlich dahin strömend vorbeigezogen. Schließlich wandte er sich wieder mir zu:

»Die Reformen bei uns in der Ukraine sind nicht so schnell zu bewerkstelligen, wie die EU und der Internationale Währungsfond (IWF) das für finanzielle Gegenleistungen wünschen. Wie kann die legitim gewählte ukrainische Regierung über Nacht Oligarchen entmachten, die mit ihrem unermesslichen Reichtum Privatarmeen unterhalten, Freischärler unterstützen, Parlamentssitze kaufen, ihre Leute in alle wichtigen Positionen hieven, weitgehend die Medien beherrschen? Ihr Deutsche müsst doch wissen, wie lange so ein Demokratisierungsprozess dauert. Ich stehe hinter unseren ›Wutbürgern‹ vom Maidan des Winters 2013/14. Aber wird die Bevölkerung das Credo ›Europa, Freiheit‹ durchhalten, wenn sie Mühe hat, mit den Flüchtlingen aus der Ostukraine, aus Donezk, Mariopol, Charkiv zurechtzukommen? Wenn die Arbeitslosigkeit nicht sinkt, wenn weiterhin der Staatsbankrott droht? Handelt die EU verantwortungsvoll, wenn sie einen kompletten Umbau unseres Landes fordert ohne Aussicht auf einen EU-Beitritt? Russland hat bereits den Freihandel mit der Ukraine aufgekündigt, ein Importverbot für Lebensmittel erlassen, also

›verwandtschaftliche Gefühle vergessen‹, wie Medwedjew letztes Jahr gesagt hat.

Mein Land steht vor großen Risiken. Und: Wer will schon in einem so instabilen Land wie die Ukraine heute investieren? Wird die EU bei ihrem Stützungskurs bleiben? Wird sie nicht sagen, wir müssen/wollen uns mit dem wieder erstarkten Russland arrangieren. Deshalb wurden die Anträge der Ukraine und Georgiens auf einen Beitritt zur NATO 2008 abgelehnt, zum Leidwesen der russlanderfahrenen Osteuropäer. Warum begreift ihr nicht im Westen, dass Russland euch an der Nase herumführt? Friedensvermittler in Syrien? Na, wirklich nicht. Ihr wollt den Diktator Assad loswerden. Putin will ihn halten. Die Person ist ihm wahrscheinlich egal, aber nicht der Einfluss Russlands im Nahen Osten. Also stützt er mit der russischen Luftwaffe nach wie vor Assads Armee. Putin redet nicht viel, er schafft Fakten. Er ist ein Meister der ›illiberalen Demokratie‹, die auch sein ungarischer Freund Orbán für sich beansprucht. Glauben Sie mir, der syrische Bürgerkrieg wird noch lange weitergehen und der in der Ukraine auch. So lange bis alle erschöpft sind, nur Putin nicht.«

Er schwieg einen Moment. Ich spürte, dass ihn das Gespräch anstrengte, verbitterte.

»Putin verachtet Europa als schwaches Anhängsel der USA«, fuhr er dann fort. »Daran kann auch euer deutscher allseits anerkannter Außenminister Steinmeier nichts ändern. Je zerstrittener Europa, desto besser für Putin. Warum hätte er sonst die anti-europäisch agierenden Rechtspopulisten aus vielen Ländern Europas nach St. Petersburg und Moskau eingeladen? Warum ließ er in die Kasse von Marine le Pen vom Front National mindestens neun Millionen Euro fließen?«

»Harte Worte«, entgegnete ich.

»Nein, realistische«, gab er knapp zurück.

»Und wird es Putin gelingen, die Zollunion weiter tragfähig auszubauen?«

»Das ist ein großes Thema und führt jetzt zu weit. Lassen Sie uns in ein Café gehen und über schönere Dinge des Lebens reden.«

Das taten wir dann auch, sprachen über die kraftvollen Kastanienbäume auf Kiews Hauptstraße, das habsburgische Erbe in Lliv, den Don, an dessen Ufern in Rostow ich so oft gestanden hatte, die Märkte in Jalta, die alten Paläste, in denen sich die Zarenfamilie einst erholt hatte, und das vergangene meist friedliche Zusammenleben in dem Vielvölkerland Ukraine.

Minsk

Zurück zur Vergangenheit?

Auf meinem langen Rückweg zu meiner Bleibe dachte ich weiter über die Zollunion nach.

So paradox es aus heutiger Sicht klingen mag, Weißrussland hätte ich mir Anfang der neunziger Jahre sehr wohl als Teil der zukünftigen östlichen Partnerschaftspolitik der EU vorstellen können und nicht als Mitglied der russischen Zollunion. Es herrschte wie überall in den ehemaligen Sowjetrepubliken Aufbruchsstimmung, nicht nur bei den Künstlern und Kulturschaffenden, sondern auch bei den Ministerien. Wiederholt reisten mein Mann und ich in die weißrussische Hauptstadt Minsk und das nördliche gelegene Grodno. 1991 hatte das weißrussische Kulturministerium Koos gebeten, eine Ausstellung mit politischen Karikaturen für das Maxim Gorki Theater in Minsk zusammenzustellen; vielsagender Titel: *B politike kak b teatre* (In der Politik wie im Theater).

Die Idee zu dieser Ausstellung entstand in einer äußerst dramatischen Situation. Es war im August 1991. Wir verbrachten den Beginn meiner Ferien bei meiner schwerkranken Mutter in Deutschland. Nur ein paar Tage wollte ich nach Den Haag fahren, als Jurymitglied eines Theaterfestivals, das unser Freund Arthur Sonnen organisiert hatte. Außerdem freute ich mich auf die Eröffnung der Karikaturenausstellung von Koos *Allemaal Theater* (Alles ist Theater) im Rahmen dieses Festivals. Da kam die überraschende und erschreckende Nachricht vom Putsch gegen Gorbatschow

Ankündigung der Ausstellung In der Politik wie im Theater. *Aus der Sammlung politischer Karikaturen von Koos van Weringh (Foto: Koos van Weringh, 5. Dezember 1992)*

am 19. August. Ich hatte nur noch einen einzigen Gedanken: sofort zurück nach Moskau. Auf keinen Fall durften die Mitarbeiter in dieser völlig unklaren Situation in der Sowjetunion allein gelassen werden. Gegen den zwingenden Rat meiner Vorgesetzten setzte ich mich ins nächste Flugzeug. Koos übernahm meine Rolle in der Jury. Seine Ausstellung wurde am 28. August von der niederländischen Kulturministerin eröffnet. Sie vertrat den Ministerpräsidenten Lubbers, der wegen der Krise in der Sowjetunion von Sondersitzung zu Sondersitzung eilte. All das hat mir Koos später erzählt. Auch dass sich unter den Vernissage-Gästen ein Diplomat der sowjetischen Botschaft befand. Ein Weißrusse. »Das politische Geschehen mit Symbolen des Theaters, beispielsweise ›to be or not to be‹ aufzuspießen, wäre für Weißrussland sehr interessant«, hatte er gemeint.

Koos war sofort einverstanden, aus seinem riesigen Fundus eine entsprechende auf die Aufbruchsverhältnisse in Weißrussland zugeschnittene Ausstellung zu konzipieren. Inhaltliche Vorgaben gab es nicht. Zensur fand nicht statt. Auch praktische Probleme waren lösbar. Da reisten zwei Techniker des Minsker Theater an, installierten in unserer Wohnung ein Kopiergerät – denn ein solches war in Moskau nicht aufzutreiben – vervielfältigten, vergrößerten, verkleinerten die von Koos vorbereitete Auswahl. Sina sorgte für Essen. Wenn ich vom Goethe-Institut zurückkam, verbrachten wir einen vergnügten Abend. Wir unterhielten uns auf Russisch. Das taten die beiden tatkräftigen Männer nicht nur aus Höflichkeit uns gegenüber. Sie beherrschten die weißrussische Sprache, das Belorus, schlicht nicht, »diese Bauernsprache, die nur noch in entlegenen Dörfern gesprochen wird.«

Als wir am 4. Dezember 1991 zur Eröffnung der Ausstellung in Minsk waren, führte uns ein Mitarbeiter des Kultusministeriums durch die langen Gänge seines Hauses.

»Achten Sie auf die Beschilderungen der einzelnen Büros, alle auf weißrussisch. Die versteht zwar noch kaum einer. Auf der Straße, in den Medien merken Sie von der Renaissance unserer Sprache noch nicht so viel. Aber die wird kommen. Dafür werden wir sorgen.«

Ein nationaler Funke war am Glimmen. Eigenständig wollte man werden, nach allen Seiten offen, vor allem gen Westen. Koos kritische Ausstellung mit Hieben nach West wie Ost wurde ein großer Erfolg. Junge künstlerische Gruppen scharten sich um uns, Literaten, Musiker, Maler, Theaterleute. Wir diskutierten nächtelang.

Ich sagte weitere kulturelle Zusammenarbeit zu, denn ein Goethe-Institut in Minsk gab es noch nicht. Geld hatte keiner, aber das war in dieser Situation auch völlig unwichtig. Als Honorar bekam Koos einen Jahrgang der wichtigsten satirisch-politischen weißrussischen Zeitschrift. Was für ein Schatz für einen begeisterten Sammler. Aber diese hoffnungsvollen Umbruchjahre waren mit der Wahl des Diktators Alexandr Lukaschenko 1994 vorbei. Zensur, Unterdrückung, gefälschte Wahlen gehörten wieder zur Tagesordnung. Weißrussland entschied sich für die Zollunion. Einen Assoziierungsvertrag mit der EU wird es so schnell nicht geben. Heute flirtet Lukaschenko mal mit der EU mal mit Russland. Die europäischen Sanktionen gegen das Land sind aufgehoben, da Lukaschenko ein paar politische Gefangene freigelassen hat und als relativ zurückhaltender Gastgeber bei den Verhandlungen zu Minsk I und Minsk II aufgetreten ist.

Chisinau

Zwischen Bangen und Hoffen?

Ganz anders die Republik Moldau, Moldawien – ehemals Bessarabien –, Spielball der Großmächte seit eh und je. Dieses ärmste aller europäischen Länder, durchsetzt von prorussischen Provinzen mit insgesamt nur 3,5 Millionen Einwohnern, hat außer hinreißenden Landschaften den europäischen Investoren nur wenig zu bieten. In dem überwiegend agrarisch geprägten Land fehlen die Infrastrukturen. Eigentlich fehlt es an allem. Nur zurzeit nicht am politischen Willen und der Bereitschaft zu Reformen in Richtung Rechtsstaat. Es fehlte auch nicht am Mut dieses Zwerges im Vergleich zum übermächtigen Russland, ein Assoziierungsabkommen inklusive Freihandelsabkommen mit der EU beim Gipfeltreffen aller EU-Regierungshäupter am 29. September 2013 in Vilnius zu paraphieren, mit dem Ziel das Abkommen 2014 zu unterschreiben. Was auch geschah. Damit kamen auch Visaerleichterungen. Man trotzte der Vergangenheit.

Fast wäre das Land noch gescheitert, denn es hatte kurz vor der Unterschrift ein Anti-Homosexuellen Gesetz erlassen, da eine Homo-Ehe doch »pervers und abnormal« sei. Dieses Gesetz widersprach jedoch dem Diskriminierungsparagraphen im EU-Vertrag. Was also tun? Die Marschrichtung gen Europa war den Moldauern wichtiger, also setzten sie das Gesetz kurzerhand im Parlament wieder ab. Auch das war mutig, da umstritten in der Bevölkerung und mit Befremden vom großen Bruder Russland gesehen.

»Ist es nicht kuriös«, mailte mir ein Bekannter aus der Hauptstadt Chisinau, »dass das Abkommen mit der EU fast an diesem Paragraphen gescheitert wäre?«

»Naja«, mailte ich zurück, »ich bin auch gegen Diskriminierung.«

»Wie weit seid ihr denn beim Thema Homosexualität in Deutschland?« hakte er nach. Dürfen Homo-Paare Kinder adoptieren?

»Nein, leider noch nicht«, war meine kleinlaute Reaktion. Wir haben wirklich keinen Grund zur Überheblichkeit.«

»Ok«, schrieb er versöhnlich zurück, »wenn vergangene Moralvorstellungen von gegenwärtigen Auffassungen abgelöst werden, braucht das überall viel Zeit, ganz offensichtlich auch bei euch, ja sogar in den Vereinigten Staaten, obwohl die doch immer gegen Diskriminierung sind.«

»Ist die Bevölkerung wirklich so einstimmig für den Eintritt in die Interessenssphäre der EU?« wollte ich noch wissen. »Ihr hängt doch voll von der russischen Gaslieferung ab. Und sind Eure Produkte ›europatauglich‹?«

»Ja und nein«, kam prompt die Antwort. Du kennst die Verhältnisse in Gaugasien und Transnistrien. Der Druck aus Russland ist groß. Dennoch haben die meisten von uns immer wieder pro-europäische Regierungen gewählt. Die Opposition ist allerdings überwiegend pro-russisch. Eine Umkehr ist jederzeit denkbar.«

»Das Assoziierungsabkommen mit der EU war ein Fehler«, erklärte der neue Präsident Moldawiens, der Sozialist Igor Dodón, in einem Interview mit *El Pais*, noch bevor er am 23. Dezember 2016 vereidigt wurde. Gestalterische Möglichkeiten hat ein Präsident in Moldawien kaum, aber seine Meinung mag die Stimmung widerspiegeln.

»Verstehst du die moldawische Entscheidung in Richtung EU?«, fragte ich Isaak Olschanski, einen aus Chisinau nach

Köln emigrierten pensionierten Ingenieur, als wir bei einem Abendessen bei uns über die östliche Partnerschaft diskutierten.

»Natürlich«, erwiderte er spontan. »Moldau ist der Schlüssel zum Balkan.«

»Auch heute noch?«

»Ja, sicher.«

Auf meinen zweifelnden Blick fügte er hinzu: »Außerdem können die Menschen in Moldau jetzt alle einen Doppelpass bekommen, einen moldawischen und einen rumänischen. Rumänisch ist ja sowieso die Staatssprache. Mit dem Rumänischen können sie dann ohne Probleme in den Schengenraum reisen und seit dem 1. Januar 2014 europaweit arbeiten, wie die Rumänen und Bulgaren auch.«

»Das interessiert vor allem die Jüngeren«, ergänzte seine Frau Greta Jonkis, ehemalige Professorin für Literaturwissenschaften. »Die sehen in Europa einen Traum, ich fürchte, sie haben zu große Illusionen.«

»Das fürchte ich auch«, stimmte ich ihr zu. »Wie ist denn das Verhältnis zwischen dem EU-Land Rumänien und dem Nicht-EU-Land Moldawien?«

»Die beiden Regierungen bemühen sich um Annäherung, aber das moldawische Volk will lieber unter sich bleiben. Von 1918 bis 1940 gehörte Moldawien zu Rumänien, dann zur Sowjetunion. Heute möchte man neutral bleiben. Man möchte an den rumänischen Vergünstigungen teilnehmen, aber ansonsten im althergebrachten Clansystem verharren. Es wird alles noch ein ganz langer Weg mit ungewisser Zukunft. Verhaltensmuster sitzen sehr tief und vergehen nicht so schnell.«

Jerewan

Ist nach wie vor niemand von Armenien abhängig?

Wieder ganz anders Armenien, das sich für die russische Zollunion entschieden hat, was ich nach meinen persönlichen Erfahrungen sehr gut verstehen kann, auch wenn mir Armenien ganz europäisch vorkam.

»Stimmt es, dass Armenien heute die unabhängigste Nation der Welt ist?«, fragte Radio Jerewan, bekannt für die einst weit verbreiteten doppeldeutigen Witze, 1991 anlässlich der armenischen Unabhängigkeit von der Sowjetunion und lieferte die ironisch-melancholische Antwort gleich mit: »Im Prinzip ja, nur hängt niemand von Armenien ab.«
   Wohl wahr. Schlimmer noch. Die Grenze zum westlichen Nachbarn, der Türkei, ist wegen des Streits um die Anerkennung des Genozids an Armeniern seit 1915 geschlossen. Mit dem östlichen Nachbarn Aserbaidschan verbindet Armenien nur gegenseitiges Misstrauen und ein wackeliger Waffenstillstand seit 1994 wegen der hart umkämpften Enklave Berg-Karabach, mehrheitlich von Armeniern bewohnt, aber völkerrechtlich zu Aserbaidschan gehörend.
   Armenien, das sich vor Jahrhunderten vom Schwarzen Meer bis zum Kaspischen Meer erstreckte und dessen heiliger Berg der Ararat, Ort der alttestamentarischen Arche-Noah-Legende, nun in der Türkei liegt, hat nicht viele außenpolitische Wahlmöglichkeiten.

Im Jahr 2009 fuhren meine Schwester Gerda und ich privat, begleitet von einer armenischen Professorin für Landeskunde, kreuz und quer durch dieses wunderschöne Land und führten viele Gespräche. Russisch sprach jeder. In den einsamen Gebirgslandschaften stießen wir immer wieder auf kleine restaurierte Klöster und Kapellen. Die Sowjets hatten ja »nur« 3000 verfallen lassen oder zerstört. Langsam wurde uns bewusst, dass die uralte apostolische Kirche – Armenien hat als erstes Land der Welt 301 n. Ch. die Christliche Kirche als Staatsreligion anerkannt – eine Quelle der Kraft für die gebeutelten Armenier darstellt. Und was für eine fröhliche Kraft! Kein abgemagerter Christus am Kreuz, büßend für die Sünden der Menschheit und dieser damit entsprechende Schuldgefühle einimpfend. Nein, in Stein gehauene Blumen und Granatäpfel strahlen Wärme, Lebensfreude aus. Auch der Patriarch, dem wir begegneten, war ein Mensch wie du und ich, er war ein heiterer Mann des Volkes, »einer der ihren«.

Auf unseren Streifzügen kamen wir auch an vielen russischen Industrieruinen vorbei. Oft waren sie geradezu surrealistischer Natur. Beispielsweise eine vor sich hin rottende Schiffswerft bei Jerewan, als ob die Stadt am Meer läge. Man spottete über diese sowjetischen Relikte, aber tief sitzenden Groll gegen das heutige Russland haben wir nirgendwo gespürt. Das mag auch daran liegen, dass die Sowjetunion in den langen Jahren ihrer Oberherrschaft nachhaltig in die Infrastruktur des Landes investiert hatte, in Straßen- und Brückenbau, Eisenbahnnetzwerke, in die Stadtentwicklung von Jerewan, auch wenn die Hauptstadt dadurch keineswegs schöner geworden ist. Russland besitzt heute große Anteile des armenischen Energiesektors, der Eisenbahn, der Telekommunikation und selbst des Bergbaus. Ein paar Soldaten hat es im Land auch stationiert.

Mit wem außer Russland sollte Armenien angesichts der Blockadepolitik seines westlichen wie östlichen Nachbarn auch kooperieren? Mit dem andersgläubigen und gesellschaftlich anders strukturierten Iran im Südosten? Mit dem krisengeschüttelten Georgien im Norden, das immerhin Überflugrechte nach Russland erlaubt? Die Bedingungen der EU konnte Armenien, ein Land das nur reich an Steinen, nicht aber an Bodenschätzen ist, nicht erfüllen.

In einer Gesprächsrunde mit Filmschaffenden fragte ich:
»Habt ihr Probleme mit Russland?«
»Nicht wirklich. Die Zeiten der Zensur sind vorbei. Sie haben doch gerade das ›unabhängige, furchtlose‹ Karikaturenblatt *Igel* in mehreren Ausgaben für Ihren Mann gekauft. Unter Zensurbedingungen wäre diese Zeitschrift längst verboten worden.«
»Das ist wahr, die gezeichneten Witze sind nicht gerade harmlos.
Und was halten Sie von einer Annäherung an die EU?«
»Die interessiert sich nicht wirklich für uns. Wir haben ja auch wirtschaftlich nicht viel zu bieten. Aber Visaerleichterungen, das wäre schon gut, jedenfalls für Kurzreisen, um zu begreifen, wie es bei Ihnen zugeht und um engere Kontakte zu Filmschulen zu pflegen.«
»Wissen Sie«, sagte ein anderer, »wir sind immer noch in einer post-sowjetischen und gleichzeitig vordemokratischen Phase. Unser Problem ist die Korruption. Die ›da oben‹ bereichern sich. Sie haben ja die Villen der Neureichen gesehen. Wir Ärmeren freuen uns über Care-Pakete aus Russland. Aus Europa haben wir noch keine bekommen.«
»Aber viele ausländische, darunter auch europäische Institutionen unterstützen Sie doch, verleihen Stipendien, helfen auch finanziell beim Umbau kultureller Einrichtungen.«

»Stimmt. Aber wir müssen es auch schaffen, uns selbst zu helfen, nicht von ausländischen Geldgebern abhängig zu sein, auch nicht von den dollarschweren Exilarmeniern. Acht Millionen unserer Landsleute sind über die ganze Welt verstreut. Hier leben gerade noch mal drei Millionen. Unsere Intelligenz wandert ab, vor allem nach Frankreich, in die USA und noch stärker nach Russland. Wir haben noch einen weiten Weg vor uns. Noch fehlen eine breitere Mittelschicht und selbst erschaffenes Geld. Wir Studenten haben nicht die Mittel, um Diplome und Positionen zu kaufen. Das können nur die Neureichen. Die Vergangenheit und die Gegenwart, das reimt sich noch nicht. Noch sind wir besser unter Moskau aufgehoben.«

»Kommen denn viele Stipendiaten zurück, auch aus Moskau?«

»Leider nein. Unsere Begabtesten machen sich von uns unabhängig.«

Baku

Wohin wird sich dieser islamische Staat orientieren?

»Nach Aserbaidschan werden sie sicher nicht gehen«, dachte ich. Im Gegensatz zu Armenien ist es kein christliches, sondern ein islamisches Land, reich an Öl, Gas und anderen Bodenschätzen. Es erweckt nicht den Eindruck, seine Grenzkonflikte mit Armenien beenden zu wollen. Die beiden Nachbarn sind weiter denn je davon entfernt, zu einer Region zusammenzuwachsen, die miteinander friedlich kooperiert, wie es die Strategie der östlichen Partnerschaft der EU anstrebt. Vermittler bei diesen immer wieder aufflackernden Konflikten ist nicht die EU, sondern Russland. Die Region ist russisches Einflussgebiet. Russland liefert beiden Ländern Waffen.

Als Koos und ich 1992 auf Einladung des aserbaidschanischen Kulturministers in der Hauptstadt Baku weilten, wurden die Feindseligkeiten mit Armenien als erster Punkt angesprochen. Man führte uns an die Gräber gefallener aserbaidschanischer Helden im Kampf gegen die armenischen Eindringlinge. Es war klar, welche Reaktion von uns erwartet wurde, vor allem von mir, einer »offiziellen« deutschen Führungskraft. Aber die konnte und wollte ich nicht liefern.

»Jeder Tote ist einer zu viel«, sagte ich dem Minister, »kann man sich nicht über einen konstanten Dialog zusammenraufen, einen mehr oder minder stabilen Status Quo finden?« Der enttäuschte Minister wandte sich ab, wohl denkend, dass ich von den Details der armenisch-aserbaidschanischen

Konflikte zu wenig wusste und deshalb nicht wirklich emotional von diesen berührt war. Da hatte er Recht. Höflich begleitete er uns aus seinem luxuriösen Büro hinaus und stellte uns einem wohl schon wartenden Mitarbeiter vor, der gerne bereit sei, uns Baku näher zu bringen.

Bei unseren ersten Spaziergängen fiel uns zweierlei sehr Widersprüchliches auf: Einerseits wirkte der Süden der Altstadt in seiner architektonischen Gestaltung sehr europäisch. Nachdem 1873 die erste Ölquelle in dem Land angebohrt worden war, zog es viele Unternehmer aus Europa zu dieser fernöstlichen Geldquelle. Unter ihnen befand sich auch Robert Nobel, der Bruder des Erfinders des Dynamits und Stifter des Nobel-Preises, Alfred Nobel. Die aufstrebenden Ölkönige ließen sich von europäischen Architekten Paläste im Stil der Neugotik oder des Modernismus bauen. Prächtige Gebäude, die ebenso in Stockholm, der Heimatstadt der Nobels, wie in Paris oder Berlin hätten errichtet werden können. Was war von dieser europäischen Denkhaltung noch übrig? Andererseits wurde uns auf Schritt und Tritt das Testament des Ayatollah Chomeini angeboten, des politischen und spirituellen Führers der islamischen Revolution im Iran.

Wohin, fragten wir uns, wird diese ehemalige Sowjetrepublik treiben? In einen iranischen streng interpretierten Islam, einen Gottesstaat (der heute sehr viel gelockerter erscheint) oder in eine weniger harte türkische Variante? (So präsentierte sich die Türkei damals noch.) Wird es seine europäischen Erinnerungen behalten wollen oder aufgeben? Wird es sich an Russland binden, in die Zollunion eintreten? Welche Vergangenheiten werden die Oberhand gewinnen?

In dem damaligen Umbruchprozess der auseinander fallenden Sowjetunion waren das alles ungelöste Fragen. Aserbaidschan hat sich für eine abwartende Haltung entschieden. Die politisch wie wirtschaftlich starken Familienclans können autoritär regieren, können es sich leisten, selbstbewusst nach allen Seiten aufzutreten. Die Altstadt erscheint heute wie ein Museum. Riesige mit Ölgeldern erschaffene Hochhäuser dominieren die Stadt. Ob angesichts des sehr niedrigen Ölpreises neue hinzukommen, ist die Frage. Aserbaidschan ist (bis jetzt) nicht der Zollunion beigetreten, hat aber auch kein Assoziierungsabkommen mit der EU paraphiert, wohl aber Visa-Erleichterungen vereinbart.

Wie weit sich die Zollunion zu einem tragenden Pfeiler der russischen Wirtschafts- und Außenpolitik entwickeln wird, ist offen. Spürbar ist jedoch, dass Russland dabei ist, seine Handelsbeziehungen und seine Einflusssphäre weiter auszudehnen und dabei bei der Zollunion nicht stehen bleiben wird.

Groß Lüben in der ehemaligen DDR

Ist alles westdeutsch jetzt, oder?

»Hat die Wiedervereinigung der ehemaligen DDR mit der ehemaligen BRD schnell geklappt?«

Diese Frage wurde mir oft gestellt und gleich die Antwort mitgeliefert: »Das muss doch relativ einfach gewesen sein. Der gleiche Kulturkreis, die gleiche Muttersprache, ja getrennt lebend in unterschiedlichen Systemen, aber nur gut 40 Jahre lang. Millionen Subventionen von der Bonner/Berliner Regierung und immer noch der Solidaritätszuschlag, erhoben von jedem westdeutschen Berufstätigen!«

Ganz so einfach war und ist es nicht.

Als die Mauer 1989 fiel, besser gesagt, als der sowjetische Partei- und Regierungschef Michail Gorbatschow es zuließ, dass die polnische Widerstandbewegung Solidarność und die mutigen Grenzöffner in Ungarn sowie in der Tschechoslowakei den Weg zum Fall der Mauer bereiteten, prallten unterschiedliche Erwartungshaltungen aufeinander:

»Endlich Freiheit und Konsum«, riefen die einen, ohne noch zu ahnen, wie vielschichtig der Freiheitsbegriff ist.

Die offiziellen Kader und Profiteure des Systems waren weniger begeistert. Welcher Zukunft gingen sie entgegen?

»Freut euch, bald seid ihr wie wir«, entgegneten die Wessis. »Konsum entsteht aus Marktwirtschaft, nicht aus Planwirtschaft.«

In dieser Hinsicht hatten es die letzten Diktaturen Westeuropas, Portugal, Spanien und Griechenland leichter. Unbelastet von jedweder Ideologie, die einen »neuen Menschen« schaffen sollte, war ihnen privatwirtschaftliches Handeln schon immer vertraut. Auf diesem Sektor mussten sie nicht umdenken.

Was wussten wir Wessis von den Ossis?

»Wo ist das denn?« fragte der Beamte am Fahrkartenschalter im Hauptbahnhof von Köln, meinem ständigen Wohnsitz seit vielen Jahren.

»Bad Wilsnack liegt in der Prignitz, der Heimat von Theodor Fontane, in Brandenburg, in der ehemaligen DDR«, erläuterte ich, als ich 2010 eine Fahrkarte kaufte.

»Ach so, noch nie gehört. Hätte ich das wissen müssen?«

Von Bad Wiessee, Bad Tölz oder jedem anderen Kurort im Westen der Republik hatte er sicherlich schon gehört. Aber Bad Wilsnack in der fernen ehemaligen DDR?

Noch viele Male habe ich eine Fahrkarte für diese Strecke gekauft. Nur ein einziges Mal reagierte eine Schalterbeamtin mit leicht sächsischem Tonfall:

»Bad Wilsnack, das ist doch das Thermalbad mit der großen Wunderblutkirche!« Ja, dachte ich, die hat im Mittelalter gut am Ablass verdient, bis ein Pfarrer nach der Reformation diese gottlosen Geschäfte verbot. »Ein schönes kleines Städtchen, da wollen Sie sicher in die Therme steigen.«

Nichts lag mir ferner als Therme und Wohlergehen, aber das sagte ich nicht. Ich sagte auch nicht, dass ich in das zwei Kilometer weiter entlegene Dörfchen Groß Lüben wollte, um meiner schwerkranken Schwester Gerda beizustehen und meinen Schwager Dieter bei der Ernte auf seinen Erdbeerplantagen zu unterstützen.

Berlin-Spandau war und ist mein Umsteigebahnhof. Wenn der ICE aus Köln einmal pünktlich war, dann hatte ich 40 Minuten Zeit, bis mich der Regionalzug Richtung Wittenberge nach Bad Wilsnack brachte. Diese geschenkten Minuten verbrachte ich jedes Mal in der Raucherkneipe »Zug um Zug« in der kleinen Bahnhofshalle. »Ein Glas Rotwein, bitte«, bat ich die Kellnerin und rief ihr, aus Erfahrung klug geworden, hinterher, »aber bitte keinen lieblichen, sondern einen trockenen.« »Mal sehen, ob ich da was habe«, bemerkte sie freundlich und schob mir einen sauberen Aschenbecher hin. Sie brachte mir auch etwas Rotes, nicht Süßes.

Es war mir, als wäre ich in einem Niemandsland zwischen Ost und West. Protzige neue Shopping-Center draußen, und ich Wessi wartete drinnen bei schlechtem Rotwein, aber mit der dritten Zigarette ohne Pass und Visum auf die Weiterfahrt in die ehemalige DDR. Beides wäre vor der Wende, vor 1989, undenkbar gewesen. Als mein Mann Koos van Weringh, Gerda, Dieter und ich 1988 eine Reise durch die DDR unternahmen, konnten wir Westler natürlich nicht in irgendeinen Regionalzug einsteigen oder uns täglich eine neue Autoroute ausdenken. Nein, alles musste beim DDR-Reisebüro in der BRD genau beantragt werden. Dieses legte dann die Straßen fest, von denen man nicht abweichen durfte. Und wehe, man hielt an einer Raststätte, die nicht für Ausländer bestimmt war oder kam auf den kühnen Gedanken, mal eben in dem nächstbesten Hotel Zimmer zu buchen.

Vom vorgeschriebenen Pfade abzubiegen war auch in der ehemaligen Sowjetunion nicht ratsam. Einmal fuhren mein Mann und ich zusammen mit einem russischen Freund von Moskau aus aufs Land. Der Literaturhistoriker hatte sich gerade mit ersten im Westen verdienten Devisen eine Datscha gekauft. Dort wollten wir das Wochenende verbringen. Dass diese Datscha außerhalb des Sperrgürtels für Ausländer um

Moskau lag, hatte ich nicht bedacht. Ich wurde mit meinem Volkswagen gestoppt, kontrolliert, zurückgewiesen, und es gab mal wieder Ärger mit der deutschen Botschaft. Unser Ziel haben wir über Umwege aber doch erreicht.

Vor der Wende war ich auf Bitte des Goethe-Instituts oft zu unterschiedlichen Anlässen nach Berlin geflogen, natürlich nicht nach Ostberlin. Gebucht wurden Flüge mit British Airways, American Airlines oder Air France, den Fluglinien der westlichen Besatzungsmächte, politisch korrekter ausgedrückt: der westlichen Alliierten. Lufthansa war noch nicht zugelassen. Von den heutigen Billigfliegern ahnte noch niemand etwas. Sicher, es gab Zugverbindungen von München aus, dem zentralen Sitz des Goethe-Instituts, nach Berlin. Das wäre auch billiger gewesen. Innerhalb Westeuropas reisten wir Goethe-Mitarbeiter fast immer mit dem Zug. Aber: Berlin, diese westliche Insel umgeben von der kommunistischen DDR war zu Zeiten des Kalten Krieges etwas Anderes, Heikles, Unberechenbares, ganz abgesehen von der Tatsache, dass sich die Bahnfahrt über reparaturbedürftige Gleise endlos hinzog und die Grenzkontrollen auch. Ein paarmal habe ich das miterlebt.

»Haben Sie Zeitungen, Bücher bei sich?«, war die strenge Frage der Grenzbeamten, nachdem sie mit Spiegeln meine Sitzunterfläche erforscht hatten.

»Nein«, sagte ich vorgewarnt und wahrheitsgetreu.

»Und was ist das?«, bemerkten sie missbilligend, nachdem ein paar Briefmarken aus meiner Handtasche gefischt worden waren. Briefmarken hatte ich nicht der Kategorie »Gedrucktes ist verboten« zugeordnet. Sie wurden konfisziert.

Mein niederländischer Mann Koos, der nicht die Narben deutscher Geschichte trägt, war da viel selbstbewusster. Auf die brüske Frage »Haben Sie Waffen bei sich?«, entgegnete er nur frech:

»Oh, die habe ich leider zuhause vergessen, aber Sie wissen doch sicher, dass die Niederlande eines der ersten Länder waren, die die DDR anerkannt haben.« Das verblüffte selbst einen DDR-Grenzbeamten kurzfristig.

»Haben Sie DDR-Mark bei sich?«, fuhr er dann unbeirrt fort.

»Nein.«

»Wie viele Devisen führen Sie mit?«

Dieselben Fragen hat man mir viele Male nach Ankunft auf dem internationalen Flughafen in Moskau gestellt.

»Nein, ich habe keine Rubel. Nein, ich habe nichts Gedrucktes. Ich habe DM 300 in bar.«

Aber Koos in seinem angeborenen Zynismus konnte es nicht lassen.

»Vor ein paar Monaten habe ich in Ostberlin einen Kiosk mit der Ankündigung ›Presse aus aller Welt‹ entdeckt, aber...«

»Ostberlin gibt es nicht. Nur ›die Hauptstadt der DDR‹.«

»...in Ihrer Hauptstadt konnte ich weder die *Frankfurter Allgemeine*, noch *The Guardian*, *Le Monde*, *El Pais*, de *Volkskrant* oder *The New York Times* kaufen.«

»Die französische kommunistische Tageszeitung *L'Humanité*, die sowjetische *Prawda* und unser *Neues Deutschland* reichen wohl, um Sie über das Weltgeschehen zu informieren«, antwortete er, sich nur mühsam beherrschend.

Unverfroren fuhr Koos fort:

»Ihr sehr gutes Radeberger Bier gibt es nur in Devisengeschäften. Warum darf ich das nicht mit Ostmark bezahlen, der Währung Ihres unabhängigen Staates mit Berlin als Hauptstadt der DDR?«

Der Beamte wandte sich ab. Ich war wie zur Salzsäule erstarrt, da gefangen in der deutschen Vergangenheit mit Auswirkungen auf die Gegenwart. Koos aber nicht. Als selbstbewusster freier Mann hatte er keine Angst vor Nachspürungen, bürokratischem Ärger. Er sagte, was er dachte. Ich dachte das Gleiche, konnte es aber als Westdeutsche mit Kontakten in die DDR nicht kundtun.

Die Einreise in ein Land hinter dem Eisernen Vorhang, in ein Land des Warschauer Paktes, war bis 1989 und in der Sowjetunion noch länger eine Nervenprobe. Aus diesem Grund durften wir Goethe-Leute wohl auch in der Regel über die DDR hinwegfliegen, um dann im sicheren Westberliner Flughafen Tegel zu landen. Beim Anflug war die 1961 errichtete Mauer, die die DDR von Westberlin abschottete, von oben, aus der Vogelperspektive, gut sichtbar. Heute lässt sie sich nicht mehr erahnen. Heute ist auch nur schwer nachvollziehbar, dass der geschäftige Potsdamer Platz, Mittelpunkt der Berliner Filmfestspiele, einst öd und leer war. Von Gala, Glanz und Glamour konnte in den siebziger und achtziger Jahren des vergangenen Jahrhunderts keine Rede sein. Stieg man über ein Holztreppchen auf einen Aussichtspunkt an der Mauer, fiel der Blick auf Sand, Gras, Unkraut und viele Kaninchen in streng bewachter Freiheit. Sonst nichts, gar nichts, nur Verlorenheit. Die andere Seite war weit, weit weg. Nicht nur Ostberlin, auch Leipzig, Weimar oder Dresden empfand ich entfernter als Tokio, Peking, Manila, Sydney, Santiago de Chile, Buenos Aires, Nairobi, Lagos und andere Städte mehr, in die ich Mitte/Ende der achtziger Jahre für das Goethe-Institut gereist bin.

»Noch ein Glas nicht lieblichen Rotwein?«, unterbrach die Kellnerin scherzhaft meine gedanklichen Abschweifungen.
»Nein, danke«, schreckte ich auf. »Mein Zug nach Bad Wilsnack geht gleich.«
Die private Regionalbahn kam pünktlich. Vor jeder Station auf der einstündigen Fahrt erklang die fröhliche Melodie der

Brandenburg-Hymne. Allerdings sahen die Bahnhofsgebäude entlang der Strecke nicht danach aus. Ausnahmslos sind sie alle außer Betrieb, geschlossen, verriegelt, versiegelt, dem Verfall preisgegeben. Sie sind wegrationalisiert. Fahrkartenautomaten sind ihr Ersatz.

Vor der Wende waren sie alle geöffnet. Da es aber, wie in der Sowjetunion, keine Baumaterialien für notwendige Reparaturen gab, dümpelten sie in grauer Einheitsfarbe vor sich hin. Noch heute sehe ich ein handgeschriebenes Schild mit der Aufschrift »Zement nicht angekommen« vor mir, das mir auf unserer Reise 1988 in einem kleinen DDR-Dörfchen aufgefallen war.

»Steige hoch, du roter Adler – die folgende Station ist Bad Wilsnack«, ertönte es aus dem Lautsprecher und brachte mich in das Jetzt zurück. Dieter holte mich ab. Die kurze Strecke nach Groß Lüben hat mich immer wieder fasziniert, bei klirrender Kälte mit beißendem Ostwind und Schneeverwehungen wie bei brütender sommerlicher Hitze. Es war wie eine Fahrt durch das Hauptschiff einer Kathedrale, deren Säulen-Bäume sich in ihren Wipfeln einander zuneigen, ein luftiges Dach bilden. Welche Schönheit! Welche gelungene Naturarchitektur, die Geborgenheit ausstrahlt und menschliches Maß. Wenn ich Dieter in seinem Auto nach Neuruppin ins Krankenhaus zu Gerda begleitete, habe ich diese schmalen sich in vielen Kurven windenden Alleen immer wieder erlebt.

Wie gut, dachte ich, dass die DDR kein Geld hatte, um Straßen zu verbreitern und Bäume zu fällen, wie im Westen. Dass es nicht nur um schneller, größer, effizienter ging. Bei den wenigen Trabis hätte sich das auch nicht gelohnt; deren Produktion wurde 2011 eingestellt. Heute passen Naturschützer auf. Sie versuchen es jedenfalls, denn der Ruf nach Abholzung und begradeten Straßen wird immer lauter. Unter dem Titel »Der Fluch märkischer Alleen« informierte *Die Märkische Allgemeine* im Februar 2013, dass im Jahre 2012 mehr als 1980 Autofahrer an einem Baum gelandet waren, trotz Einführung eines Tempolimits. Ja, dachte ich, dann müssen sie eben noch langsamer fahren und kann nur hoffen, dass dieses aus Armut geborene wunderschöne Erbe der DDR nicht vernichtet wird, dass sich Naturschützer wie die zaghaft aufkeimenden Tourismus-Betriebe durchsetzen werden.

Noch ahnte ich bei meiner ersten Ankunft 2010 nicht, dass ich in Dieters geräumigen Großbauernhof mit Unterbrechungen Monate bleiben würde und in den folgenden Jahren immer wieder wochenlang die Bewohner aus dem Dorf und der Region beobachten konnte. War hier auf dem platten Land die DDR ein für alle Mal vorbei? Lebten noch alte Geschichten? Welche? Wie kann ich die ungeschriebenen Gesetze erkennen? Besonders bei der Erdbeerernte, aber auch zu anderen Jahreszeiten begegnete ich Menschen aller Altersgruppen aus allen sozialen Schichten.

Prädestiniert für das Landleben war ich nicht. Haustiere wie Hunde oder Katzen oder andere Viecher waren in meinem Leben nicht vorgekommen. Von Landwirtschaft, Erdbeerplantagen, Blumenfeldern, Kürbisanbau hatte ich nicht die geringste Ahnung. Kochen gehörte auch nicht zu meinen Stärken. Bislang hatte ich mein Leben als Kulturfrau im In- und Ausland verbracht, nicht als Hausfrau oder gar Agrikulturfrau.

Ich versuchte, mich in meine neue Umgebung hineinzufühlen. Vor der Kollektivierung war das Straßendorf Groß Lüben ein Bauerndorf mit einigen Pendlern nach Wittenberge, wo die einstigen Singer-Nähmaschinen-Betriebe, später VEB

Nähmaschinen-Werke, und die Zellstoffproduktion Arbeitsplätze boten. Nach der Wende 1989 verschwanden diese, weil unproduktiv. Heute ist Groß Lüben ein Pendlerdorf mit zwei verbliebenen Großbauern und einigen wenigen Bauern im Nebenbetrieb. Zu ersteren gehörten Dieter bis zu seiner Pensionierung 2004 bzw. seine Eltern und Großeltern. Einen Tag nach Stalins Tod im Jahr 1953 flüchtete der damals 14-Jährige mit seinen Eltern in den Westen, besuchte aber jedes Jahr seine Verwandten in seinem Heimatdorf. Der Hof seines Vaters, eines »Republikflüchtlings«, wurde umgehend enteignet. Dieter bekam ihn 1991 zurück. Den angrenzenden Hof hatte ihm seine Großmutter 1977 vermacht. Eingetragen im Grundbuch.

»Für meine Großmutter war das Leben schwer«, bemerkt Dieter. »Sie musste mit der Kolchose für eine lächerliche Summe einen Pachtvertrag abschließen, aber selbst diesen Betrag hat sie nie bekommen. Schlimmer noch: »Aus ökonomischen Gründen« legte man ihr zwingend nahe, ihr großes Haus zu verlassen und sich eine andere Bleibe zu suchen. Saubande! Sie musste den Verfall mit ansehen, den Verlust verschmerzen.«

Nach der Wende gab Dieter, ein gelernter Landwirt, seine Stellung als Leiter einer Champignonzucht in Bayern sofort auf und ging zurück in sein Heimatdorf Groß Lüben. Endlich konnte er sich an die Reparatur der verlotterten Scheunen, der beiden Wohngebäude machen, die Äcker selbstständig bestellen, den eigenen Wald betreuen.

»Damit begannen die glücklichsten Berufsjahre meines Lebens. Endlich konnte ich auf eigenem Grund und Boden wirtschaften.«

Auch die von Sowjetpanzern angerichteten Schäden konnte er nun beseitigen. Bei Truppenübungen waren die

Fahrzeuge des Brudervolkes, die eine Garnison im nahe gelegen Perleberg unterhielten, in steter Regelmäßigkeit in die Mühle und Bäckerei seiner Tante Lisa gefahren. Ihr Pech war es, dass ihre Gebäude in der einzigen Kurve der einzigen Straße, der Dorfstraße, lagen. Heute hängt ein warnendes Verkehrsschild mit abgebildetem Sowjetpanzer auf einer von Dieters Scheunentüren.

»Waren die Sowjets hier beliebt?« fragte ich einen von Dieters Freunden aus seiner Grundschulzeit. Einen, der geblieben war.
»Die waren doch abgeschottet, Kontakt mit uns war nicht erwünscht.«
»Die müssen sich hier ganz wohlgefühlt haben, denn 1992 wollten die gar nicht so gerne in die zusammenbrechende Sowjetunion zurück, das haben mir viele Bekannte Anfang der neunziger Jahre in Moskau erzählt.«
»Klar«, war seine Antwort, »hier ging es denen besser. Dort hatten die doch nichts: keine Wohnung, kein Geld, schlechte Armeeversorgung. Wir vermissen die nicht. Mein Russisch hab ich auch vergessen.«
»Schade«, sagte ich unüberlegt, »Russisch ist eine sehr schöne Sprache.«
»Sie haben die ja auch freiwillig gelernt«, wandte er ein. »Ich nicht. Außerdem: Die haben hier unsere Böden verseucht. Lassen einfach Kerosin und anderes in die Erde laufen. Von Ordnung und Disziplin keine Spur.«
Naja, dachte ich, der heutige Wieder-Präsident Russlands, Wladimir Putin, einst in der DDR als Offizier beim Komitee für Staatssicherheit beim Ministererrat der UDSSR (KGB) stationiert, versteht von Ordnung und Disziplin wohl eher zu viel.
Ich spürte, dass es keinen Sinn hatte, näher auf die heutigen politischen und gesellschaftlichen Verhältnisse in Russland einzugehen.

»Bei uns war es einfach besser«, schloss er das Gespräch ab und genehmigte sich ein weiteres Bier.

Das erinnerte mich an die Haltung vieler Mitarbeiter der riesigen DDR-Botschaft in Moskau, deren Gebäude wir 1990/91 zum Teil als Goethe-Institut übernehmen mussten. Mussten, nicht wollten, denn es war ein verschlossener, abgeschirmter und verriegelter Bunker in ungünstiger Verkehrslage. Ja: Kontakte zu Menschen wie du und ich aus dem Brudervolk nicht erwünscht. Und:
»Hier gab es ja nichts zu kaufen«, sagte mir der scheidende Kanzler der DDR-Botschaft. »Wir haben alles, wirklich alles aus der DDR importiert.«
Dass dies der Wahrheit entsprach, merkten wir beim Entrümpeln der Keller. Wirklich alles war da: Nicht nur die unausgepackten, gebundenen Reden von Erich Honecker, dem Partei- und Regierungschef der DDR, sondern auch Hunderte von Tellern, Gläsern – endlos Besteck. Dazu Konserven, Reinigungsmittel, Papierservietten, Klopapier.

Dieter war der einzige Rückkehrer aus dem Westen in das heutige 300-Seelen-Dorf Groß Lüben, dessen Bevölkerung 1945 doppelt so groß war. »Naja, da war noch ein zweiter Rücksiedler, aber der hat wieder aufgegeben, also zählt er auch nicht.« Dieter zog in seinen Familienbesitz ein, in eines der wenigen großzügigen doppelgeschossigen Fachwerkhäuser im Ort – ein Symbol für Status und dörfliche Hierarchie aus vorkommunistischen Zeiten. Nicht weit davon, natürlich an der Dorfstraße, wohnt ein Großbauer in einem eingeschossigen Haus. Es gehört Rainer. Er ist mit meiner Nichte Katharina verheiratet, Tochter meiner Schwester Gerda, die fünf Kinder großgezogen hat.
Bäuerin ist Katharina nicht. Sie erstellt in ihrem Büro Bilanzen und Jahresabrechnungen für das Finanzamt, ein

relativ neuer bzw. ausgeweiteter Beruf in der ehemaligen DDR.

»Buchhalter und Steuerberater«, so belehrte mich Katharina, »gab es früher auch, allerdings nur für die Minderheit der Freiberuflichen.«

»Dann muss das Geschäft heute doch sehr gut laufen«, bemerkte ich.

»Naja, es wird immer weniger, immer mehr Betriebe geben auf, immer mehr Leute wandern ab. Uns fehlt der Mittelstand, Handwerk, Industrie. Die Bevölkerung ist überaltert, der Nachwuchs mäßig. Jeder achte Prignitzer ist Hartz-IV-Empfänger.«

»Und die sogenannten ›Wendekinder‹, die zwischen 1975 und 1985 Geborenen?«, hakte ich nach.

»Die sind im Westen, oder siedeln sich zunehmend im Speckgürtel um Berlin an. Das können auch die Jobportale in den regionalen Zeitungen, die Rückkehrwerbemaßnahmen der Landesregierung und die neu geschaffenen ›Zukunftstage‹ für Jüngere nicht über Nacht ändern. Das alles braucht viel mehr Zeit und Zuversicht, auch wenn unsere Regierung in Potsdam immer mal wieder für Verbreitung von positiven Nachrichten sorgt.«

Tatsächlich hatte ich im *Prignitzer* Ende Juni 2013 gelesen, dass in der Prignitz »nur« noch 12,5 Prozent Arbeitslose gemeldet sind. In Brandenburg waren es damals 9,5 Prozent und in der gesamten Bundesrepublik 6,6 Prozent.

»Habt ihr genügend Ärzte angesichts der alternden Bevölkerung in der Region?«

»Nein«, meinte Katharina, »da herrscht Mangel. Vermutlich ist das in anderen ländlichen Regionen, Ost wie West, genauso. Junge Ärzte zieht es in die Städte. Jetzt will man mehr Ärzte anlocken, beispielsweise mit zinslosen Darlehen bis zu

Euro 50.000. Aber unser Hubschraubereinsatz für akute Notfälle, der funktioniert. Das hast du ja selbst erlebt.«

In der Tat war die todkranke Frau eines Volksschulfreundes von Dieter nachts per Hubschrauber ins nächstgelegene Krankenhaus gebracht worden. Und auch auf Dieters Erdbeerfeldern landete ein Hubschrauber, da ein älterer Selbstpflücker eine Herzattacke erlitten hatte.

»Mit all den vielen Viechern in dieser Gegend hat der Tierarzt wohl besonders viel zu tun?« fragte ich weiter.

»Im Prinzip ja, aber unser Tierarzt hat sich jetzt eine Verwaltungsstelle gesucht, behandelt abends in Groß Lüben nur noch Katzen und Hunde. Davon haben wir auch noch genug«, reagierte Katharina ironisch.

Ich wollte meinen Fragestellungen eine positive Wendung geben, mich nach Dingen erkundigen, die Zukunftsperspektiven eröffnen.

»Wie steht es mit dem deutlich geförderten Tourismus? Überall sind nach der Wende Rad- und Wanderwege entstanden. Selbst zwischen Groß Lüben und Bad Wilsnack ist der Radweg 2012 fertig geworden. Die Landschaft in der Prignitz ist wunderschön, wo gibt es noch so viele Kraniche, Reiher, Singvögel aller Art, selbst Steinadler. Wo in Deutschland gibt es ein Dorf wie Rühstadt mit 153 Störchen, wo vermehren sich die Biber, wo haben Wölfe so viel Nachwuchs? Ein Paradies für Naturliebhaber! Gesamtdeutsch erscheinen mir eigentlich nur die vielen Maulwürfe.«

»An naturliebenden Rucksacktouristen verdient man nicht viel«, kommentierte Katharina realitätsnah. »Die Infrastrukturen sind noch nicht wirklich entwickelt, der ganze Tourismus ist ja relativ neu. Aber das wird langsam kommen, hoffentlich nicht zu schnell und nicht zu kommerziell.«

Katharina war in Bayern aufgewachsen. Hier in Groß Lüben fühlt sie sich mit Mann und vier Kindern wohl. »Uns geht es gut. Bayern vermisse ich nicht. Hier bin ich zu Hause.«

Auch meine Schwester Gerda war keine Bäuerin. Bis zu ihrer Frühpensionierung leitete sie eine Grundschule in der Nähe von Fürstenfeldbruck in Bayern, dann folgte sie ihrem Mann nach Brandenburg. Im Gegensatz zu mir liebte sie aber das Landleben, hatte Freude an ihrer großen Blumenzucht, beobachtete, ob die Kunden die selbstgeschnittenen Blumen auch wirklich bezahlten, organisierte mit ihrem Mann Anbau und Verkauf der Erdbeeren für Selbstpflücker auf ihren Erdbeerplantagen und sorgte für Rezepte bei der Kürbisernte im Oktober. Gerda kann leider nicht mehr erzählen, was dieser Wechsel von West nach Ost für sie bedeutet hatte, wie ihr Ideenreichtum und ihre Initiativkraft in einem Teil Deutschlands ankam, dem ein alles regulierender Fürsorge- oder Mangelstaat – wie man es sehen will – abhandengekommen war und dessen verunsicherte Menschen sich häufig von den selbstbewusst auftretenden Wessis überrumpelt und gedemütigt fühlten. Nur manchmal deutete sie an, wie vorsichtig man als Wessi in der ehemaligen DDR auftreten müsse, wie tief das Misstrauen der Ostdeutschen gegenüber den Westdeutschen saß/sitzt, den Anderen, den fremd Gewordenen. Und dass nur viele kleine vertrauensbildende Schritte die Mauer der Abwehr durchlöchern könnten. Gerda war ein überaus kommunikativer Mensch. Sie besuchte Menschen im Dorf, die nicht mehr beweglich waren. Mit Todesverachtung trank sie dort den vorgewärmten Sekt »Faber«, den billigsten seiner Artgenossen. Auch die lieblichen Weine, die man ihr bei ihren Hausbesuchen anbot, was ja ohne Zweifel nett gemeint war, ertrug sie. Es machte ihr auch nichts aus, von Haustür zu Haustür zu gehen und für einen gemeinsamen Basar an

Weihnachten zu werben, selbst Kuchen backend, als gutes Beispiel voranschreitend.

In Bayern war Gerda als Mitglied des Gemeinderates aktiv in der Gemeindepolitik tätig gewesen. Aber in Groß Lüben fiel und fällt kommunale Lobbyarbeit nicht an. Es gibt keinen Bürgermeister (mehr), keinen Gemeinderat, keine Notablen. Viele Treffpunkte weist das Dörfchen auch nicht auf. Geld kann man kaum ausgeben, weil es nichts zu kaufen gibt. Vergebens sucht man nach einem Lebensmittelgeschäft, einem Metzger, einer Bäckerei, einer Tankstelle, einem Arzt oder gar einer Apotheke, Sparkasse, Post – von einem Kino oder einem Schwimmbad oder welcher Behörde denn auch ganz zu schweigen. Behördliches muss in der 17 Kilometer entfernten Kreisstadt Perleberg erledigt werden. Die ehemals zur evangelischen Kirche gehörende Grundschule in einem schönen alten Backsteingebäude war schon bald nach Ende des Zweiten Weltkrieges geschlossen worden. Zur Grundschule geht es also nach Bad Wilsnack und zum Gymnasium in das 16 Kilometer entfernte Wittenberge. Bis Ende 2012 gab es noch den Gasthof mit Hotelbetrieb »Erbkrug«. Der zog Neugierige, manchmal ganze Busladungen, in das von Gott verlassene Nest. Allerdings hatte der Pächter den Betrieb offenbar so bewirtschaftet, dass er jetzt leerstehend der Bank gehört. Ein neuer Pächter ist angesichts des anstehenden Renovierungsbedarfes nicht in Sicht. Das ist ein wirklicher Verlust. Was bleibt ist das Café Kabel, das von mittwochs bis sonntags auf verirrte Kurgäste aus Bad Wilsnack hofft und mit seinem Cateringservice alle beliefert, die in Groß Lüben und seinem weiteren ländlichen Umfeld feiern wollen. Die Kabels sind ein gutes Beispiel dafür, dass es sich gelohnt hat, eigene Initiativen zu ergreifen.

Gefeiert wird alles, was sich nicht wehren kann: Geburtstage, Jubiläen, Reittourniere in der reiterfreundlichen Region, der Auftakt zur Jagd, die Einschulung der Kinder, und – wie in der Sowjetunion – der Frauentag am 8. März und der Tag des Kindes am 1. Juni. Nach der Wende neu geschaffene Feste kommen hinzu, wie beispielsweise die Karl-May-Veranstaltungen oder die mittelalterlichen Feste auf der nahe gelegenen Plattenburg. Schließlich Frühlings-, Sommer-, Herbst- und Winterfeste und endlose Vereinsfeste, die in den regionalen Zeitungen *Der Prignitzer* und *Märkische Allgemeine* seitenlang angekündigt werden.

Vereinsfeste sind in Westdeutschland genauso beliebt, dachte ich. Bei regelmäßiger Lektüre fiel mir allerdings auf, dass viele Vereine, Stiftungen und deren Aktivitäten – fröhlicher wie ernster, nachdenklicher Art – erst vor 20 oder 25 Jahren ins Leben gerufen worden waren, also nach der Wiedervereinigung. Die Radfahrer-»Tour de Prignitz« gibt es seit 1997, lese ich da. Die Veranstaltungsreihe »Sommer Prignitz« geht in die 22. Saison. Das Plattenburg-Spektakel, ein buntes Treiben im mittelalterlichen Gewande, fand 2013 zum 21. Mal statt und lockte Tausende Besucher an. Dass auch 2013 zum ersten Mal ein Fest zur Sommersonnenwende mit Blütenkränzen im Haar und Johanniskrautsträußchen in der Hand zur Abwehr jedweder Unbill veranstaltet wurde, wäre zur Zeit der Kommunisten nicht denkbar gewesen. Die wie Pilze aus der Erde geschossenen Karnevalsvereine sind meist auch nicht älteren Datums. Und ebenso wenig die Gedenktage zu Nazi-Verbrechen, wie der 27. Januar, der internationale Holocaust-Gedenktag oder die Veranstaltungen der Stiftung »Brandenburgische Gedenkstätten«, die die ehemaligen Konzentrationslager Sachsenhausen und Ravensbrück verwalten und sich darum bemühen, die Erinnerung an die schreckliche Vergangenheit dieser Orte nicht vergessen zu lassen. Diese Stiftung gibt es ebenfalls erst seit 1993.

Auch die im Westen seit Jahr und Tag populären Vereine mit relativ großer Breitenwirkung vor allem in ländlichen Gebieten, wie Heimat und Schützenvereine, sind erst nach der Wende gegründet worden. Ein Vertriebenen-Verein existierte nie.

»Natürlich nicht«, kommentierte Dieter. »In der DDR gab es keine ›Vertriebenen‹, nur ›Umsiedler‹.«

»Aber euer ehemaliger Dorfpolizist war doch ein Vertriebener aus der ehemaligen Tschechoslowakei«, warf ich ein, »deshalb fährt er mit seiner Frau fast jedes Jahr nach Marienbad. Eine zwischen Hitler und Stalin vertraglich geregelte ›Umsiedlung‹ von Deutschen gab es nach dem geheimen Hitler-Stalin-Pakt vom 23. August 1939 doch nur mit den baltischen Ländern.«

»Weiß ich doch«, meinte Dieter kurz, »aber von ›Vertriebenen‹ aus den sozialistischen Bruderländern nach dem Krieg zu sprechen, passte eben nicht in die neue Staatsideologie. Also waren das ›Umsiedler‹. Basta, und«, fügte er sarkastisch hinzu, »wieso Schützenvereine? Geschossen wurde nur unter staatlicher Aufsicht! Ja, und ›Heimat‹, das war der Kommunismus. Die kapitalistischen Wurzeln, Traditionen, Zugehörigkeiten, die waren hier erfolgreich überwunden.«

Heimat?

Nur ein paar Mal erahnte ich, was Menschen unter Heimat verstehen können. Einmal im Jahre 1992 fragte mich meine engste russische Mitarbeiterin am Goethe-Institut in Moskau, was denn das für ein Ring sei, den ich Tag und Nacht trug. Als ich ihr erklärte, dass dieser von meiner Patentante vom Gut Latzig bei Kolberg aus dem längst verlorenen Pommern stamme, sagte sie ganz traurig:

»Du hast jedenfalls ein Erinnerungsstück. Du kannst irgendwo anknüpfen. Das haben wir nicht. Wir fassen immer nur ins Leere.«

»Griff man auch in Groß Lüben und Umgebung ins Leere, obwohl es dort im Gegensatz zu Russland noch Großmütter gab, die Erlebtes weiter erzählen können?«

Gleich nach der Wende, so entnahm ich der *Märkischen Allgemeinen*, taten sich im nahegelegenen Dorf Groß Breese heimatinteressierte Einwohner zusammen, gründeten 1996 ihren Heimatverein und organisieren jetzt in einer umgebauten Scheune eine Dauerausstellung mit Gegenständen bäuerlicher Alltagskultur aus vorkommunistischen Zeiten. Und die Zeitschrift *Prignitzer Heimat*, die ab 1987 vorsichtig vorbereitet wurde, verkündete 2012:

»Wir wollen nicht, dass das Heimatgefühl nur bei der älteren Generation angesiedelt ist. Die Jugend verlässt die Prignitz und geht dahin, wo Geld verdient wird. Es droht Heimatlosigkeit. Dem wollen wir entgegensteuern.«

Dieser Wunsch nach einem näheren Miteinander anstatt des misstrauischen Nebeneinanders, wird von vielen neuen Stiftungen gestützt.

Anlässe zum Feiern also überall. Ganz oben auf der Feierliste waren und sind Geburtstage. »Ich gehe zu 28 Geburtstagen im Jahr«, sagte mir eine von Dieters Aushilfskräften.

»Wie entsetzlich«, entschlüpfte es mir.

»Aber nein, das ist ganz wunderbar. Sie müssen ihren Geburtstag hier auch feiern. Da dürfen Sie nicht kochen und nicht auf den Erdbeerfeldern stehen. Das ist doch ihr großer Tag.« Ich erstarrte.

»Woher wissen Sie denn, dass ich bald Geburtstag habe?«

»Das wissen wir alle im Dorf.«

Da stand ich nun in der brandenburgischen Pampa, war allem Rummel in Köln entgangen und auch den Feiervorstellungen meiner niederländischen Familie und jetzt das.

»Du musst nicht feiern«, beruhigte mich Dieter. »Vergiss nicht, ›die da oben‹ haben zu DDR-Zeiten das pausenlose Feiern ja nur zur Ablenkung aus dem grauen Alltag unterstützt. Und jetzt haben die Leute das Feiern eben verinnerlicht.«

»Gab es denn genügend zu essen und zu trinken in jenen kargen Zeiten?« wollte ich wissen. »Naja, Radeberger Pils wurde nicht angeboten, das Bier war ein Exportschlager und Devisenbringer. Aber selbstgemachte Kuchen, zeitweise echten, importierten Kaffee, später Muckefuck und Schnaps unterschiedlicher Qualität waren immer da. Und auch ›Ketwurst‹, ›Grilletten‹ und ›Broiler‹.«

»Wie bitte?«

»Ganz einfach: Ketchup und Wurst ergibt ›Ketwurst‹. ›Hot dog‹ hätte zu westlich geklungen. ›Grilletten‹ sind schlicht ›Hamburger‹, aber Hamburg liegt im Westen. ›Broiler‹ steht für gegrilltes Hühnchen.«

»Broiler klingt sehr westlich, ja amerikanisch«, warf ich ein.

»Vielleicht wollte die DDR-Führung einen Hauch Exotik in das magere Angebot bringen«, spottete Dieter, »suche nicht immer nach Logik.«

Wohl war.

Auch ich war bei Feiern anderer im Dorf gelegentlich dabei. Erst Kaffee und Kuchen, dann viel Bier und Schnaps. Wein war nicht gefragt. Wenn überhaupt, dann höchstens ein lieblicher, vielleicht auch noch ein lieblicher Sekt. Beide waren zu meiner Enttäuschung auch sehr beliebt in der ehemaligen Sowjetunion. Ich hielt mich also notgedrungen an Wasser, da ich mich auch in Russland nie an süßlichen

Sekt oder gar Wodka hatte gewöhnen können. Die Ablehnung von letzterem wird in Russland nur einer Frau verziehen.

»Wie war denn die große Alkoholproduktion möglich?«, wollte ich wissen.

»Kein Problem«, war die eindeutige Antwort. »Kartoffeln, Getreide und Zuckerrüben konnten wir immer organisieren. Bei der Produktion von Schnaps waren wir Weltspitze, aber die Russen hatten das auch raus. Und die anderen da drüben im Osten auch. Unsere Frauen tranken lieber ›Pfeffi‹ (Pfefferminzlikör) oder ›Kali‹ (Kaffeelikör) oder ›Goldi‹ (Goldbrand). Heute sind wir viel gemäßigter.«

Davon konnte ich zwar nichts merken, aber bei DDR-Geburtstagsfeiern war ich nie dabei gewesen. Wenn mein Schwager Dieter im September seinen Geburtstag feiert, kommen die Leute aus dem Dorf und der Umgebung – eingeladen oder nicht – und jeder bringt eine Flasche Schnaps mit. Natürlich hat Dieter auch schon vorher entsprechend eingekauft. Die übrig gebliebenen Flaschen verschenkt Dieter dann bei der nächsten Geburtstagsfeier weiter. So bleibt der Kreislauf erhalten.

Bei zunehmendem Bier- und Schnapskonsum werden ältere Ossis auch gegenüber mir Wessi gesprächiger, kommen bald auf früher zu sprechen, auf ihr Leben im Arbeiter- und Bauernstaat DDR.

»Für mich war das damals ganz einfach«, sagte einer, »ich bin nie an die Grenze zur BRD gegangen, also konnte ich auch nicht erschossen werden.«

Der Glückliche, dachte ich, an dem ist jede kommunistische Ideologie schlicht und einfach abgeperlt. Dann fügte er hinzu:

»Früher hatte ich ein besseres Einkommen. Um 10 Uhr morgens betrachtete ich meine Schicht bei der LPG (Landwirtschaftlichen Produktionsgenossenschaft) als beendet. Dann machte ich mich auf, Futter für meine Schweine, Rinder und Hühner und was ich sonst noch so für meinen zugelassenen Kleinbetrieb brauchte, zu ›organisieren‹. Zur Versorgung der Bevölkerung brauchten die unsere Privatbetriebe ja. Einmal war ich gerade dabei, aus einer Miete der Kolchose Kartoffeln zu buddeln. Da hörte ich ein verdächtiges Geräusch und duckte mich. Als ich vorsichtig wieder meinen Kopf hob, erkannte ich auf der anderen Seite der Miete einen Bekannten. ›Ach du bist es!‹ Und dann bedienten wir uns beide. Unser Staatsratsvorsitzender Erich Honecker hat immer gesagt: ›Aus den Betrieben kann man noch viel mehr rausholen.‹ Daran haben wir uns gehalten.«

»Es stimmt also, was der erste und letzte freigewählte Ministerpräsident der DDR, Lothar de Maiziere, in einem Interview 2015 gesagt hat: »Solange die DDR existierte, klaute jeder was er konnte.«

»Na klar«, gab er breitlachend zu. »Es hieß zwar immer ›ohne Gott und Sonnenschein fahren wir die Ernte ein‹ – wahrer war aber ›ohne Sonnenschein und Gott ist die LPG bankrott‹. An meinen Viechern habe ich weit mehr verdient als bei der LPG. Der Staat kaufte uns Fleisch und Eier, Gemüse an den offiziellen Sammelstellen zu hohen Preisen ab, verkaufte einen Teil ins Ausland, weil er Devisen brauchte und brachte den Rest zu niedrigsten, also hoch subventionierten Preisen in unsere Läden. Die haben wir uns dann für wenig Geld wieder geholt und an den Staat zurückverkauft. Leider haben *die* das eines Tages geschnallt und dieses Doppelgeschäft abgeschafft. Besser als damals ist es mir nie gegangen.«

»Ja«, sekundiert ein Metzger, »früher waren mein Fleisch und meine selbstgemachte Wurst sehr begehrt. Heute geht das Geschäft schlecht.«

»Kein Wunder«, murmelt mir jemand ins Ohr, »früher hat er unter dem Ladentisch meist nur die Prominenten bedient – den Ausdruck ›Bückware‹ kennen Sie doch sicherlich – die kleinen Leute bekamen nicht viel ab. Jetzt rächen sie sich und kaufen nicht mehr bei ihm in Bad Wilsnack. Es liegt nicht nur daran, dass Bad Wilsnack heute einen kleinen Edeka-Supermarkt hat, zu dem sich 2014 noch ein Netto-Markt gesellt hat. Die Leute vergessen nichts, auch wenn sie nicht darüber sprechen. Hier kennt jeder jeden, weiß von den Vergangenheiten.«

»Früher waren wir solidarischer, haben besser zusammengehalten«, äußerte ein Mann so um die 70 herum.

Das kann ich mir vorstellen, dachte ich. Es gab mehr Kindergärten, mehr Kulturzentren, mehr Nachbarschaftshilfe mittels des Tauschhandels mit Naturalien, wie in der Sowjetunion. Man half sich solidarisch aus, denn »die da oben«, brachten nicht immer alles zustande, was »die da unten« begehrten. Und die Indoktrination schob man beiseite. Aber eigentlich müsste er doch auch anerkennen, dass heute die Friseuse aus Bad Wilsnack zu behinderten Kunden ins Haus kommt, der Arzt Hausbesuche macht, ein Hubschrauber bei Notruf akute Fälle ins nächste Krankenhaus bringt, die Fußpflegerin anreist. Und als die Elbe und ihre Nebenflüsse im Juni 2013 mit ungeahnter Macht über die Ufer traten und viele Existenzen vernichteten, da halfen alle mit, füllten Sandsäcke, verpflegten die Helfer, spendeten Geld und Naturalien, brachten die Kinder in die Schule, da keine Omnibusse mehr fahren konnten, standen Wache, weil auch die Erdbeerernte meines Schwagers akut bedroht war. Da herrschte doch Gemeinschaftssinn!

Als Wessi behielt ich meine Gedanken aber für mich. Nicht so mein Ossi-Wessi-Ossi Schwager Dieter:

»Was«, rief er, »was heißt hier solidarisch? Wenn drei Leute damals zusammen waren, gehörte einer von ihnen doch zur Stasi.«

»Naja, das hat es auch gegeben«, war die zurückhaltende Reaktion.

Wer, wann, wie und ob überhaupt zum »inoffiziellen Mitarbeiter« (IM) des Staatssicherheitsdienstes (Stasi) wurde, schwebt immer noch als Halb-Geheimnis über dem Dorf. Sicher ist, dass der Sohn einer Einheimischen für zwei Jahre ins Gefängnis kam, weil er beim Bier über den sowjetischen Einfall in die ČSSR 1968 gesagt hatte:

»So ein Wahnsinn! Was wollen die denn da?«

Ein anderer steht heute noch unter Verdacht. »Der hatte plötzlich einen Keramikofen. So ein Privileg. Das bekam nicht jeder. Also, der war IM. Das pfeifen doch die Spatzen von den Dächern. Naja, ist lange her.«

Gut 25 Jahre nach der »Wende« ist die Nostalgie nach vergangenen abgesicherten Zeiten bei den Älteren immer noch präsent, auch im Seniorenclub in Groß Lüben, den Dieter manchmal besucht.

»Irgendwo kann man sie ja begreifen«, meint er dazu. »Jeder muss sein Leben auf seine Art leben. Und in dem Alter kann man sich nicht mehr ändern. Ich sage bei den Senioren nichts. Obwohl«, gibt er zu bedenken, »die Leute sich doch die Frage stellen müssten, warum sie den Übergang von der Nazi-Diktatur zur kommunistischen Diktatur so einfach hingenommen haben. Tut aber keiner.«

Katharinas Mann, Rainer, dem Großbauern, sind nostalgische Gedanken fremd. Er gehört zur Zwischengeneration.

»Gelitten habe ich in der DDR nie. Ich war auf dem Gymnasium und studieren konnte ich auch, denn meine Eltern waren ja Bauern. Die Wende kam für mich genau richtig. Mit 28 Jahren konnte ich mich selbstständig machen, und es geht uns gut.«

Das trifft auch auf den Autohändler weiter unten an der Dorfstraße zu. Auch er ergriff die Chance zu einem unternehmerischen Leben. Rainer liebt seinen Viehbetrieb, will möglichst nie verreisen und schätzt ein Bierchen mit den Nachbarn.

Dass die Auseinandersetzung mit der Stasi-Vergangenheit die Gemüter vielerorts in Brandenburg bewegt, scheint in Groß Lüben keinen spürbaren Niederschlag zu finden. Im März 2010 hatte der brandenburgische Landtag eine Enquete-Kommission eingesetzt zur »Aufarbeitung der Geschichte und Bewältigung von Folgen der SED-Diktatur und des Übergangs in einen demokratischen Rechtsstaat Brandenburg«. Seither folgten Schlagabtausch auf Schlagabtausch auf politischer und medialer Bühne, also auch bei den betroffenen Regionalzeitungen, die ich in Verkaufspausen auf den Erdbeerfeldern studierte. Wer von den früheren Mitarbeitern aus der Leipziger Journalisten-Kaderschmiede, dem »Roten Kloster«, wurde von den neuen meist westdeutschen Zeitungseigentümern übernommen? Wer nicht? Warum? Hätte man fast alle entlassen sollen, einen drastischen Schritt machen, Zeitungen also ohne erfahrene Journalisten produzieren sollen, so zu tun, als gäbe es mit 1989 eine Stunde null? Und wie mit den Politikern, Abgeordneten, Bürgermeistern, Richtern, Beamten, Lehrern, Soldaten mit nachgewiesenen Stasikontakten umgehen, von eklatanten Fällen an Machtmissbrauch, Selbstbereicherung, Korruption, Gnadenlosigkeit einmal abgesehen? Letztere, die meisten jedenfalls, wurden entlassen, bestraft. Aber was tun mit der großen Masse, den Mitläufern?

Alle hätten zurücktreten müssen, war der Tenor in einigen wenigen Leserbriefen in der *Märkischen Allgemeine* und in *Der Prignitzer*. Nein, schreiben die meisten. Nicht jeder IM hat sich schuldig gemacht. Wessis sollten darüber schon gar nicht urteilen, die haben ja keine Ahnung. Speziell zum Fall von Ex-Landesvater Manfred Stolpe hieß es immer wieder sinngemäß: Wir haben von Stolpes Stasi-Kontakten gewusst, als wir ihn und seine SPD 1994 mit 52 Prozent wählten und 1999 mit 37 Prozent. Er und andere mussten doch im Gespräch mit den Mächtigen bleiben, um zwischen Kirche und Staat, Opposition und Macht zu vermitteln.

Und, hieß es in einem Leserbrief im *Prignitzer*: Joachim Gauck hatte zu DDR-Zeiten auch nachweislich und notwendigerweise Kontakte zum Staatsicherheitsdienst. Als er nach der Wende die Behörde des »Bundesbeauftragten für die Unterlagen des Staatssicherheitsdienstes der ehemaligen Deutschen Demokratischen Republik« (BStU) leitete, wusste er, dass sich unter den 1700 Mitarbeitern auch Stasileute befanden. Aber er ist doch Bundespräsident geworden – ein wirklich guter. Ein klassischer Dissident aber war der nicht.«

Diese uralte Dilemma-Situation – wer hat wann, im welchem Ausmaß, zu welchem Ziele mit den herrschenden Diktatoren kooperiert, kooperieren wollen oder müssen? – war mir in meinen sechs Jahren im Spanien der auslaufenden Franco-Ära bewusst geworden. In der auslaufenden Sowjetunion stellte sich diese kaum zu beantwortende Frage erneut. Aber darüber spricht niemand in Groß Lüben. Die Landeshauptstadt Potsdam ist weit weg und die Hauptstadt Berlin auch, jedenfalls mental.

»Jetzt heißt es auch noch bei euch, dass wir ein Unrechtsstaat waren«, erbost sich ein mit Dieter befreundeter Anwalt. »Die

Staatsführung, ja die hat vieles falsch gemacht. Aber wer hatte denn die besseren sozialen Einrichtungen? Ihr oder wir? Warum musste alles über Nacht privatisiert werden mit vielen Arbeitslosen als Folge und dem Gefühl überflüssig zu sein? Wir wollten einen Sozialismus mit menschlichem Antlitz. Nicht alle Menschen taten Unrecht. Lesen Sie doch mal die lebhaften Diskussionen in unseren Zeitungen.«

Ja, die hatte ich gelesen, aber viele andere wohl nicht.

»Vergiss nicht«, sagt Katharina, »die meisten im Dorf lesen gar keine Zeitung, höchstens die kostenlosen, den *Wochenspiegel* am Samstag und den *Express* am Mittwoch. Da steht neben Billigangeboten und Ankündigungen von Festen nicht viel drin.«

»Niemand im Dorf hat einen Antrag auf Einsicht in seine Akte gestellt«, ergänzt Dieter nüchtern. »Ist ja auch nicht nötig«, fügt er ironisch hinzu. »Man kennt sich ja. Der ›Mephisto‹ – Dieter hat für all seine Bekannten und Nachbarn einen Spitznamen – war auch mal eingebuchtet. Er soll als Bauleiter auf der Kolchose für Unterschlagungen verantwortlich gewesen sein. Nur Bauleiter wäre er wohl ohne Stasikontakte nicht geworden. Aber von der Vergangenheit spricht er nicht, und ich spreche ihn auf diese nicht an.«

Katharinas Kinder sind von allen Vergangenheiten völlig unbelastet, wissen gar nicht, was die Freie Deutsche Jugend (FDJ) war, was es hieß zu den Pionieren zu gehören. Namen kommunistischer Theoretiker wie Karl Marx oder Friedrich Engels, von Politikern wie Ernst Thälmann oder Wilhelm Pieck, immerhin der erste Präsident der DDR, und so vieler anderer, sagen ihnen nichts. Zwar hießen die Straßen und Schulen nach diesen kommunistischen Größen – einige werden, begleitet von vielen Diskussionen, heute immer noch unbenannt – aber für die Kinder ist das kein Thema.

Ich habe als 15-Jährige auch nicht gewusst, welche Straße einmal nach Adolf Hitler benannt worden waren. Im Gegensatz zu ihrem Großvater Dieter droht ihnen in der Schule auch nicht mehr die Frage, welche Errungenschaften des Generalsekretärs des Zentralkomitees der Kommunistischen Partei der Sowjetunion, Josef Stalin, ihnen am meisten imponiert hätten. Als Schulkind hatte Dieter zur Empörung des Lehrers gemeint, dass ihm dazu nichts einfiele. Nein, sie wachsen unbekümmert auf, gehen in weiterbildende Schulen, treiben Sport, lesen, sammeln Briefmarken und versuchen, bei der Erdbeerernte ihr Taschengeld möglichst mit Trinkgeldern, weniger mit anstrengendem Pflücken aufzubessern. Nicht vorgeprägte Kinder also. Sie leben im Jetzt, wie Kinder wohl fast überall. Aus dem Dorf wollen sie nicht weg. Für sie ist die Welt noch in Ordnung. Fragen werden sie vielleicht später stellen.

»Sabine«, fragte ich 2012 meine 15-jährige Großnichte, »du liebst doch das Fach Geschichte. Was lernt ihr da über die ehemalige DDR?«

»Die kommt erst nächstes Jahr dran. Wir sind jetzt beim Zweiten Weltkrieg.«

»Es waren also noch keine Zeitzeugen bei euch in der Schule, die über ihre oft schmerzhaften Erfahrungen in der ehemaligen DDR berichten, die erzählen, wie sich persönliche Einschränkungen, Überwachung, Berufsverbot, Enteignungen auf ihr Leben ausgewirkt haben?«

Man sagt zwar, dass an diesem 2011 gestarteten und vom Bund mitfinanzierten Zeitzeugenprogramm die ostdeutschen Länder nicht besonders interessiert seien. Dennoch haben schon viele Gespräche zwischen Schülern und Zeitzeugen in Brandenburg stattgefunden.

»Vielleicht«, meint Sabine, »kommt einer im nächsten Jahr. Dann sind wir bei der Nachkriegsgeschichte. Mich interessiert das. Übrigens, zu meiner Arbeit über den Zweiten Weltkrieg habe ich noch ein paar Zeitzeugen interviewen können. In diesen Gesprächen konnte ich noch sehr vieles erfahren und auch begreifen.«

»Warst du einmal im DDR-Museum in Perleberg oder in Berlin?«

»Nein, in Perleberg habe ich mir gerade einen I Pod besorgt, und nach Berlin fahren wir eigentlich nur mit Freunden zum Shoppen. Aber Geschichte ist wirklich interessant. Ich mag die germanischen Sagen und Götter und liebe Shakespeare und seine Zeit. Wunderbar seine Sonette. Kennst du die?«

»Ja«, erwidere ich, die Historikerin und Anglistin. Dann machten wir einen kleinen Schnelllauf durch die jüngste europäische Geschichte, über die sie erstaunlich gut informiert war. Aufgesogenes Wissen, aber natürlich kein gelebtes Leben. Ehrlich gesagt, mir ist es als 15-Jährige auch nicht anders ergangen. Wenn mir mein Großvater vom Ersten Weltkrieg erzählte und von seinen vielen Reisen, dann lauschte ich als Kind begeistert, weil ich ihn liebte, ohne die damaligen Zeitumstände wirklich erfassen zu können. Aber etwas bleibt aus der Vergangenheit doch immer hängen, wie mir viel später bewusst wurde.

Sabines jüngere Schwester Marie-Therese wagte ich gar nicht, nach den DDR-Museen zu fragen. Sie ist Praktikerin. Eine Leseratte wie Sabine ist sie nicht, dafür aber außerordentlich sozial. Geschichte, Geographie, Lesen, Schule überhaupt sind keine Prioritäten.

Auch für Robert, den Jüngsten, ist Schule eher eine Plage. »Geschichte«, sagt er, »das ist doch das, was vorbei ist. Das brauche ich also nicht. Und Englisch«, stöhnt er während meines Nachhilfeunterrichtes, »brauche ich auch nicht, denn ich werde in Groß Lüben Bauer.«

Da muss einem erst mal blitzschnell eine so einfach verfasste wie einleuchtende Reaktion einfallen, die einem Jungen, der noch nichts von der Komplexität von Geschichte, Vergangenheiten und der englischsprachigen globalisierten Welt verstehen kann, anspricht. Ich war nicht schlagfertig genug, da zu verblüfft von dieser kindlichen Logik. Die überzeugende Antwort kam erst Monate später von Roberts Onkel Georg Huber, einem Landwirt in Bayern. Dorthin zog und zieht es den landwirtschaftlich begeisterten Robert jedes Jahr in den Herbstferien zur Kartoffelernte. Eines Tages fragte er Georg, warum denn die Felder in Bayern so klein seien, in Brandenburg seien sie doch viel, viel größer. Georg erklärte ihm, dass seinen Großeltern und anderen mittelgroßen Bauern in Brandenburg die vielen kleinen Äcker vom Staat weggenommen wurden und zu Großflächen vereint wurden. In Bayern sei das nicht passiert. Da hätten die Menschen anders gedacht. Das hätten sie nicht gewollt. Robert begriff wohl zum ersten Mal, dass Geschichte nicht vorbei ist, sondern dass die Bodenreform und Zwangskollektivierung Auswirkungen auf die Gegenwart haben.

Während er abends Berge an Bratkartoffeln in sich hinein stopfte, sagte Robert erregt:
»Die haben Papa und Großvati schon wieder beklaut. Das finde ich nicht gut.«
»Ja«, grollt Dieter, »die Zwiebeln sind weg, die ich zum Trocknen ausgelegt hatte, und auch das Bier, das noch im Kühlschrank bei den Erdbeerfeldern lagerte. Selbst das Leergut hat die Bande mitgenommen. Nur 200 Meter vom Haus weg. Alles muss man wegschließen. Jetzt haben die auch noch den Diesel aus meinen Traktoren und denen von Rainer mit Schläuchen herausgesogen und meine teure Holzsäge wurde auch fachkundig abmontiert und mitgenommen.

Das können nur Leute aus dem Dorf gewesen sein, die sich auskennen.«

»War das denn in eurem bayerischen Dörfchen Rottenfuß (bei Fürstenfeldbruck) anders?«, fragte ich vorsichtig.

»Natürlich wird überall gestohlen«, bemerkte er kurz, »aber in Bayern ist nie etwas weggekommen, obwohl die Haus- und Kellertüren immer offen standen, wir die Garagen und die Scheunen nie verschlossen hatten und unser Haus und das Gelände ja nun weiß Gott abgelegen waren. Nein, hier im Osten ist im Unterbewusstsein noch immer ein anderer Eigentumsbegriff. Alles gehört dem Volk, also kann man sich auch alles nehmen.«

»Der Eigentumsbegriff scheint sich aber doch verändert zu haben«, werfe ich ein, »in Groß Lüben scheint jeder Wert darauf zu legen, in seinem eigenen Häuschen zu wohnen. Vermieter sind mir nur wenige begegnet.«

»Das hat andere Gründe«, gab Katharina zu Bedenken. »Tief sitzt die Erinnerung, dass Vermieter keinerlei Rechte hatten. Der Staat garantierte lächerlich niedrige Mieten, viel zu wenig, um damit Häuser oder Wohnungen zu unterhalten oder gar privat noch etwas dazu zu verdienen. Auch heute sind die Mieten in unserer Gegend noch sehr niedrig. Und Baumaterialien gab es ja auch nicht. Die ließ man häufig von den Kolchosen mitgehen, wollte man das Notdürftigste reparieren.«

Das erinnerte mich an das erste russische Wort, das ich 1990 in Moskau gelernt hatte: *remont*, auf Deutsch »Instandsetzung«. Mit der Freigabe des Rubels 1991 erschienen über Nacht Zement, Farben, Pinsel, Tapeten, Werkzeuge und was man sonst noch so für Restaurierungen braucht. Davor hatte der einzige Vermieter, der Staat, wenig zur Instandhaltung beigetragen, sieht man einmal von den Gebäuden der Partei und den Wohnungen hochrangiger Politiker ab. In denen gab es beispielsweise westliche Türgriffe und westliche Klodeckel, nicht die aus dünner, verschlissener Plastik, über denen man schweben musste, um nicht in den Po gezwickt zu werden. Aber selbst diese bessere Ausstattung war relativ bescheiden im Vergleich zum heutigen überbordenden Luxus in den Villen der Neureichen, die ein wilder Kapitalismus nach oben geschwemmt hat.

Mit dem Transformationsprozess nach der Wende von 1989 entstanden in der DDR keine »blühenden Landschaften« zum Nulltarif, wie der Kanzler der Einheit, Helmut Kohl (1982–1998), damals verkündet hatte. Über Jahrzehnte geprägte Verhaltensweisen und Denkmuster lassen sich nicht so schnell umbauen wie marode Gebäude. Und selbst diese, vor allem die endlosen tristen Plattenbauten an der Peripherie von Groß- wie Kleinstädten erwiesen sich als resistent. Ich will glauben, dass die von der Bundesrepublik eingesetzte Treuhandgesellschaft ernsthafte Versuche unternommen hat, die DDR zu reparieren, Licht in ungeklärte Eigentumsverhältnisse zu bringen, zur wirtschaftlichen Sanierung mit viel Geld beizutragen. Oft standen dabei die rein wirtschaftlichen Interessen westdeutscher Unternehmer, die nichts von der staatsgelenkten ostdeutschen Denkungsart wussten, im direkten Konflikt mit der überhöhten Erwartungshaltung sprachloser ostdeutscher Bürger, die wiederum die harte Realität eines relativ staatsfernen westlichen Marktes nur in versüßter Form über das West-Fernsehen kannten.

Als die Mitarbeiter der riesigen DDR-Botschaft in Moskau 1991 das Feld räumen mussten und die Bundesregierung die Gebäude übernahm, waren viele von ihnen verunsichert. Was sollte aus ihnen werden?

»Ich würde gerne in Moskau bleiben«, sagte mir einer. »Russisch kann ich gut und habe auch Freunde hier. Aber wie komme ich an Arbeit, eine Wohnung?«

»Versuchen Sie es doch über eine Annonce!«, war meine spontane Antwort. Das war das Dümmste, was ich hätte sagen können.

»Was ist eine Annonce?«, war seine Reaktion.

Ich hätte wissen müssen, dass kapitalistische Begriffe wie Annonce, Werbung, Reklame, Eigeninitiative, Wettbewerb, Konkurrenzdenken und viele andere mehr in der sozialistischen Wirtschaftsordnung gar nicht existieren konnten. Der Staat regelte doch alles.

»Vielleicht gehen Sie doch besser zur staatlichen russischen Vermittlungsbehörde«, murmelte ich beschämt. »Ihre russischen Freunde werden Ihnen helfen. Hier läuft doch alles über Kontakte.«

In der DDR führte dieser von der Treuhand gesteuerte marktwirtschaftliche Aufbruch oft zu beinahe surrealistischen Ergebnissen, auch bei Gerda und Dieter.

Sie unterhielten bis Ende der neunziger Jahre eine Erdbeerplantage für Selbstpflücker bei Wittenberge. Ich wollte einmal wissen, wie so ein Betrieb auf dem Lande funktioniert. Betriebsabläufe haben mich immer interessiert. Also fuhr ich morgens sehr früh mit Gerda mit. Ein bizarres Bild bot sich mir. Die ersten gigantischen Supermärkte waren in der Nähe geplant. Neue Asphaltstraßen waren angelegt, führten aber nirgendwo hin. Technisch erschienen sie mir perfekt wie die Tag und Nacht brennenden Straßenlaternen an ihren Seitenrändern auch. Aber was beleuchteten die Laternen? Sie strahlten nicht auf Zufahrtswege oder Parkplätze, sondern auf die Erdbeerfelder rechts und links des Asphaltes. Zu schnell, zu groß, zu konzeptlos war die Supermarktanlage aus dem Boden gestampft worden. Was für eine Fehlplanung.

Hatte man erwartet/gehofft, dass die Zahl der Arbeitslosen oder späteren Hartz-IV-Empfänger nicht so drastisch steigen und die der kaufkräftigen Kunden nicht weiter absinken würde, dass ein geeintes Deutschland in kürzester Zeit auch glücklich verbunden mit einem westdeutschen Wirtschaftsmodell sein würde? Dass die Nachfrage nach einem nie dagewesenen Warenangebot stetig wachsen würde? Hatte man damit gerechnet, dass mit der Abschaffung der innerdeutschen Grenze auch die mentalen Grenzen leichtfüßig mit Geld und Kaufrausch allein überwunden werden könnten?

»Scheiß-Kapitalisten«, tobte ein Erdbeerpflücker 2015, als ich seine gepflückten Erdbeeren abwog. »Es geht immer nur um Geld, Geld, Geld. Jetzt auch bei uns . Keiner gönnt dem anderen mehr was.«

Diese Befürchtung hatte bereits Anfang der neunziger Jahre der wohl bekannteste russische Germanist, Professor Albert Karelski, geäußert, als er deprimiert von der Ablösung der kommunistischen Diktatur durch die Macht der Märkte sprach. »Ist der Markt erbarmungsloser als die Zensur?« hieß sein Beitrag in einer Zeitschrift. Unberechtigt war und ist die Frage nicht.

Im Kleinen macht sich dieser Wandel auch in Groß Lüben bemerkbar. Gerdas und Dieters Haushaltshilfe bezieht Arbeitslosengeld II, also Hartz IV, ebenso wie ihr Mann, beide Mitte/Ende fünfzig. Und auch ihre erwachsene Tochter. Bis zu Euro 400 darf die Haushaltshilfe, angestellt bei einer Reinigungsfirma in der Region, monatlich dazu verdienen, inklusive des mit der Reinigungsfirma vertraglich vereinbarten Verdienstes bei Gerda und Dieter. Das scheint ihr auch zu reichen. Kosten für spezielle Putzmittel drücken jetzt nicht mehr auf ihr Haushaltsbudget. Die sind in der Firma vorhanden.

»Wollen Sie nicht weiterkommen, Sie sind doch noch jung? Da wäre noch eine zweite sehr zuverlässige Putzstelle in Groß Lüben und wer weiß, was noch ansteht. Sie wären freier, unabhängiger, könnten ohne den Staat letztlich mehr verdienen und würden diesen entlasten«, gab ich ihr zu bedenken. „Sie könnten selbst Initiativen entwickeln und das sicher mit Erfolg bei ihrer praktischen und lebensoffenen Einstellung.«

»Nein, nein«, wehrte sie ab, »dann kürzt mir der Staat die Hartz-IV-Gelder, meine gesicherte Grundlage. Und dazu ist der Staat verpflichtet.«

»Der Staat, das sind doch wir alle, die Steuerzahler, wir bezahlen Ihre Hartz-IV-Gelder für Sie!«

»Nein, der Staat ist der Staat.«

Dann machte sie sich wieder an die Arbeit, gewissenhaft, alle Bitten, die sie als Aufträge verstand, erledigend, fröhlich und herzlich, auf die abgesprochene Minute genau, keine Sekunde länger.

»Mit dieser Haltung habe ich oft zu tun«, ärgert sich Katharina, die Buchhalterin. »Dass die Menschen hier wie anderswo Steuern zahlen müssen, damit ein Staat überhaupt Hartz-IV-Gelder zahlen kann, wird kaum gesehen. Bei vielen ist immer noch im Bewusstsein verankert, dass dem Staat die Rolle eines Alleinversorgers zukommt, und die Menschen nicht für einen funktionsfähigen Staat sorgen müssen. Der Staat ist verantwortlich, nicht die Bürger. Am liebsten möchte man an den alten Sicherheiten festhalten, bedauert, dass es das alte Recht auf Arbeit nicht mehr gibt – da war es ja egal, ob man sich anstrengte oder nicht – und möchte die vielen neuen Freiheiten schlicht dazu addieren. Das ist bei uns auf dem Land sicherlich noch ausgeprägter als in den Städten. Gleichzeitig misstraut man dem Staat, schau dir doch mal die niedrige Wahlbeteiligung in unserer Region an.«

Da auf dem Land jeder jeden kennt bzw. mit jedem irgendwie verwandt ist, fallen die »geborenen Hartz-IV-Empfänger«, wie Dieter diese nennt, stärker auf, als in der Anonymität größerer Städte.

Da ist eine Aushilfskraft von Dieter: ein junger Mann arbeitsloser Eltern, der mit seiner Freundin ein Kind hat. Beide sind Schulabbrecher ohne Ausbildung. Sie sind offen, herzlich, fröhlich, willig. Sie tragen Zeitungen aus, hacken Unkraut auf den Erdbeerfeldern, machen jeden Gelegenheitsjob.

»Was erträumen Sie sich von der Zukunft«, fragte ich ihn vorsichtig.

»Ich möchte gerne irgendetwas mit Kultur und Künsten machen«, erwiderte er treuherzig. »Ja«, konnte ich ihm nur aus vollem Herzen zustimmen, »das ist ein wunderbares Berufsfeld. Allerdings brauchen Sie eine Ausbildung, zumindest Praktika, Erfahrung. Aber Sie könnten doch auch einen anderen Beruf lernen, zum Beispiel Elektriker, zumal der einzige hier in der Gegend bald in Rente geht.«

»Ja«, meinte er, »da ist schon was dran. Mal sehen. Aber zurzeit reicht es zum Leben. Wir sind gerade von Bad Wilsnack nach Wittenberge umgezogen, in eine günstigere Wohnung. Geht schon. Man kann hier ja relativ billig leben.«

Die täglichen Unkosten in Groß Lüben und Umgebung sind in der Tat niedrig, die Einkommen allerdings auch. Da ist Sparen angesagt. Alles muss billig sein. Was das heißt, erfahre ich in den fünf bis sechs Wochen der Erdbeerernte bei gleichzeitigem Blumenverkauf und ein paar Monate später wieder bei der Kürbisernte. Schon morgens um 7 Uhr kommen die ersten Selbstpflücker, obwohl in den lokalen Medien der Betriebsbeginn erst ab 8.30 Uhr angesagt war. Noch heute beginnt in der Region alles eine Stunde früher als in der alten Bundesrepublik, die Ämter, die Schulen, die Geschäfte und eben auch das Selbstpflücken. Daran lässt sich auch nicht rütteln, denn »was uns nicht geschadet hat, schadet unseren Kindern auch nicht«.

»Was kostet ein Kilo Erdbeeren?« war meist die erste Frage. Die Preise waren lächerlich niedrig. Den meisten war das recht, aber ab und zu hieß es doch:
»Nicht gerade billig.«
»Aber«, stilisierte ich mich als landwirtschaftlicher Verkaufsmanager, »schauen Sie sich doch mal die Preise bei Edeka oder Netto in Bad Wilsnack an, außerdem sind sie hier viel frischer.«
Ich wog die mitgebrachten Körbe und Eimer ab, denn deren Gewicht, das die Waage glücklicherweise in Cent und nicht in Gramm angab, musste ja später wieder abgezogen werden.
»Wir haben fast 20 Kilo gepflückt, und jetzt am Anfang der Ernte dauert das länger als später, gibt es da keinen Rabatt?«
»Nein«, lächelte ich so freundlich wie möglich, »die Preise bleiben vom Anfang bis zum Ende der Ernte immer gleich, egal wieviel Sie pflücken.«
»Aber abends bleiben doch sicher vorgepflückte Erdbeeren übrig. Die können Sie doch billiger abgeben, denn am nächsten Tag können Sie diese nicht mehr verkaufen.«
»Das tun wir auch nicht. Von den Resten mache ich heute Abend Marmelade«, entgegnete ich kühn, ich, die noch nie Marmelade gekocht hatte. Jetzt kann ich das. »Haben Sie ein besonderes Rezept?«
Ich gab alles zum Besten, was ich mir am Abend zuvor angelesen und von Gerda gelernt hatte. Auch verteilte ich Erdbeerrezepte, die die Firma Oetker kostenlos und werbewirksam an Besitzer von Erdbeerplantagen verschickt. Diese Rezepte waren begehrt, denn eingemacht wird wie in DDR-

Zeiten. Damals ernährte sich, ähnlich wie in der Sowjetunion, ein Drittel der Bevölkerung aus den Erträgen ihrer Gärten bzw. kleinen genehmigten Anbauflächen. Was nicht als Tauschware benötigt wurde, wurde eingemacht und brachte so die Menschen über den Winter. Als ich Kind war, hat meine Mutter das im Westen auch so gemacht. Die Einmachmentalität hat sich im Osten quasi verinnerlicht, allen Billigangeboten von Supermarktketten zum Trotz.

Bald war mir aufgefallen, dass fast alle Selbstpflücker gebrauchte Eimer mitbrachten: Ketchup, Senf, Kartoffelsalat, Mayonnaise, Heringssalat lauteten die Aufschriften.

Braucht ein Privathaushalt drei Kilo Senf und fünf Kilo Heringssalat, fragte ich mich und erkundigte mich vorsichtig.

»Natürlich nicht«, war die spontane Antwort. »Die bekommen wir von den Gastwirten in unseren Dörfern. Dafür tun wir denen auch mal einen Gefallen.«

»Aber die kleineren, roten Eimer ohne Aufschrift, in die knapp zwei Kilo Erdbeeren passen und die so viele mitbringen, woher kommen die?«

»Was, das wissen Sie nicht? Sie sind wohl nicht von hier. Also, die kommen aus Globow, zirka 50 Kilometer von Groß Lüben entfernt. Da war schon zu DDR-Zeiten eine Fabrik für Schaumgebäck, also Mohrenköpfe und Waffeln und so. Die Fabrik hat es über die Wende geschafft, so wie der Rotkäppchen-Sekt. Die haben ganz günstige Bruchware, lecker und billig. Da müssen Sie unbedingt hinfahren. Ich erkläre Ihnen den Weg dahin.«

Eine etwa 80-jährige Selbstpflückerin kam in den fünf Wochen Erdbeerernte fast täglich auf ihrem Fahrrad. Sie schwenkte ihren kleinen Eimer und legte zwei Euro hin. Mehr hatte sie auch nicht dabei. Dieter, der sie kannte, nickte nur: Nicht abwiegen, hieß das. Wird schon ungefähr stimmen. Beeindruckt war ich von ihren wechselnden Kittelschürzen. »Aus Dederon«, sagte sie stolz.

»Dederon?« Ich machte mich kundig und lernte, dass »Dederon« das »Perlon« der DDR war, ab 1959 dort produziert. Der Begriff »Perlon« war aus urheberrechtlichen Gründen, patentiert in den USA, und aus weltanschaulichen Gründen – »Perlon« kam vom Klassenfeind – nicht gestattet. An Kittelschürzen tragende Frauen konnte ich mich auch aus meiner Kindheit in der BRD erinnern. Ich fand sie weder schön noch besonders. Das sagte ich der alten Frau natürlich nicht. Heute sind Kittelschürzen aus der ehemaligen DDR ein Sammelobjekt, wie ich einer Kleinanzeige in der *Märkischen Allgemeinen* entnahm. Ein Sammler bittet um Kittelschürzen, möglichst in Orange, aber nur mit Kragen, denn »die mit Kragen werden nicht mehr produziert«. Zurück in Köln sah ich eine ältere Frau in einer Kittelschürze an einer Kölner Bushaltestelle stehen. Es fehlte der Kragen.

Viele Kunden kamen öfter. Eine Art Vertrautheit entstand. So mancher ließ den Endpreis nach oben abrunden, »für die Kasse der Kinder«.

Mit »was kochen Sie denn heute«, begann häufig ein Gespräch.

»Königsberger Klopse.«

»Königsberger Klopse?!«

»Nun, die Hackfleischbällchen mit Kapern. Ich mische noch etwas Serrano-Schinken darunter und ein paar Asiakräuter.«

»Ach so, die heißen bei uns anders.«

Der Name Königsberg war aus dem Sprachschatz der DDR ausgemerzt worden, wie auch das Tilsit vom Tilsiter Käse.

Nicht gelungen ist es der DDR-Führung, die Bezeichnung »Jahresendzeitflügelfiguren« durchzusetzen, auf gesamtdeutsch: Engel.

»Und was gibt es heute bei Ihnen«, fragte ich höflich zurück.

»Kohlrouladen, die sind nicht so teuer. Außerdem mögen wir keine Gerichte mit so vielen Gewürzen wie bei den Wessis.«

In Gedanken überflog ich meinen übervollen Gewürzschrank in Köln. Ja, als Kind hatte ich auch nur Essig und Öl, Salz und Pfeffer, Petersilie, Schnittlauch, vielleicht noch Majoran und Kümmel gekannt. Heute greife ich zu Walnuss-, Erdnuss-, Oliven-, Sonnenblumen-, Sesamöl, zu Essigflaschen mit den unterschiedlichsten Geschmacksrichtungen, zu Jodsalz, Meersalz, Knoblauch-, Kräuter-, Zwiebelsalz, zu Pfeffer jeder Farbe, zu zahllosen asiatischen Gewürzen und Saucen und vielem anderen mehr, was die internationalen Kochbücher in unserem reichen Land mir verordnen.

»Was macht ihr denn mit den vielen Gewürzen, die halten sich doch gar nicht«, klang eine Stimme an mein Ohr.

»Die müsst ihr dann wegwerfen, wenn das Verfallsdatum abgelaufen ist. Wir in der Prignitz sind keine Wegwerfgesellschaft.«

Ich versuchte die Flucht nach vorn:

»Mein Schwager hat von der letzten Jagd noch eine Hirschkeule in der Gefriertruhe. Wie mache ich die?«

Es entspann sich ein Beratungsgespräch zwischen einer wirklichen Hausfrau und mir, der Quasi-Hausfrau. Die Hirschkeule wurde zum Erstaunen der Gesamtfamilie ein voller Erfolg ohne fremde Kräuter und Gewürze. Bislang war ich für die Familie eine Exotin gewesen, die überall in der Welt zu Hause war, nur nicht an irgendeinem heimischen Kochherd.

Und Merle, diese Mischung aus einem Dackel und einem Pekinesen, war immer dabei. Dieses Hündchen gehört Sabine. Aber eines Tages beschloss es, mich zu adoptieren. Dafür forderte es, zweimal am Tag ausgeführt zu werden.

Diese unfreiwilligen Spaziergänge mit Merle brachten mir die Muße, die restaurierten Häuschen mit ihren gepflegten Vorgärten längs der Dorfstraße näher zu betrachten. Für einen flüchtigen Beobachter hätte dieses Straßendorf genauso gut in Schleswig-Holstein oder sonst wo in Deutschland liegen können. Doch etwas war anders: die Dächer, die Hoftore und die Regenrinnen. In welchem anderen Dorf der Welt sind quasi über Nacht alle Dächer auf einmal erneuert worden und strahlen auch noch heute, gut 25 Jahre nach der Wende, in einheitlicher Frische. Und dann die Hoftore: Sie waren alle verschlossen, erlaubten keinen Einblick in die großräumigen Hofanlagen. Nur Dieter und Rainer haben offene Höfe. Und schließlich die Regenrinnen: Die meisten lassen das Wasser nicht unbemerkt im Erdreich versinken. Nein, eine Krümmung an ihrem unteren Ende zum Gehweg hin sorgt dafür, dass das Wasser – wie in Moskau – direkt in den Schuhen der Fußgänger landet. Auch in der Elbestadt Wittenberge habe ich noch solche wasserspeiende VEB-Regenrinnen gesehen.

In dieses Städtchen hatte mich Katharina in ein sehr schönes Restaurant eingeladen. Zuvor machten wir eine kleine Rundfahrt.

Wie schön und liebevoll das Zentrum restauriert ist, dachte ich, inklusive der imposanten Backsteinschule, in die Sabine bis zum Abitur ging und auch ihr Vater Rainer gegangen ist, als sie noch Ernst-Thälmann-Schule hieß. Rechts und links vom Pfade sah ich allerdings noch viel Verfall, leerstehende Häuser, deren Eigentum nicht geklärt werden konnten. Dazu abgerissene und halb abgerissene Plattenbauten, was Leser der *Märkischen Allgemeinen* zu heftigen Pro- und Contra-

Diskussionen über die Bewahrung des sozialistischen architektonischen Erbes anregte. Schließlich landeten wir vor dem 2002 restaurierten, riesigen Bahnhofsgebäude, Symbol vergangener industrieller Blüte. Wie dieses imposante Gebäude in seiner auferstandenen Pracht heute genutzt wird, ist mir unklar. Heute ist Wittenberge kein Eisenbahnknotenpunkt mehr.

»In Groß Lüben gibt es nur fünf leerstehende Häuser«, erklärte mir Robert nach unserer Rückkehr, vielleicht ein paar mehr in Bad Wilsnack. Schau dich doch um, geh mehr mit Merle raus.«

Das tat ich dann auch. Wir zwei stiefelten über die Äcker, beobachteten die Störche, die nur wenige Meter vor uns auf den abgeernteten Feldern nach Beute suchten, schauten, ob im nahegelegenen Bach Katane auch wirklich wieder Fische waren und nicht nur, wie früher, der alles vernichtende Industrieschaum. In der Tat, der war weg, und Angler saßen da. Bald lernte ich auch, wer wo im Dorf Groß Lüben wohnt und zu wem die umliegenden Feldern gehören. Ob sie wieder privat sind, oder Teil der ehemaligen LPG, die heute in eine Genossenschaft umgewandelt ist, wovon die heutigen Nebenbauern nur wenig profitiert haben.

Und was war aus den Großgrundbesitzern in der näheren und weiteren Entfernung von Groß Lüben geworden? Sie hatten bis 1945 die landwirtschaftlichen und herrschaftlichen Strukturen der Prignitz geprägt. Ich dachte dabei besonders an den mir bekannten Friedrich Christoph von Saldern, ein in sich ruhender, gelassener Mann. Ein Herr mit allen positiven preußischen Eigenschaften, hätte ihn meine Großmutter charakterisiert. Seine Ahnen hatten knapp 400 Jahre lang zu den Großgrundbesitzern in der Prignitz gehört. Die von Saldern und Dieters Eltern kannten sich gut aus vorkommunistischen Zeiten in der Prignitz. Beide waren enteignet worden. Beide erhofften irgendwann einmal die Rückkehr in ihre Heimat und zu ihrem Besitz. Im Jahr nach der Wende, 1990, tat Dieter als 51-Jähriger diesen Schritt und auch Friedrich Christoph von Saldern als 64-Jähriger. Aber da bestand ein großer Unterschied. Dieter bekam seinen Besitz zurück, so verlottert er auch war. Herr von Saldern dagegen nicht, wie auch nicht die wenigen weiteren rückkehrenden Großgrundbesitzer, etwa die Hardenbergs, die Finck von Finckensteins, die von Maltzahns oder die von den Marwitzens, um nur einige wenige Beispiele zu nennen. Im Gegensatz zu Dieters Eltern waren sie bereits 1945 von den Machthabern der sowjetisch besetzten Zone Deutschlands enteignet worden und nicht von der späteren DDR. Diese hatte auf der zweiten Parteikonferenz der Sozialistischen Einheitspartei Deutschlands (SED) im Juli 1952 den Aufbau des Sozialismus in allen Lebensbereichen mit entsprechenden Enteignungen ebenfalls in allen Lebensbereichen beschlossen. Dieser Beschluss traf Dieters Familie.

Warum bekamen die zwischen 1945 und 1949 (Gründungsjahr der DDR) Enteigneten ihre Güter, Fabriken, Hotels, Betriebe nicht zurück, aber die ab 1953 Enteigneten wohl – nach entsprechender Prüfung durch die Treuhand? Entspricht es der Wahrheit, dass der sowjetische Staatspräsident Michail Gorbatschow seine Zustimmung zum Einigungsvertrag und damit zur Wiedervereinigung 1990 nur zu geben bereit war, wenn die sogenannte »Bodenreform« zwischen 1945 und 1949 nicht rückgängig gemacht wurde? Soll man den nicht verstummenden Gerüchten glauben, dass der sogenannte Einigungskanzler, Helmut Kohl, die enteigneten Besitztümer östlich der Elbe lieber von der Treuhand verwalten, verpachten, verkaufen, also privatisieren lassen wollte und gar nicht an Rückgabe dachte, weil er die Kosten für die

Wiedervereinigung der beiden Teile Deutschlands mit den Erlösen abmildern wollte?

Gut, einige wenige Hektar ihres ehemals riesigen Besitzes durften Herr von Saldern und seine wenigen zurückgekehrten Standesgenossen pachten mit der Aussicht, nach zwölf Jahren Bruchteile ihrer ehemaligen Acker-und Waldflächen zurückkaufen zu dürfen. Ein bitteres Schicksal innerhalb Deutschlands Grenzen. Kein Vergleich zum verlorenen Gut Latzig in Pommern. Mit der berechtigten Anerkennung der Oder-Neiße-Grenze zum östlichen Nachbarn Polen lagen dessen Trümmer nun auf polnischem Gebiet. Aber innerhalb Deutschlands? War es nicht genug, dass Herr von Saldern und seinesgleichen ihre ehemaligen Schlösser, Herrenhäuser und Stallungen in total verwahrlosten Zustand antrafen, wenn sie nicht bereits abgerissen worden waren? Was bezweckte die Treuhand dann? Sicherlich keine Restitution der ehemaligen Großgrundbesitzer. Ein Urteil des Bundesverfassungsgerichtes von 1991 gab ihr damit Recht.

Aber wenn man diese Gutsherren, diese »Junker«-Strukturen für alle Ewigkeit zerschlagen wollte, warum werden dann zunehmend große Acker- und Waldflächen an Neuankömmlinge verpachtet (Pacht ist immer der Auftakt zum Kauf), wie beispielsweise 3000 Hektar an einen Niederländer und zunehmend mehr Großflächen an internationale Konzerne?

Hatte man ursprünglich an eine Wiederherstellung der bäuerlichen Strukturen gedacht, vorausgesetzt die ehemaligen Eigentümer ließen sich ermitteln? Auch diese Frage muss nach meinen Erkenntnissen verneint werden. Zwar haben einige der zwangsweise in die LPGs nach 1953 eingegliederten Bauern ihr Land zurückbekommen und bewirtschaften es seit 1990/91 selbstständig. Aber die Nachfolger dieser LPGs, die Agrargenossenschaften, bearbeiten im Jahre 2013 immer noch mehr als die Hälfte der ehemals enteigneten landwirtschaftlichen Flächen. Eine Verewigung der DDR.

»Spielen dabei auch Ressentiments von Land-Kreis- und Stadträten gegenüber den ›Junkern‹ beziehungsweise gegenüber den aus dem Westen kommenden Pächtern und Käufern eine Rolle?«, wollte ich von Dieter wissen.

»Ganz sicher«, meinte er. »Du siehst ja, ich bin hier akzeptiert, aber verpachtet hätte mir keiner was. Die Vergangenheit in den Köpfen von LPG-Kadern ist nicht vergangen.«

Gelegentlich kam Herr von Saldern zum Erdbeerverkaufsstand. Ich habe ihn nie klagen gehört. Vielmehr half er, der Landwirtschaftsexperte und gewiefte Verbandserfahrene, anderen wieder an Ackerflächen zu kommen, die die Existenz einer Familie absicherten. Also mindestens 300 Hektar angesichts des nicht sehr ertragreichen Sandbodens. Darüber sprach er aber nicht, mein Wissen hatte ich von Dritten, die ihn hoch respektierten. Er interessierte sich für den Erhalt der Wunderblutkirche in Bad Wilsnack, in der viele Angehörige seines Familienzweiges begraben sind und spendete dafür.

Religion und Kirche lagen auch meiner Schwester Gerda, der Laienpredigerin, sehr am Herzen. Gut stand es um die Kirchen in der ehemaligen DDR nach jahrzehntelanger Unterdrückung nicht. Dieser Zustand hat sich bis heute nicht grundlegend geändert. Mehr als 2000 Kirchenaustritten im Jahre 2011 standen nur 425 Eintritte gegenüber. Weiter vermeldet die *Märkische Allgemeine Zeitung* Anfang Februar 2013, dass die protestantische Kirche in Brandenburg zwischen 2009 und 2011 gut 20.000 Mitglieder verloren hat. Zwar gäbe es in Brandenburg auch ein paar konfessionelle Schulen mit freier Trägerschaft, 26 protestantische und sogar drei katholische, aber diese bestimmten nicht das Klima in diesem »atheistischen« Bundesland.

Gerda wusste um die vergangenheitsbedingten Schwierigkeiten, die ein lebendiges Kirchenleben stark behinderten. Ihr ging es um zwischenmenschliche Basisarbeit. Vertrauen, Zutrauen, ein Miteinander schaffen. Ihr Auftreten war immer nüchtern und sachlich gewesen. Auf unseren vielen gemeinsamen Reisen erzählte sie mir Agnostikerin auf meine Bitte hin oft all die Legenden aus dem Alten und Neuen Testament. »Nimm sie nicht wörtlich«, meinte sie dann lakonisch. »Sie sind so menschengemacht, wie die Institution Kirche auch, aber ein Körnchen Wahrheit ist immer dran.«

Als wir beide durch Armenien reisten und aus der Ferne den Berg Ararat bewunderten, stellte sie trocken fest: »Auf diesem Berg soll sich die Legende von der Arche Noah zugetragen haben. Tiere aller Gattungen überlebten. Ein Wunder war das wohl nicht. Wahrscheinlich hat hier einmal eine riesige Sturmflut stattgefunden, vor der sich Mensch und Tier retten wollten. Daraus entstehen dann Legenden. Und Gott wird dafür ge- und missbraucht.«

Also hatte unsere katholisch-säkularisierte Großmutter Recht, wenn sie sagte: »Denn wie der Mensch so ist sein Gott, darum wird Gott so oft zum Spott.«

»So ist es.«

Der Spottgedanke gefiel ihr. Deshalb griff sie begeistert eine Idee von Koos auf, 2009 eine Ausstellung »Kirche in der internationalen politischen Karikatur« in der Wunderblutkirche in Bad Wilsnack zu zeigen. Unter dem Titel *Gott kann nichts dafür* konnte sich ja niemand von den bissigen Satireblättern beleidigt fühlen und war das dann auch nicht.

Gerda war Pragmatikerin. Sie wollte mithelfen, immer unterstützt von Dieter, die nach Jahrzehnten kommunistischer Herrschaft unterdrückte Kirche in Brandenburg durch lebendige Veranstaltungen wieder in die Gesellschaft einzugliedern.

Außerdem verfolgte sie mit zäher Beharrlichkeit einen Plan: Der Kirchturm in Groß Lüben muss wieder hergestellt werden. Dazu brauchte man viel Geld. Dieser Kirchturm war nach einem Sturm in den achtziger Jahren des vergangenen Jahrhunderts eingestürzt und nur notdürftig repariert worden. Ein ähnliches Los erlitten viele heruntergekommene Dorfkirchen, Schlösser, Herrenhäuser in Brandenburg, wie ich aus der *Märkischen Allgemeinen* erfuhr. Also Geld auftreiben. Gerda sammelte Spenden ebenso wie der aktive Kirchturm-Förderverein, der 2003 gegründet wurde.

Koos trug ebenfalls dazu bei. Gerda hatte für seine Ausstellung einen Subventionsantrag bei der Landesregierung gestellt. Dieser wurde bewilligt inklusive eines großzügigen Honorars. Die beachtliche Summe überwies Koos, wie verabredet, sofort auf das Kirchturmkonto.

Das Gleiche galt für meinen Bruder Hans, als er 2010 über »Globalisierung in der Landwirtschaft« vor einem ländlichen Publikum referierte.

»Wann bin ich dran«, wollte ich wissen.

»Du als Kulturfrau musst ein kulturelles Thema suchen, das hier verstanden wird und das du anschaulich darstellen kannst – so wie meine Vorträge über unsere gemeinsamen Reisen in die Türkei, Armenien, Rumänien, Bulgarien, Jugoslawien, die ČSSR, Italien, die USA und noch ein paar weitere Reisen ohne dich. Praktisch, lebensnah und visualisiert.«

»Verstanden.«

»Dein Honorar und die Eintrittsgelder von durchschnittlich Euro 2,50 kommen dann dem Spendenkonto zugute.«

Ich war voll einverstanden, aber es kam nicht mehr dazu. Alle, die sich für diesen Kirchturm engagierten, und die Zahl wuchs ständig, baten bei Familienfesten und den so beliebten groß gefeierten Geburtstagen um Spenden für den Kirchturm. Schnaps wurde trotzdem mitgebracht. Es kam eine beachtliche Summe zusammen. Am 12. Oktober 2012 wurde der 20 Meter hohe Turm, »die höchste und spitzeste Turmspitze einer Prignitzer Dorfkirche«, mit einem Riesenkran wieder auf die denkmalgeschützte Kirche aufgesetzt. 70.000 Euro waren durch private Spenden aufgebracht worden, der Rest, 103.000 Euro, floss aus Geldern der Europäischen Union. Gerda wäre darüber äußerst glücklich gewesen.

»Diese Spendenbereitschaft spricht doch für eine funktionierende Dorfgemeinschaft, einen gemeinsamen Geist«, gab ich meine Begeisterung an Katharina weiter.

»Naja«, reagierte sie abwehrend, »eigentlich sind es immer die fünf bis sechs gleichen Familien, die sich einsetzen. Davon sind drei Wessis oder halb Wessis. Sie sammeln für den Weihnachtsbasar zugunsten der Kirche, sie helfen bei der Organisation der durchschnittlich acht Veranstaltungen pro Jahr – Vorträge, Konzerte, Ausstellungen, Kabarettabende, Kartoffelfeuer, Tag des offenen Denkmals –, um Geld für die Kirche aufzutreiben. Aber ein gemeinsamer Dorfgeist ist noch nicht wieder da. Schau dir doch mal die geschlossenen Hoftore an. Da schweben noch zu viele Vergangenheiten durch die Luft. Vielleicht«, meinte sie dann nachdenklich, »gab es diesen gemeinsamen Dorfgeist nie. Ich weiß es nicht.«

Immerhin waren die Menschen bereit gewesen, Geld zu opfern und das für eine Kirche im atheistischen Brandenburg. Waren dieselben Menschen auch bereit, zum Gottesdienst zu gehen? Ich fragte mich, wer sich wohl zu Gerdas und Dieters Goldenen Hochzeit in die Dorfkirche trauen würde.

»Kommen Sie doch mit«, sagte ich unserer Haushaltshilfe.

»Aber ich bin doch gar nicht richtig angezogen und in einer Kirche war ich noch nie. Ich bin nicht getauft, mein

Mann nicht, unsere Tochter und unser Sohn auch nicht. So war das eben früher.«

»Aber das macht doch nichts, tun Sie es meiner Schwester zu Liebe, es würde sie freuen«, ermunterte ich sie.

»Meinen Sie, die anderen aus dem Dorf kommen auch? Sonst kann ich auch nicht gehen.«

»Sicher kommen sie«, versuchte ich sie zu beschwichtigen, »meine Schwester und mein Schwager sind doch beliebt und jeder weiß, wie schlecht meine Schwester dran ist.«

»Gut, dann komme ich mit, bleibe aber ganz hinten stehen.«

Beim anschließenden Sektempfang vor der Kirche gab sie zu, dass sie doch beeindruckt gewesen sei:

»So viele Menschen hätte ich nicht erwartet! Und die Predigt ging ja gar nicht so über Gott! Schön war die Musik, für die Frau Bockler (auch eine Wessi-Frau) gesorgt hat. Jetzt muss ich aber zurück und weiter putzen. Ich habe einen Auftrag für drei Stunden, und eine ist schon weg.«

Selbst mit meiner Bemerkung, dass dies heute, dem so wichtigen und auch noch strahlenden Septembertag 2010 überhaupt keine Rolle spiele und sie selbstverständlich für drei Stunden bezahlt würde, konnte ich sie nicht länger halten. Immerhin, sie war zum ersten Mal in ihrem Leben in einer Kirche gewesen.

Kirchliche Festtage oder Feiern in Kirchen hatte die ehemalige DDR-Führung mit beachtlichem Geschick unterlaufen, nach dem Motto: Aus kirchlich mach weltlich, wenn das Kirchliche sich nicht einfach abschaffen lässt. Die weltlich-ideologisch konzipierte Jugendweihe, groß gefeiert im öffentlichen Rahmen, ersetzte die protestantische Konfirmation in der Kirche. Wer, aus welchen Gründen auch immer, sich auf Erden wie im Himmel absichern wollte, feierte beides.

So Rainer und seine beiden Brüder. Erst kam die Jugendweihe, ein Jahr später dann die Konfirmation. Die Jugendweihe gibt es auch heute noch. Allerdings müssen vor dieser Aufnahme in die Erwachsenenwelt keine Ernteeinsätze mehr geleistet und keine Bekennerreden zur kommunistischen Gesellschaft mehr gehalten werden. Die Jugendweihe ist heute entideologisiert. Lag die Organisation und Kontrolle früher bei der jeweiligen Schule, so sind jetzt die Eltern mitverantwortlich, organisatorisch wie finanziell. Und die tun wirklich etwas. Vor dem großen Ereignis organisieren sie alle möglichen Kurse, wie Schmink-, Friseur-, Tanzkurse. Wenn dann der große Tag da ist, versammeln sich die Eltern, Verwandte und Bekannte mit ihren 13- bis14-jährigen Sprösslingen in der Schule, lauschen Reden über das vergangene und das zukünftige Schuljahr. Die Kinder werden dann in Gruppen auf das Podium gebeten, erhalten Blumen und jeweils eine Urkunde. Jetzt gehören sie zu den Erwachsenen. Und dann ist nur noch Feiern angesagt.

Zwei Drittel aus Sabines Klasse gingen 2011 zur Jugendweihe, knapp ein Drittel feierte Konfirmation.

Sabine hatte sich auf die Konfirmation nebst all den weltlichen Kursen auch noch anders vorbereiten müssen. Eine bestimmte Anzahl Gottesdienste musste vorher absolviert werden, und das wurde kontrolliert. Da die spärliche Gemeinde auf viele Dörfer verteilt ist, wurde das jedes Mal ein sonntäglicher Halbtagsausflug, zwingend-liebevoll begleitet von Katharina, ihrer Mutter, nach dem Motto: Die Kinder können sich später für oder gegen die Kirche entscheiden, aber erst einmal sollen sie diese als Angebot wahrnehmen.

Auch Marie musste mit, die 2012 als einziges Kind aus Groß Lüben konfirmiert wurde. Lust hatte sie dazu nicht im Geringsten. Die hatte ich als 14-Jährige auch nicht.

Zur Teilnahme am Erntedankfest müssen die Kinder nicht überredet werden. Ich spreche von dem weltlichen, das eine Woche vor dem in der Kirche gefeierten christlichen stattfindet. Das Volksfest bedeutet Ausgelassenheit pur. Begeistert halfen die Kinder beim Schmücken der Wagen und der Pferde. Sie liefen bei den Umzügen mit, kauften Lose und aßen Thüringer Bratwurst. Das Trinken überließen sie dann den Älteren.

»Kommt bei all den dörflichen Feiern oder bei den Treffen mit den Senioren manchmal auch die nationalsozialistische Vergangenheit des Dorfes zur Sprache? Was die Eltern der heute 70- und 80-jährigen so erzählt haben, was im eigenen Gedächtnis bruchstückhaft bewahrt ist, wie die DDR-Politik mit diesem schweren Erbe umging?«

»Nein«, sagte Dieter, ohne auch nur eine Sekunde zu zögern. Ich war von dieser knappen, geradezu abschließenden Antwort verblüfft.

»Aber Dieter«, versuchte ich es weiter, »seit Jahrzehnten vergeht kein einziger Tag, an dem die deutschen Medien nicht irgendeinen Aspekt aus dem »Dritten Reich« kritisch beleuchten: die Haltung der Polizei; das Verhalten von Juristen, Historikern und anderen Wissenschaftlern; das Mittätertum der Ärzte beim Vernichtungsprozess von Juden und anderen Unerwünschten; das Leben von Zwangsarbeitern bei Firmen wie Krupp, Siemens, Ford und anderen; die Frage der Vertriebenen; die Forschungen zum deutschen Widerstand, um nur einige von vielen weiteren Beispielen zu nennen. Und: Es wird doch auch jedem aufgefallen sein, dass die deutsche Politik Israel mit Samthandschuhen anfasst, ganz egal, was dessen Politiker beschließen.«

»Das war und ist in der BRD so, nicht hier. Und was heißt Israel-Freundlichkeit? Da denkt Die Linke aber ganz anders. Und die kommt schließlich aus dem Osten.«

»Dennoch«, insistierte ich, »in der *Märkischen Allgemeinen* habe ich gelesen, dass Schüler in Wittenberge die Schicksale vertriebener und ermordeter Juden aus dem Städtchen erforschen, damit weitere ›Stolpersteine‹ auf dem Gehweg vor ihren ehemaligen Wohnungen verlegt werden können. Das Stadtarchiv hilft, die Stadtverwaltung sucht nach finanzierungsbereiten Paten, der Kölner Künstler Gunter Demnig kommt. Da bewegt sich doch was. Oder: Schulklassen besuchen die Mahn- und Gedenkstätte des ehemaligen Konzentrationslagers Sachsenhausen, erhalten dort Geschichtsunterricht. Und in Perleberg will man den Grundriss des mittelalterlichen Vorplatzes einer Synagoge aus dem 13. Jahrhunderts freilegen und ein Besucherzentrum für deutsch-jüdische Geschichte schaffen, um Gedächtnislücken zu schließen. Das steht auch in der Zeitung.«

»Hab ich auch gelesen, aber das ist alles ziemlich neu. Die ersten ›Stolpersteine‹ wurden erst 2009 verlegt. Da wart ihr in Köln wohl früher dran. Und die Diskussionen in Perleberg verlaufen schleppend. Hier herrschte und herrscht immer noch meist großes Schweigen über die Nazi-Vergangenheit. Die hat man immer den Westdeutschen geschenkt.«

Irgendwie kam es mir vor, als hätte ich die falsche Frage gestellt. Lag es vielleicht an mir? War ich im Lauf der Jahre überempfindlich geworden, da ich als deutsche Kulturmittlerin, überwiegend im Ausland tätig, ständig mit der deutschen nationalsozialistischen Vergangenheit konfrontiert worden war? Schon als 17-Jährige wurde mir im Lyzeum in Garmisch-Partenkirchen von unserer Geschichtslehrerin beigebracht, alles kritisch zu hinterfragen, die nationalsozialistische Politik mit all ihren Auswirkungen ebenso wie die deutsche Nachkriegspolitik, die sogenannte »Westbindung« von Bundeskanzler Konrad Adenauer.

Als ich um die 20 Jahre alt war, begann ich zu fragen: »Hast du denn nicht gemerkt, dass Juden abtransportiert wurden?«, wollte ich von meinem Vater wissen. Vor mir, über dem Sofa, hing das in den dreißiger Jahren so populäre Bild von Julius Paul Junghans, auf dem ein Bauer die deutsche Scholle mit seinem Pflug hinter drei prächtigen Gäulen umbrach.

»Wir haben es nicht gewusst«, sagte er unruhig auf und abgehend. »Und im Krieg war ich in Frankreich, habe dort einen Hof verwaltet. Meinst du, die französischen Arbeiter würden mich heute noch besuchen, wenn ich ein gnadenloser Nazi gewesen wäre?«

Zu mehr Informationen war er nicht bereit.

Meine Mutter, die die Welt immer leicht und licht sah, meinte nur:

»Ich habe mich damals dem Bund Deutscher Mädels (BDM) angeschlossen. Da haben wir viel gestrickt, gehäkelt, gesungen und uns gegenseitig ausgeholfen, denn zu essen gab es immer weniger.«

Und ihre Mutter, meine intellektuelle aus dem Großbürgertum stammende Berliner Großmutter?

»Auf Adolf Hitler und seiner plebejischen Bewegung, mit diesen primitiven Emporkömmlingen, haben wir uns niemals eingelassen.«

Die Tragweite dieser diskussionswürdigen Aussage habe ich erst als fortgeschrittene Studentin der Geschichtswissenschaften begriffen. Während meiner Studienzeit Anfang der sechziger Jahre verbrachte ich auch ein Semester in Hamburg und ging dort mit einem Vetter von mir auf der Außenalster segeln. Er war Student der Rechtswissenschaften, während ich mich auf Neuere Geschichte konzentrierte.

»Was ist denn so spannend an der Jurisprudenz«, fragte ich beiläufig und ohne jeglichen Hintergedanken.

»Mit unserem juristischen Wissen können wir nationalsozialistische Verbrecher aufspüren und diesen dann den Prozess machen. Das bringt Renommee und Geld«, war seine nüchterne Reaktion.

»Was«, antwortete ich spontan und empört, »ihr könnt doch nicht mit den gleichen Methoden wie die Nazis arbeiten, der Zweck heiligt doch nicht die Mittel. Prestige und Geld können doch nicht die Beweggründe für die so nötige Aufarbeitung und Aufklärung sein.«

»Du bist naiv«, entgegnete er gönnerhaft.

Ja, wahrscheinlich war ich das und bin es immer noch ein bisschen und will und werde es wohl auch bleiben. Gemeinsame Segelfahrten haben wir nicht mehr unternommen.

Pierre Israel-Meyer war da ganz anders. Diesen sensiblen französischen Austauschstudenten und später bekannten Komponisten hatte ich an der Universität Heidelberg kennengelernt. Er interessierte sich nicht für Status und ein möglichst hohes Einkommen. Seine Liebe galt der deutschsprachigen Literatur, Musik und Kunst. Auch sonst war er für alles offen, begeisterungsfähig. Einmal, als mich seine beiden Tanten, bei denen er in Paris wohnte, eingeladen hatten, bemerkte er fast nebenbei: »Du solltest besser vorher wissen, dass die Nazis meine jüdischen Eltern ermordet haben.«

Ich spürte, wie die Tränen in mir aufstiegen, aus Sprachlosigkeit, Ohnmacht, Mitempfinden. Und was tat Pierre? Er schenkte mir die vergoldete Puderdose seiner ermordeten Mutter. Das war nicht das Geschenk eines blinden Liebhabers. Pierre war bekennender Schwuler. Seine Tanten in der Rue Blanche empfingen mich außerordentlich herzlich.

All diese Erinnerungen gingen mir durch den Kopf. Ich konnte immer noch nicht glauben, dass Hitlers Herrschaft und die seiner Getreuen überall in Europa, nur nicht in diesem kleinen ehemaligen DDR-Dörfchen Spuren hinterlassen hatte.

Als mal wieder ein Geburtstag fällig war, wagte ich einen weiteren Vorstoß:

»Rainer, du bist hier geboren und aufgewachsen. Deine Eltern haben hier unter dem Regime von Adolf Hitler gelebt und gearbeitet. Beschäftigt dich diese Vergangenheit denn gar nicht? Spricht niemand darüber?«

»Nein«, antwortete er ebenso knapp wie sein Schwiegervater Dieter. »Das ist nicht meine Generation.«

»Und deine Mutter?«

»Doch, die Vergangenheit quält sie. Ihr Vater – mein Großvater – war zu Nazi-Zeiten hier in Groß Lüben Bürgermeister. Er wurde gleich nach dem Krieg über Nacht von den Russen abgeholt. Erst 50 Jahre später haben wir erfahren, dass er im Konzentrationslager Sachsenhausen umgekommen ist. Sein Bruder war Aufseher in einem KZ. Ihm ist nichts passiert. Aber über beide wurde in DDR-Zeiten nie gesprochen und wird das auch heute nicht. Mutter redet nur darüber, wenn sie direkt angesprochen wird.«

Später sagt Astrid, Katharinas Älteste:

»Ich gehe ja gerne zur Oma, nur manchmal ist es mühsam, sie redet immer nur von ihrer Vergangenheit und vom Krieg.«

»Und wie steht es mit Neonazis? Gibt es hier Fremdenfeindlichkeit?« fragte ich Dieter, als er mich bei klirrender Kälte im Februar 2016 mal wieder zum Bahnhof in Bad Wilsnack brachte.

Dieter hatte sich hinter die blank geputzten Scheiben des zugigen Wartehäuschen an unserem Gleis zurückgezogen, um sich vor der Kälte zu schützen, zumal die Regionalbahn nach Berlin-Spandau, wo wir in den ICE nach Köln umsteigen wollten, Verspätung hatte. Dann wurde er misstrauisch, tastete nach der Scheibe, aber seine Hand landete im Freien. »Diese Wandalen«, schimpfte er, »alles machen sie kaputt. Jetzt schlagen sie auch noch die Fensterscheiben ein.« Neonazis oder ausländische Jugendliche, denen man so leicht die Schuld für Zerstörungen zu schiebt, konnten es nicht gewesen sein.

»Neonazis gibt es hier nicht und Fremdenfeindlichkeit auch nicht«, griff er meine Frage auf, »weil es so gut wie keine Fremden gibt. Da ist ›Ali Baba‹, der gutmütige ältere Iraner. Er lebt schon seit über 30 Jahren hier. Du kennst ihn ja, er will dich immer beim Erdbeerverkauf unterhalten.«

Wie Ali Baba wirklich heißt, weiß ich bis heute nicht. Dieter hatte eben für fast jeden einen meist liebevollen Spitznamen.

»Ja, und dann das nette vietnamesische Ehepaar aus Bad Wilsnack. Es ist ein Überbleibsel aus der DDR-Zeit. Alle mögen diese bescheidenen hilfsbereiten Leute. Aber außerhalb unserer Region spielt die Fremdenfeindlichkeit schon eine Rolle, wird auch in den Schulen behandelt. Das Thema könnte sich zuspitzen, wenn noch mehr Flüchtlinge kommen. Bislang sollen 40.000 in Brandenburg sein. Hier sind sie mir noch nicht aufgefallen. Rechtsradikale gibt es im Osten. Denk nur an den Brandanschlag in Nauen. Und was da in Thüringen und vor allem Sachsen passiert!«

Ich wollte eine Fahrkarte lösen. Aber kaputt waren nicht nur die Scheiben des Wartehäuschens, sondern auch der Fahrkartenautomat.

»Der ist doch schon lange defekt«, kommentierte ein ankommender Mitreisender. »Scheine nimmt der gar nicht. Da steht auch, dass der Apparat videoüberwacht ist. Dass ich nicht lache. Alles Betrug. Für uns hier interessiert sich keiner.«

Ich kaufte die Fahrkarte im Zug. Eine Erklärung erwartete der erfahrene Schaffner nicht. Wieder ging es vorbei an verschlossenen Bahnhöfen, die jetzt zum Teil an Kioskbesitzer und Gastwirte verkauft werden. Mit Vorfreude dachte ich an eine Zigarette in meiner Kneipe »Zug um Zug« im Bahnhof von Spandau und widmete mich der *Märkischen Allgemeinen*. Aber zum Lesen kam ich nicht.

»Die sollen bloß nicht noch mehr Flüchtlinge zu uns bringen«, erregte sich eine Frau. »Die passen nicht zu uns.«

»Das sehe ich auch so«, reagierte ihr Sitznachbar. »Wehret den Anfängen. Ausländer raus sollten die Politiker sagen. Aber die tun ja nichts. An uns Deutsche denken die gar nicht.«

»Gut, dass es Pegida gibt«, mischte sich ein dritter Fahrgast ein. »Die sprechen das jedenfalls klar aus.«

Ich hörte betroffen zu. Dann war ich dran.

»Sie sehen das sicher auch so.«

»Ehrlich gesagt, nein. In Bad Wilsnack arbeitet ein gutes italienisches Restaurant. Und beim Griechen dort können Sie auch essen.«

»Um die geht es doch gar nicht. Es geht um die Islamisten.«

»Aber man darf doch Moslems und Islamisten nicht in einen Topf werfen.« Bevor ich den Unterschied auch nur andeuten konnte, griff er zu seiner Zeitung.

»Jetzt hören Sie mal, was die Tatjana Festerling, die von der Pegida in ihrem Wahlkampf für das Amt des Oberbürgermeistes in Dresden gesagt hat: ›Wenn hier viele Asylbewerber sind, dann ist so etwas schnell da wie Kleinkriminalität, Beschaffungskriminalität, Drogenhandel und Belästigung bis zur Vergewaltigung.‹ Hier steht es, schwarz auf weiß.«

»Aber es sind doch flüchtende Menschen aus Syrien, dem Irak, Afghanistan und anderen Ländern, die zu uns kommen. Sie haben alles aufgegeben, haben entbehrungsreiche Fußmärsche, Kälte, Hunger, Krankheiten auf sich genommen, um sich bei uns in Sicherheit vor Krieg, Gewalt, Verfolgung zu bringen. Denen müssen wir doch helfen. Warum sollten sie nicht friedlich ihrem Glauben leben. Leider gibt es nur eine Moschee in Brandenburg, und die erst seit 1998.«

Er runzelte die Stirn, öffnete den Mund zum Protest, doch ein weiterer Fahrgast, eine ältere Dame, kam ihm zuvor:

»Die Frau hat Recht. In Bad Wilsnack leben ganze fünf syrische Familien. Wo ist also das Problem? Eine pensionierte Lehrerin gibt ihnen Deutschunterricht. Eine Freundin von mir geht mit ihnen zu den Ämtern, begleitet sie beim Einkaufen. Drei Jungs spielen mit beim Fußball. Alle sind sehr freundlich. Wir haben Bürgerversammlungen organisiert, um uns abzusprechen, wer wem wie helfen kann. Und wenn noch ein paar mehr kommen, schaffen wir das auch. Das sehen Sie doch in Perleberg. Da betreuen wir mehr als 400 Flüchtlinge, unterstützt von der Stadtverwaltung. Alles ist friedlich.«

Ich nickte ihr dankbar zu.

»Ich bin trotzdem für Pegida«, fuhr mein Gegenüber fort. »Die sind doch gegen die Islamisierung des Abendlandes. Ich auch. Wir sind das Volk.«

»Das haben sie Ende der achtziger Jahre schon mal gerufen. Da wollten Sie Ihr System loswerden, wollten mitbestimmen. Heute sagen Sie nicht das Gleiche. Heute wollen Sie Ausländer loswerden.«

»Ach, was«, lenkte er ab. »Ihr wollt mit eurem Scheißgeld alles glattbügeln. Wir aber wollen deutsche Werte.«

»Und warum sind dann die Demonstranten 1990 in Leipzig jeden Montag auf die Straße gegangen mit Schildern auf denen stand:

›Kommt die DM
Bleiben wir
Kommt sie nicht
Geh'n wir zu ihr‹?«
»Heute ist die Lage ganz anders.«
»Akzeptieren Sie denn Juden?«
»Besser als Salafisten sind sie allemal. Wir haben nicht gegen die geplante jüdische Synagoge in Potsdam demonstriert. Oder wollen Sie uns schon wieder Bösartiges unterschieben?«
»Nein, ich frage doch nur. Und es ist mir aufgefallen, dass bei Pegida auch Hooligans, Neonazis, Schlägertrupps, allgemein mit der Welt Unzufriedene, Vorbestrafte wie ihr Initiator Lutz Bachmann mitmachen.«
»Das sag ich doch. Wir sind enttäuscht hier im Osten, uns hat man allein gelassen, während ihr euch im Westen bereichert habt. Und jetzt auch noch die Ausländer.«
»Umso mehr freut es mich«, erwiderte ich leicht bissig, dass die Zahl der Demonstranten gegen Pegida nicht nur im Westen Deutschlands, sondern auch im Osten weitaus größer ist. Diese Gegendemonstranten, das ist das Volk.«
»Es ist noch nicht aller Tage Abend«, konterte er. Glauben Sie mir, die Anti-Ausländer-Partei Alternative für Deutschland (AfD) wird stärker werden und sich mit vielen Gleichgesinnten in ganz Europa abstimmen. Der Orbán von den Ungarn hat es richtig gemacht. Er hat die Grenzen geschlossen, wie die Polen und Österreicher auch. Und von den Griechen ist auch nicht viel zu erwarten. Die gehen Pleite. Und die Türkei? Die hat doch längst ihre Islamisierung beschlossen. Die wollen wir nicht. Und die Europäische Union brauchen wir nicht.«
»Sie wollen also lieber zurück zu alten Zeiten, in ihr altes, beschütztes von den Sowjets reguliertes System zurück?«

»Auf keinen Fall. Wie kommen Sie denn da drauf. Der Putin macht das zwar gut, aber der soll dort bleiben, wo er ist. Und wir Deutsche wollen eben auch unter uns bleiben.«

Der Zug erreichte Berlin-Spandau. Halb wütend, halb deprimiert strebte ich zu meiner Raucherkneipe »Zug um Zug«. Ich fand sie nicht mehr. Sie war einem Fast Food Ausschank gewichen, feierte gerade Eröffnung grell und kalt. Noch eine Niederlage.

Zurück im Westen

Köln

Mit Vergangenheiten lässt sich fröhlich leben

Köln ist wahrscheinlich die niederländischste aller deutschen Großstädte bzw. die undeutscheste Stadt in Deutschland. Das jedenfalls behauptet mein niederländischer Ehemann, Koos van Weringh. Und auf den ersten Blick trifft dies auch zu. Köln ist eine unprätentiöse Kaufmannsstadt wie Groningen, Amsterdam, Utrecht oder auch Rotterdam. Und wie diese ist Köln seit Jahrhunderten zutiefst bürgerlich.»Mittelbürgerlich«, würde ich sagen, denn als stolzes Großbürgertum aufzutreten, mag in Hamburg durchgehen und mit einem Rest von aristokratischem Flair in München, nicht aber in Köln. Vorgeführter Prunk, ausgewiesener Glanz, gar auffallende Eleganz ist an Kölns sichtbarer Oberfläche genauso wenig erfahrbar wie in niederländischen Städten. Das war mein erster Eindruck, als ich im Frühjahr 1994 aus Moskau kommend zur Vereidigung als Kulturdezernentin nach Köln eingeladen worden war. Die Straßen waren belebt, die Café-Terrassen voll, es ging locker und unkompliziert zu.

Ich hatte gar keine Chance, über meinen folgenschweren Entschluss nachzudenken, das Goethe-Institut zu verlassen und in der Kommunalpolitik weiterzuarbeiten. Das wollte ich eigentlich am Chlodwigplatz, in der Südstadt, bei einem Piccolo, einem Genuss, der bei den langsam aufkeimenden Cafés in Moskau immer noch undenkbar gewesen wäre. Aber zum Nachdenken kam ich nicht. Mir völlig unbekannte Menschen gesellten sich zu mir, sprachen mich an und erzählten mir ganz unbekümmert ihre Kölschen Lebensläufe.

»Was, Sie kommen aus Moskau und werden hier bleiben?«, sagte einer. Aus seinem Blick und seiner Gestik spürte ich, wie sehr er mich für meine vergangenen vier Jahre in Moskau bedauerte. Für ihn, den westlich orientierten Rheinländer, war es ganz unvorstellbar, dass man sich im sehr fern gelegenen östlichen Russland, das auch noch kommunistisch gewesen war, zu Hause fühlen konnte.

Der Osten, nicht nur Russland, sondern auch die ost- und mitteleuropäischen Länder inklusive der ehemaligen DDR waren für ihn und viele Kölner mehr unendlich weit weg.

»Aber«, fügte er wohl deshalb tröstend hinzu, »jetzt sind Sie hier. Sie Glückliche! Freuen Sie sich, Sie sind in der schönsten und tolerantesten Stadt Deutschlands angekommen. Hier werden Sie sich wohlfühlen. Denken Sie nur an den Reichtum unserer Geschichte. Wir sind eine Römerstadt, unsere römische Vergangenheit und auch unsere mittelalterliche machen uns einzigartig.«

Bevor ich auch nur erwidern konnte, dass Köln ja viele Vergangenheiten habe, auch eine preußische oder eine Epoche der Industrialisierung oder eine nationalsozialistische, fuhr er unbeirrt fort:

»Wissen Sie, wenn ich einmal verreist bin, zurückkehre und sehe den Dom vor mir auftauchen, dann schlägt mein Herz höher, denn ich bin wieder zu Hause.«

Von so viel Lokalpatriotismus oder Heimatverbundenheit war ich überwältigt. Amsterdamer oder Groninger kennen dieses Gefühl auch, vermitteln es aber etwas nüchterner.

»Ja«, stammelte ich, »ich bin sicher, dass es mir hier gut gehen wird.«

Dann ließ ich mein halbleeres Glas stehen und verabschiedete mich freundlich. Ich wollte doch auch nachdenken dürfen, nicht nur fröhlich reden und dann fröhlich durch den Tag kommen.

Als ich kurz im Amt war, wurde ich bei einer Pressekonferenz nach meinen ersten Eindrücken gefragt. Man wollte auch wissen, wie schön ich die Stadt Köln fände. Letztere Frage brachte mich in Bedrängnis. Vom ästhetischen Gesichtspunkt her gesehen ist Köln wirklich keine besonders schöne Stadt, von einzelnen wenigen Vierteln und Bauten abgesehen.

»Dass die Stadt städtebaulich gesehen nicht ganz gelungen ist«, so wand ich mich in meiner Antwort, »hat ja auch etwas mit ihrer jüngsten Vergangenheit zu tun. Da Köln im Zweiten Weltkrieg bis zu 80 Prozent zerbombt wurde, haben die Nachkriegs-Stadtväter schnell und vielleicht nicht immer ganz koordiniert beschlossen, den Menschen so rasch wie möglich wieder ein Dach über dem Kopf zu bescheren. Das ist verständlich.«

Die Bemerkung, dass beispielsweise der Wiederaufbau in München weitaus weitsichtiger geplant und menschgerechter gelungen war, unterdrückte ich. Ich sprach auch nicht von der »Weltmetropole Köln«, wie einige Spitzenpolitiker der Stadt das so gerne taten.

»Aber«, und damit ging ich aus der Defensive in die Offensive, »entscheidend ist doch der Bürgersinn in dieser Stadt, das lockere Miteinander, die Offenheit für Künste und Kultur. Mir scheint, dass es in Köln heute so viele Probleme gibt wie in anderen Großstädten auch, aber keine wirklich ernsthaften Konflikte und Reibungen. ›Irgendwie‹ und ›irgendwann‹ wird in Köln ohne Hauen und Stechen auf der Basis dieses Gemeinschaftssinnes mit viel öffentlicher Rede und Gegenrede bis zur Erschöpfung immer alles gelöst.«

Man war es zufrieden, obwohl man insgeheim von mir bei der Pressekonferenz mehr erhofft hatte. Ich hätte sagen sollen, dass Köln eigentlich die nördlichste Stadt Italiens ist mit seinem Sinn für Proportionen, seinem Gespür für eine ästhetische Raumordnung selbst auf dem platten Land, seiner Fröhlichkeit und seiner Lust am Feiern aus einem burgundischen Trieb heraus. Ersteres konnte ich nicht entdecken und letzteres kam mir eher belgisch vor, sofern man heute noch von Belgien als Staat sprechen kann: ein äußerlich oft verwahrlostes Erscheinungsbild, aber im täglichen Zusammenleben umso herzlicher und genießender. Die bürgerliche Handelsstadt Köln, so begriff ich langsam, entspricht im Wesen der Kaufmannsstadt Amsterdam, aber eben auf rheinisch-katholisch. Das macht den klein-großen Unterschied.

War ich in der tolerantesten Stadt Deutschlands angekommen, wie mir der begeisterte Kölner versichert hatte? Der Begriff »Toleranz« ist sehr schillernd. Oberflächlich kann man Toleranz als »leben und leben lassen« definieren. Das entspricht dem Kölner Naturell. Radfahren auf Gehwegen? Naja, die Armen müssen auf den oft engen Straßen und im Gegensatz zu den ausgebauten Fahrradwegen in Amsterdam ja auch irgendwie weiterkommen! Da springt man als Fußgänger halt mal zur Seite. Vor ein paar Monaten stoppte mein Mann, der schon dreimal angefahren worden war, einen Fahrradfahrer auf dem Gehweg. Dieser reagierte wütend. Zufällig standen zwei Polizisten direkt daneben. Polizisten beherrschen ansonsten nicht das Kölner Straßenbild. Sie machten ihm seine Schuld klar. Eine wachsende Zuschauermenge mischte sich, wie immer in Köln, mal ablehnend, mal befürwortend ein. Schließlich durfte der Mann weiter radeln und zwar auf dem Gehweg und ohne Bußgeld.

Schwarzfahren in Straßenbahnen? Das geht natürlich nicht. Verachtung trifft den, der sich hat erwischen lassen. Das wird als Dummheit gesehen. Dummheit muss bestraft werden, erst dann geht es um die Straftat an sich. Als die SPD in Köln vor einigen Jahren bei falschen Verbuchungen von Spenden erwischt wurde, wuchs sich dies zu einem Riesenskandal aus. Merkwürdig, dachte ich, dass die opponierende CDU so wenig politisches Kapital für sich aus dieser Affäre herausschlägt. Langsam dämmerte mir, dass da ebenfalls Leichen im Keller lagen.

Natürlich hat die Stadt Köln auch ein ordentliches Ordnungsamt mit klaren Regeln und Normen, die sie immer mal wieder durchzusetzen versucht. Im Juli/August 2013 war wohl mein Viertel, die Südstadt im Visier. Hierzu nur drei Beispiele:

Mein mit dem Auto angereister regelgetreuer Schwager Dieter aus Brandenburg wollte ordnungsgemäß Münzen in die Parkuhr werfen. Der Münzschlitz war allerdings mit Kaugummi verkleistert. Dieter konnte daher seinem protestantischen Pflichtgefühl nicht nachkommen. Er wurde immer aufgeregter, was einem Kölner sicherlich nicht in den Sinn gekommen wäre. Immer wieder rannte er zur Parkuhr und versicherte einer herandrohenden Politesse, dass er ja bezahlen wolle aber nicht könne.

»Sie müssen bezahlen«, war ihre Reaktion

»Aber wie denn, der Münzschlitz ist doch verklebt«, war seine Antwort.

»Das wissen wir seit langem«, meinte sie lakonisch.

»Aber warum entkleben Sie das Ding denn nicht?«, fragte er nervös.

»Das wird schon irgendwann geschehen, aber jetzt müssen Sie erst mal Strafe zahlen.«

Dieter akzeptierte die Strafe, ein Kölner hätte dies zurecht nicht getan.

Einen benachbarten Kiosk, der zwar Alkohol verkaufen darf, aber keine Lizenz zum Ausschank hat, traf eine empfindliche Ordnungsstrafe, weil dort doch mal jemand ein Bier trank. Jetzt trinkt dort der ein oder andere ein Bier in Kaffeebechern. Problem gelöst auf kölsche Art.

Die Besitzerin einer kleinen exquisiten Boutique um die Ecke fand ich völlig aufgelöst vor:
»Ich darf mein kleines Tischchen mit zwei Stühlen nicht mehr auf die Straße setzen. Der Gehsteig ist doch hier sehr breit. Ich behindere niemanden. Ich habe keinen Ausschank, verkaufe nichts auf der Straße. Ich will mich doch nur hier ein bisschen ausruhen.«
»Machen Sie sich keine Sorgen, es gibt genügend Kontakte in der Politik.«
»Ja, die Südstädtler haben mir ihre Solidarität zugesagt.«

Jetzt steht das kleine Tischchen wieder da, mit Aschenbecher, denn noch darf man ja im freien öffentlichen Raum rauchen. Auch das Ordnungsamt muss sich der Kölner Wegschau-Toleranz, die mich stark an die Niederlande erinnert, ab und zu anpassen.

Wahrscheinlich hat dieses Amt noch nie die Lautstärke des frenetischen Jubels gemessen, der aus den vielen umringenden Kneipen ertönt, wenn der FC Köln ausnahmsweise mal ein Tor geschossen hat und gar wieder mal in die Bundesliga aufsteigt, oder die deutsche Elf gegen welchen Gegner auch immer gesiegt hat. Ich freue mich drüber, denn dann muss ich weder Radio noch Fernsehen einschalten, und den Ordnungshütern in den Kneipen gönne ich auch etwas Entspannung.

Ist Köln tolerant genug, um auch künstlerische Provokationen zu ertragen?

Wenn die Kasse stimmt, regt man sich in dieser Kaufmannsstadt nicht allzu schnell auf, jedenfalls nicht öffentlich.

Eines Abends, Mitte der neunziger Jahre, lief in einem kleinen Nischentheater der Oper ein Stück für einen Schauspieler zum Thema Homosexualität, gespielt von dem deutschlandweit bekannten Schauspieler Dirk Bach. Da ich andere Abendtermine hatte, ging mein Mann zu der Vorstellung und traf dort auf den stadtbekannten, konservativen CDU-Kulturpolitiker Heinrich Lohmer. Herr Lohmer brachte meinen Mann im Auto nach Hause und wütete während der ganzen Fahrt über die Unmoral der Gesellschaft im Allgemeinen und die »Lüstlingseinstellung« der Oper im Besonderen.

»Warum haben Sie sich das Stück dann angesehen«, wollte mein Mann wissen, »es war doch in den Ankündigungen klar, worum es geht.«

»Weil ich informiert sein will, was in der Stadt gespielt wird«, war die deutliche Antwort.

Weitere Folgen hatte sein Zorn nicht, von ein paar kritischen Fragen an mich im Kulturausschuss einmal abgesehen. Dieses Szenario hat sich viele Male wiederholt, da Herr Lohmer fast jeden Abend zu kulturellen Veranstaltungen ging und ihm vieles keineswegs gefiel. Mit seinen bohrenden Fragen, vorgetragen im Ton eines Gentleman, der in seinen sprachlichen Formulierungen nie aus der Rolle fiel – was man nicht von allen Ratsmitgliedern sagen kann – war er recht anstrengend. Aber, mein Vorgänger und Freund Peter Nestler wie ich auch haben Herrn Lohmer sehr respektiert. Er war trotz seines fortgeschrittenen Alters der wohl bestinformierte Kulturpolitiker der Stadt, wenn auch aus der Sicht einer althergebrachten Moral, die fast niemand im lockeren Kölle so sah oder gar lebte.

Künstlerische oder intellektuelle Äußerungen welcher Art auch immer haben in meiner Amtszeit nie zu scharfen Auseinandersetzungen geführt. Ja, zu Stirnrunzeln, zu Empörungen hinter vorgehaltener Hand, zu Unverständnis – zu mehr nicht.

Das mag auch daran liegen, dass die Mehrzahl der Kölner nicht für sich in Anspruch nimmt, die intellektuellste Metropole in Deutschland zu sein. Scharfsinnige geistige Auseinandersetzungen, philosophisches Hinterfragen der Dinge, eine zugespitzte gesellschaftspolitische Analyse – sei es in Debatten oder künstlerischen Formen – weit über den Tellerrand hinausgehende Überlegungen, wie sie etwa die *Frankfurter Schule* im protestantischen Frankfurt mit internationaler Resonanz anstellte, entsprechen nicht dem Kölner Naturell. Übrigens auch nicht dem niederländischen.

Die Kölner Universität, abwechselnd mit München die größte in Deutschland, ist mir nicht als Nährboden intellektueller Keimlinge, als Plattform zweifelnder Suche, als Anziehungspunkt für zukünftige Philosophen aufgefallen. Dagegen feiern die Absolventen der Kunsthochschule für Medien internationale Erfolge. Das Sinnliche geht vor.

Vielleicht erweitert die 2013 in Köln ins Leben gerufene *Akademie der Künste der Welt* die Weltsicht der Kölner durch künstlerische Reflexionen und – was den Kölnern mehr liegt – sinnliche Veranschaulichung. Das könnte spannend werden, so hoffe ich 2016 immer noch.

Wie in jeder Gemeinschaft gibt es natürlich auch in Köln Tabus, die man besser nicht verletzen sollte. Als im Jahre 2013 während eines Gottesdienstes im Dom eine junge Frau mit entblößtem Oberkörper den Altar stürmte, kam es zwar zu einem kurzen Handgemenge der wenig begeisterten Gläubigen. Aber dann nahm Joachim Kardinal Meisner die Tabubrecherin in einem seltenen Anflug von Humor in sein Gebet auf. Viel mehr passierte nicht, abgesehen von einem geringen Bußgeld. Die künstlerisch-kämpfenden Vorbilder, die

Gruppe *Pussy Riots*, wurde für einen ähnlichen Auftritt 2011 in der Erlöserkathedrale in Moskau zu zwei Jahren Straflager verurteilt.

Nur ein einziges Mal wäre es in meiner Amtszeit fast zu einem Eklat gekommen. Mein verstorbener Amtsleiter Jürgen Nordt, den ich als meinen Stellvertreter betrachtete und mit dem ich alle anstehenden Fragen und Probleme der großen Kulturinstitute sowie der Freien Szene besprach, brachte mir eine unheilvolle Kunde. Der Intendant der Bühnen, Günter Krämer, hatte eine ganze Etage der denkmalgeschützten Oper mit Wandmalereien versehen lassen, und das einen Tag vor einer Opernpremiere.

»Wir gehen sofort hin«, war meine Reaktion, was ich bei Konflikten immer tat, beispielsweise bei den damals ständigen Unruhen im Gürzenich Orchester, um ein schwelendes Feuer nicht in einen schwer löschbaren Brand ausarten zu lassen. Als wir vor der letzten Ampel vor der nahe gelegenen Oper warteten, sagte er ganz leise:

»Das ist einer der Momente, in denen ich froh bin, kein Kulturdezernent zu sein.«

Die Wandmalereien empfand ich als frech, witzig, etwas schlüpfrig, sie gefielen mir. Aber darum ging es nicht. Das eher konservative Premierenpublikum und nicht nur dieses hätte sich nicht offen über das »Schlüpfrige« aufgeregt, sondern über die nicht genehmigte »Verunstaltung« eines denkmalgeschützten Gebäudes. Das versuchte ich dem Intendanten klar zu machen, ihn auf die Konsequenzen für seine Arbeit hinzuweisen. Mit »morgen sind die Wände wieder weiß«, verabschiedete ich mich. Da wir uns sehr gut verstanden und immer noch verstehen, obwohl er Köln längst verlassen hat, grollte er zwar, was ich nachempfinden konnte, aber bei der Premiere waren die Wandmalereien verschwunden.

Und wie tolerant ist man in Köln gegenüber Zugereisten, wie ich ja eine war? Zuerst musste ich ein vollwertiger also auch zahlungsfähiger Mensch werden. Dabei erging es mir ähnlich wie bei meiner Ankunft in New York 1975. Arbeit hatte ich, es stand ja in allen Zeitungen, dass ich die neue Kulturdezernentin wurde. Also auf zur Kontoeröffnung, natürlich bei der Stadtsparkasse, einer Tochter der Stadt Köln, und dann hinein in die Arbeit. Aber so einfach ging das nicht.

»Haben Sie eine Wohnung, wir brauchen Ihren Mietvertrag«, erläuterte mir eine freundliche Angestellte, »sonst können wir für Sie kein Konto eröffnen.«

Ich war total erstaunt, denn in meiner neuen Funktion stellte ich ja nun wirklich keinen Risikofaktor dar. Aber Vorschrift ist Vorschrift. Ich lieferte den Mietvertrag nach und ließ meine Existenz auch beim Einwohneramt bestätigen. Die vorgeschriebene Abmeldung von einem anderen Einwohnermeldeamt in einer anderen deutschen Stadt konnte ich allerdings nicht nachweisen. Schließlich glaubte man mir, dass ich aus Moskau kam. Trotzdem stelle sich mir die Frage, welche Hürden nicht-deutsche, unbekannte Immigranten überwinden mussten, um in Köln offiziell leben und arbeiten zu dürfen und ein Konto zu unterhalten. Einen leichten Vorgeschmack bekam ich von den Anstrengungen meines Mannes, einem Niederländer, einem Bürger einer der ersten Gründungsstaaten der Europäischen Wirtschaftsgemeinschaft (EWG), seinerseits ein Konto zu eröffnen. Die Postbank war im Prinzip dazu bereit, aber, wurde ihm bedauernd mitgeteilt, die Dauer seiner Aufenthaltsgenehmigung sei zu kurz, nur ein paar Monate, da könne man ihm kein Konto anbieten. Und warum war dem Mann an meiner sicheren Seite nur eine so kurze Aufenthaltsgenehmigung erteilt worden?

Das war in München ganz anders, wo wir von 1986 bis 1990 gelebt hatten. Auch dort musste er sich eine Aufenthaltsgenehmigung ausstellen lassen. »Wos moanst, Schorsch?«, fragte der eine Beamte den anderen. »Wos gema em?« »I moan scho fünf Joar«, war die beruhigende Antwort. Damit waren alle Probleme gelöst. Nach vier Jahren zogen wir nach Moskau um. Auch in Köln lösten sich diese Probleme nach wenigen Monaten.

Trotzdem blieb in meinem Hinterkopf die Frage: Wie tolerant ist man in Köln gegenüber »Ausländern« bzw. gegenüber Menschen mit »Migrationshintergrund«, wie die entemotionalisierte Beschreibung lautet? Wie geht man mit Vertretern von 184 Nationen in Köln um? Statistisch gesehen ist dies eine große Anzahl, die je nach Blickwinkel beeindruckend oder beängstigend wirken kann. Aber Statistiken sagen oft nur wenig über das wahre Leben aus. Niederländer, Engländer, Franzosen, Belgier, Skandinavier, Amerikaner, Asiaten, die Kinder der ersten Gastarbeitergeneration, also Italiener, Jugoslawen, Spanier, Portugiesen sowie die heutigen hoch ausgebildeten jungen Menschen aus Südeuropa werden kaum als Ausländer wahrgenommen. Die Formalitäten können sie relativ rasch erledigen. Auch die vielen deutschstämmigen Russen oder die Litauer, Letten, Esten, Polen, Tschechen. Sie sind halt da, wie du und ich. Sie fallen nicht weiter auf. Sie haben uns Paprika, Cappuccino, Parma- und Serranoschinken, die Borschtsuppe und unzählige Gewürze gebracht, die unsere auf Essig-Öl-Petersilie-Schnittlauch reduzierte Küche der Nachkriegszeit ungemein verfeinert haben. Sie haben sozusagen mit rein materiellen Dingen mitgeholfen, die Kölner in das Zeitalter der Globalisierung zu hieven – nicht immer exquisit, aber das macht nichts, denn dem Kölner geht es beim Mittelmaß gut. Und sie haben zum Nachdenken über andere Sitten und Gebräuche angeregt. Da ist der Kölner offen.

Bleibt also die bewusst zugespitzte Frage, wie sich der Umgang mit den »auffallenden Ausländern« gestaltet, mit Türken, Nordafrikanern, Bulgaren und Rumänen. Diese als solche zu benennen ist weder ganz fair und schon gar nicht politisch korrekt, denn »die« Türken, oder »die« Rumänen gibt es natürlich nicht, genauso wenig wie es »die« Kölner gibt. Pauschalierungen sind immer mit Vorsicht zu genießen, auch wenn sie dem klärenden Zweck dienen, aus einer großen Unübersichtlichkeit ein paar signifikante Merkmale herauszufiltern.

Prägend ist vor allem der türkische Bevölkerungsanteil in Köln. Das macht sich besonders zu Beginn der Sommerferien bemerkbar, jedenfalls in meinem Viertel. Die zahllosen »Büdchen«, also Kioske, die meist von Türken und den konkurrierenden Kurden betrieben werden, neben Afghanen und Iranern, operieren dann auf Sparflamme. Ihre Betreiber sind mit Kind und Kegel für sechs Wochen in die Türkei aufgebrochen. Selbst ein Eiernotstand scheint auszubrechen. Eier kauft »man« beim »Eier-und Käsekönig« am Chlodwigplatz, einem Türken, der durch ein kleines Fenster die auf der Straße wartende Schlange bedient. Eier hamstern wir, wenn die Ferienzeit beginnt, weil die Eier bei den nahegelegenen Supermärkten, Rewe und Aldi eben nicht das Gelbe vom Ei sind. Auch die meisten Gemüsegeschäfte sind fest in türkischer Hand, während bei den Blumengeschäften die Niederländer dominieren. Lamm kauft man natürlich bei einem Türken und eine schnelle Mittagsmahlzeit in einem türkischen Bistro. All die Geschäftsinhaber leben friedlich mit denen vieler kleiner einheimischer Geschäfte zusammen. Man kennt sich, man verträgt sich, man hilft sich. An Kopftüchern stört sich niemand. Was der einen ihr Kopftuch ist, ist der anderen ihr um den Hals baumelndes Kreuz. Wird mal wieder von nachweislich Kölner Jugendlichen ohne Migrationshintergrund bei uns direkt nebenan, in einen von Kurden betriebenen Kiosk eingebrochen, dann reagiert die Nachbarschaft nicht nur durch Rechtsbeistand und mit finanzieller Unterstützung, sondern auch durch menschliche Hinwendung. Man nimmt sich Zeit für die Geschichten der anderen.

Voll angenommen wird auch das 2010 in einem Neubau am Neumarkt neu eingerichtete Kölner Rautenstrauch-Joest-Museum (RJM), ein Museum der Kulturen der Welt. Sein Ziel ist der Brückenschlag zwischen sehr unterschiedlichen außereuropäischen Kulturen, Religionen, Sitten und Gebräuchen, Sehweisen. Der Besucher betritt hier nicht mit gesenktem Haupt einen einschüchternden Bildungstempel. Er wird vielmehr auf großen Leinwänden mit den unterschiedlichsten Begrüßungsformen aus aller Welt willkommen geheißen. Und diese sind bei Japanern und Arabern, bei Türken und Engländern höchst verschieden. Die dahinterliegende Botschaft lautet: Anders sein ist nicht besser oder schlechter als das in Köln Gewohnte, nur eben anders. In den nach Themen gegliederten Ausstellungsräumen wird diese vergleichende Sicht immer wieder aufgegriffen und sehr sinnbildlich dargestellt, unterstützt von interaktiven Medien. Wenn Johann Wolfgang von Goethe in seinem *Faust* fragen lässt »Wie hältst Du es mit der Religion?«, dann bekommt er im RJM muslimische, jüdische, christliche, buddhistische Antworten – gleichberechtigte. Mit seinen vielen Veranstaltungen, Festen, Basaren ist das RJM ein Museum »zum Anfassen« geworden, in das sich jeder hineintraut.

Das kann man nicht von allen Kulturinstitutionen der Stadt Köln sagen, obwohl, meiner Erfahrung nach, die Bereitschaft zur Offenheit besteht. Aber die Oper tut sich naturgemäß schwerer als die öffentlichen Bibliotheken. Diese außerordentlich wichtigen Informations- und Begegnungszentren haben erfasst, dass man sich da ansiedeln muss, wohin die Menschen sich bewegen: in der Nähe von Bezirksämtern, Sparkassen, Einkaufszentren. Und zwar ebenerdig mit Café und Kinder-Spielecke. Das ist in sozial schwächeren Stadtteilen vor allem im rechtsrheinischen Köln mit seinem dichteren Bevölkerungsanteil an Menschen »mit Migrationshintergrund« besonders wichtig.

Trotzdem herrscht in der uralten Einwanderungsstadt Köln, die seit eh und je von einer Vielfalt von Kulturen geprägt ist, kein Idyll. Man muss sich mit Neuankömmlingen aus fremden Kulturen immer wieder zusammenraufen und tut dies auf schulterklopfende kölsche Art.

Auch in meinem mittelbürgerlich gemischten Stadtviertel gibt es Stimmen, die sagen: »Ich habe ja gar nichts gegen Ausländer, aber…« Und dann kommen all die althergebrachten Vorurteile: zu laut, zu schmutzig, zu faul, nicht integrationsbereit, sich selber abschottend. Und: zu bettelnd, zu korrupt, zu kriminell, wobei man vor allem auf Bulgaren und Rumänen anspielt. Leider fügt eine verschwindende Minderheit dieser Letztgenannten ihren großartigen Heimatländern tatsächlich beträchtlichen Imageschaden zu. Vergessen wird allerdings oft, dass auf dem Rücken bulgarischer und rumänischer Armutseinwanderer, die unter schlechtesten Bedingungen mit Hungerlöhnen abgespeist werden, profitträchtige Geschäfte gemacht werden. Wehren können sich die Menschen nicht. Sie wissen (noch) nicht, was ein Rechtsstaat sein könnte. Vergessen wird auch, dass die Arbeitslosigkeit unter ihnen, weitaus geringer ist, als unter anderen »ausländischen« Arbeitnehmern, dass bundesweit nur 0,6 Prozent aller Sozialleistungen an Rumänen und Bulgaren gehen, dass sie Unterstützung, beispielsweise bei einer besseren Unterbringung, und nicht Verachtung brauchen, dass sie als EU-Bürger auch Rechte haben.

Köln ist keine Hochburg von Salafisten, wie das Innenministerium von Nordrhein-Westfalen bei der Vorstellung des Verfassungsschutzberichtes im Mai 2014 erläuterte. Viel kleinere Städte wie Aachen, Bonn, Düsseldorf, Wuppertal und das Ruhrgebiet insgesamt haben da schon mehr zu kämpfen.

Oft werden kulturelle Verschiedenheiten betont, obwohl es um diese in der Regel gar nicht geht. Meist handelt es sich um eine soziale Frage. Unterschiedliche Bildungsniveaus führen zu unterschiedlichen gesellschaftlichen Kontakten. Das ist unter Deutschen nicht anders. Ein iranischer, türkischer, niederländischer, englischer Zahnarzt, Rechtsanwalt, Journalist kommuniziert mit seinen deutschen Kollegen auf gleicher Augenhöhe. Der Bildungsgrad und die Interessen sind vergleichbar. Kulturelle Unterschiede und Äußerungen sind eher attraktiv. Aber der türkische Arzt lädt nicht automatisch einen türkischen Mitarbeiter der Müllabfuhr ein, nur weil er Türke ist, und ein Deutscher nicht den deutschen. Sie haben absolut nichts gegeneinander, sie haben sich einfach nichts zu sagen, da sie aus anderen geistigen Welten und Gesellschaftsschichten kommen. Es ist ja nicht mehr so wie in der frühen grenzfreien Neuzeit in Europa, dass sich nur die Eliten einen anderen Wohnort suchen konnten, was sich beispielsweise im engen europäischen Netzwerk der Adelsgeschlechter noch heute widerspiegelt. Wirtschaftsflüchtlinge, sagen wir aus Ost-Anatolien, aus den afrikanischen Ländern südlich der Sahara, von den legal eingewanderten Arbeitssuchenden aus Rumänien oder Bulgarien einmal ganz abgesehen, oder politische Asylanten etwa aus Tschetschenien oder Syrien haben es heute viel schwerer, Fuß zu fassen, wenn ihre soziale Prägung, ihr Ausbildungsniveau, ihre Sitten und Gebräuche zu stark von den gewachsenen Werten und Strukturen im Ankunftsland, in unserem Falle Deutschland, ganz konkret Köln, abweichen. Sie sind weniger flexibel, da weniger kosmopolitisch geschult, und ihre Kölner Counterparts sind das auch nicht.

Die meist sozial bedingte latente Abwehrhaltung gegenüber »auffallenden Ausländern« und deren Parallelgesellschaften prägt in Köln jedoch nicht die allgemeine Stimmung. Das sieht in Berlin, wo sich viele Kulturen viel stärker aneinander reiben, schon ganz anders aus. Als 2004 in der Keupstraße, einem Zentrum türkischer Geschäftsleute im Kölner rechtsrheinischen Stadtviertel Mühlheim, ein Nagelbombenattentat verübt wurde, bei dem es 22 Verletzte gab, überschlugen sich die Spekulationen über die Ursachen und die Täter. Waren islamistische Täter am Werk? Die Mafia? Drogenhändler? War der türkisch-kurdische Konflikt der Auslöser? Polizei und Sicherheitsdienste gingen davon aus, dass Ausländer von Ausländern angegriffen worden waren. Erst seit 2013 herrscht Gewissheit, dass sich hier Fremdenfeindlichkeit auf brutale Art entladen hatte. Allerdings hatte dafür nicht eine in Köln beheimatete Gruppe, sondern der Nationalsozialistische Untergrund (NSU) gesorgt.

Wenn es droht, brenzlig zu werden, reagieren Kölner auf die vielbesungene Kölsche Art. Die Wegschau-Toleranz kann dann zu einer aktiven Toleranz werden. Beispielsweise beschlossen 1992 Musiker so berühmter Kölner Bands wie die *Bläck Fööss*, die *Höhner*, *BAP* und andere, zusammen mit Kölner Schriftstellern, Künstlern, Musikmanagern ein großes Konzert zu veranstalten. Das geschah am Jahrestag der Reichspogromnacht, am 9. November. Das Motto: »Arsch huh. Zäng ussenander – gegen Rassismus und Neonazis«. Über 100.000 Menschen kamen. Nicht alle verstanden die kölsche Sproch, aber die antirassistische Stimmung übertrug sich auf sie. Keine noch so akribisch ausgearbeitete Doktorarbeit zum Thema, keine noch so wohlmeinende wie nichtssagende Sonntagsrede von Politikern hätte so viele Menschen mobilisieren können. Es kamen ja nicht nur Engagierte der Gewerkschaften, von Schulen, von links-gerichteten Parteien, von anti-rassistischen Gesprächsrunden oder vom Ausländerbeirat der Stadt Köln. Es kamen alle, die sich von der so populären Musik angesprochen fühlten und dem Kerntext zustimmten:

»Wie wäre es, wenn man selbst mal was täte,
wenn man die Zähne auseinanderbrächte,
wenn wir den Arsch nicht hochkriegen,
ist es eines Tages zu spät

Der Schoß ist fruchtbar noch,
aus dem die Nazibrut entkroch
Jetzt gilt es: Arsch hoch, Zähne auseinander
Jetzt, nicht nächste Woch.«
(meine Übersetzung ins Hochdeutsche)

Arsch huh hat andere Städte zu vergleichbaren Aktionen inspiriert, wie beispielsweise Frankfurt oder Leipzig und zu vielen kleineren Aktionen geführt. Am 9. November 2012 fand ein großes Jubiläumskonzert statt, erweitert durch viele ausländische Bands.

An Pfingsten 2014 und den Jahren danach gedachten wiederum viele Künstler, Musiker, Dichter, Literaten und Schauspieler zusammen mit dem Oberbürgermeister des Attentats auf der Keupstraße vor zehn Jahren. »Wir wollen zeigen, dass wir eine deutsche Straße sind«, kommentierte die türkische Organisatorin.

Manchmal erledigen sich mögliche rechtsradikale Unruhen ganz von selbst, ohne dass man aktiv selbst etwas täte. So verlor die rechtsextreme Partei Pro Köln bei den Gemeinderatswahlen am 25. Mai 2014 drastisch an Zuspruch. Statt wie gehabt fünf Sitze im Rat, errang sie nur noch zwei. Damit verlor sie auch den Fraktionsstatus mit allen finanziellen Vergünstigungen, die jeder Partei zustehen, wenn sie es mindestens auf drei Abgeordnete schafft.

Nach jahrelanger Beobachtung des Kölner Lebens in den unterschiedlichsten Stadtteilen bin ich zu dem Schluss gekommen, dass die Mehrheit der Kölner zu einer gefährlichen, schwerwiegende Konflikte provozierenden Intoleranz schlicht und ergreifend ungeeignet ist. Die Kölner neigen nicht zu Extremen, weder im Positiven noch im Negativen. Sie geben nicht wie beispielsweise die Münchner, die ja auch katholisch sind, aber eben anders katholisch, ihr Äußerstes für kulturelle oder sportliche Spitzenleistungen. Schön, wenn diese vorübergehend einmal in Köln eintreten. Schade, wenn kulturelle Top-Manager, Künstler oder Spitzenfußballer wieder weiter ziehen und dabei deutlich andeuten, dass sie sich von der lauwarmen Unterstützung durch die Politik und/oder durch Funktionäre zu einem längeren Verbleib nicht besonders motiviert fühlten, wie etwa die äußerst erfolgreiche Intendantin des Schauspielhauses, Karin Beier, oder der hochgeschätzte Generalmusikdirektor Markus Stenz.

Andererseits finden Neonazismus und Rassenhass in der rheinischen Metropole keinen wirklichen Nährboden. Bevor ernsthafte mentale Barrikaden entstehen können, sind sie längst zerredet. Man singt lieber mit den *Bläck Fööss* »Drink doch eine met«, lacht sich über Probleme hinweg, sitzt sie aus oder trickst den anderen aus. Im Tricksen sind die Kölner Weltmeister.

Als 2008 Rechtsextreme ihren Europakongress in Köln veranstalteten, fanden sie nur schwer Taxifahrer und Hotelzimmer. Passiver Widerstand. Für ihre Pressekonferenz wurde ihnen das Rheinschiff »Moby Dick« vermietet. Auf diesem debattierten sie und kreuzten endlos auf dem Rhein. An Land konnten sie nicht gehen, denn sie erhielten nirgendwo Landeerlaubnis. Und die Kölner lachten. Konflikte perlen an ihnen schlicht ab.

Galt dieses Weg-Lachen, dieses sich Austricksen, dieses sich irgendwie durchwurschteln auch zu Zeiten des Nationalsozialismus in Köln in den Jahren 1933–1945? Ich weiß es nicht, aber vermute es. Jedenfalls führten alle einschlägigen wissenschaftlichen Publikationen über jene Jahre zu dem Ergebnis, dass Köln keine Hochburg des Widerstands gegen die nationalsozialistische Ideologie war, wie es die Kölner nach dem Krieg so gerne gesehen hätten. Aber wo war schon eine Hochburg des Widerstands? Bei meinem Eintreffen in Köln 1994, bei meinen vielen Gesprächen mit älteren und jüngeren Vertretern aus der Politik, Wirtschaft, Wissenschaft und Kultur kam das Thema nie zur Sprache, nach dem Motto: vorbei ist vorbei. Langsam fiel mir das auf. Nach vielen Jahren Tätigkeit im europäischen und außereuropäischen Ausland, wo ich immer wieder auf nicht unbegründete Vorbehalte gegen Deutsche gestoßen war, war ich dünnhäutig und sensibilisiert geworden. In Köln war die nationalsozialistische Vergangenheit irgendwie im fröhlichen Treiben verschwunden. Sicherlich, viele wollten oder konnten über das Erlebte im »Dritten Reich« nicht sprechen, ganz gleich, ob sie zu den »Opfern« oder zu den »Tätern« gehörten, obwohl diese Schwarz-Weiß-Einordnung in Leidende und Leid-Zufügende keinesfalls immer zutrifft. Meist besteht die Realität aus wechselnden Grautönen.

Aber unter der heiteren Kölner Oberfläche schwelte das Thema doch. Von den vielen nicht öffentlich gemachten Schicksalen habe ich nur wenig erfahren. Von einigen, meist in der Öffentlichkeit stehenden, hochangesehenen, alteingesessenen Familien aber wohl. Nur zwei Beispiele, die mich als Kulturdezernentin betrafen und betroffen machten:

In einer Fachzeitschrift, die außer Experten vermutlich kein Mensch gelesen hatte, war von einem Mitarbeiter des NS-Dokumentationszentrums ein kritischer Artikel über den Vater des früheren Herausgebers fast aller Kölner Zeitungen erschienen, über sein Denken und Handeln während der NS-Zeit. Alfred Neven DuMont schickte einen Adlatus zu mir, mit der Aufforderung – von Bitte konnte kaum die Rede sein –, die Aussage, sein Vater Kurt sei ein aktiver Nationalsozialist gewesen, der sich an jüdischem Besitz bereichert habe, zu entkräften. Der Artikel sollte aus der Welt. Ich versprach Prüfung. Und prüfte und prüfte monatelang, wie das in Köln so ist, wenn man etwas nicht will. Ich prüfte so lange, bis das Thema ausgelaugt und im Tagesgeschehen vergessen war. Wie hätte ich auch den Gegenbeweis erbringen können? Viele Jahre später, 2006, griff der *Spiegel* die Thematik auf. Alfred Neven DuMont strengte viele Prozesse gegen das deutsche Wochenblatt an zur Ehrenrettung seines Vaters und seiner Mutter Gabriele. Im gleichen Jahr beauftragte das Verlagshaus DuMont Schauberg den Historiker Manfred Pohl mit der Aufarbeitung der Verlagstätigkeit von Kurt Neven DuMont im »Dritten Reich«. Pohl kam in seinem 2009 erschienenen Forschungsbericht *M.DuMont Schauberg. Der Kampf um die Unabhängigkeit des Zeitungsverlages unter der NS-Diktatur* zu dem Schluss, dass sich Kurt Neven DuMont im Laufe der nationalsozialistischen Jahre von einem kritischen zu einem unentschiedenen und schließlich zu einem angepassten Geist entwickelt habe. Wie dem auch sei. Heute wird über Kurt Neven DuMont schlicht nicht mehr gesprochen.

Ein anderer Fall bleibt mir bis heute ein Rätsel. Der Patriarch der hoch angesehenen ehemaligen Privatbank Sal. Oppenheim in Köln, der verstorbene Alfred von Oppenheim, bedrängte mich unmissverständlich, die Wehrmachtsausstellung auf keinen Fall in Köln zu zeigen. Diese Ausstellung mit dem Titel *Vernichtungskrieg, Verbrechen der Wehrmacht 1941–1945*, erarbeitet vom Institut für Sozialforschung in Hamburg, wurde in ihrer ersten Fassung von 1995–1999 in 34 Städten in Deutschland und Österreich gezeigt und jeweils von hochkarätigen Persönlichkeiten mit internationalem Bekanntheitsgrad eröffnet. Nach den ersten acht bis zehn Stationen kam plötzlich eine kontroverse Diskussion auf. Vorher hatte sich niemand aufgeregt.

»Herr von Oppenheim, was stört Sie an dieser Ausstellung?«, fragte ich ihn, fest entschlossen die Ausstellung nach Köln zu bringen.

»Die Ausstellung ist mit vielen Fehlern behaftet, so kann man das nicht machen«, war seine Reaktion.

»Dann weisen wir gemeinsam auf die Fehler hin, die sich ja korrigieren lassen«, konterte ich. Das geschah auch in der zweiten Version der Ausstellung, die von 2001 bis 2005 an vielen Orten im In-und Ausland zu sehen war. Sie setzte andere Akzente, unterstrich aber die Grundaussage von der Mitschuld der Wehrmacht am Vernichtungskrieg der NS-Herrschaft gegen die Sowjetunion und am Holocaust.

»Sind Sie unter dem Vorbehalt des öffentlichen Hinweises auf die Fehler immer noch gegen die Ausstellung in Köln?« fragte ich nach.

»Ja, die Ausstellung soll nicht nach Köln kommen. Sorgen Sie dafür.«

Auch das war keine Bitte, sondern eher ein Befehl.

»Aber warum denn? Gerade Ihre jüdische Familie muss doch Interesse daran haben, dass die damals begangenen Verbrechen aufgedeckt werden«, versuchte ich ihn fragend zu verstehen.

»Das begreifen Sie nicht«, meinte er nur knapp und blieb jede weitere Antwort schuldig.

Die Ausstellung wurde wie geplant in Köln gezeigt und verlief ohne Zwischenfälle. Warum Alfred von Oppenheim so vehement in Einzelgesprächen mit mir, weniger in der Öffentlichkeit, gegen die Ausstellung in Köln war, habe ich nie begriffen und auch nicht näher recherchiert.

Trotzdem spürte ich, dass von einzelnen Kölnern ein öffentlich kritisches Nachdenken über die NS-Zeit begonnen hatte. Zu ihnen gehörte unter anderem der Ende der achtziger Jahre noch relativ unbekannte Künstler Gunter Demnig. Ihn beschäftigte die Deportation von tausend Roma und Sinti (damals sprach man noch von »Zigeunern«) aus Köln nach 1942. Er entwarf die sogenannten »Stolpersteine«, kleine pflastergroße Steine mit einer Messingplatte überzogen, die vor den Häusern von Deportierten in den Gehsteig eingelassen werden. Den ersten ließ er 1992, fünfzig Jahre, nachdem Heinrich Himmler den Befehl zur Deportation von Zigeunern gegeben hatte, vor dem Historischen Rathaus in Köln einsetzen. 1994 stellte er 250 Steine in der Kölner Antoniterkirche aus, was mich damals sehr beeindruckt hat. 1995 verlegte er die ersten Steine ohne Genehmigung. Im Jahr 2000 konnte er endlich mit amtlicher Genehmigung weitere

Steine auf den Gehwegen einlassen. In meinem Viertel gibt es viele davon. Auf ihnen sind die Namen der Deportierten vermerkt, seien es nun Zigeuner, Juden, Kommunisten, Homosexuelle und ganz allgemein Widerständler gegen das herrschende nationalsozialistische Regime. Darunter das Datum ihres Abtransports und ihr Todesdatum und -ort – soweit bekannt. Da steht dann Riga, Minsk, Kiew, Auschwitz, Theresienstadt ...Täglich stolpere ich über diese Inschriften. Sie zwingen zum Hinsehen, und darum geht es. Nicht alle begrüßen diese Initiative, zu meinem Erstaunen auch nicht der Zentralrat der Juden. Dennoch entwickelte das Projekt eine Eigendynamik. Heute gibt es in siebzehn Ländern bereits 45.000 Stolpersteine, die den Ermordeten einen Namen geben. Nur die Münchner Stadtverwaltung sperrte sich. Sie hätte die Steine lieber an den Hauswänden gesehen. So hat sich aus der Initiative eines Künstlers ein weltweit großes dezentrales Mahnmal entwickelt, finanziert aus Privatspenden.

Die vorsichtige Auseinandersetzung mit der Kölner NS-Vergangenheit bekam erst Auftrieb mit der Gründung des selbstständigen städtischen NS-Dokumentationszentrums im ehemaligen Kölner Gestapo-Gefängnis. Wie so oft in Köln hat es seine Existenz Bürgern zu verdanken, die seit Beginn der achtziger Jahre des letzten Jahrhunderts nicht nachlassen, auch auf diese Geschichte der Stadt hinzuweisen. 1997 durfte ich das Zentrum mit eröffnen. Die bedrückend engen Gefängniszellen mit den erhaltenen, oft verzweifelten Eingravierungen ehemaliger Häftlinge lassen keinen Besucher unberührt. Und die Besucherzahl steigt von Jahr zu Jahr. Über die Dauerausstellung sowie durch Publikationen und Wechselausstellungen wird behutsam versucht, sich der Kölner Vergangenheit zu Zeiten des Nationalsozialismus zu stellen. Ausgespart bleibt auch nicht das Schicksal von Juden, die unter deutscher Besatzung vor allem in der ehemaligen Sowjetunion gelitten hatten und nach dem Zusammenbruch der nicht gerade judenfreundlichen Großmacht im Jahre 1991 nach Köln oder Nordrhein-Westfalen ausgewandert sind.

Zu ihnen gehören auch Greta Jonkis und ihr Mann Issak Olchanski. Gelegentlich kommen wir bei unseren Abendessen auf ihre Vergangenheiten zu sprechen. Unsere Gespräche verlaufen in einem Gemisch aus Russisch und Deutsch. Je emotionaler die Erinnerungen werden, desto russischer wird unsere Verständigung.

»Ich habe immer nach meinem Vater gesucht«, sagte Greta wiederholt. »Mein Vater war Deutscher, Willi Riewe. Er war als technische Fachkraft aus Berlin in die Sowjetunion gegangen. Dort heiratete er 1934 meine russisch-jüdische Mutter. Schon zwei Monate nach meiner Geburt 1937 wurde er von der NKWD (dem sowjetischen Geheimdienst) verhaftet. Meine Mutter hat ihn nie wieder gesehen. Ich habe ihn nie kennengelernt.«

»Hat deine Mutter mit dir auch Deutsch gesprochen?« wollte ich wissen.

»Natürlich nicht, wie kannst du das fragen? Alles Deutsche war doch nach dem Überfall der deutschen Armee auf die Sowjetunion 1941 verpönt und verboten. Wir mussten vor den deutschen Besatzern immer wieder fliehen: von Noworossijsk zum Kaspischen Meer. Von dort wurden meine Mutter und ich, die Großmutter und eine Tante nach Kasachstan geschickt. Nie sprach meine Mutter von meinem deutschen Vater. Das war viel zu gefährlich. Es war schon schwer genug, Jüdin zu sein. Das wurde erst leichter mit Stalins Tod 1953.«

»Und hast du deinen Vater wiedergefunden?«

»Lebend, nein. Nach meinen Studienjahren in Moskau – englische Literatur, bloß keine deutsche, hatte mir meine

Mutter geraten –, meiner Lehrtätigkeit in Komsomolsk am Amur in fernen Osten und während meiner 25-jährigen Dozententätigkeit in Chisinau in der heutigen Republik Moldau habe ich unendlich viele Anfragen an die verschiedensten Behörden geschickt, auch an das Rote Kreuz. Schließlich erfuhr ich, dass auch mein Vater nach uns gesucht hatte, nun aber tot war.«

»Deine Mutter hat wieder geheiratet.«

»Ja, mein Stiefvater Jonkis aus Odessa, der Ukraine, hat mich adoptiert. Daher mein Nachname.«

Das Schicksal von Gretas Mann Isaak, den sie in Chisinau kennengelernt hatte, war nicht einfacher verlaufen. Sein Vater war Schuster. Nach dem Überfall der deutschen Armee, die auch seinen Vater erschoss, war die Familie lange auf der Flucht – bis ins heutige Turkmenistan und Kasachstan. 1945 kehrten sie nach Chisinau zurück. Isaak, von schwächlicher Gesundheit, wollte leben und etwas leisten. Also beendete er neben der Arbeit sein Studium am Technikum und war seitdem bei verschiedenen großen Unternehmen als Konstrukteur tätig.

»Isaak, warum wolltet ihr nach all dem erfahrenen Elend durch die Deutschen nach Deutschland auswandern? Israel wäre doch auch eine Möglichkeit gewesen? Und jung wart ihr doch auch nicht mehr!«

»Greta wollte in das Land ihres Vaters«, sagte er, der Gentleman, der Kommunikationskünstler, der relativ gut Deutsch sprechende, der nie um einen Witz verlegene, verschmitzt lächelnd.

»Da bin ich eben mitgegangen.«

»Und fühlt ihr euch in Köln willkommen?«

»Ja, abgelehnt hat man uns nie. Die Leute sind freundlich. Natürlich haben wir nicht mit allen Nachbarn vergleichbar enge Kontakte. Dazu sind unsere Interessen zu verschieden. Aber das ist normal.«

»Lebt ihr in einer russischsprachigen Parallelgesellschaft?«

»Naja, der russischen Gemeinschaft, besonders den Intellektuellen unter ihnen, fühlen wir uns näher, in Köln wie auch in anderen deutschen Städten. Das hat natürlich auch etwas mit unserem Alter und unseren schwachen deutschen Sprachkenntnissen zu tun.«

»Interessieren sich die Kölner für euer Schicksal? Ihr habt ja einiges mitgemacht!«

»Im Alltag weniger. Köln ist sehr pragmatisch und auch sehr westlich ausgerichtet. Es ist nicht leicht, hier das Leben im Kommunismus zu erklären. Der war doch weit weg, sagen die Kölner. Und heute ist er vorbei. Und alles ist gut. Es lebe die Gegenwart.«

Ja, dachte ich, ähnlich wäre es den beiden wohl in den Niederlanden ergangen: Herzlich, freundlich, hilfsbereit, aber ohne Antennen für die Nachwirkungen einer alles umfassenden sozialistischen Ideologie auf das Wesen und Gemüt von Menschen, die ein nicht-westliches, nicht-kapitalistisches Leben geführt hatten.

Was immer die tieferen Gründe für ihre Aussiedlung nach Deutschland gewesen sein mögen, die beiden leben gern in Köln, sind rentenmäßig und gesundheitlich gut versorgt und denken gegenwarts- und zukunftsorientiert. Greta publiziert regelmäßig über deutsch-russische kulturelle, vor allem literarische Beziehungen, und Isaak hat für die seit Beginn der neunziger Jahre stark gewachsene jüdische Gemeinschaft in der Hauptsynagoge eine große Bibliothek mit Titeln in vielen Sprachen aufgebaut, informiert dort und berät.

Gretas und Isaaks Lebensgeschichte sind neben weiteren 38 Schicksalen eindringlich geschildert und bebildert in

Lebenswege und Jahrhundertgeschichten – Erinnerungen jüdischer Zuwanderer aus der ehemaligen Sowjetunion in Nordrhein-Westfalen. Zusammengestellt und bearbeitet wurde dieser dicke deutsch-russische Band vom NS-Dokumentationszentrum nach zehnjährigen Beratungen, Überlegungen, Absprachen, was für Kölner Verhältnisse ja noch relativ kurz ist. Mit der finanziellen Unterstützung vieler wurde der Band 2013 publiziert.

1995 wurde ich im Kulturausschuss der Stadt Köln gefragt, ob sich in den städtischen Kölner Museen »Beutekunst« befinde. Ob es für diese Frage einen konkreten Anlass gab, weiß ich nicht mehr. Mangels besseren Wissens verneinte ich die Frage. Allerdings hakte ich bei den Museumsdirektoren nach. Sie hatten auch keine Erkenntnisse. Sie wussten nicht, ob sie die Nazi-Vergangenheit über unrechtmäßig erworbene Schätze in ihren Depots wieder einholen würde. Wer hatte Kunstschätze billig, vielleicht unter Wert gekauft? Privatleute? Sammler, darunter auch der Kölner Politiker Josef Haubrich? Hatten er und andere die finanzielle Notlage der auf dem Sprung in die Emigration befindlichen meist jüdischen Galeristen und Kunstsammler ausgenutzt? Hatte er in Treu und Glauben gekauft? Die Provenienzforschung war Mitte der neunziger Jahre noch nicht so weit wie heute. Und an der schwierigen Frage, welches Kunstwerk nun wem gehört, dem neuen Sammler, einem Museum, dem es geschenkt wurde, dem Staat oder den Erben des Emigranten, falls es diese noch gibt, arbeiten sich jetzt Juristen ab. Ist das alles verjährt? Kann man zu einer gütlichen Einigung kommen? Das ist ein überaus komplexes Thema aus der Vergangenheit, das auch die Stadtverwaltung Köln eingeholt hat. Sie zeigt sich gesprächsbereit, offen und konziliant.

Kathinka Dittrich van Weringh und Koos van Weringh bei einer Karnevalssitzung 1995 (Foto: A. Olligschläger)

Unter den Wechselausstellungen des NS-Dokumentationszentrums ist mir besonders die im Jahre 2012 gezeigte Ausstellung über das Karnevalstreiben in den Jahren 1933–1945 im Gedächtnis haften geblieben.

Der Kölner Karneval ist für Nicht-Kölner, Nicht-Rheinländer ein schwer fassbares Phänomen. Unsere calvinistischen niederländischen Nachbarn, jedenfalls 90 Prozent von ihnen, wenn man die südlichen katholischen Niederlande abrechnet, stehen staunend vor dem Nichtfassbaren. Der Karneval passt nicht zum reformierten Geist. Beim Straßenkarneval von Weiberfastnacht bis Karnevalsdienstag geht es in Köln laut und bunt zu mit viel Alkohol und wenig inspirierenden Kostümen. Es kommt zur Verbrüderung in allen »Veedeln«, wie die einzelnen Stadtviertel liebevoll genannt und romantisch besungen werden. An diesen Tagen arbeitet höchstens die Hälfte der Bevölkerung. Allen voran die Geschäfte und die »Büdchen«, die mit Ess- und Trinkbarem das Geschäft des Jahres machen, und unter den Ämtern der Stadtverwaltung, das Ordnungsamt, das für einen geordneten Ablauf inklusive Müllabfuhr sorgen muss. Die Volksfesteuphorie liegt wie eine seligmachende Wolke über der Stadt. Fast jede politische Partei lädt zu ihrem Kostümfest ein, der *Westdeutsche Rundfunk* (WDR), immerhin der größte Radio- und Fernsehsender Deutschlands, öffnet seine Toren zum fröhlichen Treiben. Aus allen Lautsprechern ertönen kölsche Lieder. Das überaus beliebte städtische Puppentheater, das »Hänneschen« ist brechend voll bei seiner Karnevalssitzung. Dort stößt man dann auf all die politischen Notabeln, denen man bei Premieren der Oper oder des Schauspiels seltener begegnet. Höhepunkt ist schließlich »de Zoch«, der kilometerlange Rosenmontagszug mit prächtig geschmückten Wagen der vielen Karnevalsgesellschaften, deren Vertreter dann »Kamelle«, also Süßigkeiten, Blumen und Stofftiere in die berauschte Menge werfen. Politisch kritische Aufbauten oder Aussagen gibt es, aber sehr gemäßigt. In Düsseldorf und Mainz, weiteren Karneval-Hochburgen, fallen sie weit bissiger aus. In Köln geht es vor allem ums Schmunzeln und ums Schunkeln.

»Wer auf einem Wagen sitzen oder ihn zu Fuß begleiten darf, der gehört in Köln zu einem der ihren. Das ist eine ganz große Ehre.« So versuchte der damalige, 2012 überraschend gestorbene, Oberstadtdirektor Lothar Ruschmeier mir, der Zugereisten, Karneval schmackhaft zu machen. »Nimm teil, du wirst das für deinen Job brauchen.«

Ich hatte nicht das Geringste dagegen. Warum nicht feiern?

Voll Begeisterung stürzte ich mich in einem Phantasiekostüm in das bunte Geschehen, meist begleitet von meinem sehr kundigen Mitarbeiter Winfried Gellner, der jeden familiären Hintergrund der Kölner Familien kannte. Selbst mein calvinistischer niederländischer Ehemann hatte sich etwas zusammengebastelt. Außerdem hatte ich bereits Training. Ab dem 11.11. des Vorjahres hatte es ständig interne Karnevalsveranstaltungen gegeben, bei denen ich im kleinen Schwarzen auf harten Holzbänken mehr oder minder genialen Büttenrednern zuhörte, kölscher Musik lauschte, und jeden traf, der in der Köln etwas zu sagen hatte. Hier besprachen sich Vertreter aus Politik, Wirtschaft, Gesellschaft und Kultur. Hier wurden Verabredungen getroffen, Geld hin und her geschoben, auch für die Kultur, dafür sorgte ich. Hier wurden »Konflikte im Vorfeld von Entscheidungen beigelegt«, der Erklärung für »Klüngel«, eine von vielen kölschen Definitionen für Toleranz. Größtes Glück empfanden die Kölner Karnevalisten, als es ihnen zusammen mit den Düsseldorfer, Bonner und Aachener Obernarren 2016 gelang, den Karneval auf die UNESCO-Liste für Weltkulturerbe zu hieven.

Den uralten Karneval haben sich die Kölner nie nehmen lassen, auch nicht, als er unter französischer Besatzung von 1794 bis 1814 zeitweise verboten war. Ebenfalls erzählen sie gern, dass sie den neuen preußischen Besatzern, den regelwütig protestantischen, ab 1815 aktiven Widerstand geleistet hätten. Diese Mär ist zwar Balsam auf die kölsche Seele, aber sie stimmt nicht. Vielmehr ordnete die preußische Obrigkeit in engster Absprache mit den Zuständigen in Köln das »wüste karnevalistische Straßentreiben« in der Stadt, setzte Regeln und Normen. An diese halten sich die seit 1823 sprunghaft angewachsenen Karnevalsvereine noch immer. Gegen diese Traditionsvereine hat sich seit etlichen Jahren eine junge, freche, kritische Stunksitzung gestellt. Aber auch diese lebt nach den alten Regeln »leben und leben lassen« und ist langsam selbst zur Tradition geworden.

Und am Aschermittwoch ist alles vorbei. Als ob es sich um einen Spuk gehandelt hätte. »Haben Sie gestern Abend noch nett gefeiert?« fragte ich meine Mitarbeiter. »Waren Sie bei einer Nubbel-Verbrennung dabei?« Der Karnevalsdienstag (die Münchner Bezeichnung »Fasching« sollte man in Köln unbedingt vermeiden) markierte schließlich das Ende einer sehr langen Karnevalssaison. Erstaunt-befremdete Blicke trafen mich, fast strafend. Man hatte sich bereits wieder dem Alltagsgeschäft gewidmet, als ob die »fünfte Jahreszeit« in Köln nie bestanden hätte.

Die Ausstellung im NS-Dokumentationszentrum zum Karneval zeigte, dass der Kölner Klüngel auch zu Zeiten der nationalsozialistischen Herrschaft funktionierte. War man damals wirklich gezwungen, auch deutlich antisemitische, anti-jüdische Festwagen zu bauen, wie die Ausstellung zeigte? Wo lag der Ermessensspielraum zwischen neutralen Schunkelwagen, pro-Regime jubelnden Aufbauten und vorsichtiger Distanz zum Regime? Eine offene Kritik wäre tödlich gewesen. Das war allen damals Beteiligten sowie uns Nachfahren völlig klar. Ging man den Weg des geringsten Widerstandes? Nicht feuern sondern feiern? Hatte man sich angepasst, wie an vielen anderen Orten auch? Die leitenden Karnevalspersonen konnten auch nach dem Krieg ihrer Karnevalstätigkeit weiter nachgehen. Die Ausstellung entlarvte den Mythos vom Kölner Karneval als Trutzburg des Widerstandes gegen das Nazi-Regime. In Abwandlung von Bertolt Brechts Ausspruch »Unglücklich das Land, das Helden nötig hat« könnte man für Köln sagen: »Glücklich die Stadt, die keine Helden nötig hat«.

Das sehr gut inszenierte Kölner Karnevalsmuseum streift nach einem Abriss über die Vorstufen des Kölner Karnevals die Jahre zwischen 1933 und 1945 nur kurz. Als ob Aschermittwoch wäre und der Spuk vorbei.

Seit Beginn 2013 befasst sich der *Kölner Stadtanzeiger* in unregelmäßigen Abständen mit dem Verhalten der Kölner in jenen nationalsozialistischen Jahren. Ausgiebig und sehr kritisch wird da auch auf den Karneval in jenen Jahren eingegangen. Eine kritische Analyse der damaligen Zeitungslandschaft in Köln und die Berichterstattung dieser Zeitungen zum jeweiligen Karneval von 1933 bis 1945 stehen allerdings noch aus.

Und die weitgehend ausgelöschte jüdische Vergangenheit in Köln? Wollte/will man sich daran erinnern?

Schon lange stand ein Jüdisches Museum im debattierfreudigen Köln zur Diskussion unter großer Beteiligung der Bevölkerung.

»Wozu überhaupt und für wen brauchen wir so ein teures Objekt, das auch noch den blickfreien Rathausplatz zupflastert?« fragten die einen, die nicht unbedingt Antisemiten sein mussten, sondern ans Geld dachten und sich an den freien Platz gewöhnt hatten – obwohl er in der Vergangenheit eng bebaut war, wofür die farblich abgesetzten Steine im Boden noch heute zeugen.

»Doch, wir wollen an unsere jahrtausendalte jüdische Gemeinde erinnern, die vor allem auf diesem Platz gelebt und gearbeitet hat. Wir wollen keine Holocaust-Museum, sondern einen Ort, der an die jüdische Bevölkerung schon zu Römerzeiten erinnert und heute wieder zu einem kulturellen Treffpunkt werden soll«, sagten die anderen. Ein Konzept, das sich auch andere jüdische Museen zu eigen gemacht haben, wie beispielsweise das 2013 in Warschau eröffnete.

»Warum erst so spät?«, fragten die Dritten. Eine Frage, die niemand so recht beantworten kann. Stockstarre nach dem

Hitler-Regime, unter dem so viele Synagogen zerstört und so viele Juden umgebracht wurden? Angst vor einer gespaltenen Bevölkerung in öffentlichen Diskussionen? Scham? Das vergangene Elend vergessen, verdrängen wollen und nur noch in der Gegenwart leben? Schlichte Gleichgültigkeit?

Diese Fragen lassen sich nicht nur auf Köln beschränken, denn auch andere jüdische Museen in Deutschland und anderswo sind jüngeren Datums, wie etwa das überzeugende Museum in München, das 2007 seine Tore öffnete oder das überaus gelungene Museum in Berlin, das es seit 2001 gibt. Wenn in Köln alles gut geht, was man angesichts dieser planungsresistenten Stadt nie mit Sicherheit voraussagen kann, dann kommt die Kölner Eröffnung im Jahre 2018/19? Dann kann das Kölner Jüdische Museum nicht nur mit vielen anderen kulturellen städtischen Einrichtungen, die jüdisches Erbe bewahrt haben, kooperieren, sondern auch architektonisch wie inhaltlich mit dem gegenüberliegenden Wallraf-Richartz Museum korrespondieren.

Der Zugang zur Kölner Gesellschaft wurde mir leicht gemacht. Dabei ging man in Köln davon aus, dass ich, kaum gelandet, »eine der ihren« war, eine, die die ungeschriebenen Gesetze des Zusammenlebens kannte. Eine, die wusste, wer mit wem die Schulbank gedrückt hatte, wer zu welcher Familie gehörte, die Einfluss ausübte, wer mit wem in welchem Netzwerk zusammenarbeitete, wer wem zu Vorteilen verhalf oder diesen schützte, welche Spielchen die politischen Parteien austrugen, wer wen in der Verwaltung nicht mochte. Natürlich wusste ich, die Zugereiste, das alles nicht, aber ich war durch jahrzehntelange Arbeit in anderen Kulturen unbewusst zur geradezu professionellen Beobachterin geworden immer mit dem Ziel, trotz aller Unterschiede ein »wir« zu schaffen.

Eine fast groteske Situation hat mir bei meinen wachsenden Erkenntnissen stark weiter geholfen. »Machen Sie einen Termin mit dem Herausgeber des liberalen *Kölner Stadt-Anzeigers*, Alfred Neven DuMont. Der ist in Köln sehr einflussreich, an dem kommt keiner vorbei«, rieten mir nicht nur meine Mitarbeiter, mit denen mich von Beginn an eine sehr kollegiale, ja herzliche Beziehung verband. Meine Sekretärin machte einen Termin, und ich marschierte los. Als die Rezeption in die oberen Zeitungsetagen die Meldung durchgab, die Kulturdezernentin sei jetzt da, passierte erst mal gar nichts. Ich wartete ziemlich lange, leicht indigniert, muss ich zugeben. Schließlich erschien ein freundlicher älterer Herr, mit dem ich mich in einem nahe gelegenen Café sehr gut unterhielt. Was ich damals nicht wusste: Es war der Falsche. Er war der Compagnon, der vom Herausgeber nicht bedingungslos geliebte Mitherausgeber dieser Lokalzeitung, der jüngst verstorbene Dieter Schütte. Was bei der terminlichen Vereinbarung schief gelaufen war, weiß ich nicht, jedenfalls war »der Echte« verstimmt. Als es etwas später bei einem größeren Abendessen doch noch zu einem Treffen mit diesem kam, konnte er die Bemerkung nicht unterdrücken: »Diese Dame muss noch viel lernen.« Da hatte er Recht.

Ich lernte die gewachsenen hierarchischen Strukturen unter der Oberfläche der zur Schau gestellten Gleichheit erkennen. Heute sagt man, dass zirka tausend einflussreiche Menschen die Geschicke der Stadt Köln bestimmen, nicht offen natürlich, indirekt. Nach meinen Erfahrungen sind das viel weniger. Aber die sind effizient.

Das Gleiche trifft auch auf die Niederlande zu. Das zeigte eine Veröffentlichung der Tätigkeitsfelder der »stillen Mächtigen« und deren Vernetzung in der überregionalen Tageszeitung *de Volkskrant* vor wenigen Jahren.

Neujahrsempfang der Industrie- und Handelskammer im Januar 1995. Alfred Neven DuMont im Gespräch mit Kathinka van Weringh (Foto: Hans Herbert Wirtz)

Mir haben die »leisen mächtigen Kölner«, deren Anwesen meist im besseren Villenviertel Marienburg liegen, viel geholfen. So luden sie mich zu ihren Empfängen ein, was mir wichtige Kontaktmöglichkeiten verschaffte. Zu meinem Erstaunen stieß ich dort nur selten auf Spitzenpolitiker der im Rat vertretenen Volksparteien. Waren die klein- bis mittelständischen Vertreter des Volkes und die stillen Mitmischer aus den höheren Schichten gesellschaftlich nicht vereinbar? Eines Tages fragte mich die sehr kunstinteressierte und bewanderte Frau Oetker, ob sie irgendetwas für mich tun könne. Ich war ihr zutiefst dankbar und bat sie, ein Abendessen mit lokalen Wirtschaftsbossen zu organisieren, denn ich brauchte dringend Sponsoren für die zwar allseits geliebte und hochgelobte aber ebenso finanziell darbende

»Kultur« in Köln. Da saßen wir dann, Vertreter von Ford, von Sony, vom Versicherungskonzern Gerling, vom Lebensmittelkonzern Rewe, vom Bankhaus Sal.Oppenheim, von Rechtsanwaltkanzleien und vielen anderen Betrieben mehr im warmen Abendlicht in ihrem wunderbar gepflegten Garten und sprachen über alles, nur nicht über Geld. Es war ein sehr anregender Abend. Ich sammelte Visitenkarten und lud dann in den darauffolgenden Wochen jeden einzeln zum Mittagessen ein. Sie erahnten natürlich meine Absicht, aber sie kamen und erwiesen sich als großherzig und humorvoll. Nachdem ich beispielsweise dem Vertreter von Sony eine neue Video Überwachungsanlage für das Museum für Ostasiatische Kunst abgerungen hatte, meinte er nur lakonisch aber lächelnd: »Das war ein teures Mittagessen«.

Der sehr kunstliebende und sich vor allem für die freie Theaterszene engagierende Vertreter von Ford, Herrmann Hollmann, ging auf meine Bitte ein, einmal wöchentlich, donnerstags, verlängerte Öffnungszeiten im Museum Ludwig zu finanzieren. Sponsoren für entsprechende abendliche Öffnungszeiten in den anderen städtischen Museen fanden wir auch. Das habe ich sehr anerkannt, denn mir war völlig klar, dass sich potenzielle Sponsoren zwar eventuell für öffentlichkeitswirksame Projekte begeistern lassen, weniger aber für strukturelle Maßnahmen. Diese waren und sind in ihren Augen zurecht Aufgabe der verantwortlichen Obrigkeit. Also konnte ich meine Bitte nur mit der Überschrift »mehrjähriges Pilotprojekt« schmackhaft machen. Immerhin hat das Wirkung gezeigt. Die Museen sind auch heute noch donnerstags abends länger geöffnet, weil sich das »Pilotprojekt« nach Wegfall der Sponsorengelder glücklicherweise nicht mehr abschalten ließ.

»Pilotprojekte« können in Köln ein langes Leben führen. So baten beispielsweise die Organisatoren des Musical-Dome Rat und Verwaltung um eine provisorische, also zeitlich begrenzte Standorterlaubnis für einen Musical-Palast. Das geschah zu meiner Amtszeit. Ich stimmte dafür, auch wenn das krass blaue, zeltartige Gebilde nicht gerade zur Schönheit Kölns beitragen würde. Aber an der ungepflegten Hinterseite des Hauptbahnhofes konnte man eigentlich nicht mehr viel verderben. Im Lauf der Jahre verblich das schmerzende Blau und das ewige Provisorium trug sein Scherflein dazu bei, Köln auch als Mini-Musical-Stadt auf die Landkarte zu setzen. Keine Konkurrenz zu Hamburg, aber doch. Heute ist es immer noch da, im aufgefrischten Kornblumenblau. Irgendwie kann in Köln aus einer flüchtigen Gegenwart eben Tradition werden, ganz friedlich.

Aus vielen als Pilotprojekte angelegten Bürgerinitiativen sind zukunftsträchtige Projekte und Strukturen entstanden. Wäre es ohne das hartnäckige Drängen von einigen wenigen Kölner Galeristen 1967 zu der Art Cologne gekommen, der ersten Kunstmesse der Welt? Auch heute gehört sie nach Basel, und vielleicht nach London und Paris immer noch zu den wichtigsten Kunstmessen Europas. Hätte sich ohne engagierte Jazz und Popmusiker das Festival Popcom und sein Nachfolger entwickeln können? Gäbe es seit 14 Jahren die Kölner Lichter auf und am Rhein, die jährlich Hunderttausende Besucher mit Musik und Feuerwerk begeistern? Hätte sich das international ausgerichtete Literaturfestival Litcologne etabliert? Oder ein Kölner Kulturrat? Wäre ein Kölner Kulturentwicklungsplan entstanden? Zwar hält sich niemand an diesen, aber auch das hat in Köln Tradition.

Köln und das Rheinland insgesamt sind von initiativfreudigen, kulturgesinnten und Mitsprache fordernden Menschen besiedelt. Ohne die vielen Sammler gäbe es die meisten Kölner Museen nicht, wie schon an deren Namen zu erkennen ist: das Museum Ludwig mit den Sammlungen Haubrich und Gruber, das Schnütgen Museum, das Rautenstrauch-Joest-Museum, das Wallraf-Richartz-Museum. Das Museum für ostasiatische Kunst könnte genauso gut Fischer-Museum heißen, denn der Sammler Adolf Fischer hat zusammen mit seiner Frau Frieda den Grundstock für dieses Juwel gelegt.

Aus diesen Vergangenheiten ist eine neue Gegenwart entstanden. Ohne Zweifel haben diese und weitere Sammler zusammen mit der Art Cologne, den hervorragenden Galerien, den vielen Künstlern und Kunstinitiativen mit dazu beigetragen, Köln zu einer internationalen Kunststadt zu machen. Das heißt nicht, dass Sammler ohne Vorbehalte rein altruistische Wesen sind. Was sie eint, ist eine nicht bremsbare Sammelleidenschaft, wobei sie nicht unbedingt von Beginn an das Gemeinwohl im Auge haben. Einige wollen ihre meist in Depot lagernden, selten versicherten Kunstwerke groß ausstellen, dabei die Kunstwerke vom Aussteller renovieren und versichern lassen. Andere wollen »nur« Anerkennung, ziehen ihre Kunstwerke aus Museen zurück, wenn sie dort nicht ständig einen prominenten Platz einnehmen bzw. verlagern ihre Sammlungen in andere Städte, weil sie sich dort besser gewürdigt fühlen. Oft eine Geldfrage. Wieder andere verkaufen Teile ihrer Sammlung an die Kölner Museen, weil sie Geld wollen, was völlig legitim ist. Auch Leistungen von der Stadt werden eingefordert. Als sich das Ehepaar Eleonore und Michael Stoffel entschloss, einen großen Skulpturenpark anzulegen, der 1997 eröffnet wurde, forderten sie von der Stadt Köln, das großzügige Gelände nach ihren Plänen herzurichten, auf städtische Kosten natürlich, und mietfrei zur Verfügung zu stellen.

»Kathinka«, sagte mir im Sommer 1996 Michael Stoffel am Telefon, »wir wollen mit unserer großen Sammlung einen Skulpturenpark errichten. Das Gelände vor unserem Haus (einer stattlich umgebauten Jugendherberge) ist dafür ideal. Sorg dafür.«

»Michael, das ist eine hervorragende Idee. Ich werde alles dafür tun. Bedenke aber bitte, dass jetzt Ferienzeit ist. Ich kann Verantwortliche in Bauamt, im Grünflächenamt und anderen Ämtern jetzt nicht erreichen. Auch der Oberstadtdirektor ist verreist.«

»Es muss aber sofort geschehen.«

Ich rief alle Zuständigen an ihren Ferienadressen an und bekam Zustimmung. In kürzester Zeit wurde die erwartete städtische Leistung erbracht. Später wurde sie allerdings nie mehr erwähnt, wie andere städtische Stütz- und Hilfsmaßnahmen auch nicht. Ja, Sammler sind nicht nur edle Menschen. Trotzdem ist es ein Glück, dass es diesen großartigen Skulpturenpark auch nach dem Tod des Sammler-Ehepaares immer noch in jeweils neuer Präsentation gibt.

Interessant ist das Beispiel von Peter Ludwig. Der promovierte Kunsthistoriker und Schokoladenfabrikant war ein unternehmerischer Machtmensch mit guten Nerven. Er wollte kein Geld, er wollte Kulturpolitik machen und hat dieses Ziel auch sehr erfolgreich umgesetzt. Schon in den achtziger Jahren hatte er zusammen mit seiner Frau Irene für die Übergabe von sehr umfangreichen und wertvollen Dauerleihgaben von der Stadt Köln die Errichtung eines Neubaus in einem bestimmten Zeitraum gefordert. Dort sollten das Museum Ludwig und das Wallraf-Richartz Museum untergebracht werden. Zeitgenössische Kunst sollte in Dialog mit früheren

Kunstäußerungen bis zurück ins Mittelalter treten. Und so kam es dann auch, nicht ohne endlose Diskussionen. Und Köln bekam gleichzeitig, dank geschickter Taktik des hoch geachteten Nachkriegs-Kulturdezernenten Kurt Hackenberg, die so renommierte Philharmonie mitgeliefert. Peter und Irene Ludwig wussten, wie man Gegenwart schafft, deren Entstehen heute Vergangenheit ist.

Als ich 1994 die Kölner Bühne betrat, entbrannte die nächste öffentliche Debatte. Ludwig hatte der Stadt Köln wieder ein äußerst großzügiges millionenschweres Kunstangebot gemacht, vorausgesetzt, das Museum Ludwig würde in Zukunft nur noch zeitgenössische Kunst ab dem 20. Jahrhundert zeigen. Das bedeutete einen Neubau für das Wallraf-Richartz-Museum. Politik und Bürgerschaft in Köln waren in Flammen.

»Richtig«, riefen die einen, und erfanden rasch Argumente, warum die früher so gelobten Synergieeffekte von alter und junger Kunst unter einem Dach doch nicht so durchschlagend waren. »Falsch«, empörten sich andere, »der will uns erpressen, dieser aus Aachen stammende Diktator, das lassen wir uns nicht gefallen.«

Ich stand zusammen mit dem damaligen Oberstadtdirektor Lothar Ruschmeier und der Mehrheit des Rates auf der »Richtig«-Seite. Bei den endlosen öffentlichen Diskussionen, denen ich oft vorsaß, habe ich mich manchmal gefragt, wo denn die Grenze, die Balance zwischen leidenschaftlichem bürgerlichem Engagement und schlicht nur mitreden wollen liegt. Zu meinem Glück ging es bald nicht mehr um die Frage, »ob« ein neues Museum gebaut werden sollte, sondern »wo«. Der heutige Standort des Wallraf-Richartz-Museums war zwar nicht der von mir favorisierte, aber er war und ist kein schlechter Ort im Zentrum der Stadt, nur 200 Meter Luftlinie vom Hauptbahnhof entfernt. Ein Tourist muss das Museum trotzdem suchen, denn in der mittelalterlichen Altstadt mit verschlungenen Sträßchen und damals noch schlechter Ausschilderung war das Museum nicht einfach und rasch auffindbar. Der Architekt und verstorbene Freund Oswald Matthias Ungers hat dann das Museum am Rathausplatz innerhalb des vorgegeben Finanzrahmens und innerhalb der vorgegebenen Frist erstellt, was in Köln einem Wunder gleicht. Dieses Wunder war aber absolut notwendig, denn sonst hätte Peter Ludwig dem Museum Ludwig nicht seine große Picasso-Sammlung als Dauerleihgabe überlassen.

Peter Ludwig war kein Diktator, auch wenn sein selbstbewusstes Auftreten und sein oft ruppiger Charme dies vermuten ließen. Er und seine Frau haben fast alle Museen in Köln und Museen in anderen Städten mit Kunstwerken bereichert und diese zu neuen Initiativen gezwungen, die eine Kulturdezernentin allein niemals hätte stemmen können. Wir verstanden uns bestens, auch nachdem ich ihm beigebracht hatte, dass er mich sonntags nicht um acht Uhr morgens, sondern erst nach elf Uhr anrufen solle. Dafür gab ihm dann mein Mann die letzten Fußballergebnisse durch, wenn Peter Ludwig von irgendwoher auf der Welt anrief.

Peter Ludwig hat nie Geld gespendet. Aber er hat uns ermutigt, mit seinen Kunstwerken Geld für Kölner Museen zu erwirtschaften. Jahrelang kam es zur Zusammenarbeit mit hochkarätigen, neuen japanischen Museen, die über alles verfügten, nur nicht über gefüllte Depots. Dieses wiederum hatten wir, wenn es auch sonst an vielem fehlte. Eine gute Basis für eine Vernunftsehe. Die Japaner zahlten alles: notwendige Restaurierungen, den Transport, Versicherung, Reisekosten, Katalog, Werbung und, wie es vertraglich elegant umschrieben wurde, eine *donation fee*, eine nicht unbeachtliche Gebühr also, die den leihgebenden Museen zufloss. Interessiert war man unter anderem an Picasso, der russischen Kunst zu Beginn des 20. Jahrhunderts – also Schwerpunkten im Museum Ludwig – an ostasiatischer Kunst aus dem Museum für Ostasiatische Kunst und an den Impressionisten, angereichert durch den Sammler Corboud im Wallraf-Richartz-Museum. Alles Schätze aus der Vergangenheit. Für das Ehepaar Ludwig wie für mich kam allerdings die Wertschätzung der Kunst vor dem Gewinn-Lustprinzip. Kein Kunstwerk verließ ein Kölner Museum auf die Reise nach Japan, wenn die Chefrestauratorin dies nicht abgesegnet hatte. Viele Male sind die Ludwigs und ich nach Japan gereist. Dort akzeptierte er auch, dass ich, die Vertreterin der Stadt Köln, die Verhandlungen führte und nicht er. Peter Ludwig hat immer Menschen respektiert, wenn sie ihm auf Augenhöhe begegneten.

Einmal befreite er mich aus einem Dilemma. Es ging um die Aufteilung der Exponate zwischen dem Museum Ludwig und dem Wallraf-Richartz-Museum als der Neubau für letzteres im Entstehen war. Kunstwerke, die nach 1900 entstanden waren, sollten im Museum Ludwig bleiben, frühere in den Neubau umziehen. Nun drohte Bayer/Agfa, seine wichtige Sammlung Agfa-Foto-Historama abzuziehen, wenn sie denn nicht im Museum Ludwig bleiben dürfe. Bedeutende Exponate dieser überaus reichen Photographie- und Gerätesammlung reichten bis in die Frühzeit der Photographie zurück, waren also lange vor dem Jahr 1900 entstanden. Der Kurator für Photographie am Museum Ludwig und ich machten uns also auf den Weg nach Leverkusen, um mit dem Bayer-Vorstand zu reden. Aber der blieb hart. Als ich Peter Ludwig davon erzählte, reagierte er sofort höchst pragmatisch:
»Photographie ist doch eine junge Kunst, also kann sie auch bleiben.«

»Das brauche ich schriftlich«, erwiderte ich. Innerhalb von zwei Tagen war sein Brief da, und Agfa-Foto-Historama blieb im Museum Ludwig. Die Vergangenheit war nicht vergangen. Die einzigartige Fotoabteilung des Museum Ludwig ließ sich nun weiter ausbauen, vom 19. über das 20. bis in das 21. Jahrhundert hinein.

Peter Ludwig war durch und durch Realist. Er wusste um das Hin und Her in der Stadtpolitik. Es war ihm klar, dass Ratsbeschlüsse, auch Haushaltsbeschlüsse manchmal nur bis zum folgenden Morgen Gültigkeit hatten, dass mitten in einem Haushaltsjahr gekürzt wurde, was Planungen außerordentlich erschwerte, ja in manchen Fällen unmöglich machte. Ludwig hatte eine Vision und eine langfristige Strategie. Deshalb beharrte er zurecht, mit einem großen Trumpf im Ärmel, auf seinen Bedingungen, zum Wohle der Stadt Köln. Und ich war mit ihm.

Köln brauchte und braucht solche zwingenden Wohltäter. Die finanziell immer klamme Kunst- und Medienstadt lebt von der Unterstützung der Bürgerschaft, ideell wie finanziell. Für den Erhalt und die Erneuerung des kulturellen Lebens in Köln sind in erster Linie Rat und Verwaltung zuständig. Das gilt nicht nur für die großen Kulturinstitutionen, die in städtischer Trägerschaft operieren, sondern auch für die vielen kleinen privaten Theater und künstlerischen Initiativen jeder Sparte, die ebenfalls Zuschüsse von der Stadt Köln einfordern. Ohne bürgerliche Mithilfe wären diese enormen finanziellen Lasten kaum zu tragen, zumal es in Köln keine einzige Landeseinrichtung gibt, von einer nationalen ganz zu schweigen. Dieses Los teilt Köln mit Leipzig oder Frankfurt, ebenfalls bürgerliche, aber nicht katholisch geprägte Städte. Die Vergangenheit unterscheidet Köln von Landeshauptstädten wie

Dresden oder München, die als Herrschaftssitze von Fürsten oder gar Königen eine ganz andere Entwicklung genommen haben und auch heute eine andere Finanzierungspolitik betreiben. Selbst das relativ junge Düsseldorf, Residenzstadt und Landeshauptstadt von Nordrhein-Westfalen (NRW), ist finanziell besser gestellt als das weitgehend auf sich selbst, auf seine Bürger, angewiesene Köln.

Der Kulturhaushalt der Stadt Köln ist mit vier Prozent des Gesamthaushaltes nicht gerade üppig, denkt man an vergleichbare Städte wie etwa Frankfurt oder erinnert sich an den weitaus höheren Etat der Nachkriegsjahre. Und auch die finanziellen Zuwendungen der Bürger haben ihre Grenzen. Der Hinweis mancher Ratsmitglieder, wir sollten uns das Land der Sponsoren, die USA, als Vorbild nehmen, basierte nicht auf dem Wissen völlig anderer Traditionen und Steuergesetze in dieser staatsfernen Nation. Außerdem wurden aus dem Blickwinkel deutscher staatsnaher Traditionen weder die verheerenden Folgen der Ökonomisierung von Kunst und Kultur in den Vereinigten Staaten gesehen noch der weitaus größere Einsatz von Ehrenamtlichen in allen Bereichen des amerikanischen Lebens.

Vielleicht, so hoffte ich, ließ sich die NRW-Landesregierung dazu überreden, die eine oder andere Trägerschaft von herausragenden Kölner Kultureinrichtungen zu übernehmen. Ich dachte an das Museum für ostasiatische Kunst oder das Rautenstrauch-Joest Museum, beides einzigartige Museen in NRW. Die freiwerdenden Mittel wären dann den anderen chronisch unterfinanzierten städtischen Museen zugutegekommen. Meine Verhandlungsversuche aber scheiterten trotz der verständnisvollen Kultusministerin Ilse Brusis. Es war auch nicht möglich durchzusetzen, den pauschalen Zuschuss des Landes an die Stadt Köln zweckgebunden für einzelne Bereiche aufzuschlüsseln, so auch für Künste und Kultur, wie das beispielsweise in Baden-Württemberg der Fall ist. Das hätte mehr Geld in unsere mageren Kulturkassen gespült.

Hilfreich wie immer war der Landschaftsverband und die Landestiftung Kunst und Kultur (heute Kunststiftung NRW). Von den relativ kleinen Zuschussbeträgen der Kultursekretariate des Landes, die aus Mitteln des Landes und den angeschlossenen Gemeinden finanziert werden, konnte Köln nur sehr wenig profitieren. Wichtig für das Kulturleben der Stadt Köln war ohne Zweifel die Stadtsparkasse. Da sie aufgrund ihrer Satzung keine Dividende ausschütten durfte, konnte, musste sie auf vielen gesellschaftlichen Feldern Projekte unterstützen. Beim Direktor der Stadtsparkasse fand ich immer Gehör. Er hatte nur eine schlechte Angewohnheit, jedenfalls aus meiner Sicht: Unsere Subventionsabsprachen für das folgende Jahr mussten immer morgens um acht Uhr stattfinden. Da war er hellwach, ich aber nicht. Also zwang ich mich um sechs Uhr aus dem Bett, trank viel Kaffee und stand dann »taufrisch« um acht Uhr mit meiner Liste vor seinem Büro. Um 8.10 Uhr war sie abgesegnet, und ich war wieder draußen im Kölner Nebel, aber auch dieses ewige Nieselwetter hätte ich umarmen können.

Kulturpolitik in Deutschland ist in erster Linie Stadtpolitik, mehr oder weniger unterstützt von dem jeweiligen Bundesstaat und punktuell, bei überregionalen Projekten oder Institutionen, von der Nation als Ganzem.

Zwar wurde 1998 das Amt eines Beauftragten der Bundesregierung für Kultur und Medien im Kanzleramt in Berlin angesiedelt, ein aus meiner Sicht äußerst begrüßenswertes Novum in der deutschen Nachkriegsgeschichte, aber ohne die Schlagkraft eines eigenen Ministeriums. Das nationale Kulturbudget konnte seitdem sukzessive gesteigert, offene, überregionale Fragen, etwa zum Urheberrecht, konnten gebündelt werden. Das ist eine gute Entwicklung. Dennoch tue ich mich nach wie vor schwer, bei meinen Kulturseminaren in aller Welt interessierten Kulturpolitikern und Managern deutlich zu machen, dass Deutschland nicht über ein nationales Kulturministerium verfügt, dass es nur einen Kultur-Beauftragten gibt, dass in Sachen Künste und Kultur, weiterführende Schulen und Hochschulen und in vielen anderen Fragen mehr die Bundesländer das Sagen haben, im Kulturbereich vor allem die Städte, dass die jahrhundertealte Zersplitterung Deutschlands in Königreiche, Herzogtümer, Grafschaften, freie Reichsstädte dafür die Ursache ist.

»Aber«, kommt dann meist die ungläubige Gegenfrage, »ihr wart doch unter Adolf Hitler von 1933 bis 1945 ein zentral regiertes Land?«

»Stimmt«, konnte ich darauf nur antworten, »aber zwölf Jahre sind eben nicht Jahrhunderte von Kleinstaaterei. Und den siegenden Alliierten nach dem Zweiten Weltkrieg war es mehr als recht, dass Deutschland, jedenfalls West-Deutschland, rasch zu seinen dezentralen Strukturen zurückfand. Unter den zentralen Strukturen des Hitler-Staates hatte man schließlich im In- wie im Ausland genügend gelitten. Diese dezentralen Strukturen wurden nach »der Wende« 1989 auch in der zentral regierten, ehemaligen DDR, also den sogenannten neuen Bundesländern wieder hergestellt.

»Dann seid ihr ja das dezentralste Land in Europa, noch dezentraler als das heutige Spanien«, erwiderte ein norwegischer Kulturpolitiker in Oslo. »Das hätte ich nicht gedacht.«

Wenn man in eine derart vorgeprägte Stadt wie Köln kommt, fragt man sich natürlich, was man als Kulturdezernentin überhaupt bewegen kann. Ich sah mich als Scharnierstelle zwischen der Politik, der Verwaltung und den kulturell/

künstlerisch Aktiven und deren Freunden auf allen Ebenen. Also als Vermittlerin zwischen drei völlig verschiedenen Denkmustern und Sprachen.

Die politischen Parteien denken an die nächste Wahl und an die Beschaffung von Mehrheitsbeschlüssen bis dahin, ganz gleich, ob es sich um abgestellte Brunnen, um marode Straßen, um Hochwassergefahr, um ein Museum Ludwig oder um die Oper handelt. Staatsmännische Weitsicht über eine Wahlperiode hinaus ließ und lässt sich nicht oft erkennen.

Die Verwaltungsleute halten sich an die eingelernten Normen und Regeln und achten, von löblichen Ausnahmen abgesehen, streng auf ihre jeweiligen Zuständigkeiten. Nur keine regelwidrigen Fehler machen!

Die Künstler, Kulturschaffenden und Manager kultureller Institutionen pochen auf ihre künstlerische Qualität, ihre Kreativität, die nicht nur zur Horizonterweiterung von Schülern, Studenten, allgemein Kulturinteressierten beitrage und die Integration von zugewanderten Menschen aus anderen Kulturkreisen erleichtere, sondern auch den Ruf Kölns als Kulturstadt mehre.

Für Verständnis für die so unterschiedlichen Welten zu werben und Brücken zwischen ihnen zu bauen, kommt schon einem Spagat gleich, zumal im Ernstfall mein Herz auf der Kulturseite schlug und schlägt. Dass ich parteilos war und bin, war dabei weder ein Vorteil noch ein Nachteil. Offiziell wurde ich der SPD zugeordnet, die auch einen sehr sensiblen Kultursprecher hatte, Manfred Biciste. Aber die CDUler und die FDPler waren von Erziehung und Bildung und vom Bauchgefühl her der Kultur näher zugeneigt als Vertreter der SPD, die damals noch immer ihrer verschwundenen Arbeiterklasse nachtrauerten und die Grünen, die sich eigentlich nur für künstlerische Kleinstinitiativen interessierten. Mit dem CDU-Vorsitzenden des Kulturausschusses habe ich mich bestens verstanden. Gut informiert kam er zu unseren Vorbereitungstreffen, bremste, wenn keine Mehrheit in Sicht war, wies aber auch immer auf Lösungsmöglichkeiten hin. Dass er diese Treffen ebenfalls morgens um acht Uhr im Dom Hotel anberaumte, habe ich ihm deshalb verziehen.

Ich habe nie entlang von Parteilinien gedacht oder gehandelt. Kulturarbeit ist überparteilich. Diese meine Einstellung haben mir die verschiedenen Parteien auch nie übel genommen. Natürlich standen mir Politiker, welcher Couleur auch immer, näher, die sich ernsthaft für die künstlerischen Äußerungen in ihrer Stadt interessierten und mit offenen Sinnen an diesen partizipierten, als die, für die die Künste eher ein Element des Stadtmarketing waren. Davon gab und gibt es nicht allzu viele, und sie haben keinen leichten Stand in einer Stadt, die »Kultur« zwar als ihr Aushängeschild preist, aber hofft, dass die kulturellen Früchte schlicht vom Himmel fallen ohne langfristige, zuverlässige Planung. Kulturarbeit braucht einen langen Atem.

Die Verwaltungssprache und Praktiken sind nicht jedermanns Sache. Als Abteilungsleiterin der Zentralverwaltung des Goethe-Instituts war ich ständig mit Verwaltungsfragen befasst gewesen, und als Gründungsleiterin des Goethe-Instituts in Moskau hatte ich in der täglichen Praxis, dank einer sehr guten Verwaltungsleiterin, den letzten Schliff bekommen. Aber wie bleischwer eine alles regelnde Verwaltung auf den großen Kulturinstituten wie den kleinen Kunstinitiativen lasten kann, habe ich erst in Köln begriffen. Mein Ansatz war immer: so viel Verwaltung wie nötig, so wenig wie möglich. Die Verwaltung sollte eine dienende Instanz sein, ein kritischer Ermöglicher. Sie kann den Kreativen durch administrative Flexibilität gestalterischen Freiraum verschaffen, der im künstlerischen Bereich weitaus notwendiger ist als bei der Planung von Straßenreparaturen. Die langen Entscheidungswege, die Ab- und Rücksprache mit so vielen Ämtern, wie dem Personalamt, dem Vergabeamt, dem Rechnungsprüfungsamt, dem Liegenschaftsamt, dem Bauamt, dem Presseamt, der Kämmerei und anderen mehr, erstickt vieles im Keim und ist auch noch teuer. Die Einführung der Kosten-Leistungsrechnung war wichtig, hat aber den bürokratischen Aufwand nicht verringert.

Warum, beispielsweise, musste ein schlecht geführtes und defizitäres Café im Museum Ludwig unter der Obhut des Stadtdirektors bleiben, konnte nicht von der Museumsleitung selbst verpachtet werden unter Einbehaltung der möglichen Einnahmen? Das wäre ein großer Ansporn für das Museum gewesen und wurde es später auch. Aber zu meiner Anfangszeit bestand noch das Motto:

So war es, und so muss es bleiben.

Aber nicht alles in der Vergangenheit Installierte muss in Stein gemeißelt ewig überleben, fand ich.

Den ersten Schritt zur Flexibilisierung unternahm ich bei den städtischen Museen, nachdem ich erfasst hatte, dass ich auch Generaldirektorin all dieser Museen war. In monatlich stattfindenden Treffen mit dem Museumsdirektoren und der zentralen Museumsverwaltung suchten wir gemeinsam nach Wegen zu größerer Bewegungsfreiheit und damit zu größerer Eigenverantwortung, ohne die Stadt aus ihren Verpflichtungen zu entlassen. Nach langen Diskussionen, die widerspiegelten, ob ein Museumsdirektor eigenständig denkend oder gedanklich bereits verbeamtet war, kamen wir zu folgendem Ergebnis: Jedes Museum bekommt sein eigenes Budget und seinen eigenen Verwalter. Der konnte sich jetzt für »sein« Museum einsetzen, für »sein« Museum kämpfen, für »sein« Museum Sponsorengelder einwerben, was für potenzielle Sponsoren weitaus attraktiver war, als ihre Spendenbeiträge in einem städtischen Museums-Gesamt-Topf verschwinden zu sehen. Eine stark reduzierte, aber sehr engagierte zentrale Museumverwaltung blieb erhalten, um gemeinschaftliche Interessen, beispielsweise die Gestaltung des »Museumstages« oder auch gemeinschaftliche Probleme besprechen zu können. Gerne wäre ich nach einer Einarbeitungszeit der Museen in ihren neuen Status noch einen Schritt weiter gegangen und hätte sie nach niederländischem Vorbild in Stiftungen umgestaltet. Praktisch hätte das bedeutet: Das Gebäude, das Grundstück, die Sammlung bleiben im Besitz und damit auch der Verantwortung des städtischen Trägers, der auch einen abgesprochenen ein- oder mehrjährigen Zuschuss mit Rechenschaftsbericht gewährt, aber das Tagesgeschäft wird von der Museumsleitung unter dem kritischen Blick eines fachkundigen Kuratoriums, also ohne Politiker, verantwortet. Diese Phase steht leider immer noch in den Kinderschuhen, auch beim Pilotprojekt Wallraf-Richartz-Museum. Da sind die Hamburger Museen sehr viel weiter.

Auch die Umwandlung der städtischen Bühnen in eine eigenbetriebsähnliche Organisationsform hängt noch immer viel zu stark am Tropf der Lokalpolitik. Dazu nur ein kleines, bizarres Beispiel. Der große Karnevalsumzug am Rosenmontag 2013 konnte nicht wie gewohnt entlang der Oper und dem Schauspiel defilieren, da sich diese endlich nach 25 Jahren Anmahnung in Rekonstruktion befanden, also eine riesige Baustelle darstellten. Die Umleitung des »Zochs« habe 100.000 Euro Mehrkosten verursacht. Diese Mehrkosten sollten, so beschlossen Rat und Verwaltung, den Karnevalschefs aus dem Budget der Bühnen vergütet werden. Ja, an Groteskem mangelt es in Köln nicht.

Auch die vielen kleineren für die so lebendige Kultur- und Medienstadt wichtigen Häuser und Initiativen aus den Bereichen Theater, Tanz, Literatur, Film, Musik, bildende Kunst, Design, Architektur und anderen nicht-klassischen Sparten sind, wenn von städtischer Seite bezuschusst, über Gebühr abhängig von der städtischen althergebrachten Bürokratie. Wer auch nur einen sehr kleinen Zuschuss aus dem Kulturhaushalt erhielt, der musste Abrechnungen für sein Gesamtprojekt vorlegen. Das erschien mir als bürokratischer Unsinn, denn die kleinsten der Kleinen, aber keineswegs uninteressantesten künstlerischen Gruppen, konnten sich natürlich keinen Buchhalter leisten und hatten auch nicht die geringste Ahnung, wie sie eine abschließende Einnahme-Ausgaben-Kostenrechnung erstellen sollten. Dieses Problem legte ich dem Leiter des Rechnungsprüfungsamtes vor. Dieser besonnene und kluge Mann begriff mein Anliegen sofort. Wir vereinbarten bei Zuschüssen bis zu DM 5000 keine Gesamtabrechnung mehr zu verlangen, bis zu DM 10.000 nur Stichproben zu machen und erst ab DM 20.000 eine Gesamtaufstellung von Einnahmen und Ausgaben zu fordern. Ich war ihm zutiefst dankbar. Erstaunt hat mich die spontane Reaktion einer Mitarbeiterin des Kulturamtes, als ich erleichtert und beschwingt von dem für mich so positiven Gespräch berichtete. »Jetzt werden Sie an Macht verlieren.« Ich konnte ihr nicht klar machen, dass es nicht um meine Macht als Kulturdezernentin ging, sondern um die Förderung der Entfaltungsmöglichkeiten der sogenannten »Freien Szene«.

Diese war auch unterfinanziert, und zwar strukturell. Dass es meinem Nach-Nachfolger und dessen aktiven Amtsleiter gelang, eine Erhöhung der Mittel um ca. eine Million Euro durchzusetzen, ist bewundernswert. Mein Beitrag war geringerer Natur. Als mein kranker Fahrer mich bat, ihm zu einer Frühpensionierung zu verhelfen, was ich tat, leitete ich

Jasper Johns und Kathinka Dittrich van Weringh bei der Eröffnung der Ausstellung des amerikanischen Künstlers im Museum Ludwig am 6. März 1997 (unbekannter Fotograf)

die jährlich freiwerdenden Mittel von ca. 200.000 DM in die »Freie Szene« um, nicht zur Freude meiner Dezernentenkollegen. Ich hatte ja die Straßenbahn vor der Tür.

Einmal erreichte mich ein zwar sehr verlockendes, aber letztlich nicht akzeptables Angebot. Ein stadtbekanntes Bordell ließ mich über einen Theatermann wissen, es wäre zu einer Million Spende bereit, wenn ich denn für ein kulturelles Ereignis in dem Etablissement sorgen würde. Eine Million! Das war viel Geld für die »Freie Szene«. Ich rang mit mir, dann sagte ich ab. Geld anzunehmen, das auf dem Rücken von Prostituierten erwirtschaftet worden war, das konnte ich nicht vertreten.

Künstler und Kulturschaffende sind in der Regel nicht dafür geboren, das eingespielte Vorschriftensystem einer städtischen, regionalen oder nationalen Verwaltung zu verinnerlichen, obwohl sie diese administrativen Vermittler zum Teil auch brauchen. Sie kreieren, experimentieren, erschaffen Neues, stellen Altes in neuer Form dar, versuchen den politischen Zeitgeist in künstlerische Formen zu fassen, animieren, protestieren, provozieren, trösten und unterhalten. Anders als Politiker oder Verwalter sprechen sie alle Sinne an, nicht nur den Verstand. Das macht die Künste so einzigartig wie verletzlich und daher so schützenswert.

Vor großen Herausforderungen, ja Verletzungen, stand und steht auch immer die Denkmalpflege und die Bewahrung der historischen Erinnerungen dieser geschichtsträchtigen Stadt.

Gleich zu Beginn meiner Amtszeit strebte ich daher in das Historische Archiv, um mein angelesenes Wissen durch Anschauungsmaterial zu versinnlichen. Von den vergangenen Schätzen, Urkunden, Verträgen, Aufzeichnungen – und den gegenwärtigen – war ich überwältigt. Das Archiv stellte das Gedächtnis der Stadt dar. Mit seinen Urkunden ab dem Jahr 922 und seinen 30 Kilometern Archivgut war es das größte deutsche Kommunalarchiv. Hier sah ich den »Verbundbrief« von 1396, also die »Verfassung« der Stadt Köln, aber auch viele spätere Akten und Nachlässe. Die reiche, vielfältige, keineswegs immer konfliktlose Vergangenheit Kölns ließ sich hier studieren.

Das muss die Kölner Stadtverwaltung mit Stolz erfüllen, dachte ich. Wer hat schon so ein Archiv. Das ist doch einzigartig. Da kann jede andere Stadt nur vor Neid erblassen. Wer hat schon so viel archivierte Vergangenheit?

Das wurde vielleicht auch im Unterbewusstsein so empfunden, hinderte die Stadt aber keineswegs daran, im Rahmen von Sparmaßnahmen in den neunziger Jahren und auch in den ersten Jahren des 21. Jahrhunderts, den Etat und den Personalstand des Archivs kräftig zu kürzen. Und: So vergangenheitsbewusst waren die Kölner nun auch wieder nicht, um gegen diese Kürzungen auf die Barrikaden zu gehen oder breit angelegte öffentliche Diskussionen zu organisieren, was den Kölnern sehr liegt. Mit solchen Eingriffen der Bürger hätten sich sogar Ratsbeschlüsse umstoßen lassen. Es wäre nicht das erste und nicht das letzte Mal gewesen. Aber all das passierte nicht. Man trug den Stolz auf die zweitausendjährige Vergangenheit ja im Herzen. Detailwissen war dafür nicht nötig. Das Archiv war »irgendwie« da und würde auch »irgendwie« da bleiben. Und die anschaulichsten Exponate ließen sich ja auch im Kölner Stadtmuseum bewundern. Außerdem konnte man aus »toten« Schätzen kein Einkommen generieren. Wer nichts produziert, braucht wohl auch nicht so viel Geld.

Dann kam die Katastrophe. Am 3. März 2009 stürzte das Archiv aus stark vermuteten aber rechtlich noch nicht eindeutig nachgewiesenen Gründen ein. Entsetzen breitete sich nicht nur in Köln aus. Ganz Europa nahm Anteil. Hilfsangebote kamen von allen Seiten. War noch etwas zu retten? War der Stadt für immer ihre früher belegte Vergangenheit abhandengekommen? Plötzlich beschäftigte das Thema jeden Bürger. Plötzlich ging es um die Vergangenheit seiner Stadt. Seit Ende 2013 sind so gut wie alle Dokumente geborgen und getrocknet. Ein Teil ist der Öffentlichkeit bereits wieder zugänglich, aber die Restaurierung wird noch Jahrzehnte dauern. Ein Neubau wird hoffnungsfreudig im Jahr 2019 bezugsfertig sein. Vielleicht zeigen die Kölner dann mehr aktives, unterstützendes Interesse für ihre so reich dokumentierte Vergangenheit. Vermutlich sind sie dann aber wieder in der fröhlichen Gegenwart angekommen, mit der Vergangenheit im Herzen.

Zwischen dem meinem Dezernat zugeordneten Denkmalschutz sowie der Bodendenkmalpflege und den unterschiedlichsten Forderungen denkmalferner, aber einflussreicher Geschäftsleute zu vermitteln, erwies sich schwieriger, als von mir erwartet. Die Frage, was aus der Vergangenheit bleiben soll und was nicht, führt zwangsläufig zu Konflikten zwischen politisch-wirtschaftlich denkenden Interessenvertretern, den verwaltenden Kulturbeamten und engagierten Bürgern, die für die eine oder andere Seite ins öffentliche Diskussionsgefecht gehen. Eine offene Frage hatte ich geerbt: Sollte der Leiter der Bodendenkmalpflege auch Leiter des Römisch-Germanischen Museums (RGM) werden oder sollte letzterer beide Funktion in Zukunft wahrnehmen. Eine so wichtige Frage für das römisch wie mittelalterlich geprägte Köln wollte ich nicht spontan entscheiden, zumal ich keinerlei Erfahrung auf diesem Sektor mitbrachte. Nach einigen Monaten der Beobachtung war für mich die Sache klar. Der diskrete, wissenschaftlich unangefochtene und politisch wie menschlich umsichtige Leiter des RGM, Hansgerd Hellenkemper, sollte die Doppelaufgabe übernehmen – zum Entsetzen seines Konkurrenten, dem ich schlicht nicht vertraute. Mein Misstrauen sollte sich viele Male bestätigen, bis heute. Ich habe in meiner Amtszeit nicht viele Personalentscheidungen treffen müssen, da die wichtigen Posten langfristig besetzt waren. Vorstöße von den politischen Parteien, den einen oder anderen Amtsinhaber hinwegzuloben und mit einem Parteimenschen zu besetzen, habe ich freundlich beiseite geschoben. Keine Personalentscheidung habe ich bereut, die Ehe zwischen der Bodendenkmalpflege und dem römisch-germanischen Erbe unter dem Dach von RGM ganz besonders nicht.

Beim Bau des Wallraf-Richartz-Museums stießen Arbeiter, wie befürchtet, auf einen römischen Abwasserkanal. Mir schwante Böses. Aber der Leiter des RGM und nun auch der Bodendenkmalpflege hatte eine geniale Idee.

»Wir stellen ein Stück zum ewigen Gedenken als öffentliche Skulptur vor die angrenzende Festhalle, den Gürzenich, und der Rest kommt ins Depot.« Alle Seiten waren mit dieser Lösung höchst zufrieden. Der Bau konnte weitergehen, die Kosten konnten eingehalten werden. Auch heute noch kann jedermann sich an einem bisschen Abwasserkanal aus römischen Zeiten erfreuen, vor dem Herzstück der Stadt Köln, dem von 1441 bis 1447 erbauten Warenumschlagplatz, dem Festsaal der frühen Patrizier und der heutigen Feierlustigen.

Der Gürzenich, unweit vom Rathaus, der archäologischen Zone und der Handelsroute, dem Rhein, gelegen, ist fast ein Heiligtum. Nach ihm ist das Städtische A-Orchester benannt und an dieser Bezeichnung rüttelt auch niemand. Nur: auch der Gürzenich musste einmal runderneuert werden, um heutigen Anforderungen für die vielen Tagungen, Kongresse, Festlichkeiten gerecht zu werden. Wirtschaftliche Aspekte standen dabei ganz deutlich im Vordergrund. Wie also die Vergangenheit mit der Gegenwart versöhnen? Ich bat den Leiter des Denkmalschutzes mir eindeutig zu sagen, welche Elemente in der Innenausstattung, die aus den fünfziger Jahren des vergangenen Jahrhunderts und nicht etwa aus der frühen Neuzeit stammte, unbedingt erhalten werden müssten. Dass die uralte Fassade unangetastet blieb, war selbstverständlich. Er nannte mir seine Forderungen, und mit diesen und entsprechenden Argumenten zog ich dann erfolgreich in die politische Schlacht. Aber anstatt sich über das Ergebnis zu freuen, wollte er jetzt noch viel mehr Elemente unter Denkmalschutz gestellt sehen. Das war eine große Enttäuschung für mich. Ich empfand dieses penetrante Nachbessern wollen als Verrat. Aber wenn man in leitender Position ist, umgeben von den unterschiedlichsten Interessen und Egoismen, muss man mit Enttäuschungen leben lernen.

Eine reine Freude war es dagegen, die bereits vor meiner Zeit restaurierten romanischen Kirchen zu besuchen, die im Zweiten Weltkrieg durch den Bombenhagel stark gelitten hatten. Und auch zu sehen, wie die energische und zähe, ehemalige Leiterin des Denkmalschutzes, Hiltrud Kier, es durchgesetzt hatte, auf dem freistehenden Rathausturm nach flämischen Vorbild wieder mit bürgerschaftlicher Hilfe Skulpturen von Persönlichkeiten zu installieren, die diese uralte Stadt in ihrer politischen, wirtschaftlichen, kulturellen und wissenschaftlichen Entwicklung mit geprägt haben.

Da steht unter anderen auch Joost van den Vondel in Stein gehauen. Diesen bedeutendsten Dichter des niederländischen goldenen Zeitalters im 16. und 17. Jahrhundert könnte man aufgrund seiner Sprachgewalt, seiner Komplexität, Ausstrahlung und Wertschätzung als den niederländischen Johann Wolfgang von Goethe bezeichnen. Vondels Eltern hatten sich nach der Reformation zum mennonitischen Glauben entschlossen und waren im Zuge der katholischen Gegenreformation aus Antwerpen, das damals noch zu den Niederlanden gehörte, nach Köln geflüchtet. Hier kam Vondel zur Welt. Das mag erstaunen, denn Köln war eine katholische Hochburg und protestantischen Bewegungen, welcher Ausrichtung auch immer, keineswegs zugeneigt. Aber: Die Kölner waren (und sind) Kaufleute, praktische, gewinnorientierte Händler, was Geschäfte behindernde Ideologien ausschließt. Wer seine abweichenden Glaubensbekenntnisse nicht allzu deutlich zur Schau stellte und zum wirtschaftlichen Wohlergehen der Stadt beitrug, war willkommen. Man arrangierte sich. Das war in den Vereinigten Niederlanden ab 1815 und nach Abtrennung deren südlicher Provinzen, Antwerpen inklusive, zugunsten des neuen Staates Belgien 1830 nicht anders. Jeder Flüchtling war willkommen, wenn er denn zum Wirtschaftswachstum beitrug. Das erfuhren auch die Emigranten aus Hitler-Deutschland in den Niederlanden. Der weite Begriff »Toleranz« hat eben viele Gesichter und kleidet sich in viele Gewänder.

Der Denkmalschutz machte auch vor der größten Glaubensgemeinschaft in Köln, der katholischen Kirche nicht halt. Dabei war der damalige Chef des Kölner Doms, der Dompropst Bernard Henrichs, ein überaus liberaler, gesprächsbereiter, schlagfertiger, ja, voll karnevalstauglicher Mann – was man vom Kölner Erzbischof und Kardinal nicht unbedingt sagen konnte. Dompropst Henrichs wollte ein mühsam mit Backsteinen geflicktes Loch, das eine Bombe im Zweiten Weltkrieg an der Frontseite der Kathedrale gerissen hatte, wieder in seinen ursprünglichen Zustand versetzen lassen und damit für ein einheitliches Bild der Hauptfassade sorgen. Ich gab ihm Recht. Der Dom von Köln ist schließlich nicht irgendein Gebäude.

Ob man Wunden der Vergangenheit als ewiges Mahnmal stehen lassen soll, sie durch Neues ersetzen, oder sie in den alten Zustand zurückversetzen soll, ist ein uraltes Diskussionsthema. Man denke nur an die Wiederherstellung der Kölner Altstadt, an die endlosen Debatten für oder gegen den Wiederaufbau des Berliner Stadtschlosses oder an die komplette Restaurierung der von der deutschen Wehrmacht zerstörten Warschauer Altstadt. Auch in unser Haus am Ubierring hatte eine Bombe einen Krater gerissen, aus dem bis zum Jahr 2001 Bäume wuchsen. Das denkmalgeschützte Haus aus dem Jahr 1906 wurde aufwendig restauriert, denkmalgerecht. Mein Mann und ich hatten nichts dagegen, dass in unser Wohnzimmer nun ein großflächiges Fenster eingesetzt wurde, dass die Decke keine Stuckverzierung mehr zeigt wie in den nicht betroffenen Räumen, dass der Teil der Fassade, der von der Bombe getroffen war, nun in deutlicher Abgrenzung zum Rest des stehengebliebenen Hauses weiß gestrichen wurde. Aber der Dom ist etwas anderes als ein Wohnhaus. Dieses bald 800-jährige Bauwerk ist nicht nur ein Meisterwerk der Architektur, es ist und bleibt auch eine Kirche für Gläubige und Menschen, die sich sammeln wollen. Darauf beharrte auch Domprobst Henrichs zu Recht, als es um die Installierung einer neuen Orgel ging. »Sie muss in den Mittelgang«, insistierte er, »sie ist für die Gläubigen da«, während der Denkmalschutz keine Unterbrechung »des luftigen gotischen Mittelschiffes« wollte. Der Domprobst siegte, und ich hatte volles, helfendes Verständnis für ihn.

Obwohl ich keiner Konfession mehr angehöre und auch nicht gläubig bin, empfinde ich die größte Hochachtung für Menschen, also auch Kirchenvertretern, die sich auf andere Menschen einlassen, ihnen Unterstützung in dem ja nicht immer leichten Alltag anbieten, und sei es auch nur seelisch-geistiger Art. Dazu gehört für mich das neu gestaltete Fenster von immerhin 113 Quadratmetern des international hochgeschätzten Künstlers, Gerhard Richter, im Kölner Dom. Aus kunsthistorischem Interesse war ich neugierig, wie sich dieses abstrakt gestaltete Fenster zu den alten figurativ erzählerischen Fenstern verhalten würde. Der Zufall wollte es, dass ich im Eröffnungsjahr 2007 kurz vor zwölf Uhr mittags beim Dom ankam. Eine Messe war angesagt, ein freier Rundgang untersagt. Also setzte ich mich und tröstete mich mit dem Gedanken, dass eine mittägliche Messe an einem Werktag ja nicht allzu lange dauern dürfte. So war es auch, aber es wurden erstaunliche Minuten. Zehn Minuten lang sprach ein junger Priester begeistert über das neue Richter-Fenster, das ich ja noch gar nicht in Augenschein hatte nehmen können. Der wird Ärger mit dem Erzbischof bekommen, dachte ich, denn dieser hatte gerade verlauten lassen, dass das Richter-Fenster besser in einer Moschee als in einem Gotteshaus untergebracht wäre. Es war dem Kardinal Joachim Meisner gelungen, mit einer einzigen Bemerkung, einem einzigen Satz, gleich zwei Religionsgemeinschaften zu düpieren. Das macht ihm so schnell keiner nach. Nach Ablauf der kurzen Messe stand ich nun endlich vor dem Richter-Fenster und war überwältigt. An einem grauen Tag ohne Sonne strahlte mich das Fenster mit seinen vielen kleinen vielfarbigen Teilchen an. Es verströmte Licht, Wärme, Fröhlichkeit, Zuversicht, Hoffnung, Geborgenheit, Mut. Das hatte mein kunsthistorisches Gehirn nicht erwartet. Wenn ein großer Künstler in Zusammenarbeit mit der katholischen Kirche ohne Worte so viel Liebe und Vertrauen ausstrahlen darf und kann, dann spricht das nicht nur für den Künstler, sondern eben auch für die Offenheit der Kirche, jedenfalls in Köln, ihrem Kardinal zum Trotz.

Bewundert habe ich auch immer, wie die katholische Kirche, jedenfalls einige ihrer Repräsentanten, in Köln mit der Kunstwelt umging und umgeht. Sie sammelt nicht nur kirchliche Kleinodien, vergangene Insignien, prächtige Kirchengewänder, in Gold gefasste Ablassknöchelchen, alte Gemälde, auf denen die Kirchenfürsten sehr groß und die normalen Menschen sehr klein abgebildet sind. Sie lebt nicht nur im Überlieferten, in der kanonisierten Vergangenheit. Sie konzentriert sich auch auf weltliche zeitgenössische Kunst, wenn sie sich denn irgendwie, so entfernt auch immer, mit dem Glauben an Gott und seiner Hinwendung zu den Menschen verbinden ließ und lässt.

Nirgendwo werden die Wechselbeziehungen, die Auseinandersetzung zwischen christlichem und weltlichem Gedankengut so sinnlich verdeutlicht, wie im Kölner Museum Kolumba, einem Kunstmuseum des Erzbistums Köln. In den jährlich wechselnden Ausstellungen, bestückt aus der eigenen Sammlung, sind Werke von Eduardo Chillida, meinem Lieblingskünstler, zu bewundern. Arbeiten von Rebecca Horn oder Joseph Beuys sind ebenso vertreten wie Modezeitschriften, die dann mit Kardinalsgewändern konfrontiert werden, oder Ferienfotos. Nicht jedes einzelne Exponat ist sehenswert, aber darum geht es auch nicht. Es geht um das erstaunliche Gesamtkonzept und dessen Inszenierung. Und das alles großartig erbaut auf einem römisch-mittelalterlichen Untergrund, der einsehbar ist, und unter Einbezug der spätgotischen Kirchenruine St. Kolumba, einer Kirche, die im Zweiten Weltkrieg stark zerstört worden war. Übrig geblieben war nur eine Marienstatue, für die Gläubigen »ein Wunder«. Um dieses Wunder »Madonna in den Trümmern« hatte man dann in den fünfziger Jahren eine kleine Kapelle gebaut, die frei zugänglich aber doch in den Gesamtkomplex integriert ist. Ein architektonisches Meisterwerk des schweizerischen Architekten Peter Zumthor. Er schaffte es, viele Kölner Vergangenheiten auf begrenztem Raum im Zentrum der Stadt zum Leben zu erwecken und zusammen mit den Kuratoren ihren Bezug zur Gegenwart herzustellen. Natürlich gab es in den engeren Kreisen um den Erzbischof auch Kritik. Nicht etwa weil Planung und Bau des Museums zehn Jahre gedauert hatten, von 1997 bis 2007, solche langen Zeiten zum Debattieren braucht man in Köln nun mal, sondern weil dem Erzbischof das ganze Konzept doch allzu weltlich vorkam.

Kirchliche Kritik traf auch Pater Mennekes, der in seiner Kirche, der Kunststation St. Peter, großartige Ausstellungen zeitgenössischer Kunst zeigte, und dabei nie den Blick auf den Glauben verlor. Er sah die Zusammenhänge zwischen Kunst und Kirche nicht nur in der Gott anbetenden figurativen traditionellen Kunst. Dieses Verständnis blieb allerdings einigen seiner Oberen verschlossen.

»Wenn Ihnen ein Brief von mir, der Kulturdezernentin, hilft, schreibe ich den sofort«, versicherte ich ihm.

Die wenigen protestantischen Kirchen in Köln hatten damit weniger Probleme. Sie hatten die Hinwendung auf das Diesseits schon länger geprobt.

Steigt man aus der Welt der Künste in die Niederungen des Alltags hinab, dann steht die katholische Kirche weit weniger gut da. Ich will gar nicht von der Ablehnung der Priesterweihe für Frauen sprechen oder von den immer noch zaghaft aufgeklärten Fällen von Kindermissbrauch in katholischen Internaten, die nicht nur die ganze Republik, sondern auch viele andere Länder beschäftigen.

Hier nur zwei Beispiele: Ein Sturm der Entrüstung brach los, als Anfang 2013 die Ärzte in zwei katholischen Krankenhäusern in Köln eine vergewaltigte Frau abgewiesen hatten, weil sie ihr nicht »die Pille danach« verschreiben wollten. Von der jungen Frau wurde somit erwartet, dass sie eventuell ein ungewünschtes Kind von Vergewaltigern auszutragen habe. Unter dem Druck der empörten Öffentlichkeit wurde dieses Verdikt sogar von Kardinal Meisner bedauernd korrigiert, die katholische Bischofskonferenz übernahm die Korrektur. »Die Pille danach«, also nach Vergewaltigungen, wurde erlaubt. Gleichzeitig machte man unmissverständlich deutlich, dass »die Pille« als Verhütungsmittel weiterhin tabu ist. Gott sorgt offenbar für Familienplanung, nicht die Menschen.

Scharfe Kritik wurde auch an den vielen Ausnahmeregeln geübt, die die Kirche für sich als Arbeitgeber beansprucht und vom deutschen Gesetzgeber zugebilligt bekommt. Da trennte sich in Bonn eine Kindergärtnerin in einem katholischen Kindergarten von ihrem Mann und zog mit ihrem neuen Freund zusammen. »Das ist ein Kündigungsgrund«, erschallte es aus der Kirche. »Unsere Mitarbeiter haben sich an unsere Werte und Normen zu halten.« Daraufhin beendeten die Eltern der Kleinen die katholische Trägerschaft des Kindergartens. Sie standen zu der allseits sehr beliebten Kindergärtnerin. Ein Akt der Zivilcourage gegen eine Übermacht, für die der deutsche Staat die Kirchensteuer einzieht und ihr auch sonst Privilegien erteilt. Die katholische Kirche tat sich schwer, Brücken zwischen traditionellen Glaubensgrundsätzen und der heutigen gesellschaftlichen Praxis zu schlagen und dabei wie beim Richter-Fenster im Kölner Dom ein Ort der Zuflucht, der Hoffnung, der Wärme und nicht der Härte zu bleiben.

Es mag dem den Menschen zugewandten Vorbild von Papst Franziskus zu verdanken sein, aber auch dem heutigen lebensnahen Rainer-Maria Kardinal Woelki von Köln, dass nicht die Dogmen, sondern der Mensch mit all seinen Nöten und Schwächen wieder stärker ins Blickfeld geraten ist. Nicht nur in Moralfragen wie der traditionellen Ehe, Schwulenehe, Scheidung, Abtreibung, sondern auch das Flüchtlingsthema betreffend. Kardinal Woelki machte sich öffentlich stark für eine pragmatische Barmherzigkeit. Darum geht es. Er ist ein helfender Vermittler. Da fühle ich Verwandtschaft.

Als Kulturdezernentin eine Konflikte beruhigende, helfende Moderatorin zwischen drei sehr verschiedenen Denkmustern zu sein, ist tages- und abendfüllend, aber eben nicht aktiv genug. Die Rolle der Vernetzerin musste hinzukommen. Das gelingt nur mit Verbündeten aus sehr unterschiedlichen Lagern und einer konstanten Präsenz in Köln.

Beispielsweise war mir aufgefallen, dass sich die sehr produktive freie Theaterszene Kölns, organisiert in der sogenannten »Theaterkonferenz« gegen die weitaus höher subventionierten städtischen Bühnen abzugrenzen versuchte. Ihr Argument: Wir sind flexibler, vielfältiger in unseren Inhalten, haben mehr Zuschauer, brauchen also mehr Geld. Dass Autoren, Dramaturgen, Schauspieler, Techniker, Masken- und Kostümbilder, theaterorientierte Zulieferungsbetriebe auch von den städtischen Bühnen profitierten, verschwieg man, um das Hauptargument nicht zu verwässern. Ja, die Szene brauchte mehr Geld. Aber ein Auseinanderdividieren bringt selten Gewinn. Deshalb regte ich bei den Bühnen an, einmal im Jahr zusammen mit den Privattheatern eine Produktion zu erarbeiten und das Ergebnis gemeinsam öffentlich vorzustellen. Das geschah auch höchst erfolgreich 1995 in der ehemaligen Industriehalle, der »Halle Kalk«, im rechtsrheinischen Köln. Und: beim Tag der offenen Tür traten und treten alle Theater gemeinsam öffentlich auf, werben gemeinsam für ihre verschiedenartigen Programme. Das ist eine sehr gute Tradition, denn den potenziellen Besucher interessiert es überhaupt nicht, ob ein Theater städtisch oder privat ist. Er lässt sich von einem interessanten Angebot verlocken.

Die zersplitterte Kölner Tanzszene ließ sich leider nicht zu gemeinschaftlichen Absprachen in einer »Tanzkonferenz« ermutigen. Das habe ich sehr bedauert, denn der Tanz, der mir von Kindesbeinen an besonders am Herzen lag, hat es überall schwer. Die Tanzindividualisten in Köln stellten auch keine Überlegungen an, mit der Tanzsparte im Rahmen der Oper Köln, dem Tanzforum zu kooperieren. Das Tanzforum unter der Leitung des verstorbenen Jochen Ulrich, einst international berühmt, aber zu Beginn der neunziger Jahre mit verblassender Kreativkraft, sah nur einen einzigen Ausweg: Weg aus dem Korsett, das Oper und Schauspiel bei sinkenden städtischen Zuschüssen ihm auferlegten. Ausbrechen, endlich privat und frei sein. Weder meine Warnungen noch die des Kulturamtsleiters halfen. In mühseligen Sitzungen wurde schließlich ein stufenweises Privatisierungsmodell entwickelt. Darauf schienen die Abonnenten der Oper, die die Vorstellungen des Tanzforums ja mitkaufen mussten, nur gewartet zu haben. Sie kauften keine Tanzvorstellungen mehr. Das Tanzforum war am Ende. Also war eine neue Strategie vonnöten, um die Tanzszene Kölns zu erhalten und international zu verknüpfen. Dank meiner Kontakte in den Niederlanden gelang es, das *Nederlands Dans Theater*, das damals wohl beste Tanztheater in Europa, für eine längerfristige Kooperation mit Köln zu gewinnen. Kooperation heißt nicht nur ein Abliefern von Gastspielen, sondern eine Zusammenarbeit mit der lokalen Tanzszene durch Workshops, Meisterklassen, Einbezug der örtlichen Tanzgruppen. Gleichzeitig zeigte sich Günter Krämer, der Intendant der Bühnen, bereit, die Tanz-Abschlussarbeiten an der Musikhochschule Köln in seinen Räumen zu präsentieren, also an dem lokalen wie europäischen Geflecht mitzuarbeiten. Aber nach meinem Rücktritt 1998 versandete dieses Zusammenarbeitskonzept wieder. Die Tanzszene hat es in Köln nach wie vor nicht leicht, trotz Beteiligung an dem ein oder anderen regionalen Festival. Sollte sich die Stadt je wieder ein eigenes Tanzensemble vernetzt mit den lokalen Tanzinitiativen leisten können oder wollen, dann hätte eine Gruppe mit viel sinnlicher Ausstrahlung und nicht zu viel Gedankenschwere wahrscheinlich am meisten Erfolg.

Einfacher war es, mit der Geschäftsführung der Art Cologne, den mitsprechenden Galerien und den einschlägigen

V.l.n.r.: *Jiri Kylian vom Nederlands Dans Theater den Haag, Kathinka Dittrich van Weringh und Günter Krämer, Intendant der Bühnen der Stadt Köln, 1999 (Privatfoto)*

Museen, allen voran dem Museum Ludwig, zu klaren Absprachen über die gegenseitige Werbung im Vorfeld der Art Cologne, zur Abstimmung über flankierende Ausstellungen und deren Eröffnungsdaten, über gemeinsame Empfänge und Gesprächstermine mit den ausländischen Ausstellern zu kommen. Das war doch das Selbstverständlichste von der Welt und ist es bis heute auch geblieben. Alle ziehen zum gegenseitigen Nutzen an einem Strang. Etwas erstaunt war und bin ich, dass Köln heute als Kunststadt kleingeredet wird. Ja, viele Galerien sind nach der Wiedervereinigung 1990 in die neue Hauptstadt Berlin abgewandert, haben dort selbst eine Kunstmesse gegründet. Aber die gehört bereits wieder der Vergangenheit an. Galerien sind zurückgekehrt oder unterhalten ein Berliner und ein Kölner Standbein. Das ist normal.

Eine Hauptstadt übt immer einen bestimmten Sog aus. Neue Galerien haben sich in Köln angesiedelt, die Sammler sind nicht verschwunden. Die Art Cologne floriert wieder. Köln war und ist eine sinnliche Stadt mit Musik, Oper, bildender Kunst. Würde sich die Stadt auch für ein Literaturhaus begeistern lassen, fragten sich Winfried Gellner und ich in vielen Gesprächen. Köln hatte nicht den Ruf einer Literaturstadt, war und ist kein Kristallisationspunkt literarischer Verlage. Sicher, wichtige Verlage mit sehr unterschiedlichen Programmen arbeiten in der Domstadt: Kiepenheuer & Witsch (K & W), der Dumont Verlag, der mir sehr vertraute Wienand Verlag, Taschen, die Bastei Lübbe AG, um nur einige wenige zu nennen. Aber waren diese Nährboden genug? Bestand ein breiter gefächertes Interesse? Wir wollten ein Literaturhaus, also wagten wir es. Mutig verkündete ich die Idee bei der Eröffnung einer kleinen Buchmesse auf dem Kölner Neumarkt. Mutig, da ich nicht die geringste Ahnung hatte, wie wir ein solches Literaturhaus finanzieren sollten. Ich sprach den kulturell sehr aktiven FDPler Ulrich Wackerhagen mit der Frage an: »Haben Sie schon einmal darüber nachgedacht, warum Köln kein Literaturhaus hat?«. Das hatte er noch nicht, war aber sofort bereit mitzuhelfen. Er, der heutige Vorsitzende, ging in die politische Arena und suchte mit nach Finanzpartnern. Reinhold NevenDumont, den Leiter von K & W, konnten wir als ersten Vorsitzenden gewinnen. Wolfgang Schiffer, ein geradezu Literaturbesessener, Leiter der Hörspielabteilung beim WDR, stand jahrelang dem Beirat vor und brachte viele Autoren mit. Wie so oft beteiligte sich die Stadtsparkasse, bei überregionalen Projekten auch großzügig die Kreissparkasse. Der anfangs sehr magere städtische Zuschuss wurde aufgestockt. Engagierte Buchgeschäfte, wie Der andere Buchladen oder besonders stark

Klaus Bittner vom Bittner Buchgeschäft brachten ihr Wissen und ihre Kontakte ein. Gute Geschäftsführer, eine erfolgreiche inhaltliche wie finanzielle Partnersuche etwa mit dem Deutschlandfunk machten das Projekt zum Erfolg.

Heute ist das Literaturhaus nicht nur innerstädtisch gut vernetzt, sondern auch im ständigen Austausch bundesweit, mit den Buchmessen in Leipzig und Frankfurt, mit der internationalen Szene. Es hat sich zu einem überaus lebendigen Forum entwickelt.

Das Megaprojekt, die Lit. Cologne mit ihren großen international bekannten literarischen Namen sehe ich nicht als Konkurrenz, sondern als Bereicherung. Die Lit. Cologne hat mit neuen Präsentationsorten und Formen ganz wesentlich dazu beigetragen, Köln gegen alle Erwartung zu einem literarischen Zentrum werden zu lassen. Bleibt abzuwarten, ob ihre »kleine Schwester«, die 2013 ins Leben gerufene phil. Cologne, ein »Festival der Philosophie«, wie angekündigt, zu einem »Fest des Denkens« wird. Ein Fest geht jedenfalls in Köln immer.

Bei anderen Vernetzungsbemühungen nicht lokaler, sondern regionaler Art habe ich erhebliche Niederlagen einstecken müssen. Niederlagen, die auch mit in der Vergangenheit gewachsenen Bedürfnissen zu tun haben. Die historische Zersplitterung Deutschlands hat dazu geführt, dass jede mittlere oder größere deutsche Stadt auf kulturellem Gebiet einfach alles haben will. Das gehört zu ihrem Selbstverständnis. Prioritäten werden nicht gesetzt, jedenfalls nicht in Köln. Auch nicht mit Blick auf die zunehmend wichtiger werdende neue Bundeshauptstadt Berlin.

»Köln die Kunststadt?« – »Na klar.«
»Köln, auch dank des WDR die Musikstadt?« – »Selbstverständlich.«

»Köln die Medienstadt?« – »Natürlich.«

»Wir müssen uns auf unsere Stärken besinnen und diese stärken«, hieß es dann in politischen Kreisen, was ich auch so sah. Aber das war es dann und blieb ohne strukturelle oder finanzielle Folgen, allen Vorschlägen zum Trotz.

Nur zwei Beispiele: Es gibt nirgends auf der Welt so viele teure städtische Opern wie in Deutschland. Allein in NRW, eines von 16 deutschen Bundesländern und in seiner Bevölkerungsdichte etwa den Niederlanden vergleichbar, erfreuen neun Opernhäuser ihr Publikum. In den Niederlanden gibt es dagegen nur eines, und das auch erst seit gut 25 Jahren. Diese große kulturelle Vielfalt wird von vielen Niederländern bewundert und gleichzeitig, aus ihrem protestantischen Kaufmannsgeist heraus, als völlig ineffizient betrachtet. So viele Opern, überhaupt Repertoiretheater, feste Ensembles, das alles ist im niederländischen Nachbarland nicht denkbar.

Gibt es, fragte ich mich in den neunziger Jahren in Köln, vielleicht einen Mittelweg? Wie konnten wir das große Gut der kulturellen Vielfalt bewahren und gleichzeitig etwas effizienter werden?

Angesichts der leeren Kölner Kassen, der ständigen Drohungen von Kürzungen mitten im Haushaltsjahr, wobei unvermeidbare Tarifsteigerungen gar nicht als Kürzungen betrachtet wurden, überlegte ich zusammen mit dem Kölner Intendanten, ob es vielleicht kostensparende Kooperationen mit nahe gelegenen Opernhäusern geben könnte. Wir dachten an Bonn, 20 Minuten Zugstrecke von Köln entfernt, und/ oder an Düsseldorf, 21 Minuten mit dem ICE. Eine Einschränkung der künstlerischen Freiheit der drei wirklich sehr nahe gelegenen Opernhäuser schlossen wir natürlich aus. Jedes sollte seine eigene Ausstrahlungskraft, seinen eigenen Stil behalten. Wir erwogen eher eine technische Zusammenarbeit, eine Kooperation der Werkstätten, der Depots, der Kostümsammlungen etc.

In Düsseldorf blitzten Günter Krämer und ich sofort ab und fuhren wie die armen Sünder wieder nach Hause. Der Bonner Intendant, der sich in einer finanziell ähnlich misslichen Lage befand wie wir in Köln, und mit dem wir befreundet waren, war zur Zusammenarbeit bereit. Wir ließen Berechnungen anstellen, ob sich eine technische Kooperation für beide rheinischen Städte als günstig erweisen würde. Dem war so. Nach diesen Berechnungen und der entsprechenden Sammlung von Argumenten konnten wir in die politische Arena treten. Da kam der Aufschrei, zuerst von den Bonner Stadtvätern. Aus Angst vor einem zu starken Köln lehnten sie unsere Vorschläge ab. Damit war das Thema tot. Die Kölner Stadträte haben sich darüber nicht besonders aufgeregt. Beide dachten »Mia san mia«, »wir sind wir«, wie die Bayern sagen. Besser ist allemal, sich auf Schmalspur, aber allein, durchzuwursteln. Ja, da hört jede Argumentation auf.

Ähnlich erging es einem von mir gestützten Vorschlag des Intendanten der sehr rührigen Kölner Philharmonie, Franz-Xaver Ohnesorg, eine engere Zusammenarbeit zwischen der Kölner Philharmonie und dem Bonner Beethovenfest zu vereinbaren. Absage. Gewachsene Traditionen, gelebte Vergangenheiten sind eben manchmal zählebiger.

Diese Beispiele werfen ein Licht auf ein Paradoxon. Alle Jahre wieder wird das Thema regionale kulturelle Zusammenarbeit von Kölner Politikern und anderen aus dem Rheinland, aus den Ministerien in Düsseldorf, neu entdeckt, sozusagen ganz neu erfunden, und wird als innovativ den offenbar verschlafenen städtischen Verwaltungen präsentiert. Mit dem allseits bekannten Zusatzargument, die NRW-Landesregierung schaffe für derartige Zusammenarbeitsbemühungen

Kathinka Dittrich van Weringh im Gespräch mit dem Intendanten der Kölner Philharmonie Franz Xaver Ohnesorg (Privatfoto)

finanzielle Anreize. Das ist so wahr wie alt. Aber auch die Landesregierung, die sich wirklich um ein regionales Miteinander bemüht, scheitert an den lokalen Egoismen, an den althergebrachten Strukturen. Die Scheidung der geförderten Theaterehe zwischen den Bühnen in Gelsenkirchen und Recklinghausen ist dafür ein beredtes Beispiel. Hätte man diese Vernunftehe gegen den Willen der beiden Intendanten erzwungen, könnte man die Trennung noch begreifen. Doch die Intendanten, und diese sind entscheidend, hatten zugestimmt. Aber die jeweiligen Stadtväter sagten mal wieder »mia san mia«. Die Kleinstaaterei lebt weiter mit all ihren Vor- und Nachteilen.

Viele Jahre lang habe ich als deutsche Kulturschaffende im europäischen und außereuropäischen Ausland das kulturelle Geschehen erst in der Bundesrepublik, dann im wieder vereinten Deutschland beobachtet. Entgangen war mir dabei, dass sich hinter der offensichtlichen Kleinstaaterei latent noch ein Stammesdenken verbirgt. Wenn wir heute von Volksstämmen reden, denken wir an Afrika, auch Indien und an das eine oder andere mitteleuropäische Land: die Serben, die Kroaten, die Albaner etc. Aber an Deutschland? Ja, es gibt viele Friesenwitze, und die Preußen machen sich über die Bayern lustig und umgekehrt. Für mich gehörten diese Witzeleien in den Bereich der nicht ernst zu nehmenden Folklore. Da lag ich richtig falsch.

Mitte der neunziger Jahre war ich als Kulturdezernentin der Stadt Köln auf Bitten des Kulturministeriums von Baden-Württemberg zwei Jahre lang Mitglied einer Kultur-Strukturreform-Kommission in Stuttgart. Die Kommission sollte die subventionierte Kultur in diesem Bundesstaat auf den Prüfstand stellen. Dafür lieferte man uns sehr gut vorbereitetes Material. Wir, Vertreter aller Kunstsparten, hatten keinen Spardruck zu erfüllen, was wir auch nicht getan hätten. Nur eine Bitte sollten wir berücksichtigen: Sollten wir, in welchem Bereich auch immer, bessere Vernetzungsmöglichkeiten erkennen, Kristallisationspunkte im Land der Schwaben, also Württemberg, also Stuttgart ausmachen, dann sollten wir doch bitte ein Äquivalent im Land der Badener, also Karlsruhe finden. Man mag einwenden, dass diese besondere Rücksichtnahme nur auf die nach dem Zweiten Weltkrieg künstlich geschaffenen sogenannten Bindestrichländer, wie Baden-Württemberg oder Nordrhein-Westfalen zutrifft. Aber in Bayern sieht es nicht anders aus. Wehe, eine bayerische Regierung sorgt nicht für ein Gleichgewicht zwischen Oberbayern, Niederbayern, Franken, Schwaben. Und: als der ehemalige Präsident des Deutschen Bundestages in

Berlin, Wolfgang Thierse, 2012 bemerkte, in seinem Berliner Viertel Prenzlauer Berg dominierten zu viele Schwaben, da lachten diese keineswegs, sondern waren zutiefst entrüstet. Ernsthaft, ehrlich entrüstet. Ein Schwabe bleibt ein Schwabe, ein Sachse ein Sachse und ein Prignitzer ein Prignitzer. Von Friesen und Sorben, anerkannten Minderheiten mit eigenen Sprachen, will ich gar nicht reden. Wer hätte gedacht, dass im aufgeklärten Deutschland das Stammesdenken noch so tiefe Wurzeln hat.

Stammesdenken und historisch bedingte Kleinstaaterei erschweren strukturelle kulturelle Zusammenarbeit.

Aber, sagte mir mein optimistisches Gemüt, projektbezogene, also einmalige gemeinsame regionale Veranstaltungen müssten doch auch Wirkung entfalten können und könnten zu einem längerfristigen Gemeinschaftsgefühl beitragen. Da habe ich mich auch geirrt.

An dem großangelegten Projekt »Global Art – Rheinland 2000« beteiligten sich, dank der fürstlichen Unterstützung der Stiftung Kunst und Kultur des Landes NRW, die Museen für zeitgenössische Kunst der Städte Köln, Bonn, Duisburg und Düsseldorf. Große aufeinander abgestimmte Ausstellungen mit vielen Rahmenveranstaltungen wurden geplant und fanden auch statt. Bei den endlosen komplizierten Vorbesprechungen, die ich lebhaft in Erinnerung habe, wurde mir allerdings rasch klar, dass jedes Museum, jede Stadt nur an sich selbst dachte, der überkuppelnde Gemeinschaftsgeist war völlig sekundär. Wichtig war: Zusatzgeld kam von einem Dritten, dem Land NRW. Und noch etwas kam hinzu, wie es die Reklame von Früh Kölsch so treffend ausdrückt: »Der Kölner an sich verreist ungern«. Ein Besucherstrom zwischen den vier Städten fand kaum statt. Kurzum, trotz aller Ankündigungen und gemeinschaftlicher Broschüren blieb Global

Geburtstagsfeier im Café Böll im Wallraff-Richartz-Museum: Mauricio Kagel, Ursula Kagel, Kathinka Dittrich van Weringh (Foto: Wim Cox)

Art ein großartiges Gemeinschaftsprojekt auf dem Papier. In der alltäglichen Wirklichkeit fanden lokale Projekte statt und wurden auch so wahrgenommen. Gemeinschaftliche Spätfolgen wollte ich gerne sehen, habe diese aber nicht entdecken können.

Das zweite Beispiel: Im Jahr 2010 wurde zum ersten Mal eine Region, nicht nur eine Stadt zur Kulturhauptstadt Europas gekürt: *Ruhr 2010*. Unter der Federführung der Stadt Essen wollten sich 53 mittlere Städte im Ruhrgebiet auf kulturell/künstlerischem Gebiet vernetzen und nachhaltig miteinander zusammenarbeiten. Eine großartige Idee, vorangetrieben von einem sehr glaubwürdigen und effizienten Organisationsteam und hervorragend vermarktet. Was ist von dieser angepriesenen Nachhaltigkeit in den verarmten Städten des Ruhr-

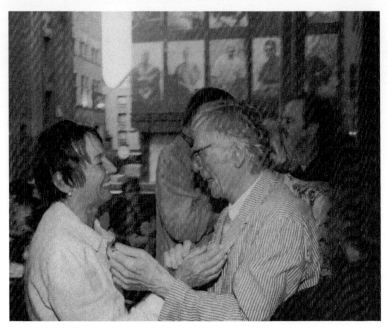

Kathinka Dittrich van Weringh und Matthias Ungers (Foto: Wim Cox)

gebietes heute übrig geblieben? Da muss man schon mit der Lupe suchen, um das eine oder andere Gemeinschaftsprojekt zu entdecken, was wiederum mit Mitteln des Landes NRW, meist über die Kultursekretariate, gespeist wird.

Interessant auch eine Betrachtung der Zusammenarbeit auf europäischer und internationaler Ebene. Dass Messen miteinander kooperieren, größere und kleinere Kulturinstitute mit ihren ausländischen Kollegen Absprachen tätigen, dass es für jeden Berufszweig eine gesamteuropäische Vereinigung gibt, dass Universitätsfachrichtungen im wissenschaftlichen Austausch stehen, dass Sozialsysteme miteinander verglichen werden und vieles andere mehr, ist heute eine Selbstverständlichkeit. Zu Zeiten des Kalten Krieges zwischen den beiden Machtblöcken, der Sowjetunion und den Vereinigten Staaten, war dieses mögliche Miteinander weder politisch erwünscht noch einfach durchführbar. Außerdem befanden sich die heutigen technischen Kommunikationsmittel noch im Embryonalzustand.

Auch Rat und Verwaltung der Stadt Köln bemühten sich nach ihrer Isolation durch den Zweiten Weltkrieg um eine Annäherung an ihre Kollegen im Ausland, wohl wissend, dass sie verständlicherweise mit Argwohn betrachtet wurden. Als Beispiel seien nur die Städtepartnerschaften genannt, die Köln im Lauf der Jahre aufbaute. Die ersten Städtepartnerschaften in den fünfziger Jahren dienten vor allem der Bindung an den Westen. Die Sowjetunion und ihre mitteleuropäischen Satelliten waren kommunistisches Feindesland. Kein Wunder also, dass es zu folgenden Städtepartnerschaften kam: Liverpool, Lille, Lüttich, Rotterdam, Turin, Esch-sur Alzette in Luxemburg, Neukölln in Berlin, Turku in Finnland – in den achtziger Jahren erweitert durch Cork in Irland, Barcelona, Thessaloniki. Nach gut 40 Jahren Nachkriegszeit begann die Sowjetunion in ihren ideologischen Grundfesten zu wanken, die Menschen in Mittel- und Osteuropa probten den Aufstand, die Berliner Mauer fiel 1989. Eine neue politische und gesellschaftliche Gegenwart zeichnete sich ab, ohne dass die jeweiligen Vergangenheiten sang- und klanglos verschwunden wären. Jetzt unterzeichnete die Stadt Köln neue Kooperationen, beispielsweise mit Wolgograd, dem ehemaligen Stalingrad, einem Grab vieler russischer und deutscher Soldaten im Zweiten Weltkrieg. Zeitgleich versicherte man sich aber der amerikanischen Unterstützung durch ein Abkommen mit der Stadt Indianapolis. Zur besseren Verständigung zwischen Ost und West wurden Brücken nach Treptow-Köpenick im Osten

Berlins geschlagen und nach Kattowitz in Polen. Auch wurde die ruhende Partnerschaft mit Klausenberg in Rumänien wieder belebt.

Israel war und ist für deutsche Politiker, auch für die von Köln, nach den Judenverfolgungen im »Dritten Reich« immer vorrangig. Der Städtepartnerschaft mit Tel Aviv-Yafo von 1979 folgte erst 1996 eine Partnerschaft mit dem palästinensischen Bethlehem.

Als ich noch in Moskau viele Akten über die Stadt Köln als Vorbereitung für meine zukünftige Tätigkeit studierte, war ich von dieser städtepartnerschaftlichen Weltoffenheit sehr angetan. Allerdings erfolgte die Ernüchterung auf dem Fuße. Im Etat meines Kulturdezernats waren dafür 34.000 DM vorgesehen. Natürlich wiesen andere Dezernate, die sich mit Jugend, Sport, Schulen, Wirtschaft, Sozialem, Presse und weiteren Themen beschäftigten, noch zusätzliche Summen aus. Aber das budgetäre Gesamtergebnis erwies sich doch als allzu kläglich. Das konnten auch die Spenden und Austauschaktivitäten der vielen Privatvereine nicht wettmachen. Insgesamt: Hoher Anspruch, wenige Chancen auf Nachhaltigkeit. Mehr Reisen von Funktionären als gemeinsame Projekte.

Heute hat Köln 22 Partnerstädte, darunter auch Peking, Kyoto, Tunis, Corinto in Nicaragua und seit 2011 Rio de Janeiro. Was diese Riesenstadt mit dem vergleichbar kleinen Köln außer dem Karneval verbindet, bleibt mir nach meinen vielen Besuchen in Rio ein Rätsel. Vielleicht erhofft man sich neue wirtschaftliche Beziehungen mit dem aufstrebenden Schwellenland Brasilien. Das mag auch der Grund sein, in der veränderten Weltlage die Partnerschaft mit Peking aktiv zu beflügeln. Köln ist schließlich eine Kaufmannsstadt. Vielleicht wird es bald noch eine Städtepartnerschaft mit einer

V.l.n.r.: Renate Gruber, Bermd Stieghorst, Fritz Gruber (Foto: Wim Cox)

Stadt in Indien geben, auch einem wirtschaftlich stärker werdenden Schwellenland.

Die 1997 mit Istanbul geschlossene Partnerschaft macht sicherlich Sinn angesichts des starken türkischen Bevölkerungsanteils in Köln. Allerdings kommen die wenigsten unserer türkischen Freunde und Nachbarn aus Istanbul, eher aus Ost-Anatolien.

Wie kann die Stadt Köln so viele Partnerschaften mit nachhaltigem Leben erfüllen? Zum Vergleich: Das größere und finanzstärkere München unterhält sieben Städtepartnerschaften, Hamburg ganze neun, Frankfurt 16 und Dresden und Leipzig jeweils 13. Wo bleibt eine Prioritätensetzung, eine realistische Einschätzung der Möglichkeiten in Köln, dieser großartigen, leicht zu begeisternden Kulturstadt, aber eben keine Weltmetropole. Vielleicht trifft auf Köln der Satz zu, den ich einmal in einer TV-Satiresendung gehört habe: »Das Leben ist zu kurz, um es der Realität zu überlassen.«

Nachwort zu Europa

Das Ende des Kalten Krieges zwischen den beiden Supermächten USA und Sowjetunion hat die Welt nicht sicherer gemacht und das Projekt Europa nicht stabiler. Die Eurokrise, der Flüchtlingsansturm, die Bedrohungen durch den Islamischen Staat, Bürgerkriege bei den östlichen und südöstlichen Nachbarn, in der Ukraine und Syrien, Grabesruhe nach dem missglückten »Arabischen Frühling« bei den südlichen Anrainern, außer in Tunesien, dämpften die EU-Erweiterungs-Euphorie nach 2004.

Ich habe diese Entwicklung mit den Augen einer Europäerin über die Jahre beobachtet und dabei eine Tendenz unterschätzt: Die Rückbesinnung auf den Nationalstaat, den wieder erwachenden Nationalismus in Ost/Mittel- und Westeuropa, mit teilweise völkischen Elementen, wie in Ungarn und Polen. Die Forderung »Dänemark den Dänen« oder »Frankreich den Franzosen« hätte ich mit dieser konstanten Nachdrücklichkeit nicht für möglich gehalten. Und schon gar nicht den Brexit, den Austritt des Vereinten Königreiches aus der EU, der ja auch viele Engländer schmerzhaft überrascht hat und dessen Umsetzung und Folgen für das Vereinigte Königreich wie für Europa trotz heißer Debatten noch immer im Nebel liegen.

Suchte man unterstützt von Rechtspopulisten »Heimat«, Geborgenheit im Altvertrauten in allen europäischen Ländern außer in Spanien und Portugal? Verblasste das europäische Gemeinschaftsgefühl, obwohl Russland zunehmend als Bedrohung empfunden wird und die Zuversicht in die ehemalige Schutzmacht USA nach der Vereidigung des nationalistisch gesinnten 45. Präseidenten der USA, Donald Trump, deutlich geschwunden ist? Beiden nimmt man ihre moralischen Argumente für ihre interessengesteuerte Politik nicht mehr ab.

Ich hatte geglaubt, jedes europäische Land, bzw. dessen auf Unabhängigkeit drängende Teilstaaten wie Katalonien oder Schottland seien sich bewusst, dass sie in der heutigen vernetzten, intransparenten, multipolaren Welt ihre grenzüberschreitenden Probleme im Alleingang keineswegs lösen können, geschweige denn die Welt mitgestalten.

Dennoch:

Persönlich habe ich miterlebt, wie sich die letzten Diktaturen Westeuropas, Spanien und Portugal, ab 1974/75 in demokratische Rechtsstaaten umbauten, wie der ebenso völlig friedliche Transformationsprozess ab 1989 in den mitteleuropäischen Ländern vonstattenging und trotz vieler Holprigkeiten voranschreitet.

Ich habe gesehen, wie sich Grenzen öffneten, Menschen ein ihnen fremdes Europa entdeckten, sich mit Tränen in den Augen in den Armen lagen. Visafrei reisen, meist mit Euro im Portemonnaie, was für eine Sensation, was für ein Gefühl an Freiheit. Verkaufen und kaufen im europäischen Binnenmarkt, kein Problem.

Was für eine Bereicherung für mich und viele andere, an bisher ungeahnten wissenschaftlichen und künstlerischen Kontakt- und Austauschprogrammen teilzunehmen, zensurfrei – immer auf der Basis gemeinsam abgestimmter und einklagbarer Grundrechte.

Welch' einmalige Erfahrung, dass sich bislang stets bekriegende europäische Länder darauf einigen, europäische, also gemeinsame Institutionen zu gründen, wie die Europäische Kommission, das stets stärker werdende von allen Europäern

gewählte Europäische Parlament oder die Europäische Zentralbank, um nur die wichtigsten zu nennen.
Kein Staatenbündnis auf dieser Erde hat es so weit gebracht. Nicht der Mercosur in Südamerika, noch die Arabische Liga, noch andere. Wo gibt es denn einen Menschenrechtsgerichthof? Nur in Europa.

Die EU ist ein ständiges Projekt im Werden mit vielen Fragezeichen:
Sind die Regierungen der heute 27 Mitgliedsländer mit sehr unterschiedlichen Wahrnehmungen willens und bereit, die von ihnen geschaffenen europäischen Institutionen zu stützen und nicht am nationalen Kabinettstisch auf den »regelwütigen Moloch Brüssel« zu schimpfen, obwohl ja sie und nicht Brüssel die Leitlinien der europäischen Politik bestimmen? Haben sie eine Vision und den Mut, Europa neu zu strukturieren? Zusammenhalt zu gewähren und doch die Besonderheiten der einzelnen Mitgliedsstaaten zu berücksichtigen?
Haben sie die Kraft zu einer gemeinsam abgestimmten Sicherheits-, Außen- und Klimapolitik? (vorzugsweise auch noch Fiskalpolitik) mit starker kultureller Komponente, um das Verstehen des Anderen zu erleichtern. Oder sind ihnen die populistischen Stimmen in ihren Ländern mit Blick auf anstehende Wahlen wichtiger?
Wollen und schaffen sie es, ihren teilweise verunsicherten Bürgern die großen Vorteile eines geeinten Europas wieder näher zu bringen, ohne ständig an das Friedensprojekt Europa zu erinnern, das für die jüngeren Generationen gar nicht mehr nachvollziehbar ist? Es geht um Europa heute in der Welt von heute!
Vielleicht, das wäre etwas Positives im negativ Fraglichen, zwingt der national gesinnte neue amerikanische Präsident

Donald Trump die zerstrittene EU wieder zur Selbstbesinnung auf ihre eigene Kraft, die sich nur durch stets engere Kooperation auf allen Feldern und durch gegenseitige Solidarität entfalten kann.

Das ist zu hoffen, sicher ist es nicht.

Manchmal hat man den Eindruck, dass große Teile der europäischen Zivilgesellschaft Europa gegenüber viel positiver gestimmt sind, als wir in den jeweils nationalen Medien lesen und hören. Sie berichten ja, was täglich möglichst spektakulär »geschieht«. Dass viele Menschen sich längst auf dem europäischen Pfad befinden – in Schulen, Universitäten, Praktika in diversen Berufszweigen, künstlerischen Kooperationsprojekten, Gremien von Medien, Kirchen, Sportverbänden, Städtepartnerschaften, Gewerkschaften, in Vereinen verschiedenster Art, der Kriegsgräberpflege – ist keine spektakuläre Nachricht wert. Aber just all diese engagierten Menschen bauen Europa »von unten« auf. Instinktiv versöhnen sie die Vergangenheit mit der Gegenwart.

»Was, wenn Europa scheitert?«, fragte der international bekannte niederländische Journalist und Schriftsteller Geert Mak, Autor des in viele Sprachen übersetzten Buches *In Europa*. Oft haben wir beide diese Frage diskutiert. Europa kann scheitern, wenn es sich nicht grundlegend reformiert. Darin sind wir uns einig. Aber es darf nicht, sollte nicht dazu kommen. Und, wie hatte Naum Kleijman mir in Moskau gesagt: Trotz aller Regierungen, aller Systeme, es bleiben doch die Menschen!

Biografie

Am 26. Juni 1941 kam ich in einem Taxi zwischen dem kleinen oberbayerischen Dörfchen Krün und der Klinik im nahe gelegenen Mittenwald zur Welt. Kein besonders günstiger Zeitpunkt, auch wenn ich als Kleinkind vom Zweiten Weltkrieg nichts mitbekam. Nur einmal faszinierten mich viele gleich aussehende Männerbeine in dem großräumigen Park um die Sommerresidenz meiner Berliner Großeltern in dem beschaulichen Krün. Das waren die zurückflutenden deutschen Soldaten, lernte ich später.

Von 1947 bis 1960 ging ich in Hockenheim zur Grundschule und im Nachbarort Schwetzingen zum Gymnasium. Mein aus dem Krieg heimgekehrter Vater hatte seine Frau mit drei Kindern in seinen badischen Heimatort geholt. Da fühlte ich mich weniger wohl. Zum Glück bekam ich Asthma, musste in die Höhenluft, durfte wieder nach Krün und machte in Garmisch-Partenkirchen 1960 mein Abitur. Angeregt von dem intellektuellen Klima im Hause meiner Großmutter studierte ich von 1960 bis 1966 Geschichte, Politische Wissenschaften (und, da ein drittes Fach nötig war, notgedrungen Anglistik) an den Universitäten Heidelberg, Hamburg, Manchester und München – immer mit dem Schwerpunkt: autoritäre Vergangenheiten im 20. Jahrhundert. Das zweite für das Lehramt erforderliche Staatsexamen machte ich nicht, denn ich wollte auf keinen Fall Lehrerin werden. Ich wollte in die Welt hinaus, andere Kulturen kennenlernen, ihre Prägungen begreifen, zwischen ihnen vermitteln. Deshalb arbeitete ich von 1967 bis 1994 beim Goethe-Institut: im Inland (1967–1969), in Barcelona (1969–1975), New York (1975–1979), Amsterdam (1979–1986), als Abteilungsleiterin in der Zentrale des Goethe-Instituts in München (1986–1990) und schließlich als Gründungsdirektorin in Moskau (1990–1994). In diesen spannenden Jahren, aber auch später trieb mich meine Lebensneugier auch zu vielfältigen sogenannten nebenberuflichen Aktivitäten. Meine komparativen kulturpolitischen Erfahrungen zur nationalen wie europäischen Kulturpolitik beschrieb ich in vielen Artikeln, publizierte über Film, promovierte in Amsterdam über den *niederländischen Spielfilm der dreißiger Jahre und die deutsche Emigration*, wurde zur Korrespondentin des Börsenblattes. Und die Hauptsache: In Amsterdam lernte ich meinen Mann Jac. van Weringh kennen. Wir heirateten 1983. Koos, wie ihn seine Freunde nennen, war Professor der Kriminologie an der Universität Amsterdam, ist Joseph-Roth-Experte und seit früher Jugend passionierter Sammler internationaler politischer Karikaturen. In meinen beruflichen Stationen nach Amsterdam setzte er seine journalistische Tätigkeit für diverse niederländische Zeitungen fort. So auch in Köln, wo ich von 1994 bis 1998 als Kulturdezernentin der Stadt arbeitete. Innenpolitik auf Gemeindeniveau zu erleben, hat meinen Horizont zweifelsohne erweitert, wenn auch nicht immer zu Höhenflügen ermutigt.

Von 1998 bis heute führten mich, die *freelance*-Kulturberaterin, viele Anfragen aus dem europäischen wie außereuropäischen Raum zu Vorträgen, Seminaren, kulturpolitischen Vergleichen in viele Länder dieser Erde. Besonders am Herzen lag mir der Vorsitz der (EU-unabhängigen) Europäischen Kulturstiftung (ECF) für grenzüberschreitende kulturelle Zusammenarbeit von 2002 bis 2008, aber auch meine

Mitgliedschaft in diversen deutschen, niederländischen und russischen Beiräten kultureller Institutionen.

»Kind, mach was aus dir«, hatte mich meine Großmutter immer ermutigt. »Ja«, sage ich ihr mit Blick zum Himmel, Pablo Neruda zitierend, »ich bekenne, ich habe gelebt« – und lebe immer noch – und Koos mit mir.

Personenregister

Eine Seitenangabe zu meinen Familienmitgliedern erfolgt nur bei ihrer ersten Nennung

A

Aalten, Truus van (1910–1999) 223
Adenauer, Konrad (1876–1967) 517
Aguilar, Sergi 51
Aitmatow, Tschingis (1928–2008) 402
Al-Assad, Baschar 450
Ali Ayaan, Hirsi 269
Allende, Salvador (1906–1975) 34; 394
Almodóvar, Pedro 31
Amsberg, Claus von (1926–2002) 208; 233; 259–263; 268
Amerongen, Martin van (1941–2002) 250
Antonowa, Irina 358
Archipow, Jurij 432; 433
Arendt, Hannah (1906–1975) 156
Arranz-Bravo, Eduardo 26
Askoldow, Alexandr 354
Augustin, Elisabeth (1903–2001) 219
Austen, Steve 229; 230; 235; 248

B

Baader, Andreas (1943–1977) 169
Bach, Dirk (1961–2012) 532
Bach, Johann Sebastian (1685–1750) 59
Bachmann, Lutz 523
Bandera, Stepan (1909–1959) 432
Barral, Carlos (1928–1989) 33–35
Bartolozzi, Rafael Lozano (1943–2009) 26
Basten, Marco van 319
Bauman, Zygmunt 293
Bausch, Pina (1940–2009) 245; 292; 346
Beatrix, von Oranien-Nassau 208; 258–260; 263; 267; 268
Becker, Jurek (!937–1997) 147; 164
Beckett, Samuel (1906–1989) 151
Beckmann, Max (1884–1959) 250

Beethoven Ludwig van (1770–1827) 59
Beier, Karin 543
Belinfante, Judith 235; 236
Benedikt XVI. (Joseph Aloisius Ratzinger) 23
Berisha, Sali 324
Bernhard, Thomas (1931–1989) 247
Bernhard, zur Lippe-Biesterfeld (1911–2004) 207; 229; 258
Beitz, Berthold (1913–2013) 347; 348
Beuys, Joseph (1921–1986) 164; 586
Biciste, Manfred 572
Bienek, Horst (1930–1990) 165; 290
bin Laden, Osama (1957–2011) 185
Birnbaum, Immanuel (1894–1982) 138
Bitow, Andrej 375
Bittner, Klaus 593
Block, René 164
Blokker, Jan (1927–2010) 249
Blom, Paul 217
Bockler, Birgit 26; 513
Bofill, Mireia 26
Böll, Heinrich (1917–1985) 243; 315
Bouws, Lynda 235
Brando, Marlon (1924–2004) 76
Brandt, Willy (1913–1992) 58; 285
Braque, Georges (1882–1963) 136
Brecht, Bertolt (1898–1956) 144; 225; 556
Brederoo, Nico (1942–2000) 221
Breschnew, Leonid (1906–1982) 347; 371
Brinkman, Eelco 270
Broder, Henryk M. 149
Brossa, Joan (1919–1998) 31
Broz, Mascha 279
Broz, Vacek 278–280
Brücher, Ernst (1925–2006) 154
Brückner, Jutta 170

Brusis, Ilse 569
Brustellin, Alf (1940–1981) 168
Burmeister, Harald 24
Bush, George W. 184; 185; 200

C

Caetano, Marcelo (1906–1980) 75
Cameron, David 103; 333
Canogar, Rafael 50
Carandell Andreu 13
Carandell, José Maria (1934–2003) 30; 33; 35; 36; 39–42; 46; 48–51; 53; 66
Charms, Daniil (1905–1942) 354
Carter, Jimmy 186; 200
Castro, Fidel (1926–2016) 189
Childs, Lucy 133
Chillida, Eduardo (1924–2002) 586
Chlebnikow, Boris 13; 353; 360; 379
Chodorkowski, Michail 410
Chomeini, Ruhollah (1902–1989) 464
Chruschtschow, Nikita (1894–1971) 313; 432
Chubai, Anatoly 368
Churchill, Winston (1874–1965) 437
Cirici I Pellicer, Alexandre (1914–1983) 31
Ciurlonis, Mikalojus Konstantinas (1875–1911) 421
Clinton, Bill 126; 180; 200
Clinton, Hillary 110; 192
Constantijn, Prinz von Oranien-Nassau 265
Coppola, Carmine (1910–1991) 237
Corboud, Gérard. J. 567
Corredor Mateos, José 31
Cortázar, Julio (1914–1984) 34
Cox, Wim 599; 600; 603
Cuilli, Roberto 290

D

Dabrowski, Waldemar 289–290; 292; 297
Demnig, Gunter 547
Dessau, Paul (1878–1957) 225
Dewotschenko, Alexej 407

Döblin, Alfred (1878–1957) 143; 145
Dódón, Igor 457
Donner, Wolf (1939–1994) 146
Donoso, José (1924–1996) 34
Dostojewski, Fjodor (1821–1881) 344; 411
Draper, Ramón 41; 42; 44
Dserschinski, Felix (1877–1926) 348; 350
Dubcek, Alexander (1921–1992) 280
Duda, Andrzej 299

E

Eisenstein, Sergej (1898–1948) 364; 405
Eisler, Hanns (1898–1962) 225
El Roto (Rábago García, Andrés) 67; 108
Engels, Friedrich (1820–1895) 491
Ensslin, Gudrun (1940–1977) 169
Enzensberger, Hans-Magnus 60; 164
Erasmus, Rotterdam van (1466/69–1536) 212
Eregina, Tatjana 367
Escrivá, Josémaria, de Balaquer i Albas (1902–1875) 24

F

Falkenberg, Paul (1903–1986) 144
Fassbinder, Rainer Werner (1945–1982) 63; 163; 168; 290
Fedotow, Michail 402
Felipe VI., Bourbon de 92
Festerling, Tajana 521
Fischer, Adolf (1857–1914) 563
Fischer, Frieda (1874–1945) 158; 563
Fischinger, Elfriede (1910–1999) 158
Fischinger Oskar (1900–1967) 158
Fontane, Theodor (1819–1898) 467
Fortuijn, Pim (1948–2002) 268; 269
Franco, Francisco (1892–1975) 11; 16; 17; 21; 27; 31; 35; 38; 39; 47; 50–52; 56; 57; 60; 62; 63; 65; 66; 68–76; 80;

83; 85; 87; 95; 99; 108; 121; 288; 317; 384
Franziskus, (Jorge Mario Bergoglio) 302; 353; 588
Friedman, Michel 149
Frisch, Max (1911–1991) 147
Fuentes, Carlos (1928–2012) 34

G

Gablentz, Otto von der (1930–2007) 240; 241; 377
Gadamer, Hans-Georg (1900–2002) 31
Gaddafi, Muammar (1942–2011) 393
Gaidar, Jegor 368
Gance, Abel (1889–1991) 236
Gandert, Gero 146
Garzón, Baltasar 70
Gauck, Joachim 490
Gaudi, Antonio (1852–1926) 48; 49; 52
Gellner, Winfried 13; 555; 592
Gelman, Marat 364
Genieva, Ekaterina (1946–2015) 356; 379; 398; 402; 404; 443
Gennep van, Rob 219
Gerike, Astrid (meine Großnichte) 519
Gerike, Katharina (meine Nichte) 476
Gerike, Marie (meine Großnichte) 493
Gerike, Rainer (mein Neffe) 476
Gerike, Robert (mein Großneffe) 493
Gerike, Sabine (meine Großnichte) 492
Gerzev, Andrej 365
Giehse, Therese (1898–1975) 156
Girkin, Igor (Strelkow) 439; 440
Glass, Phil 133
Glinka, Michail (1804–1857) 348
Gliński, Piotr 302
Glondys, Danuta 293
Goethe, Johann Wolfgang von (1749–1832) 538
Gogh, Theo van (1957–2004) 269
Gogol, Nikolai (1809–1852) 344
Gomez, José-Luis 31
Gontscharowa, Natalia (1881–1962) 354
Gorbatschow, Michail 215; 284; 343;
347; 369; 391; 396; 402; 421; 445; 452; 466; 507
Gottschewski-Carandell, Christa 13; 33; 42; 48; 49; 51; 92
Goytisolo, Juan 31
Graevenitz, Gerhard von (1934–1983) 257
Graham, Billy (1918–2016) 181; 182
Granin, Daniil 205
Grass, Günter (1927–2015) 60; 147; 148; 164; 290; 414
Gregor, Erika 146
Gregor, Ulrich 146
Grosz, George (1893–1959) 147
Gruber, Fritz (1908–2005) 563; 603
Gruber, Renate 603
Gudkow, Lew 397
Guinjoan, Joan 44–50
Guinjoan, Monique 44; 48–50
Guinovart, Josep (1927–2007) 51
Gulitt, Ruud 319
Gurgui, Antonio 26; 27
Gurgui, Maria-Rosa 27
Gurgui, Maria Teresa 25–28
Gysi, Gregor 361; 364

H

Haacke, Hans 307
Habermas, Jürgen 248
Habsburg, Otto von (1912–2011) 266
Hackenberg, Kurt (1914–1981) 565
Härtling, Peter 164
Hager, Kurt (1912–1998) 226
Haider, Jörg (1950–2008) 305
Hailey, Arthur (1920–2004) 188
Halffter, Christobal 47; 50
Haubrich, Josef (1889–1961) 552; 563
Hauff, Reinhard 163
Havel, Vaclav (1936–2011) 281; 282
Hebel, Hans-Peter 42
Heesters, Johannes (1903–2003) 223
Heijn, Albert 253; 254
Hellenkemper, Hansgerd 580; 581
Henrichs, Bernard (1928–2007) 583; 584

Hermans, Willem Frederik (1921–1995) 248
Herzog, Werner 163; 290
Heusmann, Dieter (mein Schwager) 13
Heusmann Gerda (1939–2010; meine Schwester) 28
Heydrich, Reinhard (1904–1942) 58
Hildebrandt, Dieter (1927–2013) 151
Himmler, Heinrich (1900–1945) 547
Hitler, Adolf (1889–1945) 10; 38; 54; 56; 59; 69; 71; 77; 141; 143; 162; 163; 175; 186; 204; 212; 216; 218; 229; 233; 234; 237; 250; 266; 317; 383; 414; 482; 517; 519; 558; 571; 583
Höch, Hannah (1889–1978) 147
Hoeness, Uli 194
Hollmann, Hermann 561
Holloway, Ron (1933–2009) 161
Honecker, Erich (1912–1994) 363
Horn, Rebecca 147; 586
Hoxha, Enver (1908–1985) 315; 317; 319; 321; 323
Huber, Georg (mein Neffe) 494

I

Iglesias, Pablo 104
Israel-Meyer, Pierre (1933–1979) 518
Ivens, Joris (1898–1989) 410

J

Jacobi, Lotte (1896-1990) 157
Janukowitsch, Viktor 427; 428
Jawlinski, Grigori 366; 367; 395
Jelinek, Elfriede 302; 304
Jelzin, Boris (1931–2007) 349; 351; 367; 369; 382; 416; 422; 445
Joest, Wilhelm (1852–1897) 563
Jörg, Ingrid 318
Jörg, Wolfgang (1934–2009) 318
Johannes Paul II, Karol Józef Wojtyla (1920–2005): 302
Johns, Jasper 577
Johnson, Philip (1906–2005) 150; 151
Johnson, Uwe (1934–1984) 147; 148
Jong, Lou de (1914–2005) 218
Jonkis, Greta 458; 549–551
Jordaan, Leendert Jurriaan (1885–1980) 221
Juan Carlos, Bourbon de 68; 92
Juliana, von Oranien-Nassau (1909–2004) 207; 229; 258; 259
Junghans, Julius Paul (1876–1958) 517

K

Kabel, Achim 480
Kaczyński, Jaroslaw 294; 301; 305
Kaczyński, Lech (1949–2010) 294
Kadyrow, Ramsan 445
Kagel, Mauricio (1931–2008) 47; 599
Kagel, Ursula 599
Kalff, Gerald 265
Kan, Wim (1911–1983) 249
Kant, Immanuel (1724–1804) 406; 411
Kantor, Wladimir 411
Karamsin, Nikolai (1766–1826) 406; 407; 410
Karelski, Albert (1936–1993) 498
Kehler, Sonja (1933–2016) 225–227
Keller, Hans 224
Kempowski, Walter (1929–2007) 164
Kennedy, John F. (1917–1963) 124; 125
Kesten, Hermann (1900–1996) 219
Kier, Hiltrud 582
Kiliszek, Joanna 292
Kirsch, Sarah (1935–2013) 318
Kissinger, Henry 394
Klaus, Vaclav 283
Kleijman, Naum 364, 403–411; 413; 443; 444; 609
Kleijman, Vera 405; 410; 411
Kliesow, Roland 240; 241
Kluge, Alexander 168
Kohl, Helmut 214; 226; 238; 496; 507
Komrij, Gerrit (1944–2012): 248
Konrád, György 306
Koren, Marian 262

Kopelew, Lew (1912–1997) 39; 364; 402; 403
Krämer, Günter 534; 590; 591; 595
Krempel, Ulrich 290
Kroes, Neelie 337
Kunert, Günter 164
Kunze, Reiner 164
Kylian, Jiri 591
Kynina, Irina 327; 363
Kyrill 353; 402; 438

L

Landauer, Walter (1902–1944) 219
Landshoff, Fritz (1901–1988) 219; 236
Landshoff, Andreas 236
Lang, Fritz (1890–1976) 143
Lataster, Peter 260; 261
Lataster-Czich, Petra 260; 261
Lawrow, Sergej 387; 392
Le Pen, Jean-Marie 333
Le Pen, Marine 272; 450
Lenin, Wladimir (1870–1924) 73; 313; 316; 340; 418; 421; 429–431
Lenya, Lotte 1898–1981) 143; 158
Lewada, Jurij (1930–2006) 397
Lilienthal, Peter 290
Lissitzky, El (1890–1941) 354
Litwinenko, Alexandr 387
Lledo, Emilio 31–33
Lohmer, Heinrich (1920–2007) 532
Löns, Hermann (1866–1914) 251
Lubbers, Ruud 454
Ludwig, Irene (1927–2010) 564; 567
Ludwig, Peter (1925–1996) 564–568
Lukaschenko, Alexandr 455
Luschkow, Juri 382
Luther, Martin (1483–1546) 351
Luther King, Martin (1929–1968) 116
Lutze 134; 135
Luxemburg, Rosa (1871–1919) 225

M

Mackowsky, Annie (1886–1972; meine Großmutter) 8
Mackowsky, Fritz (1879–1954; mein Großvater) 8
Mahler, Gustav (1860–1911) 250
Maiziere, Lothar de 486
Mak, Geert 609
Makarewitsch, Andrej 422
Malenkow, Georgi (1902–1088) 432
Malewitsch, Kasimir (1879–1935) 354
Mann, Thomas (1875–1955) 419
Marco, Tomás Aragón 47
Margriet, von Oranien-Nassau 263; 264
Márquez, García (1928–2014) 35
Marsé, Juan 34–36
Marx, Henry (1911–1994) 140–144; 156; 158
Marx, Karl (1818–1883) 317; 491
Mas, Artur 100; 107
Mayer, Hans (1907–2001) 63–65
Máxima, von Oranien-Nassau 267; 268
McKay, Hugh 153–155
Medinskij, Wladimir 381; 400; 406; 435; 443
Medwedjew, Dmitrij 382; 395; 442; 450
Meier, Richard 52
Meinhof, Ulrike (1934–1977) 169
Meisner, Joachim 533; 585; 587
Mekas, Jonas: 133
Men, Alexander (1935–1990) 351; 353; 398; 402
Mennekes, Friedhelm 586
Merkel, Angela 95; 96; 139; 196; 273; 274; 423; 439
Merz, Konrad (1908–1999) 219
Messer, Thomas (1920–2013) 137
Messiaen, Olivier (1908–1992) 45
Mestres Quadreny, Josep 47
Michaelis, Rolf 230
Milchman, Dan 220
Miller, Alexej 390
Minnelli, Liza 152
Montazama, Mehrangis 145
Montsalvatge, Xavier (1912–2002) 47
Mooij, Martin (1930–2014) 246
Mosheim, Grete (1905–1986) 143; 157

Moskalkowa, Tatjana 402
Mozart, Wolfgang Amadeus (1756–1791) 46
Munoz Molina, Antonio 70; 71
Muntadas, Antonio 51; 156

N

Napoleon, Bonaparte (1769–1821) 383
Nawalni, Alexej 391
Nemzow, Boris (1959–2015) 366–369; 392; 445
Neruda, Pablo (1904–1973) 34; 39; 614
Nestler, Peter 532
Netanjahu, Benjamin 149
Neumeier, John 291
Neven DuMont, Alfred (1927–2015) 545; 559; 560
Neven DuMont, Gabriele (1899–1978) 545
Neven DuMont, Kurt (1902–1967) 545; 546
Neven DuMont, Reinhold 592
Nietzsche, Friedrich (1844–1990) 30
Nobel, Alfred (1833–1896) 464
Nobel, Robert (1829–1896) 464
Nordt, Jürgen 534
Nüsslein, Franz (1909–2003) 58–61; 63; 64

O

Obama, Barack 117; 122; 127; 181; 187–200; 374
Oetker, Brigitte 560
Ohnesorg, Benno (1940–1967) 270
Ohnesorg, Franz-Xaver 595; 596
Oktrova, Mirela 323
Oliveira Salazar, Antonio de (1889–1970) 75; 78
Olschanskij, Isaak 457; 549; 550; 551
Oppenheim, Alfred von (1934–2005) 546; 547
Oppenheim, Jeanne von 154
Orbán, Viktor 301; 305; 450

P

Paape, Harry (1925–2001) 220
Pawlikowski, Pawel 303
Perich, Jaume (1941–1995) 37
Petru, Ryszard 304
Peymann, Claus 245; 247
Picard, Lil (1899–1994) 135; 143
Picasso, Pablo (1881–1973) 136; 567
Pieck, Wilhelm (1876–1960) 491
Piłsudski, Józef (1867–1935) 302
Pinochet, Augusto (1915–2006) 34; 38; 63; 70
Piscator, Erwin (1893–1966) 143; 144
Piscator, Maria (1898–1999) 143; 156; 157
Pleitgen, Fritz 403
Pohl, Manfred 545; 546
Politowskaja, Ann (1958–2006) 387
Poroschenko, Petro 429
Praunheim, Rosa von 145
Preskow, Dimitrij 333; 334
Priebke, Erich (1913–2013) 84
Primo de Rivera, José Antonio (1903–1936) 71; 72
Primor, Ivo 149
Prochorow, Michail 398
Prokofjew, Sergej (1891–1953) 291
Puschkin, Alexandr (1799–1837) 344–346; 407
Putin, Wladimir 283; 306; 332–335; 337; 351; 374; 377; 380; 382–385; 388–390; 392; 394–396; 398–400; 404; 410; 412; 414–416; 424; 428; 431; 435; 438–440; 442; 444–446; 449–451; 475; 524

Q

Quist, Harald 227

R

Rama, Edi 324; 326
Rajoy, Mariano 104; 107; 108
Raspe, Carl (1944–1977) 169

Rauch, Hans-Georg (1939–1993) 153; 154; 211; 214
Rauch, Ursula 154
Rautenstrauch, Adele (1850–1903) 563
Reich-Ranicki, Marcel (1920–2013) 166; 167
Reimann, Brigitte (1933–1973) 164
Reitz, Edgar 213
Renzi, Matteo 105
Richartz, Johann Heinrich (1795–1861) 563
Richter, Gerhard 584; 585; 588
Richter, Hans (1888–1976) 157
Riefenstahl, Leni (1902–2003) 225
Ries, Henry (1917–2004) 143; 159; 160
Riewe, Willi 549
Rijkaart, Frank 319
Rivera, Albert 106
Rockefeller, Nelson (1908–1979) 410
Rodtschenko, Alexandr (1891–1956) 354
Rohe, Mies van der (1886–1969) 151
Roldugin, Sergej 334; 335
Romanow, Pjotr Alexewitsch (1672–1725) 348
Rommel, Erwin (1891–1944) 162
Romney, Mitt 122
Roosevelt, Franklin (1882–1945) 437
Rossinski, Arseni 385
Roth, Joseph (1894–1939) 208; 209; 613
Roth, Wolfgang (1910–1988) 144
Ruge, Gerd 402
Ruiter, Frans de 246
Ruiz Zafón, Carlos 70
Ruschmeier, Lothar (1945–2012) 554; 565
Russell, Haide (1921–2013) 156
Rutten, Gerard (1902–1982) 223
Rzepliński, Andrzej 300

S
Saakaschwili, Michail 447
Sabato, Ernesto (1911–2011) 34
Sacharow, Andrej (1921–1989) 388
Sacharow-Ross, Igor 414
Sagarra, Joan de 31
Saldern, Friedrich-Christoph von 506–509
Sander, Helke 170
Sanders, Bernie 190–192
Sanders, Don 133
Sanders, Vanessa 133
Sander, Volkmar (1929–2011) 156
Sanders-Brahms, Helma 170
Schädlich, Hans Joachim 147; 164; 165
Schäuble, Wolfgang 270; 274
Scherbakowa, Irina 385
Schetyna, Grzegorz 305
Schiff, András 306
Schiffer, Wolfgang 592
Schleyer, Hanns Martin (1915–1977) 169
Schliemann, Heinrich (1822–1890) 358
Schlöndorff, Volker 168; 290
Schlotterer, Christoph (1957–1986) 165; 166
Schnittke, Alfred (1934–1998) 291
Schnütgen, Alexander (1843–1918) 563
Schopenhauer, Arthur (1788–1860) 254
Schostakowitsch, Dmitri (1906–1975) 356
Schüfftan, Eugen (1893–1977) 143; 183
Schütte, Dieter (1923–2013) 559
Schütz, Hanns-Lothar 165; 166
Schwydkoj, Michail 341
Sdorowow, Jurij 379; 436–438
Senzow, Oleg 429
Silva, Emilio 70
Sinkel, Bernhard 168
Skármeta, Antonio 34
Skoropadski, Pawlo (1873–1945) 441
Snowden, Edward 196
Soler, Josep 47
Solonizyna, Larisa 404
Sonnen, Arthur 14; 246; 247; 452
Sontag, Susan (1933–2004) 163

Soros, George 399
Staeck, Klaus 215; 216
Stalin, Josef (1878–1953) 69; 313; 314; 317; 323; 345; 354; 382–385; 388; 432; 437; 438; 442; 444; 474; 482; 492; 549
Stein, Peter 151; 245
Steinmeier, Walter 450
Stenz, Markus 543
Stern, Fritz (1926–2016) 156; 196–198; 200
Stewart, Ellen (1919–2011) 152; 153; 155; 163
Stieghorst, Bernd 603
Stöckl, Ulla 170
Stoffel, Eleonore (1929–2007) 563
Stoffel, Michael (1930–2005) 563; 564
Stolpe, Manfred 490
Strauß, Franz Josef (1915–1988) 213; 216; 273
Swerew, Vitali 345; 407
Swjaginzew, Andrej 405
Syberberg, Hans-Jürgen 162; 163; 290
Szydlo, Beata 304

T

Tabaksblatt, Morris (1937–2011) 265
Tapies, Antoni (1923–2012) 51
Tejero, Antonio 67
Thälmann, Ernst (1886–1944) 491; 505
Thatcher, Margaret (1925–2013) 233
Thierse, Wolfgang 598
Thijn, Ed van 234
Tito, Josip Broz (1892–1980) 312
Tolstoi, Lew (1828–1910) 344
Trotta, Margarethe von 170
Trump, Donald 110; 111; 190; 192; 198; 609
Tschechow, Anton (1860–1904) 144; 344; 346
Tscherny, George (1924–2012) 144
Tschewtschenko, Taras (1814–1861) 344; 345

Tschipras, Alexis 105
Turowskaja, Maja 347
Tusk, Donald 295; 297
Tusquets, Esther (1936–2012) 46

U

Ulitzkaja, Ludmilla 399
Ulrich, Jochen (1944–2012) 589
Ulrichs, Timm 42
Ungers, Matthias O. (1926–2007) 150; 566; 600
Ungers, Liselotte (1926–2010) 150
Unseld, Siegfried (1924–2002) 64

V

Vaal, Jan de (1922–2001) 221; 224; 225
Vaart, Ed van der 270
Valkieser, Sabina 13
Vargas Llosas, Maria 34; 35
Varoufakis, Yanis 105
Verdi, Guiseppe (1813–1901) 45
Vierdag, Gerda 13
Vondel, Joost van den (1587–1678) 582
Vonk, Corry (1901–1988) 249

W

Wackerhagen, Ulrich 592
Wagner, Gottfried 13; 263; 265; 266
Wagner Richard (1813–1883) 44; 45; 250; 251
Walda, Kurt 229
Waldheim, Kurt (1918–2007) 213
Wałęsa, Lech 139
Wallraf, Ferdinand Franz (1748–1824) 563
Walser, Martin 164; 165; 167
Waszczykowski, Witold 301
Wechmar, Rüdiger von (1923–2007) 134
Weidhaas, Peter 166
Weill, Kurt (1900–1950) 143; 158; 225
Weiß, Ernst (1912–1996; mein Vater) 22

Weiß, Friedel, geb. Mackowsky
(1916–1992; meine Mutter) 16
Weiß, Hans (mein Bruder) 125
Weizsäcker, Richard von (1920–2015)
63; 233; 234; 237–240
Wenders, Wim 163; 290
Weringh, Arnold van (1906–2002;
mein Schwiegervater) 210
Weringh, Bouwien van (Tochter meines Mannes) 210
Weringh, Geesien van (1909–1997;
meine Schwiegermutter) 210
Weringh, Geke van (Tochter meines
Mannes) 210
Weringh Koos/Jac. van (mein Mann)
39
Whitman, Walt (1819–1892) 345
Wilders, Geert 269–272
Wilhelm II. (1859–1941) 258; 265
Willem Alexander von Oranien-Nassau 267
Williams, Tennessee (1911–1983) 291
Wilson, Robert 133
Winter, Leon de 212
Woelki, Rainer-Maria 588
Wolf, Christa (1929–2011) 164
Wolff, Helen (1910–1994) 143
Wolff, Kurt (1887–1963) 143; 147
Würzner, Hans (1927–1994) 219

Z
Zadek, Peter 245
Zapatero, José-Luis 72; 73
Ziewer, Christian 145
Zweig, Stefan (1881–1942) 296
Zumthor, Peter 586